经以济七

科技向未

贺教育印

科技问项目

心里立业

李路林
崎山方人

教育部哲学社会科学研究重大课题攻關项目

"十四五"时期国家重点出版物出版专项规划项目

中国特色人权观
和人权理论研究

RESEARCH ON HUMAN RIGHTS VIEW
AND HUMAN RIGHTS THEORY
WITH CHINESE CHARACTERISTIC

刘志刚

等著

中国财经出版传媒集团

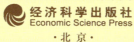

经济科学出版社
Economic Science Press

·北京·

图书在版编目（CIP）数据

中国特色人权观和人权理论研究/刘志刚等著．－－
北京：经济科学出版社，2024.12
教育部哲学社会科学研究重大课题攻关项目 "十四
五"时期国家重点出版物出版专项规划项目
ISBN 978 - 7 - 5218 - 4297 - 5

Ⅰ.①中… Ⅱ.①刘… Ⅲ.①人权观 - 研究 - 中国
Ⅳ.①D621.5

中国版本图书馆 CIP 数据核字（2022）第 218574 号

责任编辑：何　宁
责任校对：隗立娜　齐　杰
责任印制：范　艳

中国特色人权观和人权理论研究

刘志刚　等著

经济科学出版社出版、发行　新华书店经销
社址：北京市海淀区阜成路甲 28 号　邮编：100142
总编部电话：010 - 88191217　发行部电话：010 - 88191522
网址：www. esp. com. cn
电子邮箱：esp@ esp. com. cn
天猫网店：经济科学出版社旗舰店
网址：http://jjkxcbs. tmall. com
北京季蜂印刷有限公司印装
787×1092　16 开　35.25 印张　750000 字
2024 年 12 月第 1 版　2024 年 12 月第 1 次印刷
ISBN 978 - 7 - 5218 - 4297 - 5　定价：145.00 元

课题组主要成员

首席专家 刘志刚

主要成员 万千慧

总　序

哲学社会科学是人们认识世界、改造世界的重要工具，是推动历史发展和社会进步的重要力量，其发展水平反映了一个民族的思维能力、精神品格、文明素质，体现了一个国家的综合国力和国际竞争力。一个国家的发展水平，既取决于自然科学发展水平，也取决于哲学社会科学发展水平。

党和国家高度重视哲学社会科学。党的十八大提出要建设哲学社会科学创新体系，推进马克思主义中国化、时代化、大众化，坚持不懈用中国特色社会主义理论体系武装全党、教育人民。2016 年 5 月 17 日，习近平总书记亲自主持召开哲学社会科学工作座谈会并发表重要讲话。讲话从坚持和发展中国特色社会主义事业全局的高度，深刻阐释了哲学社会科学的战略地位，全面分析了哲学社会科学面临的新形势，明确了加快构建中国特色哲学社会科学的新目标，对哲学社会科学工作者提出了新期待，体现了我们党对哲学社会科学发展规律的认识达到了一个新高度，是一篇新形势下繁荣发展我国哲学社会科学事业的纲领性文献，为哲学社会科学事业提供了强大精神动力，指明了前进方向。

高校是我国哲学社会科学事业的主力军。贯彻落实习近平总书记哲学社会科学座谈会重要讲话精神，加快构建中国特色哲学社会科学，高校应发挥重要作用：要坚持和巩固马克思主义的指导地位，用中国化的马克思主义指导哲学社会科学；要实施以育人育才为中心的哲学社会科学整体发展战略，构筑学生、学术、学科一体的综合发展体系；要以人为本，从人抓起，积极实施人才工程，构建种类齐全、梯队衔接的高校哲学社会科学人才体系；要深化科研管理体制改革，发挥高校人才、智力和学科优势，提升学术原创能力，激发创新创造活力，建设中国特色新型高校智库；要加强组织领导、做好统筹规划、营造良好学术生态，形成统筹推进高校哲学社会科学发展新格局。

哲学社会科学研究重大课题攻关项目计划是教育部贯彻落实党中央决策部署的一项重大举措，是实施"高校哲学社会科学繁荣计划"的重要内容。重大攻关项目采取招投标的组织方式，按照"公平竞争，择优立项，严格管理，铸造精品"的要求进行，每年评审立项约 40 个项目。项目研究实行首席专家负责制，鼓励跨学科、跨学校、跨地区的联合研究，协同创新。重大攻关项目以解决国家现代化建设过程中重大理论和实际问题为主攻方向，以提升为党和政府咨询决策服务能力和推动哲学社会科学发展为战略目标，集合优秀研究团队和顶尖人才联合攻关。自 2003 年以来，项目开展取得了丰硕成果，形成了特色品牌。一大批标志性成果纷纷涌现，一大批科研名家脱颖而出，高校哲学社会科学整体实力和社会影响力快速提升。国务院副总理刘延东同志作出重要批示，指出重大攻关项目有效调动各方面的积极性，产生了一批重要成果，影响广泛，成效显著；要总结经验，再接再厉，紧密服务国家需求，更好地优化资源，突出重点，多出精品，多出人才，为经济社会发展作出新的贡献。

作为教育部社科研究项目中的拳头产品，我们始终秉持以管理创新服务学术创新的理念，坚持科学管理、民主管理、依法管理，切实增强服务意识，不断创新管理模式，健全管理制度，加强对重大攻关项目的选题遴选、评审立项、组织开题、中期检查到最终成果鉴定的全过程管理，逐渐探索并形成一套成熟有效、符合学术研究规律的管理办法，努力将重大攻关项目打造成学术精品工程。我们将项目最终成果汇编成"教育部哲学社会科学研究重大课题攻关项目成果文库"统一组织出版。经济科学出版社倾全社之力，精心组织编辑力量，努力铸造出版精品。国学大师季羡林先生为本文库题词："经时济世　继往开来——贺教育部重大攻关项目成果出版"；欧阳中石先生题写了"教育部哲学社会科学研究重大课题攻关项目"的书名，充分体现了他们对繁荣发展高校哲学社会科学的深切勉励和由衷期望。

　　伟大的时代呼唤伟大的理论，伟大的理论推动伟大的实践。高校哲学社会科学将不忘初心，继续前进。深入贯彻落实习近平总书记系列重要讲话精神，坚持道路自信、理论自信、制度自信、文化自信，立足中国、借鉴国外、挖掘历史、把握当代、关怀人类、面向未来，立时代之潮头、发思想之先声，为加快构建中国特色哲学社会科学，实现中华民族伟大复兴的中国梦作出新的更大贡献！

教育部社会科学司

摘　要

本书主要从四个方面对中国特色人权观及人权理论进行系统的研究：（1）中国特色人权理论的历史发展与现实逻辑；（2）中国特色社会主义人权理论；（3）中国特色人权理论在宪法上的制度性转化及其实现；（4）宪法与部门法联结与互动状态下的中国特色人权保障。

第一部分的主题是，中国特色人权理论的历史发展与现实逻辑。该部分的主要内容包括：（1）中国特色人权观的命题解析；（2）传统文化中的人权要素的继承与发展；（3）西方资产阶级人权理论的冲击及其影响；（4）马克思主义人权理论中国化的背景；（5）马克思主义人权理论中国化的历史演进；（6）中国特色人权观的现实逻辑。

第二部分的主题是，中国特色社会主义人权理论。该部分的研究思路及主体内容包括：（1）中国特色社会主义人权理论的含义及其与相关范畴的关系；（2）中国特色社会主义人权理论的保障范畴及其关联性分析；（3）中国特色社会主义人权理论的基本架构；（4）中国特色社会主义人权的构成要素；（5）中国特色社会主义人权实现的条件与路径；（6）中国特色社会主义人权保障体系的理论与实际策略。

第三部分的主题是，中国特色人权理论在宪法上的制度性转化及其实现。该部分的研究内容主要包括：（1）国际人权公约与缔约各国宪法及其他国内立法之间的差异及解决；（2）人权理论在宪法上的制度性转化及其实现；（3）宪法上人权保障制度的立法实现；（4）人权立法保障的宪法功能；（5）立法缺位状态下的人权保障。

第四部分的主题是，宪法与部门法联结与互动状态下的中国特色人权保障。该部分的主要内容包括：（1）基本权利在部门法冲突中的适用；（2）基本权利对刑法的合宪性控制；（3）罪刑法定视野下刑事立法的合宪性控制；（4）民法典的宪法使命及其实现；（5）民法人格权理论的宪法学分析；（6）基本权利影响侵权民事责任的路径。

限于篇幅及体例编排上的要求，前述内容在篇章结构上做了一定的调整，总体思路及研究内容不变。

Abstract

This book mainly makes a systematic research from four aspects: (1) The historical development and realistic logic of the view and theory of human rights with Chinese characteristics. (2) The socialist human rights theory with Chinese characteristics. (3) The institutional transformation of human rights theory with Chinese characteristics in the constitutional law and the path of its realization. (4) Human rights protection in the connection and interaction between constitutional law and departmental law.

The first part is about the historical development and realistic logic of the view and theory of human rights with Chinese characteristics. The main contents of this part are: (1) The proposition of concept of human rights with Chinese characteristics. (2) Inheritance and development of human rights elements in traditional culture. (3) The impact of western bourgeois human rights theory. (4) The criticism made by Marxist human rights theory to modern western human rights theory. (5) Research on the sinicization process and experience of Marxist human rights theory. (6) Basic experience in the formation of the theory of human rights with Chinese characteristics. (7) The realistic logic of the view and theory of human rights with Chinese characteristics.

The second part is about the socialist human rights theory with Chinese characteristics. The research ideas and main contents of this part are as follows: (1) the socialist human rights theory with Chinese characteristics is formed on the basis of the view of human rights with Chinese characteristics. At present, the socialist human rights theory with Chinese characteristics is in the process of forming. The only way to build a socialist human rights theory with Chinese characteristics is to summarize the view of human rights with Chinese characteristics comprehensively and systematically. (2) To construct the human rights theory of socialism with Chinese characteristics, we must clarify some basic categories in the human rights theory, and distinguish the boundaries between the human rights theory of socialism with Chinese characteristics and a series of related categories such as the theory of socialism with Chinese characteristics and its related concepts of rights. (3) The socialist human rights theory with Chinese characteristics is based on the ontology of human rights and its inherent logical relation. The philosophical basis of human rights with Chinese characteristics is materialist dialectics. Being people-oriented is at the core of human rights with Chinese characteristics. The right to survival and development are the primary basic human rights. At the same time, the political, economic, social and cultural rights of citizens should be developed, and the all-round development of human beings should be achieved. As for the basic structure, the essence of human rights with Chinese characteristics is "beneficial" and "legitimate". Its nature is the unity of harmony and antagonism, universality and particularity, rights and obligations. Human rights in socialism with Chinese characteristics can be roughly divided into two levels. The first level is the theoretical level, which delimits the content and scope of human rights. The second level is the empirical level, which determines the applicable forms of human rights and protection rules. As for the constituent elements, the human rights system of socialism with Chinese characteristics is based on the two elements of subject and object. Under the dual relationship of static and dynamic, it forms a human rights system based on the content of human rights and guides the practice of human rights protection, especially the protection of the rule of law. (4) The realization of socialist human rights theory with Chinese characteristics depends on the transformation from abstract human rights theory to specific legal system. Clarifying the path and mode of the transformation is of positive significance to realize the transformation from political form to legal form of human rights theory.

The third part is about the institutional transformation and protection of the view and theory of human rights with Chinese characteristics in the constitutional law. The research contents of this part mainly include: (1) The relationship between the international covenants on human rights and China's Constitution and its domestic human rights legislation. (2) The nature and function of human rights protection provisions in Chinese Constitution. (3) The logical relationship between the implementation path and skills of human rights system in Chinese Constitution. (4) The legislative realization of human rights protection system in the constitution. (5) The constitutional function of human rights legislation. (6) The protection of human rights in the absence of legislation.

The forth part is about human rights protection in the connection and interaction between constitutional law and departmental laws. The main contents of this part are:

（1）Human rights protection in the connection and interaction between constitutional law and departmental law；（2）Human rights protection in departmental laws. （3）Human rights protection in the connection and interaction of departmental laws. （4）Human rights protection in the trial of Civil – Administrative Conflict and Criminal – Civil Conflict Cases. （5）Conflicts of legal norms and the solutions from the perspective of human rights protection.

According to the requirements of space and style，the structure of the above content has been adjusted，while the overall idea and content remain unchanged.

目 录

Contents

Contents

3

第一篇

中国特色人权理论的
历史发展与现实
逻辑

第一章

中国特色人权观的命题解析

　　"人权"一词非原发于中国，尽管在封建王朝时期，中国一度出现过民为本、德主刑辅等具有一定人道主义价值的思想，但一方面其最初的思想停留于道德倡导的形式，大部分内容为统治者所摒弃或修改，并不能独立构成成熟完整的理论体系；另一方面其直接目的在于巩固君权，加强统治，与近现代的人权内涵相异，故本质上，中国的人权思想最初为舶来品。诸多学者一直致力于从借鉴到内化再到创新的工作，人权也成为研究的常新话题。本章着重探讨"中国特色人权观"这一命题，对该主题的研究状况进行历时性梳理，以观察中国特色人权观的历史流变，审视现今的人权状况和内在演进逻辑。

第一节　中国特色人权观命题的提出及其性质

一、人权观的含义及其与相关范畴之间的界限

　　在诸多相关研究中，人权思想的称谓有所分化，有称其为"人权观"者、有称其为"人权理论"者。广义的视角上这些概念可互相通用，但是在微观层面考察人权思想的发展时，对以人权为中心的概念群有必要澄清，以准确解读其发展阶段和具体状况。

"人权"是每份相关研究成果均须开宗明义阐明的概念。最普遍的一种定义是人权是人生而享有的、不可或缺的基础性权利。但是这仅是高度抽象的概括，对于进一步的具体界定，学界迄今没有达成共识。目前主要的几种定义有三大共性：第一，承认人权是一种具有普适性的权利，是"所有人都可享受的权利……任何自然的、社会的或者宗教的因素均不得成为享受或剥夺这些权利的理由"[①]。在西方资产阶级人权理论的视野中，人权在全球均可泛用。我国的学者对此类超验、虚伪的观念普遍持批判态度，提出人不仅依其生物学上的物种身份这一自然属性，还同时需要在集群活动中产生的社会属性作为权利依据，[②] 但是这些学者也至少承认在一定的区域、时间范围内，人权相比其他权利而言更具普适性。第二，人权是一种具有发展性的权利。最典型的例证即广为传播的三代人权论；人权最初指向公民权利与政治权利，而后扩充到社会经济、文化权利，再到目前的以人类整体发展为核心的关乎和平、安全、环境等要素的第三代人权，作为一个开放的体系，人权正在不断更动其具体内容。第三，人权是一种具有包容性的权利。这是人权在发展中必然延伸出的要求，它可容纳极为丰富的内容，其内涵随着特定时期话语权所属意识形态不同而变化，随着时代发展经济条件和社会背景不同而变化，侧重的面相也有明显差异。从古至今，"人权"一直充实着自身，不论是横向的空间上还是纵向的时间上，都难以被固定。即使就某一时间段的人权给出确切的定义，也很快会被另一种更新的理念取代，显现出兼容并包的特点。有学者据此提出应当在包容的同时，"防止将人权概念的外延泛化和庸俗化"[③]。由此足见，若不联系具体的时点、地域，单纯从哲学角度分析，人权本质上只是一种符号化的概念或统称，内在包罗万象，时时更动。故在研究中，与其说人权存在定义之争，不如说学者们更加关注当下时段中其所指代的具体内容和分类、所享有的主体等。

人权观与人权理论，均可指代关于人权的基本观点。如前所述，"人权"的三大公认特性令其具体的性质、享有的主体、指向的客体、同其他权利性术语的差异等成为具备高度研究价值的议题，对这些问题的观点、看法，构成人权观和人权理论的基本内容。在国内的诸多研究成果中，对上述两词的使用存在两种倾向：一种是将二者通用，广义指一切与人权研究相关的观点和理论，同人权思想、人权学说等通用；另一种是将二者相区分，特别强调人权理论作为完整体系的优势。本书采纳后者立场，区别对待"人权观"与"人权理论"的概念。

---

① 李云龙：《人权问题概论》，四川人民出版社 1998 年版，第 2 页。
② 广州大学人权理论研究课题组：《中国特色社会主义人权理论体系论纲》，载于《法学研究》2015年第 2 期，第 57 页。
③ 李林：《人权概念的外延》，载于《学习与探索》1999 年第 5 期，第 72 页。

具体而言，人权观是人权思想发展的前阶段，特征在于"观点"，属于较不成熟的、点式分布的见解，体现出思想的基础性和原则性，如我国早期人权研究，一是同期大量接收了不同流派的观点，原生性不足；二是受到西方人权外交手段的攻击，呈现出被动防御态势，对人权的解读均比较朴素、概括，故尚属于人权观范畴。人权理论是人权思想发展的后阶段，特征在于"理论"，属于连点成线、会线成面的体系化成果，能够随着时代和社会的变化灵活转变、在自身的逻辑中实现补全与修正。如西方资产阶级的主流人权理论，尽管存在许多固有弊端，但较为全面地概括了特定历史时期内人权的应然、实然状况，并进一步根据其最初的、朴素的天赋人权观发展出社会契约、权力限制等具体社会治理模式，并能够随着资本主义社会的需求进行自身的调整、在争鸣中修正。特别是美国以保障人权为中心，逐步充实的司法审查制度，通过法院的操作令宪法中的"人权"不断丰富，较成功地连接了学术理论和宪政实践，在一定时期内审视无疑具有进步性。故从狭义的视角精细分析，人权理论相较于人权观而言更加成熟、完善，从哲学基础到实践模式能够一脉相承、自圆其说，并能够指导对应方法论的形成。本部分的目的，正在于通过历史流变和现实情状的分析，指出中国对于人权的探索达成的具体阶段、成就与不足，以及今后可能的发展逻辑。

二、中国特色人权观命题的形成

纵观中国人权发展历程，学界公认其大致经历了以下阶段：从不知人权到忌谈人权再到适度放开终到全面研究。旧中国时期，有识之士意图通过西方科学与民主的思想改变封建压迫的现状，打破了社会一直以来不知人权的浑噩状态。但是，这一时段首先多是对于域外学说的介绍和引进；其次即使偶有创新，也主要集中于民主政治制度，甚至部分带有与封建势力在博弈中互相退让以相安的色彩，对人权的认识并不透彻，没有以人权为核心审视、探求制度变革的方向。在鸦片战争后的第二次西学东渐时段内，公式化应用为主、实践性创造为辅的初期趋势使我国人权事业有一定进步，但一直没有创制自身理论体系的萌芽，也就无"中国特色"系列命题。这一时期，在中国人权思想史上占有重要地位的马克思主义和列宁主义思想仅作为西方诸多理论之一部被引进中国，其介绍零星琐碎，并未引起重视，直到新民主主义革命时期，乘十月革命之势，以五四运动为标志，马列主义开始在中国崭露头角。

五四运动中，革命先驱李大钊首先在《新青年》上对马克思主义思想进行了系统、全面的介绍，包括唯物史观、政治经济学、阶级斗争理念等，其后民间马克思主义专门的研究会建立,《共产党宣言》全文翻译出版,[①] 令马克思主义广为流传、后来居上,取代西方资产阶级关于政治、社会的学说,成为有志救国之士所青睐的重要理论,最终推动了以马克思列宁主义为指导思想的中国共产党诞生。此阶段人权事业退于暗线,穿插于救国图存、阶级斗争的主线之中,也为革命斗争起到了奠基、促进作用。如"从前是牛马,现在要做人""争人权"[②]的口号,体现出的反压迫精神,实际上就是争取自由权、求得生存权的雏形;推翻三座大山,实现独立解放,实际上就是国权概念的萌芽。纵观整体斗争实践,中国共产党在革命时期所继受的主要是马列主义的哲学思想和政治思想,但也极强地推动了今后中国特色人权观的形成。一方面,马列主义部分理论的成功应用使该理论体系在中国有了坚实的群众和社会基础,地位骤然拔高,也初步奠定了世界观、哲学论基础;另一方面,共产党对上述思想进行了符合国情和斗争形势的改造,如没有机械应用列宁的城市中心论,而是根据敌我双方力量对比的实际分析,创造性提出农村包围城市的路线:"农村斗争的发展,小区域红色政权的建立,红军的创造和扩大,尤其是帮助城市斗争、促进革命潮流高涨的主要条件。"[③] 这些改造成为今后借鉴外来人权理论的方法启蒙和先行尝试。

新中国成立后,我国的人权研究经历较大起伏。"文化大革命"造成人权破坏的内忧与美国外交攻击的外患并存,建立中国本土人权理论的需求极为迫切。在党的十一届三中全会所引领的思想解放潮流中,关于"马克思主义中国化"的研究因新民主主义革命时期的实践积淀而掀起高潮,相关研究主题不仅包括对新民主主义革命中相关成果的总结、怎样对马克思主义进行本土改造等,还包含对马克思主义人权理论的探索,如体系介绍、与资产阶级人权理论比较等。学界也逐步开始重视构筑属于本国的一系列观点。1991 年,《中国的人权状况》白皮书发布,官方虽未明确提出,但"中国人民从自己的历史和国情出发,根据长时期实践的经验,对人权问题形成了自己的观点,并制定了相应的法律和政策"[④]的表述,已属于对中国特色人权观的暗示性描述。随着学者王德祥在其研究文献中提及"具有中国特色的人权保障制度"概念,[⑤]此后陆续有学者提出"社会主

---

① 永早、爱荣:《马克思著作在中国的翻译出版概述——纪念马克思逝世一百周年》,载于《图书馆工作与研究》1983 年第 1 期,第 1~2 页。

② 黄铮:《坚持马克思主义人权观理直气壮地讲人权》,载于《学术论坛》1992 年第 1 期,第 9 页。

③ 《星星之火,可以燎原》,引自《毛泽东选集》第一卷,人民出版社 1991 年版,第 102 页。

④ 国务院新闻办公室:《中国的人权状况》(1991),引自《中国人权事业的进展——中国人权白皮书汇编》,新世界出版社 2003 年版,第 3 页。

⑤ "我国是人民民主专政的社会主义国家,经过 40 多年的民主政治建设,已初步形成了以宪法为基础,以部门法为补充,与中国政治、经济、文化发展水平相适应的具有中国特色的人权保障制度。"参见王德祥:《论我国人权的宪法保障》,载于《法学研究》1991 年第 4 期,第 2 页。

义中国的人权特色""中国特色社会主义人权""中国特色的马克思主义人权理论"等近似命题。1995 年有学者发文正式提出"中国特色的人权观"命题，剖析其同马克思主义人权理论的继承关系、核心思想和落实条件；[①] 2001 年又有学者在采访中提出"具有中国特色的社会主义人权观"概念，对数年来中国特色和人权观结合的研究、中国特色（社会主义）人权观的基本内容作出了概括梳理。[②] 综上所述，中国第一个人权白皮书发布后的十年是该命题发轫并确立的黄金时期，研究方向也逐渐从反驳西方攻击策略、关注与资产阶级人权比较的视角转变为关注"中国特色"对人权观构建的具体要求，由被动性转变为自发性。

三、中国特色人权观命题的性质及意义

中国特色人权观具有三大紧密结合的特性：第一，借鉴性。中国并非不具备一丝一毫原发的人权因素，但是传统文化中的人权因子由于小农经济的兴旺和抑商政策的辅助，加之整体上长期、稳固的封建专制统治，而被长期压抑，缺乏以自身力量茁壮成长的空间。近代人权思想的勃发源于志士们对西方各派见解的推广。经历过诸多尝试后，马克思主义人权思想与中国国情兼容性强，更具实践性、科学性，因而成为我国人权事业发展的指导思想。可以说，中国特色人权观的发展从根源上得益于域外种种学说的扶助，因而也不可避免地带有借鉴色彩。第二，本土性。近代以来的数次尝试已使中国人民意识到，将舶来的理论直接嫁接于我国社会只能适得其反，为求持续发展，必须创造出具有情势针对性的、根植于自体文化的人权理论。改革开放后，学者们不再将马列主义的全部理论作为至高的行动教条，而是转向关注在承袭中改造的问题。党的一代又一代领导人紧扣时代背景下社会的主要矛盾、人权事业的薄弱点，提出本土化的思想观点，调整工作的侧重方向，如邓小平理论、"三个代表"重要思想、科学发展观、习近平新时代中国特色社会主义思想。这些不仅是治党治国的理论成果，也被学界认定为人权思想的重大创新。特别是近年来，在法治领域人权的热度稳步上升，人权从政治性概念向法治理念、部门法指导原则的身份延伸，中国的人权观已经开始逐步摆脱单纯借鉴，向本土独创的方向发展。第三，过渡性。尽管我国已经在人权观的独创性方面取得了喜人成效，但社会高速转变的过程中，新类型的人权需求和矛盾纷纷涌现，不断对现有的理论提出变更要求，如越来越多的学者呼吁赋予生育权、知情权以基本权利地位；在人权入宪后主张以人权条款为跳板扩大人

[①] 陈耀斌：《论中国特色的人权观》，载于《河北社会科学论坛》1995 年第 3 期，第 33~37 页。

[②] 中新社：《人权专家提出中国特色的社会主义人权观》，中国新闻网 2001 年 4 月 13 日。

权保护范围等。同时，规定执行、制度落实不力是存在已久的问题，如针对政府信息公开，国务院法制办指出"现行条例规定的监督保障措施力度不够，各地方、各部门落实政府信息公开制度的情况不尽一致，有的信息公开不够全面充分、及时准确"① 的问题，并对此推出了修订草案。可见我国在人权事业的制度框架构造上和具体政策落实上都有很大的改造空间，现有的人权思想远未达到成熟境界，正处于过渡阶段。

上述特性足以表明，中国的人权观在生发和成长路径上的与众不同。但"中国特色人权观"的命题，正如一些学者所言："中国的事情有别于世界其他国家，这是显而易见的。但是，把每件不同的事物都加上中国特色，既没有意义，也完全没有必要。"② 它不是刻意营造的潮流，除了彰显中国人权事业发展的独特性之外，还有更加深刻的意义和必要性，其既是一种标示，也是一种警示。

"中国特色人权观"命题的标示意义在于，首先，其是确立告别"杵着双拐摸索"的阶段，正式进入"用自己的双腿前进"阶段的里程碑，对新中国成立以来的人权思想进行总结归拢，并提供了汇总的平台，展示我国人权思想的进步。其次，防止人权的泛化乃至虚化。人权所涉学科范围广泛，包括经济学、政治学、哲学、法学等，人权在众多社会治理模块之间起到桥梁沟通作用。我国人权思想和政治发展更是关系紧密，许多开创性见解均来源于治党方略。故我国更需要一个专门思想体系以作提炼，明确在不同的学科体系中，特别是法学学科的各个部门法研究中人权的体系地位和价值取向，以防人权泛化，进而导致人权不能获得应有保护的不利后果。例如，人权事业进展往往以经济发展为重要保障，但是过度注重经济发展，又会偏离最初的起点，侵损当下的人权。又如，我国部分学者提出刑事诉讼法通过惩罚犯罪，达成了社会和谐稳定、所有成员安居乐业的状态，以否定对于刑事诉讼场合被追诉方人权保障的特殊需求。中国特色人权观作为一个不断完备的体系，能够起到无可替代的居间统筹和指导作用，及时调整方向的偏转。

"中国特色人权观"命题的警示意义在于，在世界政治舞台博弈中，人权依旧是一个比重极大甚至日益增大的筹码。1991 年《中国的人权状况》白皮书是对美国屡屡攻击的有力回击，其后也发布了各种人权事业进展的官方报告，但并不意味着在应对人权攻击方面中方可以一劳永逸。近年来，西方国家对中国的人权批评越发猛烈；2015 年联合国特别报告员抨击中国在宗教方面的人权状况；2016 年联合国人权理事会会议上，中国又面对 12 国联合发言的批评，美国也在

---

① 《国务院法制办发布〈中华人民共和国政府信息公开条例（修订草案征求意见稿）〉》，中国政法大学法治政府研究院网站，2022 年 9 月 23 日。

② 陶文昭：《中国特色探析》，载于《学习论坛》2012 年第 10 期，第 7 页。

年度人权报告中"把人权问题政治化，试图以此干扰中国的稳定和发展"①；2017 年，美国再次试图从拐卖人口角度对中国人权事业提出异议。中国特色人权观正是指导我国稳步推进人权保障工作，抗击世界其他国家施压的有力武器，也警醒众多求索者我国自身的人权观依旧有待完善，勿要为一些超验、不合国情的"人权理论"所动摇，也勿要再犯过去教条主义的过错。

第二节　国内学界关于中国特色人权观的总体研究状况

尽管在旧中国到新中国成立初期，"人权"的概念已经或多或少地渗透进中国社会，《中国人民政治协商会议共同纲领》和 1954 年《中华人民共和国宪法》中的规定从客观上看客观有利于人权保障，但总体上专门的学术研究是几乎不存在的。中国特色人权观研究真正肇始于 1979 年，当时的工作重心虽不再是阶级斗争，但由于长久回避的习惯，理论界对于人权态度分化依旧比较严重。1991年《中国人权的状况》发布，一定程度上解开了人权之禁，研究成果的数量呈井喷式增长，研究角度也逐渐丰富。伴随着人权教育和宣传的开展，世纪之交后，人权研究延伸至高校，成为博士学位论文的重要选题之一。2004 年，人权条款入宪，再次掀起了人权研究的热潮，并直接推动了法学学科视角下的人权研究。纵览中国特色人权观研究历程可以发现，不同阶段有着不同的研究热点。

一、社会主义国家人权概念之辨

1978 年真理标准大讨论引领国内思想解放潮流，自此"人权"也逐渐成为一个不再被避忌的话题。在 1991 年第一个人权白皮书出台之前，围绕人权的研究主要集中于社会主义国家人权存废与否的问题。鉴于当时人权在国内还不是一个正式的概念，不少学者前期也以"人道主义"替之。

关于该问题存在两派立场：一为否定论，少部分保守派学者认为，人权只适用于资本主义国家，在社会主义制度下不必要提及，否则将在国内激起反动和分裂，破坏国家政治制度。一些温和的保守派指出："我们的目标和任务是彻底揭穿资产阶级的'人权'口号的骗局，坚持和捍卫无产阶级社会主义民主制度，

---

① 中华人民共和国外交部：《外交部就中国人权状况等答问》，中国政府网，2016 年 4 月 14 日。

为过渡到没有阶级没有国家的，消灭一切剥削的共产主义社会而奋斗。"① 他们对资产阶级人权理论持反对态度，但对社会主义国家能否启用这一口号，则不置可否。二为肯定论，持此立场的学者内部又存派系区分，一部分主要从事文艺工作的学者主张在艺术领域放开对人性、人道主义的限制以打破政治观点与创作的勾连，消解艺术作品特别是文学作品中人物的样板化走向。"解放思想，恢复文艺创作应有的自由"② 的潜在话语是批评谈人权而色变的状态。然而该主张只简单肯定了资产阶级的人权理论，无更深层次的科学性论证，因而受到较多抨击。另一部分属于改良派学者，拒绝以偏概全、以一时表象代替深层本质，指出无产阶级和资产阶级在对待阶级存废、政治制度与人权的关联上确实存在无法调和的差异，但是"这个根本分歧不能理解为无产阶级笼统地否定人权口号"③，主张否定无产阶级存在人权必将使政权受到对人权漠不关心的丑化。这些学者的见解虽含有部分政治话语和阶级斗争意味，但已经初步将学术问题脱离政治现实的限定，从更长远、更全面的方向思考人权问题将来的去向。这些改良派的学者在支持解禁人权话题时，也格外警醒矫枉过正，将资产阶级的人权和无产阶级的人权严格区分，并将后者视为真正的人权，一直以来作为革命斗争和政治建设纲领的马列主义思想中关于"人"的部分，也逐渐走入学术视野。该时期许多学者撰文对西方经典反马克思论述的谬误提出批评，解说西方以天赋人权为核心的主流人权观点的荒谬性和自相矛盾性，并开始介绍马克思主义的人权思想。

20 世纪 80 年代起，国际政治形势发生变化，里根政府开始积极推行对我国的人权外交政策，以便喙咪内政。以此为转折，国内的研究主题开始从"存在与否"逐步向人权本体论过渡。该时期的关注焦点主要有三个方面。

第一，对美国人权外交策略的分析。此类研究主要追根溯源，从第二次世界大战后国际情势变迁分析美国这一策略的成因和发展，以示美国对于中国人权状况的指责不过是为达成动摇主权这一政治目的的掩护。第二，对西方资本主义不同流派的人权理论进行介绍并评论。近代起的师夷长技思维在此时依旧发挥效用，此类研究摆脱了"文化大革命"甫一结束时的阶级敌视惯性，相对客观地展示了西方人权思想，主要有两类方向：一是系统性介绍西方人权观念的发源与流变；二是就当时颇具影响力的天赋人权观念最初发源的自然法学派和一些影响力较大的学者，如卢梭、霍布斯、洛克等的学术观点进行针对性述评。对待这些

---

① 张梦梅：《浅论资产阶级"人权"》，载于《中南财经政法大学学报》1979 年第 2 期，第 40 页。

② 朱光潜：《关于人性、人道主义、人情味和共同美问题》，载于《文艺研究》1979 年第 3 期，第 42 页。

③ 蓝瑛：《"人权"从来就是资产阶级的口号吗？——与肖蔚云等同志商榷》，载于《社会科学》1979 年第 3 期，第 72 页。

观点的主流态度也有所缓和，不少学者肯定特定阶段下它们的进步意义，主张辩证看待、全面认知、选择吸收，指出"理论上的某些合理成分，对于健全我国的民主和法制仍然是很有教益，可供我们借鉴……在肯定它的历史作用和吸收其理论上的合理因素的同时，应对其反面有充分的认识"①。第三，人权概念的解构和剖析。美国的人权外交政策一方面给予中国巨大压迫，另一方面也令党和政府、学者们意识到人权问题已无可回避。在武力争端受到极大限制的当今世界，西方资本主义国家开始寻求别的手段对第三世界国家进行打压，一味防御并非上策，因此这一焦点成为当时热门的话题。在 20 世纪 80 年代至 2004 年人权入宪这一时段内，学者们发表的文献、出版的专著以及竞相召开的人权研讨会、座谈会多以人权本体论的某方面为核心。所涉具体主题包括以马克思主义为蓝本，构建我国社会关于人权的主体、具体内容、来源、特性等的学说。较突出的问题包括：其一，集体人权是否存在。这一问题观点比较统一，主流立场是在东方集体主义文化传统的底蕴下支持个人人权与集体人权并存，否定资本主义国家过分鼓吹抽象个体权利的观点。其二，人权是否具有阶级性。这同样属于几乎无争议的问题，相关学者均指出依照马克思主义观点，抽象永恒的人权并不存在，人权的一切受制于占据统治地位阶级，资本主义国家不分阶级的人权只是虚幻，并没有在国家中获得真正实现。其三，人权是否具有国际性。此问题存在一定分歧，少数学者怵于美国对所谓的计划生育和西藏问题的指责，过于执着于对内政的保护，对"人权无国界"论一概批评，过分关注意识形态斗争。以郭道晖教授为代表的多数学者指出，特定条件下国际人权是存在的，"要把承认人权有国际性（国际合作、国际保护）同反对借人权干涉别国内政加以区别对待，即使对待人权的国际干涉，也要具体分析国际法所允许的合法制裁、人道主义干涉同非法干涉的区别"②，为积极应对全球化潮流而做准备。

二、中国特色人权观的理论与实践成果总结

从最初极力主张社会主义国家与资本主义国家人权的差异性开始，中国学者就不自觉地走向了构建特色人权理论的道路。关于中国特色人权观理论与实践成果的总结从 20 世纪 90 年代便已开始，因其一直不断地修正与充实，因此直到今日依旧具有高度学术价值，在中国特色人权观研究中占据主要地位。1991 年后，

---

① 谭永灼：《试论卢梭的人权思想》，载于《外国哲学》1983 年第 4 期，第 96～97 页。

② 郭道晖、陶威：《人权禁区是怎样突破的——建国以来法学界重大事件研究（24）》，载于《法学》1999 年第 5 期，第 3 页。

纯粹介绍马列主义人权理论的文献整体比重显著下降，取而代之的是以这些理论为指导，结合中国社会现状的理论建构与反思，"中国特色"的本土性开始显现。相关研究主要可以划分为以下三类。

第一类，哲学基础总结。单一学说向理论体系发展的必备前提就是哲学根源，中国特色人权观的哲学基础就是马克思主义的实践唯物主义哲学。该方面研究以介绍性和比较性文献为主，专门从哲学向度解析人权的文献较少，多散见于关于马克思主义人权理论的论述中，主要包括唯物史观和人的本质学说。西方的整个政治、法律学科体系建立在唯心史观的哲学基础上，信奉抽象人性论，大力颂扬人的内在理性，以利己主义为主的个人至上作为伦理文化。马克思主义则以实践劳动作为人之本质，注重物质特别是生产力的决定作用，以注重具体现实和社会关系联结的集体倾向为伦理文化。因此，中国特色人权注定和资本主义学说走向完全不同的道路，也决定了国内大部分学者对人权的性质、实现方式作出不同于资本主义人权理论的解读。

第二类，理论成果总结。此为占比最大的一个问题，又可分为国内视角与国际视角两个不同层面。在国内视角上，有以下两类研究倾向：其一，总结国家领导人提出的重要人权理论及提炼中国特色社会主义理论体系的人权意蕴，其研究对象依时间发展顺序，首先是毛泽东革命时期的人权思想。虽然毛泽东以其革命思想和政治思想而闻名，但其同样关注民生、人权，其人权思想主要包括：重视生存权，并主张通过发展经济保障大众生存权，以经济权利实现推动其他权利实现；[①] 人赋人权，人权是人民群众自赋的，在阶级尚存的社会赋予的手段主要表现为阶级斗争；[②] 强调集体人权，既包括整个国家的自决独立，也包括一些特定的社会群体，如妇女群体的特定权利。[③] 其次是邓小平的主要人权思想，主要包括：将生存和发展两项权利放在首要地位，在人权与主权关系上坚持国权的优先性；[④] 人权是普遍性和特殊性的统一，人权的总体价值取向是趋同的，但是其实现是因国而异的，在世界各国对话日益增加的环境下，加强国际交流合作是可取的，但应杜绝以人权为借口插手内政问题。最后是"三个代表"重要思想、科学发展观、中华民族伟大复兴的中国梦中所包含的人权保障内核。进行此方面研究的学者主张，该类理论尽管是治国理政的纲领性指导思想，但共同点都是强调"人"的巨大作用以及以"人"为最终目标，且建设社会主义社会的目标及其实

---

① 冉昌光：《论毛泽东的人权观》，载于《社会科学研究》1993年第6期，第7页。
② 戴立兴：《论毛泽东的人权思想》，载于《马克思主义研究》2014年第2期，第29～31页。
③ 徐俊忠：《毛泽东新民主主义革命时期人权思想探要》，载于《学术界》1993年第4期，第18页。
④ 李永丰、贾向云：《论邓小平人权思想的基本内容及其意义》，载于《甘肃社会科学》2004年第6期，第104～105页。

现过程本身也与人权息息相关。从人权的视角考察中国特色社会主义理论体系的学者们补充了中国特色人权观的内容、归整了具体人权保障制度的发展方向，并灵活运用已有理论解决中国社会现实人权问题，如分配制度调整、金融危机后国际机遇的把握等。其二，重大人权学说专门述评，主要包括人权的享有主体；人权的分类与内容；人权与经济、政治、文化的互动关系；人权与国家主权的关系；人权的普遍性与特殊性、阶级性。在国际视角上，关注的则是国际社会的人权对话与合作。以该主题为中心的研究注重国际人权宣言和国际人权保护公约的由来、基本内容，以及我国在国际人权领域的合作，探讨我国人权观与国际人权基本原则的一致性。在加入一系列人权公约的情形下，我国怎样履行国际义务，主动掌握人权的话语权，搭建新的人权保护机构平台，[①] 将人权国际保护与人权国内保护对接，以及探讨在宪法、法律制度上体现的问题。

第三类，实践成果总结。此方面研究一方面是对于官方文件的整编，如中国人权研究会和中国人权发展基金会曾先后对中国人权白皮书进行汇总，直观反映社会成员经济文化权利、政治权利、弱势群体保护等宏观方面的成就和刑事被告人权、西藏地区人权、粮食、环保等特定微观方面的成就，以及中国整体人权事业的历时性进境；[②] 另一方面是以理论总结整合的形式出现，在归纳了具体的人权理论成果后，以具体的统计数据说明中国在实际推进人权中取得的成就，如国民经济增长迅速，文化教育事业显著发展等，以论证指导理论的可实践性和科学性。

三、微观学科视角下的中国特色人权观

人权本就是诸多学科的交叉点，历经几十年积淀，中国特色人权观已初具理论框架。2004 年人权入宪后，我国正式在根本法层面强调人权保障的重要价值，也令从新中国成立后已零星有之，但始终不温不火的学科型研究，特别是法学学科的人权研究骤然兴盛，学科视域包括经济学、文学、政治学、新闻学等，其中马克思主义和法学是影响力最大、占比最重、研究推动力最强的两个学科。

马克思主义学科下的人权研究，主要指马克思主义的中国化，从广义角度也有学者将列宁对马克思主义的发展也包含在内。学者们首先对马克思主义中国化

① 韩大元：《国家人权保护义务与国家人权机构的功能》，载于《法学论坛》2005 年第 6 期，第 6 ~ 8 页。

② 中国人权研究会：《中国的人权：关于人权的白皮书汇编》，五洲传播出版社 1997 年版；中国人权发展基金会：《中国人权事业的进展：中国人权白皮书汇编》，新世界出版社 2003 年版。

的科学内涵作出了全面的探索，主流观点是"化"之精髓在于疏紧恰当的结合与适时的应用，"既超越马克思主义原初语境，又超越中国实践一般经验"①，在随心所欲的离弦与过度神化的膜拜两个极端之间把握平衡，这既是马克思主义中国化的应有内涵，也是其实现的途径。在此基础上，学者们进一步挖掘具体的手段，即以不断自建自检的中国共产党为领导核心，以人民群众为力量根源，以辩证平衡为原则，做到继承与发展并重、传统与现实并重、统一与多样并重、客观与主观并重，②不仅在理论制度建设上精准度量，也要贯彻实践精神，培育马克思主义大众化的通途。同时也有一些学者注意到，不能对马克思主义中国化的情势过于乐观，对目前存在的一些困境，也作出了分析和反思，如目前的历史发展进程使马克思主义常常处于被怀疑的境况，一些僵化束缚使其在面临新挑战时更新迟滞、面临教条性的指责；③就其中国化所取得的成果本身，也有学者提出须警惕由此带来的"中国模式"概念泛滥，防止其光环造成的国人虚荣心和为不定的未来套上固定的框线，强调中国的发展依旧存在许多不可忽视的困境，必须持续灵活运用马克思主义理论破解现存的一系列社会问题。④人权理论作为马克思主义的一部分，它被中国借鉴的过程自然与马克思主义整体的本土化过程同调，马克思主义中国化的手段、逻辑范式、经验教训都可以作为中国人权观塑形的宝贵参考。

在马克思主义学科研究中，明确就其人权理论的中国化进行专门分析的研究兴起较晚、数量较少，主题多是历史进程的梳理。最具代表性的成果是孙强所著的《改革开放以来马克思主义人权理论中国化研究》，在构建发展谱系的同时总结了马克思主义人权思想在中国的理论创新、归纳了其逻辑范式，并就当前全球化背景下中国存在的紧迫性现实问题提出解决方式。⑤

法学学科下的人权研究几乎和人权思想解禁同期开始，真正兴盛则稍晚，包括四个主要视域：第一，法理学研究。此主题将人权从其他学科承接而来，将人权从政治话语转变为法律话语，从词源、法学流派进行历史考察，从法律文件进行语义考察，从去政治化、去道德化的角度定义人权的含义和基本性质；⑥比较人权同公民权、基本权利等法律概念的差异与关联；从鸟瞰整个法律体系的角度分析法律在人权的保护中扮演怎样的角色，制度运转的应然与实

---

① 靳书君：《马克思主义中国化研究的问题、视野与范式》，人民出版社 2016 年版，第 72 页。

② 包心鉴等：《马克思主义中国化的基本规律和当代走向》，人民出版社 2011 年版。

③ 李安增主编：《马克思主义中国化研究》，中央编译出版社 2009 年版，第 88~93 页。

④ 丁志刚、刘瑞兰：《"中国模式说"值得商榷》，引自刘先春主编：《与时俱进：马克思主义中国化研究》，中国社会科学出版社 2013 年版，第 55~60 页。

⑤ 孙强：《改革开放以来马克思主义人权理论中国化研究》，中央编译出版社 2013 年版。

⑥ 王启富、刘金国：《人权问题的法理学研究》，中国政法大学出版社 2003 年版。

然状态，特别是立法权、司法权的活跃以及将来应当如何作为的问题。① 部分学者甚至在全面分析的基础上提出构建作为"宪法相关法"的人权"独立法律部门"。②

第二，国际人权法研究。该主题时间跨度较长，在改革开放时期集中于研究防御外来借口人权干预内政行径，注重国际合作的同时强调国家主权。③ 21 世纪中国的人权事业取得长足进步，在应对此类攻击时不再局促，与国际社会能够开展真正意义上的交流对话，学界的研究重心也转向国际人权公约、条约与国内法的转化关系以及中国在制度层面具体落实人权保护义务的途径，④ 同时也更广泛地关注域外的实体制度经验，为中国法治建设提供经验。

第三，国内部门法研究。这是法学学科下人权研究一大重点，各个部门法领域或多或少都有关乎人权保障制度的讨论，目前研究集中于宪法学和刑事诉讼法学。在宪法学领域，主要的研究方向如下：一为宪法人权条款解析。2004年"国家尊重和保障人权"被写入宪法，且置于"公民基本权利和义务"章节之首，引发讨论热潮，学界关注焦点主要是人权在宪法中的体例布局安排；人权条款的正面价值；人权入宪衍生出的一系列必须谨慎注意、使其积极效应不至于仅停留于纸上谈兵层面的诠释、应用问题；⑤ 人权条款的性质和效用发挥手段等。二为宪法监督、宪法诉讼制度构建。许多学者有感于中国宪法至高地位和难以直接发挥实效的落差，在此方面既吸收域外实践，也分析本土整体法律框架，试图构建以宪法人权条款和其他基本权利条款真正统揽指导、调整其他部门法和具体配套制度的模式。在刑事诉讼法学领域，学者们清醒认知到刑事诉讼法在人权保障机能方面的强调远超其他部门法，从价值目标、刑事诉讼无罪推定等基本原则，非法证据排除、辩护、沉默权等重要制度方面展开全面研究。

理论工作者既是中国特色人权观发展的观测主体，也是参与、推动其发展的中坚力量。总体而言，我国的人权思想研究时代性、阶段性鲜明，在长期发展过程中，原则性主体观点已初具形态，故逐步褪去泛政治化色彩，近年以马克思主义学和法学学科的多样化研究为主，开始走出重复单一的窠臼。特别是法学，已成为中国特色人权观方法论指导下具体落实探索最直接、有效的学科。除去上述长

---

① 司平平：《司法独立与人权保护》，载于《法学》1989 年第 5 期，第 15～18 页；莫纪宏：《论人权的司法救济》，载于《法商研究》，2000 年第 5 期，第 84～89 页。

② 李步云主编：《人权法学》（第一版），高等教育出版社 2005 年版，第 3 页。

③ 李步云、王修经：《人权国际保护与国家主权》，载于《法学研究》1995 年第 4 期，第 19～23 页。

④ 张伟：《国际人权条约与宪法的关系》，载于《政法论坛》2013 年第 3 期，第 137～142 页。

⑤ 刘志刚：《人权的立法保障》，复旦大学出版社 2015 年版，第 35 页。

盛不衰的经典主题外，法学学者们对于前沿社会问题也保持着极高的关注度和敏感度，随着新的社会关系不断涌现，如基因科技利用、人体器官供取方面的人权保护也被纳入研究视野。① 学界以中国特色人权观的视角探讨规则制定、规则适用，又从这样的实践中归纳人权保护的一般原理，形成良性的循环互动，经历了从存在之事实到存在之本质再到实现之路径的变迁。

第三节　影响中国特色人权观的因素分析

中国特色人权观整体属外生型发展模式，其进程由中国传统文化、资本主义国家人权理论、马克思主义人权理论三线交织而成。在不同的纵向历史阶段，这些理论占据着不同的地位，时而显于明线、时而隐于暗线，互相影响、补白，最终有机结合，构成了中国特色人权观的主体部分。总体而言，中国传统文化在中国特色人权观形成的过程中发挥了基底性的作用，其自身丰富的内涵为中国特色人权观的塑造积累了情感基础与理论素材，其中的部分观念与现代人权保障的要求也有相容相通之处。但是，由于中国传统文化强调"义务本位"，② 自身并未生成权利视角，难以自发自觉地生成本土人权观和人权理论，在一定程度上甚至对中国人权观的形成和发展带来了反作用力。此后，西方资产阶级人权理论因较早地、大规模地传入我国，一度对我国人权思想的塑造产生了重要影响。西方资产阶级人权学说形塑了人权理论中的一些共识性部分，提炼出了公平、正义、民主、自由等人类共同价值，并主导构建了第二次世界大战后的世界人权保护秩序。但是，西方人权理论不能完全适应我国的社会文化土壤和社会发展逻辑，且出于诸多原因在相当长一段时间内被全然否定，因而其对中国特色人权观的生发之影响是有限的，更多地起到启蒙和参照对象的作用。相较而言，马克思主义人权理论则构成了中国特色人权观的主体素材，为中国人权事业的发展提供了哲学基础和精神指引。其基本内容为中国共产党所吸收、借鉴，并在其中国化的过程中与中国共产党的人权思想相融合，在中国共产党领导中国人民革命、建设和改革的实践中不断完善，因而在中国特色人权观的形成中占据主导。概言之，中国人权观既非独立地原生而成，也绝非完全移植于西方，而是在诸种要素的综合作用和共同影响下，特别是在中国共产党领导下的中国人民为实

---

① 如 2011 年教育部人文社科课题"我国人体基因科技发展的人权保障研究"；中国法学会 2014 年部级课题"DNA 鉴定中的人权保障"、2016 年部级课题"人权保障下人体器官有偿供取合法化研究"等。

② 夏勇：《人权概念起源——权利的历史哲学》，中国政法大学出版社 2001 年版，第 188 页。

现人权而艰苦奋斗的历史实践中，所形成的一个符合中国国情的、兼具开放性和包容性的人权思想体系。

一、中国传统文化在中国特色人权观发展中的地位

如前所述，中国传统文化曾辉煌一时，但由于内源生长的动力缺失，在现代化过程中并未起到枝干作用，但它始终是贯穿中国特色人权观的一条重要暗线，对其基底塑造和对外来思想的接纳糅合、潜移默化地改造都有重大意义。

近年来，学界对传统文化在马克思主义中国化中作用的关注不断提升，但主要视点依旧落在一度成为官方主流文化的孔子教义和儒学思想上，受限较大。笔者认为，中国传统文化不是儒家思想的一言堂，其内涵丰富，至少包含两类内容：一是从奴隶制的夏商时期到封建社会末期期间产生的，对世界、社会、国家的初步认识，治理、法律、礼教方面的学说，包括儒家、法家、道家等不同流派的观点。二是在不间断的文明传承过程中，在几千年绵延中形成的华夏胸襟和气魄，包括思维方式、民族精神、传统美德等。在中国特色人权观形成的过程中，其发挥了以下两个层面的作用：

第一，传统文化中的部分观念、学说直接在内容上构成了中国特色人权观的枝节。首先，保民思想是中华民族的传统思想，纵向在不同朝代、横向在不同流派均有所体现。在奴隶制社会，王被认为通过"德"获得天命，此"德"的核心又在于"民"，即"民之所欲，天必从之"，[1] 要求统治者对民间疾苦有所知晓和体谅。进入封建社会后，神明等神秘力量逐渐成为统治者自我正当化的手段，世俗社会对上天的宗教虔诚正在消亡，社会与人、君主与臣民的关系成为重要研究对象。以儒学为代表的各个学派，都表现了保民的思想，如孔孟的"仁政""民贵"、墨家的"兼爱"、法家的"令顺民心"等，这些思想也是近代知识分子民权论的催生要素。其次，人本主义亦在传统文化中有所体现，如儒家倡导的正心修身的"内圣"境界，关注"自我的人格提升""扩大内心的善端"。[2] 最后传统文化中不乏其他带有人权色彩，或者有助于人权保障的观念，如黄老学派主张正之法值得提倡、不正之法应予否认，墨家的以量度相当赏罚劝善沮暴等，都与现今的人权保障制度落实存在相通之处，甚至与一些重要的、以人权保障为价

---

① 《左传·襄公三十一年》，转引自徐祥民主编：《中国法律思想史》，北京大学出版社2004年版，第16页。

② 刘志扬：《马克思主义与儒家文化：当代中国文化的传统与展望》，山东人民出版社2015年版，第56页。

值目标的法律原则相似。

第二，传统文化成为中国吸纳外域理论的基底。首先，传统文化本身通过契合性与兼容性不自觉地对外域理论进行筛选。西方资本主义人权理论在我国碰壁不只是由于当时缺乏进入资本主义社会的必要经济、政治条件，还由于深层文化的互斥，而马克思主义与传统文化在文化上则更能实现良好对接。如中国传统文化追求"群"的圆融和集体主义前提下的人道关怀，人与人之间"善"的道德伦理；马克思主义强调为绝大多数劳动者谋求福利，关注民之共同体，呼吁提升党员的自我修养；资本主义人权却强调近乎绝对个人本位，人与人之间交往系于理性的淡漠与利己。故不少学者均认为"马克思主义与中华优秀传统文化的契合性"①是其被成功吸收的重要原因。其次，传统文化的内核精神能够在中国社会与外域理论之间缓冲润滑，并引导其本土化方向。中华民族兼容并包的胸怀、中庸和谐的处世哲学使其在面临外域人权理论时，总体上能够相对宽和、客观地接纳和评价，虽然由于一些客观原因曾经偏向极端，但也很快能够自发地回归正轨；经世致用、知行合一的实践哲学，推动着各种理论依据社会现状进行合理改造；恭俭勤奋等传统美德，缓解道德理想失落造成的人权保护在制度化、大众化方面的阻碍。一言以蔽之，传统文化是"中国特色"原初基因的所在，令我们能够在兼容并包的过程中始终坚持本根，不至于成为缺乏自主个性的借鉴品堆砌。

但是，中国传统文化对中国特色人权观的塑造也有负面作用，主要表现在两个方面：一方面，中国传统文化本身良莠兼具。有些文化因素在曾经的语境下带有为封建统治服务的色彩而被全盘否定，如人权讨论兴起之始，一些学者大批儒学，认为其中不存在丝毫现代民主科学要素，不能促进社会主义建设；②另一些文化因素虽为公认糟粕但由于长期占据统治思想地位，一时难以革除，如封建等级观念、家长式统治、权力崇拜与个人崇拜思想。另一方面，即使是中华优秀传统文化本身也在复杂的文化冲击下面临消解的危机。随着全球化进程推进，国家间文化交流频繁，一些极端个人本位、完全利己主义、金钱崇拜、利益至上等思想大行其道；而重于律己的传统文化遭受不屑，一些恶性社会事件因此发生，这些事件又进一步推动优秀传统文化的流失，令其大众化路径举步维艰，陷入恶性循环。如何将其上述负面效应化解是学界目前面临的一个重要课题。

---

① 房广顺、郑宗保：《马克思主义与中国传统文化相契合的当代选择》，载于《社会主义研究》2015年第2期，第29页。

② 李安增主编：《马克思主义中国化研究》，中央编译出版社2009年版，第173～174页。

二、资本主义国家人权理论在中国特色人权观发展中的地位

中国学界对资本主义国家人权理论的态度最易受到社会历史背景影响，分歧较大，因此资本主义国家人权理论对我国的作用方式和方向都有明显的阶段性。

在封建社会末期，资本主义国家的人权理论对我国起到的是正面的启蒙作用。洋务运动后，许多知识分子借此对中国社会整体情境加以反思，指出兵船舰炮之练仅在于表面，富国驭外的关键是制度变革，西方的政治、法制理论由此开始进入中国的学术视野。如著名改良派思想家王韬先生的变法思想核心即借法自强，他将国外以政治制度为标准划分为"君主之国""民主之国""君民共主之国"，并对各自的宪政制度进行介绍，指出代议制能够实现重民达治之功效，民心亲君，才能齐心发展。① 到戊戌变法时期，资本主义国家人权理论已从政治架构下的隐喻成为正式的研究对象，西方理论著作被大规模翻译引进。变法先驱康有为先生深受天赋人权思想影响，主张人与人之间是平等的，各自的权利相对独立，每个人享有自由自主之权利，若剥夺、侵犯此类固有之权，就是逆天理而施为。② 梁启超先生则效仿资本主义国家宪法，提出"厘定臣民之权利"，主张臣民有对君王与国家的义务的同时应当享有必要的政治权利（如请愿、集会）和经济权利（如主张所有权等）。③ 但本质上，自洋务运动伊始，这些对人权探索均是富国驭外思维下的应用，从产业之"技"到治理之"技"，始终没有摆脱工具主义的中体西用。故此阶段，资本主义国家人权理论在启发民智、推动民众的觉醒上的作用依旧是不彻底的。

革命派人士则更进一步意识到保护人权所要求的制度已非现有制度改良所能达成，必须通过彻底革命改变政治治理模式。孙中山先生在吸纳外域理论的基础上予以适度反思，指出"欧美各国二百余年以来，只晓得解决民族、民权两件事，却忘记了最要紧的民生问题"④，创新性地提出了三民主义。中华民国时期，关于宪政的研究极其高涨，继理论著作后，各国的宪法性文件被引进，一些关乎人权的宪法理念不自觉地渗透进法政文化之中，学者对于它们的考量也具有更多的本土意识。这一时期，资本主义国家人权理论、人权保障制度通过宪政文化的媒介开始深入中国社会，并接受了初步的扬弃改造。

① 王韬：《弢园文录外编》，上海书店出版社 2002 年版，第 13～19 页。
② 黎晓平：《中国现代人权观念的起源》，载于《中国法学》2005 年第 1 期，第 150 页。
③ 梁启超著，范中信选编：《梁启超法学文集》，中国政法大学出版社 2000 年版，第 9 页。
④ 《大总统是全国人民的公仆——在桂林军政学七十六团体欢迎会的演说》，引自孟庆鹏编：《孙中山文集》（下），团结出版社 2016 年版，第 555 页。

辛亥革命失败后，资产阶级国家人权理论随着新民主主义革命勃兴、马克思主义思想的影响上扬逐步式微，在新中国成立后很长一段时间被视作洪水猛兽，一概受到批驳，在我国进入了冻结阶段，直到改革开放后才在漫长的回暖过程中继续影响着中国的人权思想演变。

资产阶级人权理论从重回中国舞台至今的时间段内的地位与作用是复杂且矛盾的。就负面效应而言，第二次世界大战后东西方呈对立势态，"西方国家把人权观念、国家利益和全球战略结合在一起，为其对外政策服务"[①]，导致资产阶级人权理论中一些具有进步性的内容被压缩，一些具有虚伪性和局限性的内容被放大推广，作为攻击社会主义国家的政治武器，尽管中国出于抵御需要，造成客观上加速人权观发展的结果，但直观品评，此时期资产阶级国家人权理论确实极大地动摇了我国人权观健康发展的环境，这种干扰直至今日也依旧存在。就正面效应而言，一方面，资本主义国家的国力领先，其人权理论和其发展出的治理体系在第二次世界大战后能够更快地向全球扩散并对国际社会的公约制定更具影响力，而我国积极参与国际人权对话与合作，加入并批准了相关人权公约，是资本主义国家的人权理论产生了间接的推动作用；另一方面，学术自由环境下，学者们对资本主义人权的态度不再尖锐，开始通过对西方法学流派、法治经验、经典人权判例的介绍评述令资本主义国家人权理论发挥参考作用。

总体而言，由于资本主义国家人权理论本身具有的时代局限性，以及生发路径同我国社会发展逻辑的差异性，导致其地位的波动与暧昧：它是相对较中性化的素材，在中国特色人权观发展中可能阻挠滞碍，也可能启发助推，一切取决于接纳者的态度，在对待资本主义国家人权理论时，应当秉持批判、扬弃、创新的原则，始终以本土现实为纲把握理论发展方向，既要防止故步自封，也要防止原则性、方向性偏离。

三、马克思主义理论在中国特色人权观发展中的地位

马克思主义理论在中国后来居上，是中国特色人权观发展的枢纽，其地位主要表现在三个方面：第一，马克思主义理论提供了哲学的世界观和方法论基础，马克思主义关于人权的理论及其衍生的列宁人权理论也成为中国特色人权观的主体内容。马克思主义哲学先于马克思主义人权思想被中国所吸收，毛泽东曾著《矛盾论》与《实践论》，结合中国实际系统分析马克思主义哲学及其在国内本

---

① 姚元良、徐其仁：《西方国家人权观剖析》，引自中国人权发展基金会主编：《西方人权观与人权外交》，新世界出版社 2003 年版，第 25 页。

土的运用。在世界观方面，马克思主义哲学的核心在于唯物史观。恩格斯曾指出："相互斗争的社会阶级在任何时候都是生产关系和交换关系的产物；因而每一时代的社会经济结构形成现实基础，每一个历史时期由法律设施和政治设施以及宗教的、哲学的和其他观点所构成的全部上层建筑，归根到底都是应由这个基础来说明的。"① 其科学地解释了社会治理模式的演变规律和统治阶级更迭的本质，也揭示了人权勃兴的根源。不同于西方源于宗教神学的人道主义思潮，马克思主义脱离了缥缈的"神"的旨趣，提出人并非由于造物的物种的原因才被赋予不同于动物的"人权"，而是因为自主的实践活动逐渐形成社会关系，这些权利在人与人的关系中才有意义，西方的自然权利"有比喻价值，但不确切"②。从这一基点出发，能够将高度概括、具有内在发展性的人权固定在一个相对可控的范围内，并衍生出关于其主体、性质、与政治经济的互动关系等逻辑连贯的理论谱系。在方法论方面，马克思主义核心的理性批判的实践哲学消解了形而上学世界观和方法论的缺陷，使继承了此种方法论的国人能够辩证地看待和吸收不同派别的学说精华，并且能够因时而变、因事而变，在保持根系的哲学基础不动摇的同时，广泛接受并改造其他外域学说，逐渐形成贴合国内具体需要的初步理论。有学者将马克思主义分为三个基本层次，其中核心部分是世界观和方法论，③ 我国对其哲学基础的吸收，决定了马克思主义人权的基本原理也将在中国人权思想的内容构成上占据主导。

第二，马克思主义理论为中国的人权发展提供了必要的社会环境。如果一国长期为战乱所累、为殖民所压迫，往往会导致该国经济畸形运行，也不可能构建健康、良好的政治文明、精神文明，人权也就无从谈起。近代中国所面临的正是这一危急状况，尽管民智已开，但对于怎样彻底消解封建专制、官僚主义之弊，抵御帝国侵略，并无成熟方案。戊戌变法、辛亥革命等活动的社会推动价值有限，本质上延续的是封建社会末期只看其体、未得其魂的对外学习策略。马克思主义者在对这段历史进行反思时，也表示"中国人向西方学的很不少，但是行不通，理想总是不能实现"④。而马克思主义作为和资产阶级政治理念完全不同的另一套社会科学学说，借十月革命极大地提升自身在中国的知名度，并在杂陈的各种社会主义流派中逐渐成为主流，为彷徨中的中国革命者指引了一条全新的道路。马克思主义作为重要指导思想引领中国共产党走向正确的革命方向，其思想中为全部无产阶级解放而奋斗的精神和气魄也极大鼓舞了党员和群众，最终取得

---

① 《马克思恩格斯全集》第 25 卷，人民出版社 1972 年版，第 874～875 页。
② 李云龙：《人权问题概论》，四川人民出版社 1998 年版，第 61 页。
③ 李安增主编：《马克思主义中国化研究》，中央编译出版社 2009 年版，第 28 页。
④ 《毛泽东选集》第四卷，人民出版社 1991 年版，第 1470 页。

革命胜利、建立了独立的新中国并确立了社会主义制度，人权思想的发展也有了相对平稳的土壤。如果马克思主义思想缺席了中国近代革命进程，正如邓小平所言："中国现在还会是四分五裂，没有独立，也没有统一。对马克思主义的信仰，是中国革命胜利的一种精神动力。"①

第三，马克思主义理论发挥着聚合优秀传统文化、其他人权理论的纽带作用。如前所述，中国传统文化与西方资本主义人权理论在我国的境遇均多有波折。就传统文化而言，民国时期袁世凯祀孔祭天，复辟帝制，导致五四运动时很多文人反感甚至厌恶古代中国所发源的学派，特别是作为"官学"的儒家学派，主张其与民主科学格格不入，产生"顽旧的思想与恶浊的政治，往往相因而至"② 的观感。在现代社会，传统文化依旧面临着理想流失、逐利而动、道德失范的困境。就资本主义人权理论而言，其易受到意识形态对立和政治博弈的影响，在高度警惕全盘西化的今日，许多学者片面地驳斥其局限面，却忽视了其进步面。而马克思主义与中国文化理念和社会现实的高度亲和性使其能够重新激发优秀传统文化的活力，并赋予其具有现代意义的思考空间；其辩证批判的实践方法也对选择性地接受其他人权理论、将中国特色人权观塑造丰满有所助益。

---

① 《邓小平文选》第三卷，人民出版社 1993 年版，第 29 页。
② 黄岭峻：《激情与迷思——中国现代自由派民主思想的三个误区》，华中科技大学出版社 2001 年版，第 42 页。

第二章

传统文化中人权要素的继承与发展

中国的历史发展过程十分漫长，其中萌生的传统文化具有接续性，是当今培育发扬中国特色人权观必不可少的精神财富和构成要素。本章着重探讨中国传统文化中的人权要素是否能够自然发展为现代意义上人权观念，以及在当今社会背景下传统文化中人权观念的功能定位。其中，对"传统文化"的定义是，从原始社会到封建社会覆灭末期华夏大陆上产生并发展的相关学说及施政实践的总和。

第一节 中国传统文化中的人权要素概要

一、中国传统文化中人权有无之辨

中国传统文化中究竟存不存在"人权"的概念是长期以来都没有定论的争议，而争论根源则是人权概念的起源和人权本身的概括性与发展性。人权本发源于西方启蒙运动，在国内研究初期，"人权"常被学者们直接援引、化用英美自由主义或个人主义的概念进行定义。中国传统文化中究竟是否存在属于自身的"人权"概念，虽有肯定和否定说两种立场，但大多数人依旧持否定说，并提出，中国古代治世学说与实践均将个人与整体同一化，严格的等级秩序无法产生

"独立平等的权利主体";君言法随、民刑不分的法律境况使律令成为君主统治的工具,缺乏独立的保障功能,故不可能产生人权概念。① 主张传统文化中有"人权"的学者则并不以源生的人权定义在中国社会寻求同构意义,而是反思人权概念与集体社群的兼容可能性,拓宽西方从自利主义向个体人权推导的狭窄路径,提出孔子学说中,人在脱离了亲缘关系和社会关系后并未被视为不被定义的游离物,个体性在孔孟儒学中获得尊重,在主张亲和关系的道德优先前提下,人权在人伦纽带破灭时能够作为"后退"和补缺的机制,并且可以通过诉讼保全这种权利,证立了至少先秦的孔孟儒学存在着接纳人权的可能性。② 后者是国内近年来学术界的主流观点,多数学者承认在传统文化中是否存在正统人权即使可商榷,也至少存在与人权共通的某些要素。

现代人权概念的包容性使定义工作极为困难,但划定大致的范围是可能的。笔者认为可从三维划定人权的边缘:享有主体、对象和内容。第一,主体要素,人权的享有主体自然是人,关键在于人权中人的性质定位应当具有目的性,人权保障因此能够取得独立的价值,如果人完全作为手段存在,将失去主体性资格。"人是目的"道德哲学论的集大成者康德主张:"人,一般来说,每个理性存在者,都自在地作为目的而实存着,他不单是这个或那个意志所随意使用的工具。在他的一切行为中,不论对于自己还是对其他理性存在者,任何时候都必须被当做目的。"③ 精确而言,康德将纯粹抽象的、无经验感情的理性作为目的;这一论断经过黑格尔批评和康德的自我反思和修正,不再限于仅仅对"理性"的尊重,而发展成对"人性"的尊重,"人性"即"实践理性在感性和具体活动中的实现过程和可以不断完善的选择能力"④;最终在马克思主义原理的场合,人成为本质应然上的目的,现实实践中目的和手段的统一。因此作为人权主体之人,须有目的性,即从应然层次上应当是权利保障的出发点与终点,人权保护的目的在于使得一定地域范围内的个体成员以其意志行动与自我发展,并且保证个体构成的集群能够为这种发展提供良好的条件,即使出于各种客观限制暂时在实然层面难以完全达成,但人的目的性必须成为人权保障设计的原则理念,否则人权将不可避免地泛化最终虚化。第二,对象要素,即人权根本上应当对应公权力机关,有学者称为国家、政府,语义上可互通。尽管近年来的一些学说使主要以宪法基本权利形式体现的人权有向私法领域延伸的趋势,人权依然主要用于对国家

---

① 蒋薇:《中国传统法律文化中的人权意识与现代人权的发展》,载于《理论界》2005年第9期,第170页。

② 陈祖为:《儒家人权观》,载于《国际儒学研究(第六辑)》1988年第6期,第147~157页。

③ 康德著,苗力田译:《道德形而上学原理》,上海人民出版社2005年版,第47页。

④ 陈旭东:《从德性义务理解"人是目的"的道德律令》,载于《山东社会科学》2008年第7期,第51页。

权力提出消极不作为或积极作为的要求，以界定权力的冷却边界，政府的义务与一国国内的人权构成对位关系。第三，内容要素，人权在内容上应具备道德共识性，尽管存在普遍性与特殊性、特定情况下人权克减与限制的度量等命题的争执，但作为根源的道德共识性是毋庸置疑的。有学者认为，人权来源于人性的某些天然要求或欲望，但是这些欲望需要经过内心的某种标准予以检验，并且这种标准应当符合一定时间阶段和相当规模空间范围内大多数群众的道德心。[①] 一套理论就此三个边界有一越界，就可能与现代人权大异其趣。

检视中国传统文化，首先，从主体要素角度，诸子百家中，对"人"与"民"论述研究的代表是道家与儒家。先秦道家思想的核心之一即"天地不仁，以万物为刍狗；圣人不仁，以百姓为刍狗"[②]，即无论在天道还是圣君眼中，万民就如同祭品一般，只需依既定的规律处置，不因爱憎情感而改变对待。道家的处世哲学中人的存在是物化的，全凭客观自然规律操纵。而先秦儒家的"人权"是"攻心为上"的表现，不是出于对人的本质的理解产生的权力观念，是治理思维下的民生保障环节，使臣民获得一定程度的满足感，以固化天子地位，证立天命所归，令百姓感其恩德，达到"居其所而众星共之"的效果，并且随着正统治国之学的形成，拥护君主的目的更加露骨。可见传统文化中，人的目的性几乎不存在。其次，从对象要素角度，中国传统文化中限制君主、限制权力机关与保障"人权"分属不同模块。官僚部门的限制源于君主意志，他们职权的分散一为各司其职，二为中央集权；君主的限制源于"天"，董仲舒在《天人三策》中主张，君主行为由上天显现祥瑞或者降临灾祸予以评价，君主的权力运作良好与否很大程度上依靠的是其本人的道德自律；而保障"人权"主要提倡人际交往中的互信尊重，以他人为对象；在社会治理方面最直接的呈现在于仁政、德政学说，目的是实现整体社会秩序的稳定、等级伦常的加固、圣君及其子孙统治的永恒，"并没有赋予人民以监督、节制和罢免君主的权利"[③]。即在权力的限制中，对君主的限制充满神秘主义、日渐弱化并依赖于无法确定的心性，对君主以下所有部门的限制自上而下、归于君主，但是这些对权力的限制并非由于人民应当享有某些基础性的权利而负担对应的义务。两者同时存在，却遵循不同的逻辑理路。最后，从内容要素角度，有学者指出，儒家学说上"认可的人类平等、责任、关系和尊严，与今天现代文明的共识在道德与精神上相通"[④]。中国传统文化着重强调义务，权利的表述模糊且松散，但从零星的分布中总结出的对民众基

---

① 张恒山：《论人权的道德基础》，载于《法学研究》1997 年第 6 期，第 36～37 页。
② 《老子》，饶尚宽译注，中华书局 2006 年版，第 13 页。
③ 李存山：《儒家的民本与人权》，载于《孔子研究》2001 年第 6 期，第 5～6 页。
④ 温海明：《儒家人权道德的自然主义版本》，载于《学术月刊》2013 年第 5 期，第 57 页。

本需求的满足，对仁善的颂扬和理想之世中不同身份成员的行为状态设想，都是针对当时的社会状况和社会问题，特别是原始的先秦孔孟儒学，一定程度上契合了普通民众所思所望，与当今世界各国普遍认可的生存发展权、政治权利、经济权利也存在部分类似之处。

综上所述，中国传统文化中关于人的学说与实践与现代人权思想在性质上难以通融，从本质上传统文化中没有完整、体系化的人权概念，但是传统文化中暗含着一定的人权保障因素，并且随着解读视角的改变，双方可以产生更进一步的交流空间。

二、中国传统文化中人权要素的哲学基础

哲学奠定了权利现象发生的世界观基础，决定着社会治理、人文理念的价值方向和伦理偏爱。我国传统文化中人权要素的发源与变迁也与特殊的哲学发展路径同步。

第一，朴素唯物主义和唯心主义纠缠斗争的世界观。对唯物主义与唯心主义的划分，本书取恩格斯的观点，即限于对精神还是物质何为本原的问题，"凡是断定精神对自然界说来是本原的，从而归根到底承认某种创世说的人（而创世说在哲学家那里，例如在黑格尔那里，往往比在基督教那里还要繁杂和荒唐得多），组成唯心主义阵营。凡是认为自然界是本原的，则属于唯物主义的各种学派"①，"不能在别的意义上被使用"。②

在五帝及奴隶社会的神权法时期，唯心主义大行其道，一方面受到氏族社会图腾崇拜的原始宗教观念影响；另一方面生产力低下，对自然变化非常依赖，面对旱涝等不利灾害时束手无策，使得民众对"天"有着敬畏和迷信。在奴隶制社会这种对上天的神秘信仰便以君王的形式同世俗社会联结，将天视为统帅国土的神，并将政权的正统性同神意联系，君主作为政权的代表是神的使者，受命于天，如果违背了神的旨意，上天就将显示降罪的征兆，如《诗经·商颂·玄鸟》中"天命玄鸟，将而生商""古帝命武汤"③。《尚书·甘誓》中"天用剿绝其命"④ 的描述体现了这一点。唯心主义的世界观与证立政权正统的需求催生了"以德配天、明德慎罚"的法文化，成为人权的一颗种子。在奴隶制时期的唯心

---

① 《马克思恩格斯选集》第四卷，人民出版社 2012 年版，第 231 页。
② 恩格斯著，中共中央马克思恩格斯列宁斯大林著作编译局译：《路德维希·费尔巴哈和德国古典哲学的终结》，人民出版社 1972 年版，第 15 页。
③ 周振甫译注：《诗经译注》，中华书局 2002 年版，第 547 页。
④ 慕平译注：《尚书》，中华书局 2009 年版，第 79 页。

主义观念中隐含了向唯物主义发展的可能性，《尚书·尧典》中关于尧帝观测天象并告知以民安排农时、春分时期的祭祀活动宣告农田劳作的开始等记述，实际上已贴近于自然规律而非天神命令，随着生产力的发展，其解读也会发生转化。春秋时期，铁犁牛耕带来生产力的革命，更进一步加深了西周后期对于天命鬼神的怀疑，促使对自然世界和人文社会的思考从非理性化向理性化转变。先秦儒家对鬼神之道表示怀疑和远离，重视对现实世界的学习，承认人是历史的、发展的，但依旧强调祭祀等衍生礼，未完整阐述自然观问题；道家对于世界观的论述更加成熟，《道德经》将缥缈的"道"视为世界本原，但承认"道"不能超越自然，并且老子的"道"是无意识无人格的，本质上是自然界一切规律的总和，故道家已跳脱上帝的精神领土，之后又发展出"精气"本原说和形物本原说，朴素唯物主义世界观逐渐成为主流。[1] 唯物主义的世界观直接促进了中国古代社会研究的发展，排除了宗教神秘，直接开启世俗权力与民众的对话，国家治学的发达为人权因素的萌芽提供了前提。但唯心主义并未从此退出历史，而表现为同主流唯物主义纠缠斗争，宋明理学就以"天理"作为世界本原，阳明心学更为唯心主义的典型，它未走回复辟上帝的路径，而主张世界的本原乃人心与人的精神，以心所视为实存，属于主观唯心主义。所有人的内心先天地存在判断是非黑白的"良知"，鼓励人们依照"良知"的指引行动，脱凡成圣，此即心学核心的"知行合一"与"致良知"思想。[2] 心学所确立的超越天命说的唯心体系所反映的朴素的平等观与人的主体性精神从另一观测视角发扬了儒学的人道主义，构成人权要素的重要内容。

第二，以人为核心的学说。"中国哲学从一开始即面向'人'，关注人的命运与处境，把伦理道德作为哲学思考的重点，并把道德观与世界观、认识论交织在一起，确立'人道'与'天道'合一的宇宙伦理模式。"[3] 神权法时期人仅以集群的"民"的形式、作为上天喜恶的"晴雨表"产生政治价值，此类"保民"观念被继承为"民本"观念，提供社会保障的理论出口。而中国哲学从唯心主义向唯物主义过渡时，人的价值日益彰显，学者们开始对抽象的"人"进行哲学思考。以孟子为代表，主张性善论，"人之有是四端也，犹其有四体也"[4]，认定人天生具有善的种火，需要后天通过主观努力扩充、发扬；孔子未明确为人定性，仅提出"性相近，习相远"，主张先天的人性类似，颇具平等观念之格调，同时注重后天教化积习对人性的改变作用，颂扬人内修的道德自觉与自主；荀子

---

① 张岱年：《中国古代唯物主义的理论形态及其演变》，载于《甘肃社会科学》1991 年第 5 期，第 2～4 页。

② 李承贵：《阳明心学的精神》，载于《哲学动态》2017 年第 4 期，第 51～57 页。

③ 王正平：《试论中国传统道德哲学的基本特点》，载于《上海师范大学学报》1997 年第 1 期，第 59～60 页。

④ 《孟子·公孙丑上》，引自朱熹译注：《孟子集注》，齐鲁书社 1992 年版，第 45 页。

主张性恶论，强调通过道德修养转变自身人格，达到"化性起伪"。儒家关于人的思考，总体上是在人性的善恶定性指导下产生的自我塑造、发扬善之人格的学说，提供了人的尊严、人的主体性、人的自我发展等人权因素的沃土。法家更激进、彻底地发扬了荀子的性恶论，将人性描述为完全的利己主义："匠人成棺，则欲人之夭死也。非舆人仁而匠人贼也，人不贵则舆不售，人不死则棺不买。情非憎人也，利在人之死也。"① 并完全承认这种"恶"，主张利用赏罚的严格律令利用"恶"，使人出于利己目的实际向利他和公共转化，维持社会秩序。法家关于人的思考，总体上是在坚守性恶论下产生的外部改造和管理的学说。

第三，以治为核心的实学旨趣。中国哲学的重要特征是淡化纯粹逻辑思辨，重视实际理性归纳与现实应用，在社会矛盾尖锐、循环式的朝代更迭演进环境下，不适宜用于快速控制资源的出世虚学与巧于推理的墨辩逻辑逐渐在各个学派的交融中淡化，富有政治实用价值的儒、法、道等学派日益突出。例如，儒家思想几经改造，多主张内圣之学非终极目的，对致用之术予以强调，重视治国治世，孔子曾说，"诵《诗》三百，授之以政，不达；使于四方，不能专对；虽多，亦奚以为？"② 反对钻读典籍而不能完成现实任务的做派；不仅儒家学派，有学者解析法家思想也是"不是无实际用途的抽象辩论，而是具体有用于生活的思维……甚至明是非、辨真假、定对错本身也还是次要的，更重要的是如何运用和处理实际问题"③；转向道家视角亦如此，黄老道学在《淮南子》中专修主术篇，将道家原旨化为"无为而治"的具体治国理念，才在时代的淘汰中保全自身。追求达化天下的治理实学，一方面为传统文化中的人权要素注入集体主义的理想，并随着现实情状的变化灵活地变通；另一方面又令其始终停留在经验主义直观的联想归纳上，易于陷入向现实妥协的理论困境，特别是难以突破封建统治的桎梏，突破式地发展出逻辑周详的体系学说。

三、中国传统文化中人权要素的内容

中国传统文化中的人权要素是在以民为本的民本思潮下产生的，主要可划分为三大不同方向。

第一，传统文化人权要素的核心是人的本质与价值实现。如前所述，中国的哲学进路从来就不是彻底的唯心主义，客观唯心主义在春秋时已开始被淘汰，这

---

① 《韩非子·备内》，引自陈秉才译注：《韩非子》，中华书局 2007 年版，第 79 页。
② 《论语·子路》，引自杨伯峻译注：《论语译注》，中华书局 1980 年版，第 135 页。
③ 李泽厚：《中国古代思想史论》，人民出版社 1986 年版，第 101 页。

使中国本土宗教理念削弱，神权法时期格外短暂，"未能事人，焉能事鬼"①"务民之义，敬鬼神而远之"② 等观念体现出即使是神的意志未完全从国家中退去的时期，人文思想也以远神明、近世人为大体基调。首先，以儒家学说为代表，以将人的本质与道德性联合的人文关怀为特征。"仁"是贯穿儒家学说的核心价值，它起源于自然血亲关系中对尊长的感念，"君子务本，本立而道生。孝弟也者，其为仁之本与"③，孝敬父母、敬爱兄长是"仁"的基础。基础一旦树立，德行的发展便有因由轨迹，便能从自然本能道德中升华，产生伦理道德。孟子则直接表明："无恻隐之心，非人也"④，可见先秦儒学在仁义礼智的本善四端中选取"仁"作为人的本质属性，处处体现构建人之间富于亲和关系社会的道德理想，并将这种内在的精神境界外化为自觉自愿、可观可循的"礼"。儒家"人权"所立足之处，非西方绝对利己的自由主义，而是有利他倾向的互信守望，排斥自私，但不反对自利，这提供了中国走向独特的人权发展道路的部分伦理基础。其次，对人的研究反映出传统文化中人权要素的集体主义的性质倾向。儒家对社会的理想描述是"天下为公""人不独亲其亲，不独子其子，使老有所终，壮有所用，幼有所长，矜、寡、孤、独、废疾者皆有所养，男有分，女有归"⑤，这是"大道"的终点，一旦达到这种社会状态，个人就能从社会及组成社会的每一个成员处获得回馈，提升自己及亲属的人身、财产等方面的保障水平，但为达成这一大道，在现世角度，便要求个人主动提升内在品格，推广四维善端，自觉遵礼，履行对社会的义务，这与儒家人论的基点是一致的，即以家族关系的孝悌要求层层外推，及于宗族、天下等规模更大的"家"，由此构成讲究自律的人伦道德的根本。最后，在达成集体主义理想的路径中，体现着人的自我发展精神和主体精神。其典型即儒家"内圣外王"⑥ 的发展思路，"欲治其国者，先齐其家；欲齐其家者，先修其身；欲修其身者，先正其心；欲正其心者，先诚其意；欲诚其意者，先致其知"⑦，呈现出波纹式的扩散。从先后顺序而言，人的自我发展是首要性的，儒家典籍中不乏对达成"君子"之路的描绘，通过自省、与有德之人交往、居于有德环境之中提升内在的精神境界。

第二，传统文化在民与政权的关系中发展出民本和保民的施政理念。早在神权法时期，《周易》就将天子惠民视作吉卦，并断言民众必会予以报偿。在奴隶

---

① 《论语·先进》，引自杨伯峻译注：《论语译注》，中华书局1980年版，第113页。

② 《论语·雍也》，引自杨伯峻译注：《论语译注》，中华书局1980年版，第61页。

③ 《论语·学而》，引自杨伯峻译注：《论语译注》，中华书局1980年版，第2页。

④ 《孟子·公孙丑上》，引自朱熹译注：《孟子集注》，齐鲁书社1992年版，第44页。

⑤ 《礼记·礼运篇》，引自杨天宇译注：《礼记译注》（上），上海古籍出版社1997年版，第362页。

⑥ "内圣外王"首见于《庄子·天下》，由儒家进一步阐释和发扬。

⑦ 《大学章句》，引自朱熹译注：《四书章句集注》，齐鲁书社1992年版，第1页。

制社会，实际上政权并不能获得永恒保障，时有更迭，但在思想上君王披上了神授的权力，人们的认识水平不足以推翻神秘主义学说，便将改朝换代的事实解释为君主由于失德而失去天的庇护，"鬼神非人实亲，惟德是依……皇天无亲，惟德是辅"①，产生了"以德配天""敬天保民"的政治理念。在君—民—天的三角关系中，德是确保神恩传输的重要管道，为了保持天命永恒，君主被要求施德于民、先教后刑、宽缓刑罚。在正统人伦与法律思想形成时期，儒家是民本思想的集大成者，尽管追求君权的大一统，但对君主并非盲目追捧，对其"仁"和"德"同样有所要求。在民众的定位角度，最著名的论断是孟子的"民贵君轻"说，他认为，国家的根本在于民，江山社稷与君主诸侯都是可变的，唯民之群体是不变的，君主的资格就在于"得民"。在解释放夏桀、伐商纣的典故时，孟子巧妙地回护了忠君伦理，主张暴君倒行逆施，"不得丘民"，实际上失去了君主的资格，事件的性质便不再是臣下弑君而是普通的"诛一夫"而已。明清时期，集权压迫达到顶峰，为民立君的思想被黄宗羲、顾炎武、王夫之等学者继承为反对专制的精神武器，主张君主并非神圣不可侵犯，相反君主的角色是为天下谋福利、受百姓供养、承担巨大义务，批评为一家一姓之利反客为主的统治。在君主的治理方略角度，强调"为政以德""先教后诛"，综合体现在治式上即德主刑辅的治理策略，其集大成者为董仲舒。董仲舒将先秦孔孟荀的零散观点整理和总结，提出吸收秦朝教训，任德抑刑，在德治方面要求天子士大夫等阶层以身示民，以礼教民，培养利人的政治素养和道德情操，② 之后方可取"刑"为辅助之用。此治国策略影响深远，《唐律疏议》开篇即作"德礼为政教之本，刑罚为政教之用"之说，彰显德与礼的管理引导作用，并重视刑罚的宽平。从汉代开始，君主总体趋势在于减少酷刑，隋唐时期正式确立了取代残酷刑罚的"笞、杖、徒、流、死"，作为封建五刑沿用至明清时期。

　　第三，传统文化中体现了部分具有人权价值的原则，契合了若干项具体的人权主张。首先是平等原则的雏形。平等在先秦儒学的人性论中稍有提及，即人生性近类的观点和博爱精神。按孔子"性相近"与孟子"人性善"的论点，每个人都具有天生的善质，至少并无生而为君子、生而为小人的天生精神境界高低；同时"泛爱众"的主张令儒家概括地承认每个人都有资格被以"仁"的方式对待。但本质上儒学是建立在爱有差等价值上的体系，在现实社会中关注等级秩序，对平等原则的研究并不深入。法家学说虽与今日法治理念相去甚远，强调的并非秩序之治而是力量之治，但其中亦不乏平等的掠影。法家一是将赏罚两端作

---

① 《左传·僖公五年》，引自杨伯峻编著：《春秋左传注》，中华书局1990年版，第309页。
② 徐翔民等主编：《中国法律思想史》，北京大学出版社2004年版，第204页。

为治民利器，主张"言赏则不与，言罚则不行，赏罚不信，故士民不死也"①，只有合理赏罚，臣民才愿意为国死战，法家的代表人物李悝也提出"食有劳而禄有功"的原则；二是将法作为固定公正的标志，要求法度明确可感，甚至提出"法不阿贵""刑无等级""君臣皆从于法"。尽管在实践上，法家始终不成正统治学，并在和儒家的融合中让步、放弃了部分对王室贵族的秩序约束，但其学术观点中蕴含的平等思想，已有与"法律面前人人平等"互通的可能。其次是"生"的保障。对子民之"生"的保护一方面体现于慎用死刑，对生命权予以尊重。在死刑的原则上，提倡审慎广听，儒家倡导"以生道杀民"，只有无论如何都不能发掘出使罪犯继续生存的理由时，才能为了民众的安生刑杀之。在死刑适用上，就适用死刑的罪名而言以限制为主流态度，如唐律相较于前代而言大规模删减死刑条款，死刑适用活跃于"十恶"及故意杀人、私铸货币、强盗等严重犯罪领域；就适用死刑的对象而言，对特定的人群如幼儿、老人限制适用死刑，借"留养亲制度"为特殊案件的罪犯延迟或改罚，这同时也体现了对弱势群体予以人道关怀的人权精神。在死刑的判决和执行制度上，本着"人命至重，不可再生"的理念，历朝历代几乎都有独特死刑复核与复奏制度，如唐朝的三五复奏制度，明清的秋审制度等。"生"的保护另一方面体现于经济权利基本意思的表达，为子民创造基本的生存发展条件。如儒家以富民为治理目标的一项，在儒家的社会理想中，贫富悬殊是不可接受的，子民能够不受饥饿所苦，没有养家之虞，不因灾年颠沛是施行教化的基本前提。

第二节　中国传统文化中人权要素的实践演化

一、封建王朝时期人权要素的演化（公元前 475～1840 年）

依前所述，传统文化中的人权要素十分丰沛，是构建当代人权观的重要瑰宝，但在中国历史上也反复产生批孔非古的思潮，现今不少民众依旧存有将传统文化等同于专制愚昧的误解。其根本原因在于，传统文化固然随着改朝换代不断丰富着自身，却也由于封建王朝经济政治基础的固有属性而逐渐扭曲，最终在政治实践中被改造成专为集权服务的制度，其演化主要体现在负面的异化，特别是

---

① 《初见秦》，引自陈秉才译著：《韩非子》，中华书局 2007 年版，第 2 页。

由仁化礼过程中的礼教制式化。礼的文化与仁的精神是传统文化中人权要素的轴心，在发展中呈现出"依仁设礼"和"以礼显仁"两种发展进路。[①] 就"仁"与"礼"的应然关系而言，两种向度互相弥合，方能集德治、礼治、仁治的精髓为一体，彰显儒家原旨。最初的"礼"蕴于祭祀与器，在春秋时期经过众多思想家的打磨，从形而下向形而上发展，逐渐跃升为一种具有独特价值的抽象概念。以孔子为代表的先秦儒家仁礼观中，礼包括礼仪、习惯、普遍认可的伦理观念等，并且主张"人而不仁，如礼何"[②]，将仁作为礼的价值正当性来源，礼成为一种优秀价值的外化表现，实现道德理想的必需之物。但后世谈及礼教，屡有批驳之声，陈独秀斥其为"奴隶道德"，鲁迅将其比作"吃人"的纲常，视其为盘剥的虚伪遮掩；直至今日仍有学者提出相对温和的批评，指出礼教维护贵族特权，缺乏实质意义上的平等、权利观念。[③] 此番对比，反映出传统文化中的诸多学说怀着深重的人文关怀和人道情操，以关注"人"的初衷，却最终与人权旨趣相异的矛盾状况。礼教的制式异化主要表现为三个方面。

第一，礼的证立由从血亲关系的步步推演到差序等级的天理化。立礼最初的根源是自然关系，如血缘之纽带，年龄之长幼，性别之差异，正如《礼记》所言"亲亲也，尊尊也，长长也，男女有别，此其不可得与民变革者也"[④]，按照儒家波纹式外推的逻辑，作为中心的血亲之礼有如公理，或至少是长年累月宗族观念的自然积淀成习，但在波纹向亲缘关系之外延展时，就需要对礼之差异的合理性进行证成。《左传》中记载孔子的主张是"礼以行义，义以生利，利以平民，政之大节也"[⑤]，《管子》将礼作为国之一维，并主张礼绝则国倾，"上服度则六亲固……四维张则君令行"[⑥]，认为维持好礼就能令百姓关系和睦，君主令行禁止。荀子是系统地论证"礼"普适原因的学者，他承认现在的"礼"是人定秩序，能够培养高尚的道德情感，目的是调节人们欲望需求和现实物质之间的关系，防止社会因为资源争夺陷入混乱，是一种紧贴现实的论断。可见早期的论证主要在于礼的内容符合大义，顺应人的情理需求，具有维持社会秩序的止乱之用，具有在血亲以外的人际关系中适用的必要性，特别是在当时战乱不息的社会背景下具有高度政治价值。但在汉朝时，论证的思路便迥然转换，董仲舒在三统

---

① 颜炳罡：《依仁以成礼，还是设礼以显仁——从儒家的仁礼观看儒学发展的两种方式》，载于《文史哲》2002年第3期，第75~81页。

② 《论语·八佾》，引自杨伯峻译注：《论语译注》，中华书局1980年版，第24页。

③ 白奚：《对中国传统文化的缺陷反思》（下），载于《首都师范大学学报》（社会科学版）1997年第1期，第19~20页。

④ 《礼记·大传》，引自杨天宇译注：《礼记译注》（下），上海古籍出版社1997年版，第579页。

⑤ 《左传·成公二年》，引自王守谦等译注：《左传全译》，贵州人民出版社1990年版，第587页。

⑥ 《管子·牧民》，引自房玄龄注、刘绩补注《管子》，上海古籍出版社2015年版，第1页。

循环和阴阳相兼的神秘主义史观的指导下提出"王道之三纲，可求于天"①的主张，将礼直接归于天的意志，并且进一步指出等级划分的依据是属天之阳还是天之阴，君主、父辈、丈夫为阳故尊，臣下、子辈、妻子为阴故卑。宋明理学则出现"存天理、灭人欲"②的观点。可见在脱魅的并不彻底的封建社会，对礼的论证走向神秘化、唯心化，造成礼的存在逐渐成为天经地义而其本身内容的正当性已不容任何置疑，对儒家"爱有差等"的化入逐渐留"差等"而去"爱"。

第二，内容由集体主义向集体本位、权威本位的异化。如前文所述，治学至上的筛选标准下，诸学说尽皆源远，具有入世精神者方能流长。从先秦儒家开始，孔子曰，"吾非斯人之徒与而谁与"③，主流学说从来都是将人作为社会的存在物加以研究。当时集体主义的内涵包括三个方面：其一，人只能与人交流互动，人的生活必须是集体的、社会的；其二，注重人在社会中的角色是否能尽善；其三，大同不是一人、一家或一族的兴盛，而是整个天下富足亲和，故个人必须为实现集体理想而行动。但集体主义并不抹消个体，人在脱离了亲缘关系和社会关系后并不会成为不被定义的游离体，它同样关注个人的修养品格与自我意识，从《大学》展示的"修齐治平"的序列中，更小的单位总被要求优先满足，成为进行下一步外推的前提。但中国的政治发展进程中，大一统是公认的意识形态，在差等观念已构筑成集体聚合的骨架时，为了维持一统，势必愈加巩固等级人伦。如汉代"三纲"的提出，又如宋代以后，理学家们提出"公私难容，形同水火""人心私欲，故危殆""道心天理，故精微"④等观点可察知，人的主体性被极大压缩，为了公牺牲私似乎已成自然，置于行为理由首位的并非自主道德意识，而是父权、君权等家长权威，这种变迁也同前述礼的固化、神化紧密关联。

第三，由民众自觉自愿尊重礼转向由礼化法的强制推行。《史记》有云，"缘人情而制礼，依人性而作仪"⑤，礼本是由经验、习惯而成的行为规范，原本"礼并不是靠一个外在的权力来推行的，而是从教化中养成了个人的敬畏之感，使人服膺"⑥，在儒法合流的过程中，这种自觉性经由礼法合治演变为强制性，从汉代引经决狱为开端，到唐代"一准乎礼"为巅峰。《北齐律》的"重罪十条"到《开皇律》《唐律疏议》中的"十恶"，其中违背伦理道德是重要一类，往往受到比其他犯罪更加严厉的惩罚，且赎、议、请、减、赦等宽宥措施往往受限。又如八议制度实为对《周礼》与《礼记》的化用，就同一种犯罪对特定身份的人减免刑罚，直

①　《春秋繁露·基义》，引自曾振宇译注：《春秋繁露》，河南大学出版社 2009 年版，第 306 页。
②　黄士毅编：《朱子语类汇校》，上海古籍出版社 2014 年版，第 241 页。
③　《论语·微子》，引自《论语》，北京出版社 2008 年版，第 129 页。
④　程颢、程颐：《二程集》，中华书局 1981 年版，第 312 页。
⑤　司马迁：《史记》，岳麓书社 1988 年版，第 151 页。
⑥　费孝通：《乡土中国》，北京出版社 2005 年版，第 74 页。

接维护尊卑等级。可见礼本为道德自治，但却在礼法合流的过程中逐步成为借法他治，统治者直接将礼教要求作为法律内容并强制推行，由归纳共识性道德向预设一套统一道德的逆向发展，将过高的道德义务法律化，将违礼的行为直接视为犯罪乃至重罪，从理论推演上此举所指向的目标不再是培养"常人"而是培养"圣人"，法律不再是道德的底线而是道德的高标，本身的形式正义价值被消磨，又由于礼本身的异化，酿成了既背离法治理想又背离礼治理想的局面。

二、新文化运动前传统文化中人权要素的演化（1840～1915 年）

本部分意图分析鸦片战争后到新文化运动前这一历史时期传统文化中人权要素的演变，彼时中国内忧外患交织，时局动荡，社会所面临的不再是封建王朝常规的朝代更迭，而是来自帝国主义的殖民压力，传统文化的演进发生突变式的转型，特别是在学术研究领域迎来全面反思。正如当代近代史研究者所言，"指出中国近代社会变革的过程，也就是传统文化不断受到挑战并日趋衰落的过程，在任何意义上都不是说，对于中国近代的变革，传统文化只是阻力。相反，我们看到，传统文化同时又是中国近代变革得以发生和发展的必不可少的土壤。"[1] 传统文化实际上经历了破中取立的革新过程。

一方面，近代传统文化中异化及非人权要素被大量革除。早在封建王朝末期，以三纲为代表的纲常已受黄宗羲、李贽等思想家的抨击，当时主要矛头对向"君为臣纲"，黄宗羲主张君臣间的关系应实际上是君主的资质、职责的履行变动，而三纲之首，"如父如天"已沦为"禁人窥伺"的"空名"，和古代臣民发自内心地将君比作天与父的爱戴大有不同。维新运动更是对传统礼教彻底反思的开端，变法志士不仅继承了非君尊民的思想，还以西方的平等观念为媒介，对差等格局的标志——三纲进行了全面抨击。康有为在《大同书》中借印度的阶级和男女之别的制度，说明"盖原世法之立，创于强者，无有不自便而陵弱者也"[2]，揭示等级法度非为天定之伦而是社会强势一方为自身之利人为订立，儒家的初衷在于"相扶持而保护"，但不问缘由地将这种习惯现象固定为至上原则，只能令尊位者日益骄肆，卑位者日益困苦，并对"夫为妻纲"衍生出的男尊女卑现象大为反感，指出女子的衣食住行、从产从业并不逊于男子，对人类文明的贡献不可忽视，主张男女"同之""平之"。谭嗣同进一步以灵肉二分的视

---

① 宋德华：《传统文化与中国近代的变革》，载于《中国人民大学学报》1992 年第 5 期，第 55 页。
② 康有为著，邝柏林选注：《大同书》，辽宁人民出版社 1991 年版，第 10 页。

角挑战"父为子纲",指出"天合者,泥与体魄之言也"①,自然或者说天道下能肯定恒常不变的即子由父出的物理性事实,但在精神上父子身份并没有实际意义,唯一存在的是两个平等的、不被绝对孝道所拘的灵魂。辛亥革命时期,对非人权因素的革除更加旗帜鲜明,革命派锐利地指出文化积习的巨大影响力,明确了三纲百害而无一利、必须被彻底清除的不妥协态度。当时君的神圣性早已不复,帝制已为大众普遍厌弃,君纲恐难再振,革命派的贡献集中于男女平权,不仅概括地反对夫纲和扶阳抑阴的神学哲学,还对其衍生出的女戒、妇德等压制女性自由发展的具体制度予以反思,并取得可观实绩。

另一方面,在传统文化中人权要素逐渐摆脱专制官学的压抑后,在一定程度上与外来文化互相作用,重新焕发生机。维新派与革命派为了动员社会大众,切合传统的比附联想思维方式,普遍借用中国传统文化解读西方学说,一些传统民本思想再次势旺,传统文化中的人权要素也在不自觉中有所突破。旧民主主义时期大多数学者均为传统文化留下一席之地,未由西学全面代之。如梁启超主张"舍西学而言中学者,其中学必为无用。舍中学而言西学者,其西学必为无本。无用无本,皆不足以治天下"②,并指出秦汉后诸说相比于孔子的言论而言皆为"孽",只为保皇,非为孔孟原旨。康有为则积极运用孔孟思想,一则将典籍新解,指出儒家核心的仁与博爱学说隐喻着平等,将己所不欲勿施于人解读为不侵犯他人自由条件下的自由权利等;二则对应欧美民主政治制度以说明其合理性,如其用孟子"国人皆曰而后察知"的广察民言观点解释议院制度等。辛亥革命中,孙中山对三民主义的设想也以孔子为阀:"人民对于国家……一切事权都要是共的,这才是真正的民生主义,就是孔子所希望的大同世界。"③

综上所述,该时期传统文化经历了外来文化的洗练,但同封建时期的歪曲异化不同,总体上是进步性的。维新时期变法派多借助西方的天赋人权理念张扬天授平等,意图消解传统文化以"三纲"为代表的天赋差等观,特别是君、夫尊崇地位的合理性遭到挑战。由于传统的家族模式一时难以更动,血亲观念根植深入,对于父纲或缄默回避或简要、单薄地带过,但批判之声的出现已显现出宗族等级的动摇,无疑具有进步意义。这些批判最突出的价值在于,被革除的非人道性要素在长期封建社会历史中占据官学地位,它们的式微令传统文化中一些隐而不彰却具有积极意义的"人权"观念具备了复兴的可能,令人权保护中最重要的平等原

①　魏义霞:《论谭嗣同对三纲的批判》,载于《河北师范大学学报》2016年第3期,第103页。

②　梁启超:《西学书目表后序》,引自梁启超著,张品兴主编:《梁启超全集(一)》,北京出版社1999年版,第86页。

③　汪洪亮:《中国传统和谐文化的近代诠释——孙中山关于社会主义和大同社会的思想及其现实意义》,载于《四川师范大学学报》(社会科学版)2008年第2期,第117页。

则开始萌芽。三纲以外的传统学说，经历了一定冲击，最终作为文化素材，被借以解读资本主义国家的人权学说和政治原则，尽管最初的出发点在于煽动顽固派，也未必没有掺杂因循守旧的长期惯性，但客观上传统文化获得了新探与改造，主要体现于平等、自由观念的勃发以及与民主政治制度的兼容，同时这一时期传统文化的演化情状也为当代社会如何处理人权理念尊旧与创新的关系提供了参考。

三、新文化运动后传统文化中人权要素的演化（1915～1949年）

新文化运动是横跨中国新旧民主主义革命的一场运动，也是近代思想家对待传统文化态度以及传统文化在中国发展样态的一个转折点。辛亥革命失败后，众多学者一改此前的维新派与革命派去粗取精的态度，隐有全面批驳之势。也有小部分知识分子，坚持传统文化，尤其是儒学的价值，对其人文主义和人道主义精神重新构造，创造新儒学。无产阶级革命的领军人物毛泽东的革命思想也透露着深厚的传统文化底蕴。但是无论是新儒学还是无产阶级革命思潮，都已鲜少对传统文化中的人权加以专门的探讨。总体来说该时期，传统文化中的人权观念发展并不平稳，饱经波折，开始进入蛰伏阶段。

在新文化运动前期，传统文化受到了极大冲击，其中具有进步意义和人权价值的理念也被忽视。首先对三纲的抨击持续发酵，君纲已颓、无力再起；女权思想盛极一时，新女性们都积极采取行动，反抗旧式婚姻，实效可观，夫纲亦破；在父纲方面，知识分子终于突破了传统僵化孝亲观念的束缚，深入封建家庭制度，至此三纲得以被全面反思。其次传统文化特别是儒家思想被作为一个整体加以反对和批判。陈独秀在《新青年》上发表《本志罪案答辩书》，承认确有破坏孔教、破坏旧伦理的行径，但那是为了拥护"民主"而须为之事，言谈间仿佛传统文化与现代民主互为对立、唯能存一。胡适更是自由主义的积极拥护者，提出"全盘西化"，批评"旧文化的惰性"。[①] 新文化运动前期对传统文化声势浩荡的反对缘由在于孔教儒学的负面活跃，帝制复辟中尊孔复古文化大旗引起知识分子对传统文化的极大不满。但实际上这些批判之声看似激进，却与反对三纲本质相同，就是将可变的"礼"即具体制度从儒家本原的仁的精神核心中剥离，知识分子们所称的"孔教"，具有特殊背景下的特殊意义，因此表面上，一些具有创新价值的人权因子看似由于"打包反对"而归于沉寂，实际上并没有消亡。

---

① 胡适：《试评所谓"中国本位的文化建设"》，引自欧阳哲生编：《胡适文集》第5卷，北京大学出版社1998年版，第451页。

19 世纪 20 年代开始，以梁漱溟、冯友兰、熊十力等知识分子为代表的新儒家学派出现，同反孔教派分庭抗礼，目的在于同外来文化的交融中力保中国传统精神文化的髓核，构建具有现代性的传统哲学。虽其根本在于哲学重构，但客观上通过有关民主政治的观点促进了人权保障的制度基础学说，推动了以"仁"为根本的人的观念的革新。新儒家学派反对攻讦孔儒，却保持着对文化潮涌的清醒认识，对以反儒面貌出现的西方人权理念、民主学说持中立态度，并未将其拒之门外，反而充分肯定了西方民主制度的优越性与合理性，为传统文化的"翻身"提供养料。在人权方面，新儒家学派的主要观点包括：其一，西方的民主人权理念是"绝对""普遍"的，因此国人无以拒绝，但在国内需要经传统文化的过滤、转化，这是文化冲突中对待传统文化的基本态度。梁漱溟反对将西方民主制度奉为神圣，主张从本国文化出发同样能够引导向这些具有普遍价值的理念，西方个人本位、相争、自由主义的传统文化同我国谦和、养德、博爱的传统文化实难统一，且中国文化与西方方文化相比属于前景式的"高文化"，在社会发展到一定阶段时，西方的文化精神将向中国的文化精神过渡，因此应在比较基础上贯通二者，[①] 以本国为主，忌扶一灭一。其二，中国传统文化富于民主精神和人文价值，这是对本国文化如何导向现代民主自由观念的具体说明。冯友兰在民贵君轻等经典思想外，系统地论述了在一个对平等、自由富于制度保障的民主社会中应当具有的四项思想特性。[②] 一是将人作为人，非工具也非神明，即尊重人的人格地位与意思自决，并能够为自己的错误接受合理指正。在传统文化中，儒家与佛家都有"皆可为尧舜""皆可成佛"的观念，可见每个人的平等道德地位是获认可的，并且人被鼓励通过人格升华而达成"圣"的境界。但是人并非生而无暇，在成圣的过程中，难免有崎岖，需要建议与指正，对批评的接纳正是"民主社会里应有的风度"，在孔子儒学中就多次强调了改过的可贵，却没有对"过"本身加以禁止。二是看待事物时多元价值并存、非唯一元论的态度，传统文化中墨家是寡头划一尚同的极端，但道家与儒家则是强调"和"，是一种融汇多"异"谋求发展的智慧态度，恰合民主政治的"中和原则"。三是超越的视角，民主政治规划需要更高层次的位面，而不能仅从狭隘的固定立场评判，庄子"得齐环中"观点中就包含这种超越感，具有全局意识。四是幽默感，即在面临窘境时的一种自我调节与振奋的精神和面临挑衅的宽宥姿态，以及生活中乐观昂扬的态度，在传统文化中指的是"德"与"容"，冯友兰举孔子戏言之例，笔者认为

---

① 刘集林：《梁漱溟与陈序经文化社会思想之比较——以陈序经的批评为中心》，载于《天津师范大学学报》（社会科学版）2009 年第 4 期，第 50 页。

② 冯友兰：《中国哲学与民主政治》，引自冯友兰：《三松堂全集》第十一卷，河南人民出版社 2001 年版，第 562～568 页。

正是证明了民主社会不需要精神上绝对刻板严肃的惯有印象，有益于打破中国长期的传统中"权"常伴有"威"带来的畏惧心。

在科玄论战后期，马克思主义在中国广为传播，运用马克思主义原理解读社会现实、解决革命问题成为新风尚，但传统人道精神依旧扮演着重要角色。首先马克思主义要应用于中国的具体环境，就不得不考虑传统文化与马克思主义互相通融的问题；其次毛泽东作为革命的领军人物，充分从传统文化中汲取养分，传统文化中的历史使命感、哲学精神、实践理性都被毛泽东充分继承。革命中传统人权要素的作用尤其表现在两个方面：第一，完善革命目标，动员社会力量。毛泽东以传统大同社会的设想为素材，结合当时中国社会的核心矛盾，指出"极端贫苦农民广大阶层梦想平等、自由，摆脱贫困，丰衣足食"①，抓住了社会最主要阶层的需求。第二，构建具体革命策略的渊源。毛泽东的人民观与传统的民本、保民思想有着传承关系；中国共产党在革命时期所树立的群众路线、从人民中来到人民中去的原则，教育人民群众的思想路线都同传统文化中"仁政教化"一脉相承；根据地开展的生产运动，正符合儒家"富民"与"制民之产"的训导。

综上所述，这一时期的传统文化中人权要素的发展主题在于"结合"，其在斗争中获得更迭，在破灭中获得新生，它同西方资本主义人权学说结合、同马克思主义基本原理结合，从戊戌变法、辛亥革命阶段只能在社会理想、历史价值等方面获得有限肯定，蜕变为具有现代性的、功能丰富的学说。其主要作用集中于作为人权制度性基础的民主制度本土化进程的推动，并在革命的实践中颇有建树。但此时期，传统文化中的人权要素主要扮演着外来理论的辅助、养料和基底的角色，学者们对其独立价值的认识尚有扩展空间。

第三节　当代中国特色人权观与传统文化中人权要素的互动

一、当代中国特色人权观与传统文化中人权要素互动的现状

新中国成立之初，在"取其精华、去其糟粕"的指导思想下，传统文化的发展比较平稳，但很快遭受"文化大革命"的摧残，附庸于意识形态矛盾，学

---

① 许苏民：《古代圣哲的诡谲微笑——论20世纪中国社会思潮与传统文化的关系》，载于《华东师范大学学报》（哲学社会科学版）2010年第2期，第31页。

术界的研究也围绕两种主义的争斗，厚今薄古的本意被扭曲，"破四旧"观念极端化，传统文化作为封建历史残余整体被鄙弃。加之人权观理论一直未有成型，近代人权理念多以西方学说为始，在"文化大革命"中被作为"资"大肆反对，同样暂时止步。故相当长的一段时间内，人权与传统文化的互动趋于停滞。20世纪90年代，经历了思想上的拨乱反正，中国社会掀起传统文化热，直至今日依旧未退，主要表现为官方和学界的共同推动。党的十二届六中全会、十四届六中全会均重拾革命时期和"双百方针"时期对待传统文化的态度，要求革除封建残余的同时不能忘记继承并发扬优秀传统文化，并就世纪交织、全球化加快、社会高速变革的现状提出时代精神的注入，鼓励文化创新。一时间各种研讨会、专门刊物纷纷涌现，各地成立了专门的高校专业和研究院，民间许多以传统文化为主题的通俗作品广泛传播，传统文化焕发出前所未有的生机。同一时期人权研究也开始解冻，研究的主题多在于马克思主义人权理念与西方资本主义人权理念的对比与介绍，与传统文化的互动频率也逐渐由寡向繁，由间接向直接，由表面向内核提升。当代中国特色人权观在其形成过程中，同传统文化中人权要素的互动具体体现在以下几个方面。

第一，传统文化是当代人权学术研究的重要素材。首先，传统文化与人权两个议题互动是以寻求相通为起点的。有学者筛选出恤民、仁爱、法治平等、言论自由等朴素基本人权精神，研究它们与以人为本的接续关系；[1] 有学者将儒家经典政治思想与三代人权在内容上异同作比较，如在第一代人权方面，儒家民本思想体现了人民的利益成为权力基础的朴素观念，明清思想家天下为主观念的发展就体现出传统文化产生民主政治的潜力，而民主政治一旦产生，政治权利便有制度保障的可能；第二代人权方面，儒家的立与达要求将产生社会保障民众发展的积极义务，同国家干预要领类似；第三代人权方面，整体、持续的发展同古代圣哲已经描述过多次的协和万邦、天下大同理想也可互容。[2] 学者们的研究以儒家为主，以道家、墨家、法家乃至佛教为辅，从承载着传统学说的典籍中挖掘零散甚至是不成熟的人权思想碎片，并提出新解，使基于经验与比附、产生于农业经济与封建政治中的古典智慧获得现代意义，丰富现代人权的内容和渊源。其次，如前所述，中国特色人权观的命题具有明显的借鉴性，吸收了历史上向封建残留妥协以及全盘西化的失败经验，官方与学界均将中国化作为借鉴中的关键议题，传统文化恰能为此提供丰厚的思想资源。

第二，传统文化有助于现代精神文明建设，提供人权保障进路的思想文化基

---

[1] 陈丹：《儒家传统对我国当代人权发展的文化意义》，载于《哈尔滨市委党校学报》2013年第6期，第24～25页。

[2] 李存山：《儒家民本与人权》，载于《孔子研究》2001年第6期，第4～12页。

础。现代精神文明的核心在于价值观，价值观树立是人权观形成的先决条件，而价值观需要本土历史的培育，民族的文化心理所产生的认同感是价值观能否获得共鸣的关键，决计不能通过移植、参考解决，至少传统性的部分当为主干。中国的文化拥有复数层次，多种流派有强弱辐射之别却无生灭之差，当代的核心价值观同样也是以儒学为主要资源，在多种学派交织影响下糅合了时代精神所产生。有学者将儒家的价值观表征总结为"仁、义、中、和"①，其中仁为爱人，是作为一个有德之人对待他人的道，也是一个合格君主对待子民的道，其包括德政、仁政、富民、教民等丰富要求；义为正义、道义之意，孟子称其为"善恶之心"，体现儒家对道德原则的重视；中指中庸的实用理性，是一种以圆融姿态指导行为的人生态度，是"思想和行为既'合乎逻辑'又'符合人的天性'"②；和则是容纳多元观念，包容互济的旷达与天下大同的理想宏图。儒家种种已经包含了富强、民主、和谐、友善等价值目标的应有内涵。再如法家，虽在服务于专制统治的目标下常被视为人道的对立面，其中一些法为国之度量、一准乎法的理念也是公正与法治的前身。总体而言，各个古典流派的学说结合优秀道德传统，经过当下语境的适当诠释，最终团结于"爱国"这一贯穿中国千年历史的本源精神下，构成了当代核心价值观的骨架。

第三，传统文化中的部分制度为当代人权保障的制度模式提供了参考。落实与保障是中国特色人权观初具规模后的必然发展，也是人权保障国际化的今天我国无可回避的挑战。传统文化在具体法律制度方面确实能够有所助益，如民主政治制度方面，古代中国虽是君权绝对的封建专制王朝，但其中也有调节建议机制的作用，其典型就是监察制度和言谏制度。监察制度起源于秦，监察官考核各级官员，为了防止监察官专权舞弊，有的朝代还就士大夫身份设置了回避要求；言谏制度起于西周，目的是匡正大德，纠正官员、朝政乃至君王，在封建后期逐步同监察合并。虽制度的效果最终取决于君王的个人意志，但是仍然能在当代决策听证、公权力监督、协商民主等方面产生现代意义。又如刑事制度方面，中国古代的法由刑主，产生了相对发达的刑事法律系统，仁政、德主的思潮下的刑罚制度中也充满了恤刑、矜老幼、优待女囚、容隐、死刑复核等宽宥措施，学界关于其中一类或数类的专项研究不胜枚举，并且多重视这些制度规范中可融入现代立法部分的辨析。可见尽管其中许多制度的出发点只是为了便利统治或维护纲常伦理，但不可否认其中的确处处渗透着人文关怀和人道主义精神，并至今被法制史

---

① 欧阳军喜、崔春雪：《中国传统文化与社会主义核心价值观的培育》，载于《山东社会科学》2013年第3期，第13页。

② 刘志扬：《马克思主义与儒家文化：当代中国文化的传统与展望》，山东人民出版社2015年版，第86页。

与刑法学、刑事诉讼法学的学者所乐道。

二、当代中国特色人权观与传统文化中人权要素互动的问题

从宏观框架看，当代中国特色人权观与传统文化中人权要素属于良性互动，在深度与广度上也在不断拓展，但从微观角度分析，仍有不少亟待调理之处，集中表现为传统文化所倡导的人权模式与外域人权模式之间的文化信仰冲突，而该冲突将会导致一系列的递进式问题。

首先，学界对于传统文化中人权要素在人权观形成和保障模式中的作用认识不透彻，文化原生性的价值没有引起足够重视。大多数学者从人权角度研究传统文化时，缺乏全局意识，对传统文化的承认往往限于两个方面，一方面是肯定其中确实存在粗糙的人权概念和精神；另一方面运用传统文化中的理性、中庸、和谐等思想，帮助外域理论尽快融入中国社会，即将其作为一种借鉴手段。即使是认可传统文化中包含人道主义片段的学者，也一般并不怀抱本土人权成长的期待，反而认为中国古代社会倡导压制私欲的正义观、义务主体的个人地位、被视作异端的反抗精神等种种传统文化现象显现出传统文化并没有产生人权的道德诉求前提，不能成为人权成长的土壤。[①] 笔者认为此类情形出现的根本原因在于部分学者混淆了"主体性"与"本原性"，从现有的思想制度成果来看，中国的人权建设是颇有成效的，就理论构造而言，马克思主义厥功至伟，我国特色人权观的主要内容均来自马克思主义基本原理及其所衍生的人权理论的启示；就制度构造而言，域外的成熟制度和法理基础同本土的法学研究结合，比较法的研究方式已是特色法律制度诞生和现有法律制度反思必不可少的部分。再加之传统文化发源的特殊环境使其需要大幅度改造，且在作用方式的性质上为法外之力，导致现有人权保障模式同思维方式、治理路径间的关系思考并不深入。搭建人权理论高塔时，作为"主体"的马克思主义理论被误化为"本原"，作为"本原"的传统人权意识未被发扬。

其次，对传统文化价值认识上的不透彻将产生传统社会治理模式和其中的人权保障意识解释的脸谱化，这一缺陷在民间表现得更加直接和明显。中国的现代发展以高速为重要特征，戴维·哈维的"时空压缩"概念在中国现代史中获得了集中体现，正如马克思所称"一切等级的和固定的东西都烟消云散了"[②]，随

---

① 臧震：《中国传统文化中的人权思想探源》，载于《山东社会科学》2006年第4期，第123～125页。

② 《马克思恩格斯文集》第二卷，人民出版社2009年版，第34～35页。

之而来的是大量新兴符号与意象的涌动，并且它们更新换代的间隔非常短暂，一项意蕴丰富乃至可容纳矛盾碰撞的事物被饰以扁平化的形象，以便于民众在最短的时间中获得直观的认识已经成为常态。例如，以"利"为例审视传统文化中的人权结构时，传统文化中的人权常被解读为无法萌芽的种子，典型的表现就是许多民众为儒家戴上"禁言利"的脸谱，将理学中一些过于严苛的理论作为整个传统文化的代表，认为以儒家为主干的传统文化实际上将义与利放在了对立两极，造成作为人权基础的"利"无法昂扬。但实际上，儒家仅由于道德理想的追求而罕言利，并非不重视"利"，孔子甚至承认了追逐利益，特别是物质生活的丰沛是自然的，并建议君主关注民众的物质生活条件；在某些学者口中被严厉批评为"孔教堕落开端"的董仲舒也提出过以利养体的主张。这种认知的脸谱化将直接导致价值观的极端化，因为仅以单一向度概括事物的全局，势必导致评价倾向性地走向一端。例如，随着法治事业在中国的进展，民间法治意识也迅速提升，"权利"与"义务"的使用已然超越了法律的界限，展现出将一切生活关系归结于"权利—义务"模式的趋势，在近年来的日常描述中，衣着用餐的选择也时常被称作"权利"，而道德上的某些非强制性倡导也时常被称作"义务"。人们在泛滥使用这种术语的情况下，评价传统文化以涓流相利的道德权利体系模式时，常以"义务本位"盖棺定论。然笔者认为这种形容并不恰当，儒家的路线倡导的是亲和利他关系，以整体证立社会道德情况、推进其改善反哺成员，必然以自律为核心，但并不必然导向需要诉诸法律的义务，相反孔子反对以法律达成道德规制的目的，大众单一、极端的评价限制了传统文化将人权作为一种补遗后退机制接受的可能性。

综上所述，由文化原生性怠慢和时空压缩而产生的印象脸谱化、评价极端化会压抑传统文化调节作用的发挥，极易造成道德失范，进而进一步加强社会对传统文化的不信任感，加速传统文化失落，形成恶性循环，最终使优秀的传统价值观让步于金钱主义、享乐主义价值观，导致本应促使人格独立、自我发展的人权观扭曲为格格不入、自私自利的"人权观"。而以德治仁政为典型的传统人权保障模式与现代社会心理模式、制度需求脱节，传统文化恐成"博物馆"文化，只能产生情绪安慰的表面作用，无法真正融入中国特色人权观，是当代研究和实际治理、制度落实过程中所必须警惕的。

三、当代中国特色人权观与传统文化中人权要素互动的建议

基于上述现状及问题，笔者认为，一方面，可以积极肯定和巩固人权事业的理论、实践成果；另一方面，枝繁更须固本，应当更加关注传统文化的现代性应

用问题，即"用时代精神整合优秀传统文化"，具体而言即继承与改造，并精准把握分寸，守常与应变兼备，杜绝过分创造与过分守旧，从理论与实践两个方面促成传统文化中的人权要素与当代人权观的融合。诚然，人权确实是舶来品，但它不是仅依托于制度移植就能够解决的问题，人权观需要同理心、认同感、历史文化基石等根须将其固定在本土才能逐步内化乃至有所突破。

首先，应秉持重视历史的态度，对传统文化进行清算。重视历史一为正视，二为尊重，即要求不偏不倚地对待传统文化。必须意识到，基于历史局限，在农业经济、封建专制政治等条件的压迫下，无力产生可供私人交易的、足够自由化的商品市场，私权法律体系并不完备，所以人权的发展自然十分缓慢，只要站在历史唯物主义角度，这样的结论就不可避免。同西方资本主义的理性—利益模式的人权观不同，中国传统的朴素人权观是伦理人权观，格外注重道德培养，一方面易导致家长式政治；另一方面容易使民众将道德需求移情于法律，造成道德法律化与法律道德化，而前面所述及的传统人权异化即为直接表现。但在当时的历史条件下，传统文化中的朴素人权理论依旧不失为一种难能可贵的思想，并且在明清之际黄宗羲等的观点中，已经产生了反对君主专制、动摇人治的理念，因此要说从文化本身直接或必然会造成权利意识丧失与家长主义政治是言过其实的。对于传统文化中的人权，应当正视其历史局限性和对补正的天然需求，反对盲目强调孔孟神圣，过分夸大与包装将导致文化沉渣难以清理，埋下隐患；同时又应承认传统文化与人权的可调和性，如对人格的尊重、平等的思想、仁政的理念等，同资本主义鼓吹的自由平等相比，未必格格不入。其在从今往后相当长的历史时段具有相对普遍性，与其全面借用生发路径完全不同的理念，从本土文化中推陈出新更值得践行，这种态度也符合传统文化一贯中庸至善的倡导。

其次，即使是优秀传统文化，也不应止步于捻来摘抄引用，应积极促进其现代性转型，实现话语创新。传统典籍多微言大义，对其诠释可融会时代精神，又要防止牵强附会。笔者认为，伽达默尔的诠释学观点可适用于该情境。在现代解释学意义上，意义存在于读者与文本的不断对话中，是不断生成和演变的过程，文本的意义在变化着的理解过程中实现。① 应用的前提在于理解，而应用的需求又能够引导理解发生的方向，特别是对于传统典籍这种用词精练的文献，探索其语义便有更多拓展的空间，但须防止逸出文本本身的可能意思。例如，戊戌变法时期康有为意图在中国建立君主立宪制度，又欲以孔教救国，便强行篡改了典籍原文，称孔子言及"政在大夫""庶民议"，进而主张孔子的意为政不在名义上

① 杨平：《哲学诠释学视域下的〈论语〉翻译》，载于《中国外语》2012 年第 3 期，第 102 页。

的君主，国家的决策须符合国民的意见，故民主政治的制度乃至现代人权观念等成熟设想在先秦时期就已存在。而孔子的原话是"政不在大夫"与"庶民不议"，本意在于表达对礼乐制度的尊崇。康有为在解释中，直接删改了原文，已非解释，而是自我创造与发挥、借圣人之口推广新政，实为诠释之反例。又如，对孔子以"孝"与"仁"为主题的论述"又不敬违，劳而无怨"进行解释时，愚孝说的观点是子女在父母不接受对其德行的建议时，也应该顺应父母的支配，而现代学者陈祖为在解释与重构儒家哲学时，指出"违"的含义有待商榷，因原文中"违"的宾语被省略，以愚孝说之意应指"父母的意志"，而陈祖为将其解读为"自己的本心"，而将原句理解为在关于仁德的建议不被采纳时，即使对方是父母，也不因此怯懦，而是不放弃地继续告诫。[1] 这种解释驳斥了父母对子女意志自由支配的见解，又并没有违背儒家核心的"仁"的第一性思想，是一种可行的尝试。

最后，在具体实践手段上，加深传统文化与中国特色人权观的互动，应着重推进传统治理模式的改造推广。传统治理模式即德治模式，是中国古典人权观念的软性根基，封建社会的德治内涵其实是"礼治"与"人治"，在经过现代性更新后，如今所倡导的"德治"更贴近一种"善治"，笔者认为其中应当包含两层含义：其一，在法律的规制已经渗透至绝大多数人际关系间的背景下，规制秩序的法律本身应当是"善"法，党的十八届四中全会决议中强调，"法律是治国之重器，良法是善治之前提"[2]，德、仁、爱等传统伦理意识可以作为评价法律正当性的准则之一。其二，提升全社会的治理水平，在法外的领域，仍须通过精神文明教育，提升公职人员的道德意识、职业公德意识，更重要的是将传统文化人权观念大众化，巩固传统人权意识的社会基础，消除民间对传统文化的误解。对此，中共中央办公厅、国务院办公厅于 2017 年 1 月颁布的《关于实施中华优秀传统文化传承发展工程的意见》，不失为提纲挈领的有益参考。在树立好"德治"或"善治"地位的基础上，如何处理与法治之间的关系，则是另一个深刻议题，笔者不欲在此多加挖掘。总而言之，当前的主要课题是激活人权事业建设的历史面向，丰富中国特色人权观中的优秀传统色彩，使其发展向度始终由本土口径把握，并培育根植于本土的对应治理模式，让传统文化发挥真正的坚实基底作用。

---

① 陈祖为：《儒家的人权观》，载于《国际儒学研究》（第六辑）1988 年 6 月，第 153～154 页。
② 《中共中央关于全面推进依法治国若干重大问题的决定》，中华人民共和国中央人民政府门户网站，2014 年 10 月 28 日。

第三章

西方资产阶级人权理论的
冲击及其影响

中国传统文化虽然存在丰厚的人权思想资源，但是面临种种经济基础颓败、政治形势的压抑，难以独立产生现代意义上的人权观。从明朝末年开始逐渐深入的西学东渐潮流令西方资产阶级人权理论在中国近代社会发挥了思想启蒙的作用，自此西方资产阶级人权理论成为中国人权史上重要的一部分。由此引发的一个问题是，西方资产阶级人权理论是如何在事实和价值上影响我国的，我们应如何正确评价西方人权思想的价值及其对我国的影响？对该问题的回答，实际上贯穿了我国人权研究的始末，至今虽已达成基本共识，但仍有悬而未决之处，而这恰好是研究中国人权观的症结之所在。基于此，必须对西方资产阶级人权理论的历史发展脉络与内在逻辑进行系统性梳理，以正确理解其内在机理及外在表现，这将有助于批判地分析其对我国人权观的萌发和发展产生的影响，并更好地理解为什么要选择走中国特色人权观之路。本章所研究的西方资产阶级人权理论，时间向度上指从17世纪人权概念出现到当代社会理论体系相对成熟，空间向度上包括欧洲和北美洲国家，以德国、法国、英国、美国为典型。

第一节　西方资产阶级主流人权理论的主要内容与特点

一、西方资产阶级主流人权理论的哲学基础

　　西方资产阶级人权理论源自伦理学与政治学，从纵向角度看，发展历史悠久、阶段主题不同；从横向角度看，包罗地域广阔，国别、国情不同。故西方资产阶级人权理论流派丰富，不同流派的人权学说立足的哲学根基不甚一致，总览西方人权理论发展的进程，其哲学基础可概括为以下几个派别。

　　第一，自由主义。这是贯穿于西方伦理观念、政治理论、人权思潮的政治哲学，其本身亦包含经济学意义上的理论，在此不予讨论。自由主义的起源常被西方学者追溯至古希腊时代，但其真正被激活并同人权关联起来是在 17 世纪神学政治学向伦理政治学转型时期，可大略分为古典自由主义与新自由主义两个发展阶段。古典自由主义的先驱人物是英国的约翰·洛克。自他而始，政治拥有了现代性运行的空间，人权也被列入民族国家的整体构造框架之中审视，开启了理论化、体系化的成长。古典自由主义者以权利优先性、政治权力的世俗同意和权力的划分平衡作为政治理论的基本原则，构建出人类生态"自然状态——自然权利与自然权力——个人交付自然权力并将自然权利带入政治社会"的发展路径。在洛克所设想的完满和谐的原初自然状态中，生命权、自由权和财产权并列为三种最基本的自然权利，即使为了构筑社会契约，人们交付了一部分权利，这三项自然权利依旧可为他们自身所保有，并成为政治共同体存在的目的。19 世纪工业资本主义蓬勃发展，古典自由主义政治理论在新的社会问题面前也力有未逮，J. S. 密尔开启了新自由主义理论[①]体系。新自由主义者们更加关注作为社会根基的"个人"如何获得更优发展的问题，承认合作对于实现个人自由的必要性，并放松对政府的限制，要求"增加社会有组织的支配"[②] 以改善经济、文化条件。总体来说，不同阶段的自由主义理论对人权产生的共同影响有三个方面：其

---

　　① 本篇所称的"新自由主义"（new liberalism），与中文同译的"新自由主义"（neo-liberalism）应予以语义上的区分，后者又可被译为"新古典自由主义"以示区别，指 20 世纪后期结合社会经济、政治现实对 17 世纪古典自由主义的一种复归。参见李小科：《澄清被混用的"新自由主义"——兼谈对 New Liberalism 和 Neo - Liberalism 的翻译》，载于《复旦学报》（社会科学版）2006 年第 1 期，第 56 ~ 62 页。

　　② ［美］约翰·杜威著，傅统先、邱椿译：《人的问题》，上海人民出版社第 1965 年版，第 106 页。

一，在人权内容方面，将自由作为基本的核心话语；其二，在人权的来源方面，"天赋人权"成为主流的理论出发点，人权的正当性被归于某种先验的自然规律；其三，尽管程度不同，有限政府被作为人权保障的先决条件，从该原则出发，自由主义者们提出了各种不同的分权、限权策略。古典自由主义对人权理论的形成产生了方向性的引领效果，使西方资本主义人权理论在形成规模的初期就具有注重政治权利、关注消极自由、对政府保持警惕以及强烈的个人主义倾向等特征，塑造了西方人权观念的基本面貌。新自由主义则更具居中调和的属性，拓宽了自由权的覆盖范围，关注积极自由，对政府提出管理、干预的要求，也暗含了产生集体主义、社会主义的因素，是经验主义基础上对此前的人权理论富于时代性的改良。

第二，人文与智性的哲学。这是西方人文学说中另一条重要的主线。文艺复兴使人文主义思潮涌现，扭转了中世纪长期以神为本的宗教意志论。宗教改革时期，"路德将《圣经》从拉丁文译成德文，使普通人的理性获得了解释《圣经》的权利，也就是说，使理性、思想成为一种至高无上的权利，成为一切宗教论证的最高裁判者"①。人文主义思潮催生了对理性的崇拜，在从中世纪神学的君权神授向近代政治伦理祛魅的进程中，自然状态成为契约论者的共同假设，而造就政治社会的结合行为的主因、从自然状态过渡到民族国家的基础正是人的理智。古典自由主义者宣称："人的自由和依靠自己的意志来行动的自由，是以他具有理性为基础的，理性能教导他了解他用以支配自己行动的法律，并使他知道对自己的自由意志听从到什么程度。"② 理性智慧是一切制度构造的基石，是现代社会成立的前提，不论是重视思辨的唯理哲学还是重视实践的英国经验主义传统，都承认理性在识与行方面的价值。自由主义者相信人类自身的理智能够促使他们逐渐认知世界的全貌，对旧制度、旧文化加以反思并积极参加政治生活。随着资本主义阶段的深入，自由主义的更新，理论侧重由理智之理向理智之智偏转，由人参与政治生活的天然资质转向人参与政治生活的智慧能力，行政、法律的专业性技能要求令精英主义逐步势旺。纵观资本主义文化整体历史发展阶段，人文主义启发"人"的学问，重新激活古希腊时期的"人学"，将人从宗教神秘中解放，自身的主体性价值与个性、尊严得到重视，作为人权产生土壤的政治理论从"天国"返回世俗。对人本身研究的复归使人的理性成为人区别于其他生物学物种的特性，并进而产生智识方向的关怀。在人权思想方面促生了通过精密的制度性设计以及公民智性的教育启发共同作用的保护措施，并将平庸政治导致的公共

---

① 陈修斋：《欧洲哲学史上的经验主义和理性主义》，人民出版社 2007 年版，第 5 页。
② ［英］约翰·洛克著，叶启芳、瞿菊农译：《政府论》（下）商务印书馆 1964 年版，第 39 页。

福利削弱、少数人权利的忽视等人权问题推至前台。

第三，功利主义哲学。这是古典自由主义向新自由主义转轨时被注入的一股"新血"，以边沁、密尔等为代表，在个人功利主义到社会功利主义发展中改造古典自由主义哲学上的人权理论。功利主义哲学家边沁反对古典自由主义者的自然权利说，因为用以迎合权利的自然状态只是理想假设，不具有现实意义，并认为人类追求自由幸福只是出于自然本能，只有用法律予以固定才成为权利，而法律在尺度把握上应"根据每一种行为本身是能够增加还是减少与其利益相关的当事人的幸福这样一种趋向，来决定赞成还是反对这种行为"[①]。密尔改进了边沁的功利主义哲学，认为"功利主义的行为标准并不是行为者本人的最大幸福，而是全体相关人员的最大幸福"[②]，因而追求最大社会公共福利的实现。功利主义一方面为人权的发展启发了新的路径，重新考量人权的来源，使原子化的个人相互联结，人权的社会属性得以强调；另一方面，却又强化了人权的工具属性，弱化了人权保障的原初意义。

上述几类哲学基础在不同历史阶段，有单独发挥作用者，有共同作用指导一派人权理论者，特别是在现代人权理论中越发呈现出混合性特征。厘清西方资产阶级主流人权理论的哲学基础，可更好把握中国人权观形成过程中的扬弃工作。

二、西方资产阶级主流人权理论的基本内容

西方资产阶级人权理论枝繁叶茂，内容丰富，第一部分已对历史上各类流派的产生发展及其具体内容予以详述。总体而言，西方资产阶级人权理论的理论焦点可分为三个部分：

第一，人权的来源。西方资产阶级人权体系中，主要有两类人权成长模式，一类是具有深厚历史的天赋人权论；另一类是对其提出异议的非天赋人权起源论，其中后者包含不同流派，以法赋人权观和人赋人权观为典型。在基督教神学视角下，"上帝创造人就是赋予人的某种存在价值，人依其存在的价值和尊严，自然地就享有一定的权利"[③]，人民的福泽、具体享有怎样的权利需要等待神的施舍，天赋人权是在唯物主义自然观下对宗教神学的反对以及人权来源的叩问，近代西方人权观念的体系化自天赋人权观念而始。"天赋"的内涵在于"生而有

---

① ［美］博登海默著，邓正来译：《法理学——法哲学及其方法》，中国政法大学出版社1999年版，第105页。

② ［英］约翰·密尔著，徐大建译：《功利主义》，上海世纪出版集团2008年版，第12页。

③ 徐爱国：《西方人权理论发展之历程》，载于《中外法学》1991年第4期，第52页。

之"，卢梭在《社会契约论》开篇便指出"每个人都生而自由、平等"①，承认自由作为天然权利的存在。前社会状态的构想是天赋人权的假设前提，人权是该状态下基于人的物种本质、族群自我保存与延续的必然需要，也是自然规律的产物，遵循从自然利益需求到基本权利要求再到人权体系的生长路径，其存在并不以人类处于怎样的社会环境而改变，反之，人类在相互结合，创设新的共同体形式时，应以人权这类自然公理为价值起点。天赋人权的缺陷在于，它的历史观依旧是唯心主义的，不能摆脱虚构色彩，天赋论者在证明自然状态的存在这一议题上难免无力，只能将理想的假设上升为公认的思想原则，堵塞追问的管道。由此产生的人权固有的不可剥夺、不可转让属性为现代国家积极政府与人权之间矛盾增加了调和难度。非天赋人权论的代表之一——法赋人权观起源于 19 世纪，被功利主义和实证主义者所追捧，如边沁主张"权利是法律的产物，而且仅仅是法律的产物；没有法律也就没有权利——不存在与法律相抗衡的权利——也不存在先于法律的权利"②，法赋论者认为，自然权利的语焉不详和先验价值会令无政府主义思想泛滥，作为社会核心运转规则的法律也将面临失去作用的危机，不认可有先于规则存在的权利。人赋人权观以埃德蒙·伯克为代表，主张人权中的人"乃是文明社会中的人，而非其他状态下的人"③，基于个人激情与本能的自然权利即使存在，也应是独立超然的，既不能成为政府的基石也不能成为规范的指引，因为"它的抽象完美性实际上恰是它的缺陷"④，不能与实证性的人权用同一逻辑解读，人权应来源于人的实践经验与传统，随社会发展而变动。当前西方主流人权理论依旧由天赋论占据主流；法赋论思潮在对人权具体保护样态的塑形中产生了更明显的效果；人赋人权的思想则凸显了天赋人权理论的内在不足，促进了天赋论的自我补正，甚至潜移默化地开拓了资本主义人权理论吸收马克思主义人权理论片段的空间。

第二，人权的价值基础与内容。西方资本主义人权观念虽萌芽于 14～15 世纪，却未禁止过从此前的古希腊、罗马、中世纪宗教神学理论中汲取养分。在人权观念未成体系时，理论家们重于强调一些被认为属于"善"的基本价值，这些价值便构成了日后人权具体内容的根基，主要包括：其一，正义价值，从古希腊时期开始，先贤们从未放弃过为人类美好生活寻求制度安排的努力，正义正是表征着"善""幸福"的价值追求，其内涵犹如普罗透斯之面⑤一般具有不确定

---

① ［法］卢梭著，何兆武译：《社会契约论》，商务印书馆 2003 年版，第 6 页。
② 罗玉忠、万其刚：《人权与法制》，北京大学出版社 2001 年版，第 107 页。
③ ［英］埃德蒙·伯克著，蒋庆等译：《自由与传统》，商务印书馆 2001 年版，第 68 页。
④ ［英］埃德蒙·伯克著，蒋庆等译：《自由与传统》，商务印书馆 2001 年版，第 69 页。
⑤ ［美］博登海默著，邓正来译：《法理学——法哲学及其方法》，中国政法大学出版社 2004 年版，第 260 页。

性。但正义构成了大众对于"正确"的道德判断，对于人权的内容和实现手段具有奠基引领作用，罗尔斯的人权理论即为典型，他提出了"平等自由原则"与"差别原则"两个著名的正义原则，并对该原则下的人权内容提出初步观点，前者包括"良心自由、思想自由、个人自由和平等的政治权利"[1]，后者则具备了经济意义上弱者保护的雏形。其二，平等价值，中世纪基督教神学中，上帝一视同仁地对待教众时严明、恩赐的形象使基督教教义中不可避免渗透着平等思想。近代启蒙思想家们筛去神秘主义教义，代之以"自然状态"的设想，主张在未缔结现代意义上的共同体契约之前，虽然就社会现实而言，人与人天生的身心功能的差异确实存在，但人们应当互相平等独立，彼此没有任何先定的从属关系，也没有任何支配关系。平等原则是人权的正当性支柱，至少在理论上令人权不至沦为特权，并催生出与人权息息相关的政治民主制度、社会保障制度的诞生。其三，自由价值。自由是整个西方哲学、政治、法学理论中最不可回避的概念，无论何种人权流派，都十分强调自由的意义，将自由视作人类的根本属性、理性的自我实现，卢梭曾称"放弃自己的自由，就是放弃自己做人的资格"[2]。从人权类别看，原初的自由概念中，逐步产生个人自由与社会自由、消极自由与积极自由的分野，彰显从第一代人权向第二代人权发展的充实过程。[3] 从人权保障看，围绕现代国家中的自由及其限度展开的长期论争，指导着人权保障法律规范的走向与政府权力限度的规制。总体审视，西方资产阶级人权理论从粗放到精细的发展历程中，人权最初只是某些基本价值的重申，之后这些基本价值同国家政治制度框架结合，推演出具体的权利名目，在内涵充盈、外延扩张的基础上进一步实现享有人权主体的补全。

第三，人权的保障手段及其设计。有限政府是西方资产阶级人权理论中基本、核心的保障策略，基督教的二元政治观滋养了国家权力与个人权利界分的观点，世俗的国家和政府因为神圣性缺失产生了工具性调试的可能，神学人权观撬开的缝隙被近代自由主义人权理论放大，由洛克开创的有限政府理论即使在要求政府承担日益扩张的公共职能时也从未被放弃，近现代有限政府原则的区别不过在于限度大小；并且"政府"也不再仅指向作为执行者的行政权，更向所有具有国家权力性质的公共部门扩展，以保证拥有暴力后盾的公权力不至侵吞私人权利。在具体手段和设计方面，尽管大多数人权流派承认法律之外的道德性权利，但是法的规范无疑是他们所信奉的保护权利最直接有效的手段。目前英国、美国、德国、法国等西方主要资本主义国家构造的是以宪法为核心的法治保障系

---

① ［美］约翰·罗尔斯著，何怀宏等译：《正义论》，中国社会科学出版社 1988 年版，第 187 页。

② ［法］卢梭著，何兆武译：《社会契约论》，商务印书馆 2003 年版，第 12 页。

③ 此处采用卡雷尔·瓦萨克提出的三代人权分类模式。

统，并通过宪法的实施与监督等方式确保立法、行政、司法中贯彻人权保障原则。

三、西方资产阶级主流人权理论的特点

西方资产阶级主流人权理论在发展上具有交流性与相承性，因此现代多元派别呈现出相对集中的理论向度，因时因地流变的人权理论在构造上也存在着若干高度一致的思维特点。

第一，自然法权威与天赋人权模式构造。自然法起源于古希腊时期，自然主义者突破神话一元论中复杂多变、随心所欲、没有固定管理规则的"人性神"，创造出"与自然融合为一的、用自己的智慧根据正义来安排自然秩序的神"①，产生绝对而永恒的正义，由此而来的秩序与规律可以被应用于社会生活中作为个体行为乃至国家制度的评价标准。智者学派与斯多葛学派的主张则为纯粹的自然公正加入人文与理性要素，形成了以人学为主轴、通过理性认识自然法则并加以遵循的基本思路。中世纪，以奥古斯丁和托马斯·阿奎那为代表的基督教神学家将自然法的正当性归于上帝理性或者意志，即使他们设计了更高一层的"永恒法""神法"，自然法不仅依旧是指导属世法律的高位尺度，而且与永恒法高度调和，几乎只是作为从不同角度论述问题的不同术语。在近代，作为自然法认识基础的理性价值脱离神明价值，著名思想家孟德斯鸠主张"物质世界有它的法；高于人类的'智灵们'有他们的法；兽类有它们的法；人类有它们的法"②，基本代表了 17 世纪人权论者们的普遍态度：虽不反对向上帝表达尊敬，但坚持指导世俗人法的某种具有绝对价值的规则应当从来源上同上帝意志区分，它不再是高级"智灵"的命令，而应当作为来源于物质自然的、不言自明的规律在社会中发挥作用。自然法学者的共同点是承认某种最高的法则，它符合自然规律、永远不变。19 世纪以来，自然法思想受到功利主义与历史法学的冲击，日渐衰微，在复兴中产生的新自然法学派将自然法的不变性改造为相对可变性，但与古典自然法学派的相同之处在于，同样使用来源于思辨的特定价值属性和道德预设，作为至少相当长时间跨度内正确且权威的既定规则，并乐于在政治之外、规范之外乃至社会之外寻求人权的合理性。这种超验的规则基础在人权来源的场合自然产生对应的自然、人文、理性三位一体的天赋论，进而大致界定了人权成长的框架与一般模式。在这种模式中，由于人权来自自然，具有天然正当性，理论的侧重

① 申建林：《自然法理论的演进——西方主流人权观探源》，社会科学文献出版社 2005 年版，第 25 页。
② ［法］孟德斯鸠著，张雁深译：《论法的精神》（上），商务印书馆 1961 年版，第 1 页。

在于个人权利，集体社会中的合作与义务常表述为必要的让步和妥协，最终通过社会整体利益提升回归个人受惠的最初目标，形成"重权利，轻义务"的人权传统。

第二，抽象性与价值永恒性。这是由理性主义自然法传统衍生出的必然特点。人权的先天性起源论和对理性精神作用的推崇令人权理论始终追求统一抽象的构造，如卢梭的自由观中，一切诉求遵循"契约—公意—法律"的抽象逻辑公式，力图避免对具体个人和具体事务的考察。必须特别明确，在英国历史悠久的经验主义认识论同唯物史观不可等同，英国历史上的经验主义者，也充分肯定、颂扬理性的作用，他们反对的是不承认理性局限性和人类感觉认识的唯理论，而经验主义者惯于使用归纳法说明某项制度和诉求的自发性以应对纯粹理性创造说，于人权建构方面并不能摆脱抽象权利的沉疴。出于抽象权利的证成需求，形成普遍的价值共识要求格外紧迫，西方资产阶级主流人权观特别强调正义、平等、自由等价值，其中自由特别受到关注，康德就曾主张人类"只有一种天赋权利，即与生俱来的自由"[①]。随着国际交往日益密切，这些价值诉求成为"普世价值"，它们具有流变性与具体性的内涵使得一个长期、广域适用的解释标准实际上不可能确立，但出于意识形态政策，此类价值概念被固定化，与国家的民主制度形式勾连，代议制民主、三权分立等手段被视作实现人权的最佳甚至唯一手段，资产阶级人权者也希望借永恒性价值将其特有的人权理论从一国扩展到全球。

第三，人权的法典性。首先，商业繁荣带动政治理论的早发，而"法治原则构成了现代政府权力运作"[②]；其次，人权理论形成初期，有限政府的核心保障策略就要求通过法律的统治而非权力的自我约束实现共同体成员权利的保护；最后，1215 年英国《大宪章》在限制国王方面的实践为此后其他统治权威的限制提供了可行经验。上述三个原因使人权法典化在西方开始极早，与立宪主义国家基本保持同步发展。人权理论的法典化一般率先体现于作为纲领性、申告性的各类人权宣言中，如法国《人权宣言》大量吸收了卢梭的人权理论，在开篇即强调人类具有与生俱来的平等与自由权利。现代立宪国家成立后，人权通过宪法或者宪法性文件的成果总结和确认进入国家制度建设，如美国 1791 年批准的十条宪法修正案保障了多项个人权利，对政府权力进行了强有力的限制。当人权被固定为一项宪法原则，人权中的部分具体内容被肯定为宪法权利时，具体的公权力行为一旦违背人权原则，便会面临不同形式的审查，以确保保障人权这一宪法原

---

① ［德］康德著，沈叔平译：《法的形而上学原理》，商务印书馆 1991 年版，第 51 页。
② 潘伟杰：《现代政治的宪法基础》，华东师范大学出版社 2001 年版，第 83 页。

则在国家履行社会管理职能时获得尊重。在此过程中，人权便实现了由政治术语到法律术语的演进。

第二节　西方资产阶级主流人权理论在我国传播的历史

一、辛亥革命失败前西方资产阶级人权理论对我国的影响（1840～1914年）

中西方文化交流的历史自唐朝始，在明朝万历年间掀起第一次热潮，学界普遍认定为是明朝中后叶万历年间基督教传教士引起。明末的第一次西学东渐对中国人权思潮的影响集中于天文历法等自然科学层面，从社会人文角度，一则传统文化的深厚传承性使其对思维方式与取向完全不同的西方文化首先采取了排斥、警惕态度。二则为缓解文化间的紧张关系，当时的传教士纷纷效仿来华教士利玛窦，采用"合儒易佛、学术传教"[1]路线，在传播技术知识方面的成效显然更加卓著。但在这一时期，精算科学等具有逻辑思辨性的学科冲击了传统文化的惯常思维方式，同时大量宗教书籍的翻译传入令一些宣扬平等、政教二元、世俗社会君主受限的基督教教义对等级伦理、纲常名教产生了动摇。尽管西学的影响在闭关锁国政策后一度陷入沉寂，也依然留下了思想启蒙的种子，在鸦片战争后的第二次西学东渐时期萌芽，其作用主要表现为两个方面：

第一，对传统文化中的固有理念加以反思，初步催生现代意义上的基本人权观念。封建王朝末期，日渐腐朽衰微的清政府、不尽如人意的政治现实、存于危亡旦夕的中国社会，种种问题伴随鸦片战争对国门的开启而一同爆发，在明末遗留于国内的宗教人权观所推动的文化反思因近代启蒙思想的注入再次复活，极大动摇了中国"三纲五常"的纲常名教。君纲首先受到质疑，打破了君权神授、君主至上、贤人政治的天然合理性，政治的合法性被彻底追问。基督教宣扬的灵魂平等性、近代启蒙思想的生而平等观念也沉重打击了父纲、夫纲。官方儒教的衰微一方面使学者们重拾孔孟原教，推动传统文化的自我革新；另一方面也为西学进驻中国铺平了道路。西学的传播令平等、民主、权利与权力等人权理念为中国志士所熟知，其中以卢梭的人权思想为最，其影响了一代中国人对民主、平等

---

[1] 马来平：《西学东渐中的科学与儒学关系》，载于《贵州社会科学》2009年第1期，第5页。

的理解和向往，和对现代政治的充满激进情怀的追求。例如，维新时期谭嗣同便盛赞"法人之改民主"①，向往法国的民主制度，主张"中外和会，救黄人将亡之种，以脱独夫民贼之鞅轭"②，以"天赋人权"与"人民主权"为理论武器，向封建专制制度提出挑战，提出保障民权的要求。梁启超在《新民说》中"以中国旧伦理与泰西新伦理相比较"③，指出中国的文化体系中，尽管重"相群"，但道德支撑主要是私人间的交往伦理，即便上升到君臣关系，也最终落脚于私人之间的忠诚道义，难以代表国之大体，谓之私德；而西方的新伦理，是个体对于国家、社会整体的伦理，谓之"公德"。梁氏主张道德革命，改变长期以来重私德废公德的倾向。此例体现出西方近代自由主义人权论者所提倡的公民的积极参与政治生活的政治德性、社会自由观念已被维新派吸收作为国家治理的基础价值。辛亥革命时期，革命领袖孙中山提出的以反封建为核心的民权主义，是资产阶级人民主权观念的典型表述，民权主义的重要理论成果——五权宪法，就是参考西方分权制衡学说的改进。

第二，提供人权保障的制度参考。洋务运动失败使国内救亡志士们意识到，"师夷长技"之"技"必须从自然科学向社会科学发展，系统性学习西方社会构架运行方略。制度上西方人权理论带来的影响一为民主宪制制度，二为一般法律制度。首先，民主宪制的政治制度在中国的传播以议会制度为开端，最初思想家们看重"议院的上通下达之功能"④，随着人权理论影响深入化，议院制度的思想根基——立宪主义崭露头角，中国学者对议院的功能认知从便于君臣沟通上升到限制权力，保障民众基本人权，划定公权力边界方面。清末改制中，《钦定宪法大纲》与《重大信条》两部宪法文献至少在形式上强调了君主权力以宪法规定为限度，具备议院设立的外观，也引入了西方资本主义国家宪法中言论出版、人身自由、财产权等基本人权规范。其次，法治理念在西方资本主义国家发源早、成熟快，近代思想家们对于宪法以外的其他法律，特别是刑法，也有所借鉴，主张推行司法改革，修律改例，废除凌迟等与罪名不相适应的严刑峻法，客观上推动人权理念在部门法中的显现。

总体而言，这一时期，西方人权思想在思想启蒙方面起到了主要作用，开凿了中华文化自我觉醒的口径，借由同本土逻辑体系不同的另一套思想观念发挥了破旧效用，为中国人权观的突破提供了外部视角。中国学者们对于西方人权思想

① 谭嗣同著，加润国选注：《仁学》，辽宁人民出版社1994年版，第77页。
② 谭嗣同著，加润国选注：《仁学》，辽宁人民出版社1994年版，第80页。
③ 梁启超著，宋志明选注：《新民说》，辽宁人民出版社1994年版，第17页。
④ 饶传平：《从设议院到立宪法——晚清"Constitution"汉译与立宪思潮形成考论》，载于《现代法学》2011年第5期，第25页。

大体上是接纳与模仿的态度，并产生了初步的本土化意识，如西学东源、托古改制等，"借用旧的经籍，把憧憬的资本主义，涂上一层传统的色彩"①。同时，由于侵略的史实与西方思想发展理路的差异性，对西方资本主义人权理论的提防、警惕心理也同样存在，此种心理在某种程度上促进传统文化的革新，令我国本土文化既拮抗又同化、吸收着西方文化，呈现出相对平稳的文化交流形势。但随着辛亥革命因袁世凯的复辟宣告失败，传统文化经受打击，东西方文化的势力对比失衡，西方资产阶级主流人权理论开始逐渐呈现出大肆侵染的发展状况。

二、辛亥革命失败后西方资产阶级人权理论对我国的影响（1914～1978 年）

袁世凯复辟后，辛亥革命宣告失败，由于孔教儒学被作为帝制的遮羞布，异化了的纲常名教被作为传统文化的代表，进而为帝制辩解，所以辛亥革命失败后，传统文化为学者所鄙弃不齿，认同感骤然下降，但是中国又急需救亡图存的新方略，当时尚无其他合理的理论体系，由于同其角力的传统文化经受打击，西方资产阶级思想的势头一时无两，其人权理论也随其势旺而急速扩张。特别是在新文化运动前期，全盘西化构成了应对西方理论的主旋律，一批爱国青年对扶持帝制的"旧文化"彻底失望，对西方文化的介绍已不止于制度学习，更期望通过理论探源实现社会风气、文化革新，陈独秀、胡适等为此立场的典型代表。西学高涨时期，其与中国人权观的互动表现为以下两个方面：

首先，在对待西学的态度上，学界一度持高度赞颂立场。具体表现一是将西方人权理论的重要价值观念浓缩为文化运动的大众化口号，如陈独秀在《敬告青年》中指出传统道德"不以自身为本位，则个人独立平等之人格，消灭无存"②，认为目前要摆脱民智不开、蒙昧不化的状态，"当以科学与人权并重"③。二是将西方文化作为改变传统文化的关键，更有激进者甚至将其作为传统文化的替代品。胡适提出"充分世界化"，对全盘西化论表示赞同，尽管他也提出从残渣中拯救真正国粹，实现文明再造的目的，但缺乏论证，过于乐观地认为传统文化并不会简单流失，当务之急就是吸纳先进的西方现代文明。

其次，自由、平等、民治民主三大理念及其概念作为人权的根本价值被建构，人权的具体理论构造有所突破。自由在当时主要指个性的自主发展，针对封

---

① 汤志钧：《中华文化的过去现在和未来》，中华书局 1992 年版，第 67 页。
② 陈独秀：《敬告青年》，载于《当代青年研究》1988 年第 2 期，第 33 页。
③ 陈独秀：《敬告青年》，载于《当代青年研究》1988 年第 2 期，第 35 页。

建社会末期精神封锁策略，思想、言论、出版自由被尤其视作精神自由的基础。平等是个人人格、灵魂的平等，是法律规范前主体地位的平等，是反对封建等级秩序的有力武器，在近代特别表现为男女平等的妇女解放事业。民治民主被视为实现自由平等的重要途径，即"民自治其事"、主权是民众意志的结合，即使君主也不能侵犯。胡适就呼吁过中国需要"规定人民之权利义务与革命政府之统治权的一个约法""快快制定约法以保障人权"。[①] 该思路同近代 17 世纪启蒙思想特别是法国式自由主义的逻辑一致。卢梭在《社会契约论》中提出了自由实现的步骤：由于人类理性的激发以及缔结人人平等基础上的社会契约，人类活动受到公意的约束，自公意中诞生的法律能够消除社会的不平等，进而为自由的获得提供条件，这恰同新文化时期思想家们的论证思路相合。从积极意义上说，西方启蒙思想促使权利意识大幅度提升，中国社会长期以来权利与权力混沌不分的状态开始解体，人权观已经初步具备了模糊的框架，限制政府权力、通过立宪将政治策略引入法的框架的大略路线获得确认；从消极意义上说，中国学者对于人权认识依旧画皮难画骨，新文化运动时期"人权"与"民主"频频混用、几乎等同，足见对人权的认识还停留于政治权利层面，这是由于西方人权理论最明显的外在表征便在于其民主政治制度，这一直观可感的人权现象又契合了我国紧迫的政治需求。

资产阶级改良与革命运动的失败使近现代中国社会建设的指导思想无可避免地面临反思和重组，随着十月革命胜利，马克思主义传入中国，国内迎来无产阶级革命的高潮，马克思主义成为指导国家治理的新思想，资产阶级人权理论一时被搁置。抗战时期陕甘宁边区的人权立法虽然有同西方人权理论的制度成果相似、类同的内容，但从来源角度，其理论基础强调权利主体的基层性、大众性与权利的历史现实性，已不再遵循"天赋人权""财产基础"的资产阶级论调。新中国成立后，阶级斗争很快成为国内各项事业建设的主题，"人权"被冠名指姓，打为资本主义的专学、资产阶级特有的意识形态，无论是本土的人权研究还是域外的人权思想引进都处于停滞状态。

从互动形式的角度看，辛亥革命失败后到新民主主义革命前，西方资产阶级人权理论的引进重视"本土"而轻"化"。虽然如前所述，中国传统文化中的人权思想并没有完全被废弃，但占据主流的做法依旧是在激荡的文化潮流中大力地扩展西学占据的领地，致力于推进人权保障理念的学者们难以结合文化传统进行有机改造，试图强硬地将西方人权理论嵌套入中国社会。在新民主主义革命后，中国出现马克思主义思潮，西方文化退居二线并在新中国成立后进一步隐没。总

---

① 胡适：《胡适文集》，北京大学出版社 1998 年版，第 529 页。

体来说，这一阶段西方资产阶级人权理论的传播呈现出在短暂的狂热后回归沉寂甚至沦于冰冻的情形。

三、改革开放后西方资产阶级人权理论对我国的影响（1978 年至今）

1978 年党的十一届三中全会后，阶级斗争不再被视为当时社会的主要任务，思想上推行拨乱反正政策，人权研究逐步解禁，同期传统文化加速回暖，掀起解读、改造热潮。在国内已有相当力量积蓄的马克思主义也在摆脱教条化的困囿后更具进步性与影响力，理论界一时百花齐放，中国人权模式开启了自主式觉醒阶段。同时，1982 年《中华人民共和国宪法》继受了 1954 年《中华人民共和国宪法》确立的无产阶级主导的民主政治制度，改革开放展示了中国未来良好的经济前景，西方资本主义国家的外在经济、政治状况已经无法如近代时期一般带来冲击与示范效应。在此背景下，对西方的狂热迷信现象不具有再现的现实可能性，中国对西方资产阶级人权理论的研究方式大幅度转轨，从而进入一个新时期，表现为主动与被动两个不同面相。

主动的研究方式的转轨的根源是中国的内生学术视角转变，其表现是从割裂的碎片化研究视角向整体性的研究视角转轨。近代特别是旧民主主义革命时期，用以构建近现代新型理论框架的资源匮乏，人权意识更未开化，被动的近代化开端主要通过外力推进，整体历程仓促，故近代学者多在西方庞大繁杂的人权学科中择取最符合社会现实需求的理论部分，即相关研究单一地集中于有关人权的立宪主义政治学说，既无勾画从内核的世界观方法论到基本原则结论、再到制度理论成果的系统，也无哲学、政治、法学等学科综合视角，更少从历史背景、社会条件的层面细致考察不同国别人权意识发源的差异。仅寻求外缘结论与制度的原子式嫁接必将引起本土社会的排斥，导致理论畸变，因此近代中国民族资产阶级救亡运动屡屡受挫。在改革开放新时期，理论资源充实，能够支撑多元研究方法的兴起与活跃，中国在现代化历程中更多地掌握主动权，得以对西方人权模式实现再反思，从理论根源角度全面探讨人权。具体而言，在改革开放后的人权解冻期，关于社会主义国家是否可提及人权、宣扬人权的学术论争中，最终占据上风的立场是赞同我国发展人权事业，但是需"澄清关于人权问题上的种种混乱和歪曲，阐明无产阶级对于人权问题的根本态度和根本主张"[1]，应当正本清源，追

---

[1] 蓝瑛：《"人权"从来就是资产阶级的口号吗？——与肖蔚云等同志商榷》，载于《社会科学》1979 年第 3 期，第 75 页。

溯至来源以"分清无产阶级人权观和资产阶级人权观的界限"①。故比较研究和历史研究的方法在人权理论范畴的影响系数增加,学者们普遍开始运用马克思主义的哲学方法论,从核心层次开始递进扩展式地重新确立思想路线,展开人权本体论叙述,对于人权的来源,同经济、政治的要素关系,人权的特性等根基性问题产生了不同于以自然法为主导的自由主义人权理论的看法。

被动的研究方式转轨的根源是外源性的西方资产阶级理论的流变,中国特色的人权观从理论防御走向自主发展。一方面,随着其理论路径迁移,现代人权流派进入多元化时代。第二次世界大战后,人权在和平、发展的新话语背景下产生了新的注解,具体表现为,理论目标由普遍价值、抽象原则、政治结构转向一般法理、规范体系建构。同时由于信息传播方式的进步,现代西方资本主义人权理论的对外传输和其自身发展基本保持了同步,我国因此获得了更丰富、更即时的人权理论素材,推动了我国人权视角下的国家治理、顶层设计,并且在法学学科由注释研究向价值、社会历史研究转变的时期带来了大量知识资源。在 21 世纪,一些较为成熟的法律制度、经典判例中体现的法律原则也成为中国当代法学学者借鉴参考的目标。另一方面,在增加国际交流、全球化以及普遍反对暴力和武装冲突的国际背景下,传统的扩张方式转变为隐性思想渗透,西方主要资本主义国家开始控制文化输出的内容,将特定的政治目标融入人权理论,而人权、民主等抽象概念恰是容纳其自身价值体系的最佳主体。发达资本主义国家针对人权后发、尚未产生理论防御系统的发展中国家,意图以人权状况为突破口,以"人道主义"干涉的名义,推行精神殖民。以中美为代表,20 世纪 80 ~ 90 年代,双方在人权问题上反复交锋,学术界以"西方所确定的人权研究路径来证成我国人权事业的进步,或反驳西方发达国家以人权染指别国,这种遵循'国际接轨'的研究方式,使得我们疲于应付西方的人权政治"②;21 世纪以来,人权问题始终是中美关系中一个结构性问题,人权争议始终没有得到根本解决。③

总体上,这一阶段,西方资本主义人权理论对中国人权观属于冲击为主、融入为辅的互动模式,此过程前期中国自身理论的成长在抗争反击中加速,诸如人权与国权关系、集体人权与个人人权的统一、抽象特性与具体考量的统一等基本人权原则均在该时期提出。中国特色人权观在斗争中获取养分,一方面在审视西方的固有缺陷中防御人权攻击,也对我国的人权理论建设进行防患于未然的预备;另一方面通过了解完全不同的理论模型和思维方式,产生一种视角转换的效

---

① 程极明:《分清两种不同性质的人权观》,载于《南京师大学报》(社会科学版)1979 年第 3 期,第 25 页。

② 王恒:《西方人权的政治属性对我国人权法律化的影响》,载于《前沿》2011 年第 14 期,第 79 页。

③ 朱锋:《人权问题和中美关系:变化与挑战》,载于《世界经济与政治》2000 年第 7 期,第 19 页。

果，深入挖掘我国人权事业可能存在的问题；同时对西方一些存在改造空间、不动摇国本的理论成果，加以选择性的吸收。

第三节　当代中国特色人权观与西方资产阶级主流人权理论的互动

一、中国特色人权观与西方资产阶级人权理论互动的必要性与可能性

中国特色人权观与西方资产阶级人权理论互动的必要性在于国际化背景下的人权保障国际对话和国际人权法时代的到来。从纵向历史视角观察，对待西方资产阶级人权理论，我国基本上保持着警惕的态度，特别是在国际交往的场合，人权概念同西方意识形态结合而成为遏制我国的思想武器的现状令这种警惕性进一步上升。部分强势资本主义国家运用超文化的普遍主义、全球伦理包装人权，试图将人权化为一个单一标准、独占解释的封闭系统，此发展趋势附庸于和平演变的政治策略，将会对中国产生负面的冲击破坏效应。但另外，不同人权理论的互动通约在客观上不仅不可避免，而且十分重要，事实上当代学界也依旧通过各种方式令西方资产阶级人权理论发挥应有的参照作用。尽管国际法上政治实体之间彼此地位平等，但由于国家的现代化结构转型时序的先后，作为先发国家的发达资本主义国家在国际公约、条约体系中主要发挥着塑造性的主导功能，一些集主流人权学说之大成的人权文件逐渐融入国际法体系，提供国际人权保障的基本内容，如《公民权利和政治权利国际公约》序言中指出人权的"固有"和"不移"属性等，正是自由主义人权理念的演化；而中国作为后发国家，应主动适应、融入国际秩序规范，工作重点是将国际合作中的公约精神和公约项下义务通过宪法整合。在这一过程中，西方资本主义人权理论便达成了从本国国内法上升为国际法，再由国际法转变为他国国内法的间接辐射效应。故与其被动适应，以主动姿态参与人权议题的话语争议更具优势。

中国特色人权观与西方资产阶级人权理论互动的可能性在于：西方传统的主流人权理论同中国文化根基并非全然不可调和，通过解释技术的运用，二者之间可能产生有限的同一性与在差异中互相补足的空间。一方面，从求同角度而言，作为中国特色人权观成长本源与根基的传统文化最具说服力，本土的孔孟儒学注

重人天生的道德高度的一致，区别仅在于后天的自我提升，这同洛克自然状态假设中人彼此互不相为奴隶的论断相同，都是对不受外部条件所影响的应然平等地位的追逐；又如贯穿于传统文化全程的民为邦本的民本治理理念，同西方人权理想中论证政治正当性的民主逻辑达成了某种程度的契合。另一方面，从存异中寻求补白反思角度而言，东西人权观念不仅发源的经济基础、阶级力量对比等社会结构性因素不同，还有文化观念等非结构性变量的影响，当此两种人权观念发生碰撞时，将更容易看到彼此的理论盲区，以实现自我完善，有学者据此提出，"西方人权观的致用性、个体性和务实性①可以弥补东方人权观'有神无体'的制度性缺失；而中国人权精神的高远性、和谐性、完满性则可消除西方人权观'有体无神'的工具性僵硬"。②

除了传统层面的互济空间外，西方人权理论自身也在经历着反思，20世纪的一些人权理念已经较能为我国所接受。其理论再造主要表现为两个方面：第一，人权的绝对性价值与普遍性效力产生动摇。无论是从古典自由主义出发还是功利主义出发，都同归于人权的固有、不可剥夺的特征，进一步演化为某种抽象的绝对性，在现代政治策略的催化下，成为一种"放之四海而皆准"的标准，用以评价一国的政治法律制度，根本意图在于推动世界其他国家都形成以市场为核心的经济结构和以民主为核心的现代政治结构。对这一属性加以反思的代表人物是英国学者米尔恩，他对普遍人权论发起挑战，提出"最低限度的人权标准"③，他认为，许多第三世界国家并不具有这种演变的现实条件，自由主义的人权是缥缈虚拟的，因为其"忽视了文化的多样性，而且忽视了人的个性的社会基础，它以同质的无社会、无文化的人类为前提，但这样的人类并不存在"④。进而主张承认某些最低限度的"普遍"道德原则，这些基本道德原则是出自对各个共同体的综合考察，确保能为各种文化系统所接受。米尔恩在这些道德的基础上，追溯至原意重新建构了人权属性和内容，并反对在国际交流中的直接干涉，倡导合理适度的扶助。第二，现代化转型中诞生的个人主义在社会背景改变后越发暴露了自身的固有缺陷，面临后现代主义的再造。必须明确，后现代主义并非一种新的思想阶段，而是对现代主义的一种反思性努力。传统资本主义人权

---

① 中国的实学传统同17世纪传统经验主义的理念不同，一是注重"治理"目标的现实任务，二是依旧在理性思辨角度构建认识论层面的哲学根基，两者本身在于不同的理论层面。

② 屈新儒：《中西人权观差异的历史文化反思》，载于《西北大学学报》（社会科学版）2006年第4期，第18页。

③ ［英］A. J. M. 米尔恩著，夏勇、张志铭译：《人的权利与人的多样性》，中国大百科全书出版社1995年版，第3页。

④ ［英］A. J. M. 米尔恩著，夏勇、张志铭译：《人的权利与人的多样性——人权哲学》，中国大百科全书出版社1995年版，第6页。

观可能导致无政府主义、个人的原子游离、积极社会权利的沉沦等，后现代主义的代表格里芬便指出，"美国和其他自由民主国家有一种贬低经济权利观的倾向，即认为它们不如公民权和政治权重要"①，其关于贫富分化与富人心理的研究，也可以解读出人权的阶级性内涵。在流派多元化时期的这些理论转轨令西方资本主义人权理论同中国特色人权观之间紧张的关系有所缓和。

概言之，西方人权理论的产生虽然是建立在西方社会人文法律传统之上，可是并不意味着它与我国传统文化和本土人权思想全然无相通之处。西方人权理论中体现出的对于人权的肯定和尊重之精神是现代人类社会的共同精神财富，体现着现代法治的共同原则。任何现代国家，只要是推崇人权建设事业，必然都会遇到对于人权的概念、含义、类型等方面的理解问题，这些西方人权理论的合理部分和共识性部分可以作为参照，为中国特色人权观和人权理论的构建所借鉴。此外，随着人权理论的国际化和国际人权法时代的到来，西方当代人权理论与我国本土人权思想的差异与分歧正在缩小，这也进一步意味着中西方人权观和人权理论存在着互动通约之空间。

二、中国特色人权观与西方资产阶级人权理论互动的负面效应

理论界在实务界同西方资产阶级人权理论互动时，可能产生两个方向的极端负效应，一是过度颂扬，二是过度贬斥，均不利于我国特色人权观的健康成长。

过度颂扬是我国一度出现过的一种畸变态度，集中体现于在旧民主主义革命时期。近代的过誉倾向是直接、明显的，表现为对西方资产阶级人权观念的基本学理原则如天赋人权、立宪政治、分权制衡的崇拜，并意图将其直接作为制度的基础成分植入近代社会。经过马克思主义的洗礼，中国学界对人权问题展开了哲学元核层次的反思，此后该类直观推崇在现代人权研究中已比较罕见。但过度颂扬的立场作为反对学术意识形态的极端化产物，正在以一种更加隐蔽的方式对人权发展的学术推力产生影响，具体而言即西方资产阶级人权理论提供了一种在长期发展中越发稳固的、制式化的推论路径和话语系统，使部分学者在证立我国的人权体系时，不自觉地从资本主义的一些理论中寻求合理性支撑，渗透了西方中心主义的色彩，这种倾向多见于两个方面。

第一，基层建构特别是人权的起源方面，而基底框架的扭曲必将使上层理论制度难以适应社会现实，最终导致难以落实。如部分学者在论证人权的由来时表

① 王治河、曲跃厚：《论后现代的人权观》，载于《国外社会科学》2001年第6期，第32页。

明，"中国有着以自己的语言表述而功能上与西方自然法相似的自然法，相应地也就有了自然权利"①，故中国人权的来源也可以是"基于本性而先于国家""具有自然法和实证法的双重属性"② 的。这实际上是将自身的价值系统和法文化背景尽量往符合西方逻辑的道路上靠拢，以天赋人权理念解释中国的人权现象，忽视了中国道德文化的建构作用，完全以个体人性推导人权。

第二，人权视角下的国家治理方面，我国属于后发型现代化国家，改革开放后，为了应对急速转型的客观需要和不断增生的社会关系，对建立起一套新的规范体系的需求十分迫切且难度颇大，法治事业一时成为国家治理的重要任务。而西方人权理论中以规则之治代替国王之治的基本主张是在封建社会的现代化转型中贵族阶级、资产阶级等构成的反专制联盟为了进一步开拓自由竞争市场所提出的，发源时间早，现实实践也经历了不同的资本主义阶段，面临过更多类型化的社会关系问题，故其法治经验和具体制度形式成为我国学界研究、效仿的对象。但是，效仿的度量一旦失衡，就会被西方的单一法治主义牵引，从以法治为主发展为独法治是唯，令法治的权重过大。此种失调会导致法律单线治理难以应对隐匿于价值中立后的道德塌方式滑坡，自表面至根基地破坏人权保障的制度环境和文化背景。近年来，中国共产党在多次会议中开始逐渐提升对"德治"的重视，令负面效应得以被适度消解，但学界对于德治在人权保障方面的独特价值没有予以重视，往往还停留在提高领导干部的政治素养、职业道德以及普通公民教育方面，缺乏将其与法治有机黏合的挖掘。尺度失衡的另一问题就在于在具体的部门法学研究中，时而会出现比较法视角下"制度移植"的建议，如有学者提出通过"在最高人民法院和省级人民法院内设立宪法审判庭专司宪法诉讼案件，实行两审终审"③，达到建立中国特色宪法诉讼制度的目的。而这种设计本质上只是冠"中国特色"之名，实际上依旧是从由美国开创的司法审查谱系中发展而来，一旦置入我国的单一制国家系统，就会出现诸如宪法监督权、宪法解释权、立法权等权力冲突的疑难。可见一旦这种技术化设计的复制未能充分考虑到同基本宪制框架的兼容时，就会同中国社会貌合神离，无法融入，不具实践性。

实际上，西方发达国家与发展中国家关于人权理论的分歧背后有着复杂的历史和现实原因，但一个重要的因素是人权话语的政治化和工具化。以美国为首的部分西方国家一直自封为人权的捍卫者，将西方人权观作为唯一的人权标准，任何不符合他们所谓的人权标准的人权保障模式皆被他们宣布为侵犯人权，进而对

---

①② 张薇薇：《"人权条款"：宪法未列举权利的"安身之所"》，载于《法学评论》2011 年第 1 期，第 12 页。

③ 刘云龙：《也论宪法诉讼及其在我国的应用》，载于《法学评论》2002 年第 3 期，第 22 页。

别国内政评头论足，以达成实现其政治利益的目的。截至 2020 年，美国已经发布了 45 份《国别人权报告》，对包括中国在内的多个发展中国家的人权状况指手画脚，其中充斥着主观臆测和傲慢与偏见。在联合国人权委员会上，美国多次纠集其西方反华盟友提出反华提案，大肆污蔑和抹黑中国的人权状况，与中国开展人权领域的较量，但均以失败告终。① 美国将人权标准的概念偷换为其自己所理解的一套标准，而对联合国和国际人权文件中创设的被普遍接受的人权标准置若罔闻。例如，美国作为高高在上的人权卫士，却至今未批准《经济、社会及文化权利国际公约》《消除一切形式种族歧视国际公约》《禁止并惩治种族隔离罪行国际公约》《消除对妇女一切形式歧视公约》《禁止酷刑及其他残忍、不人道或有辱人格待遇或处罚公约》，成为世界上主要大国中加入国际人权公约最少的国家。美国曾多方阻挠并至今拒绝承认联合国在 1986 年通过的《发展权利宣言》。由于美国的人权主张在联合国人权理事会一直未取得压倒性影响力，美国甚至于 2018 年退出了联合国人权理事会，意欲摆脱该组织议事规则的约束，在联合国建立的人权保护的框架之外另起炉灶，并通过其国内国会提案的形式不断通过涉疆、涉藏、涉台等争议问题的法案，以作为对我国施加压力的政治筹码。相反，我国一向尊重联合国框架下的人权保护体系，随着我国人权保护事业的不断进步，我国人权保护的国际声誉也不断提升。

事实上，美国在不断指责他国人权状况的同时，其自身的人权保护情况却每况愈下。美国对种族隔离、种族歧视、民族自决、侵略、发展等涉及人权的重大事项一直持消极态度，近年来，美国社会贫富差距扩大、种族仇恨加剧、社会治安混乱，其本国的人权问题已自顾不暇，但以美国为首的西方国家仍然秉持西方中心主义和霸权主义，热衷于以人权为借口对发展中国家发动侵略和施加制裁，制造政治动乱，侵犯他国人权。这种双重标准的做法损害了国际人权合作的基础，破坏正常的国际关系，伤害世界人民的感情。前述事实表明，美国将人权视为政治博弈的工具，这种被霸权主义工具化的人权早已背离了人权本身的价值内核。

前述分析同时也表明，尽管当代西方人权理论已经出现了国际化、全球化的趋势，且当代世界人权保障体系是在西方国家主导下建立起来的，在大量的国际人权文件中已经初步载入了一些共识性的人权标准，但是在当代世界人权保护体系和西方人权理论内部，仍然存在观点的分歧乃至对立，一个"普世的"人权标准还不存在。这种分歧突出表现为以美国为代表的个别国家将人权作为实现政治利益的手段，偷渡并贩卖其片面的人权思想，扰乱世界人权保护事业发展的进

---

① 韩云川：《中美人权之争》，宁夏人民出版社 2003 年版，第 67～95 页。

程，其至使得一些本身认同我国人权理念的国家迫于美国的施压而陷入被动。面对这一严峻的现实，我们应当认识到，在谋求共识、弱化分歧的同时，也必须坚定不移地发展中国特色人权观和人权理论，坚守我国作为发展中国家和社会主义国家对人权问题的基本立场。

除过度颂扬外，作为其对立面的另一极端——过度贬斥，是由于高度警惕西方通过资本主义人权理论进行意识形态侵蚀而造成逆向发展，即只要是资本主义的，便不加考究地加以驳斥，拒绝认可其一切理论价值，是反对人权政治化的过激状态。这种情形在新中国成立初期和人权话题甫一解冻时期较为普遍，一方面西方人权理论逐步显现出其固有缺陷，甚至异化为攻击国家主权的政治工具；另一方面中国已经意识到人权是现代化过程中不可或缺的话题，便以马克思主义为依托，采取概念重构的方式，提出不全盘否定人权，而只否定资本主义人权，发扬社会主义人权的主张。而现在我国人权事业已有长足发展，基本形成一套理论雏形，初期出于稳固政权的需要而坚持的立场在现今视域下未免有所偏颇。由于西方资本主义国家的主要策略是先利用人权这一抽象、开放的人造概念，单方面宣称解释权的垄断，并将自身阶级既得利益作为永恒价值填进人权概念，同时调整了各类具体人权内容的权重，以暗示第三世界国家应当以西方的制度为先进、以西方的价值观念为标杆，故其外在的语言表征总是落于对人权普遍性和抽象性的强调。有学者据此强调"人权始终是伴随人类文明的进步而不断向前发展的""应然化的定义……受到客观条件的限制并没有真正得以实现"①，提出只有历史的、具体的、变动的实际人权定义才是科学的。而实际上，虽然西方所鼓吹的一些所谓"普世价值"并不合理，但在当代社会也确实存在某些无论文明开化程度、经济发展水平、政治制度情况如何不同的国家都认可的一些基本伦理倾向，如确保国民的生存权等，它们便构成人权的普遍价值基础。否定一种普遍意义上的人权，可能导致片面强调特殊性，人权理论的思辨性不足，裹足于实然状况，缺乏视域融合下的自我推进和应然目标，最终被边缘化。

三、中国特色人权观与西方资产阶级人权理论互动的建议

基于上述问题，笔者认为，要促成中国特色人权观同西方资产阶级人权观之间的良性互动，首先必须明确立场、扩宽视域。明确立场的目的在于确定西方资产阶级人权理论在我国的作用定位，该目的的实现需达成前后相承的两个步骤，其一为掌握"异"，其二为把握"度"。即在明确中国社会同西方主要

---

① 孙强：《改革开放以来马克思主义人权理论中国化研究》，中央编译出版社 2013 年版，第 22 页。

资本主义国家社会人权理论产生发展的相异处的基础上，既反对过度颂扬也反对过度驳斥，将西方资产阶级人权理论作为一种相对中性的知识文化资源加以合理利用。

从整体社会视角对中西方人权理论发展的社会背景加以观察，大略可以总结出：人权概念肇始于现代化转型阶段，而其理论预备则包括封建时期甚至奴隶制时期关于人性、伦理、道德的哲学观念，西方主要资本主义国家的人权养料来自欧陆，最早可追溯到古希腊时期，其商业化大市场的形成令传统土地贵族阶级和资产阶级紧密结合，共同抗拒以传统农业经济为依托的封建王权，在这一进程中，道义论伦理被削弱了，自由主义和功利主义占据上风。资产阶级希望国家权力能够被明确的规则束缚，以确保不致肆意破坏市场规则，故近现代西方资产阶级国家基本以法治为治国要义，道德未形成单独制式，主要在对公职人员品行检考这一特定领域活跃。中国在长期小农经济下的中央集权体制下不间断地发展出一脉相承的中华文化，其中具备人权的丰厚的质料性因素，以西方相关理论为引领产生突破式启蒙，从而助推现代化转型，深厚的文化根基使中国人始终对道德善的人性怀抱信任与向往，注定"善德"的治理将成为法治的重要同侪。总体上看，中国与西方主要资本主义国家的社会演进逻辑是同少而异多的，由于生长的经济基础、哲学理论传统、政治路线的差异，可以说中西方是在完全不同的两套文化体系中生成了现代人权观念。对此学界的梳理较为零散，缺乏全面、系统的研究。因人权是一项跨学科概念，探讨时难免政者言政、法者言法，各自为政，故扩宽视域是明确立场的必然要求，需要经济学、政治学、社会学、法学等多学科研究者的通力合作，在多视域综合性、整体性、框架性的视角上厘清两套人权体系的差异，在这一步骤上不必苛求单一学科的纯化。

在明确了西方资本主义人权理论的基础定位后，对具体互动的方向笔者提出三点建议：第一，探求名后之实，建立不同于西方的人权解释路径，以保证国际人权平台上的话语地位。有学者指出，"既然人权被认为是普遍有效的概念，它就必须在理论上是开放的，在文化上不可以设限"[①]，在构建自身理论的工作方面，至今已有不菲的成果，第一份人权白皮书出台后，关于人权的研究已经度过了本体论探索阶段，介绍性文献比重有所下降，关于党的基本人权立场和政策的系统性总结、改革开放时期人权框架的建构等研究快速积累，但目前依然存在一些自觉或不自觉地运用西方的话语框架解释本国人权的状况。故对于既有的理论骨架，应反复强调、坚持，申明中国的人权立场，并通过细致的学科研究不断往

---

① 赵汀阳：《预付人权：一种非西方的普遍人权理论》，载于《中国社会科学》2006 年第 4 期，第 18 页。

其中填塞血肉，令中国特色人权观保持鲜活。第二，关注人权保障顶层设计，自根本到具体，自上至下地构建人权制度体系。在学术研究时，自然可根据不同的专业理论需求有所侧重，但一旦论及人权，必须警醒泛人权倾向，特别是从比较法角度探讨某一具体法领域的具体制度时是否可为借鉴时，不可将人权保障同利益、权利的保障等同，将人权作为合理性论证的附加品，从下层制度上推，最终才着眼于宪法问题。应谨记宪法中的人权条款是人权保障的合宪性源头，人权保障的制度是从宪法到一般立法再到具体的细则层级落实的，从立法、司法、行政的实践活动角度，人权保障需要同宪法解释、监督与实施工作同步推进。第三，积极参与国际人权交流与合作。中西人权交流始终无法离开国际平台这一广域视野，中国面对西方国家的人权挑衅，应广泛团结第三世界国家，转挑战为突破口，在同西方资产阶级人权理论的对话和博弈中超越自身。

笔者认为，西方资产阶级人权理论可以作为中国人权理论建设评判的一个方面，但绝不是唯一的方面。它既不能如同传统文化一般发挥基底作用，也不能如同马克思主义人权理论一般发挥主干作用，不可直接拿来构成中国特色人权观的核心意思和基本结论，否则必将面临整体不兼容、制度客观不能落实的窘境。它的作用应当是隐性的，主要意义在于为中国的人权理论范式提供一些思路，一方面其理论的外层制度成果或可参考，但我国在已有自身宪制框架的前提下，需特别注意其通路问题，审视是否能同我国的宪法根基和权力安排达到良好配比；另一方面某些理论可作为一种游离的意见甚至某种意义上富有一定攻击性的见地促使中国特色人权观的自我反省与弥合。

第四章

马克思主义人权理论中国化的背景

马克思主义人权理论既非中国本土的原生性理论，传入中国的时点相较于西方资本主义国家人权理论而言也更晚，但却是中国特色人权理论的主体，发挥着沟通传统朴素人权观与西方资本主义人权理论的桥梁作用。本章主要探讨了马克思主义人权理论的产生、发展及其内容，厘清中国特色人权观的主要理论素材，并分析马克思主义人权理论发挥主体作用的必要性。

第一节　马克思主义人权理论的产生

一、马克思主义人权理论的诞生背景

马克思主义理论是一个宏大的体系，其中人权学说是在哲学、经济学、政治学理论交织、特定意识形态话语背景下产生的一个特殊方面。因此，马克思主义人权理论无法被单独剥离，中国特色人权观建构的马克思主义理论来源是综合性的。为防止陷入教条主义和机械主义，偏离人权保护的主旨，考察马克思主义人权理论产生的历史背景和整体理论环境确有必要。

首先，追本溯源，人权理论欲成体系，必然需要完善的哲学准备，这是马克思主义得以根基稳固、实现长期发展的核心。从古希腊开始，欧陆哲学的发展大致

经历了从自然主义到宗教神学主义再到理性主义的变迁，元哲学层次的存在论进而奠定了经济政治理论的价值论基调。一方面，欧陆哲学发展中的诸多人本主义流派为马克思主义提供了一定的理论素材，尤其是费尔巴哈的哲学思想，对马克思主义理论产生了直接推动作用，促使马克思主义人权思想实现自我革新。另一方面，以康德和黑格尔为代表的理性主义哲学的兴盛彰显出传统德国古典哲学在人学方面的局限，马克思主义理论诞生前，欧陆哲学正处于这一瓶颈期。

早在柏拉图与亚里士多德时期，"人"就是哲学与伦理学的重要研究对象，文艺复兴的人文主义思潮渗透于欧陆哲学之中，"人学"已是近现代哲学不可忽视的一隅。然而，古希腊、罗马围绕"逻各斯"和"努斯"①的情结使理性主义成为了欧陆哲学的主旋律，关于人之本质的哲学总体以理性为主导。关于人之存在的唯心理性主义哲学以康德和黑格尔为代表。康德发展了笛卡尔的理性哲学，其"先验唯心主义"便倾向将人的本质认定为理性，虽承认一部分经验知识的存在，却同时认为依旧存在先天知识，且更为高级。因为，先天知识能够赋予自身经验知识所不具备的严格普遍性，使此类知识所确定的完美命题不存在任何可能的例外情形；而经验知识的普遍性只是将多数场合下通行的判断扩大并假设为普遍有效的结果。②故康德认为，先验自我统治经验自我，更贴近人的本质。黑格尔的"思辨唯心主义"则将唯心主义理性哲学推至巅峰，他指出理性不仅是独立的主体，还是"世界的灵魂，理性居住在世界中，理性构成世界的内在的、固有的、深邃的本性，或者说，理性是世界的共性"③，尽管有些活动看似和理性毫无关联，但实质上理性内在地决定着事物的发展。人的存在同逻辑思考、自然物同样，都是绝对理性的成果；人类的历史是绝对理性引导的、以人类对私利追求为主要外在表现的单线进程。无论康德还是黑格尔，都将现实物质世界同思维精神相隔离，并坚持人的存在与自身发展都由理性要素决定。费尔巴哈在很大程度上颠覆了康德和黑格尔的唯心主义理性学说，认为理性并不是产生于"一种实际上另外的东西"，而必须依附人的存在本身，颂扬"感性的理智"。④其既倡导了唯物主义的世界观转向，也在一定程度上将人从必须依附于理智秩序而牺牲

---

① 逻各斯指人类具有认知宇宙永恒品格与规律的能力，并且能够通过理智地对规律进行讨论、交流从而实现自我超越；努斯指人类的精神活动或者说人类的理智，能够为人类相互聚合和合作提供可能性，认定人的理智是一项极为高贵的品格。参见郝苑、孟建伟：《逻各斯与努斯：西方科学文化的两个原点》，载于《中国人民大学学报》2012 年第 2 期，第 124~131 页。

② ［德］康德著，邓晓芒译：《纯粹理性批判》，人民出版社 2004 年版，第 3 页。

③ ［德］黑格尔著，贺麟译：《小逻辑》，商务印书馆 1980 年版，第 80 页，转引自陈曙光：《"以人为本"的形上之思》，中国社会科学出版社 2017 年版，第 64 页。

④ ［德］路德维希·费尔巴哈著，荣震华等译：《费尔巴哈哲学著作选集》上卷，商务印书馆 1984 年版，第 66 页。

个体需求的桎梏中解放。但这种变革依旧不彻底，费尔巴哈仅意图消灭"上帝"的意象，建立以人类的感性为基础的新宗教，正如恩格斯所言，"过去这种关系是在现实的虚幻映象中（借助于一个神或许多神，即人类特性的虚幻映象）寻找自己的真理，现在却直接地而不是间接地在我和你之间的爱中寻找自己的真理了"。①

可见，欧陆哲学在存在论上的特点有三个：第一，始终关注"人类"的存在，并随着对人的能动性强调，人类正在从自然实体与上帝虚影处逐步取回自身的主体性地位，无疑催生了人权思想的萌芽。第二，对形而上的热情使哲学研究更加注重理性主义，将感性世界相对剥离甚至拒斥。理性的哲学解读进而向超验化、原子式的模型发展，逐渐脱离现实与经验要素。导致始终将人的存在寄托于超越人之上的另一重精神实体，并没有在实质上跳脱宗教神学的哲学存在论，只是创造了一个新的精神概念替代上帝的地位，感性与现实经验的作用往往处于次位或直接被忽略，明显同人文主义初衷相悖。实体存在论的唯心主义人本学说已经走入极点，迫切需要转折和突破。第三，尽管以费尔巴哈为代表的哲学家对"表为理性、实为神性"的思辨唯心主义进行了批判，但依旧没有彻底挣脱精神宗教的藩篱，并且始终将人作为抽象的存在，倾向于将精神层面的概念人格化，缺乏对现实人类的关注。此哲学背景既向后人展示了既存理论与人本理念之间的张力，也提供了初步的人本思维、辩证法认识论等基础理论素材，马克思主义便足以可能针对现有缺陷，继承前人未完成的人的权威化与具体化事业。

其次，马克思主义人权理论的酝酿具有特定历史时期下政治环境和阶级背景的必然性。现代化进程中，阶级扮演的角色是历史形态后果的一个主要的催化诱因。19世纪以降，多数民族国家都完成了现代化的历史使命，进入资本主义社会。这一过程中，不同资本主义国家阶级的结构性转变程度不同是导致它们资本主义的制度具体表现形式差异的原因，但大多是在符合传统农业社会"地主—农民"这一具备明显上下层级差异的阶级结构框架下，实现平行转化。② 资产阶级主要通过与传统土地贵族合作并吸纳贵族壮大自身力量，工人阶级则多数由传统农民转化而来。可以说在现代化进程中，工人阶级的政治活动长期附庸、从属于资产阶级。但这一状况在19世纪极大改变，失去了封建制度这一共同敌人后，工人阶级感知到资本主义的国家形式不能贴合自身的利益需求，开始独立的政治

---

① ［德］恩格斯：《路德维希·费尔巴哈和德国古典哲学的终结》，引自《马克思恩格斯全集》第二十一卷，人民出版社1965年版，第233页。

② 如英国"土地贵族们转向了商品化的农业经营方式，让农民自由迁移并尽可能靠自己的力量进行转化"，法国采取的是农民保有土地，产品以收缴形式转交给贵族商品化运作。参见［美］巴林顿·摩尔著，王茁、顾洁译：《专制与民主的社会起源：现代世界形成过程中的地主和农民》，上海译文出版社2012年版，第427～435页。

运动①，其重要性和独立性日益彰显，工人运动中所提出的围绕劳动的经济要求也成为马克思主义人权理论的焦点之一。在政治形势的变化以及对私有制弊端的批判中，16 世纪就已提出的一些粗糙、模糊的社会主义概念得以具体化，催生了 19 世纪早期的空想社会主义。其基本理念包括：第一，重视实业与劳动的价值；第二，建立不存在私有制的社会；第三，改革分配制度，重视人类群体的需求。这些理念缺乏成熟的哲学基础、政治经济条件支持，且尚未形成体系，不具有现实可能性，因而备受轻视。但其中已经具备了零散的科学社会主义设想，是马克思主义理论产生的理论背景之一。

二、马克思主义人权理论产生的哲学前提

马克思主义哲学是继承费尔巴哈，对传统德国古典哲学的变革之作，是马克思主义理论的核心组成部分，也是人权学说的立论基础。其同人权理论建构密切关联的哲学观点是唯物主义的认识论与历史观。

首先，马克思的唯物主义哲学清算了以黑格尔为代表的唯心主义的缺陷。早期的马克思主义哲学主要围绕黑格尔对国家与市民社会关系的论断进行反思，指出"研究国家生活现象时，很容易走入歧途，即忽视各种关系的客观本性，而用当事人的意志来解释一切"②，主张"家庭和市民社会是国家的前提，它们才是真正的活动者，而思辨的思维却把这一切头足倒置"③，确定了唯物主义的基本立场。

其次，马克思并非唯物主义的首创者，此前哲学史上以费尔巴哈为代表的旧唯物主义已经开始了对唯心主义的革命。但是，在马克思看来，旧唯物主义哲学依旧很不彻底，因为它们"对事物、现实、感性，只是从客体的或者直观的形式去理解，而不是把它们当作人的感性活动，当作实践去理解，不是从主观方面去理解"④。故旧唯物主义在解释人类活动以及发展方向时，总又返回唯心主义的窠臼，将理论的思辨奉为本质。

最后，通过对上述既有哲学思潮的系统性分析，马克思主义发展出自身哲学

---

① 其中具有代表性的是法国里昂工人起义、英国宪章运动、德国西里西亚纺织工人起义三大欧洲工人运动。

② ［德］马克思：《摩塞尔记者的辩护》，引自《马克思恩格斯全集》第一卷，人民出版社 1960 年版，第 216 页。

③ ［德］马克思：《黑格尔法哲学批判》，引自《马克思恩格斯全集》第一卷，人民出版社 1960 年版，第 250～251 页。

④ ［德］马克思：《关于费尔巴哈的提纲》，引自《马克思恩格斯全集》第三卷，人民出版社 1956 年版，第 6 页。

的两个关注焦点：一为真正关注实践的、人类感性的活动；二为哲学的使命，即"哲学家们只是用不同的方式解释世界，问题在于改变世界"①。这也是马克思主义哲学的开创性所在，它将理性的验证纳入世界，并承认通过实践活动改变世界的必要性和可能性，真正开启了认识世界历史与当下环境的现实性面向。

马克思主义的唯物认识论与历史观主体内容包括：其一，物质决定世界发展，社会存在决定社会意识，具体到社会结构中，即生产力和生产关系是社会的决定性力量。任何观念和思想均不能脱离人类彼此的物质交往而独立存在，也不存在一个先验的、绝对正确的终极理念。一切精神活动都是从现实活动中成长起来，其是否具备"真理性""正确性"，也由现实活动所检验。其二，认识社会关系、阶级结构应统合历史视角与现实视角，基于经验展开观察，其中"不应当带有任何神秘和思辨的色彩"②。并且，根据这种科学的认知，人类也将有可能通过自主的实践活动改变世界。将前述的基本立场与方法应用于对当前社会的分析，便形成了马克思主义的人学理论。马克思主义关于人的学说主要包含以下两个向度。

第一，"何以为人"的本体论向度，解决"人的本质是什么"的问题。无论是唯心主义还是旧唯物主义哲学，无论是原子化的抽象个人，还是将人的某些共同点类化后再予人格化的拟定主体，都是来源于架空的设想，从单一视角抽象地解析人的存在。且关乎本体论的一切判断都发生在精神领域，试图通过纯粹的思考塑造稳定不变的人类模型。而马克思主义中的人是现实、经验、具体的人，这就决定了人的本质依托于物质生活，并且对人的认知只有在社会中才有意义。在马克思看来，人的本质是劳动，因为一切历史发展均不能离开作为其推动力和参与者的人，人的生活是历史开始的前提条件，而为了确保生活，人必须"生产物质生活本身"③。虽然其他生命体也可能产生类似劳动的活动，但在程度上仅仅止于满足生存和繁殖本能。而根据生产力与生产关系决定说，人类通过生产，不仅能够延续自身的存活，且能够改变现实世界，推动历史进程，实现自我发展。所以"当人开始生产自己的生活资料即迈出由他们的肉体组织所决定的这一步的时候，人本身就开始把自己和动物区别开来"④。

第二，"人的现状"的现实性向度，阐明"当下人类面临的困境及解决方

① ［德］马克思：《关于费尔巴哈的提纲》，引自《马克思恩格斯全集》第三卷，人民出版社 1956 年版，第 8 页。

② ［德］马克思：《德意志意识形态》，引自《马克思恩格斯全集》第三卷，人民出版社 1956 年版，第 29 页。

③ ［德］马克思：《德意志意识形态》，引自《马克思恩格斯全集》第三卷，人民出版社 1956 年版，第 31 页。

④ ［德］马克思：《德意志意识形态》，引自《马克思恩格斯文集》第一卷，人民出版社 2009 年版，第 519 页。

法"的问题。资本主义制度下的社会矛盾令马克思意识到，人自身可能由于其劳动本质的异化而异化，人和人的社会关系产生扭曲。在资本主义生产关系下，"劳动者同自己的劳动产品的关系就像同一个异己的对象的关系一样"①。因资产阶级的理论从理性主义出发，更易于预设"公理"，理性上正确无须现实实践的证明，令他们可以自然地将本阶级的利益融入"天赋人权"的说辞体系。最终导致国家中，劳动者和劳动产品的关联被斩断，劳动者的自我同其应然的内在核心割裂，本应属于劳动者本质的东西成为外化的存在与其对抗。这种异化一旦经由法律制度被固定，必将导致相当一部分人（主要是劳动者）再也无法经由劳动自我实现、自我发展，而仅能祈求肉体生存，其将在强迫中被逐渐物化、对象化，远离社会历史发展的原动力的同时也失去自身主体性。故马克思进一步提出了"人类解放"的使命，使"以人为本"从思想降落到现实，在价值论上确立了人的目的性主体地位，人权发展的方向和基本立场得以明确。

三、马克思主义人权理论的基本内容

马克思主义人权观念萌芽探索时期，马克思尚未摆脱资产阶级天赋人权的理论模式，强调理性指导下以自由权为核心展开人权系统。19 世纪 40 年代左右，尖锐的社会现实矛盾使其对传统的资产阶级人权理论产生怀疑。最终马克思主义理论在其唯物史观的指导下开辟了迥异于资产阶级的人学学说，进一步廓清了对人权主体、内涵和实现方式的认知，改变了由资产阶级自由主义知识谱系独占的人权话语结构。

首先，马克思主义理论先期主要对资产阶级人权理论中人权概念进行分解。马克思以 1789 年法国《人权宣言》为例指出，以自由、私有财产、平等和安全为主要内容的资产阶级人权实质上和公民权相对分离，脱离公民权的人权指向市民社会那些脱离共同体的个人，并且具有利己主义色彩。它"并不是建立在人与人结合起来的基础上，而是建立在人与人分离的基础上……是狭隘的、封闭在自身的个人权利"②。这种狭义的人权却拥有超然的地位，从历史角度分析，封建社会时期市民社会的发展要素和国家混同，而政治解放的革命将渗透于旧市民社会中的政治要素剥离并聚合。因此，现实的人从"普遍政治的假象"中脱离后，仅与私人利益直接发生关联。同时，政治国家本质上依赖的并非抽象拟制的"政

---

① ［德］马克思著，刘丕坤译：《1844 年经济学——哲学手稿》，人民出版社 1979 年版，第 45 页。
② ［德］马克思：《论犹太人问题》，引自《马克思恩格斯全集》第一卷，人民出版社 1956 年版，第 438 页。

治人"，而是这些实际存在的"自然人"，故这些"自然人"在市民社会中无须联合便可孤立享有的"自然权利"才是此前理论中人权的实质追求。

其次，马克思主义对资产阶级人权理论总体持辩证态度。《德意志意识形态》对资产阶级传统人权观如此评价："共产主义对政治权利、私人权利以及权利的最一般的形式即人权所采取的反对立场……人权本身就是特权。"① 该表述一度被许多学者解读为排拒人权，这是值得商榷的。马克思主义并非在一般意义上拒绝人权或认为谈论人权毫无意义，其对于人权的理解存在渐进的三个层次：第一，承认资产阶级民主革命在一定程度上产生了扩大自由、宣传平等、启发民智的积极效益。并通过对人权财产权本质的透视，将经济权利的重要性提至表面，突破了政治权利中心的人权体系。第二，在这一过程中形成的"人权"实际上产生于、最终也是为了巩固同等级分化、具有明显弊端的私有制。如恩格斯称资产阶级人权理论中的某些词语符号已然不合时宜，"这种看法作为一定的发展阶段在当时当地曾经是正确的，但是，像以前各个社会主义学派的一切片面性一样，它现在也应当被克服，因为它只能引起思想混乱"②。自由主义人权的宣称一方面模糊了概念内涵，另一方面与实践之间始终存在鸿沟，不能实现人类的真正解放，所以无产阶级革命应当拒绝以其为口号和指导。第三，无产阶级在革命斗争中对人权的态度应当是扬弃的，而不是回避与不闻不问。共产主义理想的实现存在渐进过程，并非通过几场政治运动便可一蹴而就。在资本主义制度环境下，现存的生产结构依旧对革命实践施加着不可忽视的影响，恩格斯指出在工人运动中，"首先我们需要选举权"③，革命的阶段性目标也要争取生存保障和选票。所以无产阶级并不耻于运用资产阶级业已提出的作为政治自由的人权和进一步争取其他人权，应有的态度是变革、扩张资产阶级狭隘的人权。

最后，马克思主义人权理论的焦点大致可以总结为以下几点：第一，人权必须以社会现实为来源与进路。对人权的考察基于对人的考察，二者都必须被置于特定的语境中，传统形而上的超验角度将会扭曲人权的真正内涵。人权本身不是一种实际存在，而是意识的特定表达，它由一定历史环境下的经济生产方式和生产结构决定。所以即便不同时期、地域的人权可能具有一些共通属性，也不可能先于现实社会关系存在，并且不证自明、永恒正确的人权。第二，人权具备历史性、具体性和阶级性的特性。在唯物史观的指导下，对人的考察在社会中才具备

---

① ［德］马克思：《德意志意识形态》，引自《马克思恩格斯全集》第三卷，人民出版社1956年版，第228～229页。

② ［德］恩格斯：《给奥·倍倍尔的信》，引自《马克思恩格斯全集》第十九卷，人民出版社1963年版，第8页。

③ ［德］恩格斯：《宪章运动》，引自《马克思恩格斯全集》第四十二卷，人民出版社1979年版，第408页。

意义，那么对人权的挖掘也必须始终围绕现实社会关系，"权利决不能超出社会的经济结构以及由经济结构制约的社会文化发展"①。所以无产阶级有可能也有必要在资产阶级的人权之外寻求适宜自身的人权。第三，人权的核心旨趣是人的全面解放，超越了资产阶级狭隘的政治解放。人权最终是为了消除自身异化和物象化，复归人的本质，实现人自由、全面的解放和发展。只有实现这一旨趣的共产主义才是理想的社会状态，它"作为完成了的自然主义，等于人本主义……是存在和本质、对象化和自我确立、自由和必然、个体和类之间抗争的真正解决"②，也只有在这种社会中，人权才能得到最圆满的实现。

总体上，19 世纪中叶产生的马克思主义理论中并无关于"什么样的人权才是真正人权"的系统型构，但在对资产阶级人权观点的不断论破中，可以零散地发现马克思主义区别于传统"自然权利"的新人权框架，成为日后马克思主义知识谱系人权理论的基质。

第二节　马克思主义人权理论的发展及其面临的挑战

一、马克思主义人权理论的发展

当代中国特色人权观在形成过程中所借鉴的马克思主义人权思想是已经有了长足发展的集体智慧，不以 19 世纪的原典理论为限。以苏联为代表的社会主义国家对马克思主义人权理论的发展贡献最为突出，其中列宁极大充实了马克思主义人权理论，也被称作马克思主义发展的第二座里程碑，其思想的正面效应主要包括以下两个方面。

第一，以列宁为首的苏联学者们确认并进一步稳固了马克思主义人权理论的哲学基础，强调人权的具体性与阶级性，廓清人权的价值目标。沙皇专制制度背景下，列宁坚持强调政治斗争的必要，呼吁工人阶级实现自身解放，并在十月革命之后承袭这一精神，将其融入马克思主义革命理论和人权理论。尽管列宁并不排斥从资产阶级人权理论中吸收良好素材，但十分警惕抽象口号对阶级的渗透和迷惑作用。他指出当今社会具有代表性的资本主义国家尽管将"自由"与"平

---

① 冯颜利：《马克思主义人权论》，载于《马克思主义研究》2006 年第 7 期，第 70 页。
② ［德］马克思著，刘丕坤译：《1844 年经济学——哲学手稿》，人民出版社 1979 年版，第 73 页。

等"的口号写入宪法，但"只是纸上的"、具有虚伪性和欺骗性、以有产者为限。① 由于指称对象的模糊性，资产阶级民主革命时期，此类口号很容易煽动当时相对分散的社会阶级汇入推翻封建统治的力量。革命取得成功后，资产阶级凭借自身优势掌握国家政权，依自身阶级的利益对平等、自由等概念进行解释不可避免，故将人权与阶级割裂实际上同历史必然性脱节。苏联的马克思主义人权研究承袭原典所蕴含的精神，并依照当时的社会情况，在此基础上突破资产阶级与工人阶级的二元对立，开始关注社会上的另一股重要力量——农民阶级，进而将一切人和劳动的解放作为人权保障的落脚点，指出人权事业所追求的价值基调是不以性别、年龄特别是阶级为限的真正平等。

第二，苏联时期人权的内容极大充实，开始形成了较为体系化、层级化的人权纲领，并对集体人权②高度关注。当时的集体人权主要包括民族自决权与弱势群体保护。民族自决权在现代化进程中出现，以其为目的的民族运动大多同资产阶级民主革命结合伴生，在推翻封建专制秩序的同时建立新秩序，由于统一了市场，经济区块不再分散，资本主义制度赖以存在的商品经济得以更加灵活地实现周转，客观上促进社会广泛而迅速的发展。故列宁强调，"所谓民族自决，就是民族脱离异族集合体的国家分离，就是成立独立的民族国家"，最初是资产阶级民主的要求。③ 首先，无产阶级在一定情况下可以支持这一主张，即对其中反对压迫的一般性原则加以支持；但是拒绝将自身视作工具来实现资产阶级的特殊利益，否则民族自决将只能在资产阶级内部实现。其次，民族自决权行使需要考虑不同国别的实际情况。民族自决权是实现其他人权的基本前提，若一国乃至一个阶级对于自身的制度与发展进路无力独自决定，那么实质上就是附庸于其他势力的傀儡，失去基本自由，更罔论达成人的解放这一人权终极目的。对民族自决权的解读与改造对扩大人权享有主体具有积极效应，并且为人权与主权的关系辨析打下基础，包含"不受他国干涉、独立自主进行人权事业建设"的含义。

除民族自决权外，弱势群体的保护也是苏联集体人权的一项重要内容，集中体现为儿童和妇女权益的保障。不同于妇女地位成因的历史复杂性，儿童由于处于生理上的天然弱势，自然需要倾斜保护以维护其合法权益并扶持其健康发展。

① 〔俄〕列宁：《在全俄社会教育第一次代表大会上的讲话》，引自《列宁全集》第三十六卷，人民出版社1985年版，第336~340页。
② 关于新兴集体人权和传统个人人权的分野，学界看法不一，比较主流的看法是因拥有特殊主体身份（且此特殊主体数量上构成"类"）而享有的人权，属于集体人权，它同个体人权之间的界限是相对的，甚至可以互相转化。特别是在立法中，集体人权可以通过个体人权的规定体现。参见李步云：《论个人人权与集体人权》，载于《中国社会科学院研究生院学报》1994年第6期，第9~16页。
③ 〔俄〕列宁：《论民族自决权》，引自《列宁全集》第二十五卷，人民出版社1988年版，第225~227页。

列宁主要从三个方面维护儿童权益：禁止雇用童工，关注未成年儿童的教育以及国家对儿童衣食等基本生存需求提供全面保障。妇女权益方面的问题则更为复杂，传统生产方式、战争环境、安全保障需求下男性总体占优，女性长期处于不利地位，故妇女的权益是现代化必须面临的问题。列宁提出的解决之道是在平等原则指导下实现妇女与男子地位的实质性均衡。在政治权利方面，强调"男女无论在选举法官或履行法官职务上都享有平等的权利"①，反映不因自身性别而克减基本政治权利的精神。但这仅是一种形式上的平等，深入问题的根源，本质上还是需要赋予妇女具有尊严的"独立人格"。列宁反复提及妇女具有替代男子工作的能力，不应为家务等原始劳动束缚，而可投身进社会性、生产性劳动。尽管一定程度上这一呼吁受到发展经济需求与劳动力水平不均衡的客观推动，但其目的始终是令"妇女不再因经济地位与男子不同而受到压迫"②。

相对于集体人权的传统，个体人权框架内，占据核心、基础地位的是生存权与发展权。列宁认为，战争结束而向和平转轨的时代，保证生存是首要问题。如果不能生存，或者物力财力无法支撑政治、文化、社会等多方面需求，劳动者们将始终挣扎于存活问题，无法消除自身异化。在国家建设任务中，列宁特别注重工业与运输业发展，期望实现全俄罗斯电气化，推动国民经济整体跃升。同时他也清醒地认识到，尽管国家工业能够推动经济高速发展，但"经济的真正基础是粮食"③，进而将工人阶级、农民阶级的利益关联，将工业和农业接驳，奠定国民经济的基本政策。在作为其他权利实现保障的生存权与发展权稳步推进时，公民政治和文化权利也未被忽视。文化权利在当时主要是受教育权，无论男女一律对适龄儿童进行义务教育和生产技术教育，再次强化人权保障的平等原则。政治权利方面，列宁则有限地肯定了资产阶级代议制民主的形式，并扩大选举权等政治权利的享有主体，不以资产持有为限，而惠及一切劳动者。在人民主权原则的指导下，人民也拥有了更广泛的监督权，《罢免权法令草案》中指出："任何由选举产生的机关或代表会议，只有承认和实行选举人对代表的罢免权，才能被认为是真正民主的和确实代表人民意志的机关。真正民主制的这一基本原则，毫无例外地适用于一切代表会议，同样也适用于立宪会议。"④

---

① ［俄］列宁：《俄共（布）纲领草案》，引自《列宁全集》第三十六卷，人民出版社1985年版，第105页。

② ［俄］列宁：《论苏维埃共和国女工运动的任务》，引自《列宁全集》第三十七卷，人民出版社1986年版，第192页。

③ ［俄］列宁：《全俄中央执行委员会和人民委员会关于对外对内政策的报告》，引自《列宁全集》第四十卷，人民出版社1986年版，第148页。

④ 《列宁全集》第三十三卷，人民出版社1985年版，第102页。

二、马克思主义人权理论面临的挑战

马克思主义人权理论在实践中不断发展，但也同时面临来自内部和外部的挑战，既包括西方资本主义国家对马克思主义的抨击，也包括一些来自社会主义阵营内部的曲解。马克思主义人权理论面临的挑战主要来自以下几个方面。

第一，教条主义和封闭主义。这是苏联对马克思主义解读过度捆绑阶级斗争而走向意识形态极端化的后果，是马克思主义的扭曲与异化。一个成熟的理论体系本应开放，但以斯大林为代表的苏共领导人仅接受了列宁改造马克思主义的理论成果，而未接受其改造方法。将列宁的思想并入马克思整体体系后，便将此套理论封闭化，内涵特定化、单一化，任何相异的解释和建议都被视作敌对的信号而引起警惕。例如，斯大林曾对党内是否出现右倾现象表示担忧："某一部分共产党员企图拉着党离开第十五次代表大会的决议而后退，否认向农村资本主义分子进攻的必要性；或要求收缩我国工业，认为目前我国工业的高速度发展会使国家遭到灭亡……或要求放松对外贸易垄断，如此等等，——那就是说在我们党的队伍里有些人企图使我们的社会主义建设事业去迁就（也许他们自己还没有觉察到）'苏维埃的'资产阶级的口味和需要。"① 由此可见，战后以来苏联经济的恢复带来的是过度膨胀的信心，以及对现有理论过度神化后的虚化倾向。对马克思主义具体分析方法的摒弃一方面造成理论活力的丧失，乃至导向异己排除、思想钳制，直接侵害公民人权的后果；另一方面斯大林执政时期苏共认为"社会主义体系在国民经济一切部门中的完全胜利，现在已经是事实"②，进一步加剧了理论的固化，使人权赖以存在的物质经济基础陷入泡沫状态。

第二，官僚主义。革命时期苏联内部存在明显的阶级对立，作为主要敌对力量的资产阶级被消灭后，战时形成的"党政军权力高度统一的集权格局"③ 并未解散，反而更加深化。在战争年代，高度的集权有利于聚合社会力量达成抗争目的，而和平时期该体制则成为滋生官僚主义和腐败的温床。官僚主义在无产阶级内部又创造出新的"阶级"，作为革命实际领导力量并进入国家统治的少数人逐渐异化为一种新贵阶层。此情形下，人民并未如自身所愿地行使选举权，而监督、罢免等权利也被消解，基本政治权利名存实亡；经济上，国家内部出现人为

---

① ［俄］斯大林：《论联共（布）党内的右倾危险》，引自《斯大林选集》（下卷），人民出版社1979年版，第65～66页。

② ［俄］斯大林：《关于苏联宪法草案》，引自《斯大林选集》（下卷），人民出版社1979年版，第393页。

③ 孙强：《改革开放以来马克思主义人权理论中国化研究》，中央编译出版社2013年版，第56页。

的层级分化加剧贫富差距，底层人民依旧为温饱问题而挣扎，无法享有充分的经济文化权利。人的尊严性和主体性极大下降，再次被客体化，先前包含着具体设计的马克思主义人权理论成为概念存在，几乎从实践中消失。

第三，分离主义。资本主义国家对马克思主义的质疑主要通过分离及西方人权理论自身的冲击体现。分离主义是马克思主义人权理论面临的一个"软陷阱"，马克思主义在世界范围的巨大影响注定其不可能同资本主义国家隔离，而后马克思主义正是一种资本主义国家主导的马克思主义研究思潮，旨在"对传统马克思主义提出一系列的质疑与批判，另一方面又继续推进全球解放的革命规划"[1]。后马克思主义对马克思主义有着强烈的解构倾向，在对20世纪以来鲜少被实践的激进革命理论的摒弃中，以及对集权主义的批判中分解马克思主义，试图将其切割为不同区块。"结构上与政治实践相脱离"[2]的立场令他们或拒斥马克思主义的意识形态理论，或试图将唯心主义哲学嫁接到马克思主义的政治理论中。但马克思主义理论整体环环相扣，遵循特定的推论秩序，彼此不可分割，而分离主义有限肯定其部分结论的同时背离其核心原则，必将削弱其理论价值。用自由主义话语潜移默化渗透马克思主义，马克思主义人权理论也将逐步被普世人权说所取代。除分离主义外，西方资本主义国家自身的人权理论也一直对马克思主义人权理论产生冲击。作为两套逻辑不同的人权体系，尽管彼此间存在一些形式上或手段上的近似，但本质依旧相对对立，西方人权理论持续尝试着侵夺马克思主义人权理论的话语地位，并且已有成效。例如，苏联戈尔巴乔夫执政后，显然已日渐倾向于采纳资本主义人权理论的立场。尽管他一再强调"走向更美好的社会主义而不是背离它"，但又以人类的整体性为名鼓吹"为了全人类的利益"、存在不能分割的全球性普世权益，它们是"普遍的、高于一切的"[3]，并且主张当前的国际形势"迫切需要把全人类利益置于时代至高无上的地位"[4]。在1991年通过的《人权和自由宣言》开篇即是对人权概念的重构，以"天赋人权"说为基本原则，摧毁了马克思主义人权理论的性质推论。

三、马克思主义人权理论发展与挑战的影响

马克思主义人权理论的变迁对中国特色人权观的形成具有两个方向的作用。从积极方面说，马克思主义人权理论的发展对我国特色人权观的形成具有理论上

---

① 周凡：《后马克思主义导论》，中央编译出版社2010年版，第1页。

② ［英］佩里·安德森著，高铦等译：《西方马克思主义探讨》，人民出版社1981年版，第41页。

③ ［俄］戈尔巴乔夫著，苏群译：《改革与新思维》，新华出版社1987年版，第175~180页。

④ ［俄］戈尔巴乔夫著，苏群译：《改革与新思维》，新华出版社1987年版，第184页。

与实践上的启发意义。

首先，理论上的发展极大丰富了马克思主义人权理论的内涵。马克思主义人权理论的体系得以扩充，20世纪中国所面临的马克思主义人权已拥有更加具体的理论呈现，这也是马克思主义人权理论中国化时期部分学者称其为马列主义的原因。苏联对马克思主义理论的补充更揭示了借鉴马克思主义人权观念的基本方法。即立足国情与现实，对内核性质的原理加以坚持，对由此引申而出的个别基本结论和操作手段进行适当调整。例如，在论及民族自决权时，列宁针对部分学者以奥地利和巴尔干诸国为例证反对俄国民族自决权的策略，以地缘环境、民族成份、社会境况等标准对比俄国的现实境遇，主张民族自决权当以国家当前面临的具体情况和紧迫任务为标准，而试图以此反对认为在党纲中加入民族自决权纯属无稽之谈的观点。这一方法的得当运用将使我国在面临西方资本主义国家的普遍论攻击时能够始终坚持适宜本土经济政治形势的策略，以合适的节奏稳定推进人权事业。

其次，苏联完成了人权保障从学说到制度的建构，既通过实践确认其人权理论正确性，又提供了我国人权观的实践参考。苏联以物质经济发展为根本手段，以政治稳定为辅助手段，以法治为直接手段，贯彻了马克思主义人权理论。一方面，基本建立了以宪法为核心，以单行法律为基本构成要素以及以党的文件为方向的人权保护规范框架。列宁在《被剥削劳动人民权利宣言》中指出，"政权应当完全地、绝对地属于劳动群众和他们的全权代表机关"[1]，奠定了人民主权的基本原则，构成人权保障的合宪性根基。1918年《俄罗斯苏维埃联邦社会主义共和国根本法》中的相关条款将抽象的人权理想和宣言落实为宪法层面的基本权利。其在第二章中确立了人权保障的平等原则，列举式地规定了劳动者享有言论、出版、集会、结社、游行等政治权利，以及人身自由、宗教信仰自由、受教育权等，并且对国家提出了积极作为以保护人权的义务要求。这些基本权利保障规定即使在意识形态斗争日益白热化的斯大林时期，也被保留下来，写入1936年的根本法。此外，当局还出台了一系列诸如《苏俄劳工法典》《出版法令》《婚姻法》等单行法律，更加具体地规定了劳动者的各方面的权利保护，实现从理论到基本法再到部门法的良性递进。另一方面，当时的法制原则不是执着于建立精雕细琢、紧密衔接的法律体系，而是确保每一条规定全体人民权利的法律规范能够被实际遵守。列宁提出"宪法就是一张写着人民权利的纸，真正承认这些权利的保证……在于人民中那些意识到并且

---

① ［俄］列宁：《被剥削劳动人民权利宣言》，引自《列宁全集》第33卷，人民出版社1985年版，第228页。

善于争取这些权利的各个阶级的力量"①。如果关注纸上谈兵，实践中却对法律视而不见，或者屈服于简单规定几个抽象概念的"名义宪法"，人权保障将始终是空谈。人权保护的基本法制框架可为我国所借鉴，同时，对法律落实的关怀体现出尽管马克思主义人权理论的理想是高远的，终极目标是不可一蹴而就的，但绝不同于虚浮的空想社会主义，体现了马克思主义人权理论的实效性，为其大众化路径做好铺垫。

马克思主义人权理论中国化的整体进程受到马克思主义人权理论变迁的影响。新中国成立初期的许多人权立法实践与法制理念均不乏对苏联立法的借鉴并取得了良好的成效。然而，僵化、教条地借鉴令我国人权事业遭受打击，几乎重蹈苏联的覆辙，拨乱反正后，学术研究又隐约可见矫枉过正的势态。正向与负向运动的此消彼长正是马克思主义人权理论变迁中面临的发展与挑战的互相博弈。

第三节　马克思主义人权理论中国化的背景

一、马克思主义人权理论中国化的国内背景

尽管马克思主义思想早在近代就已传入中国，但其传入与中国化是不同的实践活动；"马克思主义人权理论的中国化"与"马克思主义理论的中国化"也是两个相对分离的概念，发生于不同的历史阶段。学界的主流观点是，马克思主义核心理论体系包括哲学理论、经济学理论和科学社会主义理论。上述理论整体的中国化在开始时间上稍早于马克思主义人权理论的中国化，前者在进程上包含后者，构成马克思主义人权理论中国化的主要国内背景。

19 世纪后期马克思主义随诸多域外政治学说一同被引入中国，但仅作为社会主义思潮的一脉，当时的介绍多狭窄、表面，没有引起政治家的足够重视，更没有聚焦于其人权保障思想。直至 20 世纪初期，中国已然在摸索民族复兴的道路上经历诸多坎坷，此时十月革命成功，将一度被忽视的马克思主义理论真正引入中国，使其成为指导中国革命的思想武器。起初中国共产党人仅机械地重复马克思主义一般原理，主张"断绝同黄色知识分子阶层及其他类似党派的一切联

---

① ［俄］列宁：《两次会战之间》，引自《列宁全集》第 12 卷，人民出版社 1987 年版，第 50 页。

系"、彻底的"社会革命"、"直到社会的阶级区分消除为止"①。并且受到苏联革命经验的影响，试图套用十月革命模式。但一方面，中国与苏联尽管国情近似，但并不相同，中国半殖民地半封建社会的性质、资产阶级内部结构的复杂性共同决定了照搬苏联经验实践性偏低；另一方面，面对外来侵略，民族矛盾成为该时期社会主要矛盾，为觉醒全社会的民族意识抵御外敌，"中国气魄"的弘扬成为时代主题，② 而马克思主义中国化也就此展开。1937 年，毛泽东在总结并反思前期革命运动"本本主义"谬误的基础上，正式提出中国需要"具体的马克思主义"，"马克思主义的中国化……按照中国的特点去应用它，成为全党亟待了解并亟须解决的问题"③。

首先，马克思主义哲学的中国化铺设了其人权理论中国化的前提，此为其他马克思主义理论的认识论、价值论和方法论基础，关系到后续部署经济政治工作的方向和思想路线。新民主主义革命时期哲学家艾思奇在《哲学的现状和任务》一文中表明，在抗战的整体环境下，除了脱离现实的书斋哲学外，人民还普遍生活在一种现实哲学之中，哲学"潜伏在抗战中每一个人对于实际问题的意见里，它就是那人的思想方法"④。指出脱离哲学直接谈革命极易产生方向性偏离，从最基础的角度论证了从哲学层次开始马克思主义中国化的必要性。在与国民党人反马克思主义的论争中，共产党人逐步确立了马克思主义中国化的立场与方法。首先，马克思主义的中国化是可能的。三民主义者叶青曾主张，中国一旦强调其特殊性，就是试图变更、颠覆，或者创造一些新的东西，此为"中国化"的核心要义，这种把握是必要的，但此过程必定会抛弃原有的马克思主义，故"马克思主义中国化"命题本身即是悖论。而共产党人则运用辩证法应对这一诡辩，指出马克思主义具备一般正确性，而特殊性的正确把握也只有厘清普遍一般的规律方才可能，马克思主义中国化不是破坏、变造、摧毁，而是"在马克思主义基本原则和基本精神上"，用马克思、恩格斯所奠定了的辩证法唯物论和政治经济学的科学方法，来具体地客观地研究中国社会经济关系，来决定中国无产阶级在中国民族革命斗争中的具体任务及战略策略。⑤

其次，在肯定马克思主义中国化可能性的立场下，共产党人便可自然地推导

① 《中国共产党第一个纲领》，引自《中共中央文件选集》第一册，中共中央党校出版社 1989 年版，第 3 页。

② 余品华：《马克思主义中国化启示录：两次历时性飞跃的途径、经验及其他》，中国社会科学出版社 2012 年版，第 176~178 页。

③ 毛泽东：《论新阶段》，引自《中共中央文件选集》第 11 册，中共中央党校出版社 1991 年版，第 658~659 页。转引自陶德麟等：《马克思主义中国化研究》，北京师范大学出版社 2017 年版，第 537 页。

④ 艾思奇：《哲学的现状和任务》，引自《艾思奇文集》第一卷，人民出版社 1983 年版，第 384 页。

⑤ 艾思奇：《论中国的特殊性》，引自《艾思奇文集》，中共中央党校出版社 2021 年版，第 131 页。

出基本的操作方法，即实践、民族与时代解读的三位一体。实践解读是指，将马克思主义与中国具体的革命实践结合，即以现实问题为出发点和落脚点，进行应用而非形而上的纯粹推理。例如，在进行具体革命方针设计时，需要考虑中国的地缘、阶级构成、政治情势等诸多要素，而不是复制别国的成功套路。民族解读是指，中国并不是一个"文化空洞"的国家，马克思主义理论的融入需要文化认同与身份认同，必须解决"从孔夫子到孙中山"[①] 的继承问题。为此需激活传统文化的现代性价值，寻求两者的内在兼容性，开拓彼此间的接驳管道。时代解读是指，令马克思主义结合时代主题，实现动态发展。

最后，新民主主义革命时期的理论作品证明了马克思主义中国化的可行性。该时期毛泽东的《矛盾论》与《实践论》就是马克思主义哲学中国化的具体智慧结晶。艾思奇的《大众哲学》极大地促进了马克思主义通俗化、大众化，巩固其中国化成果，也使马克思主义在中国的普及度、认同感获得提升。其后，中国共产党延续了这一路线，组织清算了既有的关于"马克思主义与中国实际"的零散探索，逐步推进着马克思主义经济学、科学社会主义学说的中国化。在这一进程中，中国已经有了初步人权保障的法制实践，例如，1931年制定的《中华苏维埃共和国宪法大纲》、旨在解放农民的土地法规、抗日战争时期各地专门的单行人权保障条例等。但关于人权的研究尚未完全同马克思主义其他理论实现畅通互动，也未展开体系化重构，并且由于战争的冲击，无法拥有相对平稳的探索发展和理论研究环境，故仅属于马克思主义人权理论中国化的摸索、准备阶段。

马克思主义的中国化既是马克思主义人权理论中国化的主要前期条件，也是贯穿于其进程全线的整体背景。两者的中国化有先后之分，新民主主义革命和社会主义改造是马克思主义理论中国化的两个主要阶段，解决了马克思主义中国化"要不要""能不能""如何做"的难题，为后来人权理论的进一步中国化开辟路径。改革开放之后，马克思主义人权理论的中国化才真正展开，此阶段马克思主义整体理论与人权理论的中国化同步发展，呈现出包含与被包含、一般和特殊的关系。

除上述整体背景之外，国家历史任务的阶段性转轨、思想路线的拨乱反正以及特定历史事件的经验教训是作为马克思主义人权理论中国化爆发线索的特殊国内条件，其对马克思主义人权中国化的背景性作用表现为三个方面：其一，"文化大革命"对新中国成立初期颇有起色的人权状况产生巨大打击，当时发展受阻的人权事业反衬出人的尊严与权利的重要性。其二，以中央工作会议和党的十一

---

① 陶德麟等：《马克思主义中国化研究》，北京师范大学出版社 2017 年版，第 124~137 页。

届三中全会为基点，我国开启了对社会主义的再认识，明确了新的使命。在社会主义改造基本完成后，社会的主要任务不再是继续革命、阶级斗争，而是发展生产力并构建与其相适应的上层体制以实现社会主义现代化目标。阶级革命方法逐渐冷却后，人权不再被意识形态独占，人权话题从幕后走到台前。其三，全社会对马克思主义人权有了更加清醒的认知。人权是一类人为的抽象概念，即使语言外观具有相似性，但仔细比较构造与本质，依旧能在不同流派之间寻得诸多差异，在两套不同的意识形态体系内，这种差异表现得更为明显。早期中国共产党人运用马克思主义理论指导革命时，尚没有足够的条件全面、深入研究马克思主义人权理论，而在新时期，这一理论不应被漠视、被宣言为不存在。有学者指出，"要解放思想，克服过去对人权问题认识上的片面性，以为人权只是资产阶级的专利品，而讳言我国人权的理论与实践"，应当"高举马克思主义的人权旗帜"。① 至此，马克思主义人权研究的国内障碍已基本被扫除，具备了中国化的可能性。

二、马克思主义人权理论中国化的国际背景

20 世纪后半叶，经历了第二次世界大战，以联合国的成立为标志，世界政治秩序打开新格局，全球战略性合作加深。中国作为联合国体系的发起者之一，必须积极加入国际社会，确证自身政治地位。故国际层面的政治、法律动向也是马克思主义人权理论中国化的重要背景，其影响因素主要包括国际人权对话与合作的普遍展开、资本主义国家的人权外交策略以及社会主义国家的人权实践三个方面。

第一，国际人权对话与合作的展开是主要背景与总体前提。这一时期，从18 世纪起就开始渗透于国际规范体系的人权逐渐浮上水面，日渐成为战争与和平后世界的新话题。一些西方学者主张，"尽管保护人权的主要责任在于国家，但说到底，人权还必须由一种超越国家秩序至上的法律秩序来加以保护。需要一种更高一级的法律秩序，以便依照它对国家秩序加以评判"②。过去的一个世纪中，最典型、常用的具有近似于"人权"意义的词汇即"rights of the citizen"③，表述上指向个人参与政治国家的公民身份，实质内容也一般以政治权利为核心。而《联合国宪章》（以下简称《宪章》）中采纳的用语是"human rights"，明确

---

① 郭道晖：《深入开展人权与法制的理论研究》，载于《中国法学》1991 年第 3 期，第 4 页。
② ［加］约翰·汉弗莱著，庞森等译：《国际人权法》，世界知识出版社 1992 年版，第 6 页。
③ 例如，法国《人权和公民权宣言》（Déclaration des Droits de l'Homme et du Citoyen），其英译为 Declaration of the Rights of Man and of the Citizen。

相关权利保护基于人格价值根源，应遵循平等原则。将过去实际依托于社会身份的片面人权定义统一化，扩大人权的内涵外延，将人权整体提升到一个新的高度。《宪章》第五十五条与五十六条载明，"联合国应促进……全体人类之人权及基本自由之普遍尊重与遵守，不分种族、性别、语言或宗教""各会员国担允采取共同及个别行动与本组织合作，以达成第五十五条所载之宗旨"。① 尽管《宪章》中的规定是模糊、保留、克制的，对于该人权条款是否旨在为成员国创设普遍、严格的法律义务也存在争议，但最低限度的共识是，联合国要求各会员国以保护人权为目标展开广泛合作。此后，以《宪章》为纲领，以《世界人权宣言》《经济、社会及文化权利国际公约》《公民权利和政治权利国际公约》为核心，众多旨在从不同方面保障人权的国际法律文件纷纷出台，构成国际人权对话与合作的法制框架，也标示着闭门造车的时代终结，多国人权理论与观念将迎来更紧密的交织与碰撞。中国是这一过程的重要参与者，但不是国际人权交流范式真正意义上的缔造者。在国际人权规则的形成初期，中国参与范围比较有限，"对人权问题持超脱和回避态度"②，主要通过反殖民合作客观上推动民族自决权的国家间对话。直至改革开放后，中国才开始逐渐融入国际人权运动，并签署了一系列国际人权公约。一方面，中国必须遵守国际交往框架下的规定，并履行条约项下义务，推动已签署的条约在国内获批，并适当调整国内法；另一方面，中国迫切需要生成自身的人权话语，改变初期参与不足造成的相对劣势，防止被西方中心主义绑架。

第二，以美国为代表的西方资本主义国家的人权外交是刺激马克思主义人权理论中国化的反力。国际人权合作逐渐发展以及冷战的大前提下，人权政治化不可避免，"成了东西方意识形态战争中的武器，因此强调人权文书应当符合国内立法并揭露意识形态敌手的'弱点'就变得越来越重要"③。新中国成立之初，中美两国就在人权问题上存在摩擦，但从 20 世纪 60 年代后期直至中美建交，由于美国需要联合中国应对苏联的威胁，因而没有再攻击中国的人权问题。但中美建交后不久，卡特政府开始正式实施人权外交策略，意图和平演变社会主义国家。20 世纪 80 年代，冷战接近尾声，苏联不再是美国的主要战略目标，中国作为平衡与苏联关系的杠杆价值回落，加之当时我国政治浪潮的直接影响，美国政府开始以所谓我国在政治权利保护方面的"软弱"为由冻结同中国的合作关系，并对中国施加经济压力。从 1980 年起，美国开始正式在官方文件中攻击中国的

---

① 《联合国宪章》，国务院新闻办公室网站，2022 年 9 月 23 日。
② 李云龙：《中国与国际人权合作》，载于《新远见》2011 年第 7 期，第 61 页。
③ 毛俊响：《国际人权话语权的生成路径、实质与中国的应对》，载于《法商研究》2017 年第 1 期，第 155 页。

人权问题，将中国单独列为美国国务院的人权年度报告的一个部分，对我国公民的人身自由、政治自由、宗教自由以及少数民族和妇女、儿童权利问题横加指责，并在联合国人权委员会上屡次提出反华提案。美国的人权外交策略影响了国内的学术研究主题。首先，许多学者剖析了美国人权外交策略的历时性变迁、成因、手段与特征等，指出美国目前对中国人权状况的质疑及与之挂钩的经济制裁只是表面手段，实际上是通过实施人权评价"双重标准"，最大限度迎合其战略利益，在全球化时代追逐政治霸权，打击社会主义国家并切入他国内政。[①] 其次，人权话题的再次出现令一些学者接续了此前中断的关于西方资本主义人权理论的相关研究，并更加深入、本质地分析了其"人权"的具体指向与弊端。最后，诸多研究表明，中国回应、反击人权外交的策略，除了申明自身已经取得的人权事业进展、国际层面谴责该策略对主权的轻蔑外，还需要足以与其人权话语对抗的理论。所以，该时期的另一个主要研究方向是对曾经领导中国革命取得巨大成功的马克思主义进行剖析，讨论其中是否包含、包含怎样的"人权"思想。虽然早期一些学者主张谈论人权极易偏离马克思主义路线，对此持消极态度，[②] 但最终主流意见趋向于认为马克思主义中存在"自己的建立在历史唯物主义理论基础上的无产阶级的"[③] 人道主义或者说人权。在该结论的基础上，学界迎来了人权本体论的建构高峰。可以说人权外交在客观上助推了马克思主义人权理论中国化的进程。

第三，共产国际的精神与社会主义国家的实践为马克思主义人权理论中国化提供了理论性引导和经验性累积。理论方面，早在 20 世纪上半叶，共产国际七大就提出马克思主义具体化的要求，倡导将基本原则"应用到各国的具体环境中去，应用到具体条件中去"[④]，并获得中国的积极回应。这是促成马克思主义人权理论中国化国内背景展开的一个重要诱因。实践方面，苏联的人权立法提供了一套以人民主权和实质平等为原则，涵盖一代人权与二代人权的法制系统，特别强调了一度为西方传统人权理念所忽视的社会经济文化权利。我国新民主主义革命时期及新中国成立初期的人权立法大多参考了这一制度模型。后期苏联在规范与实践上的偏差也令我国警醒，其前车之鉴使中国不至于再次深陷或"左"倾

[①] 傅铸：《反对美国借口维护人权和自由来干涉我国内政》，载于《法学研究》1959 年第 6 期，第 12 ~ 13 页；周金榜：《美国"人权外交"政策的产生及实质》，载于《北京师范学院学报》（社会科学版）1991 年第 6 期，第 53 ~ 58 页；席来旺：《美国"人权外交"简论》，载于《中国人民大学学报》1991 年第 2 期，第 92 ~ 99 页；张宏毅：《美国人权和人权外交》，人民出版社 1993 年版。

[②] 马啸原：《马克思主义如何看待"人权"》，载于《思想战线》1984 年第 3 期，第 1 ~ 7 页。

[③] 张季平：《马克思主义也包含人道主义》，载于《齐鲁学刊》1983 年第 3 期，第 16 页。

[④] 余品华：《马克思主义中国化启示录：两次历时性飞跃的途径、经验及其他》，中国社会科学出版社 2012 年版，第 190 页。

或"右"倾的极端主义，得以及时恢复、重建人权理论。

综上所述，在国际人权对话普遍展开的背景下、在西方资本主义阵营的冲击中，人权已经是中国所面临的一个亟待解决、无法回避的问题。为了积极参与国际合作、履行国际义务、应对国际挑战，中国必须尽快形成一套关于人权的理论体系以指导国内政策、法律的制定，回应种种外部质疑。这一时期中国早已进入社会主义初级阶段，具备现代人权理论产生的经济基础和政治环境，中国传统文化本身亦存在符合人权属性的诸多要素，我们不能决绝地断言，从中国传统文化的土壤中绝不可能培育出现代人权的幼芽。但是，传统文化的固有缺陷决定了人权理论的完全原生性创造势必是一个需要容错、相当漫长的发展过程，西方资本主义人权理论本质上又难以同我国实际国情和发展目标接轨，无法被全然接纳。故此前已经稳定发展的马克思主义整体理论中国化进程使马克思主义人权理论能够自然、通畅地进入研究视野。其具备无产阶级的意识形态属性以及与中国文化的高度兼容性，填补了中国传统文化中被"族群标签""身份脸谱"所遮蔽的个体意识和独立人格，又防止进入西方绝对化、原子式的个人主义。马克思主义人权理论成为中国特色人权观的主体素材，开启中国化历程有赖于国际情势所体现的人权建设必要性以及国内经验所提供的可能性，是一种历史的必然。

第五章

马克思主义人权理论中国化的历史演进

马克思主义人权理论中国化的历史与中国共产党的奋斗历史可谓是休戚相关。"党的百年奋斗史，贯穿着党团结带领人民为争取人权、尊重人权、保障人权、发展人权而进行的不懈努力。在新民主主义革命时期、社会主义革命和建设时期、改革开放和社会主义现代化建设新时期，我们党都牢牢把握为中国人民谋幸福、为中华民族谋复兴的初心使命，领导人民取得了革命、建设、改革的伟大胜利"。[①]

在新民民主主义革命时期，中国共产党团结带领中国人民推翻了帝国主义、封建主义、官僚资本主义三座大山，彻底结束了旧中国半殖民地半封建社会的历史；彻底结束了旧中国"一盘散沙"的局面；彻底废除了列强强加给中国的不平等条约和帝国主义在中国的一切特权，建立了人民当家作主的中华人民共和国，实现了民族独立、人民解放，为实现中华民族伟大复兴创造了根本社会条件。[②] 特别是在土地革命战争中，党带领广大农民"打土豪、分田地"，实行"耕者有其田"，帮助穷苦人翻身得解放，争取人民的幸福生活。[③] 在抗日战争、解放战争中，以武装的革命反对武装的反革命，"面对敌人的重重包围和经济封锁，党在物质条件紧缺的恶劣环境中创造性地加强生产、保障供给，努力改善民生。在党领导的中央苏区、陕甘宁边区实行普选制度，给长期受到压

---

① 习近平：《坚定不移走中国人权发展道路 更好推动我国人权事业发展》，载于《当代党员》2022年第13期，第4页。

② 习近平：《在庆祝中国共产党成立100周年大会上的讲话》，中国政府网，2021年7月15日。

③ 习近平：《在全国脱贫攻坚总结表彰大会上的讲话》，中国政府网，2021年2月25日。

迫的人民以参政议政的权利。党加强教育科学卫生事业，创办各级各类学校传授知识、培养人才，破除封建陋习和迷信活动、扫除文盲，着力提高人民群众文化生活水平。这些都体现了党在艰苦卓绝的战争环境和局部执政条件下保障人权的探索。"①

在社会主义革命和建设时期，中国共产党团结带领中国人民"消灭在中国延续几千年的封建剥削压迫制度，确立社会主义基本制度，推进社会主义建设，战胜帝国主义、霸权主义的颠覆破坏和武装挑衅，实现了中华民族有史以来最为广泛而深刻的社会变革，实现了一穷二白、人口众多的东方大国大步迈进社会主义社会的伟大飞跃，为实现中华民族伟大复兴奠定了根本政治前提和制度基础。"②这一时期，党组织人民自力更生、发愤图强、重整山河，"领导建立和巩固工人阶级领导的、以工农联盟为基础的人民民主专政的国家政权，建立社会主义制度，为中国人权事业发展奠定了根本政治前提和牢固制度基础。新中国成立后，党迅速医治战争创伤，领导开展了稳定物价和统一财经等重大斗争，保障了正常的生产生活秩序。党经受了土地改革和各项民主改革的考验，国民经济得到全面恢复和较快发展。我国通过完成对生产资料私有制的社会主义改造，实现生产资料公有制和按劳分配，建立起社会主义经济制度。党领导确立人民代表大会制度、中国共产党领导的多党合作和政治协商制度、民族区域自治制度，制定实施我国第一部社会主义类型的宪法，为人民当家作主提供了制度保证。我国建立了社会主义制度，实现了中华民族有史以来最为广泛而深刻的社会变革，开展了全面的大规模的社会主义建设，新中国人权状况发生了翻天覆地的巨变。"③马克思主义人权理论中国化正是在新民主主义革命时期、社会主义革命和建设时期奠定的政治和社会条件基础上，自改革开放兴起发展。迄今为止，马克思主义人权理论中国化的演化历程可划分为两种路径、三个阶段。两种路径是指以关于人权的专门学术研究为代表的理论路径，与以法制化保障体系下政策、规范制定与实施为代表的实证路径。根据其不同阶段的主题差异，马克思主义人权理论中国化的历史进程以 1991 年《中国的人权状况》白皮书④出台以及 2004 年宪法中加入人权条款为切分点，可划为三个时间段。

---

①③　许先春：《当代中国人权的发展脉络、丰富内涵及深远意义》，载于《党的文献》2023 年第 1 期，第 24 页。

②　习近平：《在庆祝中国共产党成立 100 周年大会上的讲话》，中国政府网，2021 年 7 月 15 日。

④　参见国务院新闻办公室编：《中国的人权状况》，中央文献出版社 1991 年版。

第一节 马克思主义人权理论中国化的起步阶段
(1978~1990 年)

一、马克思主义人权理论中国化起步阶段的理论成果

马克思主义人权理论中国化的起步阶段是 1978 年党的十一届三中全会后到 1991 年《中国的人权状况》白皮书出台之前。尽管在新中国成立以前马克思主义就已传入中国并走上同具体国情结合的道路，但在诸多学者的研究中，由于人权讨论的解禁，改革开放后才是马克思主义人权理论中国化的真正起步阶段。这一时期，理论研究的主要目的是为人权话题铺设基底，确认人权的具体含义、价值，决定中国是否具备畅谈人权的可能性，以及分析人权对我国而言究竟是一种暂时性的文化冲击还是长期性的议题，本质上就是解决中国作为社会主义国家如何对待人权的问题。

首先，人权是否应当以及应当在何种意义和程度上被研究是必须解决的前提。若人权和我国的体制无法兼容，或者马克思主义理论是拒绝承认人权的，"人权"便只能成为资本主义国家的独占名词，那么中国作为社会主义国家就应当回避，或者以一种反对、制约的态度面对人权话题，马克思主义人权理论的中国化自然再无可能和必要。"文化大革命"结束后，部分学者虽然指出要用马克思主义观点对人权进行再考察，但得出的结论却依然是：人权的谈论是社会异化的表现，是历史阶段的倒退；在马克思主义理论体系中，并没有所谓的人权学说。这一保守立场出现时间较早，但由于当时一些主流报纸、刊物中刊载的关于"人权不是无产阶级口号"的文章获得了党和政府的肯定，在改革开放初期，这一观点仍旧颇具影响力。还有一部分学者持反对态度，认为：第一，人权不只是资产阶级的口号，马克思主义理论中也包含人权学说。具有现实向度的关于人的讨论在古希腊时期就已出现，中国的"仁""和"思想也是人本精神与人道主义的体现。① 故"资产阶级独占人权概念"的说法无法获得史实支撑，而抵抗人权的操作不仅是对马克思主义阶级分析的误读，从国际形势与政治策略的角度看，

---

① 蔡茂生：《关于马克思主义人道主义的几个问题》，载于《华南师范大学学报》（社会科学版）1983 年第 1 期，第 7~9 页。

也是不明智的,更容易招致针对无产阶级国家的攻击。第二,资产阶级所说的人权和马克思主义理论倡导的无产阶级人权不同。资产阶级的人权以财产权中心、抽象普世性、政治权利偏向性和个人本位为主要特征,而无产阶级国家的人权则以生存权发展权的中心化、具体社会性为主要特征。中国运用人权概念时,应当以马克思主义理论为线索对西方人权概念进行重构,形成自身关于人权的独特看法。上述两种立场持续着互相博弈的势态,直至20世纪80年代,以《世界人权宣言》40周年为契机的第二次人权大讨论令后者逐步成为主流观点。此次大讨论中,学者们在梳理国际人权的相关理论的同时,继续重申对人权进行直接研究的必要性,主张在人权问题上应当秉持区别对待的态度,不应采取不加思辨的绝对反对人权的立场,而是在先分辨"为哪个阶级""向谁争取""争取什么人权"[1]的基础上,再行定论。

其次,在基本奠定了马克思主义人权理论中国化的可能性后,学界在对其人权理论展开专门介绍的同时,沿用新民主主义革命时期马克思主义整体理论中国化的基本方法,从"什么是人权"出发,试图建构中国特色的人权观系统。此领域的理论成果主要包括两个方面:其一,人权的性质。由于资产阶级国家发展程度普遍领先,更容易在理论的争鸣中获取优势,故长期以来具有的绝对性、天赋性与超越性几乎成为人权的固定模式。要脱离资产阶级国家基于这种固化模式的不实指摘,匡正研究的发展方向,我国势必需要重构人权的本质。1978~1990年,对于人权性质的分析结论显示,主张我国应当研究人权的学者们多以具体性和阶级性为人权的主要性质,即认为人权并非完全属于自然理性的结果,也不是超然先验的绝对真理,而是受到特定历史条件的影响、人为划定的范畴,在很大程度上反映出统治阶级意志。[2] 这是受到意识形态斗争的客观影响的结果,目的在于抨击、反驳一些国家借用"超然人权"干涉我国国内事务的行为。其二,人权的内容。既然否认了我国同资本主义国家对"人权"内涵认知的同一性,就必须重新解释人权的外延。学者们大多以马克思主义"人的解放""人的复归"作为人权终极意义,并承认人权的首要内容是人民主权,[3]也有学者进一步指出"人权的实际内容就是公民权",也就是特定政治制度下的

---

① 钱半耕:《什么是"人权"?西方世界所谓"人权"和我们讲的"人权"有什么区别?》,载于《党政论坛》1987年第7期,第42页。

② 张梦梅:《浅论资产阶级"人权"》,载于《中南财经政法大学学报》1979年第2期,第35~40页;程极明:《分清两种不同性质的人权观》,载于《南京师范大学学报》(社会科学版)1979年第3期,第25~32页;马啸原:《马克思主义如何看待"人权"》,载于《思想战线》1984年第3期,第5~7页;徐炳:《人权理论的产生与历史发展》,载于《法学研究》1989年第3期,第8~9页;俞可平:《人权与马克思主义》,载于《马克思主义与现实》1990年第00期,第78~81页。

③ 禾木:《关于人权及有关问题》,载于《北京政法学院学报》1980年第3期,第22~23页。

"自由与民主"[①]。

除了学术工作者掀起的关于人权的数次大讨论外，党的纲领、领导集体的治国意识等也对马克思主义人权理论中国化产生了较强的推动效应，包括总体方向、路线的引领作用与具体理论成果的充实作用两个方面。从引领作用的角度看，这一时期中国共产党及其领导集体的表态主要体现为：第一，逐步转向支持谈论人权的态度，促进学术界对马克思主义人权理论的再认识。例如，邓小平在反对资产阶级自由化的同时，也指出"西方世界所谓的'人权'和我们讲的人权，本质上是两回事"[②]；党中央表态要"理直气壮"地运用自身的人权观点把握关于本国人权状况的发言。说明即使是无产阶级国家，同样需要关注人权，只是应当在内涵、方法上与资产阶级国家有所区别。第二，明确人权研究的基本方法，动态联结马克思人权理论研究工作与中国特色人权观建构工作。具体而言即充分体察中国社会主义初级阶段的国情，对马克思主义、毛泽东思想，要"在新的历史条件下加以发展"[③]。从具体成果的充实方面看，这一时期的核心理论成果是关于人权与国家主权关系的理论。面对政治风波后美国频繁针对中国的人权干涉与外交施压，邓小平指出，"支持人权，但不要忘记还有一个国权"[④]，并强调国权对于第三世界发展中国家的重要性。表明了至少在国际层面，人权不应当高于国权，突破国际法上的主权平等与独立原则，将"人权"作为通向他国内政事务的偷渡船。

二、马克思主义人权理论中国化起步阶段的发展特征

由于马克思主义人权理论的中国化尚在开端，改革开放一定程度上解放了思想，但初期党和政府对人权的态度并未明显转变，人权问题还未从被边缘化、被回避的习惯中完全解脱，故这一时期理论发展的核心特征就在于政治性、阶级性与概括性。

首先，人权研究的范围与态度受到政治表态的影响，我国人权研讨的解冻并非与"解放思想"和"反思两个凡是"的倡导同期展开，甚至这一阶段本质上依旧属于人权解冻的一个缓慢过程。1978 年国务院政府工作报告虽然仍旧反复强调"抓革命""斗修正"，但也同时指出"只搞阶级斗争，而不搞生产斗争、

---

① 林榕年、张晋藩：《谈人权问题》，载于《学习与探索》1980 年第 1 期，第 31~32 页。

② 邓小平：《搞资产阶级自由化就是走资本主义道路》，引自《邓小平文选》第三卷，人民出版社1993 年版，第 125 页。

③ 商志晓：《邓小平：在马克思主义发展史中》，中共中央党校出版社 2000 年版，第 147 页。

④ 邓小平：《结束严峻的中美关系要由美国采取主动》，引自《邓小平文选》第三卷，人民出版社1993 年版，第 331 页。

科学实验，实现四个现代化就成了一句空话，说拥护党的路线也是假的"①。
1979年，《北京日报》发表了题为《"人权"不是无产阶级口号》的文章。其后
1979～1981年连续三年的政府工作报告均围绕国民经济形势以及经济建设策略
展开，实现在治国纲领层面的方向转轨。根据改革开放之后历届党代会的语象分
析，"经济"也成为其报告中从未缺席的标配语，说明我国开始逐步向尊重马克
思主义经济基础决定上层建筑的基本原则恢复。并且这一时期，对马克思主义基
本原理也进行了符合具体国情的应用。然而，围绕人权的讨论基本围绕于我国究
竟是否有必要研究人权，赞成与反对的观点大致呈现出均势。而后主要受到国际
政治形势影响，人权研究开始增加，但由于目的是反击西方国家的人权攻击，掌
握主动，捍卫社会主义的优越性，人权研究内容侧重于探讨人权的本质与性质，
关于人权具体内容的研究相对较少，大多是一些原则性的认识，显现出实践先
行、理论跟进的大致趋势。

　　其次，在关于人权的性质中，学者们又格外注重对其阶级属性的强调。称呼
人权时，为了强调人权的这些属性，相关文献往往以"马克思主义人权理论"
"无产阶级的人权"来表述，或者在谈及马克思主义的人权时直接以人权指代，
而谈论西方自由主义人权理论时，以引号标注。这些讨论均是通过人权的阶级属
性表明资产阶级将自身的人权要求扩大为全时空人类关于权利根源的普遍唯一定
义，进而否认其他阶级关于人权的不同见解是不切实际的，其目的也并不是以人
为本，而是为了实现自身的政治要求。这些观点表明了中国对于人权问题的基本
立场，也从根源上回击了一些西方国家以人权为掩护的政治主张。但是，人权的
阶级性理论在一些研究中未能完全摆脱激进阶级斗争的影响，呈现出极端倾向。
例如，有部分学者主张"社会主义限制的是少数企图损害国家和劳动人民权利的
破坏分子的权利，维护的是国家和广大劳动人民的利益"②，在人民内部划出"劳
动人民""敌对分子"，并给予不同的人权待遇。这一说法不仅难以回答"敌对分
子"的非规范性判断所造成的同案异判的质疑，也同马克思主义理论中"所有人
的平等、解放"的人权目标不相容。一些学者则在人权的内容方面脱离集体主义，
走向极端的集体本位，主张"肯定合理的个人主义在社会主义初级阶段有一定的积
极作用，但它并不是马克思主义，只有集体主义才是马克思主义……为了成全社
会利益而牺牲自己的利益乃至生命，是他自己的人权的升华"③。这些理论对

---

① 《1978年政府工作报告：团结起来，为建设社会主义现代化强国而奋斗》，中国政府网，2006年2
月16日。

② 章光新、施培新：《马克思主义人权观及其在我国的实践》，载于《社会科学》1990年第4期，
第64页。

③ 黄楠森、韩建国：《社会主义初级阶段的人权和个人主义问题》，载于《求索》1989年第1期，
第53页。

马克思人权理论中国化而言有害无利，是人权阶级属性的误用。

最后，改革开放到1991年《中国的人权状况》白皮书出台之前，运用马克思主义理论所构建出的我国人权观的立场、原则已经通过党的纲领和宪法大致体现出来。例如，1978年宪法已在人权保障方面有了大幅度改进，力图消除激进革命与人权保障的纠缠，在总纲数项条文中删去了"以工农兵代表为主体""无产阶级全面专政"等表述；专门规定了公民的基本权利；恢复1954年宪法中的控告权并新增申诉权。在1980年的局部修改中，又取消了"大鸣、大放、大辩论、大字报"的权利，进一步消除在人民内部制造割裂的不稳定因素。1982年宪法虽然没有明确提出"人权"，没有将"人权"作为正式的法律概念，但展示了人权作为"公民基本权利"的这一存在形态，彻底革除了继续革命和国内阶级斗争的倾向。其序言和总纲共同反映了人权保障在国内语境下的两个基本原则——人民主权和平等原则；宪法第二章则体现出人权保障应遵循权利义务相统一的逻辑，才可避免沦为"特权保障"。又如，通过中共中央历次重要会议的报告、记录，以及相关政策性文件、国家立法可知，该时期的治国实践始终围绕经济发展和法制建设两大主题，体现出我国将人民的生存权作为人权的逻辑起点，以及将法的规制作为主要途径的基本方法。但是，由于马克思主义人权理论的中国化尚未完全展开，研究倾向性明显，学术成果数量偏少，导致人权在个别方面的内容尚不充实，理论总体上比较概括、粗放。在谈及人权时，一部分文献的主要内容是对资本主义国家人权理论的批判性思考，或是对具有重大国际影响力的人权文件进行分析，并不直接提及马克思主义人权理论的问题。而有关马克思主义人权理论的研究又大多停留于介绍、分析马克思主义关于人权的基本理论，还未灵活地将其运用于我国实践。研究内容主要以党及其领导集体关于人权的纲领性见解为中心，个别学者则介绍了一些外国学者对于社会主义人权的评论，极少数学者依托国家立法对特定种类的权利进行研究。在实践领域，往往是马克思主义思想体系中已经中国化了的关于政治、经济方面的理论率先发挥作用，这些领域所取得的成就客观上促进了人权保障的进步。故人权在这一时段并不是一个具备高度专门性、独立性的议题，人权保障事业进展的一般实效同有关人权的观点、理论之间并不能完全对应。

综上所述，这一时期的人权理论多数停留于基本的方法论和点状的理论成果，即使是基础性的本体论面向，还存在诸多争议。马克思主义人权理论的中国化还处于摸索阶段，其阶段性成效主要在于确立人权保障的大致理论框架以及法制保障的渠道，但也存在明显的理论局限，具有过渡性特征。

第二节 马克思主义人权理论中国化加速发展
阶段（1991～2003年）

一、马克思主义人权理论中国化加速发展阶段的理论成果

马克思主义人权理论中国化加速发展阶段是 1991 年第一部《中国的人权状况》白皮书发布后至"国家尊重和保障人权"条款通过修正案写入《中华人民共和国宪法》（以下简称《宪法》）之前。1991 年，以美国向中国致信攻击我国人权状况为导火索，中宣部召开人权座谈会，宣布研究人权问题紧迫而不可回避。1991 年下半年中国政府发表了《中国的人权状况》白皮书，这是国家首次正面、全面地对人权问题作出官方总结与表态，理论界迎来人权研究的热潮，马克思主义人权理论中国化在这一时期开始蓬勃发展。该时期理论主题多元丰富，占据主流的是人权的概念重构，围绕"人权究竟是什么"的问题，学者们就人权的来源、主题、性质、存在形态、国家中的人权等展开了更加充分的研讨。

人权的来源方面，天赋人权论为西方资本主义国家"人权超越国界和国家主权"的说法提供了理论支撑，为了从根本上反驳这一观点，须解决的首要问题就是依照马克思主义的人权观，探究人权的来源是什么。在人性、道德、经济、实践、法律等诸多立场中，比较有代表性的观点是商赋人权论、国赋人权论与人赋人权论。商赋人权论的核心观点是，根据马克思主义经济基础论，人权的经济基础就是其根本来源。从历史角度看，在商品交换出现的时代，不论是哪一个国家，都或多或少地出现了类似现代人权的思想片段。人权中获得最广泛认可的"自由"与"平等"两个基本内涵也立足于商品生产关系的本质与等价交换的经济价值规律。而人权在具体化的过程中，依附于商品交换的经济形式和特定民族文化，产生了资本主义私有制下的人权与社会主义公有制下的人权、东方文化主义的人权与西方文化主义的人权。这也间接证明了资本主义人权的过渡性、虚伪性和矛盾性。[①] 国赋人权论的核心观点是，人生存于社会，人权实现依附于国家

---

① 胡义成：《商赋人权论》，载于《陕西师大学报》（哲学社会科学版）1991 年第 2 期，第 9～19页。与此观点类似的包括"生赋人权论""私赋人权论"等，其共同点都是将人权的来源界定为特定的经济关系或生产关系。参见胡义成：《我国"人权十二论"述评》，载于《邢台师专学报》1994 年第 4 期，第 22～23 页。

保护，无国权则无人权。特别是在人权日益国际化的当下，这一理论能够有力回击"基于人权理由的新干涉主义"①。人赋人权论的子观点众多杂糅，有学者认为其指人权来源于人的本质、本性或者特指作为人的生物学身份；② 有学者认为人权是人类关于制度、法律的智慧传统不断丰富的一种观念，因此"是人类历代智慧的结晶所赋予的"③。

人权的存在形态方面，学者们的研究目的是探讨如何将马克思主义的人权理论落实于我国治国理政的实际中，即分析我们可以从哪些学科领域考察并保障人权，进一步明确人权的客体。第一种观念是，"就一个国家人权的基本内容来说"，可以认为人权表现为公民的基本权利，根据马克思主义经典著作中的表达，这些基本权利包括经济社会文化权利，也包括资产阶级所乐道的政治自由。④ 第二种观点则指出，人权依其原意主要表现为反映特定价值观念的道德权利，普遍存在于人的内心观点与社会讨论之中，而这种信念并不高于实在法，故大部分人权通过实在法的确认、保障，又表现为法律权利，⑤ 大大扩展了人权的范畴。第三种观点主张，人权表现为应有权利、法定权利和实有权利，分别对应人权本来的意义，通过法律制度化后的表现以及权利实际享有的状态。⑥ 对此三种表现形式的考察与比较将有利于品评马克思主义人权观在我国践行的成果与待补正的方向。

人权的性质方面，学界在延续前一阶段对人权阶级性论证的同时，也开始挖掘人权的其他属性。这一话题的理论分歧并不大，大部分学者均开始主动运用唯物主义辩证法，对人权的多对属性及其间的张力进行系统性分析，寻求彼此的科学兼容、辩证统一。其结论主要包括人权国际性与国家性的统一、普遍性与特殊性的统一、抽象性与具体性的统一等。结合当今的时代环境，人权日益成为国际话题，其中包含的部分内容更是直接产生于国际背景下。不同国家间既存在关于人权的合作，也存在对人权认识的分歧。我国大多数学者认为，人权具有某些抽象的价值，而这些价值无论在何种历史条件下，都能被基本认可，例如，对自由与平等的追求、对生命和尊严的维护等，但人权价值必须向具体理论与制度转化才具有意义、才可能真正实现。这一过程中，受到不同国家历史传统、文化体系、发展水平差异的影响，人权的表征形式和实现程度存在时空差异属于正常现象。

---

① 阎小骏：《论国权与人权的关系》，载于《太平洋学报》2000 年第 1 期，第 44 页。
② 黄楠森、陈志尚：《关于人权的几个理论问题》，载于《理论前沿》1991 年第 14 期，第 8~11 页。
③ 何兆武：《天赋人权与人赋人权》，载于《读书》1994 年第 8 期，第 87 页。
④ 张文显：《论人权的主体与主体的人权》，载于《中国法学》1991 年第 5 期，第 28 页。
⑤ 沈宗灵：《人权是什么意义上的权利》，载于《中国法学》1991 年第 5 期，第 22~25 页。
⑥ 李步云：《论人权的三种存在形态》，载于《法学研究》1991 年第 4 期，第 11~17 页；高连升：《当代人权理论》，军事科学出版社 2004 年版，第 41~46 页。

人权的客体方面，该时期主要针对人权的一个或数个特定客体进行专门性研究。由于中国共产党关于马克思主义人权观点的理论创新成果中，包含"生存权与发展权是首要人权"的论断，故专门性研究多是以生存权或发展权为中心，结论包括在学理上阐明此两者拥有首要人权地位的原因，从历史模型角度解释中国对这两项权利格外重视，而拒绝西方政治权利至上说的立场。并且展示中国在维护生存权与发展权方面取得的成效，解读其获得保障的条件、方法。[①] 有少部分学者进一步对人权客体进行体系化的分类，概括地介绍人权包含的权利种类。

马克思主义理论是实践的理论，其中国化的基本方法也格外强调具体性与实践性。为了避免脱离社会谈人权，这一时期的学者们也对人权与经济、政治、文化等基本要素间的关系进行了有益探讨。该方面的理论同样争议较少，学界观点基本一致：人权认识及实现水平由经济决定，具体而言即生产力与生产关系，也受到阶级斗争、政党等政治因素以及民族传统等文化因素的综合影响；人权自身的理论发展与实现状况也将对一国的经济、政治和文化前景产生一定反作用。[②] 此外，还有一些关于人权体系、刑事诉讼中如何落实人权原则、合宪性审查制度的人权意蕴等零散研究，均丰富了中国化的马克思主义人权理论。

二、马克思主义人权理论中国化加速发展阶段的特征

借《中国的人权状况》白皮书的发表，人权话题彻底破冰，学界迎来了人权讨论的第一次高峰。该时期的人权实践具有持续性、继续性，修补了"文化大革命"产生的方针断裂，使经济、政治、文化等多方面既得效益回流，并在此基础上继承新中国成立初期正确的理论方向，令人权保障回归正轨。由于意识形态斗争领导一切的压力逐步褪去，理论界与实务界均能以更加科学的态度面对诸多人权学说，寻找马克思主义理论的正确定位。在党及其领导集体层面上，承认、巩固、发展了马克思主义人权理论中国化的重大创新成果。这一阶段马克思主义人权理论中国化主要具有以下四个方面的特征。

第一，开始直面人权话题，国家层面的人权表态和出台的人权政策增多，对马克思主义人权理论中国化起到了引领、推动作用。1991 年中宣部召开几次人权座谈会后，牵头重大课题研究，鼓励人权资料丛书编纂。自 1991 年发布《中

---

① 李龙：《论生存权》，载于《法学评论》1992 年第 2 期，第 1～6 页；连保君、孟鸣岐：《论人权中的发展权问题》，载于《北京师范大学学报》（社会科学版）1992 年第 3 期，第 94～99 页；杨庚：《论生存权和发展权是首要的人权》，载于《首都师范大学学报》（社会科学版）1994 年第 4 期，第 45～51 页。

② 孙国华主编：《人权：走向自由的标尺》，山东人民出版社 1993 年版，第 73～138 页。

国的人权状况》白皮书，至2003年中国每年均发布一部综合性人权白皮书，总结中国人权事业的进展。同时发布针对性白皮书15部，覆盖问题包括罪犯改造、妇女儿童、少数民族等弱势群体权益，环境文化事业与劳动社会保障事业，并针对美国的攻击对所谓新疆、西藏的人权问题予以特别说明。[①] 其中，1991年发布的《中国的人权状况》白皮书指出"生存权是中国人民长期争取的首要人权"，将生存权置于所有人权之首，位居公民政治权利之前，但当时并未将"发展权"列入其中。而1995年发布的《中国人权事业的进展》白皮书开始同时强调人民的生存权和发展权。这表明，随着国内经济社会发展水平的提升，人民生存条件逐步改善，对内涵更为丰富的发展权的保障成为人权保护的工作重心。此外，白皮书中对各项人权的表述也逐步统一并与国际接轨，例如，1991年发布的《中国的人权状况》白皮书采用的是"经济、文化和社会权利"的表述，而在1998年后已经改为"经济、社会和文化权利"，与国际人权法以及我国的外交方针措辞一致。正如《中国的人权状况》白皮书前言所说的，"为了增进国际社会对中国人权状况的了解"，这一时期国家层面对人权话语的表态展现了中国希望融入国际社会、打破外交困境的开放姿态。

该时期党的十四大、十五大、十六大如期召开，其报告中均正面采纳"人权"表述，内容包括：其一，强调中国以宪法为原则，奉行"尊重和保障人权"的治国理念；其二，新中国的成立是中国人权保障的里程碑，确保民族自决权的实现和人民主权原则的确立；其三，中国积极参加国际人权公约，配合国际人权行动，但是也坚决反对利用人权推行干涉、霸权的行为。同时，我国签署了以《经济、社会及文化权利国际公约》和《公民权利和政治权利国际公约》为代表的一系列国际人权规约，前者已批准生效，中国也在积极为后者的批准创造条件，以更加主动的姿态参与国际人权合作。这一转变说明我国已能较为正确地处理阶级、意识形态斗争与人权问题之间的关系，削弱了马克思主义人权理论中国化的政治阻碍。

第二，党的领导集体智慧和理论工作者的学术研究结合更为紧密，实现良性互动。党及其领导集体关于人权的重要论述不断增加，中国化的马克思主义人权理论成果日渐丰富。党的领导集体与学术研究的理论结合有两种表现形式：一种是提纲挈领地凝练总纲和分层次、角度的学理说明相结合；另一种是对党的领导人的公开表态和具体论述，归纳为具有学术概括性和专业性的术语，或作为学术观点佐证。党在治国理政方面主张坚持"生存权和发展权是首要人权"，"人权不能高于国权"的立场，该时期更是创新提出"三个代表"重要思想等。学理方面的研究也对应出现了从"三个代表"等纲领出发分析人权属性、实现路径

---

① 中国人权发展基金会：《中国人权事业的进展——中国人权白皮书汇编》，新世纪出版社2003年版。

等。例如，从"先进文化的前进方向""最广大人民的根本利益"中剖析人权的普遍性特征、从"先进生产力的发展要求"中剖析人权的物质性特征、从"三个代表"整体理论中推理出协调发展促进人权保障的路径等。而理论工作者们的研究与呼吁，也对人权的实践起到推动作用，进而促进党从实践中汲取养分，提出新的治国方针或总结。

第三，话语权重逐步从"马克思主义"向"中国化"偏移，注重在中国化的同时开始中国特色人权观的创新，构筑了中国特色人权观的基本模型。前一阶段，由于人权话题尚未完全解禁，人权研究也远未成熟，构建完整、独立的自身人权体系比较困难。学者们在展开人权观论述时，往往以介绍马克思主义的人权理论为主，一是为了借用马克思主义的意识形态优势推广当时被误解为资产阶级专利的人权观；二是相较于本土文化、西方资本主义观念而言，马克思主义的人权理论具有自身优势，又迎合了中国迫切需要人权话语的时代背景，研究者普遍希望以其理论为基底和主干，迅速构建基本人权观点与立场。对研究成果展开话语分析可知，当时的主题用语多为"坚持马克思主义的人权观""马克思主义中的人权问题"等，几乎不包含创新成分。该时期，一方面，学者们不再从绝对的意识形态角度迷信于马克思主义，凡是西方人权理论业已指出的部分便否认或忽视。而是主动运用唯物辩证法，以兼容扬弃的态度展开研究，[①] 使马克思主义人权理论的研究具备更加开阔的视野。另一方面，学者们在着重介绍马克思主义自身理论的同时，也结合新中国成立以来的历史经验，探索中国如何运用和改造相关理论，研究的主题用语多为"以马克思主义为指导"，并展现出中国人权观念创新的风范。

第四，人权的法制化保障基本得到落实，并向人权的法治化保障过渡。人权保障的主要手段同其具体的呈现形式关系密切，关于人权的存在形态问题尽管一度存有争议，但基本的共识是，人权在一国内从抽象宣言到具体落实很大程度上依赖于法律的维护而非道德的自觉，这决定了它的主要形态是一种"法定权利"。法律作为人权维护的主要途径获得理论承认，实践中数十年来中国特色社会主义法律体系获得极大充实，立法实现数量与质量的飞跃。"依法治国"基本方略的提出与巩固将人权保障又提升一个层次，从刀制式的静态思维转化为水治式的动态思维，从规范制定层面转向制定与落实并重的务实层面。

综上所述，马克思主义人权理论的中国化已经开始步入正轨、加速发展。有关人权的观点开始逐步形成体系。由于时代性、民族性、历史性的合理注入，马克思主义作为中国特色人权观的主体素材作用得以真正发挥。

---

① 例如，郭道晖在承认人权阶级性的同时，也对人权的普遍性作出充分论述，而此前的研究即使未直接反对人权的普遍性，但也显现出一种具有偏好的论述笔法，着重于强调人权的阶级属性。参见郭道晖：《论人权的阶级性与普遍性》，载于《中外法学》1991年第5期，第20～31页。

第三节　马克思主义人权理论中国化成熟阶段（2004～2024 年）

一、马克思主义人权理论中国化成熟阶段的理论成果

马克思主义人权理论中国化的成熟阶段是 2004 年"国家尊重和保障人权"条款通过修正案写入《宪法》之后至当今时代。十届全国人大二次会议通过的《中华人民共和国宪法修正案》第二十四条中规定，在宪法第二十三条增加"国家尊重和保障人权"的款项。2004 年以前的历史时段中，马克思主义人权理论中国化已有基本的立场架构、较为充实的理论成果、从法制到法治的实践方法。在上述背景下，该时期的研究自然具有丰厚的理论基础，其研究话题以中国化了的马克思主义人权成果梳理与法学学科视角下的人权研究为主，主要可划分为三种方向。

第一，对新民主主义革命以来，党治国理政方针中关于马克思主义人权理论中国化的呈现进行总结梳理。其内容包含两个方面，首先是对党的纲领性理论进行梳理，包括毛泽东思想、邓小平理论、"三个代表"重要思想、科学发展观及习近平新时代中国特色社会主义思想等。同时对上述理论、思想进行学理解读，展现其同马克思主义关于人权科学论断、中国具体国情需求的双重契合性。其次是对迄今为止党在人权方面的探索进行线性整理，厘清马克思主义人权理论中国化的基本范式，以及马克思主义理论与中国特色人权观之间的逻辑关系。该方面的研究均以总结与学理论证为主，角度有所不同但观点差异较少。其基本结论包括：一是从纵向历史线路角度看，中国经历了从人权虚无主义到人权创新务实的历程。[①] 新中国成立初期中国对马克思主义人权的片面理解使其人权保护呈现过度偏向社会经济权利的样态，且人权的公开讨论处于低迷状况，造成中国在此方面取得的实质性突破常被忽视。而目前，中国通过对马克思主义人权模式的完整阐述、全面研究，斩断了西方自由主义人权体系、中国儒家文化体系同马克思主义之间的隔膜，形成了自身的综合人权模式。二是马克思主义人权中国化整体遵循了以马克思主义理论为主要素材，以唯物主义辩证法为原则方法，以党的领导集体、广大群众和理论工作者为主体，以实现人的全面解放

---

① 林育川：《普遍人权的解构与中国人权模式的价值——基于马克思主义人权理论中国化的分析》，载于《江苏社会科学》2013 年第 2 期，第 73～78 页。

为最终目标的逻辑范式。① 这一基本方法是历史经验的积累，并值得在此后的人权理论建设中持续沿用。

第二，将马克思主义与其他人权理论系统进行横向对比，具体而言即讨论如何利用其他人权体系和文化体系要素对马克思主义进行改造，使之更具时代性、更适合我国具体国情。西方思想方面，自由主义人权体系关注人性在不同社会领域的需求，其抽象结论具备一定科学性，所蕴含的人道主义精神与民主政治、个人权利实践也具有时代进步性，未必不可参考。② 例如，有学者指出，"三个代表"重要思想不仅是马克思主义人权理论的创新，还批判吸收某些西方思想作为细节填补，如生态学意义的可持续发展概念、经济学意义上的人力资本理论以及人权方面关于民主自由的部分见解。并主张是否将"批判继承当代西方思想理论有益成果作为我们马克思主义理论创新的一个来源"③，是今后马克思主义中国化始终面临的方向性思考。中国本土文化方面，"现代化新文明秩序的构建是马克思主义和儒家的共同方向"④，两者合作互补，修正儒家文化的皇权支持倾向、增加马克思主义的民族文化色彩。部分学者借此扩展新时期人权的外延，研究人权的新种类。该时期和平与发展成为时代主题，党也对应提出科学发展观、构建社会主义和谐社会的方略，因此国内对于第三代人权的研究有所增加，尤其关注环境权，如《国家人权行动计划（2009—2010 年）》就首次将环境权利单列，将保护环境权作为生态文明建设的目标和任务，2012 年发布的《中国人权事业的进展》白皮书进一步阐述了环境权的实现情况。此外，进一步在传统三代人权的基础上提出新的"第四代人权"——和谐权，⑤ 将传统的"和"文化、"大同"文化与马克思主义的科学社会主义理想，人权的自由、平等价值相互融会，以实现人与人、人与社会、人与自然协调平衡为目标。

第三，从法学角度研究人权的制度表达。首先，宏观上，以人权为基点重构法律观与法理体系。在人本主义之前，法律观经历了神本和物本的变迁，二者将统治阶级的利益客观化，而将其扩大为一切人的利益，并通过强制规范固定了这种隐性的不平等，才造成封建社会、资本主义社会中普遍存在的"人的异化"。

① 孙强：《改革开放以来马克思主义人权理论中国化研究》，中央编译出版社 2013 年版，第 140 ~ 151 页。

② 吴巨平：《西方近代自由主义人权本源观的缺陷与价值》，载于《学术论坛》2006 年第 10 期，第 27 ~ 31 页。

③ 郝铁川：《"三个代表"重要思想对当代西方思想理论的借鉴》，载于《马克思主义与现实》2004 年第 2 期，第 14 页。

④ 黄龙：《现代化转型背景下的马克思主义与儒家关系研究》，载于《南方论刊》2015 年第 11 期，第 8 页。

⑤ 徐显明：《和谐权：第四代人权》，载于《人权》2006 年第 2 期，第 30 ~ 32 页。

基于马克思"人永远是一切社会组织的本质",法律观应当围绕"人本",尊重人格、立足人性、弘扬人权,充分发挥法律宽严相济的特色和关怀教育的功能,[①] 这同中国共产党"以人民为中心"的方略不谋而合。其次,从各个法律部门整体协调角度,关注党的纲领如何通过以宪法为主导的多部门法律配合实现结构性落实。一种立场是主张根本法对应基本(普遍)人权,私法对应市民权,公法对应公民权,社会发展对应社会权;[②] 另一种立场则认为应当综合考虑各类社会关系,构建相对独立的人权法学,作为新的法律部门。诸项研究,目的均是实现多部门法律分工配合,全面且有所侧重地保障人权。最后,从微观、特定法律部门的视角研究与人权相关的法律条款,进行实证分析与价值分析,目前研究方向集中于宪法学和刑事诉讼法学,其中又以宪法学为主要方面。在宪法学科内部,学界关注的焦点包括:一是人权条款的实证法层次解读,如其在宪法中的结构安排、性质、作用、解释方法等。二是人权条款价值层次解读,如从人权保障精神角度讨论公民基本权利的宪法外扩展,宪法与部门法借助人权条款衔接互动的方法等。三是宪法相关制度的建设与完善,该领域的研究围绕宪法监督制度与宪法的司法适用途径展开,主要目的是希望借人权条款发挥宪法在监督立法动态与调节社会关系方面的实效。在刑事诉讼法学科方面,由于 2012 年《中华人民共和国刑事诉讼法》(以下简称《刑事诉讼法》)经历了第二次修改,学界主要围绕修正案,对《刑事诉讼法》基本目标、功能的结构性转变,以及死刑复核、律师辩护、非法证据排除等具体诉讼制度进行研讨,注重"保障犯罪人的人权"这一核心议题。此外尚有若干零散的关于民法中人格权与人的尊严研究、司法实践中法律援助等人权保护制度研究等。总体而言,人权条款入宪激活了人权理论的法学学科专门研究,法学遂成为该时期关于人权论述最为丰富的领域。

二、马克思主义人权理论中国化成熟阶段的特征

这一时期,马克思主义人权理论中国化的工作已趋于成熟,人权理论更加全面、细致,既包含框架纲领层面的方向性阐述,也包括不同学科部门之间的沟通乃至制度层面的研究。人权事业的实践有了更加全局性和总括性的战略部署,完全脱离"就人权谈人权"的相对割裂状态,同中国特色社会主义建设有机结合。坚持已经确定的正确方向和总路线,并有针对性地对各项工作进行调整、完善。

---

① 刘连泰、孙雯波:《"人本"法律观的证立与展开》,载于《浙江社会科学》2006 年第 2 期,第 53~61 页。

② 吕世伦、任岳鹏:《"以人为本"的法体系研究》,载于《法学家》2006 年第 1 期,第 122~128 页。

2009 年与 2013 年，中国分别接受了两次联合国人权理事会的普遍定期审议，其人权事业取得的进展也获得了大多数国家的认可。在承接加速发展阶段的诸项特性外，该时期的理论发展还具有以下三个方面的新特征。

第一，马克思主义人权理论的中国化进程有了长足的发展，中国特色人权观已基本形成，有学者称，中国已确立了自身的"科学人权观"①。目前，国家主动出台《国家人权行动计划（2009—2010 年）》《国家人权行动计划（2012—2015 年）》《国家人权行动计划（2016—2020 年）》《国家人权行动计划（2021—2025 年）》（以下简称"四期国家人权行动计划"）以及前两期的评估报告，在中国特色人权观指导下对人权事业产生更加具体的官方指导。从四期国家人权行动计划框架结构的变化来看（见表 5 - 1），当前我国人权话语的表达已经日益规范化、体系化、本土化。中国特色人权的框架特征在于：（1）中国特色人权包括经济、社会和文化权利，公民权利和政治权利，少数民族、妇女、儿童、老年人和残疾人等特定群体权利三大组成部分。（2）中国特色人权将经济、社会和文化权利置于人权体系之首，遵循了中国政府在人权问题上的一贯立场，表明我国基于我国国情和实际情况，将直接关系民生的生存权、发展权等经济、社会和文化权利放在人权保障首要位置。这与美国等西方国家认为只有公民权利和政治权利属于人权的论断有所不同，彰显了人权的国家特色。（3）中国特色人权对政治权利作出了本土化表述。国家人权行动计划将知情权、参与权、表达权、监督权确立为政治权利的主体内容，符合我国民主政治建设的要求和发展情况。（4）中国特色人权体系将特定群体权利单列为一个部分，展现了对社会弱势群体的特殊关照，符合我国"以人民为中心"的人权理念对实质正义的要求，更加接近人权的本质，具有很强的现实针对性。（5）中国特色人权在保有中国特色的同时，注重与国际人权秩序的接轨，强调加强人权对话与人权合作。（6）中国特色人权具有开放性和发展性。首先，其表达不断优化。如将财产权利纳入经济、社会和文化权利，将受教育权利规范为"受教育权"，改变了对少数民族、妇女、儿童、老年人、残疾人权利的列举式表达，将其概括为"特定群体权利"等。其次，从《国家人权行动计划（2012—2015 年）》开始，"实施和监督"被纳入计划正文，并且《国家人权行动计划（2021—2025 年）》在"实施和监督"的基础上进一步将"评估"纳入计划正文。这有利于提高行动计划的可操作性和实效性，打通了我国人权从应有权利向法律权利再向实有权利转换的进路。纵观国家人权行动计划及其评估报告，可以发现中国特色人权道路的

---

① 王岩、施向峰：《科学人权观确立之学理思考》，载于《毛泽东邓小平理论研究》2006 年第 9 期，第 51 ~ 55 页。

发展进程展现了阶段性、规划性的演进逻辑，其话语表达日趋规范，体系建构更加合理，本土特色日益凸显。

表 5－1   四期国家人权行动计划框架结构的变化

《国家人权行动计划（2009—2010 年）》	《国家人权行动计划（2012—2015 年）》	《国家人权行动计划（2016—2020 年）》	《国家人权行动计划（2021—2025 年）》
一、经济、社会和文化权利保障	一、经济、社会和文化权利	一、经济、社会和文化权利	一、经济、社会和文化权利
（一）工作权利	（一）工作权利	（一）工作权利	（一）基本生活水准权利
（二）基本生活水准权利	（二）基本生活水准权利	（二）基本生活水准权利	（二）工作权利
（三）社会保障权利	（三）社会保障权利	（三）社会保障权利	（三）社会保障权利
（四）健康权利	（四）健康权利	（四）财产权利	（四）财产权益
（五）受教育权利	（五）受教育权利	（五）健康权利	（五）健康权利
（六）文化权利	（六）文化权利	（六）受教育权利	（六）受教育权利
（七）环境权利	（七）环境权利	（七）文化权利	（七）文化权利
（八）农民权益的保障	二、公民权利和政治权利	（八）环境权利	二、公民权利和政治权利
（九）四川汶川特大地震灾后重建中的人权保障	（一）人身权利	二、公民权利和政治权利	（一）生命权
二、公民权利与政治权利保障	（二）被羁押人的权利	（一）人身权利	（二）人身权利
（一）人身权利	（三）获得公正审判的权利	（二）获得公正审判的权利	（三）个人信息权益
（二）被羁押者的权利	（四）宗教信仰自由	（三）宗教信仰自由	（四）宗教信仰自由
（三）获得公正审判的权利	（五）知情权	（四）知情权和参与权	（五）选举权和被选举权
（四）宗教信仰自由	（六）参与权	（五）表达权和监督权	（六）知情权和参与权
（五）知情权	（七）表达权	三、特定群体权利	（七）表达权和监督权
（六）参与权	（八）监督权	（一）少数民族权利	（八）获得公正审判的权利
（七）表达权	三、少数民族、妇女、儿童、老年人和残疾人的权利	（二）妇女权利	三、环境权利
（八）监督权	（一）少数民族权利	（三）儿童权利	（一）污染防治
三、少数民族、妇女、儿童、老年人和残疾人的权利保障	（二）妇女权利	（四）老年人权利	（二）生态环境信息公开
（一）少数民族权利	（三）儿童权利	（五）残疾人权利	（三）环境决策公众参与
（二）妇女权利	（四）老年人权利	四、人权教育和研究	（四）环境公益诉讼和生态环境损害赔偿
（三）儿童权利	（五）残疾人权利	五、人权条约履行和国际交流合作	（五）国土空间生态保护修复
（四）老年人权利	四、人权教育	六、实施和监督	（六）应对气候变化
（五）残疾人权利	五、国际人权条约义务的履行和国际人权交流与合作		四、特定群体权益保障
四、人权教育	（一）国际人权条约义务的履行		（一）少数民族权益
五、国际人权义务的履行及国际人权领域交流与合作	（二）国际人权领域的交流与合作		（二）妇女权益
（一）国际人权义务的履行	六、实施和监督		（三）儿童权益
（二）国际人权领域交流与合作			（四）老年人权益
			（五）残疾人权益
			五、人权教育和研究
			（一）学校人权教育
			（二）人权研究
			（三）人权知识培训
			（四）人权知识普及
			六、参与全球人权治理
			（一）履行国际人权条约义务
			（二）深度参与联合国人权机构工作
			（三）开展建设性人权对话与合作
			（四）为全球人权事业作出中国贡献
			七、实施、监督和评估

第五章　马克思主义人权理论中国化的历史演进

在国际平台上，中国也化被动为主动。党的十八大以来，习近平总书记围绕尊重和保障人权发表了一系列重要论述。2013 年，习近平阐述了"命运共同体"的全球观；2015 年，习近平在联合国峰会上全面阐述了打造人类命运共同体的主要内涵；2017 年更是直接提出"构建人类命运共同体，实现共赢共享"的人权方案，融会传统三代人权，将和平安全、繁荣发展、开放交流、绿色环保的要求汇聚于一套方案。"构建人类命运共同体"的人权理念已被载入联合国大会、安全理事会、人权理事会等的决议之中，构成了国际人权话语体系的关键组成部分，为全球人权保障事业的发展指明了前进方向。这是运用马克思主义人权理论中国化成果而主动对国际人权交流合作提出呼吁的实践例证。2018 年，习近平总书记在致纪念《世界人权宣言》发表七十周年座谈会的贺信中强调："时代在发展，人权在进步。中国……奉行以人民为中心的人权理念，把生存权、发展权作为首要的基本人权"。① 2019 年，《习近平在"不忘初心、牢记使命"主题教育工作会议上的讲话》中指出："我们党来自于人民，为人民而生，因人民而兴，必须始终与人民心心相印、与人民同甘共苦、与人民团结奋斗。"② 随后，多次强调"坚持人民至上"；2021 年深入阐述"江山就是人民，人民就是江山"并在庆祝中国共产党成立一百周年大会上为中国人权事业发展的来路、站位与展望作出重要论述。③

2022 年 2 月 25 日，中共中央政治局就中国人权发展道路进行第三十七次集体学习。中共中央总书记习近平在主持学习时强调，"尊重和保障人权是中国共产党人的不懈追求。党的百年奋斗史，贯穿着党团结带领人民为争取人权、尊重人权、保障人权、发展人权而进行的不懈努力。我国开启了全面建设社会主义现代化国家、向第二个百年奋斗目标进军的新征程，我们要深刻认识做好人权工作的重要性和紧迫性，坚定不移走中国人权发展道路，更加重视尊重和保障人权，更好推动我国人权事业发展。"④

习近平总书记围绕尊重和保障人权发表的一系列重要论述既是习近平新时代中国特色社会主义思想的重要组成部分，也是马克思主义人权理论中国化、时代化的光辉典范，更是发展中国人权事业、建构中国特色人权学科体系、学术体系、话语体系的根本遵循和行动指南。

---

① 中共中央党史和文献研究院编译：《习近平关于尊重和保障人权论述摘编：英汉对照》，中央编译出版社 2022 年版，第 249 页。

② 中共中央党史和文献研究院、中央"不忘初心、牢记使命"主题教育领导小组办公室编《习近平关于"不忘初心、牢记使命"论述摘编》党建读物出版社、中央文献出版社 2019 年版，第 145 页。

③ 《习近平：必须坚持人民至上》，中国政府网，2024 年 3 月 31 日。

④ 《习近平主持中共中央政治局第三十七次集体学习并发表重要讲话》，中国政府网，2022 年 2 月 26 日。

　　该时期关于人权的学术研究也展现出这一特色：首先，依旧坚持以马克思主义的哲学视角和方法解读人权问题，坚持马克思主义在人权方面的科学论断。距改革开放时马克思主义人权研究起步已 40 余年，但每年仍然涌现出许多以马克思主义人权思想分析为主题的总结与研究。特别是我国在不断发展的过程中，从未间断地面临着西方资本主义国家的人权指责和意识形态冲击，这一传统议题的延续事实上构成了中国特色人权观的防护网和风向标，使其始终能够健康发展。部分学者则结合时代特色，针对信息时代出现的诸如人工智能等新技术产生的伦理问题，运用马克思主义人权理论进行学理分析，证实了马克思主义具有强大的时代适应性。其次，从学术文献的直接语象分析，大部分研究人权的理论工作者们不再言必称马克思、列宁，中国的人权研究开始"反客为主"，显现出将中国的先进人权理论成果融入新时代马克思主义体系、以中国话语为马克思主义在新时代提供发展进路的态度。最后，从学术文献的重点研究内容看，学界围绕习近平综述关于尊重和保障人权重要论述，就其核心要义展开了重点研究，包括习近平总书记所阐述的人权理念论、人权道路论、人权实践论、人权保障论、人权治理论。[①]

　　第二，人权法制实现向人权法治的更迭。2004 年"国家尊重和保障人权"被写入宪法，与依法治国的方略共同成为人权法治的根本法保障。2008 年发布的《中国的法治建设》白皮书中以专节论述了国家尊重和保障各项人权的法律制度。2017 年，国务院新闻办公室发布《中国人权法治化保障的新进展》白皮书，指出"中国将人权保障贯穿于科学立法、严格执法、公正司法、全民守法等各个环节"。这是我国首次专门发布人权法治保障领域的白皮书，从人权保障法律体系、行政保障、司法保障、社会保障、党对人权法治化保障的领导、全球人权法治建设等多个角度介绍了我国人权法治化保障的巨大成就。此外，从我国发布的四期国家人权行动计划来看，对具体领域的保障方式也实现了法治化的演进。例如，《国家人权行动计划（2009—2010 年)》提出，要"建立公共文化服务体系""研究建立公益性文化事业保障法律制度"，而在《国家人权行动计划（2016—2020 年)》中，则具体而明确地要求推进"公共图书馆法、文化产业促进法、公共文化服务保障法、电影产业促进法立法"。此外，在四期人权行动计划中均强调法治化保障的重要性，不仅强调立法、修法的迫切性，还重视法律的贯彻和落实。例如，《国家人权行动计划（2009—2010 年)》就要求全面贯彻实施《政府信息公开条例》，对政府及相关部门的信息公开工作进行全面定期考核并

---

　　① 张新平、周艺晨：《习近平关于尊重和保障人权重要论述研究的系统性与学理化展开》，载于《人权》2024 年第 2 期，第 13～15 页。

依法追究责任，以保障公民的知情权。可以说，人权在法学领域的发展经历了从概念构建到制度构建与制度落实转化的历程，理论研究对现实问题的反映更加具体，人权研究也已日益偏向法学领域，向具体方向展开。例如，在研究中，有学者整理、列举当前宪法和主要法律关于人权保障的相关规定，指出不同条文之间的逻辑关系、立法的空白和可能的改进方略。宪法、刑事诉讼法、行政法、民法、国际人权法等领域的研究百花齐放，既有针对某一部门法领域的某一特定制度的技术性分析，也有不同学科视域的交融对话，从而对完善法律规范提出的新构想。

第三，学界对马克思主义与其他人权理论系统的对话与融合进行更加理性的思考。在我国，具有一定影响力的观点除马克思主义外，还包括传统文化中的人权要素和西方资产阶级人权模式。多体系横向对比的研究方法在马克思主义传入中国初期就有所显现，但如今研究进路已有所扭转。就传统文化而言，当时的理论重点在于寻求马克思主义作为发源于西欧的文化与中国传统文化的兼容之处，以彰显选择马克思主义人权理论作为中国特色人权观主体素材的合理性。中国传统文化中，儒家、法家、道家和其他思想流派都体现出不同程度的人道主义观点，发展至今，法家的理念被现代法理学所吸收，儒家以"仁"为核心的学说则更加具有哲学底蕴，成为当今观察传统文化的主要视角。其中的和谐大同文化丰富了马克思主义人权的内涵，同第三代人权的要求相互印证。而德礼教化的主导方法为当今法治主导的治理模式增添了德治育人的新思路，实现人权保障刚柔两线并进。就西方人权思想而言，其在马克思主义人权理论研究早期更多地被用作反面素材，彰显马克思主义思想的先进性。而近年来，多数研究均认可，西方资产阶级人权思想在其提出的历史时代具有进步性，且其本身也在不断发展，甚至也潜移默化地吸收了一些属于马克思主义人权体系的思想内容。承认一些具有进步价值的理念并非对马克思主义的反叛，反而更加充实了人权的普遍性内容。可见随着对马克思主义的研究日渐普及化、多元化，学界开始以更加圆融、辩证的态度分析其余两支理论流派，体现出一种"偏听则暗、兼听则明"的科学、包容、开放的研究态度。

综上所述，马克思主义人权理论中国化进程发展至今，在人民群众朴素诉求、学术研究的科学建议与治国治党方略确证的三方协作中，已基本完成了民族化、时代化和制度化的主要任务。关于人权的内涵、特性、保障方式等奠基性问题，既在学术研究中有了相对一致的主流见解，也获得官方纲领式的确认。今后人权理论制度化表达是其主要发展方向，目前的主要研究进路应当包括：一是不定期回溯马克思主义关于人权的原始科学观点，确保指导思想的不动摇；二是面对社会发展和国际合作的局势，积极将马克思主义人权理论贯彻到新兴社会关系中，使其始终跟进人权发展的时代任务，实现中国式创新。

第六章

中国特色人权观发展的现实逻辑

通过对中国特色人权观产生的理论积淀及历史脉络梳理可知，目前其已脱离零散和不成熟状态，开始形成独立体系，并逐步演化为马克思主义在社会主义国家的实践中发展而出的全新理论系统。本章旨在展示中国特色人权观的主要理论共识与分歧、逻辑范式及特点，分析其进一步发展的困境与可能的进路。

第一节　中国特色人权观的主体理论

一、中国特色人权观的一般框架

党及其领导集体、学术研究者和广大人民群众作为主体在中国特色人权观的建构方面发挥着不同作用。其中，党及其领导集体对人权理念的表达主要通过公权力机关的白皮书、工作报告、决议、立法文件、领导人的重要讲话等多种形式。这些表态对学术研究领域中一些具有高度共识性的结论进行凝练，并发挥着引领人权理论的发展方向、框定人权保障实证结构的作用。由其提出、确认的理论构成中国特色人权观的主体框架，主要包括以下几个方面的内容。

第一，对待人权的应然立场是承认人权并建构富有竞争力的独特人权体系，把人权的普遍性原则同中国实际相结合，走中国特色人权发展道路。1991 年

《中国的人权状况》白皮书指出，"继续促进人权的发展，努力达到中国社会主义所要求的实现充分人权的崇高目标，仍然是中国人民和政府的一项长期任务"①。首次以官方正式文件的形式确认了三个问题：一是中国作为社会主义国家，同样支持并践行人权保障理念。即使此前官方文件中没有使用正式的文字表述，也不能否认新中国成立后我国在人权保障方面采取的积极行动与成就。二是由于现代化进程起步较晚，反封建革命与战争阶段接续，我国人权事业起步较慢，目前尚有许多待建之处，中国对此有清晰的认识。三是这一问题本质上是中国人民与中国政府的内部问题，无须他国的过度干涉。我国人权事业在起源时期不可忽视的助推力是外生型，中国对人权问题经历了从封闭到开放、从片面到全面的表态趋势。因此敲定对待人权的方法显得更加重要，否则将造成人权认识在根本上的脆弱与摇摆。目前中国已经基本确立了直面人权话题的态度，这是由于，最初中国对马克思主义的吸纳是建立在革命与应战需求的基础上，但在当今社会，尽管阶级远未被消灭，阶级斗争也普遍存在，革命却不再成为其主要形式。可采取的最有效手段不是直接的殖民、武力冲突或者无理由的经济镇压，合纵连横的政治斗争隐藏于国际法规则的幕后。以中美摩擦为例，美国希望巩固资本主义的世界地位，而中国作为国力日渐强盛的社会主义国家无疑对资本主义的国际战略造成难以预期的影响。美国常以所谓中国在人权保护方面的不作为为借口对中国采取外交和经济方面的制裁措施，并且始终意图在国际经济贸易领域推行自身标准，向第三世界国家施加压力。可见，当今的阶级斗争以意识形态斗争为主要内容，核心在于营造自身的话语阵地和规则解释方法，以寻求群体认同。如果中国缺乏对马克思主义的全面认识，片面地认为"马克思主义不讲人权"，实际上等同于将人权的解释、判定交付于自由主义的价值体系，置原本有力理论武器于无用的状态。故我国积极区分了具有阶级属性的人权和被阶级学说统领的人权两种状态，提倡前者，强调社会主义制度非但不排斥人权，并且还将真正的人权作为其根本追求与特征。正如2014年2月，习近平总书记在省部级主要领导干部学习贯彻十八届三中全会精神全面深化改革专题研讨班上的讲话中指出："西方领导人向我提人权问题，我就说一句话，在人权问题上没有最好，只有更好……我们发展人权事业，不是以西方所提的那个标准为圭臬。不论发展到什么阶段，我们的人权事业都要按照我国国情和人民要求来发展，达到了我们确立的目标和水平就是好的，不需要向西方看齐，不需要西方来评判！对西方国家在我国人权问题上指手画脚的言行，要坚决顶回去！"②

---

① 国务院新闻办公室：《中国的人权状况》，引自中国人权发展基金会：《中国人权事业的进展——中国人权白皮书汇编》，新世界出版社2003年版，第3页。

② 中共中央党史和文献研究院编译：《习近平关于尊重和保障人权论述摘编：英汉对照》，中央编译出版社2022年版，第241页。

在致"2015 年北京人权论坛"的贺信中，习近平指出："中国坚持把人权的普遍性原则同中国实际相结合，不断推动经济社会发展，增进人民福祉，促进社会公平正义，加强人权法治保障，努力促进经济、社会、文化权利和公民、政治权利全面协调发展，显著提高了人民生存权、发展权的保障水平，走出了一条适合中国国情的人权发展道路。"① 2016 年，在致"纪念《发展权利宣言》通过三十周年国际研讨会"的贺信中，习近平强调我国"走出了一条中国特色人权发展道路"②。2017 年，在致"南南人权论坛"的贺信中，习近平再次指出："人权事业必须也只能按照各国国情和人民需求加以推进。发展中国家应该坚持人权的普遍性和特殊性相结合的原则，不断提高人权保障水平。"③ 2018 年，在致"纪念《世界人权宣言》发表 70 周年座谈会"的贺信中，习近平再次明确："中国坚持把人权的普遍性原则和当代实际相结合，走符合国情的人权发展道路。"④以上关于人权的贺信所阐明的基本立场是，中国的人权发展道路必须是符合中国实际情况的、适应于国家发展水平的，必须走中国特色的人权发展道路。2021 年，在中华人民共和国恢复联合国合法席位五十周年纪念会议上，习近平进而强调："中国始终遵循联合国宪章和《世界人权宣言》精神，坚持把人权普遍性同中国实际结合起来，走出了一条符合时代潮流、具有中国特色的人权发展道路，为中国人权进步和国际人权事业作出了重要贡献。"⑤

第二，中国特色人权观中的"人权"的哲学基础是唯物主义辩证法，集中表现于其特性之中。首先，中国特色人权观是普遍性与特殊性的统一。马克思主义并不一般地反对资产阶级的全部人权，我国承认自由、平等、民主是人权的价值追求，是人权"类"的概述，但并非一项具体的权利。在评价人权的实践状况、设计人权的具体规范时，并不存在足以涵盖社会各个领域全部权利内容、没有任何限制条件的所谓"自由权""平等权""民主权"，也没有超越历史阶段、突破国土空间的泛式权利。这一点从党的历届代表大会报告与国务院发布的一系列人权白皮书的内容对比中足以体现。自党的十四大开始，党的报告中频繁使用"人权"概念，并肯定自由、民主的价值，这属于宏观层面的框定、指引；而国务院发布的人权白皮书，无论其属综合性还是专门性，均明确地指出了具体的权

① 习近平：《致"2015·北京人权论坛"的贺信》，载于《人民日报》2015 年 9 月 16 日，第 6 版。

② 习近平：《致"纪念〈发展权利宣言〉通过三十周年国际研讨会"的贺信》，载于《人民日报》2016 年 12 月 5 日，第 1 版。

③ 习近平：《致首届"南南人权论坛"的贺信》，载于《人民日报》2017 年 12 月 8 日，第 1 版。

④ 习近平：《习近平致信纪念〈世界人权宣言〉发表 70 周年座谈会强调坚持走符合国情的人权发展道路促进人的全面发展》，载于《人民日报》2018 年 12 月 11 日，第 1 版。

⑤ 中共中央党史和文献研究院编译：《习近平关于尊重和保障人权论述摘编：英汉对照》，中央编译出版社 2022 年版，第 253 页。

利类别、在不同法规范中的体现、对其施加的限制及理由，而非盖然地表明中国人民的自由、平等、民主权已经实现。其次，中国特色人权观是个体性与集体性的统一。在自由主义契约论的场合，政治共同体更多地被视作维护人权的一种手段，但从个体与集体统一的视角解读，人权的集体属性具有非工具性的独立价值。在人权代际意义上，确认人权的集体性是同时对传统一二代人权与新兴第三代人权的承认，是民族自决、生态环境问题在人权视角下的复归。在权利与义务统一的意义上，人类由于选择集会形式互相交往，才有必要呼吁人权，也只有依托集体的规范才能获得稳定保障。尊重集体属性并非一种可选择的路径，而是确保了人权存在的必要性与可能性。因此只要人与人之间尚有社会关系发生，就需要对政治集合体的管理以及集群中其他个体的权利予以必要的尊重，故人民也必须承担对应的义务以确保共同体秩序的存续。最后，中国特色人权观是国际性与国家性的统一。人权的国家性体现于人权因其具体性，在不同国家具有不同的面貌和实现水平、追求方式。反对一国借助政治施压、经济制裁的手段强迫别国接受本国的人权理念与相关制度，党的十四大报告提出："人权问题说到底是属于一个国家主权范围的事。"但中国也不持闭门造车的立场，而是主张通过促进谈判、提高合作水平、提供国际援助等方式参与国际人权交流。我国的立场是，"享受人权需要建设性对话与合作。政治对抗是导致人权委员会信誉下降的根源。理事会未来工作的成败，很大程度上取决于不同社会制度和发展水平的国家之间，能否建立平等、互信关系，以建设性方式处理分歧。"①

第三，中国特色人权观的核心是"以人民为中心"。现代人权意义上的"以人民为中心"在党的十六届三中全会上被正式提出，此前相关的表述包括中国共产党章程、《宪法》序言、党的报告等文件中"权为民所系、情为民所系、利为民所谋""人民当家作主"等。"以人民为中心"将上述具有情感性、领域性的表达转变为纲领性的、专门性与总括性的原则。"以人为本是一个价值论概念，而不是本体论的概念"②，它所回答的问题并非世界的本质或是关于其创造主体的疑惑，其理论重点应是回答国家治理工作的总体价值立场。"以人民为中心"反映出的价值要求包括：一是人是根本而非本质。该要求一方面揭示了人权保障是以人为出发点与落脚点的实质，人民的利益是统领经济发展、民主政治建设等事业的价值核心，"人民幸福生活是最大的人权"③，必须要保障人民享有美好生

---

① 杨洁篪：《和谐合作开创国际人权事业新局面——在联合国人权理事会首届会议上的讲话》，引自中国人权研究会：《中国人权年鉴（2006—2010年）》，湖南大学出版社2012年版，第1725页。
② 陈曙光：《"以人为本"的形上之思》，中国社会科学出版社2017年版，第39页。
③ 习近平：《习近平致信纪念〈世界人权宣言〉发表70周年座谈会强调坚持走符合国情的人权发展道路促进人的全面发展》，载于《人民日报》2018年12月11日，第1版。

活的需求，造福于人民；另一方面驳斥了"一切为我"的人类中心主义，奠定了人权工作的全局视野，同时基于对人治存在全面清醒的认知，也证实了最有效的实证路径是法治，此前的人治历史不足以被称作人权保障的实践，其经验也不可承袭。二是人的内涵指向是所有人而非特定人，这是对共产主义消灭阶级、实现全人类解放理想的包容。三是发挥人作为主体的目的性价值与发挥人作为手段的机能性价值并重，既要坚持"一切为了人民"，又要做到"一切依靠人民"。若仅强调人的手段地位，就将落于异化与物化人类的窠臼；若仅强调人的主体地位，就将使人的社会性交往以及劳动生产的价值虚无化，人权保障将失去最重要的践行主体。综上所述，在确立新的人权研究视角后，人权的内容也在被不断充实，诸多内容统合于"以人民为中心"的理念之下，该原则联络了中国特色人权观的基点、主体、发展方向、具体内容和主要实现路径。

第四，中国特色人权观将生存权和发展权作为首要的基本人权，逐步实现全体人民共同富裕这一策略必将被长期坚持，成为人权保障的重点。在致"纪念《发展权利宣言》通过30周年国际研讨会"的贺信中，习近平指出："发展是人类社会永恒的主题。联合国《发展权利宣言》确认发展权利是一项不可剥夺的人权。作为一个拥有13亿多人口的世界最大发展中国家，发展是解决中国所有问题的关键，也是中国共产党执政兴国的第一要务。中国坚持把人权的普遍性原则同本国实际相结合，坚持生存权和发展权是首要的基本人权。"[1] 横向比对下，自由主义及新自由主义的人权理论将"自由权"置于首要地位，并注重由其衍生出的政治参与权利。但仔细考究，一味鼓吹绝对的个人主义自由，最终的结果必然是个体间通过暴力、金钱等力量进行传统的博弈，最终掌握资源更多者获得"人权"。这种假设下的人权在字面解释上依旧是一种高贵的价值追求，但在实质上并未摆脱原始的实质"暴力"掠夺。如常被鼓吹的美国选举制度，确实在一定程度上贴合了代议制民主的要求，但它却"通过选举公式、选区规模和当选门槛三方面的选举制度设计"[2] 维护内化的资本运作形式，是一种以私有财产决定政治地位的社会资源分配体系，弱化经济对人权的影响，借"人本"之名行"资本""权本"之实。但实际上，生存权是人权的基点，也是其他类目人权实现的基本保障，如果人类失去自身存在，自然无必要诉求其他权利。发展权是人权的最终目的，虽当下发展权只获得了阶段性保障，尚未完全实现，但同马克思主义中"人的解放"的理想相互关联，有长期坚持的价值，且其内容具有与时

---

① 习近平：《致"纪念〈发展权利宣言〉通过三十周年国际研讨会"的贺信》，载于《人民日报》2016年12月5日，第1版。

② 刘乐明：《大众选举与资本控制：西方选举制度的困境》，载于《中国社会科学报》2017年12月20日，第008版。

俱进性，发展出了"人的全面发展""人民幸福生活权"等更高层次的内涵和需求。实证中，在人权的多种面向之间、人权需求与其他需求之间产生冲突时，生存权与发展权优先也将成为价值衡量中一项判断的标准。

二、中国特色人权观的实证理论

学术工作者是对中国特色人权观进行总结、说明与细化，并试图推动其不断发展的重要动力。以说明、论证相关官方文件与人权报告为主题的研究往往具有相对一致的立场与观点，而在注释性研究以外的领域，由于研究角度、研究方法、研究思路的不同，其结论也关涉多个学科领域，并且往往存在一定争议。比较具有代表性的人权研讨主题包括以下几类。

第一，学者们对于人权的理解存在普遍差异，相关文献大多在开篇即简明界定人权，确定叙述范围，也有研究专门以人权的含义为主题。总之，人权理论探索的一个重要部分是释明人权内涵，构建以"人权"表达为核心的概念群体，厘清人权学说同既有传统学科之间的逻辑关系。学界对于人权概念的讨论于20世纪90年代便已有之，其中折射出对人权来源的不同考量并争论至今。目前相对主流的观念是将人权表述为"由于人的身份而应当享受的权利"[1]，其包括人作为智慧生命体的生物学身份而享有令自身存续和改造生存环境的权利，以及人作为社会共同体成员在同其他人发生交往关系时享有的权利。概念上，与"人权"相关的其他表达主要包括：人道主义、人本主义、以人为本、公民基本权利等。其中，公民的基本权利往往被认为是人权的一项子概念，是抽象、变动、作为道德要求的人权在立宪主义国家具体、稳定、作为规范要求的现实表征，其定位争议较小。而关于前三类概念，一种立场是同一说，即认为人道主义、人本主义、以人为本内涵一致，都是内蕴于人权价值理念，表述上可通用。与之对应的立场是相异说，其中有的学者持部分相异立场，指出人道主义是一股颇有影响力的启蒙思潮，而马克思主义"保留了人道主义价值观，抛弃了人道主义历史观"[2]。有的学者则持全部相异立场，认为三者不能混为一谈，以人为本是适用于中国的一种人权思维，人道主义和人本主义则是指立足于另一套哲学基础的人

① 白桂梅主编：《人权法学》，北京大学出版社2015年版，第1页；杨成铭主编：《人权法学》，中国方正出版社2004年版，第1页；王广辉主编：《人权法学》，清华大学出版社2015年版，第4页；李步云主编：《人权法学》，高等教育出版社2005年版，第1页。

② 黄枬森：《关于人道主义和异化问题的讨论》，载于《北京大学学报》（哲学社会科学版）2010年第1期，第7页。

权意识，"前者的根基是社会实践，而后者的根基则是理性形而上学"①。有的学者更进一步将人道主义与人本主义归于"西方模式"的人权，将以人为本归于"中国模式"的人权，描述文化意识的对垒格局。② 持相异说的另一种观点是从学科视角对各类概念进行区分，认为人道主义目前更多地用于指代一种国际法意义上的干涉行为，其发挥作用的场域是国际上的政治力量博弈；而以人为本多指国内法意义上的治理行为，发挥作用的场域是人权的国家规制。

第二，由于人权具有发展性，在当下时代需要特定的外观表现将其加以固定并保护，该表现即为由法确认和保护的权利。故人权价值在法律规范与法律原则视角下的体现是我国人权话题兴起至今始终值得探讨的议题。该主题下的研究包括论证人权法治的必要性、人权原则如何体现于法规范之中、法应当规定哪些人权内容等。首先，从该议题的研究意义角度看，人权与法制、法治的关系属于学界争议较少的话题，大多数学者认为，人权与法治具有高度一致的方向与互容性，基本人权作为法治的伦理内核，能够将规则机械运作的法制模式发展为规则灵活延伸生态的法治模式；而法治通过吸纳人权价值维持其实质正义性，并通过程序道德维护人权健康发展。在普遍认定法治与人权天然统一性的情况下，研究人权在法系统中的表现才显得格外重要。也有部分学者认为，"法治的形式品格决定了法治与人权之间存在一致性，也存在紧张关系"③。并指出在研究人权与法治时，必须注意法治对稳定、效力与形式品格的绝对强调与社会实质公正之间的潜在矛盾，而人权与法治之间的张力运动恰能揭示"人权如何体现于法"这一问题的答案。

从人权法治的形式结构看，目前关于人权以何种方式在法律规范体系中展现的结论主要指向法原则与法规范的二元层次。法原则层次上，从我国实证法角度分析，《宪法》中"国家尊重与保障人权"的规定属于国内最高的人权原则，它明确了公民基本权利的正当性来源，并"确立了国家权力的基本义务"④。舍此而外，在部门法领域，人权原则通过部门法的特殊原则和立法目标间接体现。以《刑事诉讼法》目标为例，最初被认为同《中华人民共和国刑法》不加区分，即"打击犯罪"与"保障人权"并举，甚至前者在某种意义上具有超越后者的重要性。但近年来，"保障人权"逐渐成为其第一性目标。这种认识的转变正是宪法人权原则向部门法中人权原则的转介。法规范层次上，关于人权的研究又可分为

---

① 张传开：《论"以人为本"及其与人本主义的关系》，载于《学术界》2005年第2期，第29页。

② 胡钧、施九青：《论"以人为本"、人本主义与"以人民为中心"》，载于《改革与战略》2016年第11期，第1～5页。

③ 王立峰：《人权保障与法治的形式品格》，载于《南华大学学报》（社会科学版）2012年第5期，第65页。

④ 刘志刚：《人权的立法保障》，复旦大学出版社2015年版，第35页。

两个方面，一方面，尽管存在诸如民事法中尊重人格权的直接条款，但由于许多法规范实际上并未明确采用"人权"表述，也未在立法宗旨部分重复《宪法》中的人权保障条款，故部分著作专门列举了现行有效规范中有关人权条款并加以解读，旨在全面展示目前的人权立法情况。① 另一方面，由于人权、公民基本权利与一般法律权利在内容上的递进关系，彼此之间的界限常存在混淆不清的问题。目前的细节性问题主要包括将既有法律权利升格为公民基本权利问题，人权条款和基本权利条款摄入民事私法的一般权利问题，是创造新宪法上基本权利的必要性、可能性以及基本途径问题。

综上所述，在形式结构上，目前我国人权保障的落实脉络是以党的纲领和理念倡导作为其框架，以宪法原则与其中公民基本权利规范作为直接体现，再以由法律、行政法规等其他位阶规范保障的一般法律权利作为间接体现，宏观上内蕴于整个《宪法》实施过程。在运作规则上，人权作为原则是统一的，作为规则却是分散的，所以就实证规范采用而言，数项关于人权的条款若存在冲突，总是非此即彼地被采纳；而就价值评价层面而言，关乎人权的数项原则在冲突时则允许斟酌克减，达成妥协。在人权的具体保护上，更多依赖于具体的规范制度设计，微观的技术性研究，能够产生广域的价值概说不具备的独特作用。关于人权保障制度的研究包括《宪法》中的宪法审查制度、宪法司法实施制度；《刑事诉讼法》中无罪推定制度、非法证据排除制度；《中华人民共和国民法典》中胎儿保护制度、残疾人保护制度等。其涉及法律部门广泛，内容多元，并随着新型社会关系的产生不断充实。

三、中国特色人权观的逻辑特点

中国特色人权观在产生路径、发展进程方面都具有自身特殊性，使其有望成为传统自由主义人权与马克思主义人权之外一套新的知识谱系。比较而言中国特色人权观与马克思主义人权理论具有天然的亲缘关系，但其发展至今，已然超出派生理论的范畴，成为具有自身特色的独立系统。

第一，中国特色人权观是中国特色社会主义理论体系中相对独立的一个分支。中国特色社会主义理论体系围绕关于社会主义、党、发展三大主题，提出"是什么"和"如何建设"的二元递进问题，并旨在不断完善其回答。上述三大

---

① 例如林喆：《当代中国人权保障法律制度研究》，山东人民出版社 2007 年版；林喆：《公民基本人权法律制度研究》，北京大学出版社 2006 年版；中国人权发展基金会：《中国人权法律文献》，新世界出版社 2003 年版等。

主题前后相继，构成不同阶段的时代主题，衍生出邓小平理论、"三个代表"重要思想、科学发展观、习近平新时代中国特色社会主义思想。最终目的是持续性推进社会进步，实现共产主义中人类复归其本质和社会解放的理想。而纵观中国特色人权观的发展历程，试图解决社会主义国家是否存在人权、中国共产党如何实现从"全心全意为人民服务"到人权的动态贯通、如何实现人权的制度化保障等在逻辑上具有前后承接关系的问题，关注人的自我实现与发展。其理论重心也大致可与社会主义建设理论实现时间阶段的框架对应。两者具备目标上的统合性、内容上的一致性和时间上的共生性。在此意义上，中国特色人权观是中国特色社会主义理论体系的一个组成部分，脱离中国特色社会主义理论，人权观将仅余口号。但就其具体内容而言，中国特色人权观是从中国特色社会主义理论体系的诸项理论创新中筛选、抽离出必要的基本结论，并加以有机整合实现二次理论衍生，故具备相对独立性。这一特征决定了对待中国特色人权观，不必过度拔高其价值，将其作为超越、领导其他一切理论的至高导向。对其分析决不能脱离中国特色社会主义理论体系的整体性，而应当在符合社会主义理想和基本原则的前提下展开。另外，中国特色人权观尽管联结了经济、政治、文化等多面向理论，但又具备自身独特的分析视角和价值追求。在一定程度上，它展示了个人权利向度的洞见，防止过度涉入集体中心的发展论，在融入中国特色社会主义理论的同时，又足以提供一个相对具有外部性的评价视角，若正视这一功能，将激活中国特色社会主义理论的平衡机制，匡正其发展进路。

第二，中国特色人权观由于受到马克思主义哲学的整体熏陶，具有浓厚的实践面向。青年马克思曾受黑格尔哲学影响，但在《莱茵报》时期，他发现黑格尔的理性观并不能解释为何显然剥夺摩尔农民物质利益的法律获得了号称"绝对正确"的理性的支持。因此马克思指出，"利益是讲求实际的"[1]，"法的关系正像国家的形式一样，既不能从它们本身来理解，也不能从所谓人类精神的一般发展来理解，相反，它们根源于物质的生活关系"。[2] 物质活动作为社会世界的基础，可以以一种理性的手段解决其中的冲突，但本质上自物质产生的冲突与利益诉求并非由理性决定，这便昭示了由思维预设社会需求路径的不可能。承袭了这种唯物主义思维的中国特色人权观，在人权塑造方式、评价指标、发展进路中更加重视实践的作用。学理上，中国特色人权观的实践特性已获基本认同，几乎具有一种类同公理的属性，但对于"实践"面向的具体指称，笔者认为仍有必要探源。在部分论述中，这一特征是作为唯理论乃至"西方文化"的整体对立面

---

① 《马克思恩格斯全集》第一卷，人民出版社 1956 年版，第 149 页。
② 《马克思恩格斯文集》第二卷，人民出版社 2009 年版，第 591 页。

而存在，由此产生的一个基本公式是"资本主义（西方）国家关注理性，而我国关注实践"。此类粗糙的论断一方面易在整体上否认理性，进而损害理论科学性，增加陷入机会主义的风险；另一方面又可能将我国的实践论同其他的自由主义理性论相混淆。例如，哈耶克在其《自由秩序原理》中提出社会理性的主张，认为一般大众"日常且平凡的努力"能够促进社会的试错与自我选择，累积性的经验具有创设规则的功能，而反对由国家理性预先设定进化方式。① 表面上似乎同中国所倡导的社会实践具有相似性，实际上具有本质差异。中国特色人权观所强调的实践，主体角色由国家与人民共同担任，两者诉求可能存在冲突之处，但在性质上并非截然对立，也不必相互防范；在内容上应当以确保人民生存、满足美好生活需求为目标，以由此产生的相关方针纲领为依托，具备明确的目的性和可知性。②

第二节　中国特色人权观的现实问题

一方面，党的十八大以来，我国人权事业取得了举世瞩目的成就，突出表现在以下五个方面：第一，2020 年，经受新冠疫情的历史大考，在中国共产党的坚强领导下取得抗击疫情斗争的重大战略成果，把人民群众生命安全和身体健康放在第一位并予以最大限度的保护，铸就了生命至上、举国同心、舍生忘死、尊重科学、命运与共的伟大抗疫精神。③ 第二，2021 年，"我国脱贫攻坚战取得了全面胜利，现行标准下九千八百九十九万农村贫困人口全部脱贫，八百三十二个贫困县全部摘帽，十二万八千个贫困村全部出列，区域性整体贫困得到解决，完成了消除绝对贫困的艰巨任务"④，完成了全面建成小康社会的历史任务，实现了第一个百年奋斗目标。第三，深化民主政治发展规律认识，提出并践行全过程人民民主重大理念，"实现了过程民主和成果民主、程序民主和实质民主、直接民主和间接民主、人民民主和国家一致相统一，是全链条、全方位、全覆盖的民

---

① ［英］弗利德里希·冯·哈耶克著，邓正来译：《自由秩序原理》上卷，生活·读书·新知三联书店 1997 年版，第 67 页。

② "社会理性说"的代表人物哈耶克是一名不可知论者，他主张社会的进步源自"人类始终无力控制社会生活"，即成员对自身意图将社会向何种方向推进并没有完全的意识，而是冥冥之中有一股力量聚合了这些无意识的、松散的社会活动，实现社会进步，故有学者将其称作"进化论的理性主义"，本质上同中国特色人权观所要求的"实践"并不相同。

③ 习近平：《在全国抗击新冠肺炎疫情表彰大会上的讲话》，中国政府网，2020 年 9 月 8 日。

④ 习近平：《在全国脱贫攻坚总结表彰大会上的讲话》，中国政府网，2021 年 2 月 5 日。

主，是最广泛、最真实、最管用的社会主义民主。"① 第四，推进人权法治保障，深入推进司法体制改革，推进法治中国建设，"依法保障全体公民享有广泛的权利，保障公民的人身权、财产权、基本政治权利等各项权利不受侵犯，保证公民的经济、文化、社会等各方面权利得到落实，努力维护最广大人民根本利益，保障人民群众对美好生活的向往和追求。"② 第五，主动开展人权国际交流，积极参与全球人权治理，引领"一带一路"建设，促进国际残疾人事业，倡议人类卫生健康共同体，推动构建人类命运共同体，为丰富人类文明多样性、推进世界人权事业发展贡献中国智慧与中国力量。

另一方面，人权事业的高质量发展仍然走在路上。党的二十大报告突出强调"高质量发展是全面建设社会主义现代化国家的首要任务"。③ 人权事业的高质量发展是中国特色社会主义事业高质量发展的应有之义。为此，需要剖析中国特色人权观所面临的现实问题，为人权事业的积极发展扫清认知障碍。

一、中国特色人权观发展的背景性条件问题

人权是具有高度联结性的话题，其中"以人民为中心"的核心理念更是政治文明、经济文明和精神文明事业的目标。从动态视角审视，人权同经济、政治、文化三大社会主要面向都保持着平衡的互相作用关系，即人权的内容、偏好、实现程度由基本经济条件所决定，受到政治和文化要素的调整，反之又将为经济、政治、文化带来新的要求。因此，经济、政治、文化三类背景性条件中的若干问题将对人权理论的发展水平与方向产生重要影响。

首先，经济状况是人权的第一决定力。一国的经济发展水平和模式不仅决定了人权需求，也是切实关乎生存权与发展权实现的实质性要素。我国人权发展面临的经济问题主要包括两个方面：一是过去经济发展模式产生的遗留问题；二是经济转型时期产生的新兴问题。自新中国成立以来，我国的经济体制经历了从计划经济到社会主义市场经济的模式转变。我国社会主义事业起步时期就受到大规模阶级运动的打断，在艰难的社会环境中谋求进益，而在生产力尚不发达，还存在着较大利益差别的社会，利益机制始终是推动社会发展的根本动力机制。所以，对市场经济的适当接纳使我国不免受到其负面效应的影响，例如，社会层级

---

① 习近平：《坚持和完善人民代表大会制度 不断发展全过程人民民主》，中国政府网，2021 年 10 月 14 日。

② 《新中国成立 70 年人权保障立法成就》，中国人大网，2021 年 8 月 24 日。

③ 习近平：《高举中国特色社会主义伟大旗帜 为全面建设社会主义现代化国家而团结奋斗——在中国共产党第二十次全国代表大会上的报告》，中国政府网，2022 年 10 月 25 日。

固化危机、群体差异的拉大、潜在的泡沫危机等。有学者指出，虽然"中国社会群体在收入、声望、教育、资源、机会、性别等方面的差别增大，说明'阶级'和'分层'现象在中国出现，但其基本所指是这些群体在经济收入、生活区域、资源机会、生活方式及消费模式上的差异"①，目前尚未构成政治上的阶级分化，属于需要及时予以调控的"经济现象"。经济转型方面，"当前我国经济发展的基本面长期趋好，但正处在从高速到中高速增长速度换挡期、结构调整阵痛期、前期政策消化的'三期叠加'阶段"②。自明确决定实施社会主义市场经济体制以来已有30多年，我国经济发展模式基本确定，短期内难以再次发生结构性转轨，然而这种模式随着时代的发展又面临着新的挑战。人口红利优势不再明显，依靠外需拉动经济的传统模式增长速度放缓，经济模式正面临内部转型的压力。这些困境给人权带来一定滞碍：第一，历史遗留与市场经济固有的问题持续发酵，经济水平层级化、"中等收入陷阱"依然存在。生存权的实现程度出现区域性落差，人权保障出现不平衡现象。第二，中高端产品供给需求和产业发展需求增大，"社会主要矛盾已经转化为人民日益增长的美好生活需要和不平衡不充分的发展之间的矛盾"③，人民对于发展权提出的更高要求，是人权发展面临的另一重挑战。

其次，政治建设既是直接关乎人权所蕴含民主价值的表征，其更加直接的权力面向也影响人权的实际落实情况。由于一些传统官本位思想的沉渣泛起、极端个人主义的利益观影响和运行监督机制的不健全等因素，个别公权力机关人员将私人利益与公共手段混合，以不正当手段干预政治制度运作规则，造成公共关系变形。如某些地方的贿选事件，部分"小官巨腐"事件等。这些问题对人权的不利影响包括：第一，对人权的民主、平等价值产生侵犯。选举制度建立的直接目的在于保障公民依宪法所享有的基本政治权利，从而发扬民主政治，根本目的在于践行"以人民为中心"原则衍生出"人民当家作主"的基本要求。借助裙带亲缘、金钱贿赂等方式破坏选举制度、扭曲公职人员正常的职权行使，无疑同维护人权民主面向的主旨相悖。同时，如若脱离了公共权力的正常轨道，就容易造成既定秩序的不良偏转，使一部分人不当获利，而另一部分人的合法权益受损，有悖于"法律面前人人平等"的理念。第二，影响国家承担人权保障义务的能力与效率。在服务型政府理念、积极人权的国家义务深入人心的背景下，国

---

① 张静：《社会冲突的结构性来源》，社会科学文献出版社 2012 年版，第 121 页。

② 李龙：《中国特色人权理论体系纲要》，载于《广州大学学报》（社会科学版）2017 年第 1 期，第 23 页。

③ 《习近平：决胜全面建成小康社会 夺取新时代中国特色社会主义伟大胜利——在中国共产党第十九次全国代表大会上的报告》，中国政府网，2018 年 3 月 24 日。

家与政府不再是"守夜人"式的角色，而是需要积极向公民提供基本服务。由于公共资源具有有限性，制度外的侵占将使国家用于人权保障的可支配资源流失。第三，公共权力的非常态化行使在基层相对多发，阻碍人权的大众化进程。监管末端容易出现松懈，滋生一些基层的"微腐败"现象，这将不利于基层群众增强对中国特色人权观的认同感。

最后，文化塑造是对人权发展影响最潜移默化却最为深远的要素，它将从手段与内容两个方面改变人权的现实形态。手段方面，随着科技、通信水平的进步，网络新媒体正在逐步取代传统纸媒、广播电视媒体的地位。新媒体所具备的即时性、高速性和非实名性的传播特点令其成为文化输入的掩护；内容方面，文化意识的影响冲击着人权内涵。一些自由主义思潮不再直接攻击我国的人权模式，而是试图以"普世价值"进行渗透，改变人权的文化内涵。有学者指出，"人人都要人权"，不存在对其进行拒绝的个体，这是其中普世成分的来源，但具体的内涵，则需要考究。中国特色人权观所认可的并不是"普世"，而是"共同"价值。此类文化意识将冲击中华优秀传统文化的优越性与人权道德价值的连续性。以抽象理想替代实际存在的文化渗透，我们要保持高度警惕，不能让人权成为一种无边际、无限制的空泛概念。

值得注意的是，上述三类背景彼此间是共生的，其各自存在的微末问题在相互作用下可能产生叠加效应。例如，产业发展模式改变速度与规则调控速度之间的偏差可能为权力寻租提供空间，滋生政治腐败，而成本最终被转嫁给公民，造成其合法权益乃至基本权利的减损，侵害事实的积累又会扩大社会对于既存人权文化的不信任感。而资本利益观念动机的存在将加深调动商品形式的抽象、无形规律对个体意识的影响，使人们更容易走入资本主义宗教式的"洞穴假象"。具体而言，就是逐渐将属于商品的物人格化，并令这种原本由人类活动产生的规律成为不证自明的纲领，反客为主控制人的行为。最终将迫使人逐渐远离自我解放的理想，而在无意识中自觉完成了自我物化的降格。

二、中国特色人权观构成素材的异化运用问题

尽管中国特色人权观已有一定独立性，在立足于不断发展的社会现实的基础上，具有续造、丰富、完善本体的生命力。但新人权思潮往往会冲击其构成基础，若不加重视，可能会对中国特色人权观的发展产生挫伤。目前其面临的主要困境是理论素材之间结构产生位移、联结点存在一定割裂，以及实质内容存在被曲解、误用。

在理论素材的构成方面，如前所述，我国人权观的主要基底理论包括马克思

主义系统理论、以自由主义思潮为代表的各色域外人权理论以及中国本土的精神文化。在发展中三者彼此磨合、交融，共同塑造了当今中国特色人权观的雏形，但不同理论来源的兼容性问题依然存在。资本主义的人权理论与马克思主义人权理论之间存在紧张关系的一面。从第二国际时期至今，在资本主义经济发展的繁荣阶段与全球时代主题的转换阶段，不时出现"马克思主义过时论"的声音。其主要论点是：首先，将马克思主义思想视作单纯的革命理论。其次，主张资本主义足以通过自身调整度过经济危机，实现自身发展，其优越性证明了资本主义不会必然灭亡，反而是社会发展的终点。反观社会主义国家的实践经验，其中的失误引发诸多人权破坏事件，马克思主义的正确性依然存疑。最后，和平主导的世界不再需要斗争，马克思主义的激进立场已然不可取。这些质疑也间接影响了马克思主义指导下的相关人权学说，削弱了马克思主义人权理论应有的科学地位。

除此之外，更加值得注意的是中国传统文化同马克思主义的关系问题。20世纪 90 年代，为对抗市场经济带来的负面文化与社会心理冲击，大陆新儒学思潮逐渐涌现，并掀起国学热潮。在新儒学派别中，一部分学者将本该通力合作的传统文化与马克思主义理论割裂开来，并将彼此置于对立立场，指出应当以新儒学为本，否认马克思主义理论的核心地位。为此，大陆新儒学学派的研究者对马克思主义提出了几点挑战。第一，马克思主义起源于欧陆，本质上是一种异质文化，牵强地将其运用于中国社会和直接套用资本主义理念无异，注定会被排斥。在注重人权保障的治国视角下，民本的学说比马列主义更加具有亲和性，能够引起当政者的认同感。第二，主张建立以中国儒学政治为主导的、政教合一的系统，将儒学转变为国民的精神信仰，甚至希望获得宪法上的认可。"实际上就是要把儒学、儒教确立为国家的主导意识形态，使儒学再度制度化"①。第三，拒绝以马克思主义的扬弃方法改造传统文化，提倡"我注六经"，走回原教旨主义的路线。上述冲突表明，这一问题不仅是马克思主义与传统保守心理的摩擦，其背后潜藏的是新型的意识形态矛盾。而此前争端的重心始终是社会主义意识形态与资本主义意识形态，加之大陆新儒学内部对于马克思主义的态度有派系分化，故其中部分学派"崇儒反马"的反叛性并未引起足够的重视。

理论素材之间结构张力分析是从综合性视角审视不同构成要素之间的磨合进程，涉及比较视野下的理解差异和不同体系对主导地位的争执。若转换视角，单

---

① 张世保：《"大陆新儒家"与马克思主义关系探讨》，载于《马克思主义研究》2008 年第 6 期，第24 页。

一地去审视某一特定类型理论在中国特色人权观塑造过程中的作用时，又会发现新的问题，即相关理论实质内容常被误用。就传统文化而言，部分冗余沉渣错误地被混杂于优质成分中，从而产生污染效应。例如，中国传统文化中的和谐观与以科学发展观具有内在的共通性，其包罗广泛，既包括道家文化中天地人合一折射出的人类与自然和谐共处的内蕴，也包括儒家文化中"和为贵"的互助互谅人际观等，其本身具有进步意义。但当传统文化逐步同统治策略结合，成为纲常伦理时，一些见解便不再可取，如民政局张贴歧视妇女标语①等事件偶有发生。此类操作将对传统文化中的"糟粕"误认为"精华"，是对传统文化的误读，其负面效应会令大众降低对传统人权文化的整体认同。就域外人权学说与马克思主义人权学说而言，二者内容误读的困境在表现模式上类似，即不当扩大其适用的场合、用语的外延，造成泛用问题。表现于马克思主义人权理论的场合，即概括地肯定乃至将其作为标签应用于一切国家治理问题的分析，在一些领域不适当地采用了马克思主义的具体论断，例如，以阶级性理论过度限制文学艺术创作。表现于域外理论的场合，即将数种类别的域外人权理论统合概括为"西方模式"，并从意识形态角度出发予以一概反对，而相对疏于分析其所面临的不同历史背景、现实政治格局对制度形成的作用。该方面的误用倾向在中国特色人权观发展之初较为明显，当下已有很大程度的好转，但仍未根除。

上述困境反映出的本质问题是，目前中国特色人权观的批判性反思不够充分、规范性分析不够深刻，在纵向发展方面与深度认同方面仍有努力空间。

三、中国特色人权观落实路径的单薄性问题

中国特色人权观落实的最主要路径是法治，具体而言即培育以宪法为根基的多层次规范系统，并通过执法、司法活动予以落实，最终形成尊重法律精神、遵守法律规范的社会氛围，并实现人权保障的价值目标。然而，目前这一路径伴随着人权建设生态的变迁而面临诸多压力。

首先，人权落实的实体制度面临社会结构和社会价值多元化的挑战。尽管我国在构建人权规范覆盖体系方面付出了诸多努力，也取得了巨大成效，但新时代下一系列新因素要求改进传统的人权保障方式。这些新因素包括：第一，利益诉求多元化。不同职业、收入水平、居住环境、兴趣爱好、不同城市、不同价值观

---

① 2015年4月，北京西城区民政局婚姻登记处张贴标语，宣传女性的成功在于回归家庭，成为"好主妇""好母亲"，反对其踏入社会同男性争抢资源，次日在舆论压力下，该海报被撤除。参见《北京西城婚姻登记处海报被指歧视女性　遭撤换》，人民网，2015年4月22日。

念的人们之间存在不同的权益诉求。换言之，人权落实与保障过程中，面临的是差异化的利益对象。而通过单一的法律政策难以满足多元的诉求。第二，利益实现途径多元化。在市场高度发育的当下，权益的实现途径也更加多元。加之主流的利益实现通道，如法治路径，本身的空间是有限的，甚至在多元主体的多元诉求面前是狭窄的。第三，互联网带来的挑战。互联网的主要特点之一就是可控性更弱，这对我国长期以来形成的控制性人权保障方式提出了挑战。互联网的发展带我们迈进"自媒体"时代，人们通过互联网表达自己的价值判断、发表非主流言论乃至一些散布谣言等行为越来越难以控制。人们的个体存在感也在互联网上得到增强，尊崇公共利益和社会共识的价值理念受到一定冲击。这也是单一的法治路径所难以处理和应对的。①

其次，人权保障的程序制度存在碎片化问题。人权自产生之初即为一个概括的概念，其发展性、具体性的特征决定，我们能够描述某一特定时间范围、空间范围内的人权现象，但无法通过罗列穷举一切人权。同样，也无法断言，存在于宪法条款文义范围之外的其他一切利益都不再具有人权资格。因此，一套全面的保障程序才是人权落实的最大倚靠。在我国的立法环境下，其所遵循的逻辑脉络是：通过"依据"与"不抵触"的要求将宪法的人权理念层级传递于下位规范，由此确立基本人权系统。若立法的传递运行流畅，同时行使公权力的机关与组织在执法活动中确实遵循了规范，人权便完成了正面落实过程。问题的症结在于：第一，关于立法权限划分、立法程序的规定还有许多模糊之处。造成下位的立法机关、行政机关在制定规范时对"依据"的解读不同，对自身的权限范围不甚清晰，进而导致既有规范之间彼此冲突或出现衔接断层，增加执法活动的不确定性与越轨可能。第二，在公权力实施失当从而侵犯人权时，作为程序权利的诉权是实体人权获得确保的前提。② 莫纪宏指出，诉权是"第一制度性的人权"，人权的保障总体上是"通过法律权利＋诉权的简单公式表现出来"③。但我国的行政诉讼受案范围有限，宪法监督制度的程序规范尚不完备，存在"备而不审"的现实困境。特别是在公共行政日益增加、民事关系更加复杂的背景下，宪法监督、行政诉讼、民事诉讼之间的接驳衔接问题也更加明显。

最后，除法治本身的实践效果问题外，还有法治职能容量不足而缺乏他治辅助的困境。诚然，法治是人权保障的落实环节的重要手段，但绝非唯一手段。我国从无深厚法治传统蜕变为具备"法治中国"理想的国家，其间难免有矫枉过

---

① 刘杰：《人权：中国道路》，五洲传播出版社 2023 年版，第 251～253 页。
② 司平平：《司法独立与人权保护》，载于《法学》1989 年第 5 期，第 14 页。
③ 莫纪宏：《论人权的司法救济》，载于《法商研究》2000 年第 5 期，第 85 页。

正的情形。目前，人权保障过度依赖法治途径，优秀道德的培育作用未被充分发挥。近年来，尽管官方与理论界开始逐步意识到"德治"的重要意义，并意图将其同法治作为大国治理的"车之两轮"并驾齐驱，但关于德治的内涵、方式等系列问题的探讨仍有不足，对人权保障的效果还有发挥空间。目前，官方的立场是"坚持依法治国和以德治国相结合"，该原则作为国家治理的总体方略是适宜的，也可应用于人权推广工程。纵观近年学理讨论，对德治解读表现为两个方面：一是通过思想建设塑造和教化人心，清正社会风气，特别是提高领导干部的道德素养；二是通过价值评价调整和发展法律，实现善法良治。这两种落实路径在作为原则的方向性上同样无可指摘。但在德治与法治如何结合的问题上，则存在争议，部分学者认为，应以法治为主、德治为辅；还有学者主张，应德法并举、宣教同步；少数学者指出，现代国家的唯一治式即为法治，道德只能依附于制度框架才能发挥作用，其有限的辅助效果并不能使其在性质上成为独立的"治"的方略。

上述争议在本质上反映出德治与法治接轨、合作的模式在理论与实践中依然有所争议。制度环境面临的困境令道德对法律的匡正作用乏力，同时也增加了识别判断德治在何种程度、范围、程序内可以调控法治的难度。此外，德治与法治困境的另一表现是道德法律化的尺度失衡。例如，我国现行《中华人民共和国老年人权益保障法》第十八条第二款规定，"与老年人分开居住的家庭成员，应当经常看望或问候老年人"。此款规定属于对传统亲孝美德的弘扬，从人权视角下审视，也是对老年群体这一弱势群体权益的保障，意在维护其尊严、满足其精神需求。在该规定写入法律后，各地发生了多起老人状告子女要求"常回家看看"的案件。然而，赡养老人固然是一项法律义务，满足老人的精神需求则更多倾向于一种道德义务，并且同赡养义务相比，具体要求不同。计划生育一代中国家庭结构特殊，相关探亲假期、薪酬规定不完善，不同家庭当事人的经济条件、身体状况不同，再加之相关实施细则不完备，法院在面临此类案件时，考虑案情的差异和当事人面临的客观不便，大多以组织调解为主。而此类调解协议若不被子女遵守，强制执行的操作难度大。故该条款屡屡面临质疑，一种立场认为，这是立法对私人社会生活自由的过度干预；而另一种立场认为，立法的出发点值得肯定，但此类道德规范的可执行性不强，最终不过是以法律的形式发出倡议，对老年人的人权保障促进效果不佳。故在某些场域下，采用单一的法律手段，推广不足以由国家强制力作为制度载体的人文道德要求，并不能达到所期待的效果，甚至将面临法理困境。这一问题又接续了人权理论发展的文化背景困境，动摇大众对传统人权文化的认可度。

第三节　中国特色人权观的发展进路

一、坚持中国特色人权观既有的演化框架

我国人权尽管面对诸多现实困惑，但其无须因若干不完备之处而对整个人权系统进行革命性的变造。至今为止，中国特色人权观已经塑造了一套基本成熟的发展模式，对于其中的有益经验，依旧需要积极吸收、坚持，确保人权发展拥有相对稳定的基础框架。

首先，应以适当的方法论为指导，维护理论内部的平衡，形成秩序和谐的局面。马克思主义唯物辩证法认为，世界是联结的，事物在对立统一中通过量变累积与反复否定实现波状发展，同中国传统哲学阴阳圆融的和谐观念具有相似性。在发展初期，出于对域外思想侵入的对抗意识与补正观念，官方与学界的表态均着墨于人权的特殊性、集体性与国家性方面。但随着理论不断深化，我国并未始终拘泥于同自由主义人权观中"普世价值""个体至上"相抗衡的诸种单向度性质，而是将人权的多类特性加以取舍、结合，承接马克思主义方法论，联系中国特有的历史进程与社会现实，逐渐形成不同于自由主义人权观的"要素统一"的特点。同时，尽管中国特色人权观的产生主要依赖于从不同理论素材中汲取的养分，但其并非"舶来品"与"旧文化"的简单剪切与拼凑。不同类型的理论素材各自发挥着不同的作用，中国特色人权观以马克思主义整体思想为理论核心，以中华优秀传统文化和民族情感为理论基底，以自由主义人权观为代表的、资本主义国家具有进步意义的人权学说为补充素材。并且，对上述几类素材的原封照搬的情形几乎不存在，不同的理论素材之间也并非孑然独立、生硬拼凑，而是互相影响、融会贯通、彼此改造，令中国特色人权观在整体框架上衔接流畅。故从理论构成方面应当继续有重点地博采众家之长，稳固其创新根基，削弱原始派系之间必然存在的张力。

其次，对既有理论策略注入时代精神，推动其稳步拓展，维持人权稳定性与人权可变性之间的平衡。人权依其性质而拥有发展性，即"实践上的易变性和空间上的开放性"①，但人权在宪法中的表征——基本权利，变动性极低。该对比

---

① 韩大元：《比较宪法学》，高等教育出版社 2008 年版，第 153 页。

所带来的直观感受是，基本权利条款作为宪法的组成部分，应当遵循根本大法因循的稳定性原则；而作为包罗广泛人文道德意蕴的"人权"，时时更动才属常态。但就二者的关系而言，中国特色人权观属于核心原则，构成国家与法律的正当性基础，而宪法与其他法律中有关权利的条文属于其具体结论的相对固定化表现。如果人权观的内容时时变更，宪法势必要对其作出回应，其稳定性将受到动摇。特别在我国的改革已经取得一定成效、即将进一步将其覆盖面扩大至政治体制、司法体制等多种上层建筑领域时，始终坚持人权话语导向，就是应确保其基本要义的不可变性，此后人权理论的进一步发展，应当在已形成的关于人权的诸项基本结论的基础上继续深化和展开。

笔者认为，中国特色人权观中属于不可变更的内容包括：人权的基本属性、人权运行所依存的国家基本政治制度、具有重要价值的基本人权类型及保护序列、限制人权的条件；属于可变更的内容包括：人权的实现手段、由基本人权延伸出的诸项具体权利。例如，我国始终将生存权与发展权作为人权保障的第一要务，这一点不仅是对马克思主义思想中共产主义社会最终理想的映射，也符合社会主义制度的基本目标。无论社会环境如何变动，生存权与发展权作为人权的核心类别，是无法从中国特色人权观中删除的，其首要地位也不会被政治权利、文化权利等取代。但是，生存权与发展权的落实方式可以随社会变化而调整。在基本矛盾已经改变的环境下，人民对生存权与发展权的要求不仅包括过去实现物质生活基本满足向物质生活富足的转变，也包括对社会安全、国家法治、文化繁荣、环境保障的呼吁；不仅包括对个人的自我实现、尊严维护、独立自主的非物化地位的渴望，也包括对国家整体发展水平提升的寄托。不断涌现的多元发展需求是人权新的突破口，也同样是难点，如何为纷繁复杂甚至可能彼此冲突的发展需求创造制度条件，是必须审慎回答的一个问题。

最后，针对具体的现实问题，坚持、落实已被实践证明为有益的方针政策，杜绝形式主义政绩观。就发展策略的实质内容而言，我国在改革时期，针对具体困境而提出的乡村振兴政策、义务教育政策、服务型政府建设等还需要阶段性推进。就方法而言，中国改革已经进入深水区与攻坚期，在改革依旧需要持续的前提下，需坚持长期实践中确立下的"重大改革于法有据"策略，方能防止实效性超越正当性的问题。进一步要求是，即使提倡"坚持依法治国和以德治国相结合"，也要始终确保法治为本，德育为辅，既反对舍本逐末，也反对功能主义的法治万能论。具体而言，即继续新中国成立以来中国特色社会主义法律体系的建设，一方面应继续促进传统"法"概念下的人权相关规范制定，如加强看守所立法、环境保护立法等；另一方面应加强在现代公共治理语境下软法治理研究，如行业规范、规划、政策宣示等，形成刚性与弹性兼备的人权保障规范系统。在探索如何将"以德治国"有机融入法制框架的同时，也要继续坚持以社会主义核心价值观促进中国特色人权观突破文化困境的策略。

二、把握中国社会发展转轨期的人权指向

中国的民族国家建立与现代化国家建设事业几乎是同步发展的，因此社会转型与人权保障的关联程度较其他国家而言更甚。在转轨中急剧变革的情形下，应当从宏观与微观两个层面把握人权的指向，并建立相应的配套制度，及时适应新的社会背景、对薄弱环节进行针对性调整。

宏观上的人权整体指向具体包含三个方面，在转轨期，把握这三种宏观指向是使人权不至于"迷失自我"而消解的关键：第一，人权的含义是变迁的，但其内核与目的是稳定的。目前，大量新的社会关系涌现、民众对权利的认识也逐渐改变。具体包括：由于私人交往方式的多样化，出现了新型民事权利关系；由于基本权利保障水平和物质生活水平的提高，人们对于已经存在的权利认识更为深入，希望赋予其基本权利的地位，如生育权、隐私权等；由于公私领域界限的模糊交错，一些私主体的违法行为事实上有侵犯公民基本权利之嫌。长期以来，大众均将人权同权利联结，在这些趋势出现后，两者的混同更加明显。一个典型表征是，部分学者希望借鉴域外司法裁判模式，呼吁通过宪法在司法中的活跃使人权规范介入民事裁判领域，达到人权保障的效果。但是，无论时代如何发展，人权本质上承载的是对公权力提出或积极，或消极要求的公法价值，目的是确保国家对个人的保护与尊重，因此宪法中的人权原则或者高度抽象，或者指向不同的基本权利条款无法发挥兼济天下的功能。

第二，人权拥有独立的功能，但其落实策略同其他治理进程有高度关联性，应以人权为枢纽将改革、法治和其他社会工程动态链接。并且，每种具体的人权都有自身价值，但多种人权价值交织应当以宏观、全局、联系的视角把握价值冲突。尽管改革已惠及诸多民生事项，看似"遍地开花"，但点状特征依旧明显，政策落实周期长，事前预设机制不完善。例如，生育政策的逐步放开，本意在于应对逐渐放开计划生育政策对公民生育自由的限制，并应对人口老龄化，巩固人民生存权、发展权。2021年修订的《中华人民共和国人口与计划生育法》第十八条第一款规定，"国家提倡适龄婚育、优生优育。一对夫妻可以生育三个子女"，并在总则第三条中指出"开展人口与计划生育工作，应当与增加妇女受教育和就业机会、增进妇女健康、提高妇女地位相结合"。但是，由于政策落实口径存在逐层收缩的危险，但是配套的社会保障制度、育儿假期制度等跟进不力，反而产生政策功利论、平等权破坏论等不利于人权保障的反效果。

第三，中国特色人权观有强调具体性的一面，但不宜进行普遍的"特殊化"解读，否则将泛化"中国特色"与"人权"。二者本身就属于难以被精确定义的概念，在泛化后，可能产生两种异化发展模式，一种是名不副实地运用"中国特色人权"；另一种是将其虚化，弃之不用。两类状态是流动互通的，后者是前者发展到极致的必然表现。应当清醒地认识到，"中国特色人权观"是一个直观上无所不在，而实质上不应当无所不在的话题。具体而言即一切工作的出发点与落脚点都是为了确保"人民当家作主"与"最广大人民的根本利益"，但实质上该类原则性宣示不能作为某些瑕疵操作的唯一正当性基础。如对某些关涉价值冲突选择暂时性妥协与区域性尝试，而后再通过刚性立法确认，常被认为是基于我国的特殊国情和现实情况选择的值得褒奖的手段。但部分政策的决定程序、授权文件却存在同立法权限、程序规定不一致的瑕疵，若以"中国特色"或"有益于生存权发展权保障"作为托词，忽略周密系统的法理论证，反而背离了人权保障中所包含的法治要求。

微观上的人权多面指向包括两方面的内涵，就政策对人权原则的落实而言，不同政策的直接目的不同；就法律对于宪法人权原则、相关条款的落实而言，不同法律部门的立法目的、侧重面向不同。上述两方面内涵共同体现出人权具备性质多面性、主体多面性和内容多面性。对此，应当以相对区分的态度和标准评价不同制度区块的人权情况，厘清本质与延伸的界限。以刑事诉讼的价值目标为例，其"保障人权"目标的指向主体始终是学界争议的焦点。尽管"犯罪嫌疑人人权保障说"一度成为主流，但始终有学者认为刑事诉讼中的人权主体应当概括地指向一切人，既通过程序性权利的规定保障犯罪嫌疑人、被追诉人和证人的人权，也通过刑事诉讼活动保障被害人的人权，最终通过对犯罪的惩罚保障社会公众对人权的合理期待。但这种认识实质是从道德意义和作为证立国家正当性基础意义上的人权角度，以整体视角过度解读特定法律部门中的具有倾向性的条款，忽视了刑事诉讼法本身的立法目的和人权对抗公权力的属性。因此"人们有时会以保障被害人和社会上大多数人的人权来否定对刑事被追诉者人权保障的重要性"[1]。再如，私法与宪法的接轨是近年来热议的话题。原则上，宪法与以民法为代表的私法领域连通时，应始终尊重意思自治的私法原则。具体表现在立法中，特别是在调和传统文化的义务要求与当今人权保障的话语系统时，应多采用授益性条款，而少采用负担性条款。[2] 在司法中，私人基本权利受到来自非公权力机关主体的事实性侵害时，法院可以以民法中的公序良俗原则、特定法律的一

---

① 汪建成：《不能泛化人权的概念》，载于《检察日报》2013 年 10 月 29 日，第 3 版。
② 《中华人民共和国民法总则》第一百八十四条规定："因自愿实施紧急救助行为造成受助人损害的，救助人不承担民事责任。"通过法律责任的豁免鼓励民间见义勇为的行为，属于正面例证。

般原则为载体，通过合乎逻辑的司法论证，审慎、有控制地引入宪法基本权利条款，实现保障人权与部门法价值维护的双赢。

三、推进中国特色人权观研究的延展与纵深发展

中国已然在人权方面取得了长足进步。在实现了第一个百年奋斗目标的基础上，开启全面建设社会主义现代化国家新征程，向第二个百年奋斗目标进军。全面建成社会主义现代化强国、以中国式现代化全面推进中华民族伟大复兴是新时代下中国共产党肩负的使命。一方面，人权事业是中国式现代化的主要内容；另一方面中国式现代化是人权事业的方向指南。经济上，建成现代化经济体系，形成新发展格局；政治上，健全全过程人民民主制度，实现国家治理体系和治理能力现代化；文化上，建设文化强国，增强国家文化软实力；法治上，遵循依法治国、依法执政，基本建成法治国家、法治政府、法治社会；环境上，实现生态环境根本好转，建设美丽中国；分配上，提高人均国内生产总值和居民人均可支配收入，全体人民共同富裕取得实质性进展；安全上，全面加强国家安全体系和能力，实现国防和军队现代化等。[①] 这些既是未来中国发展的总体目标，也是未来中国人权事业的前进方向，为此需要持续推进人权的横向发展，推进人权的普及化与大众化，同时要进一步促进人权的纵深发展，提升理论层次。

人权的普及化与大众化是由我国人权观的特点决定的。如前所述，其浓厚的实践面向与以人为本的基本准则不允许人权完全依赖抽象到抽象的纯粹推理拓宽自身。中国特色人权观并非纯粹的学院理论，"凡贵通者，贵其能用之也"（《论衡·卷十三·超奇篇》）。充分激活其实用功能，必须令大众理解并积极关心我国人权状况，否则中国特色人权观将永远成为束之高阁的政策宣示、向导。所以，应引导公众充分、全面地了解中国特色人权观。中国政府历年发布的人权白皮书与中国人权研究会发布的人权蓝皮书显示，我国公民的人权意识正逐步提高，但依然存在延展的空间。主要表现为基层人权意识不足，以及在生存权与发展权主导政策的指向下整体公民意识的缺失。由于不同地缘、资源的差异，难免存在地区发展失衡的客观情况，而在部分后发区域，民众尚未完全觉醒人权意识，难以自觉进行权利分析。公民意识的缺失则属于相对而言更加普遍的问题，即无论经济较为发达的区域还是经济较为疲软的区域，公民或多或少都缺乏"作

---

① 习近平：《高举中国特色社会主义伟大旗帜 为全面建设社会主义现代化国家而团结奋斗——在中国共产党第二十次全国代表大会上的报告》，中国政府网，2022 年 10 月 25 日。

中国特色人权观和人权理论研究

为国家政治、经济、法律等活动主题的一种心理认同与理性自觉"①，最典型的例证即许多民众对选举权这一基本政治权利的淡漠。这一现象需依靠继续加大乡村振兴力度，提升经济基础水平，配合义务教育、高等教育普及，促进基层观念转变，使公众意识到中国特色人权观不仅存在于国家政策层面，还需要公众以更加积极的姿态参与。人权同一般权益不同，其并非完全从属于个人支配，怠于行使自身享有的必要人权，特别是基本政治权利，将不利于民主运行的实效，带来整个社会的群体性损失，此为人权公共性、义务性的面向。

人权的纵深化是中国特色人权观保持活力的必然要求。人权保障牵一发而动全身，属于一项成形易而细化难的社会系统工程。这便决定了人权不仅是粗糙的纲领式政治关怀，还需要予以更多的技术性调整与设计。一切推动经济、政治、文化的发展策略，在宏观规划上对人权保障的助益效果确实无法否认。但它们具有不同的价值衡重、性质划分，彼此之间的张力难免构成细节上的冲突。这些政策衔接不畅之处即为规范的灰色地带甚至空白部分。以司法体制改革为例，国务院新闻办公室 2008 年发布的《中国的法治建设》白皮书中，指出司法制度建设与改革的目的是"努力维护司法公正和社会正义"②，具体于刑事诉讼领域，一个显著的举措是 2017 年通过《关于办理刑事案件严格排除非法证据若干问题的规定》确立非法证据排除制度。从单一的时间线路审视从方针政策到制度落实之前后承接，实质内容也较为合理。然而实践效果方面，却屡受非难，大量被称为"中国式辛普森案"的刑事案件受到了公众的负面评价。当司法的实质公正与程序正当之间出现矛盾时、当被追诉人人权保障的立法原则同传统公众同态复仇的普遍心理出现冲突时，解决具体调理的问题就需要深入宪法学、法理学、部门法学理论进行层次性讨论。目前，学界就人权达成的高度理论共识集中于人权的性质、表现方式、核心内容等纲领性、原则性的部分，尚有许多难题留待进一步解决。总体而言，相关争议围绕人权保障的价值核心，贯穿宪法实施全过程。在立法层面，讨论焦点包括通过立法建构人权保障为核心的监督系统，规范一元两级多层次下的中央与地方立法、行政立法乱象等；在执行、司法层面，相关争议集中于如何贯通部门法原则与宪法基本人权原则、人权与其他价值目标冲突时的抉择关系、基本权利的救济渠道等。

笔者认为，为防范制度脱轨的危机，应正视、尊重人文社会学科的科学性品格，引导中国特色人权观向深层次推进。其纵深发展的进路是建立以宪法为依托的人权法治理论系统，工作重心应当是规范法学，特别是规范宪法学的深入研

---

① 李龙、周刚志：《论公民意识的法治价值》，载于《浙江社会科学》2001 年第 1 期，第 67 页。

② 国务院新闻办公室：《中国的法治建设》，引自中国人权研究会：《中国人权年鉴（2006—2010年）》，湖南大学出版社 2012 年版，第 457 页。

究。并且此立场应当和社会学、政治学等学科研究区分，保持适度距离，而不能被替代。正如部分学者指出，"基于宪法权利规范的整体结构与内在要求，必须对一个一个具体类别的人权进行细致的界说，而其他社会学科虽然可能开发有关权利问题的具体实证研究，但在总体上大多可偏重于某种可谓'总论'式的谈议"①。尽管目前关于人权的政治学、经济学、社会学乃至艺术学角度的诠释可谓卷帙浩繁，但依旧不应理想主义地认为，规范法学的人权研究，特别是宪法研究已经完成。今后依然需要充分发挥宪法规范的轴心作用，为建设配套的宪法监督、法律审查制度做好必要的理论准备。

---

① 林来梵：《从宪法规范到规范宪法：规范宪法学的一种前言》，商务印书馆 2017 年版，第 81~82 页。

第二篇

中国特色社会
主义人权理论

第七章

中国特色社会主义人权理论的
含义及其与相关范畴的关系

纵览中国人权实践的发展进程，至目前为止，我国已经完成富有本土特征的人权理论背景建构，在人权渊源、人权主体、人权内容、人权实现、人权保障等问题上形成了自己的基本立场与若干核心观点，进入从概括性中国特色人权观到体系化中国特色社会主义人权理论的转轨阶段。中国特色社会主义人权理论的核心要义在于：其一，中国共产党和中国政府始终尊重和保障人权；其二，走适合中国国情的人权发展道路；其三，奉行以人民为中心的人权理念；其四，坚持生存权和发展权是首要的基本人权，逐步实现全体人民共同富裕；其五，把人民群众生命安全和身体健康放在第一位；其六，协调增进全体人民的经济、政治、社会、文化、环境权利，促进人的全面发展；其七，保障少数民族、妇女儿童、老年人、残疾人等特定群体权益；其八，加强人权法治保障，保证人民依法享有广泛权利和自由；其九，为丰富人类文明多样性、推进世界人权事业发展作出更大贡献。[①] 要建构中国特色社会主义理论体系，必须首先明确中国特色社会主义理论的含义。中国特色社会主义人权理论的关联性范畴从宏观层面指向体系同构的中国特色社会主义理论；从微观层面上指向与其核心主题词"人权"意义近似的其他相关权利概念。本章意图将中国特色社会主义人权理论与上述两类概念展开比较，澄清中国特色社会主义人权理论

---

① 参见中共中央党史和文献研究院编译：《习近平关于尊重和保障人权论述摘编：英汉对照》，中央编译出版社 2022 年版。

的内涵，为其理念、实践路径等铺垫基础。

第一节　中国特色社会主义理论和中国特色社会主义人权理论的关系

如前所述，人权理论应当是能够从哲学基础到实践路径一以贯之、逻辑自洽且能够在保持理论主体完整的情况下主动实现动态自足的知识谱系。由此足以和作为其发展前阶段的人权观区别开来。而中国特色社会主义理论与中国特色社会主义人权理论具备更加相近的表述，在相关文献中，后者常被默认为前者的一个部分，基于两者复杂关系的比较性研究不足。研究报告对此秉持的立场是，中国特色社会主义理论在外延上广于中国特色社会主义人权理论，但两者之间不是简单的、主体与构成要素之间的包含关系。中国特色社会主义理论与中国特色社会主义人权理论之间尚存在诸多协同互动以及矛盾冲突之处。

一、中国特色社会主义理论的历史发展与现实构成

中国特色社会主义理论本质上属于治国理政方针的集中凝练。虽然我国早在19世纪后期就已经开始接触有关社会主义的域外政治学说，且20世纪初期以十月革命为始源点开始对马克思主义理论进行有意识的吸收和本土化改造，但彼时中国特色社会主义理论尚未完全形成。中国革命、改革的理论渊源经历了从建设社会主义国家理论，到有中国特色的社会主义理论，再到中国特色社会主义理论的变迁。

新民主主义革命与社会主义革命时期（1919～1978年）是以建设社会主义国家理论为主要指导思想的时期，也是建立中国特色社会主义理论体系的准备阶段。该阶段理论的主要特点是，确定马克思主义为社会主义国家建设的主要理论，通过对其结合现实国情的运用、借鉴苏联成功经验形成基本指导思想。其中，以毛泽东思想为集大成者，区别于马克思列宁主义理论，成为中国特色社会主义理论体系的直接本土资源。理论的主要内容是确证社会主义道路的正确性与唯一性，强调马克思主义的理论价值，主要的着眼点在于生产力、生产关系等经济理论，以及如何建立社会主义国家的革命理论。

在新民主主义革命的早期，资产阶级改良派与马克思主义派就国家发展进路展开激烈论战。马克思主义学者论证，依当时中国的国情，中国应当也只能直接走社会主义道路。当时对我国走向马克思主义指导下社会主义形态的反对意见主

要基于如下理由：第一，中国缺失直接进入社会主义阶段的经济基础和阶级基础，必须先走资本主义道路进行社会要素的积累。在当时中国普遍贫穷的社会现实状态下，一方面"资本家立工场必为劳动者所欢迎，绝无有反对资本主义者"[①]。因此，应当先通过资本主义实现富足，产生资本家与劳动者的阶级矛盾，才能激发社会革命的动力。另一方面，由于经济积累极其匮乏，国民无法拥有与社会主义社会相匹配的道德品格，进入社会主义阶段为时过早。[②] 第二，即使在中国引进社会主义，也拒绝以马克思主义思想为领导，后世的评论常将持此论点的学者们称为"研究系"。[③] 他们主张将马克思主义作为和其他社会主义理论平行的"普通"学派，在学术上全面认知社会主义。马克思主义者则针锋相对地指出，首先，过度磋磨审视原理，将忽视中国社会转轨的急迫性。其次，社会阶级的呈现是一种事实状态，尽管未进入所谓的资本主义阶段，但中国农民、工人阶级已客观存在。最后，社会主义中，多数人乃至所有人都可以拥有作为"人"的尊严生活的理想是资本主义所不具备的，而该诉求正是当时中国所急需的。以此理想发动社会革命的动力充足，无须人为创造劳资矛盾。此次论战不仅通过负面质疑锤炼了马克思主义者的思维路径，也成为马克思主义在中国进一步传播的突破口和本土适应性探讨的开端。随后中国共产党成立，决意以马克思主义思想为指导，令中国从半殖民地半封建社会直接过渡到社会主义社会。在1978年之前，由于战争影响与国内政治局势的动荡，中国的时代任务是"破旧"与"立新"，关注的焦点是马克思主义的哲学基础与革命、意识形态理论。以毛泽东同志为主要代表的中国共产党人凝练的成果是中国特色社会主义理论的奠基，主要包括重述马克思主义以唯物史观为核心的实践哲学，发展对中国适应性较高的革命理论两个方面，最终证明社会主义道路的必然性、长期性以及马克思主义中国化的可行性。同时，在新中国成立初期提出以国内主要矛盾决定工作重点的路线，实践中坚持经济建设为中心，指明中国特色社会主义理论的初期发展方向。

改革开放与社会主义现代化建设时期（1978年至今）是中国特色社会主义理论的整体架构正式形成并不断发展充实、成为我国治国理政主要理论依据的时期。该时期又可以以2007年党的第十七次全国代表大会为界，划分为过渡阶段与发展阶段。其中，过渡阶段以建设有中国特色的社会主义理论为核心。中国从

---

① 马秋丽：《学说上的社会主义与信仰上的社会主义——张东荪社会主义观浅析》，载于《当代世界社会主义问题》2005年第4期，第25页。
② 葛懋春：《"五四"时期的社会主义问题论战》，载于《山东大学学报》1961年第2期，第45～47页。
③ 张宝明：《"中国之前途：德国乎？俄国乎？"——"问题与主义"之后的"主义与主义"之争》，载于《江苏社会科学》2006年第3期，第143页。

"破"与"立"为主要任务的时代转接到以"建设"为主要任务的时代，该阶段也是各种革命和国家建设理论成果被统合为中国特色社会主义理论体系的起步期。党的十一届三中全会的拨乱反正矫正了实践措施与理论理想的偏差，回归党的八大的方针路线。以邓小平同志为主要代表的中国共产党人型构了中国特色社会主义理论的基本内容框架，也是中国特色社会主义理论的正式开端。随后作为中国共产党理论与实践纲领的"三个代表"重要思想与针对小康社会建设新任务提出的科学发展观继承并丰富、充实了邓小平理论铺设的框架。尽管当时常见的表述为"建设有中国特色（的）社会主义"，官方文本中尚未精确提出"中国特色社会主义理论体系"的定义，但学术界已有以其为主题的专门性研究[①]。说明中国学界已有理论创新的自觉，上述纲领实质上已成为中国特色社会主义理论的组成部分。2007年党的十七大正式提出了"中国特色社会主义理论体系"，从执政党高度确认了最高指导思想，其后党的十八大对其内容做了进一步的精确化表达。党的十九大时，我们党在总结党的十八大后一系列治国理政理论的基础上形成习近平新时代中国特色社会主义思想，实现了中国特色社会主义理论的又一次跃进。2018年，习近平新时代中国特色社会主义思想载入宪法，标志着中国特色社会主义理论体系不仅在政治、学术层面，也在法治层面得到了确证。

中国特色社会主义理论体系的框架与内容整体如图7-1所示。

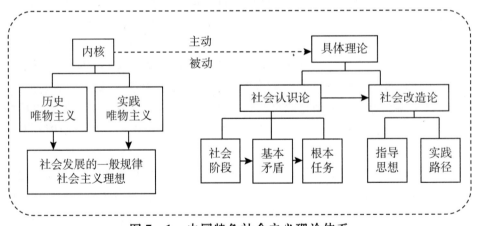

图7-1　中国特色社会主义理论体系

其中，内核指整个体系得以建立的哲学根基与基础理论，该部分直接源于马克思主义思想，尽管不同时代的具体条件不同，但相当长的历史进程内，在社会

[①]　如甘剑斌、唐强奎、姜建成：《〈毛思想和中国特色社会主义理论体系概论〉课内实践教程新编》，苏州大学出版社1980年版；杨先农：《中国特色社会主义理论体系基本原理研究》，四川人民出版社1980年版；王铁军：《伟大的探索：中国特色社会主义理论百题》，光明日报出版社1992年版等。

问题的分析中必可获得直接适用。马克思主义思想具有与时俱进的品格，以及共产党人有意识地将马克思主义中国化，分别成为其适应中国国情主动的内在动因与被动的外在动因，最终生成中国特色社会主义建设的具体理论。综合考察中国特色社会主义理论体系，大体上可分为社会认识与社会改造两个部分。前者对应"什么是社会主义、建设什么样的党"的问题，通过对社会所处阶段的科学认识，层层递进推导出当前的主要矛盾与根本任务，从而为改造社会提供现实依据。后者对应"怎样建设社会主义、怎样建设党"的问题，根据当前社会认知制定对应的指导原则，在该原则的指引下落实具体的有关政治、经济、文化、外交等方面的顶层设计。尽管党的数代领导集体提出的理论前后相继，总体上都遵循上述两个分野的基本逻辑。

二、中国特色社会主义人权理论与中国特色社会主义理论的关联性分析

中国特色社会主义人权理论与中国特色社会主义理论具备近似的构词，无论是在具体的时间与空间范围横向比对，还是从平行发展路线进行纵向比对，均可发现两者关系紧密，路径交错。具体可以从以下两个角度扩展分析。

第一，中国特色社会主义人权理论与中国特色社会主义理论均以马克思主义理论为基本内核与整体框架。两者的理论内容与马克思主义理论之间呈现依存关系，发展路径也同马克思主义理论中国化的进程具有同步性。

从"质"的角度衡量，马克思主义理论关于社会建设的终极目标既是中国人权保护的归宿，也是社会主义建设事业的最终目标；马克思主义理论的哲学基础与一般原理既是人权理论的出发点，也是中国特色社会主义理论的不变内核。也即马克思主义理论为两者提供的、具有根本性的素材是一致的。首先，恩格斯在《共产主义原理》中指出，要"由整个社会共同地和有计划地来经营工业……由社会主体成员组成的共同联合体来共同而有计划地尽量利用生产力"[1]。马克思在抨击以强力抑制资本增长，实现维稳、和平演变的"小资产阶级社会主义"时，表明真正的社会主义应当通过革命的手法实现从资本主义社会的脱离而进入一个全新的状态。这种状态以无产阶级的专政为过渡，最终能够实现"根本消灭阶级差别，消灭一切产生这些差别的生产关系，消灭一切和这些生产关系相适应的社会关系，改变一切由这些社会关系产生出来的观念"[2]。邓小平继承了毛泽东

---

[1] ［德］恩格斯：《共产主义原理》，人民出版社1973年版，第16～17页。

[2] ［德］马克思：《1848年至1850年的法兰西阶级斗争》，引自《马克思恩格斯全集》第七卷，人民出版社1959年版，第104页。

"社会主义建设具有长期性"的一般立场，提出我国尚处于社会主义初级阶段的目标："解放生产力，发展生产力，消灭剥削，消除两极分化，最终达到共同富裕。"① 该论述揭示了社会主义的本质，也被新时代"四个全面"布局完整吸纳。马克思主义理论的社会理想是实现以物质条件富足为前提的人类本质复归与自身解放，劳动者不再由于经济的、阶级的缘由同自身劳动及其产品割裂，这同我国共同富裕的目标一致。而在人权保障的场合，目前虽然尚无如社会主义建设理论一般明确的表述，但从中国政府发布的人权白皮书中，已可窥见具有指向性的立场。中国社会主义的最终目标之一就是"充分实现人权"，中国的人权应当具备广泛性、公平性与真实性，中国的人权是"消灭了剥削制度和剥削阶级"，不受民族、种族、性别、阶层等条件限制，在物质、制度上惠及所有中国公民，② 是马克思主义理想在中国场域下、有关人权这一特定主题中的缩影。其次，马克思主义"认识论范式、实践哲学范式和历史唯物主义范式以科学理论的形式论证了人民主体的真理制高点，而马克思主义哲学的价值论和持续多年的关于人道主义和异化问题的讨论则唤醒和确立了人民主体的价值的、道义的制高点。"③ 不仅与中国社会主义建设事业的基调融会贯通，也同人权保障的意蕴不谋而合。马克思主义作为实践理论的高度自觉性，则同时促使共产党能够不断随着社会矛盾的更迭而调整策略，在新的历史条件下发展人权新内容。

从"量"的角度衡量，马克思主义理论在中国特色社会主义人权理论与中国特色社会主义理论中扮演的角色众多，功能多元，其中国化的成果也构成了两套理论体系的主要内容。一是马克思主义理论是双方共同的标杆和动力。如前所述，中国特色社会主义理论体系的生长根基即为马克思主义的哲学观点和一般结论，人权保障的基本立场也立基于马克思主义有关人的自我解放、人的主体性认知分析之中。二是在两种理论各自吸收马克思主义理论之外的其他知识素材时，马克思主义理论发挥着"黏合剂"的作用，主要体现于对中国传统文化与西方相关理论的改造方面。在中国特色社会主义理论的场合，"马克思主义与中国文化交融中'激发'中国传统文化中所沉淀的积极因素，也有助于推动中国文化不断实现向现代化的转变，有助于中华民族在全球化的背景下重塑民族精神"④。民族精神的振兴是文化自信环节的关键，文化自信的建立又将进一

---

① 邓小平：《在武昌、深圳、珠海、上海等地的谈话要点》，引自《邓小平文选》第三卷，人民出版社 1994 年版，第 373 页。

② 国务院新闻办：《中国的人权状况（1991 年）》，引自中国人权发展基金会：《中国人权事业的进展——中国人权白皮书汇编》，新世界出版社 2003 年版，第 3 页。

③ 孙利天：《马克思主义哲学在改革实践中的创新性发展》，载于《中国社会科学》2018 年第 11 期，第 94 页。

④ 陈红娟：《中国特色社会主义理论体系实践逻辑研究》，上海人民出版社 2018 年版，第 52 页。

步营造增强理论认同感的环境背景。同时，对西方既有经验的吸纳时，马克思主义理论又产生了监督、调控的效用。如在社会主义市场经济建设方面，中国反思了"计划经济—社会主义"与"市场经济—资本主义"的僵化公式，并结合马克思主义理论中国化后共同富裕的总目标与公有制经济主导的策略，抵消了以亚当·斯密为代表的西方传统自由主义古典经济学中完全依托利益杠杆自由调控，和以凯恩斯主义政府有限出场调控的弊病。在中国特色社会主义人权理论的场合，由于马克思主义理论与中华优秀传统文化的亲和性，传统文化的流失得以遏制，并具备了现代性解释的载体。并且马克思主义理论以自身独特的话语内涵，消解了由于资本主义国家的人权理论的先发性以及我国与域外在人权用语方面的重合性而造成的人权概念侵蚀，稳固了中国特色社会主义人权理论的话语体系。三是马克思主义理论必将在两类理论体系中恒常性地发挥主体作用。在马克思主义理论大众化的进程中，一种见解是，中国已进入应当适度远离马克思主义的时代，其立论基础在于：一方面，中国特色社会主义理论体系已经发展成熟，足以脱离马克思主义的"拐杖"；另一方面，马克思主义理论的生成处于特殊的时代背景，因此具有较强的革命性，而中国目前已无须通过激进的暴力斗争手段实现社会建设。因此远离原旨马克思主义，才是对马克思主义终极理想的迈进。这种观点看似温和，却仅仅是对马克思主义流于表面的批判，而忽视其内在的调节能力，混淆了马克思主义的恒久性内核与多变性假说。从官方立场来看，无论是社会建设还是人权保障，马克思主义理论依然是不可割裂摒弃的部分。在新时代，中国特色社会主义建设依然需要"固其根本"，巩固并提升马克思主义理论水平，坚定马克思主义执政党的自我定位。[①]

第二，中国特色社会主义人权理论与中国特色社会主义理论之间属于广义上的从属关系，且由于终极目标的一致性，两者的战略方向也是相互渗透的。首先，中国特色社会主义人权理论与中国特色社会主义理论拥有一致的发展前提。两者共同的语词前缀为"中国特色社会主义"，又可进一步分解为"中国特色"与"社会主义"。"中国特色"指虽然汲取了马克思主义的世界观、方法论和终极理想，但是其实现的具体手段附着于我国本土条件。例如，改革开放初期的主要矛盾为人民日益增长的物质文化需要同落后的社会生产之间的矛盾，中国既不具备直接进入社会主义高级阶段的物质条件，又不具备对应的群众基础，因此在当时的历史时段，国家的主要工作集中于促进生产力发展，人权的重点领域也是以物质资料积累为前提的生存权保障。"社会主义"指我国的人权保障和社会治

---

① 中共中央宣传部：《习近平新时代中国特色社会主义思想三十讲》，学习出版社 2018 年版，第 27~31 页。

理都不能回避意识形态的绝对阵地，社会主义的意识形态与资本主义的意识形态并非全无交集的两块理论阵地，对于一些价值共识的认可依然具有共通性。但是在资本主义制度下，为获取更强的话语权重，常以某一空间范围内实现此类价值共识的手段来代替价值共识的本身含义。在中国特色社会主义理论的视野中，承认诸如自由、民主、平等的共识，但坚决反对"偷渡"价值概念，而结合本国的历史、制度与文化惯性探求落实方案。总而言之，无论现代化建设面临的特殊矛盾如何变更，人权保障的局面如何扩展，相关理论归纳都必须紧密围绕中国具体国情，符合社会主义意识形态特征。

其次，人权保障需要以中国特色社会主义理论的落实作为现实条件，中国特色社会主义事业的建设也需要以人权维护作为方向导引，两者的目的、手段彼此叠加，产生互促效应。从奠基期毛泽东提出"全心全意地为中国人民服务"[1]，到邓小平理论中以共同富裕为目标、改善人民生活的要求，再到"三个代表"重要思想中"代表最广大人民的根本利益"，都体现着科学发展观中"以人为本"的具体表达。有学者主张，"以人为本"是中国特色社会主义理论体系的核心价值取向、价值理想和价值标准。[2] 从人民的主体性出发，承认人在实践中的主导作用和目标地位，"体现了马克思主义唯物史观，体现了对人民创造历史地位和作用的深刻认识，体现了对人类社会发展规律的科学把握，体现了对保持党的先进性纯洁性的坚定追求，是马克思主义政党区别于其他政党的显著标志"[3]。该论断也应当是中国特色社会主义人权理论的根本追求，其保障人权的一切举措，均指向令人从"客"的地位复归于其"本"的地位。

三、中国特色社会主义人权理论与中国特色社会主义理论的区别性分析

中国特色社会主义人权理论与中国特色社会主义理论具有范围上的包含性，但中国特色社会主义人权理论具有特殊性和更高的独立性，有必要从内部要素区块关系、内容构成和动态延展的视角展开对比分析。具体可以从两个视角展开。

第一，中国特色社会主义人权理论能够被中国特色社会主义理论所包容，属于其一部分，但是与其他中国特色社会主义理论的子项目之间拥有更加复杂的互

---

[1]　毛泽东：《论联合政府》，引自《毛泽东选集》第三卷，人民出版社 1953 年版，第 1039 页。

[2]　毕京京、章传家：《中国特色社会主义理论体系概论》，解放军出版社 2009 年版，第 332 ~ 342 页。

[3]　中共中央宣传部：《习近平新时代中国特色社会主义思想三十讲》，学习出版社 2018 年版，第 87 页。

动，不属于简单的平行关系。从宏观的视角审视，中国特色社会主义人权理论确实应属于中国特色社会主义理论的一部分。但是，当从宏观视野转至微观技术的角度，这一特点将更加明显。目前，中国特色社会主义理论体系的分类路径主要有三种：一是依照时间线索分类，即官方文件中所采纳的方式，依提出重大理论的领导集体代际，划分为邓小平理论、"三个代表"重要思想、科学发展观、习近平新时代中国特色社会主义思想，体现出阶段性特征与前后的承继关系。二是依照逻辑线索分类，该种分类方式在学理上存在不同的延伸路径。有学者将其划分为发展规律论、创造活力论、公平正义论、利益协调论、稳定发展论、法制保障论、道德建设论、管理社会论以及和谐社会建构论；① 有学者将其划分为哲学基础、指导思想、基本路线、具体发展战略等。② 三是依照由生产派生出的社会基本结构要素分类，划分为中国特色社会主义的经济理论、政治理论、文化理论、社会理论。③ 但是，若意图将人权理论从中国特色社会主义中提取出来，上述的主流分类方式均难以适用。人权理论是长线性理论，并不密集地集中于特定的某一发展时段，无法以平行身份介入邓小平理论、"三个代表"重要思想等代际理论之中。并且，其内涵丰富，从中国特色社会主义理论的各个逻辑成分中，均可吸收自身的发展资源，同样难以成为单一的逻辑模块。基于"人权"话语主体在时间轴与逻辑线上的横贯性，它同常态存在的社会结构要素具有近似特征。然而，人权并不直接地同特定社会运动形式关联，不属于独立的一类社会结构，人文关怀相对平均地渗透了四个中观社会结构要素的场域。因此，尽管中国特色社会主义人权理论与中国特色社会主义理论的黏合性更强，其独立性和"异质性"也相对更明显，以一种贯穿式的姿态隐含于中国特色社会主义理论体系的全线之中，难以为传统的分类方式所吸纳。

如前所述，由于提炼中国特色社会主义人权理论的方式同以社会结构要素为标准的分类方式最为近似，因此有必要进一步延伸，甄别其同中国特色社会主义经济、政治、文化和社会理论之间的逻辑关系。首先，中国特色社会主义经济理论的发展是人权理论的产生前提，只有在经济理论有所建树并切实落实而产生实际进展时，人权才能向前发展。因为，"物质生活的生产方式制约着整个社会生活、政治生活和精神生活的过程"④，决定了经济处于理论的第一序列。若人民一直为温饱问题所困，那么人权的意义便始终停留于基础的生存权，无法获得更

---

① 周振国、田翠琴：《中国特色社会主义社会建设理论研究》，河北人民出版社 2007 年版。

② 朱世旺：《中国特色社会主义理论概论》，宁夏人民出版社 2004 年版。

③ 该类要素属于中观社会结构要素，宏观要素如人的要素与自然要素之间的结构关系，微观要素如人与人之间的具体关系，但基于宏观和微观要素的分类方式在学界鲜见，以中观要素的分类较为主流。

④ ［德］马克思：《政治经济学批判》，引自《马克思恩格斯全集》第 13 卷，人民出版社 1998 年版，第 8 页。

丰富的其他权利内容。其次，政治理论、文化理论、社会理论均是在生产力与生产关系的现状上逐步形成的，属于彼此平行的第二序列理论。它们影响着人权主体、客体等方面的呈现形态与实现方式，并各自蕴含了人权的部分内容，决定了中国人权理论面临的特殊问题。例如，20 世纪 80～90 年代，中国特色社会主义理论更加重视经济、政治建设，除了推进经济体制改革，促进共同富裕外，在政治上要求政治改革必须"充分发扬人民民主，保证全体人民真正享有通过各种有效形式管理国家，特别是管理基层地方政权和各项企事业的权力"①。对应 1991年《中国的人权状况》白皮书，其首先提出、重点强调的便是生存权与发展权。近年来，在强调传统基础国家治理之外，对社会和谐发展和全球共建、人类命运共同体的重视日趋明显。其反映便是人权理论中社会权利的兴起与对第三代人权的接纳。综上所述，人权是从传统经济、政治、文化、社会要素中派生出的有关人与权利的要求，并且以中国特色社会主义经济理论为基础。由于中国特色社会主义理论体系认可马克思主义的最终理想，因此在人权理论发展成熟后，其核心目标，即人的全面解放和复归，自然同经济、政治、文化、社会理论的出发点契合。人权理论发挥着匡正其他理论方向的作用，防止"一切为了经济""一切为了阶级斗争""文化包罗一切"等舍本逐末的方向性谬误。

第二，中国特色社会主义人权理论与中国特色社会主义理论在发展实态和未来路径方面存在差异。从发展实态角度分析，在构成内容上，中国特色社会主义的建设理论与人权理论均在不同程度上借鉴了域外学说，同时对本国的历史文化传统展开扬弃，最终形成综合性较强的理论样态。但两者在构成成分方面依然存在差异。中国特色社会主义理论的生成背景是近代中国数次救亡图存的实践经验及马克思主义对中国革命指导的成功，因此中国特色社会主义理论的构成基底主要是马克思主义理论，辅以优秀传统文化与民族气度。尽管其绝非同资本主义的理论完全隔绝，但其参考范围是有限的。某些理论虽然与资本主义国家制度存在近似之处，但从其发展历程来看实际上是基于马克思主义原理和近代改良尝试教训与革命实践经验自然推导而出。如我国的人民代表大会制度属于代议制的一种，各国家权力机关之间存在适度分工，但并非源自以权力分立与制衡为原理的资本主义代议制。某些理论虽然是"拿来主义"的成功，但仅仅属于表层借鉴。如邓小平在多次谈话中表达的态度是，"吸收资本主义中一些有用的方法"②"借鉴管理经验""拿来科学技术"，该立场在当代依然适用。即中国特色社会主义

① 中共中央文献研究室：《邓小平建设有中国特色社会主义论述专题摘编》，中央文献出版社 1995年版，第 203 页。

② 邓小平：《社会主义和市场经济不存在根本矛盾》，引自《邓小平文选》第三卷，人民出版社1993 年版。

理论的构成以马克思主义和本土传统文化为主，对域外资本主义理论的吸收较少。有学者将社会科学的纲领分为"硬核"与"辅助保护"两个领域，[①] 笔者认为，中国特色社会主义理论对域外资本主义理论有限的吸收只是"末梢"式的参考，所涉及的部分甚至并未触及"辅助保护"的实质部分，仅仅属于"辅助保护"理论在具体实践中引申的技术方法。但在人权的场域，虽然同样以马克思主义理论为主干，以中国传统文化为基底，但资本主义相关理论的开放性更强。这是由于资本主义有关人权的论述中，或多或少包含了现代社会（而无论其组织形式）共享的价值认同，如对生存发展的需求、对自由的追逐、对民主的渴望等。对于这些"辅助保护"假说，中国特色社会主义人权理论可以适当接纳。所以，从理论的缘起、客观现实需求与未来的可持续发展要素考量，中国特色社会主义理论较之人权理论而言需要更强力地维护意识形态阵地，因此其构成成分的限制更多，而中国特色社会主义人权理论整体在横向上的兼容性相对较强。

从未来路径角度分析，目前我国具备了建设中国特色社会主义人权理论的条件，"中国特色人权观"的理论研究需要迈向更高的台阶。由于发展现状方面，中国特色社会主义理论体系较之人权理论而言更为成熟，因此两者将来的发展策略也有所差异。首先在外延弹性方面，中国特色社会主义理论的弹性更大。中国社会的高速发展带来的是现实矛盾的不断变更，短期内不断产生新的阶段性任务、阶段性矛盾，因此社会主义的建设理论也不断发展出新的概念、新的理论路径。而人权虽然具有弹性，但是基本更迭较慢，更多地附着于一个意识形态的存续期间，例如，从资本主义人权到社会主义人权，便出现享有主体从部分人到全部人的迭代；从社会主义到未来的共产主义，便可能出现人权概念与体系的整体更新。其次在实践路径方面，中国特色社会主义理论是从社会现状和实践通过归纳总结，在顶层的角度框定大致的宏观设计，再通过社会文化、宪法法治等多种途径落实，最后通过社会反馈调理自身，这一过程中，法律途径与非法律途径占据的比重大致均衡。而人权理论目前虽未发展成熟，但已然以相对概括的姿态进入宪法，主要由社会需求和智识呼声被动发展，其落实以法律途径为主，却又相对缺乏来自官方的系统性归纳和铺陈。

综上所述，中国特色社会主义人权理论与中国特色社会主义理论之间的关联性逻辑表现为：静态意义上，两套理论的核心基础、意蕴内涵具有重合之处，呈

---

① "硬核"是基本、一般的理论，在不同的时空环境下均有适用性；"辅助保护"是由初始条件（基本时空背景）和辅助假说共同生成的，可以自我变更与调整。参见伊莫尔·拉卡托斯：《科学研究纲领方法论》，转引自陈红娟：《中国特色社会主义理论体系实践逻辑研究》，上海人民出版社 2018 年版，第 39～42 页。

现出包容性而非平行性关系；动态意义上，两套理论在发展过程中产生了频繁的协同和正向互动。而差异性逻辑表现为：静态意义上，两套理论的构成成分的比例不同，由此衍生的具体内容自然存在区别；动态意义上，两套理论的发展阶段不同、成熟程度存异，将来的发展方式、延伸路径、法治表现和技术性措施也将产生分化。故在对待中国特色社会主义人权理论时，既不适于将其视作超然的至高纲领，取代原本中国特色社会主义事业的阶段性目标；也不适于将其笼统、盖然地纳入国家整体战略理论系统中，将其他侧重点并不直接聚焦于人权保障的理论填塞进中国特色社会主义人权理论的框架，消弭其自身的价值预设与追求，将人权保障的特殊矛盾泛化为一般矛盾。

第二节　中国特色社会主义人权与相关权利概念的关系

中国特色社会主义人权理论的核心词为"人权"，它揭示了该套理论系统在中国的时代背景、整体环境、利益诉求中围绕"人权"主题凝练的各种观念学说。关于人权的概念，依前文所述，尽管具象化的框定众说纷纭，学界依然产生了相对一致的抽象解读，即人权是一种特定类型的"权利"。而权利根据其自身的内涵、特征，又产生了不同的分类。本节意图说明人权何以成为特殊类型的权利，甄别中国特色社会主义人权理论中的"人权"与其他相关权利的关系。

一、权利的含义及其分类概述

在有关人权的诸种论述中，共通性的观点是，"人权是一种权利"，也即对其性质的认知是相对统一的。但"权利"的定义依然是一项困扰着哲学家和法学家的难题，因此将人权的性质指引向权利，更易产生的情况是权利本身内涵的模糊性造成人权理论与权利理论的互相替代。因此有必要首先阐明"权利理论"的辐射范围。本书无意技术化地框定权利的固定结构，而是展现诸种关于权利的呈现模式理论与分类理论，以为后面将人权与权利、人权理论与权利理论的比对铺设基础。

对权利的定义方式，主要包括本质性定义与要素性定义两类方法。本质性定义即试图在各种有关具体的权利以及有关权利的表述中筛选出最为核心、重要的特性，并以此作为权利必不可少的条件，属于传统的定义方式。该种方式下，学界对于权利的定义主要有资格说、自由说、利益说、诉求说、法力说、正当说等。① 要素性定义即为本质性定义的二次加工，采行该立场的学者多主张，以单一的价值内涵或突出特征定义权利，总有片面性和范围不周延的问题，仅仅反映了权利的一部分指向，具备某一特征而不属于权利的反例总是易于寻找。因此择取其中的部分特征，将其有机综合，力图以彼此间互相平行的要素展现权利的完整面向，在实际应用时，再根据具体需求提炼出原点或侧重。目前该立场内有五要素说与四要素说之别，五要素说主张权利包含利益、主张、资格、权能、自由；② 四要素说则从中删去了主张，将其并入自由要素之中。③

然而，无论采取哪种方式，"法律"是否出场是权利概念分野的一个主要标志。法律是调节社会关系的重要手段，也是现代化治理不可或缺的主要手段。法律是一定时段内公共意志的集中体现，反映当前社会最普遍的价值取向与对特定行为的认可程度。当一项诉求进入社会话语系统中时，法律为该诉求提供了最直观的正当性认定标准与最坚实的实现保障。同时，许多社会关系经由法律的过滤得以类型化地呈现，而人也可通过法律的辅助预判加入某些社会关系的利弊，是否符合当下公共意志对于这些社会关系良或劣的评价，从而选择自身行为。有关权利的诸种定义方式，共性是均强调诉求作为权利应有的正确性品格。其中，部分理论在谈及"权利"时，总自觉或不自觉地将之纳入"法律"的要素框架中，而有些理论则并不苛求"法律"的出场，以一种盖然的、理性上或道德上的正当性评价作为标准。例如，在本质性定义方式中，资格说的代表人物格劳秀斯认为，"权利是一项附着于人的固有道德资质，使其得以正当地去追求某些特定的优待或者为特定的行为"④，这种资质与生俱来，即使没有经过法律的确认，也得以支撑权利的概念。但有学者认为，权利的正当性与可实现性应当由法律予以确保，否则可能一方面导致权利同道德上的一般诉求并无区别，丧失作为权利的

---

① 资格说主张权利指令某种主张通过社会、他人或者公共意志的筛选成为共识的资格；自由说主张权利是人不受干涉的行为与意志的自由，后来将权利视作人可以选择某些行为的自由也可以被视作该说的延伸；利益说主张权利指人对于物质或精神上利益的追求，并且这种利益被一定历史阶段下的社会认为是正当的；诉求说主张权利是正当的要求；法力说主张权利是一种在法律上被确认、受到法与法背后国家强制力保护的利益或要求；正当说主张权利是一种基于规则的"正当"，与作为"应当"的义务相对。关于该问题的相关论述可参见张文显：《法学基本范畴研究》，中国政法大学出版社 1998 年版；范进学：《权利概念论》，载于《中国法学》2003 年第 2 期，第 13~20 页；李常青：《权利冲突之辨析》，载于《现代法学》2005 年第 3 期，第 39~45 页等。

② 夏勇：《人权概念的起源》，中国政法大学出版社 1992 年版，第 42 页。

③ 李海青：《权利与社会和谐——一种政治学的研究》，山东人民出版社 2009 年版，第 1~5 页。

④ Hugo Grotius, On the Law of War and Peace, trans. by A. C. Campbell, A. M., Batoche Books, 2001: 8. 原文为："... right is a moral quality annexed to person, justly entitling him to posses some particular privilege, or to perform some particular act."

145

特质；另一方面导致一切诉求的表达都可能被定义为权利造成概念的泛化。因此，许多国内学者在定义权利时，都附随了"法律所允许""法律所确认"的限定。要素性定义的运作方式同理，有关权利"权能"要素的体现，有的学者要求必须具备"法律"或"制度"的外观形式；有的学者则着重强调公共权力的运作，这种运作既包含法律手段，也包含非法律手段。由此，以是否要求"法律"的运作为判断基点，形成了广义的权利概念与狭义的权利概念。

广义的权利与狭义的权利内部又有不同的分类方式。在广义权利内部，主要有两种分类方式：一种是依其性质划分，另一种是依其实现层级划分。依照性质的划分实际上也是依照权利的来源及其主要实现方式划分。主要的结论包括道德权利与法律权利二分；以道德权利、法律权利、宗教权利的三分；[①] 以及道德权利、法律权利、宗教权利、习惯权利的四分。[②] 本书采三分立场，排斥单独分隔习惯权利的理由是，习惯权利能够被道德权利所吸收。习惯是指在一段期间的社会生活中形成的、长期传承的惯常通例。依据这些通例而形成的利益诉求若无法被当前历史时段下的道德观所承认，那么这种利益诉求就不具备伦理正当性基础，将仅停留于"基于习惯的诉求"而不能上升为"习惯权利"，如一些落后地区的买亲旧俗，并不能被视作一种"购买婚姻对象的权利"。若相关利益诉求能够被道德所承认，即成为一种"习惯权利"。在此意义上，只要能够上升为"习惯权利"之诉求，便能与"道德权利"的内涵贯通，无须刻意划分。而本书不排斥单独分隔宗教权利的理由是，宗教权利直接来源于宗教信条；其受众是小范围的宗教信徒，而非一国公民；其部分内容往往难以为普通大众的一般理性智慧所认可，与道德权利、法律权利皆不同源。故笔者最终认为，依照性质、来源标准划分，广义的权利有道德权利、法律权利与宗教权利的三重分野。依照实现层级划分主要包括应有权利与实有权利的二分，有的学者更进一步在二者之间加入法定权利层级，形成更为成熟的三层级划分。第一层级是应有权利，是在一定历史条件下人与人的社会交往中所产生的，受到当前一般伦理认可的正当诉求，可以由道德、法律等多样化的社会规则确证其正当性。第二层级是法定权利，即通过国家法的形式予以确认和保护的权利，代表了社会公众更高的认可性；第三层级是实有权利，即通过法律的、社会的等多样保障途径，被主体实际享有、客观实现了的权利。从生成阶段而言，应有权利属于最先生成，并且在其生成时，就已出现经由以群体道德观念为基础、以一般社会交往行为为保障的实有权利。法定权利出现的时点最晚，是近代性转变期间，国家实体与公民关系理论新进展

---

① 刘作翔：《宗教文化、宗教权利、宗教法》，载于《人民法院报》2015 年 8 月 21 日，第 7 版。
② 鲁艳玲：《道德权利与法律权利》，载于《法制与社会》2008 年第 10 期，第 370 页。

下，国家有必要对其基础单元——公民的诉求予以回应，才以国家法的形式对部分应有权利进行认可和保护。但三类权利一经生成便长期、同时存在，时至今日依然不断地进行着内容交互。

狭义权利主要指广义权利中"法律权利"这一部分，其划分方式较之广义的权利而言更加多元化。依照享有权利主体的生物学性质，可划分为人的权利与动物权利；依照享有主体的社会学性质，可划分为个人权利与集体权利；依照实现权利的依据可划分为宪法权利与一般法律权利，而一般法律权利内部根据法的性质与法律部门的不同又可划分为公法上的权利与私法上的权利，或者各个部门法所对应的具体权利；依照权利指向客体，可划分为人身权、财产权等。

总之，为厘清中国特色社会主义人权理论中的人权与权利的关系，必须先梳理权利概念的内部逻辑。依照权利广义与狭义的划分，考察人权和权利的逻辑关系，也应当从两个层次展开分析，首先是中国特色社会主义人权理论中的"人权"和广义"权利"作为整体概念的关系；其次则是人权与权利下属分类中类型性权利概念的关系。

二、中国特色社会主义人权与权利的关联性分析

人权与权利拥有共通性已基本成为学界共识。

1. 从整体概念的角度考察

人权与权利作为宏观概念在框架构成方面是统一的，在生成发展路径上是近似的，在内容上呈现从权利到人权的凝练与从人权到权利的落实这一交互辅助状态。

第一，人权与权利拥有近似的要素构成。无论权利或人权，都是对有关主体利益（包括物质上与精神上）的一种能够为社会规则所维护的诉求，因此它们皆由利益、自由（主张）、资格与权能构成。其中，二者的最核心的共同属性即利益的正当性要求。尽管学界对于人权与权利的概念争议有数种分歧性学说，并无学说否认当主张某项利益属于人权或者权利时，这项权利必须是"正当的"。即人权与权利均非站在一种绝对放任的立场支撑人在社会关系形成、变更和消灭过程中的一切行动。人所主张的某项行动只有被社会普遍认可为一般的"善"或"应得"时才可获得权利的外观，否则仅属于一项普通的需求表达。这种正当性为道德善与非道德善的结合，道德善主要指理性智慧所认可的一般价值如正义、自由；非道德善主要指幸福等个人主观的要求。① 在判定人权时，也同样具

---

① 任俊帆：《道德善、非道德善及其与权利优先性之关系》，载于《长江大学学报》2016 年第 9 期，第 78 页。

有类似要求，国内学者指出，"'利'与'义'构成人权的两种基本成分，是决定人权本质的两个重要因素"①，即人权是人应当享有的利益，这种利益同时必须符合特定历史社会环境对于"义"或"善"的评价。这种本质属性也是人权与权利皆有限度的理论支撑。当人权与权利的扩展到达某一边界，如侵犯了他人的人权、权利，对人赖以生存的社会整体造成破坏时，就会失去其内在的伦理正当性，也就不被社会承认属于人权或者权利，同时将失去公众信仰、社会舆论、法律力量的保护，某些行为甚至为道德、法律所禁止。例如，人当然享有人身、人格权的人权，法律上同样规定了诸如名誉权等人格权，但若为了维护己方之尊严、名誉，而对实行侮辱、破坏名誉的行为人生命权、财产进行损害，此时该行为虽初衷为维护人权、权利，但同样属侵害行为的性质，被排斥出权利行为的范畴。

第二，人权与权利拥有类同的发展路径。人权与权利的概念均具有开放性品质，它们均属于动态发展而非静态固化的概念体系。也就是说，单单从哲学思辨上，即使能够草拟两者的理论构成，也不能技术性地确定它们的具体内容。无论人权还是权利，在发展过程中都受到阶级属性要素和历史社会要素的塑形，因此形成了空间上与时间上不同的权利/人权模式分化。就人权而言，人的本质是一切社会关系的总和，那么以人的主体性价值为追求的人权与社会关系便有最为直接的联系。而社会关系始终是由一定历史阶段下生产力和生产关系决定的，因此人权无法脱离社会生产独立存在，也无法先于历史阶段而提前存在。在资本主义的人权体系中，由于其近现代意义上人权产生时，正值近代资产阶级民族国家需要建立不同于封建国家正当性基础的阶段，人权因此成为政府的合法性与合理性源泉。因此资产阶级的人权学说致力于解构封建神权理论下政治权力的组织逻辑，并重新回到"自然状态下原初社会到政治国家"应有推论中。以传统自由主义"天赋人权"为核心的理念便格外看重前政府状态下人们的"自由"，与为消除无序弊病而组成政府、控制政府的"民主"。因此，资本主义人权体系中，与自由相关的人权和政治权利处于极高的序列。②而回归中国特色社会主义人权体系，近代中国的历史处境极为特殊，其社会阶段的转变较为迟滞、被动，因此重新探讨政治权力何以存在的"元问题"并不如救亡图存的现实紧迫性高。"中国人民为救亡图存、争取做人的权利"进行了"艰苦卓绝的斗争"③，即使在新中国成立后，中国人民也为温饱问题所困。所以在我国的人权理论系统中，生存

① 李步云：《法理探索》，湖南人民出版社 2003 年版，第 171 页。

② ［英］洛克著，叶启芳、瞿菊农译：《政府论（下篇）》，商务印书馆 1964 年版；［法］卢梭著，何兆武译：《社会契约论》，商务印书馆 2003 年版等。

③ 张永和：《人权之门》，广西师范大学出版社 2015 年版，第 274 页。

权位处首要不仅反映马克思主义理论的深刻理解，也是由我国所处的社会阶段和具体的阶级需求决定的。就权利而言，以堕胎权的出现为例，美国宪法曾认为终止妊娠是不道德的，侵犯了胎儿的生命权。但随着医学认知的进步，社会对"生命起源于胚胎"的论断进行了更加技术化的反思，以怀孕周期为切分标准，并在1973年通过美国联邦最高法院的判例确认妇女拥有堕胎权。然而2022年，美国联邦最高法院又推翻了1973年的判决，取消了对堕胎权的宪法保护。可见权利一方面既是一种客观存在，也是一种意识主张，因此同样受制于当下的普遍伦理观、道德感以及成文规约。而这些内容属于意识活动形成的上层建筑，同样依托于具体的社会环境与历史阶段下的生产关系。

2. 从类型性权利的角度考察

人权与权利的共通性主要表现在内容范畴上的包含关系以及动态实现过程中的填补关系。从内容范畴意义上，在广义分类的场域下，人权包含法律权利，法律权利是人权的规范化、具体化形态，同时人权也与道德权利存在大部分的重合。人权既包含应有权利的多数内容，也包含法定权利与实有权利，贯穿了权利的三个发展阶段。有学者称，人权"首先表现为一种应有权利、道德权利，但同时又必须是法律权利。因为人权从根本上讲是国内法管辖的范围。准确地讲，它是道德权利与法律权利的统一"[1]。

在动态实现过程中，人权与类型性权利的关系集中体现于与法律权利的关系。法律权利及其下诸多子类型的权利，特别是宪法权利[2]是人权从构想、需求到实在、运作的主要途径。人权实现的动态原理在于，"应有权利永远大于法定权利，法定权利永远大于实有权利。正是这种矛盾，推动着人权不断地得到实现"[3]。虽然人权实现的路径多种多样，可通过多类非程序化路径实现，但是非程序化路径由于预测的不稳定性，手段的非常态性在现代治理模式下不能独立成为一种自足方式，其作用同样依赖于制度环境的营造。部分权利原本以一般法律权利的面貌率先出现，但随着权利意识转轨，能够被注入新的精神，上升为人权要求，扩充人权的内容。同时，法律权利自身的延展和补完，也以人权为主要背景和资源。特别是在"我国尊重和保障人权"条款写入《宪法》后，在《宪法》明文列举的公民基本权利之外，若出现其他具备与基本权利重要性相当的权利诉求，通过人权条款的转介而将人权中"应有权利"转化为"法定权利"成为或

---

① 李龙：《人权模式论》，载于《武汉大学学报》1993年第1期，第54页。

② 此处"法律权利"中的法律相对于道德而言，即指代广义的、以国家机关为后盾规范体系，近似于"法规范"，因此其能够包含宪法权利。与宪法解释学语境下全国人大及其常委会制定的狭义"法律"，和"一元两级多层次"下享有立法权机关制定的广义"法律"均非同义，属于更加概括性的概念。

③ 李步云：《论人权的三种存在形态》，载于《法学研究》1991年第4期，第17页。

可尝试的路径。

三、中国特色社会主义人权与权利的区别性分析

人权和权利是不能等同的概念，在谈论中国特色社会主义人权理论时，并不等于谈论中国特色社会主义权利理论。关于二者之间的差异性关系，主要表现为人权与作为整体概念的"权利"在范围方面的区别，以及人权与各种类型化的"权利"在内容、理论侧重、实现方式上的区别。

从人权与作为整体概念的宏观权利的区别角度分析，如前所述，人权与权利具备了几乎相同的框架构造和基本品质，因此在区别人权与权利的论述中，常见的方式是通过两者文意辐射范围的差距。而针对两方何者在范围上更加宽泛，学界有不同观点。一种比较主流的观点是，中国特色社会主义人权属于一类特殊权利，其拥有比普遍意义上的权利更加严苛的条件。"人权是一种权利，但并非任何权利都是人权；平等性是人权区别于权利的显著特征；人权是权利的最一般形式"①。在此逻辑下，人权概念的范畴比广义上权利的范畴更加狭窄，部分权利因为欠缺所谓的"平等性"，并无上升为人权的"资格"。但也有学者认为，"人权即权利"的说法并不准确，人权的外延应当比权利更加宽泛。"人权一词，依其本义，是指每个人都享有或都应该享有的权利。这包含两层意思：第一层指权利，即'是某某权利'；第二层指观念或原则，即'每个人都享有或都应该享有权利'。前者是我们通常所说的法学意义上的权利……后者是关于人的一些原则，它由若干关于人及人类社会应该怎样对待人、尊重人的判断、命题或原则构成，可简称为'人道'"②。依照此观点，人权只有第一层含义与权利是等同的，而人权所容纳的人道主义观念和判断基准，则是权利所不具备的。

本书的立场是，人权的范畴同权利相比更加狭窄。第一，主体方面，传统权利的主体与人权一致，在生物学上仅指人类。两者均包含个体主体与集体主体，从现代国家政治治理而衍生出"公民"主体的概念，也同样能被人权和权利同时吸收。但近年来，西方学者开始呼吁赋予动物权利，认为正如我们无法由于婴儿、智力残缺人士理性能力的缺失而否认他们作为人的主体价值，同样也不能因为动物智识的缺失否认其主体价值。③ 该观念在我国也产生了一定影响，动物作为权利主体的正当性正面临激烈讨论。尽管反对声众，不少学者表明动物的生态

---

① 杨庚：《论人权与权利》，载于《南京社会科学》1997年第5期，第24页。
② 夏勇：《人权概念起源》，中国政法大学出版社1992年版，第4页。
③ 蔡守秋：《简评动物权利之争》，载于《中州学刊》2006年第6期，第59页。

价值依然处于以人为本的语境，并未体现其主体性地位，且保护与赋权间并无必然的联系，动物主体"需求"的表达欠缺权利的要件。[1] 但理论争议的客观存在至少表明，权利概念本身并未绝对阻绝其他物种进入主体群的可能性。而人权从其本质来看，是专属于人的权利，紧密维系于人类的自然属性，关注人类的智慧、认知与有意识的社会行为，绝无可能延伸至其他物种。第二，在指向的客体方面，在权利泛化的语境下，无论理论上是否获得确证，"权利"在现代性话语体系中，客观上的确能够囊括代表"社会中某些诉求或主张"的新兴模糊概念，[2] 但人权则不然。因为"从发生学上讲……权利的初始形态大多是一种事实、利益或行为的存在，在人们以各种方式主张或要求之后，最终被道德和法律所接受"[3]。权利的膨胀不仅表现在广义权利内部，在无法律根基的前提下将道德权利直接作为法律权利主张，也表现在权利结构外部，将一些与道德、法律无关的事实或行为甚至与其存在抵触的事实行为作为权利主张。而人权拥有基础性和原则性，只有当权利意识足够成熟时，才能够催生现代意义人权意识。人权仅包含从"应有权利"上升为"法定权利"的内部动态过程；而权利还额外包含了从"一般诉求"上升到"应有权利"的过程。第三，两者的本原不同。权利的本质是具有正当性的利益，其本原来自法律、纪律、道德等，属于"社会规则的集合体"。而人权的本原是人的自然与社会属性。因此，在被公众道德、宗教信条、纪律规则和一般法律认可的诸多利益中，只有进一步符合人作为智慧生物自我生存、追求幸福的自然本能和社会关系中互相依存形成的交往观念的利益，才能被认可为人权的内容。第四，对于人权应当包含"人道"的原则，而权利不包含判断原则的立场，笔者认为值得商榷。因权利也可划分为两重层次，第一层次为权利的一般呈现形式。将"权利"与"利益诉求"区分开的，正是隐含于"权利"概念中第二层次的内容，即有关社会如何评估和对待利益、关系以及社会主体的判断原则、指标。因此"权利"实质上同样可以实现对某些特定原则和标准的囊括，且这类原则和标准中包含了人权内蕴的"人道"原则。

从人权与具体的类型化的权利关系角度分析，两者的区别性主要表现为：第一，人权的内容属性较之类型化的权利更加丰富、更加纲领化和基础化。如前所述，由于人权包罗了权利复数层次，具备综合性特征，因此人权内容属性的复杂自然也是任何一种单一类型的权利均难以企及的。例如，在人权产生的原初阶

---

① 姜渊：《需要保护即需要赋权：动物权利论的逻辑错误》，载于《华南理工大学学报》2017年第3期，第96~97页。

② 王方玉：《权利的内在伦理解析——基于新兴权利引发权利泛化现象的反思》，载于《法商研究》2018年第4期，第82页。

③ 汪太贤：《权利泛化与现代人的权利生存》，载于《法学研究》2014年第1期，第7页。

段，其含义是作为人天然"应当享有"的权利，属于一种"应有权利"，具备了富有弹性的柔性概念边界，为当前社会历史阶段中尚不足以构成人权的诉求提供了将来进入人权范畴的入口。相较于法定权利和实有权利而言不仅在内容上更加宽泛，也发挥了其余两者所不具备的、适应权利系统外部与内部视域交融的功效。也正是由于其权利层次的复杂性，理论内容的宏观性，人权比类型化的权利更加概括、抽象。虽然人权的实现是具体的，但人权本身活跃于抽象的社会关系中。① 例如，在民商事法律关系中，双方当事人基于合同的约定享有获得商品的权利、获得价款的权利；公司股东根据章程规定享有分红的权利等，均属于法律权利，但不属于人权。同样，道德视域下社会交往中具体道德内容也不被认知为人权。换言之，具体的法律权利义务关系、其他社会交往关系是人权落实的表征，但其中具体的权利和利益内容并不构成人权的组成部分。只有将它们归纳、抽象化后，才可归属于人权。如将某一民事合同关系中双方当事人达成的具体合意归纳为合同法中的缔约自由，便可与人权中的人格、经济、社会等意蕴相通。

第二，人权与各种类型化的权利的侧重和实践路径不同，或者说，人权以一种更加均衡的视角填补了单一类型化权利在理论面向和落实方法上的不足。人权比道德权利论更加技术化、制度化，又比法律权利论更加注重价值立场与规则外反思的空间，从而实现形而下的实证主义路线与形而上的抽象思辨路线结合。从人权构造的复合性出发，由于人权横跨道德、法律、宗教权利的分野，贯通应有、法定、实有的层次，其呈现载体也当然地表现出多元化色彩。人权的载体包括习惯风俗、纪律道德、宗教信条、团体规约、法律规范等，类型化权利的呈现载体则是单一或至少是极为有限的。基于此，人权相比于类型化权利更加注重综合手段治理。人权同时具备了通过专门人权机构的协调、社会舆论的推动、道德意识的教育和以国家强制力为后盾的规范性约束达成自我实现的可能性。

综上所述，为澄清中国特色社会主义人权理论中"人权"的含义，人权和权利的关系必须作为首要问题，否则中国特色社会主义人权理论就等同于权利理论，进而影响人权的保护范围、实现方式、发展模式、研讨层次。人权与权利的关联性在于，两者均属于有特定规则认可并保护的正当利益诉求。产生后的动态历程均与历史社会阶段的更迭同步，因此内容大部分重合，在"中国特色社会主义"的语境下，形成区别于域外国家的独有系统。发展过程中，人权通过权利具体表征，权利通过人权自我补正。人权与权利的区别性在于，人权的外延范畴相比权利更加收束，两者在主体、客体、本原方面皆存差异；相较于具体的权利类型，人权又展现出层次的丰富性和内涵的包容性，实践路径更加全面而多样。

---

① 李步云、陈佑武：《论人权和其他权利的差异》，载于《河南社会科学》2007 年第 1 期，第 113 页。

第八章

中国特色社会主义人权理论的保障范畴及其关联性分析

中国特色社会主义人权理论的保障范畴即中国特色社会主义人权理论所指向的保护范围以及人权与其保障所关联的一系列社会要素之间的逻辑关系。本章试图解释该理论应当被应用于保障哪些属性的权利，在人权所关涉的复杂权利系统中，当面对社会主义现代化建设的诸多利益冲突时，处于指导者地位的中国特色社会主义人权理论体系应当如何运作才能在预防自身目标游离的前提下同时均衡各方需求，将人权保障的需求自然融入我国既有的文化体系、价值体系与制度体系。

第一节　中国特色社会主义人权理论的保障范畴

中国特色社会主义人权理论是由中国特色人权观发展而来、从中国特色社会主义理论中提炼而出、吸收先期存在的权利理论而形成的相对成熟的理论体系。其基本范畴包括概念、特性、本质、源头、构成要素、保障等。其中，中国特色社会主义人权理论的保障范畴更多地涉及人权理论系统与系统外其他社会要素的互动，与中国特色社会主义人权理论的概念范畴关系最为密切。从认识角度厘清中国特色社会主义人权理论的保障范畴，将有益于规划人权保障的实践路径与技术化的制度方案。

一、中国特色社会主义人权理论保障的双重范畴

中国特色社会主义人权理论的保障范畴包含甚广，对其进行结构性拆分在精细化学理研讨中极为必要。有关其分类研讨，学界大致有两种倾向。第一种是从制度实证立场出发，仅从法治系统测算人权的类型化保障，包括从实证依据划分和从法治手段划分两套方案。从实证依据方面，有学者将法律保障进行切分，构建以宪法为首，下属《刑事诉讼法》《民事诉讼法》等多部门法体系；① 还有学者将法律保障依照指向的人权类型划分，形成以宪法为核心，关涉政治自由、经济社会文化权利、残疾人权利、少数民族权利、司法执法中人权保障的法律法规体系②等。从法治手段划分方面，常见的划分包括立法保障范畴、执法（行政）保障范畴和司法保障范畴；有学者从规范行文属性将人权保障划分为价值宣示、制度构建与权利救济。③ 基本上采用此类倾向的研究，均偏向于人权保障的制度性论证。第二种是从人权需求的理论立场出发，以人权最广泛的"应有权利"范围分层，形成基于生理需要的人权诉求、基于安全需要的人权诉求、基于社会需要的人权诉求、基于尊重需要的人权诉求以及基于自我实现需要的人权诉求五个层次。

上述分类方式在某种方面是可取的，但笔者认为从宏观鸟瞰的目的出发，可以适度脱离法治模式，同时扩展评价结构。因此，本书将中国特色社会主义人权理论的保障范畴划分为认知论范畴与实践论范畴前后两个层次：认知论针对的是中国人权保障"保障什么、由谁保障、保障环境"的问题；而实践论针对的是中国人权保障"做了什么、欠缺什么、如何操作"的问题。此种分类方式将人权保障的手段从法治手段扩展至非法治手段，从客体中心扩展至诸要素有机结合，能够从整体上较为全面地型构人权保障的框架，兼顾人权的多层次保障，与当前德治法治并举的治理趋向适应。同时，"是什么"与"怎么做"的递进回应契合了中国特色社会主义理论的元结构，削弱了中国特色社会主义人权理论发展初期的借鉴拼凑成分，进而促进两套理论体系的正向互动，使中国特色社会主义人权理论在保障中日益融入本土。

从认知论角度分析，人权保障的范畴包括享受保障指向的内容、保障的义务主体、保障的社会环境等；从实践论角度分析，人权保障的范畴包括保障的条

---

① 廖忠洪：《人权保障与我国民诉法的修改》，载于《现代法学》2004 年第 3 期，第 53 ~ 54 页；乔晓阳：《中国人权法律保障的重点和特色》，载于《人权》2006 年第 1 期，第 3 ~ 4 页。

② 董和平：《关于中国人权保障问题的若干思考》，载于《法学》2012 年第 9 期，第 92 ~ 93 页。

③ 邓世豹：《人权宪法保障的层次结构论》，载于《学术研究》2004 年第 10 期，第 66 页。

件、原则、具体保障策略等。认知角度的保障范畴与人权的本质、特性、构成要素等理论结合，以人权理论内蕴的目标取向和文化价值作为进路选择的决定性因子，以当下社会状态作为进路调整的背景，明晰行动的障碍与推进力后，才得以生成人权保障范畴的实践理论。因此，认知角度的成果是实践角度策略的生成前提和理论指导，若无认知结论的方向性指引，实践方案则易被利益博弈、复杂的价值系统绑架，或偏离人权保障的根本立场，或造成各种社会治理方案的"泛人权化"，架空人权话语。故本章将首先扩展研讨有关中国特色社会主义人权理论保障范畴在认知视角的有关概念。

在人权保障的认知论内部又可划分为内部性要素和外部性要素的双重范畴。其中，内部性要素指人权保障直接构成人权内容的要素，其同时也是人权概念①的重要范畴。而外部性要素指人权保障的义务主体、相关社会环境等虽然不直接构成人权概念、特征或本质，却和人权的实现密切关联的内容。中国特色社会主义人权理论的内部性要素与外部性要素呈现出彼此平行、相互影响的关系。首先，内部性要素与外部性要素之间并无相互包含或递进关系。内涵方面，人权的内部性要素指向保障的实体内容，外部性要素则是有关这些内容在中国这一社会主义国家的权力分配格局中获得实现的直接推动力，分属于两个不同领域，并无交叉的空间，也无法互相包容。逻辑序列方面，人权保障的两方面要素的生成和认识论与实践论的两个面向不同，并无一方以另一方的出现或结论作为自身发展前提条件的关系。其次，内部性要素与外部性要素在内容上虽然没有直接的重叠，序列上没有明确的先后之分，但在形成发展中却始终交互影响，两者呈现出基因螺旋式的盘旋上升。人权保障指向的内容将为其目标的最大化实现择取最优的保障主体，而同时引导社会环境中各种因素的互动形式；人权保障义务主体的性质以及当前社会阶段的客观情形也将决定人权内容的实现情况，为更契合当前社会主要矛盾的权利提供更加便利的实现条件。

总而言之，中国特色社会主义人权理论的保障宏观上存在两个层级的划分，作为第一层级的认知论内部，又存在平行的双重范畴。在对此双重范畴进一步展开微观分析时，即可自然地援用既存的法治手段分类、法定依据分类、具体权利分类等技术性方法。

---

① 学界有关人权概念的总结有抽象与具体两种类型，抽象式概念定义即以"人权是人作为人应当享有的权利"或类似表达简要概括人权的主要特征，其中至少体现了"人"的主体性地位与"应当享有的权利"这一内容概括。具体式概念定义则倾向于从主体、客体、类型、存在形式、根源、本质等多个方面展开富有本土特征的说明。

二、中国特色社会主义人权理论的保障范畴的内部性要素

以认知论为原点，中国特色社会主义人权理论的保障范畴的内部性要素目的在于解决"保障什么权利"的问题。依前述有关人权与权利关系的比照分析，人权保障的内部性要素所指向的是复合权利体系。有学者指出"人权是一种应然的理念，也是一种制度性实施，还是一种现实社会关系本身"①，因此人权保障从内部性的内容范畴说，对应的就是应有权利、法定权利和实有权利。实际上，这三类权利虽然属于人权的概念范畴，但在性质上属于人权的一般存在形态，并非人权的实体内容，也如第一章所述，其分类依据是人权的实现阶段与形式外观。更适宜的方法是，择取道德权利、法律权利、宗教权利依照权利属性划分的三种类型，对应在人权保障的视角下展开分析。由于并非所有的权利均属于人权的内容范畴，必须确定人权理论保障范畴的内部性要素的具体范围，明确人权内容的筛选条件。

本书的立场是，为警惕人权泛化的趋向通过内部性要素的膨胀不适当地扩展人权保障的整体范畴，人权内容需要证明自身。可以说，人权意识与权利意识是共生共荣的，而在我国进入了权利语言为主的大环境时，人们更加习惯以"权利"指代他们所提出的一切要求。其背后隐含的逻辑是，人们实际默认了一种自动化思维带来的判断图式：权利存在的本身天然代表正当性。而人权作为一项更加基础、抽象，外延边界更加宽广而模糊的概念，更易在权利化语境下被滥用，特别是涉及有关个人自由行为的领域。"我们先被一套权利的理论所建构，进而我们又用这套理论去建构和解释现实，'建构者与被建构者在我们身上的同一性'使有关权利的知识丧失了批判性"②。人权本是为了追求人在社会关系中自身的主体地位的诉求载体，在这种载体被主体化时，人的社会关系就被客体化了，从而造成本末倒置。因此人权与人的自然属性关联时意味着其是天然应被享有的，却不意味着其是不证自明的。

笔者将从道德、法律、宗教的三分视角分别审视人权保障范畴的内容自证。在人权的道德权利视角方面，虽然学界不乏人权"本就应当是一种道德权利"的看法，但也有学者认为，只有特殊的道德理性才能够产生道德人权。③ 这是由于，道德是在一定历史背景下多数社会成员对某些行为所表征价值的一致认可，

---

① 叶传星：《人权概念的理论分歧解析》，载于《法学界》2005 年第 6 期，第 43 页。
② 钱大军等：《权利应当如何证明：权利的证明方式》，载于《法制与社会发展》2007 年第 1 期，第 103 页。
③ ［美］卡尔·威尔曼著，肖君拥译：《人权的道德维度》，商务印书馆 2018 年版，第 30～50 页。

其中，部分是附着于具体社会交往关系的特定身份，而部分则是并不附加任何前提条件。例如，生存的权利、保有自身正当私人财产的权利等为每个人所享有；但抚养、教育子女的权利仅为负有"父母"这一身份的人所享有，要求借钱者在适当期限内归还本金及利息的权利为"债权人"所享有。有些道德权利，仅为特定身份的人所需要，或者说是基础性人权在具体道德情境中的体现，并不属于人权的保障范畴。在人权的法律权利视角方面，我国人权保障的范畴以宪法为核心，伴随宪法权利——宪法文本中规定的公民基本权利——部门法中的法律权利这一权利的层级化进程向外围规范辐射。越远离作为核心的宪法，人权保障范畴的显现就越微弱。到达具体的行政规范性文件、现实法律关系的层级，就已脱离以人的本质为核心的源泉性概念，不再是人权保障的范畴。在人权的宗教权利视角方面，如马克思所言，"信仰的自由"属于与参加共同体的相关政治（公民）权利区别的，"履行任何一种礼拜的权利"，"信仰的特权或者被明确承认为一种人权，或者被明确承认为人权之一——自由——的结果"。[①] 宗教权利常常同作为一种社会文化权利的人权关联。而在宗教信仰自由这一归属人权的权利内部，依据信仰教派的信条不同、宗教内部自我管理系统不同可能衍生出许多个特殊化的权利，如茹素的权利等，但这些宗教权利的直接来源是具体的宗教规则，依附于宗教信仰者的个人身份，同人作为类化存在的智识、理智属性和社会交往并不能完全重合，甚至部分宗教权利可能同人权保障产生冲突。因此，在宗教领域，人权往往概括地容纳"宗教信仰自由"，其保障范畴并不涉及基于宗教信条产生的具体宗教行为。

从对人权保障范畴内部性要素的识别中，可以归纳出关涉的人权内容应当至少具备如下特征以实现正当性自证：第一，人权内容指向的是平等主体，不与特定的社会身份、生理特征绑定；第二，必须同时与人的自然属性与社会属性契合；第三，更倾向于直接指向一种基础性、源泉性的权利表达。这些原则标准从抽象的立场为人权保障范畴的顶层设计划定了大致的边界，但其效果的涵盖范围将显然地超越保障范畴的实质运作范围。在具体社会关系中原本不属于人权范畴的利益诉求，若其上一层次的某些属于人权、内容上可包容的权利概念基于人权保障而获得实现，自然也能够获得诉求落实的结果，此种情形可属于人权保障范畴的间接影响。同时，基于上述三类内在性范畴的梳理，不难发现它们同时指向法律规范体系的要素。在现代性治理环境中，道德范畴的人权保护必然呼吁制度环境的营造；法律范畴的保护更是直接同规范体系关联；而宗教方面的人权与其

---

① ［德］马克思：《论犹太人问题》，引自《马克思恩格斯全集》（第 3 卷），人民出版社 2002 年版，第 182～183 页。

他利益的冲突仅仅依托道德理解难以解决，也需要通过刚性规则予以调适。因此从人权保障的内部性范畴出发，明确"保障什么权利"的情况下，必然将导入中国特色社会主义人权理论与中国法律规范体系的关系，便于人权保障的需求融入我国制度体系。

三、中国特色社会主义人权理论保障范畴的外部性要素

人权的外部性要素是承上启下，联通人权保障认知性范畴与人权保障实践性范畴的桥梁，指不直接参与人群的内部概念，却和人权保障紧密关联的环境性要素，主要包含主权与国家、社会治理两个方面。

在现代社会，"主权国家"的称谓已经屡见不鲜，而人权与主权、国家之间的关系也是以马克思主义为主干的中国特色社会主义人权理论和资本主义人权学说的主要分歧点，更是确定人权保障范畴外部性要素的首要问题。依照资本主义的学说，主权常在同人权的对比中处于第二性地位，因为人权伴随人类的生物种群天然产生，并随着人类的理性认知不断进化，最终为了最大限度地回避人权冲突，人们各自让渡了一部分人权组成共同体，这种共同体就是"政府"或者可以扩展为现代意义的"国家"。而这部分人权从所有性关系上说，依然归属于组成国家的人，因此在主权者怠于保护人们所诉求的权利时，人们便有权收回委托，促成共同体解体。即使比英国派古典自由主义学者更加强调主权至高性和完整性的霍布斯也表明，某些先验的权利是绝对的，人们对该种权利的追逐不受国家信约的不合理约束。如果主权者对此作出不合理的指示，人们"有自由不服从"①，这种自由无须任何形式上的确认。在该种逻辑下，国家及其所拥有的主权是人权需求的产物，自然低于人权。人权最终通过一种理性思路达成自我实现，人权保障真正的义务主体依然是人，主权与国家皆是由人本身所操纵以实现人权的工具，而人权通过理性上设想的由个人或个人的集群而对共同体发出的反抗权、对共同体律令的不服从权试图实现对主权存续的控制。

从中国特色社会主义人权理论体系的角度，人权高于主权的论断不过是脱离了实际人的社会活动的理想描述。依照人权高于主权的说法，在自然状态人权就已作为可以派生主权的稳定存在。但这属于一种无法证明的虚无主义主张，现代意义上的人权本身无法在缺乏主权的状况下自圆其说：自然界与自然规律仅供给了人类生存的条件，而并无有意识的赋权与保障；理性供给了人权发展的空间，

---

① ［英］霍布斯著，黎思复、黎廷弼译：《利维坦》，商务印书馆 1986 年版，第 169 页。

但并无保障其实现的稳定推进力，使得人权只能悬挂于思辨的高空被符号化、信念化，导致具体社会生活中人的诉求无法投射到类化抽象的人之上。因此，人权不能在先验因子上稳固成立并且发展出能够派生出现代社会组织形式的成熟体系。在马克思主义的视野下，"这个社会陷入了不可解决的自我矛盾，分裂为不可调和的对立面而又无力摆脱这些对立面。而为了使这些对立面，这些经济利益互相冲突的阶级，不致在无谓的斗争中把自己和社会消灭，就需要有一种表面上凌驾于社会之上的力量，这种力量应当缓和冲突，把冲突保持在'秩序'范围以内；这种从社会中产生但又居于社会之上并且日益同社会相异化的力量，就是国家"①。因此国家之主权，并非来源于人权的要求，而是生产力与生产关系推动社会到达一定阶段的产物。虽然马克思主义最终的共产主义社会设想是"消灭国家"，但这一目标需要经历相当漫长的历史阶段。在国家存续期间，依然应当承认其正当价值。主权能够决定人权保障的具体内容，凝聚社会人权共识；主权的享有者——国家——也能够为人权保障提供直接的制度性手段。

人权保障范畴外部性要素的另一主题词是社会治理，治理模式决定了人权保障可能采取的手段和方式。传统的观点是"法治是人权保障的最理想模式"②，时至今日依然适用。首先，从产生上，现代意义的法治作为人治相对面而产生，更加公正地保障人的权利是法治的内在目标之一。在现代国家的环境中，主权高于人权，但是主权并不绝对地掌控人权，由国家主权对内范畴衍生出的诸多国家机关的公权力若遭滥用，将对人权保障产生负面效应。法治将人权引入主权运作精神，最大限度地发挥了人权对主权的反向塑造和对主权下公权力的制约作用。其次，在运作中，法治的内在价值与人权的需求应和，因此成为人权保障最有力的手段。法治以国民公共意志所产生出的重叠共识替代古希腊时代设想中的哲学王，改良单向的线性控权模式。法或规则的治理具有常态性、非感情化和可预期的特征，符合人权保障的平等性要求。最后，随着现代社会治理的不断精进，传统法治与人治的对话模式式微，法治与德治的交融正逐步成为新的话题。必须强调的是，这种转轨并非简单地以"德"替换了"人"的地位。在法治与人治的语言结构中，"法"与"人"分属统治主体地位，也就是"法的统治"与"人的统治"，两者的兼容性脆弱；在法治与德治的语言结构中，"法"与"德"分属两种主要的治理手段，两者是可以并行兼容的。从人权保障的范畴角度，"法治是人权保障的最理想模式"但并非唯一模式，德治的介入能够弥补法律的滞后空白，为物质世界的技术规制加上精神世界的道义引导。因此，人权保障的外部性

---

① ［德］恩格斯：《家庭、私有制和国家起源》，人民出版社 1999 年版，第 176～177 页。
② 陈佑武：《中国特色社会主义人权理论的基本范畴》，载于《人权》2015 年第 1 期，第 58 页。

要素并不囿于"法治"的单一概念，德治的引入将扩宽人权保障的范畴，促进"应有"范围的人权向法定人权和实有人权转变。

以主权为前提的现代性治理中，将难免出现要素或规则内蕴价值的冲突。在自由、正义、民主、秩序种种价值的交错中，在人权保障范畴的外部性角度下，必然导入人权保障范畴与诸价值范畴之间的逻辑关系，便于人权保障的需求融入我国的价值体系。

第二节　中国特色社会主义人权理论保障范畴与法律规范体系的关系

中国特色社会主义人权理论的保障范畴与法律规范体系的关系本质上是其内部性要素梳理的必然延伸，法律规范体系既是经济政治等外部性要素的产物，其中有关权利的内容也同时构成了人权落实的表征与主要、直接途径。其与人权保障的关联一般从国际法、国内法两个层面产生。

一、中国特色社会主义人权理论保障范畴与国际法体系的关系

中国特色社会主义人权理论的保障主要从两个方向同国际法产生关联，一个方向是考察人权保障在国际层面的交流合作；另一个方向是考察中国签署、加入的人权国际公约如何影响中国特色社会主义人权理论的保障范畴。在分析之前，首先应明确国际法体系中有关人权的基本内容。

人权全面进入国际法领域是在第二次世界大战之后，此前在国际法领域，人权更多地被视为只与国家内务相关。当时存在一些国际层面条约中包含人权保障的相关内容，如 1555 年《奥格斯堡和约》、1926 年《国际联盟禁奴公约》、1864 年《日内瓦公约》等。[①] 第二次世界大战前国际法人权保障的特征是范围较小和关涉事项零散、缺乏体系性。加入相关条约的国家十分有限，人权保障在国际社会没有形成一般性意识；这些条约所关涉的事项主要包括宗教信仰自由与平等、

---

① 《奥格斯堡和约》第三项原则约定，自 16 世纪 20 年代中期以来就实施了宗教改革的城市中，可免除骑士和一些居民宗教统一的要求；《国际联盟禁奴公约》共十二条，主要内容为敦促各国积极采取行动，尽速消灭一切形式的奴隶制，并且采取手段管控、惩处为奴隶买卖提供运输、便利的行为；1864 年版本的《日内瓦公约》规定了武装冲突时医疗人员的中立利益、伤病军人的受到看护的权利等。

禁止奴隶制及奴隶买卖、武装冲突中的人道主义原则、劳工保护等，[1] 并未形成系统、全面的人权概念。1945 年，《联合国宪章》首次采用了"人权"概念，并以概括、笼统的方式将人权保障视为国际法的一项重要原则。随后，以《世界人权宣言》和《经济、社会及文化权利国际公约》《公民权利和政治权利国际公约》及其议定书共同构成了现代国际人权法的基本规范框架，在此基础上，各国签订了一系列核心国际人权公约，包括禁止酷刑、非人道待遇、保障妇女儿童及残疾人士权利等。

从国际层面的人权交流角度考察，人权保障的范畴体现于两个层次。第一层次实际上是国际公约、条约与国内理论系统交互的表现。从考察中国签署、加入的人权国际公约如何影响中国特色社会主义人权理论的保障范畴的角度分析，各国协商形成国际条约与公约，并逐渐形成国际社会有关人权保护的习惯法，约束加入相关条约与公约、承认并尊重相关习惯法的主权国家。此种约束可同时发生于国际法领域和国内法领域。国际法领域的约束主要体现为形式上的强制力，在外观形式上给予主权国家以国际公约、条约项下的义务，这些义务或可渐进地实现或须即刻的落实，其实现程度与主权国家自身意志的关联性较大，并且常通过进入主权国家内部，影响一国整体人权理论发挥效用。具体到中国特色社会主义人权理论的场域，国际法中有关人权保障的内容首先充实国内人权理论保障范畴的内部性要素，推动"保障什么权利"的回答更加丰富和深远。其次，国际法为人权保障提供了更加宽广的实践方法，并间接推动主权国家人权保障积累更完善、高级的社会底蕴。即人权交流与合作的第二条路径，以联合国人权框架和国际人权法中习惯规则为依托的、国际社会层面的多边交流与协同。

第二层次，各主权国家在联合国人权框架精神下展开国际合作，展现了人权国际法保障的独特性，是仅仅依靠单一主权国家运作难以实现的。有关人权保障的国际合作主要包括：第一，加强各国的经济合作、政治对话和文化交流，促进主权国家经济共同发展，减少政治摩擦、实现文化繁荣，间接地为人权保障提供必要环境。第二，传统国际人道主义援助，针对一国国内发生的重大灾难，其他主权国家提供救援物资、人员和医疗等物质方面协助的行为，最直接地体现了国际社会对于主权国家人民生命权与财产权的保障。中国自改革开放以来，积极同联合国儿童基金会、世界粮食计划署和联合国难民署等国际组织合作，向世界多国就疫病、虫灾、自然灾害提供多次援助，[2] 是我国切实履行国际法下人权保障义务的体现。第三，新型人道主义援助，即在小规模国内武装冲突多发的背景

---

① ［加］约翰·汉弗莱著，庞森等译：《国际人权法》，世界知识出版社 1992 年版，第 19~30 页。

② 《改革开放 40 年中国人权事业的发展进步》，中华人民共和国中央人民政府网，2018 年 12 月 12 日。

下，干涉相关政治、军事行动的"人道主义干涉"。由于牵涉政治与军事手段，人道主义干涉多体现出明确干涉主权国家内政的色彩，不仅有违国际法的基础性原则，还令人权保障工具化，成为传输援助国政治利益的工具，故存在普遍争议。中国特色社会主义人权理论在保障立场上坚持"主权高于人权"，但不奉行"主权绝对主义"，否则将会回归第二次世界大战前人权保障的绝对内务化状态，而将有一体化趋势的国际社会强行割裂，同我国"持久和平、普遍安全、共同繁荣、开放包容、清洁美丽"① 的人类命运共同体世界的理想背道而驰。笔者认为，在中国特色社会主义人权保障的国际法视角下，应当首要明确反对将人道主义干涉纳入人权保障的范畴。干涉行为所存在的强大越界危机无力通过援助国的道德自觉抑制，实际上国际社会的各种因素和利益"复杂的纠缠、错位、断裂、对立、冲突，使得全球视域内'人权高于主权'的判断者与人权的救济者难以设立，而这个判断者与救济者实施上就由强权来操控"②，此即人道主义干涉的本质。从人权保障范畴的国际法角度，参考国际干预与国家主权委员会（International Commission on Intervention and State Sovereignty，ICISS）保护责任报告（*The Responsibility to Protect*）中相关立场，从援助者自我主体范式向被援助方主体范式进行视角转换，以"保护责任"代"干涉权利"。积极推进前两类国际人权合作行动，对他国的武力干涉只有在极度审慎的条件③以及联合国行动名义下，才可被视作人权保障之一环。

二、中国特色社会主义人权理论保障范畴与国内法体系的关系

国内法体系的人权保障同人权理论保障范畴的关联最为直接，这是由于，首先，在全球人权保障的背景下，人权保障的落实产生了主权国家、国际社会的两重区分，但在这两者中，国际社会所承担的责任对人权保障仅具有次级的辅助、补充作用。联合国并不是真正意义上的"世界政府"，无法设立统一的超国家机构确保国际人权法的落实，这也就决定了借由国际人权法所推动的国际法人权保障机制最终取决于主权国家的认可状况和意识自觉，因此国际社会对人权保障的

---

① 中共中央宣传部：《习近平新时代中国特色社会主义思想三十讲》，学习出版社 2018 年版，第 289 页。

② 王习根、徐少彬：《人权法治全球化法理分析》，载于《现代法学》2006 年第 3 期，第 15 页。

③ 有国内学者提出，必须由安理会确认他国国内人权问题的严重程度造成国际和平的严重威胁或已经破坏国际和平，并且确定武力干涉以外的手段均无效。参见王虎华：《论国家主权与国际人权的辩证关系》，载于《华东政法学院学报》2002 年第 5 期，第 25 页。

中国特色人权观和人权理论研究

影响是有限的，而主权国家承担的责任才在人权保障中处于首要地位。其次，在主权国家国内的保障系统中，国内法体系是人权保障最主要、明确的途径，无论是现代法治思维还是封建社会时期的规则工具主义思维，均认可作为"国家法"的规则成为宣示社会主流意志，并以强制、明确手段确保其实现的主要地位。国内法体系的人权保障主要从宪法、法律两个层次展开，此处之"法律"为广义的法律，在中国语境下，既包括全国人民代表大会及其常务委员会（以下简称"全国人大及其常委会"）制定的狭义法律，也包括一元两级多层次立法体系下其他有立法权主体所制定的规范。

宪法层面上，首先人权保障是宪法的正当性基础，人权保障应当是现代宪法的目的与原则之一。宪法非以概念语言自证其身，而是通过存在人权保障的实质性内容彰显其地位。如我国清朝末期的《钦定宪法大纲》，虽然从积极意义上来看，它在一定程度上突破了上千年的封建专制传统，但是其制宪背景是政府的实质性衰微与各种势力的立宪呼吁，具有被动性。其中九条有关臣民权利义务之条款，缺乏体系性，架空基本生存问题，仅仅从域外宪法中借鉴有关政治自由的内容，本质还是为了维护岌岌可危的君权神圣理念，确保"大清帝国，万世一系"。其属于具有宪法色彩的文件，这种色彩主要体现于形式行文，而非精神内涵，因此《钦定宪法大纲》并非现代性宪法，只是名义、语义上的宪法。新中国成立后，在中国共产党领导下制定的宪法，则由于涵盖了人权保障的宗旨而具备了现代性价值，并且其结构与所反映出的初步中国特色人权观被1982年宪法所承袭。1954年《中华人民共和国宪法（草案）》初稿起草工作的说明中指出，"宪法草案保证公民的各种权利，同时规定了逐步扩大物质保证的措施"，而对其中"公民"概念的内涵，宪法起草委员会在第二次全体会议中进一步说明，"这里的公民包括过去所谓'人民'和'国民'在内。地主阶级分子也是公民，不过是剥夺了政治权利的公民。如果只写人民，就不能包括'国民'那一部分人了"①。可见当时宪法体现了两个核心内容：宪法具有保障人权的功能，且在我国当时环境下首要是以尽量丰沛的物质资源确保生存权；宪法人权保障的对象是具有中国国籍的所有人，不以阶级划分人权，充分反映出社会主义制度人本主义的优越性。人权保障原则的运作主要通过规范公权力的形式实现，同时包含了对公权力的消极不侵害要求和积极作为以保障人权或提供相应环境的要求。其次，宪法的文本规定是人权保障根本性的制度资源。我国现行宪法提供的制度构造是，总纲和各节中对于公权力机关普遍依法依宪行权的一般要求，以及以"国家尊重和保障人权"概括条款为核心、保障公民基本权利的特殊要求。这些要求

---

① 许崇德：《中华人民共和国宪法史》（上卷），福建人民出版社2005年版，第119~124页。

通过宪法根本法的地位将自身理念与价值向下位阶的法律规范传导，进而形成由抽象根本到具体枝节的覆盖。同时，这种制度性资源具备自我扩张的能力，人权条款"作为一种权利源泉，它不断提供能够满足社会主体权利需求的根据与类型"[1]，即为道德上、观念上的应有人权突破壁垒进入国内法系统所承认的法定人权提供了入口，借由诸如宪法解释、宪法修改的正当程序，人权保障的范围与宪法中基本权利的保障范围能够实现同步发展。

国内法律层面上，在"依宪立法"的基本要求下，法律规范接续宪法的人权保障制度框架，在自身领域内落实、细化人权保障要求，履行人权立法的义务。该层次需要进一步厘清的问题是，以一种宽松标准看，一切法律规范均不得与宪法相抵触，在尚未由于合宪性疑虑接受宪法审查前，都可推定其同宪法人权保障的精神内涵一致。但在客观上，不同类型、不同层级法律规范的侧重点各有差异，若不加区别地将其一概视为平等的人权保障规范，不仅无异于人权保障范畴的厘定，反而还会虚化人权保障的概念。因此，学界普遍认为微观考察，不同法律规范与人权保障程度的关联性存在差异，具体包含两种说法：第一，《刑事诉讼法》相较于其他部门法而言更加关注人权保障。由于"对人权最大的威胁直接来源于国家，而刑事诉讼又是直接导致国家与个人两个主体相互直接对抗的程序，其中的侦查、羁押和审判后的执行都直接地剥夺诉讼相对人的一种或通常是几种包括生命权在内的最基本的权利"[2]。第二，公法比私法更加注重人权保障，或者说公法相较于私法而言，与人权保障的关联更加直接。因为公法是关涉公权力运作的法，通过赋权、限权手段契合了人权保障权利与权力这一对最关键的关联，符合现代立宪国家人权实现的重点路径；私法中虽然也存在人权保障的意蕴，但实际上属于公法价值的渗透。[3] 笔者认为，人权保障非宪法的唯一原则，因此以宪法为核心的立法也不全是围绕人权保障而展开。在明确这一前提的情况下，可从公私法的传统法域划分与我国一元两级多层次的立法层级划分两个角度，评判法律规范层面国内法体系与人权保障的关系。首先，从传统法域分类的角度，由于人权保障在共同体存续的历史阶段中，必然具有限制共同体权力膨胀的内涵，因此包含宪法在内的公法法域是人权保障的主要场合。随着时代变迁与公私交融，从传统二分法中脱离出的第三法域——社会法，其多指向保护特殊群体与解决公益问题，与环境权、弱势群体保护等人权息息相关。而私法法域特

---

① 韩大元：《宪法文本中"人权条款"的规范分析》，载于《法学家》2004年第4期，第11页。

② 周云龙：《浅析我国刑事羁押制度与人权保障观念》，引自韩立权主编：《中国人权法治研究论纲》，中国检察出版社2012年版，第117页。

③ 郑贤君：《公法价值向私法领域的再渗透——基本权利水平效力与契约自由原则》，载于《浙江学刊》2007年第1期，第124～125页；何建华、张向军：《论人权保障原则在公法中的地位》，载于《山西大学学报》2006年第4期，第74页。

别是民事法领域有关意识自治、人格尊严保护事项的条款，在宪法的私人效力学说中同样发挥人权维护的功能。但是该学说并无制度支撑也无频繁的司法实践，在我国尚未成熟。因此，与人权保障的关联性程度由高至低的排列为公法—社会法—私法。从立法层级的角度，层级越低的立法，其主体的权限就越受限，规定事项的范畴就越狭窄，立法性质逐步从创制性、职权性立法转向执行性立法，同时也更加远离作为核心和根本的宪法，与人权保障的关联性也随着层级的降低而减弱。法律规范与人权保障的关联程度越低，人权在规范产出与运行中的衡重就越低，在从人权保障的范畴考察这些规范时，就越要谨慎地把控概念边界。

三、中国特色社会主义人权理论国际法保障与国内法保障的互动关系

中国特色社会主义人权理论的国际法保障范畴与国内法保障范畴并非两条彼此无关的平行线，依照前文逻辑，主权国家不仅作为主体积极参与国际社会的各种合作与人权行动，在加入某项国际公约后其有义务根据公约项下义务调整国内法体系，使自身的人权保障状况与其承诺相适应，因此人权保障的国际法规则必然同国内法规则发生交融，而两者间的目标一致性与手段张力的矛盾将影响人权两个保障层面的互动。目前，中国特色社会主义人权的保障中，国际法与国内法的互动关系表现为：我国必须依照自身承诺，履行已经批准的国际公约、条约项下人权保护的义务，已经加入但尚未批准的，应采取积极举措创造批准条件。但同时，宪法及法律中有关人权保障的范围、内容、程度同缔结的公约不甚一致，无论短期或长期，中国必须在国内法系统中回应国际法的内容。

首先，人权保障环节国际法与国内法互动关系的关键问题是，两者之间的效力优先性问题。国际社会成员在该问题上的实践不甚一致，就我国情况而言，"主权高于人权"是我国对待人权问题的一贯立场，但并不意味着"国内法体系高于国际法体系"。若认可国际法高于国内法，将与我国的基本人权立场产生摩擦；若认可国内法高于国际法，那么作为主权国家以加入公约的方式对国际社会作出的承诺将失去其意义。国内法与国际法分属于全球规则内视领域与外视领域，两者在保障手段上存在诸多差异，并无绝对的孰高孰低之分。

其次，既然确定了人权保障以国内法优先的基本立场，那么则需明确如何协调国内法具体规定与国际人权公约、条约之间客观上的差异性，确保中国不失信于国际社会，也即有关人权保障的国际公约通过何种路径在国内法体系中获得适用，这是人权保障环节国际法与国内法互动关系的核心问题。目前的实践路径主

要包括直接适用与转化适用两种类型。直接适用又存在两种策略：一种策略是以宪法条文申明国际公约与条约的适用性，一旦该国加入国际条约、公约，其无须经过特别确认程序，即可作为国内法直接获得适用。日本、危地马拉等国均采取此类方案，① 我国宪法中并无相关规定。另一种策略是通过单行法的专门条款，规定在未声明保留的国际公约、条约条款与国内法条款冲突时，优先适用国际条约、公约的内容，《中华人民共和国民法典》《中华人民共和国海商法》等均有此规定。转化适用即国际公约、条约不能自动进入、取代国内法体系，但是可以通过国内立法机关颁布特别规定获得适用。

有关我国的实践路径，主流观点和全国人大及其常委会的实践表明，我国采取转化适用的方式调整国际法与国内法的互动关系。有学者曾立基于既存的立法实践与条约批准程序同立法程序的近似性主张，我国应当采取直接适用的立场，或至少将其作为转化适用的必要补充。笔者认为，在人权保障范畴谈国际法与国内法的适用协调，转化适用为唯一出路。原因在于：第一，从现实法治状况考察，由于起步较晚、国情特殊，我国的国内法体系与我国加入公约所描绘的人权保障情况还存在较大差距，若将国际法内容直接引入国内法体系，可能对国内法系统产生过大冲击，不利于法治统一和稳定。第二，国际法的人权规则是妥协共识的产物，包含了复杂的利益博弈，更牵扯多国的政治立场以及对人权话语主导的争夺。尽管此前我国存在通过专门条款实现直接适用的实践，但其所关涉的内容与人权相比性质差异巨大，无法成为人权保障范畴可以套用的模板。进一步延伸，转化适用的视角下，主权国家必须明确对国际法与国内法的态度与具体举措。针对国际公约、条约，对与国内法立场不一致的条款可以声明保留，对暂时难以实现的公约暂缓批准。但必须慎用保留声明，控制批准缓期期限。因保留属于共识性的例外，延后批准属于国内环境与国际环境对接的过渡性措施。若每逢矛盾便一概申明保留，则造成特殊立场在量级上超越一般立场；若无限期延缓批准，则会削弱国家积极营造人权保障环境的动力。无论何种方式的滥用，都将造成加入国际人权公约沦为形式，背离人权保障国际合作的初衷。而对于国内法，学界主要提出的路径包括零散式改造与集中式改造。零散式改造指将不符合人权公约、条约的国内法部分或全部地废止、修改，就人权公约、条约提及而国内法未涉及的空白进行条文填补或另行制定新的单行法。集中式改造是基于宪法中人权条款与国际人权公约在概括性立场的一致性，以宪法为依托，制定"整合国际人权公约中普遍人权和宪法所保护的公民基本权利以及其他法律、法规所保护的

---

① 陈立虎、黄涧秋：《国际公约与人权保护——国内司法实施的分析》，载于《现代国际关系》2003年第3期，第25页。

个人权利的统一的《中华人民共和国人权保障法》"①。笔者认为，这两种策略并不矛盾，但是，相比而言，统一法典化耗费的时间周期较长，而基于人权保障覆盖面的广泛性，耗费立法资源甚巨，其可行性与具体的结构安排、内容构造尚需进一步论证。而通过传统立改废释的法律变迁，逐步改造我国国内法体系属于较佳选择，特别是对于赋予我国即时性义务的人权公约而言更为便捷。

最后，国内法可以以人权理念为中介反哺于国际法体系，以国内法的人权保障推动国际法的人权保障。例如，我国倡导推动第 73 届联合国大会通过《消除农村贫困，落实 2030 年可持续发展议程》，得益于中国自始至终坚持的以生存权为首要人权的立场及与之配套的旨在消除农村贫困的法律规范体系。一国国内法体系的建构在理论基础上依托于宪法人权保障精神与国内的人权保障理论系统，人权理念的法治化实践能够证实、检验人权理论的科学性。相关国内实践经验可以凭借其成熟结果向国际社会展示，推进国际社会就更多人权保障问题达成理论共识与制度共识。

第三节　中国特色社会主义人权理论保障范畴与诸价值的关系

人权保障与诸价值之间的关系是中国特色社会主义人权理论保障范畴外部性要素的必然延伸。由于外部性要素并不内附于人权，因此常受到社会其他利益需求的影响。例如，国家主权运作是为了调和社会不同阶层的矛盾，在秩序指向中消弭冲突；而法治为了推动人权保障就必以民主指向确保产生"良法"促进"善治"；人权保障范畴指向的人权内容，又包含自由、安全等价值需求。这些价值能够共同作用于人权保障，但彼此之间存在张力，在人权体系的外围空间中，人权保障并非唯一影响这些要素的范畴，上述价值容易相互冲突。同时人权本身的价值属性也存在争议，进一步加剧了价值张力，最终影响人权保障的实现程度。

一、中国特色社会主义人权理论保障范畴的价值面向

人权保障是对有关人权的价值进行维护的一个过程，但是，有关人权保障与价值的互动维度，学界的看法不甚一致，而"人权保障与价值存在一定关联性"

①　莫纪宏：《批准〈公民权利与政治权利国际公约〉的两种思考进路——关于法治与人权价值次序的原则标准》，载于《首都师范大学学报》2007 年第 6 期，第 46 页。

的概括、模糊认知，将从根源上影响人权保障措施实施过程中的利益衡量与价值判断。

厘定人权的价值属性是考察人权保障范畴内蕴价值取向的首要问题，人权是一种权利，但人权是否同时构成一种价值？国内学者一般均认可人权具有价值特性，主张"权利属于价值范畴，必须具有合伦理性"[①]。这里的价值主要指作为尺度的价值，与经济学意义上满足人功利性需求的使用价值相区别。但是在分析人权具体是一种怎样的价值时，产生了单一价值说与复合价值说的分歧。单一价值说主张，"人权价值"是一种作为前提的价值尺度。复合价值说主张，人权是"人在生存和发展过程中所需要的"、最低限度的价值，包含复数价值的多样性综合价值体系，是凝聚各种价值的一种概念核心。[②] 本书的立场总体偏向复合价值说，人权价值也并不脱离其他价值而超然地存在，但同时，人权能够如同自由、民主等传统价值一般，作为前提产生独特的思维形式，人权保障所关涉的价值目标，不是各种大致呈现平行地位、彼此之间循环互动的综合价值群，而是具有明确的指向性。

判断人权的价值属性，首先应明确"价值"的内涵。依马克思主义哲学精神，价值"就是指客体的存在、属性及其变化同主体的尺度是否相一致或接近"[③]。价值产生于实践，从实践产生的评判性认知，并且以此为基础再进行实践，符合价值认知的实践具有自觉性与主动性。而同已形成的价值认知不符合的实践，部分属于行为越轨、失衡，可通过价值载体如法规、纪律、一般社会道德观念等纠正；部分属于适应生产力发展情况，即时产生，比已形成一定概念内核的价值认知更具灵活性，此时价值认知便随之更新自身内涵，基于实践形成新的评判性话语。人类社会螺旋式发展的基本模型便是如此构成。人权的概念虽然最初以域外学说引进的姿态登场，但最终在我国具备普遍性群众基础，真正意义上的"产生"正是基于长期革命与社会主义建设的实践，其总结了近代以来中国求存求强的经验，同时为国家治理提供了前瞻性的要求，不同于事实意义上的非价值判断，还提供了"应为"性指引，其一致性尺度的来源主体就是"人"的本身。

其次，人权价值中主体尺度的落实与保障将不可避免地向他方价值延伸，依托多种价值的有机结合，但是其具有区别于自由、民主等价值的独特属性与中心，不是多种价值的简单归拢。"一般说来，经济生活的中心价值是效率，政治

---

① 戴新毅：《关于权利本质及其特征的思考》，载于《法制与社会》2012年第11期，第167页。
② 任帅军、肖巍：《论人权价值实现的双重意蕴》，载于《中南大学学报》2016年第4期，第116页；徐秀义、韩大元：《现代宪法学基本原理》，人民公安大学出版社2001年版，第13页。
③ 李德顺：《价值论》，中国人民大学出版社2007年版，第30页。

生活的中心价值是公平，精神文化生活的价值则是广泛意义上的自由或自我实现"①，每一套具有基本体系规模的社会生活工程都有主导性的核心价值，人权保障亦是如此。若人权价值属于复数价值的集合体，"人权"仅仅成为一个维系各种价值的抽象纽带，那么就会产生一种奇异的状况：在不同的实践环境下，人权价值体系中时而以秩序价值优先、时而以自由价值优先，其价值中心在表面上时常变动。这种状况似乎昭示着，人权价值体系就是一个主要以理性人为创造并且经不起推敲的系统，任何根植实践的自生价值系统，都不应当表现出如此严重的要素游离性和标准波动性。但事实并非如此，人权价值的独立意义在于"人的主体性复归与全面解放"，并且该尺度将发挥调和其他价值冲突的轴心作用，在具体的实践中选择更能够保障人主体性的价值，这也是人权价值体系内部优先性针对具体情境时常更动的根本所在。

最后，与复数价值说稍有区别的是，本书所主张人权价值并非一种"最低的尺度"。一些主张人权价值低限性的学者的论证主要基于两种思路：第一，人权的价值最为基本，例如，生存权所反映出的生存价值②，若连此种价值都无法实现，那么追求更高层次的价值便将失去主体基础。第二，受米尔恩观点的影响，以人权概念的普遍性为其低限性作出解释，"由于普遍标准是最低限度的，所以，它能够与众多的文化和道德差异和谐共存"，才能够实现"无论何时何地都由全体人类享有"。③ 笔者认为，人权既包含实现作为主体的人最低限度要求的价值，也包含实现人社会角色充实、精神丰沛、全面自我实现等最高要求的价值。虽然一些低限度面向价值比高限度面向价值更早地获得大范围实现或者有较为稳固的制度保障，也不宜以人权保障的现实状态概括性取代理想状态。同时，人权的普遍性特征非孤立存在而必须与特殊性辩证结合，低限人权理论对于人权保障内容的序列性与人权外交方面具有借鉴意义，但提取人权单一属性为人权价值的覆盖面设限是不可取的。人权保障指向的价值既非"最低的尺度"，也非"最高的尺度"，而是一种"动态的尺度"，其一直处于由低向高的进程中，具有抽象情况下的一般意义，也可以在具体情境中依据政治、文化等条件产生差别性解释。

二、中国特色社会主义人权保障范畴与诸价值的协同性分析

人权价值是建构性、互嵌式的，从广义上说只要某项价值满足了作为主体的

---

① 陈红娟：《中国特色社会主义理论体系实践逻辑研究》，上海人民出版社 2018 年版，第 81 页。

② 任帅军、肖巍：《论人权价值实现的双重意蕴》，载于《中南大学学报》2016 年第 4 期，第 116 页。

③ ［英］A. J. M. 米尔恩著，夏勇等译：《人的权利与人的多样性——人权哲学》，中国大百科全书出版社 1995 年版，第 7～11 页。

人的需求，就可以被纳入人权价值体系。人权价值对其体系内价值的筛选必然以协同性为基础，而拒绝择取与人权实现天然冲突的价值。因此，人权价值体系的充实过程也是人权同多种价值不断合作、实现人主体性地位的过程。

价值的分类方式多种多样，如依据主体存在形式划分、依据满足需求的层次划分、依据所活跃的社会领域划分、依据对主体尺度的作用程度划分，等等。本书主张，在探讨人权保障范畴的价值协作时，应紧紧围绕"人权"的源泉，也即"人"本身的基质进行类型化处理，因此将与人权价值相关联的价值划分为自然性价值与社会性价值，分别对应人的自然属性与社会属性。

自然性价值是更倾向于实现人基于自然属性需求的价值。马克思指出，"人作为自然存在物，而且作为有生命的自然存在物……具有自然力、生命力，是能动的自然存在物；这些力量作为天赋和才能、作为欲望存在于人身上；另一方面，人作为自然的、肉体的、感性的、对象性的存在物，同动植物一样，是受动的、受制约的和受限制的存在物，就是说，他的欲望对象是作为不依赖于他的对象而存在于他之外的；但是，这些对象是他需要的对象"①。人作为自然存在物，其具有生存的自然本能。并且由于其智性的存在，人与自然的关系不同于自然与动物，人意图将被动性扭转为主动性，以功利性目的改造自然，同时也改造自身，使自然能够更好地适应人作为自然存在物基本生存以及更好地生存的需求。在此基础上产生的价值主要包括安全价值、自由价值等。

社会性价值是更倾向于实现人基于社会属性需求的价值。人虽然以自然存在为起源，但以社会存在为本质，人不是一种"大存在物"，而是存在于具体的交往实践与不断更新的社会阶段之中，在当下历史时段人的社会属性集中体现为人生活于国家（共同体）中。社会属性虽以自然属性为基础，但同样也天然内蕴于人类自身，而非晚于自然属性的后天存在。从生物进化学的角度，在猿类逐步进化为人类的过程中，物种社会属性逐渐生成。"古猿是在越来越密切相互联系、个体对于群体依赖性越来越强的社会化过程中，以及由此又逐渐形成意识能力和劳动能力的过程中，而逐渐转变为人的"②。在远古时期人类物种进化完毕时，就已经出现了粗糙的社会性群体。人在社会性群体中一方面为了维系业已部分实现的自然需求；另一方面为了不断改造、提升自身生产活动，便产生了基于社会属性需求的价值，主要包括正义、秩序、效率、平等、民主等。

上述两类型的价值从发生学的视角来看均是为了对人权价值的实现、对人权保障有所推进。具体的协作性体现为三个方面。

---

① ［德］马克思著，刘丕坤译：《1844 年经济学哲学手稿》，人民出版社 2000 年版，第 105 页。
② 王孝哲：《论人的社会属性》，载于《天府新纶》2006 年第 1 期，第 27 页。

第一，各种价值在彼此制约中走向协同，最终减少人权保障的阻力，推动人权价值获得实现。价值主要活跃于应用价值的主体与相对客体的交互过程中。如当某个特定个人运用安全价值处理与客体自然界的关系时，其可以为了对抗恶劣天气、自然灾害利用自然资财建造防灾设施；而当该特定个人运用安全价值处理与其他人的关系时，其他人虽然从人的类型化角度判断应当拥有主体性，但是在这一具体关系中就处于相对客体的地位，而处于主体地位的个人可以以安全需求为由拒绝他人随意闯入私人住宅、采用强制手段对己方进行威胁、干扰等。但是，在价值的活动公式中，主体对于价值的使用是有边界的，这一边界便是来自其他主体及其他价值，而防止单一主体或单一价值无限度延伸，造成人权保障整体结构的失衡。

第二，伴随自然属性和社会属性的交融，推动人权价值意涵的不断更新。人的自然属性和社会属性是统一而不是互斥的，是相互融合而不是泾渭分明的，对应于价值方面也是如此。本书的界分并非意图表明自然性价值与社会性价值纯然相互独立，两者分隔地作用于人权保障。有关切分只不过反映出不同价值粒子在围绕自然属性与社会属性两根中轴的大致分布样态。价值也会随着人的属性互动而赋予自身新的内涵，如自由、安全等价值在单向度自然属性范畴主要指人意图脱离自然客观条件和不利因素的束缚，扩大实践范围、丰富实践种类，成为人积极从事生产的动力。在社会属性下，自由与安全等仍然得以应用，并且添加了在社会交往中约束他人、赋予社会权力或积极或消极义务的效果。

第三，创造人权保障的可实现环境，塑造人权保障的形态。价值的运作模式将决定人权保障具体展开的条件，这一点尤其体现于民主价值的运作方面。在以国家为最主要的社会组织体的现代社会，民主政体是否建立以及建立的形式将无疑影响人权保障的方式和程度。在奴隶制社会与封建专制体制的公权力话语下，"人不成其为人"[①]，虽然并不能否认奴隶社会和封建社会臣民能够在一定程度上确保自身的生存，在客观表现上具备了生存权的外观，但是政体民主性的欠缺决定了人只能保有最低限度的一种人权，并且这种权利的享有是不稳定的、也不以人的主体性为导向，只具有表象性。而现代民主政体的建立以人权为内在价值，无论君主立宪政体还是民主共和政体抑或其他民主政体，虽然对人权实现程度、方式不同，但本质指向同奴隶制与封建制政体大相径庭，人权中有关公民权利和政治权利的内容，是支撑民主价值的主要内容。而民主政治的制度基础——宪法，也型构了现代人权制度性保障的基本风貌。

---

① 《马克思恩格斯全集》（第 1 卷），人民出版社 1956 年版，第 411 页。

三、中国特色社会主义人权保障范畴与诸价值的冲突性分析

人权价值边界的扩展性与人权价值内构的复合性决定了，在人权保障的设计与运作中，必然涉及各个价值之间的以及各构成价值与人权主轴之间的交错。理想的状态是各种价值各自保持相当的分量，以相对平衡的状态实现人权价值最大化。但是具体语境的变化往往导致价值尺度应用的程度和优先性差异，某些"形式上普遍有效的原则"在"特定历史或特定空间中的片段"[①] 中，可能不被认知为有效或者相对于其他原则而言更加劣后。例如，"生命不受剥夺"可谓是一个普遍认可的道德原则，并成为生存权的一部分被吸纳入人权的理论系统中。但是，在我国刑法语境下，对正在进行行凶、杀人、抢劫、强奸、绑架等严重危及人身安全暴力犯罪正当防卫而剥夺犯罪人生命时，不承担刑事责任。[②] 该例证中，"正在进行"的"严重危及人身安全的暴力犯罪"就是用于判断"生命不受剥夺"是否适于应用的特定情境片段，其中暗含了价值冲突从生成到妥协平息的过程。

人权保障中的价值冲突主要表现为两种形式：第一种形式是，数种价值在具体运作中皆以人权保障为目的，其线性发展贴近于人权价值的方向。冲突产生于价值协同性，也就是在价值发挥作用时，基于各自边界划定而必然产生的交错区域。某一主体在适用某种价值时，该价值的边界一方面来自另一重价值应用的主体；另一方面来自作为个人集合体的社群组织与国家，本人、他人与社会共同体共同构成了三角制约的结构。其中一方对价值的运用延伸至一定程度，就会触碰另两方价值运用的"域"，达到临界时，越往外推进，来自另外两方的阻力就越大。在社会共同体适用某些价值的场合，边界阻力就来自各个构成共同体的元单位——个人。而作为制衡冲突的他方价值可以是不同主体应用的同类价值，如以不侵害他人自由为标准限制个人自由的边界；也可以是不同主体应用的不同价值，如为了提供国内人民共同需求的、实现人权的良好经济政治环境，以秩序价值限制个人自由的边界；还可以是相同主体应用的不同价值，即个人内心的衡量协调，如为了安全、效率，放弃部分自由价值。

人权保障价值冲突的另一重形式是价值相对于人权保障的异化。人权价值所涵盖的多种复杂价值，在人权保障的话语背景中，它们趋向于"人的主体性实现"这一目的，但是单独考察这一特定价值本身，其又以自己本身为目的。价

---

① 中国人权研究会：《构建人类命运共同体与全球人权治理》，五洲传播出版社 2018 年版，第 123 页。
② 参见《中华人民共和国刑法》第二十条。

值自身的成熟化可能造成人权价值的降等，导致人的主体性欠缺而产生背离人权价值的异化。这种异化一方面可能破坏对人权保障的特定面向，如"对集体认同的过分强调（则）可能会伤害到少数派和持不同政见者，他们的公民权利和政治权利将为集体认同感的复兴所侵害"①。此即为秩序价值背离人权价值的异化。另一方面某些价值下的权利则可能被转化为义务。例如，人类基于自身自然属性、社会属性而产生的生存要求与发展要求使人在进行物质生产之外，还专注于自体生产活动，即种族繁衍与自我提升。据此生育应当属于权利范畴，但是在一些人口老龄化危机严重的国家，一旦放任此问题发展，将造成劳动力流失、养老压力加剧等社会疲态，造成人权保障的物质资源供给能力衰颓。而此时国家为了守护共同体的维系价值，确保经济产出的效率价值，将不得不采取措施刺激生育。若采取奖励金、税收抵扣等福利正向刺激政策，尚可承认生育属于权利范畴；但若采取增加税收、罚金等负面刺激政策，生育便在事实上转变为一种义务，同人权保障的初衷背道而驰。为人权保障创造物质财富而过于强调效率价值，在产生唯效率论的功利主义倾向时，便极有可能侵害平等、秩序、自由等价值，并且最终将从"人的主体性解放"目的出发的手段导向"泯灭人的主体性"结果。总体而言，这种异化的倾向更多地存在于促进维持人权保障条件的诸价值中。

上述冲突的解决方式一般以制度性手段为主，非制度性手段为辅。非制度性手段主要包括教育、道德、舆论等基于社会关系与社会交往实践而产生的软性压力。制度性手段即以法规范的形式明示人权的行使不得超越一定限度，为价值冲突提供刚性解决途径。如我国现行宪法第五十一条规定，"中华人民共和国公民在行使自由和权利的时候，不得损害国家的、社会的、集体的利益和其他公民的合法的自由和权利。"在价值异化的场合，制度性手段不仅包括一次调控，还包括再分配式的二次调控。即不仅依据既存的制度资源提供价值磨合与回轨的指引，还可能涉及对现存机制的反思，最典型的例证即以维护公民基本权利为由而展开的合宪性审查程序。同时，笔者认为，在考量解决路径，所遵循的标准可以马斯洛需求层次理论为参考，优先维护基础性价值。在人的一切需求中，生理需要占据着绝对的优势，"假如一个人在生活中所有需要都没有得到满足，那么生理需要而不是其他需要最有可能成为他的主要动机。一个同时缺乏食物、安全、爱和尊重的人，对于食物的需要可能最为强烈"②。在生理需要得到满足后，人会在此基础上进一步要求获得免受危险、威胁、获得保护者的安全保障需求。进

① ［美］塞拉·本哈比著，黄相怀等译：《民主与差异：挑战政治的边界》，中央编译出版社 2009 年版，第 71 页。

② ［美］马斯洛著，许金声等译：《动机与人格》，华夏出版社 1987 年版，第 42 页。

而，如果生存获得保全，又较稳定地处于一个相对平和安定的环境，人便会呼吁归属、爱以及自尊，最终将追求自我实现，意图将自己的独特性、优势性完全发挥，以获取属于自身的精神意义。因此，解决方案的设计，特别是制度性设计可从马斯洛提出的生理、安全、社交、尊重和自我实现这五个递进层次的需求切入，规划一般情境下的优先价值序列，而对于可能出现的特殊例外，则通过程序性的救济、监督机制予以补全。

第九章

中国特色社会主义人权理论的基本架构

中国特色社会主义人权理论在中国特色社会主义理论包容下，与社会成员权利直接关联。本章旨在上述两个前提的基础上，统合中国特色人权观的诸种学说，宏观勾勒中国特色社会主义人权理论的应然结构，以便展开其具体内容。中国特色社会主义人权理论的结构基础包括中国特色社会主义人权的本质与性质，在两者共同框定的范围内，依据不同的类型延伸出有关人权主体、客体及其保障的内容学说。

第一节　中国特色社会主义人权的本质

一、中国特色社会主义人权本质论证的前提

中国特色社会主义人权的本质是指人权不同于其他近似概念的根本内核，它界定了"人"与"权"的组成。正因具备了某些特别的本质要素，才可与形形色色有关人的权利、公民权利、针对其他物种的关怀保障等名目众多的利益区别开来。同时，中国特色社会主义人权的本质内核也影响着人权在中国应有的呈现状态。有关中国特色社会主义人权的研究中，部分学者并未严格区别人权的本质与本源，或者直接将两者糅合，在语义逻辑上有不妥之处。人权的

175

本源与其本质相比，有着明显不同的切入点，它并非直接观察人权何以不同于其他近似的利益主张，而是探求人权最初因何而产生、又因何而为人所享有的问题。对该问题的回答将直接决定人权的本质，进一步决定其特征。例如，假设主张人权的来源是自然，那么人权的本质便指向人的自然身份和属性，人权的特征也就更倾向于某种扩大化了的普遍性。因此，分析人权的本质，首要前提是明确人权的本源。

有关中国特色社会主义人权的本源的诸种学说，主要有以下几类：第一，人权来源于"自然"。此处的"自然"又同资产阶级自然法思想家与自由主义学者"天赋人权"理念中的"自然"存在区别。在天赋人权的视域中，人权的来源是"自然法"。如洛克主张"理性，也就是自然法，教导着有意遵从理性的全人类"，尽管他无意于用上帝的意志干涉人的社会生活，却不自觉地将人权的根源导向了神秘主义，通过论述"人们都是全能和无限智慧的创世主的创造物"[①] 表明一个单独的个体无法通过向另一个体创造隶属关系而剥夺相关人权。在国内学者的观点中，人权的产生则并非一个从抽象到抽象的推演过程，人权的来源是现实存在的"自然规律"。从源泉性的角度，人权来源于人类维持生命、追求幸福与举止自由，这三大事实判断即构成人的自然属性。[②] 第二，人权来源于社会活动。持此立场的学者认为，人权仅能来自后天的社会交往，但具体是哪一类社会活动产生出人权又可以分为不同的学说，如斗争说、商品交换说、生产活动说等。例如，斗争说主张人权来自冲突争端中的斗争，而普遍尊严的理念也不能自动、自发的实现或在公众意识中蔓延，而是通过呼吁、革命等多种斗争方式实现传播。[③] 商品交换说主张人权来源于近代商品交换中对特权的反叛以及对平等交易、自主规则的追求。生产活动说认为，近代商品交换截断了人权的源流，人权在生产活动中产生，早于资本主义生产时期。只是在不同的生产方式和经济关系下，人权的内涵、表现形式有所不同。第三，人权来源于人性。此观点从 20 世纪 90 年代初期至今一直在学术界占据较大比重。它将具体类型的社会活动概括，进一步追溯至促使人产生一切社会活动的根源，也即人的社会性，并将其同人的自然性结合，共同构成人权的本源。人权的源头是"人的本质"的自我觉醒而不是"任何外界的恩赐"[④]。第四，人权来源于由人组成的现实共同体。该主张的代表理论为"国赋""法赋"人权说，两种理论均从人权的实现条件角度，将人权的根源视作最大程度

① ［英］洛克著，叶启芳、瞿菊农译：《政府论（下篇）》，商务印书馆 1964 年版，第 4 页。
② 刘志强：《论人权本原的双重属性》，载于《江苏警官学院学报》2008 年第 5 期，第 79~81 页。
③ 何志鹏：《人权的来源与基础探究》，载于《法制与社会发展》2006 年第 3 期，第 106~111 页。
④ 李步云、龚向和：《人权法的若干理论问题》，湖南人民出版社 2007 年版，第 33 页。

确保人权实现、防止其沦为空想的强制力。国赋人权说主张国家的正当性先于人权的正当性，特别是从我国宪法的语言表述来看，人权是国家的衍生，由国家所赋予。[①] 在国家没有产生的社会，或者尚未形成独立民族国家的区域，至少不存在成熟的人权。法赋人权说则主张，人权由法治保障，并且在我国的法治环境中集中表现为宪法下的公民基本权利。

上述诸种观点的根本分歧在于，对"人权本源"本身的起算点理解不同。关于人权开始孕育的时间节点问题，前文的观点主要体现了三种不同时间节点：第一，社会生活状态呈现出部分近现代人权的表象。当人类能够通过某些行为维系自身的生存和更好的生活时，就可以从社会中提取出"类人权"的思想。不要求人自身清晰意识到自身的行为是在"追求人权"，也不要求人向当时的社会共同体提出指向明确的要求。第二，产生具有类似近现代人权部分内涵的意识。如封建社会"民贵君轻""敬天保民"的观点，虽然本质目的在于维持阶级统治稳定，但客观上依然产生了维护臣民一定利益的效果，可纳入人权的萌芽阶段。第三，产生完全与近现代人权相符的客观状态与意识活动的总和。即在理论上人权已经基本和利益、权利区别开来，并具有初步体系化的内容。这三种立场对人权的把握口径从宽松到严格，因此对人权本源的判定时间点也呈逐步推后的趋势。

本书的立场是，考察人权的本源和人权的具体内容不同，应当尽可能地采取宽泛立场，从较早的时期寻找立论根基。原因在于，首先从发展由外延到内核的逆推来看，人权的本源正属于最初的收束节点。其次，人权不是一种纯粹的、突发性的技术性语言，而是通过深厚的历史变迁和理论积淀才形成当代的形貌。为了奠定中国特色社会主义人权框架的根基，在历史维度上，尽量延展性地看待人权，对近现代人权前身的考察极为必要。相较之下，自然来源说、社会来源说和复合的人性来源说更加符合人权本源的分析逻辑，而在这三者之间，复合说更具合理性。主流观点认为，"自然属性"一方面包含着与其他动物本能相同的"天性"，如基本生存、族群延续与个体的扩张性垄断资源冲动；另一方面包含着人特有的认识世界的能力与作出复杂价值衡量、传递更加精密行为指令的能力，有学者将之称为"天性、理性、德性"[②]。单一的自然属性可以培育有关人权的初步认知，但难以为其有序发展提供充足动力，无法将零散游离的自我实现意识转化为系统理论，人权就不能真正产生。这也是西方资本主义人权理论中的不足，人权话语中社会性的缺失被巧妙地用阶级利益弥补，而形成"少数人的普遍人

---

① 刘连泰：《人权的立论逻辑：〈国际人权宪章〉与我国宪法的比较》，载于《国家行政学院学报》2001 年第 2 期，第 51 页。

② 李步云：《论人权的本原》，载于《政法论坛》2004 年第 2 期，第 14 页。

权"这一矛盾状况。为了向这种有缺陷的人权理论提出反驳，社会来源说则走向另一个极端，即完全否认人的自然状态与自然属性，仅仅以社会行为、社会交往作为人权的根源。在这种情形下，人权并不考虑人自身的需求、愿望以及判断能力，人将逐渐成为令社会更好运转的部件，长此以往人权也将在无意义中走向消亡。实际上，自然与社会分别构成人权产生的内部条件与外部条件，自然状态必然向社会状态过渡，甚至作为"类"的人在存在的时候，社会属性就几乎和自然属性同时存在了。因此，中国特色社会主义人权来源于人的本身，即根植于人性之中的自然性与社会性。

二、中国特色社会主义人权本质的构成要素

虽已明确人权的本质应当从相应的人权本源中析出，既存有关人权本质的诸种研究中，有关人权本质的主流学说多为二元说，但关于其中的构成要素则存在两种不同的定义方式。第一种方式是不在人权本源与本质中搭建明确对应关系，从解释学的构词出发，拆解"人"与"权"，主张人权应当具备人道主义关怀与法意义上的权利。将人权的本质概括为一种权利基础上对人价值的主动认知，认为人权"具备权利概念的一般特征，所不同的只是加入了关于人的尊严和价值这一特定意蕴"[1]。其中，人道主义关怀占据第一性位置，而采取此方案的学者多倾向使用抽象概括的表述，并不设定人道主义的外延，学术界与"人"相关的多元理解均可被包容进其范畴。第二种方式是从自然性与社会性角度，提出支撑人权概念的逻辑内核，不直接与人权的语法产生关联。主要将人权的本质划分为有益与正当。从概括性的视角分析，有益指向对作为主体的人需求的满足；正当则指向对人意志判断的遵循。根据具体理解方式的不同，又可以划分出多种模式，其中较有影响力的学说包括利益—道德说、利益—正义说、利益—自由（意志）说、法益—道德说等。[2]

本书认为，法意义上的权利与人道主义的切分虽然能够较为直观地反映人权的组成，更灵活地吸收种类不同的解读，但外延过于宽泛，可能将一些本应属于人权的特性、具体内容、保障方式等领域的要素尽皆吸收入人权的本质，对层次性的厘清人权理论体系不利。同时，这种划分方式与人权来源的关联性不强，例如，"法意义上的权利"缩小了人基于自然属性而产生的大多非权利性诉求。另

---

① 夏勇：《人权的概念起源——权利的历史哲学》，中国社会科学出版社 2007 年版，第 23 页。

② 李步云：《论人权》，社会科学文献出版社 2010 年版；陈佑武：《利益与道德：人权本质的二元统一——论李步云先生的人权本质观》，载于《法制与社会发展》2015 年第 2 期，第 68～75 页；常健：《利益与自由：人权的两个内在维度》，载于《广州大学学报》2011 年第 11 期，第 14～19 页等。

外，权利与人道主义的要素之间互动逻辑淡薄，该种划分方式下的人权本质论易产生结构性危机。相比之下，有益与正当的划分是更加可取的思路，在该思路下的扩展性分析应当从以下三个角度展开。

第一，中国特色社会主义人权的本质是否能够以"人权的本质"分析代替。诸种本质论研究中，多数以概括的"人权"作为话语主体，既包含默认"人权"就是指"中国人权"的态度，也包含认为虽然存在诸多区分，但是在本质层面的理论分析上，中国的人权与域外的人权可以互通的立场。本书主张，首先，中国特色社会主义人权理论是人权理论的一支，有益与正当是各种不同的人权流派中共通的重要要素，从宏观上也足以构成中国特色社会主义人权理论的框架。其次，抽象的人权本质不能完全代替中国特色社会主义人权的本质，如果需要对"有益"与"正当"的含义、范畴展开具体分析，就必须将目光限缩至一国内部的历史环境。因为在不同历史阶段、不同社会制度的地域内，人们拥有不同的社会身份和立场，基于此，他们更倾向于维护自身阶层的利益，并且宣称这属于一种普遍的人权，以便凝聚更多的社会认同，将自我主张、群体主张上升为政策法律、国家意志打下基础。在资本主义人权理论中，无论古典自由主义和其后的实用主义、新自由主义，对于人权本质正当性维度的解读都指向抽象理性，进而将其转化为私有制、经济要素的分配，并且必须借助社会条件极度精简的虚拟假设构造理论模型，最终将人权的本质计量化。这种模式显然与社会主义国家所持的"自我实现"目标大相径庭。所以，本质的分析最终必须以"中国特色社会主义"的整体环境为落脚点。

第二，上述本质要素如何从本源视角推导而出。有益与正当从人权的人之自然性与人之社会性两端来源中析出，但这两对概念之间并非严格的一一契合。也就是说，有益并不单一地从自然性中推导而出、正当也不单一地从社会性中推导而出。从人的自然性角度，人的生存是人权存在的首要前提，由此产生作为人权核心本质的生存利益，并在此基础上形成了自由活动、不被他人奴役、占有资源的利益。同时，人作为自然存在物，与其他物种不同的理性能力使他们在思考与行动时形成自身的认识，用以判断行为与观念的外部环境。但理性只能发挥对经验性事物进行认识的客观判断作用，"理性的作用在于发现真或伪，真或伪在于对观念的实在关系或对实际存在和事实的符合或不符合"[1]。在改造自然的实践活动中，人通过德性判断能力，由自己的感性、印象组织自身的行动和思维准则，用以判断哪些行为值得采取、哪些资源更具有优先性等。此即是由自然性而形成的"正当"本质。从人的社会性角度，人在与他人的交往中，推己及人地

---

[1] ［英］休谟著，关文运译：《人性论》，商务印书馆1996年版，第498页。

希望从他人处获取对自身需求的尊重、希望所属的团体为自身需求的实现提供必要协助等，形成基于社会性的利益。又基于社会交往形式的发展、人与人之间观念的碰撞影响形成交往准则。因此，人的自然性与社会性本源与其衍生出的有益与正当本质两对概念之间，应当形成一种整体对应关系。

第三，上述构成要素的内涵应当如何解读。"有益"与"正当"是具备高度抽象性的表述，其范畴、内涵有必要进一步厘清。就"有益"而言，利益的表现形式是多样的，既包括物质利益，如获取劳动报酬、保障个人财产等，也包括精神利益，如平等地获得对个体尊重、行为与意志自由等。这些利益既可以是国家法律所规定的权利，也可以是法律没有明确规定的利益诉求。但是，这种利益的享有主体是作为国民的人，而无论其性别、职业、民族、社会地位、财产多寡，区别于要求特定身份的权利，也区别于以阶级地位为核心、以政治权利为主导的资产阶级人权。就"正当"而言，利益的诉求必须能够获得一定历史阶段内社会的普遍认同，而支撑这种认同的就是人道主义的道德理念，以对人主体性的承认为中心，包含自由、平等、秩序、效率等多元价值观念。由此可见，在具体解释上，"有益"与"正当"均应是既广泛又受限的。广泛是指，为了尽可能涵盖多种人权现象、人权意识的根源，对于人权本质的解释应当尽可能秉持宽泛的视角；受限是指，对于两者的解释必须在"中国特色社会主义"与"人权"的语境下展开，一方面防止在国家缺位、普世价值的角度解读，另一方面防止在宏观权利的角度解读，将人权泛化为一般权利。

三、中国特色社会主义人权本质要素的内在互动

中国特色社会主义人权的本质是"有益"与"正当"，它们并非从诸种描述中截取出的各自独立而毫无关联的两端，为确保我国人权理论敦实的基础底蕴，同时使其拥有动态发展的时代性品格，须厘清两者之间的内在逻辑关系。

第一个需要回答的问题是："有益"与"正当"之间的兼容状态是怎样的。两者之间的兼容关系大致呈现出三种可能的情形：第一种观点是有益与正当具备高度一致的方向，或者说，至少两个要素之间的天然共通与关联性要远远超出异质性，其间的微小摩擦仅仅是一种偶发现象。如有学者主张有益或者人权的利益向度代表着人权的客观方面，正当或者人道关怀向度代表着人权的主观方面，两者一体两面。[1] 第二种观点是对立冲突关系。在中国古代封建伦理的视角中，有

---

[1] 陈佑武：《利益与道德：人权本质的二元统一》，载于《法制与社会发展》2015年第2期，第71～72页。

益指向"利"、正当则指向"义"。在汉代正统儒学影响下，直到明清时期，官方宣扬的学说中"义"与"利"两厢对峙，时有矛盾。如董仲舒主张"仁"之士应当正谊（义）而不谋利，认为"民不能知而常反之，皆忘义而殉利，去理而走邪，以贼其身而祸其家"①。如果不加以教化，人天生本能地追逐养身之利，而忽视养心之义，因此需要通过礼教导民众轻利趋义，实现根本上的仁人化。如果说该时期尚不算完全的对立，只是过于强调义的地位，两宋之后，"义"与"利"就彻底地处于矛盾之中，甚至达到了存一去一的状态。"灭私欲""去人欲而存天理"等说法，已将利的正面作用完全抹除，在理论家眼中它反而被认知为阻挠人们成就真正人性的因素。第三种观点较为主流，为相互平衡说。如有学者认为"离开'利益'讲人情是没有意义的，也不可能正确理解在人权问题上经常存在的种种矛盾与斗争的实质。但是，人权又要受人们一定道德观念的支持与认可"②。这就造成一方面道德认可与利益需求共同塑造了人权的基本面貌，另一方面道德对利益的承认程度限定了人权的边界，人权在两者冲突中实现体系的自我控制。第一种观点对两者一致性的强调契合了人权本质的一部分特性，并未对解决有益与正当具体如何互动留下探讨空间。第二种观点则是过于强调道德正当性的作用，忽视了有益性对人权的塑造，将两者视为完全对立的两种元素，实际上架空了利益在人权本质中的地位。这样的立场无法产生真正意义上的人权，即使产生了类似的论说，也只是在矛盾碰撞中偶然诞生的一个没有稳定性的概念，不具有发展性。尽管该论说作为落后的封建纲常伦理在现代社会多数已被革除，但数千年的历史积累下形成的文化思维惯性使这一立场不自觉地对中国特色社会主义人权本质产生渗透，值得警醒。

本书趋向于采纳第三种观点，有益与正当均应是构成人权本质必不可少的要素，必须互相结合才能发挥作用。但是，有益与正当之间同样存在冲突，如"依照自身意志行动的自由"与"不奴役他人的正当性要求"就存在碰撞，这两者之间形成的交界，就是人权中自由向度最合理的边界。进而，有益与正当是基于层次关系的作用与反作用达成的平衡兼容，还是基于并列关系达成的平衡兼容，需要进一步厘清。本书的立场是，有益与正当之间不存在第一性与第二性的上下层次。因为，层次的预设代表着在理论的生成和运转中，处于第一层次的概念必然先于第二层次的概念发挥效果，第一层次是基础和根源，第二层次则往往发挥着细化概念系统外延的限缩作用。如果假设第一层次是正当性要求，那么只要不符合道德正当性判断的要求，就不必进入利益判明的流程，

---

① 《春秋繁露·卷九·身之养重于义》，中华书局 1978 年版，第 322 页。
② 李步云：《社会主义人权的基本理论与实践》，载于《法学研究》1992 年第 4 期，第 3～4 页。

而直接被排斥于人权之外。这样的预设将极大限制人权的内容，截断人权发展的动力。反之，假设第一层次是有益性要求，利益就是人权的根源性本质，而正当性判断就是控制人权范围大小的"阀门"。实际上我国学界也不乏基于"经济基础决定上层建筑""生存利益是根本利益"而赞成这一立场的学说。但利益含义的丰富性使其并不适合整体地作为人权本质的根基，只有其中有关维持生命、行动自由等关乎人类自然属性的利益能够发挥这种功能。在并列关系中，上述问题能够较为妥善地解决。有益与正当本身并无先后关系，只是其中的不同成分能够根据人权扩展出的具体类型不同比重地发挥作用。在早期传统文化中，也不乏诸如先秦儒家"义以生利、利以平民"[1]、墨家"兼相爱，交相利"[2] 等义利兼用的思想，因此从本土观念传承的角度，也是完全可以接受的。故总体结论为，有益与正当是人权本质中的一对并列要素，两者之间既存在一致性关系也存在对立性关系，并且两种关系在作用方面并没有明显的强弱之分，呈现均势平衡。

第二个需要回答的问题是：既然有益与正当能够实现并列兼容，那么就必须继续厘清两者如何在历史发展与时代环境中维系彼此平衡，促进中国特色社会主义人权的发展和实践。从动态的视角分析，在封建社会时期，生产力发展水平的低下使得确保基本生活成为人民的重要需求，思想家们提出的"保民""得民"均立于确保人民的物质生活之上。当时社会中的正当性认定一般包含家庭结构的维护、君主统治的稳固、道德礼义的自律。因此该时期，有关人的观念表现出浓厚的集体主义色彩。也因为当时的最高正当性是维护以君治国、以父治家的等级伦常，因此注定了无法催生现代意义上的人权，约束君主的政治权利尚处于沉睡之中。近代时期，随着域外思想的流入，关于人民与主权者的关系被重新定义，被纲常礼教压抑的参与政治、充实精神文化等利益诉求被整体社会意识所接纳，人权理论的内容得以极大充实。在现代时空背景下，生产力与生产关系的经济基础构成了利益诉求的物质背景，并被社会道德广泛认可。由此产生中华民族历史上一脉相承的以生存保障为优先的客观人权现象，进而延伸出"生存权是首要人权"的意识。而道德正当性在新时代也有了新的意涵，人道主义关怀从原先的国家对个人之尊重转向国家积极为人自我实现提供必要福利与条件。在这种新道德观念下，人民对于共同体的利益期待在原先不干涉的尊重基础上，又增加了积极援助的要求。总体上，人权理论的发展就是利益需求不断被道德观念认可为正当以及道德观念催生出新的利益需求的过程。

---

① 王守谦等译注：《左传全译》，贵州人民出版社 1990 年版，第 587 页。
② 方勇译注：《墨子》，中华书局 2015 年版，第 126 页。

第二节 中国特色社会主义人权的性质

中国特色社会主义人权的性质是其本质的自然延伸。如前所述，虽然本质要素中的两对概念始终保持互相作用，使人权理论体系具备螺旋式上升的条件，但中国特色社会主义人权的本质从概念上属于相对静态的描述，是奠定整个人权理论体系框架的楔子。而中国特色社会主义人权的性质属于相对动态的描述，反映了人权理论发展过程中的一般规律和理论塑造的方式，是人权发展的重要线索。在我国的语境下，人权的性质一般成对出现，彼此之间辩证统一。

一、中国特色社会主义人权和谐性与对抗性的辩证统一

在人权理论发源较早的资本主义国家，人权的对抗性特征远远压倒其和谐性特征。这是由于，这些国家的现代性觉醒的诱因，很大程度上是资产阶级的经济要求需从封建力量的压制中转换脱出。例如，英国的土地贵族很早就受到商业化的影响，试图融入资产阶级并通过圈地运动扩大自身利益。这种观念使资本主义国家人权在发展之初都延续着高度重视个人财产与自由的思想。洛克主张"任何人放弃自然自由并受制于公民社会的种种限制的唯一方法，是同其他人协议联合组成为一个共同体，以谋他们彼此之间的舒适、安全和和平的生活，以便安稳地享受他们的财产并且有更大的保障来防止共同体以外任何人的侵犯"①。即使在财产安全之外，资本主义人权理论也高度崇尚民主价值和政治权利，最初的根源依然是为了更好地形成确保自身财产的制度性话语。并且，古典自由主义者们反复强调"人民有权废除一个违反自己意愿、剥夺了自己自由的政府"②，高度重视民众基于"人权"对政府发动的抵抗，此处的"政府"多是广义上指代国家而非特定行政机关。资本主义人权理论对公权力保持着天然的不信任感，使人民与国家总是呈隐隐对峙的态势。而其中薄弱的和谐性特征往往体现于"公意"的形成方面，试图建构一个能够尽可能整合多数人观念的议事制度，在范围和内涵上都比较狭窄。我国的近代化进程则不同，其不偏向于阶级矛盾，而是以民族矛盾为原点被动开启，这一特殊史情虽然造成了人权观念发展的断代，但也赋予

---

① ［英］洛克著，叶启芳、瞿菊农译：《政府论（下篇）》，商务印书馆1964年版，第59页。
② ［法］卢梭著，何兆武译：《社会契约论》，商务印书馆2003年版，第5页。

了我国一个更加开阔、综合的视野。为了有选择地吸纳域外成熟经验并将之进行本土化改造，中国式理论观点中的和谐性特征更加明显，与对抗性特征辩证统一。

中国特色社会主义人权的对抗性特征主要表现为向外对抗与内部对抗两个方面。向外对抗主要指人权对公权力的防范，这一点同西方资本主义人权的特征是相似的。我国全国人大及其常委会是国家主权机关，其作为独立的、代表广大人民的机关，受到宪法的规制，以确保其确实地行使公共意志。以宪法总纲第五条"任何组织或者个人都不得有超越宪法和法律的特权"以及三十三条第三款"国家尊重和保障人权"为总体依托，建立了法规备案审查、行政诉讼制度等，加强合宪性审查制度建设。2017 年的人权白皮书也强调"明确行政权力边界""把权力关进制度的笼子""依法约束行政权力的行使"① 等。总体上，由于权力相较于人权而言，扩张性更强，对社会资源占有和分配的话语权重更高，为了保障人权而通过宪法和法律为权力设置防卫机制正是人权对抗性的体现。向内对抗则指向中国特色社会主义人权内部不同层次、各个要素之间的张力。人权不仅就结构外的要素（主要是权力）展开对抗，其内部不同层次的各个要素之间，也存在彼此对抗的情形。如前文所述，有关人权价值体系中不同价值在具体情境中的相互碰撞；人权本质中利益判断与道德判断的阵地争夺等。虽然在这种对抗中，个人、共同体、社会意识总是自觉或不自觉地作出取舍，其中若干要素被部分地舍弃，但是这种对抗带来的并非纯粹的负效应，甚至对于人权的可持续发展来说，它是必需的。可参考社会冲突理论的思路分析此类对抗，在正面意义上，冲突能够聚合和保护群体，充当群体的安全阀。② 在人权发展的场合，能够防止理论模式的僵硬化和极端化，在健康的冲突对抗中，一些旧有的、不适应具体时代需求的壁垒被解构，人权才得以不断向前发展。

中国特色社会主义人权的和谐性特征主要指发展目标的和谐性。在中国传统文化的厚重土壤中，"和谐"是占有极大比重的关键词，和谐性也是我国本土人权理论发展的独特特征。"君子和而不同"的主张，"致中于和"的追求，皆反映出一种朴素的系统要素有机结合观念。和谐性所反映出的特性并不是人权系统内各个要素在着力方向上的完全一致，也不要求人权同权力的无冲突化。其不意图从根本上消灭对抗性，而是承认良性有益的冲突，因此能够和对抗性共存，并构成对抗性的控制阀。人权发展特性的主题为，"不是为了对抗而对抗，而是为了和谐才对抗，否则这种对抗就有侵犯人权的风险"③。无论是人权与外部要素

---

① 国务院新闻办公室：《中国人权法治化保障的新进展》，人民出版社 2017 年版，第 8～9 页。
② ［美］科塞著，孙立平等译：《社会冲突的功能》，华夏出版社 1989 年版，第 17～24 页。
③ 陈佑武：《中国特色社会主义人权理论的基本范畴》，载于《人权》2015 年第 1 期，第 55 页。

互动还是人权内部各要素的互动，其动态发展始终以和谐而非失序为方向。换言之，一旦其中的对抗性要素超出了和谐性的发展目标边界，整个系统就面临失衡异化的危机，造成这种危机的过度对抗特性则需要加以控制。中国特色社会主义人权发展的和谐性主要体现在三个方面：第一，人权理论素材的融合。中国人权塑造的初期有借鉴性和拼接性特征，本土原生动力不足。为了更好地消化并黏合马克思主义人权理论、中国传统文化中有关人的思想以及资本主义人权理论的有益内容，中国的人权发展必然以和谐为导向，力求贯通三者，并形成自身的独创性立场。第二，人权内容的充实。和谐性使人权从探讨物质文明、政治文明向物质、政治、精神、生态文明共荣共生转变，催生了可持续发展视域下的环境权益、后代人文关怀等新型内容，丰富了人权的范围。第三，人权讨论视野的扩展。对对抗性的一元强调容易导致人权的视野集中于对立性要素更多的一面，也就是权力面，但是人权保障是社会系统工程，它不仅同权力，还同非权利性利益关联；不仅同国家，还同社会关联。而和谐性特征使人权在发展过程中能够进一步拓宽视野，将讨论扩散至人权与文化、宗教、自然等诸多关联性元素的互动中。人权和权力的关系不再拥有决定人权发展的比重，更关注人权和其他社会元素之间的作用，人权体系的包容性和扩展性获得增强。

总而言之，对抗性与和谐性是中国特色社会主义人权的重要特点，也正因为两者在人权发展历程中的有机结合，才使得我国的人权往往拥有成对出现、彼此协调的性质。它们既能够使人权在冲突中保持"活水"状态，始终获得发展，向自身灌注新的理念和精神，同时也让中国特色社会主义人权理论更好地融入中国特色社会主义理论中，防止人权成为单方面提防权力的利齿而导致社会结构的分崩离析。随着人权理论不断深化发展和实践，对抗将逐步向对话转变，人权与其他社会要素、人权内部的各种成分和价值，都将逐步以一种相对理性的非激进方式实现视域融合，最终巩固人的主体性地位。

二、中国特色社会主义人权普遍性与特殊性的辩证统一

普遍性与特殊性的关系问题是资本主义人权理论和其他派系人权理论（主要是第三世界国家人权理论）论争时的核心议题。目前国内主流的学术观点是，中国特色社会主义人权应当是普遍性与特殊性的辩证统一，但是对于普遍性与特殊性具体是怎样的属性、如何指导人权理论健康发展的论述不足，特别是对于普遍性的内涵存在差异性观点。本书意图从三个方面，分析中国特色社会主义人权理论中，人权的普遍与特殊两种性质。

第一，中国特色社会主义人权是否承认普遍性。在世界范围内有关人权的争

议中，最常见的一类话语攻防模式就是，一些资本主义国家主张后发国家缺少人文关怀、国内存在不同规模的侵犯人权现象，进而对这些国家进行指责甚至干涉。而这些国家的应对则往往以自身的特殊国情和历史发展阶段应对，在这种思维下进一步否认资本主义国家所主张的"普遍人权"，认为每个国家都有自身的"特殊人权"，以拒斥不正当干预。例如，在新中国成立初期，就有学者认为，虽然"人权"不是资产阶级的口号，但中国的人权和所谓"西方"的人权不同，"马克思主义并不一般否定人权，在人权问题上资产阶级搞人性论，而我们则主张阶级论"①。早期研究主要倾向为，资产阶级采用关于人性辩论，试图将自身的阶级利益扩散并渗透到其他阶级，因而创造了"普遍人权"的意象。我国若要培养正确的人权观，就必须抵御这种侵蚀，强调无产阶级利益与资产阶级利益的区分。因此，该时期，人权普遍性的对应概念为人权的阶级性而非特殊性，普遍性被认知为一种更偏向于阶级淡化的负面性质。② 在阶级矛盾主导的时代逐渐远去后，人权的普遍性才重新转化为中性性质，并被我国人权理论所接纳。有学者称，"承认人权的普遍性"是"由研究的功利性（目的是论辩）转为学理性（目的在于理论的系统性）后所取得的最重要的成果之一"。③ 本书同样主张，中国特色社会主义人权理论应当承认人权的普遍性。理由在于：一方面，人权的起源和本质决定普遍性是其应然性质。人权源自人自我意识的觉醒，自然性与社会性起源必然决定了人会依自身的认知判断追求生存以及幸福生活。这种意识的产生不分国别、种族，在一定的历史环境条件推动下，将自然地表现于外。另一方面，传统学说对普遍性的排斥发生于西方强势人权理论的冲击这一背景环境中。实际上，已有学者意识到"（西方）这个名称总是将自己与那些在政治上或者经济上比其他地区、社群、国民显得更为优越的地区、社群、国民联系在一起"，以便形成"假想的统一性"。④ 也就是西方式的"普遍"是先发资本主义国家为了巩固自身的话语优势而采取的隔离概念，只有直面、承认人权的普遍性并依照我国经验积极更新其内涵，才能打破"普遍—西方""特殊—非西方"的固化，使人权的普遍性与特殊性良性互动。

第二，中国特色社会主义人权所认可的普遍性内涵是什么。人权的普遍性是对不同时空环境下种种人权理论、观念中共性的统合，很难赋予其精确的描述，但是却可以为其大致划定方向。首先，人权的普遍性是宏观的，这是理解普遍性

---

① 程极明：《分清两种不同性质的人权观》，载于《南京师范大学报》1979 年第 3 期，第 28 页。

② 郭道晖：《论人权的阶级性与普遍性》，载于《中外法学》1991 年第 5 期，第 20～21 页；陈新夏：《关于人权的阶级性问题》，载于《北京师范学院学报》1991 年第 5 期，第 99～104 页。

③ 徐显明：《对人权的普遍性与人权文化之解析》，载于《法学评论》1999 年第 6 期，第 16 页。

④ ［日］酒井直树：《现代性与其批判：普遍主义和特殊主义的问题》，引自张京媛主编：《后殖民理论与文化批评》，北京大学出版社 1999 年版，第 384～385 页。

内涵的前提。它指向的是人权的应然、理想状况，并不是人权的实际实现状况和具体的制度设计。例如，当前世界，不同国家或多或少地存在种族歧视、宗教歧视、性别歧视等状况，但是不能以此为据，否认人权中普遍存在的平等价值。又例如，部分群体在当下历史时段没有充分享受应得权益，部分群体在一国享有充分的尊重在他国却受到歧视。同样不能以这种实例否认人权主体的普遍性。其次，人权的普遍性主要指向本源、本质、主体和核心价值的普遍性。"人类对事物本体、本源的追问，实际上就是对普遍性的追寻"①，从自然性与社会性中衍生的有益与正当之本质，是人权在根源上的普遍性。由此出发，在构造人权内容时，最鲜明地体现于主体与核心价值两个方面。人权的主体是人，而无论其国籍、年龄、性别、社会地位、财产等情况。同时，支撑人权内容的理念往往均包含对生命、自由、平等等利益的追求，这些利益也被诸如宽容、诚信、博爱等"共同的道德准则"② 所认可，形成人权普遍性的核心价值。

第三，中国特色社会主义人权中的特殊性内涵及其与普遍性的互动方式。与普遍性对应，人权的特殊性指向的是人权的实然状况，从中可以划定恒常的特殊性与暂时的特殊性两大分野。恒常的特殊性是指，不同人权理论对某一问题的理解将长期存在分歧，主要发生于人权价值的理论解释领域。如前所述，人权价值是在人的主体性基础上形成的包含复数价值的互嵌体系。其中包含正义、平等、自由、安全、效率等一系列相对抽象的概念。由于分析角度、分析方法的不同，对这些概念的建构呈现出不尽一致的面貌，并且每一种学说"往往都声称自己是绝对有效的"③。随着时代变迁，这些观点又演变出各自的亚种支流，呈现扩散性发展，较难达成调和。暂时的特殊性是指，以空间割裂的国别依据各自历史传统和现代化进程的不同，对有关人权的制度设计存在不同构想，人权的实现程度也存在分化，这些特殊性相比于前者，更容易也更快地趋向调和。例如，在资本主义人权理论面临经济危机、社会危机等打击下吸纳马克思主义理论的尝试和自我突破；第三世界国家参考资本主义国家的先发经验设计本土化的经济制度以促进经济、社会、文化权利发展等。在定义了普遍性与特殊性内涵的前提下，两者辩证统一的互动轨迹就相对明确了。普遍性偏向于事物之共性，特殊性偏向于事物之个性，两者之间毋庸置疑地存在张力。但是，普遍性需要通过特殊性达成具体的再现，否则它就仅能体现从感性认识抽象为知性认识的单向度进程，成为黑

① 张兴国：《从反思普遍性与特殊性关系看普遍性范畴的意义》，载于《哲学研究》2014 年第 2 期，第 22 页。

② 李步云、杨松才：《论人权的普遍性和特殊性》，载于《环球法律评论》2007 年第 6 期，第 7 页。

③ ［美］博登海默著，邓正来译：《法理学——法哲学及其方法》，中国政法大学出版社 2004 年版，第 261 页。

格尔所说的纯粹"抽象知性"，无法验证自身，也无法指导人权的发展。同时，依特殊性而各自流变的不同人权理念可以在互相对话中追求普遍目的，形成"文明相容的人权观"，"尽管文明冲突不可避免，但只要人类仍抱有继续繁衍下去和对美好生活的希望和渴求，文明冲突就是可调和的"。① 正因为赋予了普遍性以新内涵，中国特色社会主义人权理论才能够在这一性质的引领下积极融入国际人权保护的实践，与世界其他人权流派广泛交流，扩充理论疆域。也正因为我国的人权理论始终对特殊性有清醒的认识，才能不至于被强势理论侵夺自身立场，偏离中国特色社会主义的发展路径。

三、中国特色社会主义人权权利性与义务性的辩证统一

中国特色社会主义人权应当是权利性与义务性的辩证统一，如前所述，人权是一种在范畴方面控制更为严格的权利，并且这种权利主要在宏观层面活跃，影响各项社会制度的顶层方针。从人权的发源和本质角度，否认人权的权利性就相当于否认人权这一概念本身。人权具备权利性质已是各人权流派基本一致的结论。本部分将重点探讨不同理论派别间存在较大差异的人权义务性内涵，以及义务性如何同权利性展开互动的问题。

尽管在诸多资本主义人权理论中，并未明确讨论人权的义务性质，但从其理论结构与实践判例中得以推断，人权的义务性质主要体现于国家应为维护个人的人权承担义务，而回避个人对国家与社会的义务，具有片面性。以美国对于言论自由的保护为例，理论家们常常宣称他们身处"世界上言论最为开放的社会"，并盛赞"伟大的自由"②。尽管最高法院就针对仇恨性、攻击性言论的法案采取过不同立场，但总体上都抱持着宽容言论、限制规制的态度。在布兰登伯格诉俄亥俄案（Brandenburg v. Ohio）中，最高法院推翻了对公开发表种族、民族攻击言论的处罚，因为其尚未达到正在或急迫地激起非法行动标准。斯科基（Skokie）案中，针对斯科基当局颁发的一项旨在保护当地犹太人的禁止纳粹标识和游行的条例，最高法院以不正当地限制游行自由为理由而认定其违宪。③ 美国的法官们始终试图对宪法第一修正案作出理性且符合逻辑的解释，并为攻击性言论越轨的判定提

---

① 邓华：《简论人权普遍性的一种证成方式》，载于《人权》2016年第3期，第75页。

② ［美］安东尼·刘易斯著，徐爽译：《言论的边界：美国宪法第一修正案简史》，法律出版社2016年版，第155～156页。

③ 布兰登伯格诉俄亥俄案中，一位三K党人公然宣称黑人和犹太人应当分别被遣返回非洲和以色列，并使用了"黑鬼"的歧视性称呼；斯科基案中，斯科基是犹太人聚居地区，且不少犹太人来自纳粹集中营，1977年美国纳粹党宣布要在该地佩戴标志进行游行示威，当局遂颁布条例予以禁止。［美］安东尼·刘易斯著，徐爽译：《言论的边界：美国宪法第一修正案简史》，法律出版社2016年版，第155～156页。

供技术性的司法标准。这一做法本身值得肯定，但由于美国的人文信仰、人权精神中，对国家、社会向个人承担义务的强调远远超出对个人向国家承担义务的强调，导致标准制定的前提发生偏向，体现出对人权义务性认可不完整的失衡。

中国特色社会主义人权对于义务性的承认是双向的。我国既强调人权发展中，个人对于国家、社会应当承担义务；也认可国家、社会对个人应当承担义务。国家是直接的人权义务主体，此时人权的义务性体现于国家在国际与国内两个层面的动向。在国际层面上，积极参与国家人权合作、地区人权援助并根据签订的人权条约、公约履行项下义务。在国内层面上，国家立法机关须在民主集中制基础上进行决策，制定促进人权实现的法律，既包括积极行动意义上直接指向人权保护的规范，也包括消极不干涉意义上在立法过程中、实施后的自我审查，防止规范不当干涉人权。行政机关与司法机关则通过依法行政、依法审判将宪法与法律中的人权价值向次级规范传导。个人是间接的人权义务主体，此时人权的义务性主要通过个人对法律规范遵守而体现，也即个人的义务是在国家义务的基础上才得以发生。我国人权保障的纲领性法律文件——《中华人民共和国宪法》，在其第三十三条中明确规定"任何公民享有宪法和法律规定的权利，同时必须履行宪法和法律规定的义务"，这是个人间接承担人权义务的原点。人权对于个人的义务性要求主要包括支持和维系共同体以及尊重他人的人权。共同体的稳固是人权获得充分保障和长足发展的条件，共同体成员必须对其予以相当的尊重防止无政府主义的出现；而对他人的尊重则是在平等精神下确保某一个体所享有权利的限度不无端、显著超出其他个体的权利限度，也是"推己及人"的传统人文精神对提高人权大众化、增强人权意识社会接纳度的推动。上述要求，也正是我国现行《宪法》第五十一条所要求的不得损害公共利益以及不得损害其他公民合法权利的两个限制。

关于人权权利性质与义务性质的互动关系，国内学界的主流观点是，两者应当具有结构对应性、功能互补性与价值主次性。[1] 本书将在此基础上分别以冲突与协同视角，重新梳理两者辩证统一的逻辑。从冲突的视角分析，人权的权利性指向"授益"，而人权的义务性指向"约束"，在处理两者之间的内在张力时，应当以权利本位作为指导思想。人权的义务性是确保其权利性目的的手段，其对权利性施加限制的唯一正当性根源在于保证社会整体人权水平的进益。并且，在人权的构造中，权利本位应当指向个人、社会权利的和谐。若单一强调个人权利本位，就走向了原子式的个人绝对主义；若单一强调社会权利本位，就可能面临向集体本位以及义务本位转化的危机，舍本而逐末。从协同的视角分析，权利与

---

[1] 李步云、龚向和等：《人权法的若干理论问题》，湖南人民出版社 2007 年版，第 202 ~ 205 页。

义务是不可分离的。人权的义务性为人权权利性的延伸提供了必要的边界，而部分人权体现在法律上的权利也同时作为义务存在，如劳动、接受教育等。在现代人权的话语中，谈及权利必有义务，并且在利益衡量的角度两者的量级应当是大致相当的，当两者割裂开来或者一方对另一方拥有压倒性优势，人权的发展就是畸形的、不充分的。在封建社会和奴隶社会，权利与义务在主体上是割裂开来的，皇室、贵族与奴隶主享有充分权利，而平民、奴隶被课以过重义务，因而无法产生真正意义上的人权。在现代的一些资本主义国家，又因为过于强调至上的自由、绝对的权利，造成人权的权利性过当地超越了人权的义务性，实际上就是权利本位思想向绝对性的方向产生了异化，最终将导向强势群体借助公权力对弱势群体人权加以侵害的局面。中国特色社会主义人权保障体系的建设，必须在这种均衡和谐的视角下展开具体设计，防止宏观方向向制度落实转变过程中的离轨。

第三节　中国特色社会主义人权的分类

人权具有天然的抽象性以及宽泛的边界，常被学界认为是难以精确描述的概念，为了对人权进行体系化研究，国内外理论界常常采用的方式是特征性概括与类型化罗列并用。由此，依观察角度的不同，产生了有关人权的种种分类。不同的分类标准将影响探讨人权的领域、目的以及人权的实现方式。无论是我国本土的人权理论，还是域外的人权理论，其用以分类的标准都是近似的，包括人权的主体、表现形式、内容等，但所形成的类别和体系则各有不同。

一、域外主要资本主义国家人权分类及体系

在人权起源的历史时期，常见的分类要素是人权所关涉的利益内容，早期自由主义理论家皆采用此种立场。例如，霍布斯有关人权的论述中，明确提及了安全、自由、财产、平等四个层次。在序列方面，霍布斯赋予有关安全的人权最重要的地位，认为主权者的唯一正当性"取决于人们赋予主权时所要达到的目的，那便是为人民求得安全"[①]。在霍布斯的时代，对自由的强调主要体现于宗教自由、经济活动自由两个方面，而这两种自由的行使也必须以确保人民的安全为限。即人民在向政治聚合体要求自由之人权时，必须首先确保这一部分自由不属

---

① ［英］霍布斯著，黎思复、黎廷弼译：《利维坦》，商务印书馆 1985 年版，第 260 页。

于已经让渡的、用以维护"利维坦"的那部分权利。否则便相当于抽走了主权者用于维护人民安全、和平的权力，无法获得支持。财产权则主要指向人民的私产，从霍布斯所提出的保障措施角度，可窥见其重要性明显弱于安全。当人民的财产权被主权者因一己之私而侵害时，救济途径为依据公正的法律提出诉讼；而当安全没有获得主权者良好的保障时，人民拥有无限的反抗权，甚至可以脱离促使主权形成的社会契约。最后的平等权是用于衡量前三类人权"社会配比"的一项"人权"，它的效用相比于其他人权而言更具依存性，必须带入自由权平等、财产分配平等等语境才能发挥效用。又如，洛克将人权划分为财产权、自由权和平等权。

与霍布斯类似，洛克所倡导的平等权是一种在财产、自由分配上相对均衡的状态；与霍布斯不同的是，洛克认为财产权处于人权的第一阶层。因为自由权即使在自然状态下也不是放任，须受诸种限制。但财产权最为贴近人对于自身的自主支配，几乎没有限制。个人拥有其他任何主体都不具备的对自己身体的完全所有和支配，只要他利用这种支配从事劳动，"使任何东西脱离自然所提供和那个东西所处的状态，他就已经掺进了他的劳动，在这上面参加他自己所有的某些东西，因而使它成为他的财产"①。古典自由主义理念被近代许多人权文件所吸纳，如法国《人权宣言》第二条规定，政治共同体的永恒目的就在于维护人的自然且不可动摇的权利，这种权利即指代人权。并且进而说明，这些权利是自由、财产、安全和反抗压迫。由此可见，在人权借资产阶级革命而逐步开始形成体系时，其类型化的基础就是以各种价值所指向的利益。

在人权日渐体系化的背景下，有学者依照人权不同内容在不同时代活跃的情况，在依据人权内容的标准上进一步归纳，将人权划分为"代际人权"。较为主流的观点是 20 世纪后半期卡雷尔所提出的"三代人权"划分。第一代人权集中于公民权利与政治权利，主要活跃于启蒙运动和资产阶级革命时期，目的是对抗宗教专制、封建专制，当时的思想家们希望通过人权遏制旧贵族和国王对资本的垄断控制，构建有利于降低交易成本、推动市场自由化的新政治秩序。第二代人权集中于社会经济文化权利，受到社会主义思潮的影响，强调在经济结构和社会关系的背景下检视人权。第三代人权最初来源于对民族自决的呼吁，随着第三世界国家逐渐走向国际舞台，在内容上也更为驳杂，涉及全人类互相依存的和平、发展、环境等权益。在该类人权划分的基础上，还衍生出诸多变体，如有学者将三代人权分别称为消极人权、积极人权和连带人权；或将传统的第一、第二代人权称为自由权本位的人权与生存权本位的人权等。但是关于此类人权体系的分类

---

① ［英］洛克著，叶启芳、翟菊农译：《政府论（下篇）》，商务印书馆 1964 年版，第 18 页。

标准，相比于第一种体系的分类标准更加难以辨别。有论者主张三代人权的划分依据的是历史时期标准，认为三代人权分别来源于不同历史阶段，对应着美国和法国革命、俄国革命、第三世界国家兴起。但实际上，从理论发展角度，三代人权并没有严格的前后相继的关系，公民权利、政治权利和经济社会文化权利的区分，往往来自流派而非时间的差异；从国际法上普遍承认的角度，第三代人权早在 1960 年《给予殖民地国家和人民独立宣言》中就有所体现，而第一、第二代人权则集中体现于 1966 年联合国通过的两部人权公约中。又有论者提出，代际的划分标准是不同内容人权在体系中的地位，即一种类似"金字塔"式的分代，前一代人权是后一代人权的基础，后一代人权能够容纳并且发展前一代的人权。但是这种论证，夸大了政治权利在社会构成方面的作用，漠视了人类社会的基本发展规律，也被诟病。因此人权代际的分类和体系，目前仍然存在诸多争议。

人权初具规模和体系后，理论发展必然走向其保障，在人权法治保障的主流模式下，第三种分类方式应运而生，即在"法"的运用视野下对人权进行分类。常见的分类路径有两种：一是参考各国宪法或者有关人权的纲领性文件中对人权作出的列举式宣告，其类型与早期依照人权内容进行的分类相似。二是根据法律适用的实践就人权请求在法律中的表现形式，以及进入诉讼后司法所偏向的推理手段进行分类，如将人权分为人格权、请求权、物权、知识产权；[1] 又如根据审判中保护的优先级以及相关规范的解读方式进行划分，生命权等在审判中较少直接适用，但属于对于国家政治组织根基至关重要的根本性人权；经济权等属于具有具体权利性的人权等。除了上述三种影响较广的分类方法之外，还有从解释学上对人权现象进行分类；依照某些人权是否在国法中被明确地列举进行分类[2]等。总之，目前为止国际社会上的诸种人权分类及体系，各自具有独特的观察视角，也具有饱受争议的瑕疵点。但是这些分类，也将成为我国人权分类理论的重要养料。

二、中国特色社会主义人权的分类及体系

我国属于人权理论的后发国家，但是在人权体系化和类型化工作方面有自身独特的理论建树。根据我国的官方人权文件、相关人权学说，可总结出我国结合

---

[1] 徐显明：《人权理论研究中的几个普遍性问题》，载于《文史哲》1996 年第 2 期，第 3～11 页。

[2] 从解释学上分类为语言的、思想的、制度的三类人权，分别对应习惯性和感官性的人权现象；具有思辨性并形成理论流派的人权现象以及被国际法或国内法规定的人权现象。按照国法中有无明示列举则分为推定与规定的人权等。参见徐显明：《人权的体系与分类》，载于《中国社会科学》2000 年第 6 期，第 98～99 页。

域外人权分类经验及本国人权保障实践，提出以下四类主要分类方式。

第一种分类是依据多种标准进行综合划分，集中体现于我国早期的人权白皮书之中。1991 年《中国的人权状况》白皮书是我国首部人权白皮书，其出台的时代背景为，我国人权事业刚刚起步就面临国外人权理论的尖锐攻击。当时我国人权理论储备尚不充分，对于域外分类方式的借鉴较为僵硬。有学者据此将 1991 年人权白皮书的分类定义为"混合模式"[1]。综合性人权白皮书中对人权的分类大致包括生存权、发展权、政治权利、经济文化和社会权利、劳动者权利、宗教信仰自由、少数民族和残疾人权利、妇女儿童权利等。《2013 年中国人权事业的进展》对传统的混合模式进行了一定的修饰，将人权划分为发展权利、社会保障权利、民主权利、言论自由权利、人身权利、少数民族权利、残疾人权利和环境权利。在标题的言辞表述上，进一步凸显了类型化色彩，但是依然属于复合标准分类。其中生存权、发展权、宗教信仰自由等采用的是内容要素分类标准；而政治、经济、社会权利等采用内容性质分类标准；劳动者、少数民族、妇女儿童权利等采用主体分类标准。除此之外，早期人权白皮书中还专设了司法保障、计划生育等严格来说不属于人权分类的章节。虽然对我国的人权状况进行了有针对性和全面性的描述，总体上依然不是一种成功的混合。

但是这种模式的理论贡献在于，将生存权从域外人权理论共通的朦胧状态明确提出，并认定其为"首要人权"。美国《独立宣言》中虽然指出："我们认为这些真理是不言而喻的：人人生而平等，他们都从'造物主'那里被赋予了某些不可转让的权利，其中包括生命权、自由权和追求幸福的权利。"然而，生命与生存的含义毕竟存在差别，在美国宪法及其人权理论中对生存权也未着重强调。古典自由主义人权理论中，霍布斯与洛克均提到了在自然状态下人们拥有生存的权利，但两者皆将其作为一种自然、客观、不证自明的现象，将保障生存的条件如安全、财产视为一类人权，[2] 而并未将生存单独视作人权的类型。实际上，生存权是其他人权的基础，在生存权无法确保的情况下，作为人权需求客观承载主体的"人"也将不复存在，其他人权也失去其意义。同时，生存权保障所指向的价值多元，因此不适宜用安全、财产等任何单一性要素取代其在人权中应当享有的单独分类。

第二种分类是依据人权的内容进行划分，集中体现于我国宪法之中。这种分类方式所涵盖的"人权"是一种在范围上更加狭窄的人权，类似于域外在法治视角下的特殊分类。因为，"从两者的性质上看，'基本权利'一般来说就是写

---

① 周强：《浅析人权白皮书中的人权话语及其变迁》，载于《广州大学学报》2015 年第 3 期，第 27 页。

② 岳钦、赵全东：《第三代人权之实现与政府职能转型》，载于《法制与社会》2011 年第 2 期，第 150 页。

在宪法上、为宪法所实定化的'人权'"①。1954 年宪法形成的分类是，中华人民共和国公民享有政治权利，宗教信仰、言论、游行、出版、集会、科研、文学创作等方面的自由权，人身权，劳动权，社会保障权，受教育权等基本权利，并统合于"公民基本权利和义务"一章中的首条，即"公民在法律上一律平等"的原则性权利之下。此结构奠定了我国宪法中人权分类的基本格局。其后 1975 年、1978 年、1982 年宪法在基本权利的容量方面有所调整，但类别总体上依然是贴近于 1954 年宪法已然确立的模式。

第三种分类是依据人权的主体进行划分，形成个人人权、集体人权的结构。个人人权是将每一个单独的个人作为一个主体单元，也就是自然人所享有的人权。它是最易将抽象的自然预设转换为现实制度，并且借由不同形式规范落实到现实社会的一种类型，能够顺畅地实现从某一段客观人权现象到人权理论，以及从抽象人权理论到具体社会关系的双向推演。例如，依据言论自由的人权，可以演绎为特定情境下任何一个具体的自然人，在遵守同等的对他人以及公共利益的尊重的信条时，都可以享有言论自由权。反之，某国达到一定数量具体的自然人均享有法定自由发表言论的权利，这一客观人权现象出现时，可以归纳出在该国言论自由权作为人权的状况。集体人权的享有主体则是群体，其中又存在两种细分，一种是特殊社会群体的人权，如老年人、残疾人、妇女、儿童、少数民族等群体；另一种是民族人权，也有人将其称为国家人权，其最初和被最普遍认同的内容为民族自决权，其后又扩容包含了和平权、环境权等。虽然一些国际人权文件在内容上已客观体现了集体人权，但是域外的人权分类理论往往倾向于否认集体人权的类别，因此这种分类方式主要在国内活跃。相关的质疑包括易于导致集体性压迫，以团体义务取代个体权利等。域外理论研究者指出，"试图把个人对于社会的义务看作集体权利，不亚于试图把所有社会责任削减为与个人人权相联系的义务"②。但笔者认为，这些困惑指向的目标应当是不同种类人权在体系内的层级和相互作用关系，并不能否认此种分类方式的科学性。并且个人与集体人权的分类也恰恰契合了人权权利性与义务性的统一，因此在秉持此类人权属性的国家，该种分类方式也最具发展潜力。

第四种分类是依据人权的表现形态进行分类，将人权分为应有人权、法定人权和实有人权。③ 应有人权是人权的原始形态，在诞生之时起其就以应有的形态

---

① 林来梵：《宪法学讲义》，清华大学出版社 2018 年版，第 301 页。

② ［美］杰克·唐纳利著，王浦劬等译：《普遍人权的理论与实践》，中国社会科学出版社 2001 年版，第 171 页。

③ 李步云：《论人权的三种存在形态》，载于《法学研究》1991 年第 4 期，第 11～17 页；李龙：《人权模式论》，载于《武汉大学学报》1993 年第 1 期，第 54 页。

存在于社会中，受到一般社会观念、道德意识、组织规约、客观社会关系等非强制性力量的支撑。法定人权是以法的形式（一般是宪法）所展现出的人权，受到国家强制力的明确保护。实有人权则是通过法的实施、社会关系实践等已经为人所确实享有的人权。这三类人权可同时存在于一段历史时空中，但彼此之间呈现递进关系，三类权利之间的量化比重可以成为衡量一个国家人权发展和人权法治保障的重要指标。

总体而言，上述四类本土化分类标准与前文所述的域外分类标准同时存在于我国的人权理论界，如何有选择性地采纳不同标准，搭建我国人权体系基本结构尚需进一步论证。

三、中国特色社会主义人权的类型化分析

中国特色社会主义人权如何选择自身的类型化路径，必须展开的前提性讨论是，该种标准的选择是单一的还是复合的，抑或是并列的。首先，人权分类标准的选择取决于人权分类的目的，从人权类型化的历史来看，其目的是多元的，包括厘清人权的历史发展线索、明确人权规范的结构、探讨人权保护的现状，等等，从多元目的性角度考察，人权分类标准的选择必然配合其目的呈现出多样性。其次，前述所涉标准包括人权的具体内容、人权内容的性质、人权条款在宪章或宣言中的位置、人权在社会中的表现形式、人权的享有主体，等等，这些标准之间不是互斥关系。以我国宪法为例，现行《宪法》第三十四条规定，我国年满十八周岁的公民享有选举权和被选举权，以人权内容及其属性标准，该权利属于政治权利；以人权代际标准，该权利属于第一代人权；以人权享有主体为标准，该权利又属于个体人权。并且，选举权与被选举权条款的具体含义为，任何公民只要年满十八周岁并且未被法定程序剥夺政治权利，就有依照自己意志参与选举的权利，这种权利不受任何非正当干预，也不受政治、社会地位的影响。于是，选举权与被选举权又内在地包含了自由权与平等权的意涵。由此可见，同一人权类型可以在依据不同标准而构造的不同体系中同时出现；同一标准所形成的独立人权体系中，不同人权类型的域也存在重叠交错。因此在理论研讨、制度设计时，以研究目的为出发点，可以择取不同的标准，必要时也可以将多种标准组合适用。

我国的人权类型化也确实秉持了该种立场，从学术与实证角度灵活采取多种标准，形成了不同的人权类型体系，就目前的分类展开分析，可以归纳出我国人权框架存在若干结构性偏差，具体表现为以下几个方面。

第一，生存权在宪法文本中的分散、缺失。在白皮书、国内主流人权研究

中，我国人权分类的重要理论贡献就是将生存权作为一项单独且基础性的人权类型。"生存权是首要人权"的论断已为官方政治性文件和国内理论学说所普遍接受，但该类型的意义却未能获得宪法名目的直接体现。有学者指出，生存权拥有国家独立和基本生活条件满足等复合性内涵，而国家独立不适于作为公民的基本权利体现在宪法第二章中。① 生存权处于两种人权域的交叉点，并且不同于选举权等人权，生存权不具有导向国家独立或者基本生活保障任何一方的明确倾向。生存权入宪的方式虽然多元，但其以基本生活条件的保障权和生命权的形式在公民基本权利一章单独予以规定是完全可行的。例如，《日本国宪法》就曾经规定，"一切国民均享有维持最低限度的健康的文化性的生活的权利，国家必须在一切生活方面，努力提高与增进社会福利、社会保障以及公共卫生"②。我国若尝试将生存权引入宪法文本，弥补这一结构性缺失，一方面将促进中国特色社会主义人权理论与宪法领导下的人权保障法治化有机联动；另一方面通过宪法的纲领性规定为国家设置了保障生存权的立法作为义务，促进人权法体系的完善。

第二，人权扩展动力不足，宪法中的人权列举无法为应有人权、法定人权和实有人权的分类预留空间。"应有人权是本来意义上的人权，它是现有人权的基础，并且是评价现有人权的基本价值的尺度。法定人权是应有人权的法定化、制度化，人权的实现经历了从应有人权到法定人权再到实有人权的过渡"③。我国观念人权到制度人权的变迁方式应当是理论发展成熟后进入制度领域，通过制度的施行而实定化。同时随着社会的发展，原本进入制度领域的人权可能产生观念上的新内涵、衍生新的子人权观念，由此形成新的"应有人权"，再通过上述逻辑链重新开始从应有人权到法定人权的转化。其中，由"应有人权"到"法定人权"的变迁在我国几乎只有宪法修改这一陡坡式的流变。这是由于尽管呼吁宪法解释，推定未尽权利的理论策略不胜枚举。但我国宪法变迁形式在客观上比较单一，宪法文本中也未明确指示未列举基本权利的推定可能性与方式，致使作为我国应有人权与法定人权连接口的公民基本权利范围相对封闭、固定且狭窄，三种人权类型递进式转化的循环便极为缓慢。

第三，宪法主要采取了依人权内容划分与依人权主体划分两种方式，但存在具体类型的缺失。我国现行宪法第二章的前半部分，以列举的形式设置了若干项权利，而后半部分则规定有关弱势群体人权保护的内容。在以内容为标准的类型列举中，财产权的专门保护不足。首先，财产权作为一项人权，属于公民的基本

---

① 上官丕亮：《生命权应当首先入宪》，载于《法学论坛》2003 年第 4 期，第 101 页。

② ［日］大须贺明著，林浩译：《作为具体权利的生存权》，载于《外国法译评》1999 年第 4 期，第 1 页。

③ 吕世伦、薄振峰：《论人权的几个对应范畴》，载于《金陵法律评论》2004 年第 1 期，第 23 页。

权利，也具备了进入宪法的成熟理论条件。其次，公民私有财产的保护与社会主义公共财产神圣不可侵犯并不矛盾，现行宪法总纲第十三条第一、第二款即规定了"公民的合法的私有财产不受侵犯。国家依照法律规定保护公民的私有财产和继承权"。最后，在公民基本权利中再次规定财产权并不会造成宪法结构的烦冗。事实上，总纲中规定了人民行使国家权力以及民主集中制的相关内容后，在公民的基本权利一章依然规定了相关的公民政治权利。因此只要采用适当的立法技术，在宪法第二章增设财产权条款，认可其作为公民基本权利的性质，对于补全我国人权体系类型而言是有益的。

总体而言，我国人权的类型化工作大致可以分为两个层次。第一个层次是理论层次，以相对明确的叙述划定特定历史时期内的人权内容和范围，便于学理研究；第二个层次是实证层次，确定人权的适用形式、保障规则等，便于制度设计。而上述结构性偏差的根源就是理论层次的类型化成果与实证层次类型化成果衔接脱节，其解决路径应当从学理上粗放向精细的重塑与实证保障制度的再设计两个角度展开考察。

第十章

中国特色社会主义人权的构成要素

中国特色社会主义人权的构成要素是该理论体系中承上启下层次的内容。其上承中国特色社会主义人权的本质、性质，并基于不同的类别形成差异性视角下的多面构造；同时下接中国特色社会主义人权的实现与保障，其具体构成将决定人权在我国的实现形式、条件和制度手段。

第一节　中国特色社会主义人权的主体

主体在哲学意义上包含决定力与能动性的含义，代表了特定利益的归属。人权主体是人权的首要构成要素，一项符合一般社会道德观念的利益能否成为人权，往往考察其能否为社会的不特定成员所主张。人权的内容由主体决定，因此人权主体的研究是人权构成要素研究的出发点，人权形成不是一个将既定客体的支配、控制"分配给谁"的问题。在人权伴随着利益诉求多样性的扩充过程中，人权的主体也在悄然变迁。

一、中国特色社会主义人权的个体主体要素

个体作为人权主体的地位是不言而喻的，人权发源于个人的利益诉求，并在实现阶段最终为个人所享有。从资本主义人权理论的视角考察，无论古典自由主

义还是新自由主义，抑或实用主义人权流派，对人权主体的定义均以抽象的"个人"为主。该类"个人"是纯粹智慧集合的预设，他们不受特定社会条件的制约，思维也不受历史文化环境的影响。显然，在现实生活中，这种个人并不可能存在。因此，资本主义人权理论面临的最大问题就是理论假设和现实条件的鸿沟。各种人权宣言均申明，人权的行使"要受民主选举出来的立法者制定的法律所限制"，也就将人权行使和政治共同体关联，而人权主体也就沾染了浓厚的政治色彩。现代性使得国家成为人权最权威的表达者，人权主体潜移默化地与国家公民重叠了。① 造成的后果是，尽管人权宣示了每个作为"人"的个体平等享有权利，但是共同体的缔结往往借助了农民阶级作为破坏旧秩序的力量，而且在构造社会契约时，也未能赋予这些由农民转化而成的工人阶级以参与其中的能力，大量群体被隐性地排斥出人权中"个体"的范围。因此在完善我国相关理论时，人权主体的探讨依然必要。结合当前的社会现实问题和理论更新进程，中国特色社会主义人权的个体主体要素应当从以下两个角度展开分析。

第一，个人主体性地位证成问题。证成人权的个体主体地位，就是区分个人、公民、国民等不同语境下指代人权个体主体要素的称谓，厘清从人权理论到国家人权保障实践的过渡。"人权创设了政治结合，政治结合又把人变成了公民"②，最终产生的困境包括：一是由于人权宣示和实际政治水平的差异，"公民"身份不能容纳全体国民。该问题更多的属于历史遗留，如妇女的参政权得不到保障、种族歧视、少数民族问题等，在法治变迁中，这部分问题大多已经得到解决，法治实践同理论设想正在逐步靠拢。二是外国人是否被视作法律上的人权主体问题。在理论上，人权的主体以具有自然与社会双重属性的可辨识个体为基础，外国人与本国人之间以国籍区分，并不涉及"人"的主体性要素，自然同样属于人权主体。但是法律上，在现代以国家为基础的全球构造中，个体主体在实证层次上常常被限定于国民或者公民。例如，日本宪法中，基本人权的享有为"国民"，美国宪法中，权利主体指向"合众国人民"等。从表面上看，作为人权理论走向人权实践的重要端口，宪法的权利条款对外国人并不完全开放，似乎造成外国人人权主体地位在法律上的动摇。

从法的体系构造中，存在引入外国人主体的可能性。首先，《联合国宪章》宣示人权的主体是"全体人类"，要求会员国采取个别或合作的形式达成人权保护的目标。联合国人权公约体系下，人权主体也并未作出本国人与外国人的区分，从履行公约项下义务的角度，外国人的人权主体身份必须合乎逻辑地引入本

---

① ［美］科斯塔斯·杜兹纳著，郭春发译：《人权的终结》，江苏人民出版社2002年版，第94~99页。

② 曲相霏：《人·公民·世界公民：人权主体的流变与人权制度的保障》，载于《政法论坛》2008年第4期，第22页。

国法系统。其次，从我国宪法的结构来看，"基本权利"作为人权的宪法表达明确归属于"公民"。但同时，宪法第三十二条第一款规定，我国"保护在中国境内的外国人的合法权利和利益，在中国境内的外国人必须遵守中华人民共和国的法律"。该项规定位于总纲部分，对其后章节具有统领性作用，因此第三十二条的精神可以被引入整个第二章的理解，但是，需要对应的宪法解释制度予以支撑，我国目前则缺乏此类实践。最后，我国的法律、行政法规与部门规章，也不乏关于外国人权益的规定，人权保障也就从宪法精神逐层传递于部门法之中，促成外国人在中国客观享有人权的现象。因此在理论上，外国人也属于人权的个体主体，在实践中，尽管存在一定困境，但制度路径也大体畅通。

第二，个体作为人权主体的内在意义。早期的人权理论中，个体作为人权主体的价值在于其生物性与自然性，即基于生物属种的生命价值，中国特色社会主义人权理论中，生存权作为首要人权的意义也在于此。因为只有当个人维持生存、作为生命体活动时，才有可能进一步从事智识活动、产生社会关系、提出人权要求。换言之，人权的个体主体指向"自然人"。近年来，理论界越发重视个体"生命主体"意义向"人格主体"意义的转化，[①] 也即个体的人享有人权，并非基于其生命活动，而是由于其拥有完整人格。美国屠宰场案的判决中，就扩大了宪法第十四条修正案的适用范围，将公司纳入"美国公民"的范畴，[②] 承认了法人拥有人格，因而具有主体地位。国内有学者也指出，"如果不给予法人以人权主体地位，则不能使法人的权利获得人权条款的保障，这至少在自然人和法人之间制造了区别对待的条件，同为法律上人格而不能获得法律上平等，这是有悖于人权理念的"[③]。本书主张，法人虽然拥有实体，但是其人格属于法律拟制，在民事领域可独立行使权利并承担义务，但是这种权利不必然需要扩展至人权领域，为法人冠以人权主体之名。理由在于：首先，法人与自然人的利益诉求存在部分重合，但总体上在道德人权产生阶段就存在巨大落差。并且，法人作为单独实体所追求的利益，无法以人权的形式归属于组成法人机构的自然人，法人权利与人权之间没有畅通管道。同时，各国的经济、民事制度差异相较于宪法基本权利内容的差异而言更加明显，政策波动性较大，法人人权缺失相对普遍的基准，并不适宜纳入人权体系中，其救济途径也不必上升于宪法层面。否则将不适当地造成人权主体泛化，冲击人权的源泉与本质。其次，法人缺少人权主体所要求的人性要素。法人实体也不具有社会关系形成中的主动性，其民事、经济活动追根溯源依然来自组成法人的自然人。同时，法人由其权力、执行、监督等机构组

① 徐显明：《人权主体之争可引出的几个理论问题》，载于《中国法学》1992年第5期，第37页。

② 参见 Slaughter – House Cases, 83 U. S. 36, 77.

③ 徐显明、曲相霏：《人权主体界说》，载于《中国法学》2001年第2期，第57页。

成，而无论是这些机构本身还是复数机构的结合，都无法赋予法人以人类自然属性中的天性、德性等认知、判断能力，抽去了人权主体的自然根基，不符合人权主体的整体结构。

总之，人权主体首先指向个人，其主体要素中个体构成了基本单元。但是，个体在不同的语境中所容纳的身份内涵存在差别，进而造成即使在个体语境中，人权的主体也具有相当大的弹性。中国特色社会主义人权理论的个体主体应当广泛容纳具有不同身份的个人，并尊重其独立的人格地位，但是对于仅仅法律拟制的人格主体，从人权原理角度考察则不必吸收。

二、中国特色社会主义人权的集体主体要素

集体作为人权主体的观点是于第二次世界大战后兴起的，其在我国发展的背景包含两个方面。一方面是历史学说的积淀，与资本主义学说相对的社会主义流派中普遍存在偏向集体的价值取向，它们尊重个人权利，但同时，这些理论也十分关注经由个人合理集群、分工而产生的叠加效应，通过集体福祉增进的方式促进个人权益的最大化保障。例如，空想社会主义流派推崇由关涉个体最少的家庭协作社开始，再由复数的协作社形成"光明的、单纯的、团结的和有理性"的社会大公社，消除差异性的个体奖惩、劳资关系中的欺骗与混乱。[①] 又如，科学社会主义流派中，列宁在对马克思主义人权思想的发展中提出，"马克思主义政党要求政治的、工会的、合作社的、教育的或其他性质的一切组织中的各族工人融合起来，把各民族无产者之间的联合看得高于一切"[②]。这些社会主义思潮与理论，为我国人权理论中集体主体的承认铺设了原理基础。另一方面是基于世界大战的反思，战争造成了大规模的人权侵犯现象，使人权问题借由战争中的人道主义这一话题走向国际社会。与此同时，各国人权意识的发展也使人权进入以主权国家为单位的对话平台时，产生了诸如全人类的和平、发展等新意涵。

相较于域外学说，中国的理论环境对于人权集体主体的存在性接纳度较高，但依然存有争议，理论界对于集体是否拥有人权主体的地位，存在三种不同立场。第一种立场是认为集体属于人权主体，因为部分人权仅在集体活动中才具有行使的必要和可能，且这种权利已作为公民基本权利体现于我国宪法之中，如游行、结社、集会。同时，部分个人能够形成长期稳定的聚体，如民族、政党、阶

---

① 柯象峰等译：《欧文选集》，商务印书馆 1984 年版，第 15~24 页。
② 陈波：《马克思主义视野中的人权》，中国社会科学出版社 2004 年版，第 161 页。

级等，这些聚体以自己的名义提出具有己方特征的人权要求。① 第二种立场是认为集体不应作为人权的主体，理由在于，集体是个体的聚合形态，因而不具备人性这一主体资质。其不过是由个体人权实现过程中的手段性产物，不具有原生性和先国家性，源于技术性设计，最终的落脚点依然为个体，因此不具有承载主体地位的独立价值。② 第三种立场相对折中，认可国际集体人权而否认将其引入国内人权体系。持此立场的学者主张，集体人权在国际领域指向的是反对帝国主义、霸权主义，争取民族自决与平等的权利。在我国的法律结构中，存在集体权利，但是没有必要将其上升为集体人权，否则将混淆人权的功能与国际集体人权的功能，造成概念主体的泛化。③

本书认为，论证中国特色社会主义人权理论是否有必要吸纳集体主体，首先应当从"集体"的概念开始澄清。前述立场差异的根本原因在于对"集体"概念解释的区别。在关于集体作为人权主体资格的论述中，至少出现了两种关于"集体"的理解。一种是个体在一定数量上聚集形成集体，即强调量的累积；另一种则是具有类似"属种"性质个体的有机结合形成集体，即强调质的变化。从人权理论要素组成的角度，后一种解读更为可取。基于量而形成的集体适用于现象化的评论场合，例如，某国、某省市、某民族人民的人权享有状况等。"数量"是考察人权状况时可自由控制的一个变量，属种特征在该类情况下不是形成量性积累集体的必要条件。由此形成的集体是既不稳固也缺乏共性，不适于作为人权的构成要素。基于质而形成的集体在一定时期内具有稳固性，难以轻易解体，并且集体中成员具备一致的特征，这些特征将影响成员个体对人权的行使或要求，初步具备了成为主体的实体结构。该类"集体"能否作为适格的人权主体，关键在于其能否保持同人权本源与本质的贯通。首先，基于属种共性而形成的集体不是技术上的拟制而是一种客观的存在，能够形成类人性的集体意识，在集体的利益诉求产出中扮演重要角色，这一集体意识是否明显、独立，以及是否影响该集体成员在诉求与自然性和社会性关联密切利益时的条件或举措，可成为判断某一集体是否构成人权主体的指标。以国家为例，该集体的成员——一国的人民，受到本国生产力水平、文化精神传统、历史经验的影响，对于自身应当追求的利益，以及不同利益之间的价值衡重存在相对集中的趋向。正是由于集体主体意识的差异，不同国家的人权内容也存在区别。其次，特殊群体作为"集体"

---

① 陆德山：《也谈人权的主体》，载于《中国法学》1992 年第 2 期，第 22～25 页。

② 华燕：《"集体人权"的虚幻——对"集体人权"概念的检讨》，载于《齐齐哈尔大学学报》2012 年第 3 期，第 18 页。

③ 张文显：《论人权的主体与主体的人权》，载于《中国法学》1991 年第 5 期，第 26～30 页；张文显：《人权·权利·集体人权》，载于《中国法学》1992 年第 3 期，第 116～118 页。

而成为人权主体适格性取决于平等精神的践行。某些群体由于自身生理条件、社会历史遗留问题等因素，在追求与自然性和社会性相关利益时，有着天然弱势。为了削减这些群体的弱势造成的阻隔，国家往往为其提供倾斜保护。这是确保每个社会成员在实现人权方面的机会平等，是对基于人性直接形成的原则性价值的实质践行，因此这种"差别对待"并不使特殊群体的主体适格性丧失。

三、个体主体与集体主体在中国特色社会主义人权中的逻辑关系

尽管人权的集体主体面向在许多域外资本主义人权理论中不被认可，但是中国特色社会主义人权理论中有关主体的研讨必然涉及集体价值，并且集体人权也客观地在许多国际公约中获得承认。因此，探讨个人主体与集体主体在人权中的逻辑关系是稳定理论架构的重要问题。

首先，个体与集体作为人权的主体是相互依存的。这一关系包含三重含义，第一重含义是，个体与集体都是具有独立价值的人权主体。国内部分否认集体作为人权主体的学说，并非否认集体作为广义上权利主体的资格，而是认为在讨论人权主体时，集体主体相较于个体主体而言，没有其"特殊价值"。集体所申明的"人权"在利益类型、保障手段等方面，与个体主体高度一致，在国内人权领域，实现集体需求就相当于实现个体需求；个体需求在一定规模上被满足就等于满足了集体需求。例如，个体自然人对国家整体利益的享有不是直接的，而是从中间接获得利益。这种立场实际上通过否认集体的独立性，令其被个体吸收而否认其主体适格性。因此，承认集体作为人权主体，首要就是明确集体的独立价值。如前所述，此处的集体指基于质性的聚合，不是个体无序的累积。该种集体利益的实现有助于其中成员个体人权的达成，但该类集体的作用不限于服务个体的工具性功能。一方面，集体中的成员受到共同的文化感召与吸引，形成集体内普遍性利益表达，才使每一个具有集体共同属性的个体的正当诉求具有上升为人权的普遍性基础；另一方面，民族自决、环境清洁等利益诉求难以明确地分解为个体人权，只有享有主体为集体时，才有其价值与意义。因此，集体与个体分别独立拥有作为人权主体的价值。第二重含义是，个体主体与集体主体的区分是相对的，不是绝对的，在特定条件下，能够实现重合与转化。以国家为例，在"人民的国家"意义上，国家是集体主体，但同时，它在国际社会上与他国交往中，又具备个体性。第三重含义是，部分个体主体人权主张的实现须以集体主体的人权为前提，部分集体主体主张的实现则须以个体主体的人权为基础，两者之间存在互相扶持的协同效应。例如，个体的生命权既是个体其他人权要求的起点，也

是形成集体主体的必备条件，若集体中成员的生命难以获得保障，那么该集体将因失去其有机组成成分而崩毁，更遑论主张集体人权。而只有集体的民族自决权得到保障，集体成员的个体生命、尊严、自由才能被尊重。历史上遭受殖民统治的国家，无法实现民族自决，国民遭受严酷的经济掠夺，甚至其人身也成为贸易对象，被极端地客体化，失去个体的主体性。

其次，集体与个体之间可能存在竞争或对抗，这种竞争和对抗又存在良性与恶性之分。良性的主体间对抗是人权发展中的正常状况，属于集体诉求与个体诉求的边界交汇。无论是国家还是其他集体组织形式，从人权的角度看，其产生是为了以更好的协同和更优越的手段确保个人的主体性解放。因此，集体至少需要具备两个层次的条件，一是自身的存续，二是自身的提升。基于这两个目的，它将为自身成员的利益诉求设定边界。而集体中的个体成员的诉求是不断外推的，必然同集体设定的边界产生碰撞，这属于一种不可消解的冲突。恶性的主体间对抗是良性对抗过激发展后的结果，是指个体主体或集体主体在边界碰撞的过程中，超出了协商理性交往的规则，过度地侵夺了另一方的领域，造成主体间关系失衡。例如，社群主义学者认为，个人只有依附于社会才能成为其自我，除此之外的单独性假设因为不具有现实基础，因而是无意义的，"为了更好地使个人性服从于社会性，决定性的变革的关键在于始终用义务取代权利"①。又如，极端的个人主义者期待"无政府主义的乌托邦"，在那里不存在为了维持国家或者政府的额外让渡与消耗，"不存在实施外部限制的非人性的官僚体制"②。恶性冲突的共性就在于，极度收缩了个体与集体中某一方的价值性，从而颠覆其作为独立主体的立场，是对两者依存关系的反叛，这是一种可消解的冲突。

在"如何消解人权主体间冲突"这一问题上，以主体标准所衍生出的规则无外乎三种，集体主体优于个人主体，个体主体优于集体主体，抑或是两者无优劣之分。当前，持第一种观点的理论已十分稀少，在个体与集体的冲突中一味要求个体的让步，无疑将导致集体人权怀疑论者们所担忧的结果——个体成为社群的零件，人权从根本上被义务取代而走向消亡。第二种观点及其变体则相对多见。个人主义至上的尖锐观点很少为国内学者所接受，但是从马克思主义人权思想出发而形成的较为代表性的温和表述则更易于接受。该说主张，人权本质是从人的属性出发的，最终目的是实现人的全面发展与解放，因此集体利益只有在服务于个人利益时才最为正当。这种个体原则优位的简单公式疏漏了个体需求与集体需求天然性差异的问题，以及人权本质与人权主体中的术语用意。"人的全面

---

① ［法］莱昂·狄骥著，王文利等译：《宪法学教程》，辽海出版社1999年版，第13页。
② ［美］詹姆斯·M. 布坎南著，顾肃译：《自由的界限：无政府与利维坦之间》，联经出版社2002年版，第4页。

发展与解放"中的人是个人、人民、人类的概念统合抽象，并不直接等同于主体意义上的"个人"，因此据此认为个人是永恒优势的目的在无形间将集体手段化了，反而加剧了个体与集体间的恶性冲突。而第三种立场在缺乏进一步阐释的情况下，无法解决冲突问题，仅构成了对冲突情状的客观描述。本书主张，不宜以主体为指标设定衡量规则，并试图以国家紧急状态的人权限制为例说明个体主体与集体主体冲突时的消解路径。《公民权利和政治权利国际公约》中对国家克减权利作出限制，即使社会处于紧急状态，也禁止强迫使役、侵害个人的生命、侵犯宗教自由等。该克减的限制中存在多重变量，并不以"个人主体"为唯一要素。而生命、人身、宗教信仰这些客体要素以及主体利益主张的行使方式，才构成这些权利不被克减的根源。生命、人身、自由是直接源于人性的利益诉求，一旦被克减将造成个体人性的损毁。在国家与个体冲突的语境下，这些利益的享有者是个体，才构成个人的人权能够在一定程度上抵抗集体的规制的表象。因此，在解决人权主体冲突时，必须深入人权框架中的其他要素，从客体与内容中寻求标准。

第二节　中国特色社会主义人权的客体

权利客体为权利主体所欲申明的利益载体，人权的客体即为个体或集体主体所希望获得的、与人本身及其尊严、解放紧密相关的一切利益载体的集合。客体是权利外部的"定在"，也是人权主体在人权本质的静态框架和人权特征的动态框架中，内部自我主体性认知的外在表现。

一、中国特色社会主义人权客体要素的概念指向

长期以来，客体是国内人权研究中一个被边缘化的独立要素。域外有关权利构成的研究中，往往将客体同民法部门紧密关联，并且不乏部分或全部否认权利客体存在的观点，而这些观点本身的论证逻辑，也对考察人权结构中的客体存在性产生了冲击。例如，德国学者卡尔·拉伦茨在论述人格和人身作为权利客体的不适格时，指出由于"人是一切客体的对立面，也即'物'的对立面"①，"（活着的）人的身体从来就不是一个完全的客体，它只是一个直接的和现存的人的本

---

① ［德］卡尔·拉伦茨著，王晓晔、邵建东等译：《德国民法通论（上）》，法律出版社 2003 年版，第 379 页。

身的外在表现"①。因此，除非人将其一部分以独立外在的形态表现出来，如将声音通过录音固定，将内心感受形成外部表达等，否则与人有关的要素都难以成为独立客体。而人权的终极目标本身就内在于人性，形成的要求指向难以同人本身割裂，在这种推论逻辑下人权就不可能存在客体要素。权利客体的全部否认说的推演思路同样导向人权不必探讨客体要素的结论，但论证过程则有所区别。例如，美国学者霍费尔德曾经构建了广义权利关系中的四组关系，"权利和义务，特权和无权利，权力和责任，豁免权和无资格就像是法律最小公分母"②，任何法律关系都能够代入这四组模型的其中一个，虽然其中涉及了"物"（客体），但是它只是一个中介，一切权利关系中的主张最终指向的是"对应人"而不是"对应物"。在该种逻辑下，客体不仅不存在于人权之中，也不存在于其他任何一种法律权利之中。

还有相当一部分研究往往通过直接列举客体式或者直接说明人权的两重构造式的行文，默示地宣示自己的立场。如肯定人权客体要素说的研究主张"积极自由与消极自由均为人权之客体，当为政府所保护"③，或者"一般来说，人权的客体就是那些被侵犯时我们呼吁的某些基础性东西，比如生命、自由和追求幸福"④。又如，国内有关中国特色社会主义人权的分析中，人权客体常常被吸纳为人权内容的一个部分，有的研究则直接将人权的构成要素限定为主体和内容。⑤ 基于域外理论的纷杂性与国内论证的模糊性，本书欲首先澄清，人权的构成要素中是否存在"客体"这一要素。

从起源上看，"客体"概念产生于近代的认识论哲学，在古希腊时期的哲学中，尽管出现了将自然和人区分开来的端倪，但在本体论占据绝对优势的情形下，先哲们均是在自然与人以及人的活动浑然一体、互相渗透的背景下参详世界与人的本质，而其中有关人的理性的认识，才奠定了近代哲学认识论中客体问题的基础。有学者评价近代哲学中的主客体区分时指出，关于客体的理解是多样性的，"在笛卡尔那里是心灵和物体的区分；在培根那里是感觉和物质的区分；在贝克莱那里是心灵和观念的区分；在费希特那里是自我和非我的区分；在黑格尔

① ［德］卡尔·拉伦茨著，王晓晔、邵建东等译：《德国民法通论（上）》，法律出版社 2003 年版，第 380 页。

② ［美］W. N. 霍费尔德著，陈端洪译：《司法推理中应用的基本法概念（下）》，载于《环球法律评论》2007 年第 4 期，第 128 页。

③ Polly Vizard, The Contributions of Professor Amartya Sen in the Field of Human Rights, http：// eprints. lse. ac. uk/6273/1/The_Contributions_of_Professor_Amartya_Sen_in_the_Field_of_Human_Rights. pdf：5.

④ M. C. Brannigan, Human Rights, Elsevier Inc. , 2012：666.

⑤ 陈佑武、李步云：《中国特色社会主义人权理论体系论纲》，载于《政治与法律》2012 年第 5 期，第 55~57 页；孙强：《论中国特色社会主义人权理论》，载于《理论探索》2010 年第 6 期，第 22 页。

那里是精神和自然的区分；在费尔巴哈那里是具体的人和具体的自然的区分"①；在马克思主义的哲学理论中，客体又是主体实践活动指向的对象。在如此繁杂的二元关系中，相对呈现出的共通性是，客体与主体的界分节点就在于"人"，两个概念分别占据了人的外化领域与内化领域，即在哲学分析方法中，客体是无机的、相对静态的客观存在，不以主体的意识为转移，而只能在主体的实践中产生转变。在谈论人权是否存在客体时，这一概念实际上已经经历了两个转接阶段，一是法学理论向哲学中"借用"这一概念并融入自身权利理论；二是权利概念的扩展和非法学化将客体进一步引入性质共通的人权之中。因此，必须在人权本源、人权构成要素与人权关系中的对象三者统合的视角下分析人权客体要素的存在性。

针对依据民法客体部分否认说而衍生出对人权客体的质疑，本书主张，该问题指向的并非客体是否存在，而指向客体内涵解读。人格、人性等与人之内在紧密相连、无法分离的要素，确然无法成为人权的客体。但并不代表与这些要素关联的人权不存在客体。在诉求人的尊严、思想或是人身自由时，主体所指向的客体并不直接是内在于人的某些精神元素或是抽象的人的整体，而是一种客观存在，关于该客体内容的辨析，将在后文展开叙述。针对客体全部否认说，前面已述明，人权属于一种权利，权利关注的是人之间或者人的集群之间的社会关系，也就是主体—主体的互动。这一属性在明确客体要素方面的作用在于，在这种社会关系中，客体要素发挥着关系媒介的作用。在霍费尔德客体否定论的权利构造中，这种媒介便不复存在了。但是，人权的目的恰恰是人的自我主体性认知觉醒以及最终的全面解放，如果越过客体要素，直接讨论主体间活动，造成的结果是主体的自我主张缺乏载体，主体间互动关系演化为一方主体对另一方主体的要求，呈现出的理论面貌是主体之间的"互相改造"，而两方主体就会不断产生将对方主体客体化的倾向，有悖于人权理念。权利意义上的客体要素拥有不同于哲学的解释空间，人类的活动不再局限于对"物"的控制和支配，而是"依靠物实现了自身的独立"②。这种独特的主体关系媒介作用，是"客体"概念区别于仅具有指称性的"对象"概念，成为人权构成要素的价值所在。

二、中国特色社会主义人权的客体要素的内容辨析

对中国特色社会主义人权存在的客体构成要素，有必要进一步辨析其内涵。第一步应明确人权与人权关系中的客体的内涵指向是否同一。第二步则必须厘清

---

① 方新军：《权利客体论——历史与逻辑的双重视角》，中国政法大学出版社 2012 年版，第 98 页。
② 曹相见：《权利客体的概念构造和理论统一》，载于《法学论坛》2017 年第 5 期，第 30～42 页。

人权中的客体与权利中的客体关系如何，其客体内涵是否能以法定权利上的客体要素代之。

在客体要素活跃于权利概念之中时，法律权利客体与法律关系客体在内涵上是否具有同一性就是一个饱受争议的话题。持相异论的学者受到苏联法理学的影响，主张法律关系的客体是"社会关系"而权利的客体是"物或行为"。持同一论的学者主张，客体范围受到主体指向意志的影响，那些"自在物"只有在进入主体意图改造和正在进行实践改造的领域时，才成为"客体"物。法律关系是"依法形成的具体主体之间的权利和义务联系"，其中的主体是具体的人，而不是规范抽象、概括社会关系的国家立法机关，其意志和行为并不指向抽象关系而是具体的"构成权利和义务客体的东西"①。因此法律关系的客体与权利客体乃至义务客体指向均相同，并无区分的必要。在此基础上更加激进的立场认为，法律关系的客体是伪命题，"在人与人之间的关系上，不可能存在主体与客体"②，抽离了权利义务，法律关系就没有了实质内核，成为一个虚无的名词。因此，即使法律关系存在一个技术上的"客体"称谓，也只能在实质上指向权利的客体。

将有关法律关系客体与权利客体争议的推理类比代入人权关系客体与人权客体的语境中，本书认为，探讨人权关系，最终落脚点是人权的客体要素，没有必要单独区分出人权关系的客体存在。人权关系是人为了"使自己得以成为人"，维护自身尊严以及追求幸福生活而形成的社会关系。个人与个人之间的社会交往中，由于个体力量的均衡以及地位的平等，个人无资格也无能力为他人人权的整体实现负担责任，个体的人权也并不构成他人存在的基础。因而，人权关系的直接参与者是人与人的集群——国家，而社会中的个体只有具有国家权力代表之外观时（如代表公权力机关、正在行使职权的公务员），才可作为人权关系中与个人对应的另一参与方。而近代意义上国家的产生是以法为基础，也以法为实体存续的组织规则。有此性质实体参与其中的人权关系，应当是一种法律关系。在人权法律关系中，若秉持社会关系作为其客体的区分立场，造成的结果是"关系成为关系自身之客体"的自我客体化怪圈。人权关系是人权在交往实践中的动态表达和载体，因此人权关系的客体与人权的客体应当是指向一致的。

关于第二个问题的论述应当建立于明确人权与权利关系基础上，如前所述，从中国特色社会主义人权类型化考察的视角，人权依其存在形态呈现为应有、法定和实有三种形态；广义的权利同样拥有应有、法定（狭义的权利）和实有的类似三分。从主体、内容演化形式等方面对比，人权相较于权利都更加狭窄。有

---

① 张文显：《法哲学范畴研究》，中国政法大学出版社 2001 年版，第 106 页。
② 曹相见：《权利客体的概念构造与理论统一》，载于《法学论坛》2017 年第 5 期，第 30～42 页。

学者据此主张"人权只是权利的组成部分，是权利的一种重要形式，但不是权利这个类概念的本身。因此人权的客体应当是权利概念涉及的正当的'主张'、'利益'、'资格'、'权能'或者'自由'，只是在范围上，人权的客体不能完全覆盖权利的客体"①。人权和权利的客体显然是不能等同的，但两者在内容方面的差异究竟为何，还需进一步澄清。权利的客体大致包含分层式与并列式两种表述方法。分层式常见于民法学领域，依据建构于客体上权利的特征与实现方式，将客体划分为不同层级。"物"作为最多承载"客体"意义的词汇，其内部逐渐产生广义和狭义的区分，广义的"物"实际已经是"对象"或"客体"的抽象概念代称，不再限于狭义上"客观存在之物体"的含义。因此也产生了自然与建构的差分，"自然物具有对法律规则的独立性，是不依赖于法律规则而事实上就存在的客体；建构物具有对法律规则的依赖性，是根据法律规则而建构出来的客体"②。德国学者卡尔·拉伦茨提出权利客体的二分法正是秉持此思路。其主张，权利的客体应当分为两个顺位，第一顺位是不依赖法律、凭借自身的事实存在就可以作为客体的有体或无体的物；第二顺位的权利客体对应的是一种以处分为实现方式的权利，并且处分指向的对象是已经存在的法律关系或者权利，它们的存在得依靠法律的建构。③国内则有学者进一步细分，以可被原始取得的物、人格身份利益等作为第一层次权利，而处分第一层次权利使他人继受取得的行为产生第二层次的权利，第一层次的权利本身就构成第二层次的客体，如此不断继受细分，理论上到第四次之后，基本不会再产生新的权利类型，权利客体的细分也于第四层次停止。④并列式的表达则是将目前可知的能够成为权利客体的对象加以类型性地罗列，并不由此构筑权利体系的层级结构。例如，有学者指出，权利客体高度抽象之后就是一定的利益与利益载体，具体而言包括国家权力，人身、人格，行为，法人，有经济价值的物，精神产品和道德产品、信息等。⑤总体来说，罗列式中关于具体类别的学说较为繁杂。

人权客体与权利客体的差异在分层式的描述中体现尤为明显。人权的客体仅包含第一顺位的自然物，而不包含第二及其以后顺位的建构物。由于人权产生于人的自然性与社会性，是人生于世并自然与他人交往产生的客观存在与客观利益，并不依赖于规则的构筑。并且，人权体系中，部分权利可以依据正当理由与

---

① 王家福、刘海年、李林：《人权与21世纪》，中国法制出版社2000年版，第37页。

② 刘杨：《基本法律概念的构建与诠释》，载于《中国社会科学》2018年第9期，第128页。

③ ［德］卡尔·拉伦茨著，王晓晔、邵建东等译：《德国民法通论（上）》，法律出版社2003年版，第399～404页。

④ 方新军：《权利客体论——历史与逻辑的双重视角》，中国政法大学出版社2012年版，第169～170页。

⑤ 张文显：《法哲学范畴研究》，中国政法大学出版社2001年版，第108～109页。

依据进行一定程度的克减和限制，但是无论何种人权，均是无法被让与他人的，当其从抽象概念落于具体个人、群体实践时，其就同特定主体的人性与人格紧密关联，而无法在自身基础上派生出新的人权类别，即人权不得成为其自身的客体。因此在这种分层方法下，人权指向的客体只是权利客体层次的开端，整体范围自然要狭窄于权利客体。而人权客体在罗列式表述的语境下，主要面临特定客体种类的认可问题，即人权的客体承认哪些类型的自然物、又排斥哪些类型的自然物，本质上属于人权客体要素的类型化问题。

三、中国特色社会主义人权的客体要素的类型化分析

人权具有概念上的抽象性与外延上的开放性。试图通过对主体、客体、内容三大人权内部构成要素进行排列组合，从而形成一份穷尽人权的清单，对人权进行精确化的定义只能是徒劳无功的。但如果仅从人权的本质、特征出发对人权进行概括化的定义，又将陷入维特根斯坦式的语言定义陷阱，造成人权的边界越发难以控制，产生概念架空与人权泛化问题。因此，应当从类型化的角度理解人权客体，以确保人权体系的相对稳固，又不致过于狭窄。前文已明确，人权的客体只能是第一顺位意义上的权利客体，即排斥权利等法的建构物。本书便在此基础上考察人权客体的类型。

首先，有学者将利益作为统合人权客体的统一抽象描述。假设将一切人权客体的所有"特性"统统削去，只余下"利益"作为抽象总括，那么得出的公式是，利益是人权客体的一个总的大类，而人权的本质中，"有益"与"利益"又是可通约的概念，那么造成的结果是，人权的客体正是人权的本质。为了解决这一矛盾，应当从客体抽象出利益的动态视角把握人权。何谓"利益"？相对直观通俗的表述为，"利益就是好处，或者说就是某种需要或愿望的满足"[1]。因此，利益本身是一个包含感性价值判断的概念，它并不能直接替代利益载体或者利益对象。但是，利益与其指向的对象是紧密关联的。只有某样具体存在物在某种社会关系中具有促进这种社会关系或是关系主体需求的效用，才是有利益的，才能够成为关系中的客体。以物质生活资料为例，其能够满足多种需求，因而能够形成多种利益，如生存利益、发展利益等。因此，不宜断言泛泛的、概括的利益就是人权的客体。"利益"是将事实上的"存在"转化为"客体"的必要要素，也因而构成了人权的本质，从客体中抽象出利益共性的动态过程，也就是从人权客体中析出人权本质中一个要素的过程。

---

[1] 沈宗灵：《法理学》，高等教育出版社 1994 年版，第 27 页。

其次，对客体类型化的第一层模式是将客体划分为"广义的物"与"行为"，再就广义的物与行为分别细分，形成扩展结构。本书主张，行为不能成为人权客体要素中的一个类别。学界有关行为成为权利客体的理论基础包括，人的社会关系调整是通过人的行为调整完成的，那么"权利义务的对象就应该是行为"[1]，因此行为当属客体。具体来说，权利行使是权利主体要求义务主体为一定行为或不为一定行为的过程，因此其客体就是相应的积极作为或消极不作为行为。此观点明显混淆了权利的客体与权利对应义务的概念。有学者发现了以行为为客体的概念混淆危机，而进一步延伸，以"行为结果"作为一类客体。例如，认为客体包含经济、政治和文化财富、非财产性财富、物与行为结果。[2] 本书认为，这种分类在逻辑上虽然能够自圆其说，但并无必要，行为结果可以表现为各种财产险、非财产性财富，将其单独列为一类，同其他类别有重叠之嫌。

最后，"广义的物"中"物"已不限于无机物概念，而扩展至一种广泛的客观存在的代称，其内部，又存在两个层次分类，分别为狭义的物与人身，在狭义的物下再细分为有体物与无体物，如图 10－1 所示。

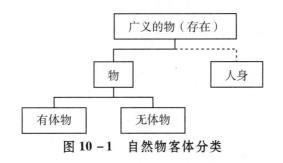

图 10－1　自然物客体分类

图 10－1 中"物"一侧的类型化链条在人权体系之中是可适用的，争议的焦点在于，"人身"是否能够成为一类人权客体。该问题最早体现于民事权利客体的争议中，存在肯定与否定两种截然对立的立场，即使在肯定说内部，关于"人身"这一类客体，也存在"人格""人身""特定具体的人格利益"等不同表述。反对将人身或者人格作为权利客体的理由是，"人（类）永远是人权主体，而不能同时被当成客体。若是把人作为人权的客体，势必为不尊重人，把人当工具或手段等反人权理论制造口实，提供了有悖于人权本质的理论依据"[3]。这种质疑在人权体系中更加尖锐，人权的出发点与落脚点在于实现人的主体性，但是如果说人能够控制作为客体的自己，就是将人的存在客体化而背离人权本质。针对这

①　张华：《法律关系客体理论在部门法中的困境》，载于《法制与社会》2009 年第 10 期，第 11 页。
②　沈宗灵：《法理学》，高等教育出版社 2004 年版，第 397～398 页。
③　关今华：《人权保障法学研究》，人民法院出版社 2006 年版，第 99 页。

一问题，本书认为，该疑虑的根源在于，对权利和人权客体进行分类时，受到哲学上客体思维的影响，该影响造成的误区有二：一是直接限定客体的性质，哲学上的客体是作为抽象概念上的主体（人）的整体对立面而存在，它具有被动性并且能够完全受到主体的支配。许多学者便不自觉地对权利与人权客体进行类物的拟制，因此只要将任何同人相关的具体要素代入哲学语境中，就会产生削弱人主体性的结果。二是通过限定主体对客体作用的方式间接影响客体类型。哲学的客体就是主体认识与改造的对象，是客观世界，因此只要不存在客观条件方面的限制，主体在力所能及的范围内可以对客体进行的改造具有浓厚的支配、处分色彩。但是，哲学中的客体思维不能结构性替代人权中的客体思维。大多数的人权主张指向的是与人这一主体紧密关联，难以完全原子式独立存在的利益载体。这些利益载体并非以人这一综合、整体的形式成为权利客体，而是与人格本身相对分离。例如，物理上客观存在的人身可以成为生存权、人身自由权等人权之客体，其确为人权主体的意志指向对象。

综上所述，人权客体在类型化的基础上能够形成以下体系：从广义上客观存在的自然物出发，可以划分为与人无直接关联的客体与同人直接关联的客体两个分支。与人身无直接关联的客体包含生存所需物质资料、自然环境、思想表达而形成的精神成果等，又可进行有体与无体的两分。与人直接关联的客体则包含人身实体存在与人格要素两大类，其中，诸如自由、尊严等不同人格要素可能分别成为不同人权的客体，但是人格的整体作为维持主体性的根源，不能成为任何一种人权的客体。换言之，某项人权不能同时以人格的全部要素作为其客体。并且，主体对与人直接关联客体行使其主张的方式也具有特殊性，这则是属于人权内容的问题。

第三节　中国特色社会主义人权的内容

中国特色社会主义人权的内容本质上是其主体与客体之间形成的关系，指向人权主体具体享有提出哪些诉求主张的权利以及通过怎样的途径实现自身主张两个方面，前者是主客体的静态关系，后者是主客体的动态关系。

一、中国特色社会主义人权的静态内容要素

中国特色社会主义人权的静态内容即其主体与客体之间呈现的静态关系。具

体表现为两个方面。

一方面，是主体何时可以对客体进行主张的时间关系。从权利的发生来看，人权是主体只要取得"人"这一身份就必须，也自然应当享有的权利，那么其对客体进行主张的行为在理论上就可以自出生开始。主体一旦拥有人的生命，就可以诉求维持生存的物质生活资料、依照自身意志自由进行表达以及维护自身的人格尊严。但其中存在两类特殊的情况需要说明，即人类生命的起始与终点——胚胎、胎儿以及死者的人权内容问题。最为宽泛的一种观点是，胎儿（包括胚胎）与死者分别属于人权的"未来主体"与"过去主体"，认为至少他们的主体性应当获得道德上的承认，作为主体，其能够基于各种人格要素产生的利益主张自身的人权。[①] 本书认为，这种观点过当地泛化了人权，值得商榷，应当从不同的情况出发分别分析。

就人类生命的起始点而言，胚胎与胎儿在人权中的地位存在三种主流立场。第一种立场是主张胚胎和胎儿属于人权的主体，但是其所诉求的客体仅限系于人身客体的生命利益，形成生命权的人权内容。例如，有学者主张，胚胎和胎儿作为人权主体对于人权客体的主张是因为胎儿已经有了较为成熟的生理特征，因此对其保护是对可预期将来的回溯，即使胎儿所主张的仅限于最低程度的生命权，也应当属于人权的内容。1969 年《美洲人权公约》的第四条也规定："每一个人都有使其生命得到尊重的权利。这种权利一般从胚胎时候起就应当受到法律的保护。"第二种立场是将胚胎与胎儿区分，承认胎儿的主体地位而否认胚胎的主体地位。在我国民法领域，已经产生了对胎儿权利保护的实证立法，如对胎儿应得遗产份额的保留等，但尚未见对于胚胎的专门性保护。更进一步的区分是根据妊娠周期在胎儿内部进行区分，因后期的胎儿已经具有了人的基本机能，能够感知痛苦，就将其作为"人"属性的主体。第三种立场是否认胎儿和胚胎等同于"人"，至少在宪法地位上拒绝给予承认。本书认为，首先，胎儿可以成为权利主体，但是其适格性应当依据医学上人体机能的产生进行综合伦理判断。其次，胚胎与胎儿均不成为人权的主体，因为从人权的来源角度考察，胎儿仅具备有限的自然性即生命本能（如吸取母体营养），并不具备充分的认识世界、产生判断的理性与德性。并且由于胎儿存在于在母体之内，也没有认识外界或者同其他个体交往的基本条件，不具备人权产生所需的社会性。因此，胚胎与胎儿对于系于人身之生命利益的诉求，属于权利内容。且由于胎儿尚未同母体分离，仍属母体的一部分，其他可能产生的利益可通过母体的人权要求而传递，不直接归属于人权内容的干涉范围。

---

① 赵利红：《试论我国宪法上的人格尊严》，载于《法制与社会》2015 年第 4 期，第 3 页。

就人类生命的终止而言，人的生命何时终止与终止后的人身载体是否依然能够主张人权是两个不同层面的问题。尽管存在心脏停止跳动说或脑死亡说等死亡时点判断的争议，但在考察关涉死者利益的主张是否构成人权内容时，这种争议并不是问题的症结点，在此不展开叙述。民事领域对死者人格利益保护的争议能够为推定死者是否享有人权提供一定借鉴。死者人格利益的保护基点在民事领域包含死者自身利益与死者家属利益两说。死者自身利益说通过为死者拟制部分权利能力，使死者能够对人格要素客体展开自我主张，"虽然死者参与一般法律关系的能力随着死亡而丧失，但是死者的价值仍然继续存在，对于他自己的权利——他的人格权，也仍然继续作用"[①]。死者家属利益说则主张死者利益只是死者家属人格利益产生的反射利益，保护的客体是死者家属的情感。依照前文人权客体的划分，与人身直接关联客体的享有者只能是该人身所承载的主体，即人权主体只能对自己本人的人身及人格要素产生人权主张，而不能对别人的人身或人格要素提出主张，因此死者家属利益的推定在人权体系中是不适用的。而沿用关于人权本源的逻辑，死者已经失去产生人权的人性特征，其人格是法律技术上的拟制，与法人类同，不能成为人权主体，其人格利益的主张只能以部门法中具体权利的方式为之。

中国特色社会主义人权的静态内容的另一方面，是主体与客体之间的匹配关系，即特定主体能够主张哪些客体的问题。该类"匹配"关系分析可能面临的质疑是，在部门法领域，具体的权利以其指向的客体同权利主体的法律身份密切相关，同时也关涉个人的权利能力问题。然而人享有人权之根源在于其作为人的自然身份。从理论上说，无论身份为何，人权的主体可以对人权的任意客体进行主张，如果同特定的身份关联，是否有悖于人权的本质。该问题实际涉及人权客体、内容基于产生而形成的不同类型。有学者提出，人权可以划分为原生与派生权利，可用母权利和子权利来表述和表达，有的派生权利可以通过对原生权利的推定而获得。[②] 本书认为，该区分能够较明晰地解释主客体之间的匹配关系。原生的人权是主体以其"一般人"的身份，对物质资料、人身、人格要素等进行主张，由此形成的人权内容包括生存权、发展权、自由权、平等权。派生的人权则是原生人权的延展，包含三条发展路径。其中，后两种路径衍生出的人权，特别是第三种人权就涉及人权客体与特定主体匹配的问题。第一种是基于衍生人权指向客体的综合性，进行进一步细分。例如，发展权既指向物质生活资料、自然环境等"物"的享有，也指向人格要素的提升，因此包含了经济、政治、文化、

---

① 刘召成：《部分权利能力制度的构建》，载于《法学研究》2012 年第 5 期，第 124 页。
② 李步云：《论人权》，社会科学文献出版社 2010 年版，第 110 页。

生态等多方面的共同发展。第二种是为保障原生人权而形成政治共同体，在共同体维护和发展基础上衍生的人权，如政治权利。因此政治权利客体匹配的主体一般是政治共同体的参与者，外国人享有的政治权利就是有限的，其"享有的是具有前国家性质的、作为自由权的人权，而不完全享有劳动权、生存权、受教育权利等社会经济权利。此外，按照国际上的传统惯例，外国人也不完全享有政治权利，尤其是外国人对所在国的政治意志的形成、决定和实施具有影响作用的政治活动，不得不受到一定的限制"[1]。第三种是考虑到特殊主体在人权实现与一般人的机会、条件不平等，衍生出对弱势主体提供更优厚人权条件的内容。

二、中国特色社会主义人权的动态内容要素

民法学者提出关于权利内容的定义是，"权利主体自由意志行使的具体方式，在法律上的表现就是权能……核心表现是支配力，这种支配力又可以细分为占有、使用、收益和处分等具体权能"[2]。该观点实际上就是对人权内容动态呈现的一种描述，也就是考察权利主体如何实现自身对于客体需求的过程。国内有学者主张"人权作为权利，首先是一种要求权"[3]，也有学者将之称为"主张权"[4]。在宏观抽象的层面上，美国学者格维尔茨构想了人权的结构，即"A（人权权利主体）由于 Y（人权依据）面对 B（人权义务主体）有 X（人权客体）的权利"[5]，人权主体对人权客体的作用方式就是人权客体对义务主体产生特定的主张。在类型层面上，人权的动态内容则集中表现为以下四个方面。

第一，维持与促进的权能。该项权能的内涵是，人权主体能够要求客体维持在己身所欲求的某种状态，或者能够自由从事改造活动，以使客体状态进行有益于其自身目的的提升。例如，在新兴的环境权中，各国宪法的规定不一，但基本遵循"权利主体有权享有或者生活于某环境"的表达逻辑，而该环境客体的定语修饰则多为"无污染""干净卫生""健康""舒适"等。[6] 权利主体对于自然环境的要求既包括确保当前环境维持在清洁舒适易于生存的状态，也包括积极采取措施修复环境损害，提升环境质量以确保其可持续发展。第二，自主支配或选择

---

① 林来梵：《从宪法规范到规范宪法》，商务印书馆 2017 年版，第 95 页。

② 方新军：《权利客体论——历史与逻辑的双重视角》，中国政法大学出版社 2012 年版，第 179 页。

③ 夏勇：《人权概念的起源——权利的历史哲学》，中国社会科学出版社 2007 年版，第 174 页。

④ 叶立煊、李似珍：《人权论》，福建人民出版社 1991 年版，第 122 页。

⑤ 关今华：《人权保障法学研究》，人民法院出版社 2006 年版，第 55 页。

⑥ 范进学：《宪法上的环境权：基于各国宪法文本的考察与分析》，载于《人权》2017 年第 5 期，第 110 页。

的权能。该项权能的内涵是，人权主体对于客体能够依照自身的意志进行支配、处置或对其利用方式进行自主选择。例如，《公民权利和政治权利国际公约》第一条规定："所有人民得为他们自己的目的自由处置他们的天然财富和资源，而不损害根据基于互利原则的国际经济合作和国际法而产生的任何义务"。第三，防御的权能。该项权能的内涵是，人权主体能够排拒其他主体对其客体的侵损，或者当主体对客体的主张有被妨害之虞时，可及时对抗妨害或侵损，预防人权主张受到破坏。第四，救济的权能。该项权能同前项防御的权能密切相关，在预防机制未能发挥作用，人权主体的人权主张遭受侵犯后，能够请求有权主体对其人权进行保护和救济。

上述权能是组合式地体现于人权主体对人权客体的不同主张之中，在这四类权能运作而形成具体人权内容的过程中，将产生几项特殊问题，有必要予以展开。

一是人权主体对客体行使权能属于对社会中人权现象的抽象概括，在具体的人权关系中，主体可以同时对多项客体提出要求而组合形成一项复合型人权，也可以对一项客体提出不同的要求从而延伸出不同的人权类型。例如，人权主体能够对人身行使一种维持的权能，既要求自身机体生命的存在，为了维持生命存在，又需要确保生存所需物质资料，同时需要对这些资料主张支配和利用，由此形成"生命安全得到保障和基本生活需要得到满足"① 的生存权。又如，人权主体对人格要素要求自由支配的领域不同，能够形成诸如宗教信仰自由、言论自由、人身自由等不同类型自由权。因此生存权、发展权、自由权等都是复合型人权，具有延展出如前所述派生性人权的功能。此外，还有一种衍生方式是主体对于某一客体主张的特定权能，本身就构成一项独立的人权，最典型的体现即为政治自由。有学者主张，"当政府严重违反人权法的规定，且对违法行为不予纠正，或无法经过法定程序更换违反名义、滥用职权的管理者的时候，可以采取集会、游行、示威、罢工等方式，对违反人权法的政府进行对抗，直到人权得到保护和实现为止"，这是一种法定抵抗的原则。② 而为了就其他人权要求进行防御侵害或要求事后救济所为的行为，本身也是重要的人权类别，在我国则体现于《宪法》第三十五条规定中。

二是自主支配权能的限度问题。这是人权权能讨论中的一项重大争议，并主要针对与人直接关联的客体，该问题的根源是人权主体是否能够对自己的人身享有完全的自主支配和利用的权能，这一权能是否包括"放弃"或"贬损"等负

---

① 王家福、刘海年：《中国人权百科全书》，中国大百科全书出版社1998年版，第531页。

② 林发新：《人权法论》，厦门大学出版社2011年版，第94页。

面性处置？与人身相关的负面性处置包括对生命的抛弃以及对身体的自毁，反映于制度框架中即是自杀、自残、安乐死行为的伦理正当性。本书主张，首先，自杀、自残等行为属于一种事实处置，而不产生法律效力，更不会成为人权的内容。否则，如果认可自杀、自残等也属于人权的内容，那么救助自杀者、自残者反而成为一种"侵害人权"的行为，而国家通过部门法中的见义勇为条款调整私人关系间责任的承担，也属于"侵害人权"的立法而应当受到审查，这显然是荒诞的。其次，人格的自愿贬损之行为，依具体情形，可能属于事实上的处置，如个体陷入自怨自艾的情绪，不涉及同他人的社会关系。但也可能产生与公共利益、他人利益关联的情形。例如，法国抛掷侏儒案中，法国最高行政法院判决禁止投掷侏儒这一贬损人性尊严、侵损公共秩序的表演。[①] 在该案中，被抛掷的侏儒自愿接受这份损害人性尊严的工作以获得报酬，但此处他们对自己尊严和人身的处置就不能被认可为一种人权。因为人的主体性是共同体保持活力的根基，人的尊严不只是个人自主支配的范围，同样涉及共同体的公共利益，在任何情况下均不能克减。因此自愿作为商品、自愿作为奴隶等行为因为违反公共利益，不具有构成人权本质的正当性基础，也不足以成为人权的内容。最后，安乐死面临的争议最为广泛，有学者认为，安乐死是为了更加有尊严、有质量地自主支配生命，"国家支持安乐死，并不违背宪法上规定的国家对生命权的保护义务"[②]。本书认为，由于人身同时也是人存在于世界上的载体，自己剥夺自己生命的行为不仅仅涉及对人身这一客体的作用，还涉及对于人格载体的抹消，实质上相当于破坏了作为主体内核的整体人格，超脱了对客体作用的范围。故安乐死并不因为人身成为人权的客体就获得了法理与伦理上的正当性。总之，人权中针对与人身密切关联客体的自主支配的权能应当是有限度的，其必须以一切权能行使中均需遵从的公共利益与他人合法权益为界，并且不得进行抛弃、贬损的支配。

综上所述，中国特色社会主义人权是以其主体与客体两类要素为基点，在静态与动态的两重关系下形成以人权内容为依托的人权体系，指导我国人权的保障特别是法治保障的实践。

---

① 侯宇：《论人性尊严在行政法中的适用——以法国 1995 年"投掷侏儒"案为例》，载于《哈尔滨工业大学学报》2007 年第 4 期，第 73 页。

② 姚秋英：《人格权研究》，中国政法大学出版社 2012 年版，第 51 页。

第十一章

中国特色社会主义人权实现的条件与路径

人权的实现与保障是一切人权体系中理论与实践的接触点，如果不能从国家制度体系的角度梳理人权观点向人权现实的转轨，人权就只能是一个空想的概念。本章意图从我国的现实条件出发，探讨为了确保前述中国特色社会主义人权理论得到实现、提升其现实意义和社会认可度，应当营造怎样的社会环境、规划怎样的宏观路径问题。

第一节　中国特色社会主义人权实现的条件

人权是一个历史的概念，其产生和发展都受到社会历史环境制约。如果缺乏特定的孕育环境，人权理念便难以形成体系并拥有坚实的社会基础；如果缺少特定的实现环境，人权便沦为纸上谈兵，其真实性也将受到怀疑。上述问题一旦产生，国内主流人权理论将易于在其他人权流派冲击下解构，在人权话语主导权的国际争夺背景中，其他人权理论将被赋予超越其本身内涵的政治意义，进而导致国内人权体系的震荡，最终间接地影响一国的内政与外交。因此，从社会历史环境角度考察人权实现的条件，是人权保障的开端。社会历史环境大体可划分为经济、政治和文化三个方面，在我国，前述三类社会要素将从不同的角度为中国特色社会主义人权的实现提供条件、施加制约。

一、中国特色社会主义人权实现的经济条件

经济条件是中国特色社会主义人权实现的基础性条件，也是首要制约条件。首先，经济条件直接决定了生存权与发展权这两项基本人权的实现水平。早期我国在人权问题方面所秉持的主要立场是，生存权是首要人权，后来又将"首要基本人权"的范围进一步扩大到发展权。而生存权、发展权能否实现、在多大程度上被满足，基本取决于社会成员集体生存所必需的物质生活资料供给是否充足。生存权确保了人权主体的存续，是其他人权主张的根基。在我国古代诸如《史记》《汉书》等史料中，不乏关于战争残酷性的反思，记述在重兵围城下，城中百姓"易子而食，析骨而炊"①的情境。纵观世界主要国家的发展历史，在饥荒、旱涝灾害、疫病、战争等自然或人为灾难性事件高发的时期，人民的生存权难以维系，财产、尊严等其他具有初步人权意蕴的利益诉求自然也更难得到尊重。如果从更广泛的纵向时间线索展开动态对比，从封建社会到现代社会，随着生产力的不断发展、生产方式不断革新，人民的基本生存保障率大大提升，在此基础上所形成的资本储备与积累才能更高效率地流向政治、科学、艺术等其他事业，而进一步衍生出政治权利、社会文化权利等派生人权。所谓发展权，如果从广义上参考联合国 1986 年《发展权利宣言》，是指"承认人是发展进程的主体"以及"发展政策应使人成为发展的主要参与者和受益者"。从现代性角度来看，发展权是一种复合性人权，包含人民从事劳动、参与政治、接受教育、进行艺术创作等多种活动的自由。但在生产力水平低下的时期，人民的劳动具有土地依附性，形成了"地主—佃农"的互动关系，农民阶层只有耕种的劳动义务而并无对应的休息权利。可以说发展权仅在最基础的层面得到不充分的满足，并且这种满足是客观性的，是基于封建自然经济下的劳动义务以及生存权保障所催生出的反射利益，人民并没有明确意识到自身对于发展的需求。但在现代社会，随着生产力水平的极大提高，生产资料所有制、社会关系以及分配方式等生产关系要素开始发生结构性的转变。发展权在国际、国内均开始占据重要的地位，被写入国际人权公约与国内正式人权文件。并且其内涵也从经济条件薄弱环境下的基础性生存保障与缓慢线性发展转向高规格、多层次的发展权系统。这是由于生产力不足、生产技术低下时，劳动者的劳动甚至未必能够完全确保自身生存，更遑论进一步提供发展政策的原始积累，而随着经济条件的发展，政治结构、社会文化环境与意识也随之变革，发展权也拥有了在更高程度上被承认和实现的基础。

---

① 司马迁：《史记》，中华书局 1959 年版，第 1602 页。

其次，生产力水平与生产关系状态决定了当时人权性质的人本观念以及人权理论的产生及内容，人权要求与经济水平的落差也对经济发展提出新的要求，由此实现以经济条件为开端的、经济与人权的螺旋上升式互动。中国古代社会之所以没有产生成熟的、作为正式概念的人权，根源并不是封建专制政治形式的压抑，相反，若社会政治矛盾激化到一定程度，也会在某种意义上刺激人权的产生。真正的根源在于经济条件供给不足，人民的愿望也主要停留于衣食住行等基本生存要求的确保，并未认识到自身应当成为发展的受益者，没有觉醒主体意识。因此当时难以萌生近现代意义上的正式人权理论，只有朴素的古典人本观念。这一点主要体现于中国古代人文观对"人"与"民"的差异性态度。对于人的思考往往包括人的德性培养、天性道德以及人与自然之间的关系等，可以说是人的个体自我意识萌芽。其中虽然涉及"仁""四体"等个体交往之间的方法策略，但是一般更侧重于哲学方面的思辨以及人的道德本质抽象。在直接指向人与他方关系的话题上，先哲们更倾向于将"天道"或"自然"处于与人相对的一端对象，对两者关系性质的定义也重"互动"而轻"交往"。在论及社会交往，特别是人与公共组织的交往时，"人"的称谓常被"民"所取代，如"民为君本""敬天保民"等，彰显出在实际社会交往的场合，思想家们更倾向于以集群的形式而非个体的形式探讨社会关系。这是由于，古代农耕经济环境下的生产力水平极低，社会成员试图通过进入官僚氏族阶层从而脱离土地束缚，他们的举措使血亲氏族的集体作用更加凸显，同时，"农耕社会以及争夺土地使用权为基本生存资料的时代，大规模的水利工程、灌溉事业以及巨大的防御压力等等仍使中国人不得不结成庞大的高度集中的统一体以维系整个群体的生存和发展"[1]。现代社会的生产力水平极大提高，生产方式不断革新，人类的经济活动受到的自然性规制正日益削弱，人们在社会交往时的集体依附性也在一定程度上得到了缓和，人权具有了扩展自身内涵的条件。因此，尽管存在着域外理论的流入与冲击，但是仅仅依靠外来文化的渗透，是无法令人权理论在我国本土深深扎根的。只有当经济环境已足够满足大部分人民的生存权，并且为国家成员的整体发展积累了一定的技术条件时，我国的人权理论才逐步向丰富性、多层次方向发展，力求毫不遗漏地解决少数人的生存权问题，更在此基础上进一步转向了政治文明、可持续发展等时代议题。

最后，人权实现要求经济良性发展，经济要素的扭曲将对人权造成不可逆的损害，通过多种手段创造健康、平等、有序的经济环境，是对人权的一种间接维护。目前，我国和世界各国均面临的问题是经济分层式发展造成的不均衡问题。

---

[1]　袁兵喜：《中国古代人权精神缺失之分析》，载于《社科纵横》2007年第1期，第48页。

"日益增长的不平等可能形成掌控发展的少数精英收割增长利益的环境。精英掌控可以理解为精英剥离用于法定发展目标的发展资源，通过规定发展政策的方式保护他们自身利益的过程……高度不平等的增长模式将会损害缩减贫困的前景"①。在不平等发展的经济模式下，人权的区域实现程度也将失衡，由此造成的阶层差异一旦固化，失衡将通过经济桥梁向教育、社会福利等多个领域输送，蚕食多项人权。因此，必须以人权保障的最低点为标准进行衡量，为经济决策和运行设置平等互利的政策框架，由此便会产生以宏观调控、经济政策、社会保障为主的法治与非法治治理手段。

二、中国特色社会主义人权实现的政治条件

人权实现的政治条件与经济条件唇齿相依，全球化背景下，人权的实现既包含国际政治生态，也包含国内政治生态。国际政治生态主要指向国家作为一个政治参与单元在国际社会的地位与活动方式，一方面直接关联民族自决权等集体人权的实现；另一方面关涉国际人权合作向国内人权提供的资源与条件。总体来说，中国特色社会主义人权实现的政治条件更趋于关注国内政治生态，具体包含一国的阶级、政党、国家制度等要素。

首先，阶级要素，它对于人权的条件性作用具有明显的阶段性特征。第一阶段是近代化转轨时期，政治上的阶级要素是经济利益集群发展到一定阶段的产物，在经济发展到一定水平时，社会成员能够有意识地感受到自己隶属于某一阶级，并且意图通过改变公权力政策为该阶级的经济利益谋求前景，此时便产生了阶级的政治利益，阶级的政治利益对峙到一定阶段就会产生政治结构变革。封建时代的经济组织结构模式下，"社会政治结构是等级制，社会成员隶属于不同的等级或阶层，但这种隶属却是松散的与无意识的。这时候社会成员还没有从自我意识上明确归属于某个阶级整体，也就是说明确的阶级意识就不可能以十分清晰的经济利益对立的形式表现出来……尽管有社会冲突，但是这种冲突却很难触动社会的政治与经济结构"②。即使商业交易逐步兴起，封建贵族的政治地位依然是他们维持自身利益的工具，作为可能为中国带来政治变革的群体，他们并未意识到自己的政治力量，反而依附于传统的政治模式。"规模足够大的市场并不存在……当市场真正出现的时候，在市场形成的地方，士绅阶层反而摇身一变成为

① 袁楚风：《人权保障与经济发展——规范性与功利性的双重视角》，中国社会科学出版社2017年版，第104页。
② 苗贵山：《〈资本论〉手稿人权思想研究》，中央编译出版社2017年版，第50页。

依靠自己的政治关系来收租的群体，而不是农业中的实业家。"① 中国的人权理念也由于阶级转化的不彻底性而一度搁浅。在封建社会末期，政治结构变革所带来的最直接的后果是国体与政体的转变，该阶段阶级的作用主要是在斗争中产生现代意义上的人权概念，并建立起人权保障所必需的民族国家与民主政体。第二阶段是现代化建设阶段，该时期阶级政治要素的主要作用是维持国家人权理论的稳定性，防止带有政治目的的人权理论渗透。但同时，也需警惕"以阶级斗争为纲"的重心偏移，防止阶级要素过当地侵夺其他要素在人权中的发展路线。

其次，政党要素，它对于人权实现的作用集中表现在通过符合国家本土历史传承与现实任务的政党制度，形成与政治决策匹配的国家制度，进而框定人权的发展路线，并且夯实人权的阶级基础。现代资本主义国家的政党制度包含一党制、两党制与多党制，但无论哪一种政党制度，执政党与在野党均主要由资产阶级构成，所形成的政党意志是资产阶级内部不同阶层和利益集团之间的协调。在该种政治决策模式下，国家制度扶持的人权依然带有浓厚的自由主义、政治权优先的色彩，并且在潜移默化中合理化了资产阶级与劳动者之间的不均衡关系。就中国特色社会主义人权理论而言，其形成、发展的政党基础是中国共产党领导的多党合作和政治协商制度，既区别于资本主义多党制度，也区别于一党制度。我国幅员辽阔，各地的地缘、经济水平、文化条件等差异性较大，如果采取多党轮流执政，将导致政治决策的变动不居或议论阶段过长，破坏人权理论赖以生存的稳定政治环境；如果采取绝对的一党独裁，政党决策又将缺乏视域外的监督批评视角。因此一党主导，多党辅助的配比结构既符合中华人民共和国成立的历史经验，坚定地将人权的主体直接指向一切人民而不是"少数精英集团"；也为执政党政策的运行提供了纠偏空间。"共产党的领导并不表现为向民主党派发号施令或者是下达任务，而是依靠提出符合人民利益的政治主张，同民主党派协商，吸收民主党派的意见，然后形成更加正确的方针、政策来实现领导的"②。当前的任务是在坚持既有政党制度的前提下，肃清中国共产党党内风气和纪律，防止政党与公权力的非常态化运行。

最后，国家基本政治制度，包括国家机关组成规则、决策制度、选举制度、监督制度等，该要素直接同人权与国家间的关系，以及政治权利与自由的内容相关。虽然国家是生产力阶段性发展的产物，但不可否认，人权实现与保障为其正当性提供了强有力的支撑，并成为维系国家存续的纽带之一。因此，国家制度的设计必须将人权纳入其目的性考量范围，构建其基本的模式框架。我国的代议制

---

① ［美］巴林顿·摩尔著，王茁、顾洁译：《专制与民主的社会起源》，上海译文出版社2012年版，第183页。

② 胡锦光、韩大元：《当代人权保障制度》，中国政法大学出版社1993年版，第87页。

是在人民代表大会制度的框架下具体展开的，人民通过直接与间接选举相结合的手段层级选派代表，并在最高一级的权力机关——全国人民代表大会上形成公意。在代表构成上，则尽可能多地吸收社会各个阶层成分，使公意具有最广泛的代表性。从而确保人民依照自身意志形成政治诉求与表达、并参与政治的基础性权利，是对人权中有关政治内容的直接回应，同时也是前述阶级要素、政党要素的集中制度体现。密尔曾在专门论述代议制政府时谈及了他对于代议制度运行的两个隐忧，即"议会中智力条件的不充分"与"受到和社会普遍福利不同的利益影响的危险"①。本书的立场是，前者的担忧隐含着一种议会精英主义的倾向，预设了智识水平同人权主张勾连的立场，实际上同"代表最广大人民根本利益"的方针背道而驰。并且，实际上这一可能的危机足以通过决策咨询与公开征求意见等技术性手段消解。相比之下，后者是代议制面临的主要危机，对后者的防范是国家基本制度应当关注的主要议题。一方面，撇开人民的代表者这一政治身份，无论是人大代表还是其他公职人员，本质属性是"个人"，受到独有利益而非普遍利益浸染的可能性绝非为零；另一方面，公权力机关整体行动时，也容易出现效率低下、决策失误或因其他考量而侵损人权的行动，多见于行政机关。

总而言之，只有在国际政治与国内政治生态均健康发展的条件下，人权才具备制度化发展的条件。并且，国内政治生态一方面将阶级、政党等多重要素收束于国家政治制度之中，直接影响人权理论的政治实现管道；另一方面将对国家综合实力、对外交往产生侧面效应，从而间接地影响国际政治生态，因而在人权实现的政治条件中占据主导地位。

三、中国特色社会主义人权实现的文化条件

文化相比于经济、政治要素而言，在主观性和延展性方面都更加强烈。英国学者爱德华·泰勒将其定义为"一种复合体，它包括知识、信仰、艺术、道德、法律、风俗，以及其余从社会上学得的能力与习惯"②，在社会学的"大文化"意义上将文化进行分类，可以划分出第一性的科学技术文化、产品物质文化与第二性的习俗规范文化、精神文化。③ 本书所述的作为人权实现条件的文化，主要指第二性的文化。这是由于，第一性的科学知识、技术技艺、建筑、艺术品、机械等，属于文化产品，更加贴近于影响人权的经济条件范畴。而第二性包含规范、道

---

① ［英］约翰·密尔著，汪暄译：《代议制政府》，商务印书馆 1982 年版，第 82 页。
② 司马云杰：《文化社会学》，华夏出版社 2011 年版，第 7 页。
③ 司马云杰：《文化社会学》，华夏出版社 2011 年版，第 14 页。

德、集群观念等诸多复杂精神性活动成果的文化，主要发挥着辅助、黏合人权与历史、人权与社会、人权与其他条件要素的作用，具体表现为以下三个方面。

第一，文化传统构成人权理论的伦理正当性来源，夯实了人权实现的群体认同基础。中国特色社会主义人权理论之所以与资本主义国家人权理论存在差异，甚至与作为其理论素材主要来源的马克思主义人权理论也存在不同，重要原因就是文化旨趣的差异。欧陆的人权理论受到宗教因素广泛影响，一方面，教会的影响范围广大，宗教文化熏陶下的社会成员拥有超脱于社会范围之外、个体性的观察视角。因此西方资本主义人权理论总是习惯于假定一种先验的预设状态，并在此基础上形成人权的目标指向。另一方面，欧陆主要资本主义国家在历史上政教关系的变迁中形成了二元化的对立思维方式，并将这种方式向美洲输送。因此，在人权的实现方式上，西方人权虽然经历了经济方面的福利国家政策，但依然以政府扮演"守夜人"角色为主流。但是广义上的政府或者说国家又需要积极行使社会管理职能，因此人权主体对国家公权力始终保持着防范的态度。这种文化心理反映于制度方面就是设置精确制衡、分立的权力运行机制。中国的社会文化以务实为传统，且未能形成强有力的宗教势力，所形成的文化社会关系是以"自身—他人"的单线为基本单位，再由复数条线聚合为外延更广阔的社会单元。"这种差序的推浪形式，把群己的界限弄成了相对性，也可以说模棱两可了。这和西洋把权利和义务分得清清楚楚的社会，大异其趣。"① 基于此，一是中国的人文观念根植于现实的人类改造自然活动与客观存在的社会关系，没有"天赋论"扎根的土壤；二是文化中对于公权力潜在的信赖使中国人权的实现更倾向于要求公权力的积极作为；三是由人际关系交织成网络而形成"中庸致和"的社会文化氛围使中国特色社会主义人权理论承接了比其他流派更强的收蓄能力，成为其广泛吸纳其他流派理论优势的黏合剂。总之，国家整体文化构成了人权秩序的基础，我国将生存权、发展权作为基本人权，注重社会经济、文化权利并以此构建的人权法治系统也就具备了广泛的伦理认同度。

第二，通过一国文化中与时俱进价值观念，扩展人权实现的可能路径。如前所述，人权的本质为"有利性"及"正当性"，而这两者实际上均涉及主观的价值判断与评价。社会文化中，国家价值观的形成与人权的源点以及实现过程都是直接关联的。我国提出的社会主义核心价值观就是社会文化中群体价值评价倾向的高度浓缩，它包含国家层面的富强、民主、文明、和谐，对应着人权实现经济条件、政治条件、文化条件以及他们之间相互关系的应然性表达；也包含社会层面的自由、平等、公正、法治，是人权内蕴的基本价值属性与要求；还包含个体

---

① 费孝通：《乡土中国》，北京出版社 2005 年版，第 38 页。

层面的爱国、敬业、诚信、友善，指向构筑融汇优秀传统的道德文化氛围。国家价值观念对人权实现的直接作用包含两个方面：一方面，一套完整自足价值体系构成社会文化的主干，能够营造群体文化信仰与信心，抵御意识形态政策的冲击，并在规则之治的领域外开辟以道德、群体意识等软约束为主导的其他人权实现模式；另一方面，价值观是人权秩序的维系纽带，由社会主义核心价值观衍生出的价值文化系统能够填补部分人权保障规范的空白，公权力机关可以在裁量空间内通过价值文化的应用而补足成文规范的滞后与抽象。

第三，文化要素内部的系统性整合，即主流文化与亚文化、本土文化与外来文化融汇过程中对人权实现可能产生"双刃剑"式的影响。在积极的方面，存在于少数集群中的亚文化为主流文化提供了反思性视角，外来的文化也丰富了本土文化的层次，因而形成更加开阔、包容的视野，对于人权内容的扩展有所助益。但在消极的方面，从亚文化的角度分析，一些亚文化本身存在瑕疵，或者属于对社会问题的文化反映，如果不对该类亚文化采取适当的手段和应对措施，放任其逐步同主流文化融合，将形成恶性积习并进一步造成文化环境的退化。例如，我国独特的"城管亚文化"来自对早期城市管理执法人员执法手段瑕疵的评价，而在该种文化一步步向主流文化靠拢的过程中，即使《国家人权行动计划》已经提出加强该领域的人权保障和制度化工作，社会公众对城管履行行政职能的方式依然逐渐产生了"脸谱"式的文化标签，并进而对我国的人权实现状况产生质疑。从外来文化的角度分析，由于文化根植于经济与政治背景，因此域外的文化就不仅仅是单纯的"艺术产品"，其中或多或少地包含了轻度的意识形态色彩，当这种渗透超越一定程度时，就将对本土文化的稳定性产生破坏。

总体上说，文化要素属于人权实现中的辅助性要件，它必须同经济、政治条件以及人权制度紧密结合，才能发挥最大作用。在人权实现文化条件的确保工作中，应当着重防范文化条件与其他条件在结合过程中的脱节，产生文化与制度的不对称，反而撕裂人权与社会之间的联系。一方面应当着力于对"孤己"的防范，防止混淆传统义务与现代权利，拒斥一切外来文化、亚文化；另一方面应当对文化兼蓄持谨慎态度，防止不加思考、过滤地将一切文化融入本土之中，造成文化自身整合方面的"消化不良"。由于文化要素为人权保障提供的是软性条件，发挥作用的方式也迥异于经济、政治条件，因而在文化条件塑造中，强制的制度性手段必须审慎使用，否则可能造成社会文化"上行合并"的困境，令社会群众感受到文化和意识产生了明显的建构性与灌输性教化倾向。①

①　玛格丽特·S. 阿彻：《结构、文化与能动性》，引自［美］马克·D. 雅各布斯等编，刘佳林译：《文化社会学指南》，南京大学出版社 2012 年版，第 19 页。

第二节　中国特色社会主义人权实现的法治路径

　　"法治是人类文明进步的标志，也是人权得以实现的保障"①，法治是将一定时间内尽可能广泛的公意以规则的形式固定下来，并以此规范、指引公权力行使与私人交往的治理模式，是现代国家治理的一种科学形式。人权诉求在很大程度上通过法治路径获得实现。在我国，中国特色社会主义人权法治实现中的"法"主要指以宪法为核心的中国特色社会主义法律体系。

一、中国特色社会主义人权实现的宪法路径

　　健全的法治路径应当是宪法主治的，宪法是人权实现法治路径的展开基点。这是由于：首先，宪法是现代国家法律体系由以建构的基础，也是人权最主要的义务主体——国家赖以存在的基石。宪法在一国的法治体系中具有权威性价值，规范着权力组织形式及其基本行为准则。宪法法律关系具有特殊性，作为其参与主体的公权力机构权力性质多元，关涉事项范围广阔，宪法也因而具备了以规范行政权力、司法权力或立法权力为目标的任何部门法都不及的优越性。现代意义上人权的萌生恰恰是人民对于这些公权力部门整体所提出的综合性、概括性需求。因此宪法的地位决定了其在人权保障中的基础性价值。同时，如前所述，人权不是一个先验的、绝对超越国家主权的概念，那么其同样不能超越宪法，指引作为主权对内表现的国家权力如何运行。人权来源于人的利益性与道德正当性判断，这两者同样也无法绝对凌驾于法治体系之上。人权保障在法治语境中，必须遵循规范体系的建构，以宪法为源头。

　　其次，宪法的生成原理决定了其独特功能，这种功能与人权实现的理念能够产生最佳耦合。提出制宪权概念的法国学者西耶斯主张，政治社会开始形成共同意志的时期，宪法就有了存在根基，但在现代民族国家法规治理的大环境下，大多数具有通用性的行为规范以"代表意志"的形式呈现并通过成文或不成文法予以固定。这种代表意志职能无限趋近于共同公益而不能完全代替共同公意。于是西耶斯根据规范（法律）的产生源头将其分为两类：第一类是根本的、源于共同公益的权力产生的规则，国民的意志构成了一切代表权力的合法性，这种规

---

　　①　国务院新闻办公室：《中国人权法治化保障的新进展》，人民出版社 2017 年版，第 1 页。

范背后就是制宪权；第二类是派生的，源于专门的代表意见，在第一类规则确定的框架内形成，这类规则背后就是宪定权。① 本书主张，宪法由以产生的制宪权一经国民行使，便半永久性地进入"冻结"状态，在宪法变迁的过程中，代表着国民意志的核心精神与条文是稳固的，② 这决定了宪法最大的功能就是对公权力的运行提供根本性的合法性供给与必要限制。"虽然我们可以设计各种制度，以使这些权利被滥用的危险减少到最低限度，但我们绝不可能根绝这种危险"③。宪法，特别是宪法核心与宪法精神，构成了一切权力行为最源头的底线与根本原则，并且它区别于其他规范，具有高度稳定性。

宪法作为人权实现的路径主要有两种表现形式，即宪法中的基本权利保护条款与宪法中的非权利性条款。基本权利保护条款指宪法中直接规定公民享有概括性人权以及一系列具体基本权利的宪法条文，集中于我国《宪法》的第二章。该人权实现路径又可细分为两种方式：第一种方式是通过纲领性的规定，将人权保障的精神原则性地纳入整个法律系统中，主要体现于我国现行《宪法》第三十三条第三款。在人权保障日益国际化的背景下，我国加入了多部有关人权保障的国际公约，但如前面所述，国际人权公约与条约在我国不具有直接适用性，④必须通过国内法转化适用。宪法中原则性人权条款的存在，为履行国际人权公约、条约项下义务提供了更通畅的转化路径，也为我国将来批准已经加入的公约预留下法治变迁的空间。此外，概括性的原则规定明文表征了宪法的内在合理性，确立了人权保障的一般精神，从根本法层面申明国家机关人权保障的立法义务。同时，伴随着宪法实施、修改以及解释制度的完善，概括性的人权保障条款将在扩展宪法既有基本权利体系时发挥合宪性支撑的作用。第二种方式是，通过具体的公民基本权利条款，将人权理论中的内容过渡为宪法中的基本权利体系，主要体现为我国现行《宪法》第三十四条至第五十一条。此类条款以一种相对稳定、明确的形式赋予人权正当性内涵和合宪性根基，并且为其提供必要的限制和清晰的界限。在理论上，若其他下位规范与宪法中基本权利条款抵触，则应当进行必要审查，对相关条款予以废止或修改。但目前，我国合宪性审查的制度化体系尚未展开，该路径的功能在实践中的作用主要体现为文本宣示，以及作为立法机关在立法过程中自我控制的一种依据。

---

① ［法］西耶斯著，冯棠译：《论特权 第三等级是什么？》，商务印书馆 2009 年版，第 57～62 页。

② 关于制宪权是否可以常态化行使，以及由其延伸出的制宪权性质与修宪权性质差异、修宪可否有界限等问题，学界存在争议。如日本学者芦部信喜、我国学者韩大元、林来梵等均主张制宪权与修宪权不属于同质权力；而德国学者施密特、我国学者陈端洪等则主张制宪权可以常态化行使，本书采主流学说立场。

③ 邓剑光：《法治、宪政与人权保障》，知识产权出版社 2009 年版，第 214～215 页。

④ 国际公约与条约中的部分内容，通过《中华人民共和国民法典》等法律规定，可以直接适用，但其中并无关涉人权的内容。

就宪法中的非权利条款而言，它与权利条款的直接目标指向性不同，其具有综合性与条件保障色彩，包含总纲中的原则性条款、基本义务条款、权力分配与国家机关组织条款等。第一，总纲中的原则性条款中，人民主权、民主集中制、民族平等、依法治国、合法私有财产保护等规定，在内容上同人权的要求一致，并且支撑着议会制度等一系列与人权直接关联的制度。其他基本政策类的总纲条款，从多方面设想了国家维持、发展的应然经济、政治环境，确保人权实现拥有良好的背景环境以及稳定的义务主体。第二，基本义务条款与基本权利条款同处于宪法第二章，如前所述，人权作为一种权利，与义务的不可分割性构成了其基本属性，规定公民基本义务的宪法条款是公民基本权利条款的必然补充。第三，权力分配与国家机关组织条款虽然不直接关联人权，但关于国家机关组成方式与决策流程内蕴着程序公正的独立价值。并且，通过对不同类型公权力职能、权限的明晰，确定了权力行使的形态与边界，成为审查权力是否僭越的依据，间接地巩固了由人民指向公权力的制约、防范机制。

二、中国特色社会主义人权实现的法律路径

从法治体系化的视角考察，人权实现法律路径中的"法律"，指广义的除宪法外的一切法规则，在我国具体包括基本法律与非基本法律、行政法规、地方性法规、自治条例与单行条例、规章、一般规范性文件等。但根据法律位阶与适用范围的差异，不同类型的规范对于人权实现发挥的功能大小是不同的。从法律路径的纵向划分来看，人权实现的法律路径应当以全国人大及其常委会制定的法律与基本法律为主，就位阶处于其下的行政法规、地方性法规等法规范而言，"人权实现路径"作为其属性的浓度，随着位阶的降次而逐渐稀释递减。这是由于，这些规范的制定、实施，虽然客观上能够发挥人权保障的实效，但本质上它们的人权保障的效果只是一种反射利益的体现。一方面，关于人权的事项大多落于法律保留的范围；另一方面，人权具有权利义务统一性的性质，在法律体系中，其一经承认便应当同时拥有边界，对人权作出限制的权限往往是法律之下的其他规则难以承载的。因此，尽管法律之下的部分规则可以具备创制属性，但是直接面向人权展开规定显然存在权限不足的问题。就自治条例与单行条例而言，我国的《中华人民共和国立法法》（以下简称《立法法》）虽并未明文规定其效力位阶，但其适用范围有限，不宜作出具有广泛适用性的人权规定；并且，自治条例与单行条例不得违背相关法律的基本原则，因此其中一些有助于人权实现的条文内容，实际上也是法律中人权保障原则的承接，可以为法律所吸收。

从法律路径的横向划分来看，在最为广义的视角下，"国家立法以及法律中

所有内容都是为了保障人权，都是以保障人权为出发点的，都可以称作人权立法"①。从实践中来看，这一论断有其价值。例如，民事法律规范以意思自治为核心展开，是一种对人权中自由权的认可；又如，行政主体制定的行政法规、行政规章乃至行政规范性文件，客观上都规范了不同层级行政权行使的边界，防止对相对人利益的不当侵夺等。有学者指出，只要是以保障"自然权利"为基础，无论其在立法目的或原则中是否特别指明、也无论其是否以人权法或近似概念命名，都可以视作实质意义上的"人权法"②，从而进入人权实现法律路径的空间。本书主张，上述广义的"法律路径"只能从人权现象的视点展开分析，而不能从人权实现的制度化路径视点分析，否则容易导致"人权泛化"现象，将人权保障的理念压倒性地凌驾于其他一切原则之上，作为不同规则的共同指导原则，破坏法律部门、法律属性的差异。综上所述，在我国，法律之外的规范中确实存在着部分有关人权保障的内容，但是不足以组合成为一条成熟、独立、自足的路径，人权实现的法律路径应当主要从狭义的法律意义上展开，其他规范的人权保障功能，实际上也是依附于法律而发挥的。

目前主流的法律规范划分依据是法律所调整的社会关系的性质及其调整手段，并已形成多种类型化模式。本书采取"公法—私法—社会法"③的三元分类模式，分析人权实现在不同类别法律规范路径中的手段差异。首先须明确，宪法也属公法的范畴，但其在另一层面同时也具备作为根本法的特殊功能，此处对公法人权保障路径的讨论，集中于宪法之外的其他公法，以刑法、各种单行行政法、诉讼法为代表，还包括各种国家机关组织法、选举法等。它们作为公法，在人权实现中的作用主要体现为：第一，直接的人权保障功能。公法中法律关系的参与主体至少有一方必须是公权力机关，公法实现人权的内容与手段便与其参与主体一脉相承。公法一般通过规定公权力行使的程序、权限、作为义务等，从积极保护和消极不侵害两个维度确保公权力对私人权益必要的尊重，以及促进私人及社会福祉。例如，《中华人民共和国刑事诉讼法》中规定犯罪嫌疑人、被告人的一系列程序性权利，以及《中华人民共和国刑法》中无罪推定的原则，均防卫了公权力的碾压、控制倾向，为作为个体的犯罪嫌疑人、被告人同公权力机关对峙尽可能地提供了同等条件。第二，通过社会保障的实现间接促进人权保障的

① 胡锦光、韩大元：《当代人权保障制度》，中国政法大学出版社1993年版，第93页。
② 林发新：《人权法论》，厦门大学出版社2011年版，第71页。
③ 公法、私法与社会法之区分，来源于传统的公私法划分。而关于公私法划分的必要，学界一直存有争议，如凯尔森就认为在非专制主义时代，国家对个人单方面的威权支配已然结束，在法律上区分公私法毫无必要。现代社会中，又进而出现公法、私法交融的状况。但本书所持立场为，公私法在参与主体定位和调控手段上存在差异，两者的划分依然有其意义，由于并非本书所欲述之重点，不再赘述。

实现。公法"以使国家生活或社会生活的秩序在实施上不受妨害为目的"①，公法规范中，通过对违背法律秩序的行为施以适度处罚的形式，保障健全的法律秩序，确保社会整体福祉不因私人越轨而减损，个案情境中具体个人的利益也能够获得保障。故公法规范中，《中华人民共和国刑法》《中华人民共和国行政诉讼法》《中华人民共和国行政处罚法》《中华人民共和国行政强制法》等涉及个体负担创设的规范同人权实现的联结更为密切。

以民商事法规范为代表的私法体系所调整的民事法律关系的参与主体主要是地位平等的私主体，当公权力机关参与私法关系时属于准私人性质主体，如政府同法人签订民事合同。因此，私法对于人权的保护是间接的，主要表现为：第一，宪法是我国的根本大法，民商事私法规范必须以宪法为依据制定，其私法自治框架的展开也必须在宪法的统合之下。因此，宪法中有关人权保障的精神能够为私法规范所继承。第二，私法规范同直接指向公权力的人权理念并不完全一致，它主要通过第一层次的规范明确私人主体之间关系，当个人因私法规范而享有的权利受到侵害，其得以通过司法渠道进行申辩，产生第二层次的救济权。若救济权失灵，则可能是司法机关产生了错误判断，或作为依据的私法规范本身背离了人权保障目的。此时依诉讼法程序对司法机关的错误判断进行纠正，或对合宪性存疑的私法进行审查，便产生了人权保障的效果。

社会法关注社会福祉的整体增进，涵盖劳动、教育、医疗、环境等多方面事项，以社会权的保障为核心，"以保护社会弱势群体的利益为目标，以保护公民基本生存发展权为自己的价值取向"②。在我国，社会法包括《中华人民共和国消费者权益保护法》《中华人民共和国未成年人保护法》《中华人民共和国劳动法》《中华人民共和国妇女权益保障法》等。社会法对于人权实现的作用主要体现为两种模式：一种关注弱势群体人权享有条件的客观不足，对既有的资源分配方式进行再调节，确保人民在追求人权方面的实质平等；另一种是通过规定一定社会生活基准促使公权力为实现人民发展权创造条件，例如，有关发展教育、社会保障和医疗保障事业的规定随着环境权逐渐进入人权视野，可持续发展也成为社会法保障人权的另一重要角度。

三、中国特色社会主义人权法治实现路径的交叉衔接

人权实现的不同法治路径之间并非绝对互相独立，公法、私法、社会法在彼

---

① ［日］美浓部达吉著，黄冯鸣译：《公法与私法》，中国政法大学出版社 2003 年版，第 135 页。
② 王广彬：《社会法上的社会权》，载于《中国政法大学学报》2009 年第 1 期，第 64 页。

此协调、维护他们自身逻辑自洽的同时，必须接受宪法对它们的价值统合。因此人权实现的宪法路径与法律路径之间存在若干交叉节点，这些交叉节点的衔接，也正是人权实现的关键。

如前所述，人权应当集中存在于抽象的人权关系与宪法关系中，在具体的法律关系中，人权就已经开始逐步从人权本源抽离，被注入了不同法律部门所独有的其他价值，成为同人权具有一定关联性但又相对独立的具体法律权利。一项人权本身与它在具体法律中的投影在客体上是近似的，但两者的内容、义务主体则可能发生较大改变。并且，一项人权可能同时在复数的法律中均产生投影。例如，作为人权的财产权指任何人都可对属于他的财产进行自由支配，并且从事获取财产的行为。其进入宪法，可以体现为宪法对公民合法私有财产、获得劳动报酬等经济权利的保护，以及对按劳分配的规定等。此时义务主体是宽泛意义上的国家，国家的义务包括不利用自身的强制性与优越性不当侵夺个人财产的消极义务，以及就相关财产权保护事项进行立法以及政策支持的积极义务，此外还包括在立法偏差时启动审查程序、立法不作为时积极督促的救济义务等。当人权理论与宪法规定中的财产权进入部门法领域时，它们可以在行政法领域如《国有土地上房屋征收与补偿条例》《中华人民共和国土地管理法》等法律规范中有所体现。此时，它具体化为被征收人、被拆迁人获得补偿的权利，义务主体包括市、县级人民政府，有关房屋征收部门等，其义务包括决定征收必须符合法定情境、制定经科学论证的规划、依法拟订征收补偿方案等。同时，宪法上对财产权的保护也可投影于民事法领域，如《中华人民共和国民法典》《中华人民共和国侵权行为法》中等。此时，财产权具体化为一种民事权利，它的内容可以表现为受侵权人对于财产侵害向侵权人请求损害赔偿；债权人向债务人要求债务清偿；物权人向无权占有人要求物的返还等，国家的角色在这些规范中暂时性地隐没。因此，宪法与法律之间必然存在以人权保障为核心的交互纽带，形成良性的双向沟通模式。

第一，宪法中有关人权的规定在外观上显得纲领、抽象，更倾向于提供大致内容的概括与基础性的正当性支持。人权如何在现实社会交往中落实，需要通过法律予以扩展具体化。立法本身就是一种重要的宪法实施方式，"人权的立法保障是宪法保障人权的必然延伸和内在要求，同时也是宪法保障人权的重要组成部分"[1]。在法律正式颁布实施之前，宪法与法律的商谈交互就已开始，人权保障作为固有、潜在的一项原则，立法机关在制定法律过程中首先自律地将其纳入考量。自律机制出现偏差时，则由事前预防与事后救济两重机制进行防卫。《中华

---

[1] 李林：《走向人权的探索》，法律出版社 2010 年版，第 151 页。

人民共和国全国人民代表大会议事规则》和《中华人民共和国全国人民代表大会常务委员会议事规则》规定，法律草案可以由各代表团、专门委员提出意见，由全国人大宪法和法律委员会进行审议并提出修改意见，实现事前的合宪性控制。在审议过程中，代表、专家均可就法律中对人权保障贯彻不足之处提出建议，审议过程由于全国人大宪法和法律委员会的参与，在民主性上附加了专业性，能够对大多数法律进行低成本、高效率的合宪性控制，防止越轨法律出台实施后造成的人权损害后果。事后救济机制即宪法审查工作，虽从社会效益、全国人大及其常委会的机动性发挥角度，它所承载的控制机能在占据数量比率上当然地小于事前审议，但宪法审查应当作为一个常态化的备用机制存在，以便及时检视立法活动。这一制度在我国学理上的进展领先于实证制度构建的进展，宪法审查工作在我国尚处于初步展开阶段，对其健全也成为人权实现宪法路径与法律路径彼此沟通的一个关窍。此外，在法律动态适用过程中，特别是私法中包含许多概括性规定和一般原则，如公序良俗原则、平等原则、公平原则，又如有关一般人格权保障的条款。在司法机关面临涉及这些原则和条款的争议时，能够依照宪法中的人权条款与原则精神进行解读。此类衔接既属于宪法路径与法律路径的交叉，同时也构成了公法和私法的接轨协调。但这一规范适用技术目前尚面临宪法解释制度虚置等现实问题以及法院适用规范的权限边界的学理争议。

第二，前述交叉是人权保障理念从宪法路径向法律路径的单方输送，同时，法律路径也存在向宪法路径反馈的空间。尽管相对于社会生活和社会关系的变迁而言，人权的法律保障体系更迭较为缓慢，但是其本质依然是一个动态流变的系统。尽管从系统化视角来看，人权法治保障的合法性根基是由最上位的宪法逐层下溯的，但是其原初的正当性与扩张逻辑是从道德文化等模糊性的社会要求到法律再到宪法逐层上溯的。从广义上说，人权是在社会每一个人都能够依照自身意志和需求完成生存、发展和自我实现的权利，宽泛地说几乎涵盖了人类的所有社会活动。宪法的内容注定是概括并且具有高度稳定性的，法律便由此成为能够相对更快回应社会要求的次级规范。但是，一般利益诉求高度凝练并进入法治路径的条件有三个：一是某种正当利益诉求涵盖的范围超出了私密空间的界限，进入社会交往领域。二是该种正当利益诉求不仅关涉社会交往活动，并且围绕这种利益形成的社会关系具有独特且较为一般的权利义务预设模式。例如，随着民事审判中一些特殊诉求出现，"亲吻权""祭奠权""安宁权"等权利概念相继兴起，它们或是基于个案的特殊情境而出现，或能够被一般的权利条款所吸收而缺乏自身独立成为法律权利的核心模式，均尚未被立法所确认。三是对该种利益的可能侵犯往往超出了自力救济或协商的范畴，需要通过一定的秩序手段展开规制。某项利益诉求如果能够满足上述三种条件，便具有了法律权利的一般外观，完成了从道德要求上升为"法定权利"的转换。而当这些法律权利通过制度实践与理论论证的检验，被认为贴近于人类基本的自然属性与社会属性，且对其保护具有防卫国家之必要时，就具有上升为宪法上基本权利的资格，从而完成由下至上的人权扩展、同时取得由上至下的合宪性确认。近年来，学界不乏将生命权、生育权、隐私权作为人权上升为宪法上基本权利的呼吁，虽然目前并无宪法上的实践回应，但无疑确证了由法律路径向宪法路径主动推进，健全双向交流管道的可能性。

第三节　中国特色社会主义人权实现的其他路径

法治是人权实现的主要路径，但不是唯一路径。而且，如果人权实现过于强调单一的法治路径，将不可避免地陷入传统的国家管控思维模式，面临制度性和非制度性困境。中国特色社会主义人权事业建设过程中，非法治的其他路径已经在相当长的一段时期内或多或少地发挥了客观作用，但此类路径对人权实现的独有价值以及它们与法治路径的交融协同依然有必要进一步归纳厘清。

一、中国特色社会主义人权实现的其他路径模式概述

我国目前人权实现的法治路径所面临的困境在于：第一，依然处于从管理思维向治理思维、从形式法治向实质法治转型的时期，非常容易导致法治机械主义和工具主义。第二，法治由以运行的制度骨架是成文的规范系统，但是其固有的滞后与慢速回应对于突然出现的社会要求应对不及时，容易激发酝酿已久的潜在人权疑虑，造成对人权保障的社会不信任感，"纠错"代价是巨大的。有学者主张，"平衡的人权法适应公共治理的现实需要，在多样化的基础上对不同元素进行先后排序……确立多样化的人权保障主体，在发挥国家保障、社会保障和个人保障优势互补的基础上强调国家应负主要保障职责"[①]。单一的法治模式需要其他人权保障社会路径的补充，或者说，一种健全的法治模式本身就内在地蕴藏了规则之外的其他要素，这些要素构成了法律自身的道德性。本书认为，中国特色社会主义人权实现的法治外路径主要包含三类模式：大众化路径、学术化路径和辅助性路径。其中，大众化路径是指，使人权能够为其主体所普遍知悉，使全社

---

① 罗豪才：《人权法的失衡与平衡》，载于《中国社会科学》2011 年第 3 期，第 6 页。

会形成良好的人权氛围以及培育中国特色社会主义人权理论的大众认可度；学术化路径是指，对于急速发展变化的社会环境与社会关系，及时捕捉其中的新兴人权问题与人权体系更迭的可能性，为将来可能的实证制度变迁做好充分的理论预备；辅助性路径是指与法治路径具有最强烈的联结性，用以填补法治运作过程中的漏洞的社会手段。

第一种模式是人权实现的大众化路径模式，主要包含人权教育与人权宣传、社会伦理体系建构两种机制。应当注意到，在人权的建设中，个体或多或少地存在一些"社会懈怠"（social loafing）现象，这种现象的出现主要基于两个要素：一是社会中的个体未能在群体工作中感受到自身必要性或得到适当的价值评价；二是个体自身的满足或重要性指标未能同群体目标联结，并且这种懈怠现象出现的概率同群体的整体规模大致成正比。[①] 而人权的大众化路径模式就是抑制"社会懈怠"的一种有效途径。首先，人对于自身的伦理学思考是人类思维的发展进步的顶峰，[②] 人权教育的目的就在于使人民展开此种思考，觉醒主体意识。令人民了解关于人权的基本知识，以及挖掘出对于自身既属于人权享有主体，也属于人权建设主体的意识。参与教育的主体广泛地包含了公权力机关、社会组织、专门教育机关以及人民个体等。其中人权的宣传属于一种特殊的人权教育，其主要承载者包含各种媒体，相比于人权教育而言具有更大的潜在性与对象不特定性。在人权文化的意义上，其每一次信息发布都是对于某种群体信号的传递。其次，社会伦理体系的建构是人权大众化正向发展或负向发展的"指引器"。支撑一国人权理论的伦理基础包含两个部分，一部分是普遍性伦理价值，如主张人权视域下文明相容的学者指出，"在一切文化中，社会重视个人的生命是永恒的，因此，没有一个社会会容忍叛逆、杀人……一切社会都承认婚姻的相互权利与义务，谴责破坏家庭关系的行为。一切社会都承认某些个人财产……这些共同文化价值的事实为不同文化信仰间的相互理解奠定了基础"。[③] 另一部分是独特性伦理价值，它往往同一国的史情与现状密切关联。社会伦理体系应当是两者兼具、齐头并进的价值判断系统，是秩序性公共理性引导下而逐渐形成的社会理性，也是人民在接受人权教育与宣传前提下，由以决断自己在道德上应当申明哪些权利、履行哪些义务的最低标准。在良性的宣传教育和伦理体系指引下，个体由于主体意识的觉醒，便能够觉察群体目标与个体目标的互惠性以及自身参与的必然性，使群体

---

① ［美］Taylor, Peplau, Sears 著，谢晓非等译：《社会心理学》，北京大学出版社 2004 年版，第 312～313 页。

② 李先波、徐莉：《对"人权"与"幸福观"的几点思考》，引自陈振功、任丹红：《文化传统、价值观与人权》，五洲传播出版社 2012 年版，第 232 页。

③ M. D. Sills, Cultrual Relativism, 1968：545. 转引自李林：《走向人权的探索》，法律出版社 2010 年版，第 111 页。

的"社会懈怠"效应转换为"社会促进"效应，既可增强社会整体对于现有人权理论的文化认同，也可督促个体在制度形成等方面的积极参与。

第二种模式是人权实现的学术化路径模式，它主要指向一种立法的专业性准备与道德性补充。纵观我国人权理论发展的学术条线与实证条线，不难发现两者存在明显的前后相继关系。自 1978 年开始，国内学界关于"社会主义国家的人权"问题展开激烈的思想争鸣，随着"社会主义国家不应抛弃人权话语，而应把握主动，澄清人权应有之义"的观点逐渐占据主流，1991 年第一个人权白皮书也应运而生；而 2004 年人权入宪以前，学界也已经存在了大量关于人权应当写入宪法的呼吁，并且产生了关于人权入宪方式的种种制度设计。学术的研究虽然不能从顶层设计方面给出较为权威的定论，但是在诸多研讨中，一方面，主流观点的逐渐形成并不断完善、成熟，为立法提供了理论性素材；另一方面，少数意见与分歧较大的学术议题同样为立法提示了可能隐含的风险。尽管在法律制定过程中，存在必经的审议程序，部分重要立法的审议可能反复多次，但相较于学术研究延展的时间而言，周期依然偏短。而人权入法甚至入宪可谓牵一发而动全身，其后雄厚的理论储备正来源于人权的学术研究。

第三种模式是人权实现的辅助性路径模式，它主要指向法治运行过程中无暇顾及的缝隙，往往同司法、执法关联更加密切。例如《中华人民共和国反家庭暴力法》（以下简称《反家暴法》）第九条、第二十二条规定应当鼓励支持、必要时展开对受害人的心理辅导。从性质上说此类规定更倾向于一种概括的政策性条款，既未规定强制性履行义务，也未规定相应的法律责任，更无相关机制如何组织并展开运作的说明。但伴随着《反家暴法》的出台实施，法院积极主动与相关部门合作，设立心理咨询与辅导室，对家事案件的当事人进行心理疏导。[①] 目前辅助性路径的一般模式是，在制度性框架未能完全展开或规定模糊的情形下，通过公权力部门与社会组织的自发合作而实现人文关怀。

总体而言，实质法治确实是一种以客观方式契合社会的良知与道德，并达成社会整体福祉的良好治理模式。在主张法治中心论的学者眼中，社会问题必将回归制度性框架实现最终解决。但是，从国内人权治理角度说，人权实现应当是"社会系统工程"，人权理论中权利的义务主体与人权建设的主体不可简单等同。人权建设"几乎涉及国家治理体系每一领域的体制机制、每一个环节过程、每一方主体和参与者"[②]。本书秉持的立场是，人权的直接义务主体当然是"国家"，但是人权建设若仅依靠国家权力的运作与自我约束，必将陷入

---

① 中国人权研究会：《中国人权事业发展报告（2018）》，社会科学文献出版社 2018 年版，第 197 页。

② 侯健：《论人权建设的系统工程》，载于《朝阳法律评论》2017 年第 1 期，第 172 页。

失衡状态。

二、中国特色社会主义人权实现其他路径与法治路径的互动

人权的实现是系统的、内部关联的，因此中国特色社会主义人权实现的其他路径与法治路径不是并行线，而存在一定的视域交融与对话机制，且这两种路径之间也非并列关系，而是具有明显的主治与辅治关系。两者之间的互动主要表现为两个方面。

第一，人权实现的法治路径是第一性的，而其他路径是第二性的，法治在人权保障环节应当占据主导地位，是人权保障的根系所在。这是由于：首先，法治同人权实现具有天然的亲和性。"现代法治理念必然包含对人权的保障……通过法律保障人权，限制公共权力的滥用，是衡量现代国家法治建设最基本的标准"①，可以说，法治本身就内蕴着人权属性。在新自然法学派的观点中，不正义的法律缺乏内在道德性，其正当性就是值得怀疑的。此处的正义具有多面性含义：在约翰·菲尼斯那里是人的生命、知识等基本幸福；在罗尔斯那里则偏向自由；在富勒那里则是人与人之间的交往。无论何种，皆同人权的意涵存在重叠。即使是在分析实证主义法学流派中，法律也往往不能同某些既定的道德完全割裂。例如，哈特主张，一项法律必须遵从最低限度的自然法对人类社会予以安排，它们以人的生存为核心，包括人的肉体脆弱、有限理性、大体平等、公共资源限制与有限的利他五个原则。如果法律是邪恶的，尽管它依然是法律，但其可服从性是薄弱的。② 可见，对于法律内在道德性的要求是形成良性法律之治或规则之治的必要、核心条件，这种道德性往往同人权的目标是一致的。但是无论是宣传教育、伦理构建等文化大众化手段，还是理论研究、自律性的机制塑造等策略，均并不天然地以人权为核心。例如，宣传教育与学术研究可以以人权为话题，但同时，如果在某个具体的宣传、研究活动中，人权主题并未出现，也难以仅据此就判定这项社会活动是"非正义"的。人权保障不是它们内生的价值导向和良莠鉴别标准，仅仅是这些社会治理手段的其中一个话题，具有外部性。

其次，法治具有伦理整合的自律和他律功能，而其他路径仅具备这项功能的部分功能，或仅能够为实现整体调控提供缓冲与条件。只有法治路径为主、其他路径为辅才能发挥最大化效益，适应我国的现实情况。中国市民社会的发展长期

---

① 李龙：《国家治理与人权保障》，武汉大学出版社 2017 年版，第 164 页。
② 沈宗灵：《现代西方法理学》，北京大学出版社 1992 年版，第 150 ~ 154 页。

积弱，国家的推动力在历史进程中占据导向性地位，而法治作为国家发挥其推进力的现代化路径，更具优越性。无论法治路径还是其他路径，都存在常态性问题，如法规范固有的滞后性、各种社会路径效力性偏弱与评估弹性较大等。但同时，也可能出现与人权实现路径自身的天然弱势无关，而是偏离人权所倡导的价值内核的非常态性问题，例如，法规范反而侵害人权、自媒体进行背离人权价值的宣传等。在此类非常态性问题出现时，法治具有强效甚至可以说是铁腕的自我救助机制，能够通过相对明确的意见反馈机制获取社会意见，并通过审查程序对存有越轨嫌疑的规范进行改、废、释。社会路径在面临人权实现的危机时，其应激反应在速率上远高于法律回应，但其自我调控机制是薄弱的，甚至可以说是缺失的。大量信息流纷杂交错，不同意见彼此攻击，现代性伦理病灶普遍存在。根本上的控制与解决方式最终还是诉诸法规范或至少由法规范为依托所构建的稳定商谈平台。

第二，如前所述，从宣教伦理、学术研究、辅助性机构合作的作用原理来看，其根本目的是实现人权，直接目的则是辅导法治、为法治创造良好的落实环境。同时，优越的人权法治保障体系安排，也能够为其他非法治路径提供一套具备形式合理性的制度环境。两者彼此交融、在主辅分明的前提下相互补充。但是，这种交融互动必须互相适应，即实现"两端平衡"，否则法治路径与其他路径的彼此合作将突变为彼此抵触，对人权环境产生破坏性冲击。若过度轻视人权保障的其他社会路径，单一地依赖法治路径，将导致社会整体人权氛围难以形成。一是将导致社会文化防御力薄弱，易于受到负向价值观念的冲击；二是削弱了主流人权理论的公众认同度与参与度，无形间增加法治推行的阻力；三是疏漏本应由其他路径填补的空间。而在法治支脉过于强势、社会支脉明显式微的情形下，本应由法治作为基底保障、其他路径作为直接解决手段的上述问题，被强制性地转嫁于法治领域，而迫使法规范将一些难以形式化、技术化或远高于最低行为标准的道德要求纳入其中，造成"主张善德却酿造普遍的伪善"[1]，反而侵害法治在人权实现方面的权威性与公信力。反之，若过度重视其他路径，将背离现代国家治理一般原则，产生类似古代"贤人政治"的治理期待，缺乏可操作性、可预期性。此外，如果法治路径不当积弱，容易造成人权实现其他路径的责任过重。可能隐含的另一重风险是，当有关人权的宣传教育、一般研究所塑造的社会人权期待同法治实践产生明显的断层时，将造成公众评价的情绪化反弹。因此，人权实现的法治路径与其他路径应当在彼此交融中实现互相适应。

---

[1] 孙莉：《德治与法治正当性分析——兼及中国与东亚法文化传统之检省》，载于《中国社会科学》2002年第6期，第97页。

第十二章

中国特色社会主义人权保障体系的
理论与实践策略

人权实现的路径是中国特色社会主义理论总体框架的逻辑末端，须在既有的制度框架下进一步明确其机制运行，并结合实践中产生的实证问题与理论节点，探求具有本土特色的人权保障体系。

第一节　中国特色社会主义人权社会保障体系的建构

中国特色社会主义人权社会保障体系，在广义上既包括法治人权保障体系，也包含其他路径人权保障体系；在狭义上则仅以各种社会组织为其主体，包括自治群体、群众团体、有组织的个人等，而不包含国家公权力实体。本节所称"中国特色社会主义人权社会保障体系"，拟从狭义的意义上展开。

一、中国特色社会主义人权社会保障体系建构的现实问题

目前，中国特色社会主义人权的社会保障是其主体以人权实现为目标展开活动，以自愿商谈、倡议、敦促为主要方式而形成的静态基本法则框架与动态协调过程。可以说，自改革开放以来，人权的社会保障取得了一定的成效，有关人权的学术理论成果颇有积累，人权研究的整体社会氛围较新中国成立初期已有较大

提升。但依然不可否认的是，社会保障是中国特色社会主义人权保障相对弱势的环节，且由于人权社会保障是国家人权系统工程的"暗线"，其影响具有潜在性、效果具有长线性，往往没有获得相应的重视。人权社会保障体系在理论与实践中所面临的具体问题主要表现为以下几个方面。

第一，社会保障体系的义务主体群具有模糊性，人权社会保障体系的整体反应滞后。目前，中国的人权社会保障体系主体群的客观构成如图12-1所示，大致可分为三个层级。第一层级是专职与准专职社会组织，主要指直接以人权保障为宗旨、目标，或以人权为主要活动内容的社会组织。包括群众团体如中华全国妇女联合会、中国残疾人联合会、工会组织等；非营利性公益组织如中国儿童少年基金会等；人权研究学术团体如中国人权研究会以及高校人权研究中心等。第二层级是非专职社会组织，这些主体不直接以人权保障为其核心原则或宗旨，但是其活动内容在事实上能够较为密切地同人权产生关联。包括行业组织与团体如中华全国律师协会，也包括企业与事业单位如传媒企业、高校等。第三层级是个人，在信息的流动、传播、生成中，个人是基本的承载单元。层级越往下，其营造人权社会保障体系的义务与责任属性就越发不明显，落实到个人层面，已然更贴近于一种道德自觉。由于这些组织、团体的活动具有自发性、灵活性，当这些机构怠于进行人权社会保障活动时，往往缺乏由个人端点向上传输的良好督促环境。随着群体人权保障水平的逐渐下滑，个人对于人权的敏感度也逐渐惰化，越发难以自下而上、以点带面地督促社会团体、组织展开人权活动，由此便形成恶性循环。

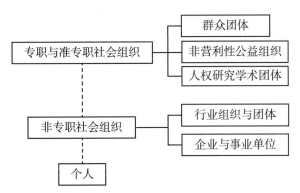

图 12 -1　中国特色社会主义人权社会保障体系的主体结构

团体的主动性缺失将导致的另一问题是，人权社会保障体系作为法律保障体系的辅助与补充，对于法律的空白域中发生的人权问题，应当发挥的功能是更加灵活、迅速地进行反应，并为将来的制度跟进提供先行条件准备和风险预测。但目前社会团体在该方面机动性不足，反而需要法律的事后哺育，有学者将这种现象评论为，"中国国家人权机构习惯于扮演类似一支消防队的角色，哪里出现人权危机的火苗，它的高压水枪就喷向哪里"①。

第二，社会团体之间合作失衡。人权社会保障的健康生态应当是，社会保障整体同法律保障体系交互作用，三个层级的主体彼此影响，而每个层级内部不同类别的主体活动也存在不同程度的串联。就社会保障体系内部而言，其结构较为松散，各个团体之间呈现出相对游离的状态，尤其体现于专职社会组织与非专职社会组织之间。例如，人权研究与人权教育之间存在一定割裂。我国学界对于现代人权理论展开的主动探索可以追溯到封建王朝末期，在前人的学术积淀下，改革开放后各种学术团体应运而生，人权研究成果极大丰富，并形成了基本的理论规模。但是人权教育显现出层次断代、效果不佳、普及率有待提高的问题，同业已较为翔实的理论储备不相匹配。根据《国家人权行动计划（2009—2010年）》实施评估报告，截至2010年，仅数10所高校开设了人权法与人权教育课程，②对比高等教育的覆盖面，人权通识教育的占比是显著不足的。又如，人权宣传与人权研究、教育的脱节，高校、学术团体与宣传媒体是彼此隔离的，由此造成人权的大众印象同理论方向差异过大的问题。尤其是在具有身份隐匿性与主体均等性、信息流动高速、碎片化的现代社交平台上，人权宣传技术性不足、易受个体观点扭曲的缺憾表现得更加明显。

第三，社会保障的防御、调控机制失灵，人权氛围受到"互害型"社会的文化冲击。中国特色社会主义人权理论的一个重要维度是中华民族精华的传统文化，其"有序相谐""和而不同"的精神对于人权理论根基的稳固作用，以及对于不同理论素材的调和作用，多通过社会保障路径潜移默化地发挥。然而，当前社会保障环境并不能充分发挥传统文化的优势，反而一度对其产生侵蚀。最初产生于食品安全领域的小规模"互害"危机已经极大地冲击了社会多个领域，有学者指出，当前存在的互害形态主要是"交互相害"，即"侵害人隐匿于某一特定社会生态链中，侵害人和受害人对双方来说都可能是未知的"③，相比于原始的直接、特定侵害而言，这种不确定的互害形态更易造成人权的整体性危机。道德负收益与囚徒困境不断产生，社会共同体成员更容易形成一种背离人权指向和精神内核的模糊共识。

---

① 黄晓辉、陈诚：《〈巴黎原则〉——中国国家人权机构改革之借鉴》，载于《哈尔滨工业大学学报》2005年第4期，第85页。

② 参见《国家人权行动计划（2009—2010年）》评估报告，中国人权网，2014年6月5日。《国家人权行动计划》（2012－2015年）评估报告中，则没有列明具体的统计数据。

③ 张善根：《从互害型社会走向互利型社会——中国社会主要矛盾的转化及应对》，载于《探索与争鸣》2018年第8期，第77页。

二、中国特色社会主义人权社会保障体系建构的困境根源

上述种种人权社会保障的现实困境，是其内在问题的直接表象，追本溯源，我国人权社会保障之所以发展缓速、效果产出与成本投入失衡，主要原因在于运作形式失范、文化内核迷失以及制度供给不足。

第一，社会人权保障协商松散，定位不清，无力应对群体两极分化状况。无论是社会团体方针、行动准则的形成，还是社会整体人权氛围的走向，抑或是公民个人的人权观念，均产生于普遍存在的交往和协商。就专职社会组织中的人民团体而言，缺乏精准定位以及缺乏长效、稳定、良好的协商平台的负面效应最为明显。当前，社会保障是依不同人权主体类型而非人权事项进行的切分，因此，同一主体在面向社会处理人权事务时，往往面临大量、复杂的人权内容，如妇联可能面临妇女的生存、平等劳动和就业、发展机会平等等多元化需求；工会也可能面临职工关于劳动权、休息权等多个方面的不同主张。但是多数社会组织仅有相对明确的整体目标，而缺乏结构功能的定位，同公权力机构之间的职能界限、分工协作难以厘清。进而造成其难以同组织外部的其他主体进行良性互动、产生发展性增长，而是在机构、功能方面进行"不断地自我内部作业精致定格和自我修饰"，面对转型和发展的客观必要"既没办法稳定下来，也没有办法使自己转变到新的形态，取而代之的是不断地在内部变得更加复杂"。[①] 同时，在广泛的群体协商中，最典型的危机就是"群体两极分化"，即"协商群体的成员可以根据人们的预测朝着其成员在协商前表现出的倾向中更加极端的点移动"[②]。在这种两极分化下，社会团体为了维持自身而不至于被解构，常常倾向于相对保守的极端中点。并且，社会保障主体对于"异质"观点库的呈现常常感到无措。因此，原本应当积极整合社会资源、提供社会服务的一系列主体反而不愿意积极介入或行动。

第二，缺乏能够烘托人权的必要文化环境，人权社会保障所依赖的最大资源式微，难以应对道德滑坡失范的大潮。陌生人社会是伴随着市民社会兴起的现代化进程而产生的，而中国的市民社会生成具有被动性和后发性，至今依然掺杂着熟人社会的惯性残余。因此，大量可能实际上对人权实现有负向作用，但难以受

---

① 濮敏雅：《妇联改革的困境与出路》，载于《法制与社会》2016 年第 12 期，第 160 页。

② ［美］凯斯·R. 孙斯坦著，金朝武、刘慧春译：《设计民主：论宪法的作用》，法律出版社 2006 年版，第 15 页。

到法律或社会调控的"隐权力"① 普遍而客观地存在。这些权力融入了社会文化环境并成为其沉疴，阻碍社会保障发挥其应有的调控功能，也令"陌生人社会"向"互害型社会"转化，侵蚀社会成员对于人权保障的信赖感与主动性。该背景下，相关文化环境的缺失具体表现为两个方面，一方面是对于传统文化的象征性、符号性解读，使得社会整体产生了一种背离倾向，曲解传统文化精华的内涵。隐权力横行的熟人社会成分在现代社会中占据的比例越高，人与人之间社会交往的不确定性就越大。在这种情形下，制度的调控也可能频繁失灵，社会成员便更加迫切地希望社会规则提供交往的可预期性。但是，无论是道德、一般理性认知还是社会组织行动宗旨，相较于法规范而言，在解释方面都更加多元化且缺少权威定论。于是社会成员各自形成小群体，并试图为传统文化贴上"标签"形成快捷且单一的解释，这便导致了传统文化的异化。例如，强调德性自律、反对唯利是图的道德传统，异化后形成的文化面貌是，"没有开诚布公的'逐利'行为，也没有具有尊严的'逐利'方式，才会出现大家都必须把自己说的堂而皇之及纯粹'无私'的现象，结果，'公'与'私'的界限就不知道划在哪里，而任何人都可以假'公'之名以遂其'私'"②。另一方面是精神信仰的建构不足。精神信仰意味着对于某种目标、价值判断、行为方式的内心笃信，对于团结与认同至关重要，属于精神文化的范畴，区别于法律规则、原则等制度文化或衣食住行等物态文化。当信仰角色缺失时，某些物态文化便会取代精神文化，成为信仰追逐的目标。由于我国社会主义核心价值观的培育尚且不足，目前缺乏与人权保障相匹配的社会文化信仰，使社会保障体系的作用受到外部环境的削弱。

第三，制度性供给不足，使社会保障陷入角色冲突的结构性病变。此外，前述协商松散、文化道德失范的根源也均同制度性资源缺失紧密关联。人权社会保障体系的主体与法律保障体系的主体虽无直接的隶属关系，但其行动需要遵循法律保障体系中的诸多法规范，其自主活动所形成的"社会法则"不得同法规范相抵触。另外，社会保障体系不仅在同法律保障体系保持方向一致前提下对其进行促进、补充，同时还在两者方向出现差异时发挥检省功能。当社会保障体系与法律保障体系出现方向性的差异时，原因可能在于社会保障体系自身的失序，也可能在于法律保障体系到达了应当进行权利填补、规则转换的节点。但当社会保障同法律保障冲突时，甚至法律规范越轨而造成人权文化的断层时，都需要以监督与自我修复制度作为解决问题的兜底手段。目前，制度规定与社会倡导偶尔会

---

① "隐权力"是区别于正式权力的，"来自私人关系网络的权力辐射，它的权值取决于个人在关系网络中的亲疏差序"，存在"可以随意越过正式权力的横向边界"的危机。参见吴钩：《隐权力：中国历史弈局的幕后推力》，云南人民出版社2010年版，第6页。

② 孙隆基：《中国文化的深层结构》，广西师范大学出版社2011年版，第296页。

出现南辕北辙的情状。或者某些制度在其配套制度体系未能完善或层级偏低的情况下，便仓促出台实施，造成不当的正向或负向激励机制，将制度规范应当完成的任务转嫁于人性的自律与社会保障的非强制性力量。

三、中国特色社会主义人权社会保障体系建构的应然策略

应对当前中国特色社会主义人权社会保障体系中存在的诸种问题，应当从社会保障体系的内部反思重构与社会保障体系外部环境、条件培育两个角度入手。其中，社会保障体系发展的外部环境既包括柔性的文化条件，也包括刚性的制度供给。

首先，应当明确社会保障体系的功能定位，从粗放式设计走向精细化设计。本书认为，有关社会保障的应然角色定位，可以参考德国学者卢曼的法社会学原理进行分析。卢曼认为，"人类生活在一个意义建构的世界中"，他们对于事物发展的认知和预判构成了他们自身的行动准则，因此"复杂性"和"偶在性"便构成了一套行为程式的基本特征。即当人意图进行某项行动时，他对于行为后果将产生一定的期待，但是由于一些尚未被认知的事物运行规律、制约条件的作用，他所得到的现实化成果同内心期待并不总是一致。当这种行动发生于社会生活领域时，由于难以稳定预测的对象中增加了"他人的行动与体验"要素，单一的偶在性便过渡为双重的偶在性，由此违背期待的失望可能就越大，这种失望的积累可能造成社会结构的不稳定。无论社会规范还是法规范，都是简化复杂性并降低失望成本的产物，是一种"反事实稳定的行为期望"。[1] 但与法规范不同的是，社会规范提供的期望具有更大的弹性与包容性，相较于法规范而言存在成本更低的试错空间。因此，虽然社会保障体系处于填补性与辅助性地位，它所需要的降低失望成本的实现条件却远高于法律保障体系。因此，从根本上扭转社会团体的惰性定位至关重要。

但是，仅从大体路线和方向上倡导社会组织与团体应当发挥其积极性、主动性，还不足以完全扭转社会保障内卷化发展的不利趋势；这种倡导也无法直接地作用于社会成员个人。因此，须在原先诸如推进和维护特定群体利益等概括性的定位基础上，进一步对不同类型、层级的社会保障主体及其组织、运作方式进行更加精细化的设计。在运作方式方面，应加强内部角色分工，明确需求梯度，确保社会保障主体服务供给、资源收集、观点磋商等几大功能均衡发展。在组织整

---

[1] ［德］尼克拉斯·卢曼著，宾凯、赵春燕译：《法社会学》，上海人民出版社2013年版，第71～100页。

合方面，存在纵向结构的专职社会团体，应消解基层组织普遍存在的人员数量、质量短板，调整倒金字塔式的逆向形式。在保障手段方面，应注重多个层级之间的交互性，特别是对于非专职社会团体中的有关从业者，加强职业伦理培育，将人权保障作为重要的伦理区块置于其从业之中。最终力求达成防范单线程的宣教和控制，实现良好的双向交流的目标。

其次，塑造社会的人权精神文化信仰，培育社会核心价值。精神信仰不是宗教的独占语言，相比于人权观与人权理论作为人权现象在意识领域的反映而言，它独有的超越性能够发挥启示与凝聚功能。有学者在分析中国传统文化对国际人权公约的价值影响时指出，"'仁'的加入创造了一个人权乌托邦，在那里，是儒家传统的大同社会图景，每个人的权利并不构成每个人权利实现的阻碍，这样的人权观念才能造就越来越好的人以及更加美好的世界"①。可见，诸如传统文化中有关"大同盛世"的设想、马克思主义理论中关于"共产主义"最终形态的设想等，在相当长的历史时段内都难以实现，而需要多代人前赴后继地追寻。然而，在当前历史环境下提出这种精神信仰，依然有着重要意义，它作为理想性的一面提供人权社会保障的动力。但同时，人权文化的塑造如果完全寄希望于理想与未来图景，也将产生虚幻性，对于当下的道德失范矫正助益较小。因此，还必须大力弘扬、培育社会主义核心价值观，作为务实性的一面解决人权文化中的现实困境，增强人权文化的社会认同度。此外，在培育过程中，须把握核心价值的限度，甄别"核心价值"与"统一价值"的区别，处理好核心价值和多元价值之间的逻辑关系。核心价值的培育需要"意识形态自觉与价值理性认同的生态型整合"，呈现的是"不同的价值选择和人生道路"②。强行性、僵硬化地推行同一、一致的价值认知，反而将破坏人权自我充实的动态进程。

最后，加强社会保障体系与法律保障体系的衔接互助。社会保障主要依赖柔性手段发挥作用，因此注定是存在极限的。文化环境塑造作为社会保障的基底性环节，其效果和评价也同样依赖于法律保障体系的运行实效。如社会主义核心价值观，从抽象的理论证立角度，其获得公众的理性认可并不困难，但"核心价值观的道义性认同源于国家治理公正所产生的良好社会效果（良效），即人民所体会到的国家对社会资源与公共利益公正分配"③。如果法律保障体系、制度治理效果不佳，将会动摇社会成员对于人权文化、核心价值观的道义性

---

① 化国宇：《人权普遍性的仁学基础：从〈世界人权宣言〉第一条出发》，载于《西南政法大学学报》2019年第2期，第63页。

② 成长春、张廷干、汤荣光：《意识形态自觉与价值理性认同》，载于《中国社会科学》2018年第2期，第20页。

③ 江畅：《核心价值观的合理性与道义性社会认同》，载于《中国社会科学》2018年第4期，第16页。

认同，产生负面反馈。

第二节　中国特色社会主义人权法律保障体系的建构

中国特色社会主义人权法律保障体系是人权法治保障路径的产物，是人权保障系统中的主干。本节主要从宏观的制度范式设计方面梳理当前以宪法和法律为核心、以其他下位规范为辅助的法制度体系在人权保障方面存在的若干问题及进路。

一、中国特色社会主义人权法律保障体系建构的现实问题

中国特色社会主义人权法律保障体系当前存在的理论与现实困境，可以从两个逻辑环节进行分解。第一环节是法的生成，包含法的制定、废止、修改、解释，即立法环节。第二环节是法的执行与适用。有必要予以特别说明的是，当从系统化的视角观察法规范时，我国一元两级多层次的立法主体结构，产生了对应的上位法与下位法区分，下位层次法规范在第一环节的生成过程，同时也构成了上位层次法规范在第二环节的实施过程，从而形成了逐层嵌套的实施链条。本节所指第二环节，主要指行政机关依据法规范作出的具体行政行为以及非行政立法性质的其他抽象行政行为，此外还包括司法机关在审判中适用法规范的行为。上述两个环节的问题具体表现为：

第一，从立法的体系建构环节来看，当前人权保障法律体系存在立法主体结构性失衡、权限不清、程度畸轻的问题。首先，人权法律保障中的立法主体配置与权限存在理论与实践的误差。如前所述，目前有关人权的法规范存在三个等级。第一等级是处于顶点的宪法，经由制宪、修宪确定人权原则在整个法律规范体系中的贯彻以及具有基本属性的重要人权内容。第二等级是全国人大及其常委会制定的基本法律、非基本法律，它们来源于最高国家权力机关同时也是代表最为广泛的代议机关，负责将宪法的抽象规范具体化，形成兼具权威性与相对具体性的通则。第三等级是法律以下的行政法规、地方性法规、规章等文件。第一等级的宪法根本法的性质以及稳固性的需求决定了其只能概括、纲领地框定人权的类型，进行保护性宣誓，而不能过于具体地展开。第三等级狭义法规范之下的其他规范本身的实施范围有限、立法主体层级较低、类型多元，在人权问题上的自主创制性受到多方限制。因此，从学理上分析，主要承担人权法律保障中制度骨

245

架塑造功能的应当是第二等级的狭义法律。在实践中，真正应当承载这一功能的法律制定主体——全国人大及其常委会未能充分履行其人权立法义务，但同时社会现实问题又亟待回应与解决，于是过重的人权立法负担被转向国务院的行政立法甚至更低层级的规范制定，造成下位规范的臃肿化和不当扩张。其次，人权经由立法构成的规范系统依然不够成熟与充分，难以促进国际人权法和国内人权法的有效沟通。我国在参与国际人权交流合作方面，不仅积极促进国际人权的沟通和磋商，还广泛签署加入国际人权公约。1998年，我国已经签署《公民权利和政治权利国际公约》，但该公约至今尚未对我国生效。因为"以《公民权利与政治权利国际公约》和《经济、社会及文化权利国际公约》所规定的条约义务来说，前者规定的是'即时义务'，后者只需国家承担'尽最大能力''逐渐'达到公约所承认的权利'充分实现'的义务"①。而《公民权利和政治权利国际公约》中，诸如迁徙自由等规定，在我国尚缺乏成熟的法律实现条件，如果贸然批准该公约生效，将导致我国实际无力履行国际人权公约项下义务；如果长期不批准该公约，也同样损及我国在国际人权平台的信誉，并助长国内立法的惰性。

第二，从法的执行与适用环节来看，由于人权立法的碎片化、分散化，在甄别上存在较大争议，在执行和适用方面也就面临着更大的困难。我国目前并无统一的人权保障法典，而《宪法》《立法法》及相关规范中关于人权立法的权限配置也语焉不详。由此造成的局面是，那些分散于人权理论中，已然发展到一定阶段，具有成熟性和法治保障必须性的人权要求，通过宪法表达汇聚为公民基本权利，却在由宪法向具体法律输送的过程中再次分散而难成体系。并且，学理与实践上，对于哪些规定属于关涉人权的规定、某部规范是部分地还是整体地属于人权立法均有争议。例如，有学者在总结改革开放以来中国的法治进程时，将百余项法律、行政法规、地方性法规、自治条例和单行条例，乃至全国人大及其常委会的决定都纳入"同人权保障直接相关"的立法中。② 这种宽泛化的鉴别对于人权法的执行、适用有害而无益。这是由于，对某部规范或规范中的某一条文是否具有人权法的性质进行鉴别，一是为了明确其权限划分，检视其合法性乃至合宪性基础；二是为了厘定其执行、适用过程中的解释规则，以及在出现争议时是否具有寻求宪法救济管道的必要。缺乏明晰边界的认知将导致人权的"泛化"，造成的后果可能是，以人权立法的层级性过度限制多元化立法主体的积极性；也可能使监督、救济系统面临庞大的"人权立法"无力监管，使原本轻微可控的权

---

① 宋芳青：《人权立法的两难问题》，载于《现代法学》2013年第2期，第26页。
② 中国人权研究会：《"人权入宪"与人权法治保障》，团结出版社2006年版，第10页。

限越轨更加严重,"制度病态"转为"制度常态"。

正是由于上述宏观顶层安排上的问题,才导致在微观制度设计时出现多种法律冲突,使人权的国内法保障始终具有被动性,影响人权法律保障的实际效果。

二、中国特色社会主义人权法律保障体系建构的困境根源

中国人权的法律保障体系存在困境的根源在于专门性指导缺失下人权法律保障义务的模糊化以及监督、救济功能的弱势与沉默,具体表现为:

第一,人权保障义务主体与义务内容界定不清,缺乏统一的综合性官方专职机构提供协助。在人权法的制定与实施过程中,之所以出现结构性的倒错,原因在于我国公权力机构所承担的人权保障法律义务处于一种内容不清、权限边界模糊的状态。当前,并无专门、整体性地分配人权保障义务的法典,目前我国承担人权保障法律义务的公权力部门概括性地包含了中央与地方的多级立法、行政、司法机关。一方面,从职能的分配与宪法的重大性原理来看,承担人权立法义务的主要是中央立法机关即全国人大及其常委会;承担人权法执行义务的主要是各级行政机关与地方权力机关、司法机关。但实践中,由于全国人大及其常委会对有关人权立法持审慎态度,而现实生活中基于人权保障出现的社会问题又必须获得解决,相关立法义务往往被嫁接于作为执法主体的行政机关。甚至,作为司法主体的司法机关也意图通过司法解释创制有关人权保障的相关内容。从短期来看,这种义务的倒错确实解决了一些紧迫的人权问题和司法争议,但长期来看,这一模式不宜稳固。另一方面,统一的专职人权机构欠缺,使作为人权保障义务主体的机构承担的功能兼具复杂性与单一性。复杂性在于,人权保障绝非国家机关行动的唯一原则与直接原则,在人权保障的价值延伸下,不同国家机构产生了各自行动的直接目标与职能。人权保障也不是宪法、机构组织法明文规定的一项职能,而是作为国家机关行使职权时所应当尊重的一项基本原则发挥渗透作用。因此,目前客观上发挥着人权法律保障功能的机构,均非专职的人权保障机构,也就决定了它们在活动中所进行的利益衡量必然纳入了其他同人权并不直接相关的价值判断,而这些价值判断同人权的调和显然并不总是成功的。单一性则在于,鉴于法律对这些国家机关各自职权的明确规定以及基于它们各自组织机构、人员安排而产生的客观精力限制,这些机构在保障人权时,往往采用传统的立法、执法与司法方式,而难以发挥广泛的调查、咨询、建议作用,也难以高效地同人权的社会保障体系之间实现信息交流与工作衔接。

第二，事后救济与监督机制不完备。人权的法律保障若欲取得正向收益，"在实质上，立法机关不仅要将人权通过立法的形式表达出来，更重要的是，人权立法的结果应该是切实有效的，能够在社会上真正起到规范作用"①。这种规范作用一方面取决于立法、执法、司法时国家机关的自我约束；另一方面则依赖于争议与怀疑产生后的制度性救济，即在一套成熟的人权法律保障系统中，越轨防范与纠偏机制必须实际存在并投入运行。前述人权相关立法执行、适用中所出现的制度病态具体可表现为：首先，来源于立法时疏忽或由于社会变迁而使原有立法难以适应新兴人权需求的立法瑕疵；其次，立法本身并无实质性瑕疵，但是在执行和实施过程中，由于预留了相当宽泛的裁量空间，导致行政机关对于某些弹性条款作出任意性解释、选择性执法或者作出显然违反比例原则的选择，不当地加重相对人的负担、克减相对人的权益。对此可能的救济路径包括普通诉讼路径、宪法诉讼路径与宪法审查路径三种。其中，普通诉讼路径包括相对人合法权益被侵害时进行行政诉讼，以及针对司法机关的上诉、抗诉等程序，总体来说在我国落实程度较高、覆盖范围较广，实践经验成熟。但一方面，普通诉讼受到诉讼层级、受案范围等多方限制；另一方面，在法律尚且空白又确实关涉人权的领域，原本应当由宪法中公民基本权利条款发挥其作用。然而，在学理上，普通司法机关若需要适用宪法，就不可避免地要对其高度抽象的条文作出自身理解，这种理解又往往会陷入是否构成司法机关拥有实质性宪法解释权的争辩。实践中，基于我国相关法律与司法解释，宪法无论是在民事、刑事还是行政审判中，也均不能作为法官裁断案件的依据。因此总体而言，普通诉讼制度仅能发挥有限的调控效用。在我国当前的机构格局下，直接关涉人权问题的场合，宪法诉讼与宪法审查是相较于普通诉讼而言能够发挥更大作用、具备相当权威性的解决路径。但是，我国目前并未建立宪法诉讼制度，也没有足以承载宪法诉讼职能的国家机关。宪法审查制度也尚处于建构初期，无具体、细化的程序性指引，在对象方面，法律作为位阶仅次于宪法的正式规范，越轨的危害性远超其他规范，但当前的审查制度却将其排斥在外。此外，在合宪与否的判定标准方面，也缺失实质性的规定。数次宪法审查的实践均通过内部沟通、相关部门主动修改或废除存疑规范作结，缺乏针对该规范合宪与否的公开性、宣示性判断，属于一种相当粗糙、难以复制的实践模式。综上所述，在救济机制不完备、未激活的情况下，人权的法律保障体系缺乏反向的监督力，过当地依赖于保障主体的自律、自纠，导致整个法律保障系统的应激缓慢。

---

① 秦强：《立法机关人权立法义务研究——以人权条款入宪为背景》，载于《北方法学》2012 年第 5 期，第 54 页。

三、中国特色社会主义人权法律保障体系建构的应然策略

完善中国特色社会主义人权法律保障体系，首要前提是明确短期与长期内我国人权法律保障体系的不同建构模式。人权保障不仅是横向上的一项系统工程，更是纵向上的一项长线工程。人权的需求，包括其实现的条件、程度等，均随着社会的变迁而不断发展，在不同时代环境下有着不同的主题与评价标准。因此，对于人权保障，既需要制定长期目标，确定制度变迁方向，也需要着眼当前制度空缺的填补需要，最大限度利用既有资源。

首先，我国应当进一步明确各个机构人权保障职责与人权保障机构整体结构的应然状态。对于我国人权保障机构的改良，学界存在两种不同意见。一种是在继续维持分散式机构分布的基础上，强调中央国家机关在人权法律保障方面的职能主导性，并且为缓解全国人大及其常委会的事务压力、扩展国家机关在人权保障方面的功能性质，设置若干辅助机构或部门。如有学者提出在最高人民法院下设宪法法院和判例委员会，在各级人大下设法律监察委员会，与全国人大下设的中央法律监察委员会形成业务领导关系，监督法院行使司法职权是否正当。[①] 另一种是设置专职的人权保障机构群，由一类机构专门负责各种性质的人权保障工作，形成由中央到地方的有序条线。如有学者主张应当"在全国人大和县以上的地方各级人大下设立人权保障委员会作为常设专门委员会，负责全国范围和本行政区域内的人权保障事务，对人权法的落实情况进行研究，监督国家机关实施人权法的情况并提出意见和建议、对重点问题展开调查、为社会各界提供咨询、开展人权教育和宣传工作"[②]。也有学者主张，应依据不同类型国际人权公约所关涉的不同人权内容，细化设置彼此平行的专门委员会，如儿童权利委员会、经济社会文化权利委员会、残疾人权利监测协调中心等。[③]

本书认为，为了同国际人权保障与交流对接，更好地履行国际人权公约项下义务，应对国际普遍定期审议机制，建立统一人权机构是必然之举。但是，就目前我国的基础准备与权力格局而言，不宜操之过急。人权事务具有复杂性以及同宪法的直接关联性，并且专职人权部门的设立涉及权力配置的大幅度调控、同监察委的设立相比涉及同更多部门的职权衔接，因此仓促通过地方先行试点模式进行自下至上的探索可能面临合宪性论证不足以及工作实效性低下的疑虑。更适宜

---

① 蒋传光：《论我国人权的法律保障》，载于《淮北煤师院学报》2001 年第 1 期，第 53 页。

② 莫纪宏：《人权保障法与中国》，法律出版社 2008 年版，第 133 页。

③ 张伟：《关于在中国设立"国家人权机构"的几点思考》，载于《中国政法大学学报》2011 年第 6 期，第 130～132 页。

进行充分前期筹备后，自中央统筹规划专职人权机构进行协调积累，再逐步向地方下属机构推进，贯彻急速变迁时代环境下"徐行徐进"①的建构原则。短期内，在组织形式上，人权保障部门以全国人大下设的专门的人权事务委员会为佳；在功能上，其职权以监督建议、咨询为主，负责收集、整合人权社会保障的信息流，作为沟通国家机关与社会组织之间的桥梁。

其次，从长远看，一部统一的人权法典将统合不同部门的人权保障工作，进一步明确各个机构之间的权限分配关系，细化宪法中公民基本权利的内容及保障方式。统一人权法典在性质上应当定位为基本法律，由全国人民代表大会制定，在学理上的解读可能更偏向于类似《立法法》的宪法性法律。在内容上，则应当包括人权保障机构及其职能、我国公民及外国人所享有的具体人权内容、紧急状态或其他情况时人权的克减限度与边界、法律责任等问题，并同《立法法》、诉讼法等现有法律对接。但需要注意的是，目前我国相关基础与配套制度平台的建设尚不完善，贸然出台统一人权法，将使其陷入"备而难用、备而不用"的尴尬境地。因此，在当下的历史时段，利用分散式的法律对人权问题进行调控仍有必要。此处需特别说明关于对人权进行具体设定、规定的行政法规的地位问题。我国现行《立法法》第八条明文罗列的、属于法律保留范畴的十类事项，虽均与宪法中公民基本权利的保障存在或多或少的关联性，但并不能完全涵盖宪法中公民基本权利所关涉的范围。或者说，诸如受教育权、劳动权、休息权、社会保障权等基本权利，既可以视为非法律保留的范畴，也可以通过对罗列事项或兜底条款的进一步解释视为《立法法》第九条所规定的，允许授权国务院先行制定行政法规的范畴，处于一个相对模糊的灰色地带。在宪法已经作出纲领性规定，而全国人大及其常委会的立法跟进不力时，由国务院通过行政法规的形式对立法缺位的空白进行补正，具有现实必要性。它至少能够从中央层级为相关人权的保护提供一定的法律基础，使相关基本权利能够在现实社会生活中落实，在执法、司法环节获得适用而不至于陷入架空状态。同时，相比于司法机关直接援引宪法条文，或通过越权的解释产生实质性的"司法续造法律"而言，行政法规的合法性基础相对而言更加稳固。但本质上，以行政法规设定人权与人权限度的原理相悖，上述方法仅属于一种利益衡量之下的缓冲、过渡手段，因此仍有必要筛选并评估相关行政法规，适宜上升为法律的，由全国人大及其常委会及时作出规定。

综上所述，人权保障法律体系的长线目标是以人大制度为基底，建立在同一人权机构协调下、统一人权法典指导下、各国家机构职权配合的严密系统。而短

---

① 袁钢：《〈巴黎原则〉与中国国家人权机构的设立》，载于《人权》2016 年第 2 期，第 25 页。

期内，应当充分利用现有制度资源，进行人权法律保障框架的整合与激活。具体包括利用既有权力框架，以专门委员会形式展开部分人权工作；对法律以下的规范进行清算，推进人权规范层级向法律靠拢；利用现有的备案审查制度、监察制度等充分对社会人权问题进行反馈，并推进宪法解释、宪法审查制度的激活与细化。

第三节 中国特色社会主义人权国内法保障的法律 规范差异及解决方法

由于国际条约与公约在我国发生效用的方式为转化适用，我国人权的法律保障体系更多地以国内法为主导。在国内法体系运作的过程中，若将宏观层面有关人权理念引领下的立法、司法、执法等顶层制度设计作为人权保障的肢干，那么微观层面上的法规范的实质性内容就是人权保障的血液，也是其活力所在。本节拟从微观层面入手，从国内法制度内容同人权保障的关联性视角分析当前存在的人权保障法律冲突及其解决路径。

一、中国特色社会主义人权国内法保障中的法律差异类型

中国特色社会主义人权从产生到落实的逻辑流程是：第一步，因根源的生产力与生产关系变迁带动政治、文化整体格局变迁，社会成员自觉或不自觉地产生了若干利益诉求，并在此基础之上形成各种人权现象。第二步，社会成员基于人权现象而形成相对聚合的人权观，并结合实践经过不断思辨最终转化为较为成熟的人权理论。第三步，该理论在国家宪法中获得认可，成为国家法律体系的最高纲领之一，并流向不同的法律部门获得落实。其中，第三步最为复杂。因为，不同的法律部门调整的对象、手段方法、原则均不同，但它们既需要确保宪法的价值统合，又需要维持自身的逻辑自洽，还需要推进彼此之间的配合协调。在实践过程中，这种理想型的合作模式已屡遭挑战，具体表现为以下三个方面的法律冲突。

第一，宪法同法律产生差异，该问题在民事领域与刑事领域的表现尤为明显。从民事领域分析，2005年以《中华人民共和国物权法（草案）》是否违宪为引，我国学界一度掀起了民法与宪法的关系与地位之争，而随着《中华人民共和国民法典》（以下简称《民法典》）的制定，这一争议又有再临之势。目前存在

的主要观点包括三类：一是民法和宪法应当分属公私两个不同法域，宪法相对于民法的依据地位仅仅体现于立法权的结构安排，而不体现于实质内容。宪法诚然可以成为行政法等公法的制定依据乃至扮演其"母法"角色，民法对宪法抱有适度的尊重、两者在实施中互相协同也是必然的。但是，从两者产生的历史过程来看，宪法的产生晚于民法；从两者的内容来看，民法关注私人权利而宪法关注公共权利。因此，宪法不能在实质内容上作为民法的依据，否则将造成对民法内容的不当限制，也破坏了民法自身私权自治的核心原则。① 二是民法是宪法的实施法。持此立场的学者大多排斥宪法对民法的"依据""价值领导"作用的观点，往往以一个截然区分于政治国家、强大且独立的市民社会为基底，在公法私法对峙的语境下展开。但这种资本主义国家发展的典型范式并未在我国的历史中获得印证，脱离了我国的现实国情，由此产生的"民法帝国"观点也必将阻碍民法典的本地化和条文解释。并且，公私法的二元对立在现代社会也产生了一定动摇，两者交融下的社会法生成就是一项客观结果。私法难以离开宪法独立发展，其意思自治、私权神圣均非绝对原则而是相对原则，它们既受到宪法的确认、保护，也受到宪法的限制。《民法典》的颁布是宪法上的授权结果，其条文的效力源泉也是宪法规范，在实质内容上受到宪法的限制。② 三是民法具有半宪法功能，可以发挥"部门宪法"的效果。持该立场的学者主张，民法通过私法自治原理赋予了个体自我决定，并免除包括他方个体以及国家侵害的权利，具有政治性与宪法功能。当前我国宪法在公民基本权利保障方面的实施机制并不完善，民法却恰好可以通过自身弥补这部分空缺，激发宪法活力。③ 这些争议在人权方面造成的影响是，堵塞基本权利进入民法的管道，民法典中诸如人格权等内容易脱离基本权利精神而自成体系；难以区分人权保障和普通私人纠纷的调解。

从刑事角度分析，有关宪法统合性原则背离的问题主要发生于刑法领域。刑法具备保护其实施范围内广泛不特定主体权益和确认社会秩序的功能，违背刑法规范而对他人权益进行侵害的行为，以及刑法针对这些犯罪行为而进行的处置、惩罚，均具有远超其他法律关系中行为程度的"烈性"。因此，在刑法规范的适

---

① 该观点的代表人物是龙卫球教授，其首先通过网络发表了《民法典编纂要警惕"宪法依据"陷阱》一文，并在同几位宪法学者公开的对话中重申了上述观点。参见林来梵、龙卫球、王涌、张翔：《对话一：民法典编纂的宪法问题》，载于《交大法学》2016 年第 4 期，第 6 ~ 10 页；龙卫球：《民法依据的独特性——兼论民法与宪法的关系》，载于《国家检察官学院学报》2016 年第 6 期，第 31 ~ 35 页。
② 郑贤君：《作为宪法实施法的民法——兼议龙卫球教授所谓的"民法典制定的宪法陷阱"》，载于《法学评论》2016 年第 1 期，第 44 ~ 45 页。
③ 参见谢鸿飞：《中国民法典的宪法功能——超越宪法施行法与民法帝国主义》，载于《国家检察官学院学报》2016 年第 6 期，第 40 ~ 43 页。

用过程中进行解释的审慎性也远超其他类型的法规范，学界据此产生了有关形式性解释和实质性解释的论争。持形式性解释说的学者主张，刑法解释应追求法的安定性，防止司法权擅自专断，背离刑法应当秉持的谦抑态度。其中，形式性解释说的核心立场是以条文的逻辑性为主导，并不排斥在尊重文本意思范围前提下对立法原意的探析，因该种情形实质上依然是符合文本逻辑形式的。① 持实质性解释说的学者则主张，在风险社会的环境下，刑法须考量情势的急剧变更，并作出对应处置，"对于实质上值得科刑处罚但又缺乏形式规定的行为，实质解释论主张在不违反民主主义与预测可能性的前提下，对刑法作扩张解释"②。即实质解释论不仅关注行为非犯罪化的限缩解释，还更多地强调行为入罪的扩张解释。基于刑法的处罚本身就是一种在法律严格把控下克减、限制人权的行为，在实质解释论越多被采纳的场合，刑法自身的谦抑性逻辑受到的冲击就越大，司法滥用解释权的风险也越高，对人权的侵害可能性也就越大。

第二，公法、私法领域的融合与冲突带来公法、私法界限消弭中的负效应，使部门法自身的价值与原则受到冲击。公私法的交融存在"常轨模式"与"脱轨模式"两种区分。在"常轨模式"下，公私法的交融表现于两个法域协同互助以及适度融合。如社会法的出现，又如，商事法、经济法中由国家对企业行为进行干预调控，促使其承担社会责任，令其活动符合公共福利等。而"脱轨模式"主要指向实施中的公私界限消弭。其一方面表现为公权力机关对于私人领域的不当干预，侵蚀私法意思自治、交易自由等价值理念，如"当前执政党、行业协会和各种公权力组织大量参与民事活动，并通过公权力性质的行为来影响平等主体之间的民事活动，如通过规范性文件、设定行业标准、制造垄断行业，等等，造成上述公权力性质的团体与普通民事主体在民事活动中存在事实上的不平等或影响民事关系平等目的的实现"③。另一方面表现为公私主体的身份混淆。由于公权力机构自身的"人格性"来自法律的拟定，其运作本身依然依靠组成人员，而这些人员在生物学上无疑属于自然人。尽管存在诸种有关公务员职业道德与行为准则的规制，但依然难免存在滥用公共权力满足私人利益考量的越轨行为，产生如选择性执法等公权力寻租现象。

第三，法律自身的协调问题。公法、私法、社会法三大领域产生摩擦的同时，这三大领域内部的具体部门法尽管拥有相对一致的核心逻辑与调控方式，却也并非"同进同退"，同一法域的不同法律之间也可能存在衔接错位、彼此冲突

---

① 王昭振：《刑法解释立场之疑问：知识谱系及其法治局限》，载于《环球法律评论》2010 年第 5 期，第 20～38 页。
② 赵运锋：《刑法实质性解释的作用、适用及规制》，载于《法学论坛》2011 年第 5 期，第 120 页。
③ 秦前红：《民法典编纂中的宪法学难题》，载于《国家检察官学院学报》2016 年第 6 期，第 13 页。

的情状。常见为行政法与刑事法的衔接不畅，各种单行行政法规范对于同一问题的实质、程序性处理不一，又难以借用既有的法律规范冲突适用机制解决，陷入法律僵局。此外，即使脱离复数法律之间衔接对比的视角，不少单一法律自身依然存有缺陷，在适用中也可能出现背离人权保障价值的情况。例如，刑法中保留着寻衅滋事等"口袋罪"，以金钱数额确定情节轻重的部分犯罪在标准上已明显陈旧等。这些问题以点状形式分布于我国不同部门法的实践中，有些问题虽不直接关涉公民的基本权利保障，但对于公民合法权益的侵损累积到一定限度将会导致立法与法律实施的失格，上溯性地损害整体法律框架的权威性与公信力，不仅不利于宪法保障人权机能的发挥，也将结构性地影响人权社会保障体系的效果。

二、中国特色社会主义人权国内法保障中法律冲突的根源分析及其解决方法

上述种种问题产生的根源在于，宪法应有的功能性并未完全发挥，人权保障原则在部门法的落实中难以为继。具体而言，首先，宪法在我国发挥作用的方式主要是单一的立法落实，并且这一疏通管道往往以法的制定为主导。行政机关制定一般行政规范性文件的抽象行政行为，以及依据法律法规所作出的具体行政行为，均属于宪法的间接实施。依法行政过程中，行政机关不可能直接依据宪法行使职权，只能判断其职权"不抵触宪法"。由于宪法文本的高度抽象性，行政机关更加难以出现抵触宪法的情况，理论抽象上的行政实施将更多地回归合法性与合理性问题。行政机关的职权运作相对来说处于以宪法为辐射中心的、诸多实施方式中较远的端点上。司法机关在审判活动中，同样没有直接依据宪法裁判个案的理论基础与制度平台。在司法实践中，如沈涯夫和牟春霖诽谤案[①]，张连起、张国莉诉张学珍损害赔偿纠纷案等[②]，虽在判决书中提及了宪法，却仅仅将其作为说理工具，强调法律的精神和价值渊源、归属，如同伦理格言的引用，仅对整个判决提供价值立场上的追认和佐证。而仅一例直接适用了宪法基本权利条文作为实质性依据的齐玉苓案中[③]，最高院作出的批复性司法解释在当时引起学理上的剧烈反响，目前也已被停止适用。同时，我国的普通法院乃至最高人民法院均无解释宪法并自主对规范作出合宪性判断的权限。因此，宪法通过司法发挥

---

① 《沈涯夫、牟春霖诽谤案》，中国法院网，2002 年 11 月 4 日。
② 《张连起、张国莉诉张学珍损害赔偿纠纷案》，中国法院网，2002 年 11 月 4 日。
③ 《"冒名顶替上大学"拟入刑引发热议专家呼吁》，中国法院网，2020 年 11 月 20 日。

作用的路径在我国实质上也是不畅通的，需要通过裁判中所依据的法规范本身的合宪性推定间接地体现"依宪裁判"。在通过立法发挥效用的过程中，宪法规则、原则进入法律主要依靠法制定过程中的消极性遵守和吸纳，即在法律案起草到通过并颁布实施的过程中，立法机关、全国人大宪法和法律委员会的自我控制。在法律正式颁布实施后，其面临的制约仅有宪法的最高效力位阶以及"法律不得同宪法相抵触"的规定，而缺乏具体的核验、纠正机制，只能寄希望于立法机关在面临其他国家机关或社会公众提出的非强制性建议时，以传统法律修改、法律废止程序进行主动修正。宪法作用的主动性不足，是民法、刑法等部门法过度强调自身独特价值、忽视宪法价值统合乃至试图以部门法秩序填补宪法秩序的本因所在。其次，相关法律适用、解释标准的模糊化使得个案救济和原则宣示出现背离，而进一步压缩了规范改良的空间，限制了规范文本解释的可能性。以我国宪法对于平等权的保障为例，我国《宪法》第三十三条第二款规定"中华人民共和国公民在法律面前一律平等"。平等权作为一项具有原则属性的基本权利，应结合宪法第二章人格尊严、人身自由、政治参与、宗教信仰自由、劳动、受教育等多项基本权利的保障发挥作用。因此其原则应当被《中华人民共和国全国人民代表大会和地方各级人民代表大会选举法》《中华人民共和国劳动法》《中华人民共和国教育法》等多领域的法律所遵从，并体现于客观存在、用于填补法律疏漏的行政法规中。这些规范在适用中的理解与解释，也应当遵循平等原则、人权保障原则进行。但是，实践中，诸多规范面临着违背平等原则的疑虑，例如，国务院《关于工人退休、退职的暂行办法》第一条所规定的"应该退休"的情况，除因公致残经鉴定完全丧失劳动能力的，其余三种情形均依照性别划分了职工的不同退休年龄。这一规定曾引发劳动仲裁及诉讼，并推动了社会组织提出宪法审查的建议。但是，该规定依然现行有效，全国人大及其常委会、国务院均对该问题持回避态度。同时，一些层级较低的规范性文件如国务院部委制定的政策计划、地方政府部门制定的招收细则等，都或多或少面临着公民要求平等就业、平等受教育诉求的攻击，以至引发行政诉讼，但多数案件最终以不符合受案范围被驳回。这一系列案件虽属个案，但背后指向的依然是规范的解读方式与合法性、合宪性基础问题，是在法律乃至宪法中"平等权"条款的解释以及落实标准的问题。在请求被驳回后，案件中折射出的规范实质性问题自然难以通过司法途径获得解答，但其后相关规范的制定机关也未展开进一步说明。造成的后果是，相关存疑条款既未获得明确的合宪性确认，也没有修改其中存在的重大瑕疵，究竟是否符合上位法和宪法的人权保障规则、如何判定都处于模糊状态，加剧了法规范的脱轨现象。最后，法律规范本身自我革新的进程偏于缓慢，难以适应社会新兴需求与突发状况。中国特色社会主义法律体系是在一元两级多层次立法格局下形成的逐层嵌套系统。而随着法律体系的逐步扩充，其变动的困难性也就越大，特别是法律的变动往往产生"牵一发而动全身"的效果，不仅需求其下位规范的对应变动，也影响着和同位规范的互接，因此法律的变动和革新往往是审慎的。但是过度的审慎将走向保守主义，令本应由法律修改承担的义务转为由司法中的裁量与解释承担。这也是上述法律自身协调不力问题的另一重成因。

为解决上述问题，本书试提出三种可资参考的应然策略：第一，进一步明确公私法划分视域下宪法的地位、角色与功能。本书的立场是，根本法对应的范畴是非根本法，划分的依据是相关事项的调控层级与重大性程度，与传统公、私法的划分并不属于同一层面的问题。意图使宪法脱离公法范畴，以其仅凭自身一体构成一个独立的"根本法"或者"基本法"大类，从而令宪法获得凌驾于公私法分类之上的直接私法空间，是不合时宜的，也将破坏其他部门法自身独特价值对于人权保障的贡献，造成过度的"宪法化"。宪法属于一种公法，它主要规范着关涉国家权力运行的诸种社会关系。但是无论公法、私法还是两者交融下产生的社会法，均需要受到宪法条款、宪法精神的约束。第二，明确宪法对部门法进行价值统合的正当性以及发挥宪法整合作用的路径。从层级来说，制宪过程意味着比立法过程更坚实的民主正当性，宪法提供了其他一切立法的正当性和有效性源泉。从约束方式来说，宪法通过为立法机关创设义务而实现对于部门法的约束。宪法中的基本权利条款以及其他非基本权利条款，均不直接指导个人与个人之间的社会交往关系。例如，现行宪法第五十一条规定，公民在行使其自由和权利时不得损害"其他公民的合法的自由和权利"。该条规定并意图直接在公民个人与其他个体之间创设互不侵损的权利义务关系，而是阐明了立法机关应当充分遵循该条理念，在进行民事立法、刑事立法、行政立法时均设以适当的限制性条款与救济程序，确保公民能够防卫来自他人的侵害。当立法机关的制度安排不力时，公民个体之间的关系性失衡是法律实施层面的表现，在宪法视角下即涉及了立法机关对于宪法中立法义务的违反、懈怠。从实质性的约束内容来说，宪法总纲中的基本制度与原则，公民基本权利条款构成了立法需要遵循的主要标准和依据，而该依据的健康践行则需要完善的宪法实施技术，故须在此基础上持续推进宪法修改、解释制度以及宪法审查制度的完善。第三，针对前述法律自身协调性不足的问题，需要深入公法、私法、社会法的不同领域，深入不同法律部门各自的学科中，先内化而后外化地逐层推演、解决。先就具体问题的端点末梢在法律部门内部通过纵深性的学术研究与实证比对逐一追索问题的症结，关注人权保障的重点领域；① 再延伸及不同法律部门之间的联合、衔接点进行视域融合。在部门法研究纵深化发展的前提下，带动跨部门法视域的学术研究，填补不同部门法之间的立法、适用断层。

综上所述，中国特色社会主义人权法律保障体系的建构完善须以国内法治建设为主轴，以国内制度平台铺设对接国际公约义务履行，以宪法实施为核心，以宪法监督为后盾，在此基础上自上而下地向法律、行政法规乃至更低层级的规范渗透、延伸，形成人权保障的辐射网络。

---

① 国内有学者专门就选举领域、民事领域、婚姻家庭领域、交通领域、宗教领域、公安执法监督领域、刑事领域及行政诉讼领域的人权保障法律规定存在的若干细节性问题展开专门性研究，即属本书所述的该阶段工作。参见林喆主著：《当代中国人权保障法律制度研究》，山东人民出版社 2007 年版。

第三篇

中国特色人权
理论在宪法上的
制度性转化
及其实现

第十三章

国际人权公约与缔约各国宪法及其他
国内立法之间的差异及解决

第一节 国际人权公约概说

一、国际人权法概说

国际人权法是国际法的一个分支，是指对基于保护人类固有的尊严而产生的人权形成的国际法原则、规则和制度的总和。国际人权法的产生是人权保护国际化的结果，而人权保护国际化主要是从 1945 年联合国成立之后逐渐完成的，主要包括各种条约和习惯法以及各种宣言、准则和决议等。国际人权法既包括适用于整个国际社会、主要在联合国的框架下形成的普遍性国际法，也包括联合国成立后在欧洲理事会、非洲联盟、美国国家组织等区域组织框架下形成的只适用于区域范围的区域国际人权法。目前，国际人权法主要是由一系列条约构成。

（一）1966 年联合国两个人权公约

1966 年联合国大会通过了《经济、社会及文化权利国际公约》和《公民权利和政治权利国际公约》，开放给各国签署和加入。这两个公约汲取了 1948 年

261

《世界人权宣言》的主要内容，并加以完善和发展。两个公约的内容涉及了法律上人权的基本内容和国际人权保护的主要方面，被认为是基本的关于人权的国际法律文件。两个公约都首先规定自决权和自然资源的永久主权。其中《经济、社会及文化权利国际公约》主要涉及一系列的经济社会权利，包括工作权、社会保障权、家庭权、健康权、受教育权等。它要求缔约国尽最大能力采取措施，以便使这些权利逐渐得到实现。《公民权利和政治权利国际公约》涉及了广泛的公民权利，包括生命权、免于酷刑、人身自由、公正审判、信仰自由、和平集会、选举权和被选举权等，要求缔约国尊重和保证这些权利，并为达到此目的采取必要的立法或其他措施，以实现公约所涉及的各项权利。两个公约分别建立了各自的履约机制。

（二）专门领域或区域的人权条约

专门领域主要包括：（1）消除各种歧视方面。该领域的人权条约主要有：《防止及惩治灭绝种族罪行公约》《消除一切形式种族歧视公约》《禁止并惩治种族隔离罪行公约》《关于就业和职业歧视公约》《反对体育领域种族隔离公约》等。（2）妇女儿童权利保护方面。该领域的人权条约主要有：《妇女政治权利公约》《消除对妇女一切形式歧视公约》《儿童权利公约》等。（3）禁止奴隶制和强迫劳动方面。该领域的人权条约主要有：《废止奴隶制、奴隶贩卖及类似奴隶制之制度与习俗补充公约》《废止强制劳动公约》等。（4）保护被拘禁者权利方面。该领域的人权条约主要包括：《禁止酷刑和其他不人道或有辱人格的待遇或处罚公约》。区域性的公约主要包括：《欧洲人权公约》及其一系列议定书和《欧洲社会宪章》《美洲人权公约》《非洲人权和人民权利宪章》。

目前我国已签署了 1966 年两个人权公约，批准了《经济、社会及文化权利国际公约》。我国还参加了其他主要的国际人权条约，积极参与联合国人权领域的活动，并通过国内各项立法，大力加强对人权的保护和促进。

二、国际人权公约

国际人权公约是联合国有关国际人权保护的三个公约的总称。三个公约是《经济、社会及文化权利国际公约》（以下简称"A 公约"）、《公民权利和政治权利国际公约》（以下简称"B 公约"）和《公民权利和政治权利国际公约任择议定书》（以下简称"B 公约议定书"）。1948 年联合国大会通过《世界人权宣言》后，联合国人权委员会于 1954 年把 A 公约草案和 B 公约草案分别提交第九届联合国大会。联合国大会第三委员会从 1955 年开始对上述草案进行逐条讨论和审议。1966 年 12 月 16 日第二十一届联合国大会上，以 104 票赞成（无反对票）

通过了 A 公约，以 102 票赞成（无反对票）通过了 B 公约，以 76 票赞成、18 票反对、13 票弃权通过 B 公约议定书。① 4A 公约于 1976 年 1 月 3 日生效，B 公约和 B 公约议定书于 1976 年 3 月 23 日生效。

A 公约和 B 两公约的序言以相同的内容载明："鉴于依据联合国宪章揭示之原则，人类一家，对于人人天赋尊严及其平等而且不可割让权利之确认，实系世界自由，正义与和平之基础……确认依据世界人权宣言之昭示，唯有创造环境，使人人除享有公民及政治权利而外，并得享受经济社会文化权利，始克实现自由人类享受无所恐惧不虞匮乏之理想"②。

A 公约包括序言和 5 部分正文，共 31 条，内容涉及工作条件、工会、社会保障、家庭保护、生活水准和健康标准、教育和文化生活；规定这些权利应逐步地、无歧视地充分实现；缔约国应定期向经济及社会理事会提交报告，由后者进行研究，提出一般建议，并鼓励采取必要的国际行动帮助缔约国执行公约。

B 公约包括序言和 6 部分正文，共 53 条，内容涉及迁移自由、法律面前人人平等，无罪推定、良心和宗教自由、意见与表达意见的自由、和平集会、结社自由、参加公共事务和选举，以及居于少数地位的人的权利等问题。公约禁止任意剥夺生命、酷刑、残忍或侮辱人格的待遇或刑罚、奴役、强迫劳动、任意逮捕或拘禁、任意干涉私生活、战争宣传，以及构成煽动歧视或暴力的鼓吹种族或宗教仇恨的行为。该公约设立人权事务委员会，审议缔约国关于为实现公约而采取措施的报告和根据 B 公约议定书指控侵犯权利的来文。

B 公约议定书包括正文 14 条，规定授权人权事务委员会对自称因公约规定的任何权利遭受侵犯而成为受害者的来文加以审议，但只限于针对 B 公约议定书缔约国的指控。

国际人权公约以《世界人权宣言》为基础，但在内容上有所发展：（1）对于人权宣言中引起各国争议的条款，如第 17 条"人人得有单独的财产所有权"，第 28 条"人人有权要求一种社会的和国际的秩序"等条款，公约未再列入；（2）对于宣言未涉及的一些内容公约有所增补，如 B 公约第 20 条规定："任何鼓吹战争的宣传""任何鼓吹民族、种族或宗教仇恨的主张，构成煽动歧视、敌视或强暴者，都应以法律禁止"。（3）最重要的增补是，确认"所有民族均享有自决权"和"自由处置他们的天然财富和资源"的权利。

国际人权公约的签订，反映了一大批新兴的第三世界民族独立国家加入联合国后，人权的观念和内容的重大变化和发展。公约将《世界人权宣言》中规定

---

① 资料来源：联合国数字图书馆。

② 参见联合国官网。

的权利，以法律形式固定成为具有约束力的国际条约，各缔约国承担法律上的权利和义务，对国际政治和国际法产生了广泛影响。至 1984 年 6 月 30 日，已有 81 个国家批准或加入 A 公约；78 个国家批准或加入 B 公约；33 个国家批准或加入 B 公约议定书。中华人民共和国于 1979 年开始派观察员出席联合国人权委员会，1982 年成为该委员会正式成员国。

三、《世界人权宣言》的制定背景及其在国际人权法中的地位

《世界人权宣言》是联合国大会于 1948 年 12 月 10 日通过的一份旨在维护人类基本权利的文献。鉴于第二次世界大战造成的惨不堪言的战祸，国际社会要求将保障人权与保障和平联系起来，从 1945 年开始，各个国家的代表就开始着手草拟这个文件，最终于 1948 年年底通过。《世界人权宣言》是国际人权宪章体系的第一个文件，共 30 条，它提出了世界各地所有男女毫无区别。它的基本思想是各国人民不分男女都享有基本权利和自由，包括参加选举、工作、受教育的权利，人人都有权享有发表意见的自由。应该说这些有关人应该享有权利的基本原则是正确的，合乎人类发展的要求，因此人权宣言被社会制度不同的国家普遍接受。就其内容来看，《世界人权宣言》既包括第一阶段的公民的政治权利，也包括更进一步的第二阶段的公民的经济、社会和文化权利。从实证的角度来看，用一个公约同时保证这两个阶段的公民权利较难在国际上达成共识。例如，一些国家比较关心公民的政治权利，而另一些国家则偏重公民的经济、社会和文化的权利。为解决这个问题，联合国另外撰写了两个公约：A 公约和 B 公约。1966 年 12 月 16 日联合国大会通过了这两个公约，自 1976 年 1 月 3 日开始生效。这两个公约和《世界人权宣言》一般被合称为"国际人权法案"。

（一）《世界人权宣言》的制定背景

《世界人权宣言》的制定背景主要包括以下几个方面：

第一，世界大战的惨痛教训使世界各国人民普遍认识到保护人权的重要性。两次世界大战，特别是第二次世界大战，给世界各国人民造成了极大的苦难，德意法西斯和日本军国主义不仅发动侵略战争，而且所到之处肆意残酷迫害和屠杀人民，烧杀奸淫无恶不作，人民的生命安全和人格尊严都得不到起码的保证，财产被任意剥夺、破坏，损失不计其数。战争虽然最终以人民的胜利和法西斯反动势力的灭亡而告终，但血的教训使各国人民和政府深刻认识到维护基本人权的极

端重要性。而且，对人权的保护仅仅依靠单个主权国家是根本不够的，必须加强人权保护领域的国际合作。

第二，世界大战改变了各国内部的阶级力量对比，保障人权成为新时期各国民众的共性需求。反法西斯人民战争的胜利，使各国统治阶级中压迫和敌视人民的保守势力遭到削弱，争取自由、平等、民主、进步的群众的力量得到加强。他们迫切要求改变由种族、性别、职业、财产等差别所造成的社会歧视和立法上享有人权的不平等，迫切要求政府维护、改善和扩大公民的基本权利。该种需求为各国参与制定《世界人权宣言》提供了坚实的国内环境。

第三，世界大战改变了世界范围内的各国力量对比关系，为世界人权宣言的制定创造了国际环境。帝国主义之间的战争客观上削弱了老牌殖民主义，启发、教育和锻炼了人民，结果在战后促进了亚洲、非洲、拉丁美洲原殖民地附属国人民要求国家独立、民族解放运动的高涨，违背人权基本原则的世界殖民体系面临瓦解的局面。

第四，苏联社会主义建设的巨大成就推动了《世界人权宣言》的制定。苏联在建设社会主义进程中取得了巨大成就，在反法西斯战争中起到了具有决定意义的重要作用。在它的引领之下，第二次世界大战后东欧产生了一批社会主义国家，它们效仿苏联建立了一种不同于西方资本主义的新的社会制度、新的价值观念和人权模式，在全世界产生了广泛影响，出现了社会主义运动的高潮。

在上述诸种因素的综合作用下，人们开始认识到，能否免于战争、暴力、贫困并进而享受基本人权，已经不是一国政府和人民仅仅依靠自己内部努力就能保证的事。虽然成立了联合国，在联合国宣言和宪章中都已重申人权的重要性，并把"对全体人类之人权及基本自由之尊重"列为联合国的宗旨，但仍然是不够的，还需要专门以人权为主题，以参加联合国所有国家共同宣言的形式，宣布有关人权的基本原则和具体内容。在这种背景之下，联合国开会讨论并最终通过了《世界人权宣言》。

（二）《世界人权宣言》在国际人权法上的地位

《世界人权宣言》的法律性质问题一直为学界关注，其原因主要有两个方面：第一，《世界人权宣言》通过后至今没有任何类似的有拘束力的国际人权文件出台，遇到要适用《联合国宪章》人权条款时，只能用《世界人权宣言》来解释，它在事实上成了解释《联合国宪章》的权威文件。第二，《世界人权宣言》在其后的联合国系列人权文件和区域性人权公约中被广泛援引，国际法院的判例和咨询意见中也经常提到《世界人权宣言》，相当数量国家的宪法中均明确提及该宣言。上述事实促使相当多的国际法学者认为《世界人权宣言》已经成为习惯国际人权法。那么，究竟应该如何看待其对各国的法律效力呢？多数学者认为，《世界人权宣言》是对《联合国宪章》（以下简称《宪章》）人权条款的解释，在 1976 年两个国际人权盟约生效之前，《世界人权宣言》在事实上成为国际社会理解人权含义的标志。但是，上述人士仅仅是多数学者或者国家的认识，而不是所有联合国会员国一致的意见。而且，即使是一致意见，即使联合国会员国认为该宣言对他们有拘束力，而且在实践中以它来约束自己或其他会员国的行为，那也只能被认为是形成了默示的有权解释，该种解释的效力来自当事国一致的实践本身，而不是来自《世界人权宣言》。该宣言的内容虽然是解释性的，但这些内容本身对会员国没有直接的法律效力，只有建议的性质。那么，如何看待《世界人权宣言》在国际人权法上的地位呢？有学者指出，"《世界人权宣言》在国际人权法上的地位和作用归纳起来有如下几点：第一，《世界人权宣言》是两个国际人权盟约的基础。虽然不具法律拘束力，但《世界人权宣言》毕竟是第一个比较全面地规定人权和基本自由的普遍性国际文件。《世界人权宣言》包括政治、公民权利和经济、社会、文化权利，这在当时西方基本不认为经济、社会、文化权利为人权的情况下是难能可贵的。特别是在这种意义上，《世界人权宣言》为接下来开始的国际人权盟约的起草奠定了坚实的基础。第二，《世界人权宣言》对于《宪章》人权条款的解释起指导作用。《世界人权宣言》是在《宪章》生效三年后通过的，一直到 1976 年两个国际人权盟约生效，在近 30 年的时间里，《世界人权宣言》的具体规定成为人们理解《宪章》人权条款的指南。就是在两个国际人权盟约生效后的今天，《世界人权宣言》依然在不同程序上发挥着同样的作用。第三，《世界人权宣言》促进习惯国际人权法规则的形成和发展。虽然说《世界人权宣言》已经成为习惯国际法的一部分并因此对所有国家都有拘束力还为时尚早，但是《世界人权宣言》的规定获得广泛援引，许多国家的宪法也受到《世界人权宣言》的影响，联合国大会后来通过的许多重要决议都反复重申《世界人权宣言》的内容，所有这些都说明《世界人权宣言》在习惯国际人权法规则的形成和发展过程中起重要的促进作用。"[①]

四、国际人权法在中国人权法治建设中的地位和作用

中国早在抗日战争时期就在其制定的《陕甘宁边区施政纲领》中提出了人权保护的主张。新中国成立之后，在"左"倾思想的影响下，人权被视为资本主义法律制度的固有之物，除外交文件外，国内的政治法律文件以及学术著作中

---

① 白桂梅：《〈世界人权宣言〉在国际人权法上的地位和作用》，载于《中外法学》1998 年第 6 期，第 48 页。

很少提及人权问题。"文化大革命"结束之后，先前禁锢人们头脑的"左"倾主义思想逐步衰退，基于对"文化大革命"中侵犯人的尊严和基本权利的深刻反思，人权思想开始在中国国内复苏，逐步出现在党和国家的政策文件上。1985年，邓小平同志在其所作题为《搞资产阶级自由化就是走资本主义道路》的报告中，最先论述了中国对人权问题的基本看法，明确表示了中国也承认人权的观点。1991年，中国政府发表了《中国的人权状况》白皮书，阐述了中国政府对人权问题的原则立场和基本政策。此后，中国每年至少发表一份人权白皮书，向国际社会介绍中国人权保护的发展，批驳外国势力对中国人权状况的攻击。与此同时，中国开始参与人权的国际保护。迄今为止，中国已经加入了21个世界人权公约，特别是1997年中国签署了《经济、社会及文化权利国际公约》，1998年又签署了《公民权利和政治权利国际公约》，2001年全国人大常委会正式批准生效了《经济、社会及文化权利国际公约》，2003年底，中国政府正式向联合国递交了履行该公约的首份履约报告。从中国国内立法的情况来看，新中国成立以后，在长达50多年的时间里，中国的相关国内立法中均未出现明确的人权保障内容。2004年第四次宪法修正案中增加规定的"国家尊重和保障人权"的内容是我国宪法中首次引入"人权"这一概念。该规定既表明了我国社会的进步和发展，同时也表明了我国履行相关国际人权公约义务的诚意。自此而后，中国的人权法治建设开始进入一个新的发展时段。那么，国际人权法在中国人权法治建设中究竟处于何种地位，又发挥着什么作用呢？

近年来，中国的人权法治建设取得了显著的成效，展现了良好的发展前景。但是，由于诸多方面因素的影响，中国人权法治建设中面临许多障碍和问题，其中，较为突出的一个问题就是对国际人权法在我国人权法治建设中地位和作用的认识还不够深入和全面。学界对于我国参加或者缔结的国际人权条约是否属于我国人权法律体系的组成部分，能否以及如何为我国国内机关适用，与我国相关的国内法规则之间的冲突如何解决等诸多问题的认识均不甚一致。从国内立法实践来看，我国现行宪法和相关法律、法规中对于国际习惯的接受和适用问题均未作出明确规定。关涉国际条约的规定主要集中在两个方面：一方面，关于国际条约的缔结问题，我国现行宪法和缔结条约程序法做了具体规定。依据该规定，我国缔结国际条约的权力由全国人大常委会、国家主席和国务院共同行使；另一方面，关于国际条约的适用问题。根据相关法律、法规的规定，我国参加的相关国际条约可以或者应当得到国内相关国家机关的适用，如果国际条约的内容与国内法律法规不一致的，除声明保留的事项外，适用国际条约的规定。上述内容中均未直接涉及国际人权法在中国人权法治建设中的地位和作用。有学者指出，"仅仅根据全国人大常委会和国务院同时享有缔约权和立法权的事实，还难以令人信服地得出其决定批准、接受、核准或加入的包括国际人权公约在内的国际条约必然属于我国法律的一个组成部分或一种渊源的结论。此外，尽管根据许多单行法律和法规的规定，我国参加的相关国际条约可以在一定范围内得到国内机关直接的和优先的适用，但考虑到这些法律和法规的立法背景和实体内容，特别是考虑到我国在人权问题上一贯谨慎而严肃的态度和立场，也很难认为我国参加的国际人权公约可以在我国全面得到直接和优先的适用。实际上，由于我国至今尚未批准《公民权利和政治权利国际公约》，与这一公约关系最为密切的刑事诉讼法、行政诉讼法、刑法等基本法律中有关条约适用的规定不论是在其获得通过之时还是在现在都不具备太大的实际意义。"[1] 从国内司法实践来看，"虽然最高人民法院和其他相关部门通过一些司法解释要求有关法院执行或适用相关国际条约的规定，我国法院也曾适用相关国际条约审理若干涉及民事合同、知识产权、海事、商事等问题的纠纷或刑事案件，但迄今尚未发现关于我国法院直接适用国际人权公约审判案件的报道。"[2]

从追本溯源的角度来看，国际人权法在我国人权法治建设中地位的模糊状态归根结底是由于人们在学理上对该问题认识的模糊造成的。长期以来，国内学界对国际法和国内法关系的理解不甚相同。有的学者将它们视为两个不同的法律体系，认为二者之间存在根本性的差别；有的学者将它们视为同一法律体系中两个不同的组成部分，认为二者之间存在密切的联系。上述观点的差异在一定程度上影响到了我国的人权法治建设实践，在较大程度上妨碍了国内法对国际人权法规则的接受和适用。在尊重和保障人权的法治背景之下，亟须对国际人权法在我国人权法治建设中的地位和作用予以重新认识。

第二节　国际人权公约与我国宪法及国内人权立法之间的差异

一、国际人权公约与我国宪法中人权规定的比较

（一）国际人权公约与我国宪法中关于人权的相关规定

A 公约中规定的人权包括：自决权（第一条）；工作权（第六条）；公正、

---

[1][2]　班文战：《国际人权法在中国人权法制建设中的地位和作用》，载于《政法论坛》2005 年第 3 期，第 87 页。

良好工作条件享有权（第七条）；参加、组织工会权（第八条）；社会保障权（第九条）；婚姻、家庭、母亲、儿童受特别保护权（第十条）；适当生活水准权（第十一条）；身体和心理健康达最高标准权（第十二条）；受教育权（第十三条、第十四条）；文化生活的权利（第十五条）。

B 公约中规定的人权包括：自决权（第一条）；男女平等权（第三条）；生命权（第六条）；禁止酷刑（第七条）；不被奴役权（第八条）；人身自由和安全（第九条）；人格尊严（第十条）；反债务监狱（第十一条）；迁徙自由（第十二条）；外侨合法权益（第十三条）；在法庭和裁判所前的平等（第十四条）；禁止溯及既往（第十五条）；法律前的人格（第十六条）；私生活、家庭、住宅和通信自由（第十七条）；思想、良心、宗教自由（第十八条）；持有主张、发表意见自由（第十九条）；和平集会、结社自由（第二十一条、第二十二条）；婚姻及建立家庭自由（第二十三条）；儿童受平等保护的权利（第二十四条）；参政权（第二十五条）；平等权（第二十六条）；少数人的权利（第二十七条）。

我国宪法中规定的公民基本权利包括：平等权（第三十三条）；选举权和被选举权（第三十四条）；言论、出版、集会、结社、游行示威的自由（第三十五条）；对国家机关及工作人员的监督权（第四十一条）；人身自由（第三十七条）；人格尊严（第三十八条）；住宅不受侵犯（第三十九条）；通信自由和通信秘密权（第四十条）；宗教信仰自由（第三十六条）；劳动权（第四十二条）；休息权（第四十三条）；生活保障权（第四十四条）；物质帮助权（第四十五条）；受教育权（第四十六条）；文化活动自由（第四十七条）；妇女权益（第四十八条）；婚姻、家庭、老人、母亲、儿童的合法权益（第四十九条）；华侨的正当权益（第五十条）。

（二）国际人权公约与我国宪法人权规定的比较

将两个国际人权公约与我国宪法中的人权规定进行比较，可以发现，它们在总体上是一致的，但是也存在诸多方面的差异，具体表现在以下几个方面：第一，它们所规定的人权种类及范围不同，具体表现在：（1）在集体人权方面的规定不同。两个国际人权公约规定了自决权、自由处置其天然财富和资源的权利，我国宪法侧重于规定公民个人权利，没有规定这些集体人权；（2）个人权利的内容不同。在个人权利方面，我国宪法中没有规定生命权、禁止酷刑权、法庭和裁判所前的平等、不被奴役权、罢工权、迁徙自由权、禁止溯及既往、法律面前的人格、适当生活水准权、身体和心理健康达最高标准权。第二，某些人权的内容不同。例如，我国现行宪法第四十九条第二款规定，"夫妻双方有实行计

269

划生育的义务"。B 公约第六条第一款规定:"人人皆有天赋之生存权。此种权利应受法律保障。任何人之生命不得无理剥夺。"① 两相比较,可以看出,在人权的主体这一内容上,B 公约确定的范围大于我国宪法所规定的范围。第三,它们规定人权的方式不同,具体表现在:(1)国际人权公约对人权的规定较为明确具体,相关人权往往被分解为权利内容、权利范围、权利保障、权利限制等诸多方面,而我国宪法中对人权的规定过于原则化,规范表述过于笼统和概括;(2)国际人权公约规定的人权内容在体系上较为严整和规范,总体上分为公民权及政治权,经济、社会及文化权利,并以不同的人权文件加以规定,与之相比,我国宪法中关于人权的规定缺乏足够的科学性和严密性。第四,它们对国家权力与个人权利关系的理解不同,具体表现在:(1)国际人权公约强调人权的固有性,认为人权并非来源于国家或法律,而是来源于人自己,是人作为一个人应当享有的权利,法律或国家只是确认人权或保护人权。我国宪法强调权利和自由的相对性和有限制性,权利和义务的结合性,认为世界上没有绝对的权利和自由,公民只有在遵守宪法和法律的前提下,才能享有权利和自由。(2)国际人权公约强调人权的限制性,即人权对国家权力的限制,它是在国家限制人权时必须遵守的某些限制,尤其是对克减权的限制。我国宪法强调社会整体利益的至上性,即公民在行使个人权利和自由的时候,不得损害国家的、社会的、集体的利益和其他公民的合法的自由和权利。

(三) 国际人权公约与我国宪法人权规定存在诸种差异的原因

诚如前述,两个国际人权公约与现行宪法中的人权规定在总体精神一致的前提下还存在诸多方面的差异,我国宪法中的人权规定与国际人权公约中的内容相比,还存在一定的差异。造成这种差异的原因主要有两个方面:一方面,我国宪法和国际人权公约产生的时代背景不同。我国宪法中的人权规定是 1982 年宪法确定的,它植根于当时的社会环境,反映的是当时社会情景下的政治需求和国民需要,是我国当时社会特性的表征。两个国际人权公约反映的是国际社会关涉人权问题的共同理念和要求,其存在的政治背景和社会环境与中国迥然相异。另一方面,我国宪法中的人权规定一直没有作出相应的调整。1982 年颁行以来,我国的政治、经济及社会环境已经发生了重大变化,依法治国已经成为当下我国的治国方略,社会主义市场经济的目标模式已经确立,民主与法治已经成为时代发展的主流,公民的权利保障意识显著提高。在上述诸种因素的综合作用下,人们不断提出新的权利诉求,通过修改宪法来调整我国宪法中的人权保护范围已经成

① 参见联合国官网。

为社会各界的共识。但是，自 1982 年宪法产生以来所进行的历次宪法修改均未涉及公民基本权利方面的内容。与中国相比，世界其他国家的宪法及人权立法却逐步走上了细密化的发展趋势，两个人权公约中的内容在很大程度上反映了该种变化，由此和中国宪法中的人权规定之间形成了明显的差异。因此，加入两个人权国际公约，既为国际人权公约与我国现行宪法中人权规定的协调提出了新的课题，同时也为我国现行宪法人权规定从体系到规范的重新建构和进一步完善提出了迫切的要求，提供了有利时机。

二、国际人权公约与我国国内人权立法的差异

目前，我国在人权立法方面已经形成了以宪法为核心，以法律、法规等为组成部分的较为完整的人权法体系，其内容涵盖公民在政治、经济、社会、文化以及司法等方面享有的诸多权利和自由。我国人权立法的内容与国际人权公约的规定相比基本上是一致的，但在以下方面还存在差异。

第一，我国宪法和法律中规定的人权种类及内容与国际人权公约不甚相同。

（1）我国宪法和法律中没有规定集体人权。

A 公约和 B 公约第一条均规定，"所有人民都有自决权。他们凭这种权利自由决定他们的政治地位，并自由谋求他们的经济、社会和文化的发展。所有人民得为他们自己的目的自由处置他们的天然财富和资源，而不损害根据基于互利原则的国际经济合作和国际法而产生的任何义务。在任何情况下不得剥夺一个人民自己的生存手段。本公约缔约各国，包括那些负责管理非自治领土和托管领土的国家，应在符合联合国宪章规定的条件下，促进自决权的实现，并尊重这种权利。"依据该规定，公约缔结各国的人民享有自决权和自由处置其天然财富和资源的权利，该种权利在性质上属于集体人权，而我国宪法和法律中所规定的是个人权利，没有前述集体人权方面的规定。

（2）我国宪法和法律中关于个人人权的种类及内容的规定与国际人权公约不同。A 公约第八条第一款（甲）项规定，"人人有权组织工会和参加他所选择的工会，以促进和保护他的经济和社会利益；这个权利只受有关工会的规章的限制。对这一权利的行使，不得加以除法律所规定及在民主社会中为了国家安全或公共秩序的利益或为保护他人的权利和自由所需要的限制以外的任何限制"。B 公约第十二条规定："一、合法处在一国领土内的每一个人在该领土内有权享受迁徙自由和选择住所的自由。二、人人有自由离开任何国家，包括其本国在内。三、上述权利，除法律所规定并为保护国家安全、公共秩序、公共卫生或道德、或他人的权利和自由所必需且与本公约所承认的其他权利不抵触的限

制外，应不受任何其他限制。"B 公约第十八条第一款规定，人人有权享受思想、信念自由。依据前述规定，公约缔结各国的公民享有罢工权、迁徙自由权、选择住所的自由权以及思想和良心的自由权，我国宪法和法律中对此均未作出规定。

（3）我国宪法和法律中没有关于司法中的相关人权的规定。B 公约第十四条规定，所有的人在法庭和裁判所前一律平等，不被强迫作不利于他自己的证言或强迫承认犯罪，凡受刑事控告者，在未依法证实有罪之前，应有权被视为无罪。依据前述规定，缔约各国的公民在司法上享有沉默权、在法庭和裁判所面前的平等权、无罪推定权。对此，我国宪法中没有作出明确规定。《中华人民共和国刑事诉讼法》（以下简称《刑事诉讼法》）对前两者均未作出明确规定。虽然在其第十二条中规定了无罪推定，但是在含义上与公约中确立的该项原则显然存在一定的差距。

（4）我国宪法和法律中关于受教育权的规定与国际人权公约中的内容不同。A 公约第十三条规定，"本公约缔约各国承认，人人有受教育的权利"。"本公约缔约各国认为，为了充分实现这一权利起见：（甲）初等教育应属义务性质并一律免费；（乙）各种形式的中等教育，包括中等技术和职业教育，应以一切适当方法，普遍设立，并对一切人开放，特别要逐渐做到免费"。我国宪法和《教育法》中虽然也规定了受教育权，但是，受经济、文化发展水平的制约，目前还无法做到"初等教育一律免费"。此外，我国宪法规定的物质帮助权也只限于年老、疾病和丧失劳动能力三种情况，不能涵盖社会保障和社会保险的全部内容。

第二，我国人权立法和国际人权公约在内容上存在一定不兼容。

（1）《刑事诉讼法》规定的如实供告义务与 B 公约中规定的保持沉默权之间的冲突。《刑事诉讼法》（2012 年修正）第一百一十八条规定，"犯罪嫌疑人对侦查人员的提问，应当如实回答"。依据该规定，犯罪嫌疑人有如实供述的义务。但是，B 公约第十四条第三款（庚）项规定，缔约各国的公民"不被强迫作不利于他自己的证言或强迫承认犯罪"。二者之间的内容显然存在一定的差异。

（2）我国相关法律对出版、集会、结社自由的限制比 B 公约中的限制程度要严厉。世界各国对出版、集会、结社的管理主要采用两种方式：预防制和追惩制。其中，预防制又分为特许制和报告制。二者的区别在于前者需要获致主管机关的许可；后者仅需要报告，但并不需要获致其许可。我国对出版、集会、结社的管理采用的是预防制和追惩制相结合的制度，在预防制中采取的是特许制。例如，《中华人民共和国集会、游行、示威法》第七条规定，"举行集会、游行、示威，必须按照本法规定向主管机关提出申请并获得许可"。再如，《社会团体登记管理条例》第九条规定，"申请成立社会团体，应当经过有关业务主管部门的审查同意后，向登记管理机关申请登记"。依据前述规定，我国对集会、结社的管理采取的均是特许制，对该种权利的限制程度比较大。与之相比，B公约中规定的集会、结社的权利却较少受到限制。该条约第二十一条规定，"和平集会的权利应被承认。对此项权利的行使不得加以限制，除去按照法律以及在民主社会中为维护国家安全或公共安全、公共秩序，保护公共卫生或道德或他人的权利和自由的需要而加的限制"。该条约第二十二条规定，"人人有权享受与他人结社的自由，包括组织和参加工会以保护他的利益的权利。对此项权利的行使不得加以限制。除去法律所规定的限制以及在民主社会中为维护国家安全或公共安全、公共秩序，保护公共卫生或道德，或他人的权利和自由所必需的限制。本条不应禁止对军队或警察成员的行使此项权利加以合法的限制"。

（3）《中华人民共和国工会法》（以下简称《工会法》）对组织和参加工会的规定与A公约中的相关内容之间存在冲突。《工会法》（2001）第三条规定，"在中国境内的企业、事业单位、机关中以工资收入为主要生活来源的体力劳动者和脑力劳动者，不分民族、种族、性别、职业、宗教信仰、教育程度，都有依法参加和组织工会的权利。任何组织和个人不得阻挠和限制"。《工会法》（2001）第九条规定，"工会各级组织按照民主集中制原则建立"。《工会法》（2001）第十一条规定，"基层工会、地方各级总工会、全国或者地方产业工会组织的建立，必须报上一级工会批准"。A公约第八条规定，"本公约缔约各国承担保证：（甲）人人有权组织工会和参加他所选择的工会，以促进和保护他的经济和社会利益；这个权利只受有关工会的规章的限制。对这一权利的行使，不得加以除法律所规定及在民主社会中为了国家安全或公共秩序的利益或为保护他人的权利和自由所需要的限制以外的任何限制。（乙）工会有权建立全国性的协会或联合会，有权组织或参加国际工会组织；（丙）工会有权自由地进行工作，不受除法律所规定及在民主社会中为了国家安全或公共秩序的利益或为保护他人的利益和自由所需要的限制以外的任何限制"。将《工会法》的前述规定与A公约的前述对比，可以看出二者之间存在的诸多差异：一是有权参加和组织工会的主体不同。依照《工会法》的规定，我国农民不具有组合和参加工会的权利。但是，依照A公约，人人有组织和参加工会的权利；二是对组织和参加工会的管理方式和限制程度不同。依照《工会法》的规定，工会建立实行的是上级工会批准制，限制程度比较严格。但是，依照A公约，缔约各国公民自由组织和参加工会，受到的限制程度比较低。

（4）我国户口管理法规与 B 公约中规定的迁徙自由存在差异。户口管理是具有中国特色的一项人口管理制度，它在较大程度上影响着公民的迁徙自由。我国的户口登记条例是 1958 年公布实施的，至今仍然有效。该条例中存在许多影响人的迁徙自由的内容，集中表现为两个方面：一方面，将人口分为农业户口和非农业户口，并带有终身制和世袭制的特点；另一方面以户为单位进行管理，家庭成员的流动和迁徙受到较大程度的限制。目前，户口管理制度相较于以前有较大程度的放松，但是，对于像北京、上海这样的特大城市的户口仍然实行严格控制。该种状况与 B 公约中规定的迁徙自由存在着明显的冲突。该公约第十二条规定，"合法处在一国领土内的每一个人在该领土内有权享受迁徙自由和选择住所的自由。人人有自由离开任何国家，包括其本国在内。上述权利，除法律所规定并为保护国家安全、公共秩序、公共卫生或道德，或他人的权利和自由所必需且与本公约所承认的其他权利不抵触的限制外，应不受任何其他限制"。

第三节　国际人权公约与我国宪法和国内人权立法之间的关系及差异解决

一、国际法与国内法之间的关系概说

学界关于国际法与国内法关系的观点主要有"一元论"和"两元论"两种类型，其中，前者又可以分为"国际法优于国内法"和"国内法优于国际法"两个分支。所谓"一元论"，是指认为国际法和国内法属于同一个法律体系，可以进行效力等级的比较。在"一元论"立场中，秉持"国际法优于国内法"的观点认为，国际法规范是世界范围内广泛认同的，它拥有约束主权国家的效力，而国内法则通常不能约束主权行为，所以，国际法规范具有高于国内法规范的效力。该种观点以"主权相对论"和"世界主义"作为理论依据，反对"国家主义"和"主权绝对论"。该观点的主要代表人物是凯尔森和菲德罗斯，他们主张两个法律体系是一个单一的法律结构的一部分，各个国家的国内法律体系是从国际法律体系中派生出来的，它可以被人为地纳入国内法，从而不发生它作为国际法适用于国家之内的任何原则的困难。国际法的地位高于国内法，因此国内法受

制于国际法。① 该种观点在西方国家的影响比较大，但是，由于它认为国内法从属于国际法，国际法在各方面都高于国内法，从而抹杀了国内法自身的作用，并从根本上否定了国家主权的独立平等性，因而受到了学界的批判。与之相对，秉持"国内法优于国际法"的观点认为，国际法是从属于国内法的次级法律，国际法的效力来自国内法。只有依赖国内法及主权国家的强制力，国际法才能成为真正有约束力的法律。该种观点以"国家至上"和"主权绝对论"作为理论依据，反对"主权相对论"和"世界主义"。该观点的主要代表人物是耶律内克、佐恩、考夫曼等。在他们看来，国家法作为法律，与国内法同属于一个法律体系。在这个法律体系中，国际法是依靠国内法才得到其效力的。换句话说，国际法的效力来自国内法，国际法是国内法的一部分，是国家的对外公法。上述立场最早在 19 世纪末由德国学者提出，如伯格卜姆认为，国际法来自国内法，因为它是国家的主权意志的自身限制的表现。② 按照前述学者所秉持的立场，国际法受每个国家国内法的支配，缺乏自身独立存在的价值。目前，该种观点基本被学界摒弃。所谓"二元论"，是指认为国际法和国内法是两种绝对不同的法律体系，它们的渊源、主体和实体均不甚相同，不能进行效力等级的比较。该种观点的主要代表是实证法学派的特里贝尔和安齐洛蒂。特里贝尔认为，国内法与国际法之间存在本质的差别：第一，国内法的主体是人，而国际法的主体是国家；第二，国内法的法律根据是国家本身的意志，而国际法的法律渊源是各国的共同意志。立基于此，国际法和国内法之间不能进行效力高低的比较。安齐洛蒂认为，国内法取决于国内立法必须遵守的基本原则或规范，而国际法则由"约定必须信守"原则决定。这样一来，两个体系便完全分开了。③ 目前，国际法学界多数学者秉持"二元论"的立场④，司法实践中法官特别是国际法院的法官也普遍秉持该种立场⑤。从法治实践来看，较为可行的办法应该是：国内法和国际法之间没有绝对的效力高低之分，只有适用上的优先次序。在国际关系场域，应该优先适用国际法。反之，在国内法场域，应该尊重和保障国内法的适用。但这丝毫也不意味着国际法在相关国家内部没有效力，而是说，国际法在主权国家内部应经由相关国家的国内法发挥效力，具体来说，应该经由主权国家的宪法对国际条约的

① ［英］詹宁斯、瓦茨著，王铁崖等译：《奥本海国际法》，中国大百科全书出版社 1995 年版，第 32 页。

② 王铁崖：《国际法》，法律出版社 1995 年版，第 28 页。

③ ［英］斯塔克著，赵维田译：《国际法导论》，法律出版社 1984 年版，第 66、67 页。

④ 例如，有学者指出，"'二元论'比较符合现实，它既承认国家主权，又承认国际法在国际关系中的作用，认为国际法与国内法是两个不同的法律体系"，参见程晓霞主编：《国际法》，中国人民大学出版社 1999 年版，第 25 页。

⑤ 余先予：《国际法律大辞典》，湖南出版社 1992 年版，第 9 页。

效力作出明确规定。但是，"如何给予条约在国内法上的效力，取决于每个国家宪法的规定，然而当我们考察世界主要大国的宪法时，很快可以发现许多国家的宪法既包含一元论也包含二元论的因素。在这个问题上各国宪法的实践形成了一个序列，一端是英国，趋向二元论；另一端是瑞士，趋向一元论。"二者都是学者为了解释国家所采取的不同方法而提出的理论"①。

二、国际法与缔约各国宪法之间的关系

国际法与各国国内宪法之间的关系既可以通过各国宪法中的相关规定反映出来，也可以通过各国缔结或者参加的国际条约中的相关规定反映出来。而且，国际条约和各国国内宪法中关于二者之间关系的框定在内容上往往不甚相同。对国际法与宪法之间关系的理解，应当从以下几个方面进行。

（一）各国宪法中关于国际法与宪法效力关系的规定

各国宪法中有关国际法与宪法的效力关系的一般规定，主要有两种类型：第一，国际法的效力优于宪法。例如，《荷兰王国宪法》第九十一条第三款规定：任何违反宪法或导致违反宪法结果的条约条款，只有经国会两院至少2/3多数表决通过，国会才可予以认可。该宪法第九十四条规定：在荷兰王国现行有效的法令法规，如果其适用与对所有个人具有约束力的条约规定或国际机构的决议相抵触，不得实施。依据《荷兰王国宪法》规定，国际条约在效力上既高于法律，也高于宪法。西班牙等国家的宪法中也有类似的规定。第二，宪法的效力优于国际法。例如，法国宪法第五十四条规定：如果经共和国总统、总理或者议会任何一院议长或六十名众议员或六十名参议员的要求，宪法法院宣告了一个国际协议含有违反本宪法的条款，在本宪法予以修改之前，不得授权批准或者认可该国际协议。该宪法第五十五条规定：依法批准或认可的条约或协议，自公布后即具有高于各种法律的权威，但就每一个协议或条约而言，以对方缔约国予以适用为限。依据法国宪法规定，在法国，国际条约的效力高于法律但低于宪法。再如，《南非共和国宪法》第二百三十一条第四款规定：任何国际协议在依据国家立法并入法律的时候转变为南非共和国的法律；但经国会批准的国际协议中的自身可直接适用的规定直接为南非共和国的法律，除非它与本宪法或国会制定的法律相抵触。该宪法第二百三十二条规定：国际习惯法构成南非共和国的法律，但与本

---

① ［英］安托尼·奥斯特著，江国青译：《现代条约与实践》，中国人民大学出版社2005年版，第143页。

宪法或国会制定的法律相抵触的除外。根据南非共和国宪法规定，国际条约和国际习惯法的效力既低于宪法，也低于国会制定的法律。

（二）相关国际法中关于国际法与宪法之间关系的规定

相关国际法中在国际法和宪法之间关系方面的立场总体上是一致的，即国际法的效力优于各国宪法。该立场总体上表现为三个方面：第一，每个国家都有义务依据宪法或法律采取履行国际义务的措施。例如，B 公约第二条第二款规定：本盟约缔约国承允遇现行立法或其他措施尚无规定时，各依本国宪法程序，并遵照本盟约规定，采取必要步骤，制定必要之立法或其他措施，以实现本盟约所确认之权利。[①] 第二，不得以宪法及其他国内法为理由不履行国际义务。例如，1949 年国际法委员会通过的《国家权力义务宣言草案》第 13 条规定：各国有义务诚实地履行由条约和国际法其他渊源而产生的义务，并不得借口其宪法或法律之规定而不履行此种责任[②]。第三，缔结或者参加国际条约的国家可以利用条约保留机制处理国际条约与宪法或法律的冲突。如果相关国际条约中对保留机制有明确的规定，则缔约国可以依照条约关于保留的规定和国际法的相关要求，提出有效的保留，进而不履行与其国内法相冲突的条约义务。反之，如果相关国际条约中没有明确规定保留问题，缔约国可以提出不与该公约的目的和宗旨相冲突的保留。

由国际法优于宪法的立场可能衍生出许多问题，与国际法相冲突的宪法的效力问题就是其中之一。对此，可以从两个方面进行分析：一方面，违背国际法的宪法在国际关系中的效力。对此，世界各国所秉持的立场是共同的，即违背国际法的宪法在国际关系中不具有法律效力。各国宪法应当受到国际法的制约，只有在国际法许可的范围内，或者在不与国际法相抵触的范围内，各国宪法的效力才是有保障的。如果一国宪法的规定影响到其国际义务的履行，应当通过修改宪法的方式加以解决。另一方面，违背国际法的宪法规定在本国国内的效力。对此，学界的理解不甚一致，主要有两种观点：（1）一元论立场。该观点认为，违反国际法的宪法不仅在国际关系中无效，在其国内也是无效的。规范法学派和自然法学派秉持该种立场。规范法学派认为，各国宪法是位于国际法之下的规范，各国宪法的效力来自国际法，违反国际法的宪法是无效的。自然法学派认为，宪法的效力最终来自自然法或人类理性。美国的《独立宣言》、法国的《人权宣言》等宪法性文件是自然法的最好抄本。按照自然法学派的"恶法不是法"的观点，1993 年以前南非施行的种族歧视、种族隔离的宪法规定，是违反自然法和人类

---

① 参考联合国官网。
② 参见联合国数字图书馆。

理性的，因而是无效的。（2）二元论立场。该观点认为，由于各国国内法的制定和其在国内发生效力并不依赖任何国际法上的程序，国际法与国内法是不同的法律体系，各自在自己的效力范围内发生效力，二者并不发生地位高下的效力关系。一国宪法在该国国内的至高无上的效力，与其是否符合国际法，是否获得其他国家的承认并无关系。即使违反一般国际法强制规范的宪法，在其国内也是有效的。上述立场各有一定的道理，不能一概而论，应当具体情况具体分析。但是，如果相关国家的国内宪法违反了国际法上的强制性义务，应当自始无效。从 B 公约的视角来看，国际法上的强制义务主要包括三个方面：该公约第四条第二款不允许克减的人权保护义务、一般国际法强制规范所要求的义务、对整个国际社会所负的义务。前述三类义务在很大程度上是相互重合和一致的。对该类义务的违反，将导致国内宪法的自始无效。但是，如果相关国家宪法所违背的是前述义务之外的其他国际义务，在该国国内是否应当自始无效不可一概而论，应当具体情况具体分析。

三、国际人权公约与我国宪法和其他人权立法的关系及其协调

（一）国际人权公约与我国宪法之间的关系

我国现行宪法对国际人权公约在国内的法律效力及其与宪法的关系未作明确的规定。对此，笔者认为，宪法在国内具有高于国际人权公约的效力，具体理由包括两个方面：一方面，现行宪法序言中对宪法的最高法律效力有明确的规定。宪法序言最后一段规定："本宪法以法律的形式确认了中国各族人民奋斗的成果，规定了国家的根本制度和根本任务，是国家的根本法，具有最高的法律效力。全国各族人民、一切国家机关和武装力量、各政党和各社会团体、各企业事业组织，都必须以宪法为根本的活动准则，并且负有维护宪法尊严、保证宪法实施的职责。"另一方面，修宪机关和宪法修改的程序与批准条约的主体和缔约程序不同。依据现行宪法的规定，国际条约由国务院缔结（第八十九条第九项），由全国人大常委会批准或废除（第六十七条第十四项），由国家主席根据全国人大常委会的决定批准或废除（第八十一条）。宪法的修改权属于全国人大（第六十二条），修改宪法须由全国人大以全体代表的 2/3 以上多数通过（第六十四条）。二者相比，修改宪法的主体是全国人大，而批准或废除国际条约的主体却是全国人大常委会；修改宪法需经由全国人大代表 2/3 以上多数通过，而批准或废除国际条约由全国人大常委会以决定的形式作出。后者的程序显然没有修宪程序严

格，更接近于立法程序。统合上述两个方面的理由，笔者认为，国际人权公约的效力应当低于宪法。

（二）国际人权公约与国内其他人权立法之间的关系

目前，我国现行宪法中对国际条约在国内的效力问题没有作出明确的规定，只在《宪法》第八十一条和第八十九条对缔结国际条约的程序做了具体的规定。宪法第八十一条规定，中华人民共和国主席根据全国人民代表大会常务委员会的决定，批准和废除同外国缔结的条约和重要协定。《宪法》第八十九条第九项规定，国务院管理对外事务，同外国缔结条约和协定。王铁崖先生指出，我国"条约的缔结和法律的制定在程序上是基本相同的"[1]，由此，他推论说，条约和法律在中国国内具有同等的效力。因而，我国缔结或参加的国际人权条约，与我国法律在国内具有同等效力。但条约是否可以直接适用于我国国内呢？宪法对此没有明文的规定，只有个别部门法律、法规规定了国际条约在国内法律体系中可直接适用，如《中华人民共和国民法典》《中华人民共和国行政诉讼法》《中华人民共和国涉外经济合同法》《中华人民共和国水污染防治法》《中华人民共和国环境保护法》《中华人民共和国外交特权与豁免条例》和《中华人民共和国领事特权与豁免条例》等。这些法律、法规均在其有关涉外诉讼的章节中规定，当我国缔结或参加的国际条约中含有与该法律相抵触的地方，优先适用国际条约的规定。但由于上述允许在我国国内法律体系中直接适用国际条约的国内法大体集中在民事、涉外法律部门，而这些法律几乎没有涉及人权问题的，因而我国加入的国际人权条约是不能由我国国内法院直接适用的，除非存在与所涉人权条约相对应的国内法的授权。不过，正如我国学者李兆杰所指出的，尽管许多我国加入的人权条约由于缺少要求适用条约的相对应的国内法而很难在我国国内法律诉讼中起到作用，但不能直接适用并不导致条约义务的不履行。[2] 在我国的法律体系中，实施我国参加的国际条约义务的一种很重要的方法是使有关的国内法符合相对应的国际法律义务。"[3] "这样，我国法院便可通过实施体现我国条约义务的国内法这一方式来实施我国参加的国际人权条约。"[4]

（三）国际人权公约与我国宪法及其他国内立法的协调解决路径

针对国际人权公约与我国宪法及其他国内立法中人权规定之间存在的诸种差异，实践中应该如何妥当地加以解决呢？笔者认为，解决国际人权公约与我国宪

---

① 王铁崖：《国际法引论》，北京大学出版社1998年版，第209页。
② 白桂梅主编：《国际人权与发展：中国和加拿大的视角》，法律出版社1998年版，第237~238页。
③④ 黄瑶：《国际人权法与国内法的关系》，载于《外国法译评》1999年第3期，第77页。

法及其他国内立法中人权规定之间的冲突，可以从以下几个方面着手：第一，健全宪法解释程序，激活宪法解释制度，适度拓展宪法中人权条款的外延，弥合我国宪法和国际人权公约在内容上的差异。诚如前述，国际人权公约中的一些内容，如生命权、禁止酷刑、法庭和裁判所前的平等权、不被奴役权、参加组织工会、适当生活水准权、身体和心理健康达到最高标准权等，在我国宪法中均未明确作出规定。对此，可以通过宪法解释，拓展我国宪法中相关人权，如平等权、人身自由权、人格尊严、集会、结社、游行示威等诸项权力的内涵，使其合乎逻辑地将国际人权公约中的上述权力包容进去。目前，我国的宪法解释制度还不健全，缺乏宪法解释程序，应该采取切实有效措施，健全和完善该项制度，使其在调适国际人权公约与我国宪法人权规定间的冲突中发挥作用。第二，签署或者批准国际人权公约时声明保留。例如，2001 年 2 月 28 日，全国人大常委会批准我国政府签署的 A 公约时声明："中华人民共和国政府对《经济、社会及文化权利国际公约》第八条第一款（甲）项，将依据《中华人民共和国宪法》《中华人民共和国工会法》和《中华人民共和国劳动法》等法律的有关规定办理。"目前，我国已经签署但尚未批准《公民权利和政治权利国际公约》。鉴于该公约中的一些内容在实践中容易引发误解，且与中国的情况不甚相符，未来全国人大常委会在批准该公约时应当声明保留。笔者认为，公约中需要声明保留的条款具体包括：（1）A 公约第一条第一款。该款规定："所有人民都有自决权。他们凭这种权利自由决定他们的政治地位，并自由谋求他们的经济、社会和文化的发展。"（2）A 公约第十二条。该条规定："一、合法处在一国领土内的每一个人在该领土内有权享受迁徙自由和选择住所的自由。二、人人有自由离开任何国家，包括其本国在内。三、上述权利，除法律所规定并为保护国家安全、公共秩序、公共卫生或道德，或他人的权利和自由所必需且与本公约所承认的其他权利不抵触的限制外，应不受任何其他限制。四、任何人进入其本国权利，不得任意加以剥夺。"（3）B 公约第十九条（人人有发表自由之权利）、第二十一条（公民的集会权利）、第二十二条（人人有自由结社权利）、第二十五条（公民参政权利）。前述条款所涉及的内容与我国宪法第三十四条有差异。后者规定："中华人民共和国年满 18 周岁的公民，不分民族、种族、性别、职业、家庭出身、宗教信仰、教育程度、财产状况、居住期限都有选举权和被选举权；但是，依照法律被剥夺政治权利的人除外。"全国人大常委会未来批准该公约时，可以对其提出保留声明：在中国，《公民权利及政治权利公约》的第十九条、第二十一条、第二十二条、第二十五条中所指的"公民"或"人人"不适用于依法被剥夺政治权利的人。第三，妥当处理宪法与国际人权公约之间的效力关系。诚如前述，在宪法与国际法的效力关系问题上，国际法和各国宪法所秉持的立场不甚相同。就国际法领域而言，普遍认为国际法高于各国宪法；就各国宪法的规定来看，立场不甚相同：有的国家宪法规定国际法高于国内宪法，有的国家则规定国内宪法在效力上高于国际法。就我国而言，现行宪法中并未明确国际人权公约与宪法之间的效力位阶关系，笔者倾向于认为宪法的效力应该高于国际人权公约。对于二者之间的冲突，应该通过前述所说的宪法解释或者在批准时声明保留的做法加以解决。第四，健全和完善以宪法为核心的人权立法。对于现行宪法和国际人权公约之间的冲突，可以采取声明保留的方式加以解决，我国全国人大常委会在批准 A 公约时已经做了相关声明。未来，全国人大常委会在审核批准 B 公约的时候，也可以类同处置。但是，声明保留的方式不能过当适用，否则就丧失了签署和批准该国际条约的意义了。针对该种情况，一方面，可借助宪法中的人权保障条款，通过宪法解释适度扩展基本权利的范围；另一方面，还必须加大立法力度，健全和完善我国以宪法为核心的人权立法体系。通过立法活动，一是将宪法中直接规定或者间接蕴含的诸项人权内容贯彻落实，二是解决现行人权立法中与国际人权公约在内容上的冲突，最终通过适用国内法的方式践行我国对国际人权条约的义务。

第十四章

人权理论在宪法上的制度性转化及其实现

第一节　人权与宪法的关系

人权是指作为一个人所应该享有的权利，是一个人为满足其生存和发展需要而应当享有的权利。① 宪法是国家的根本大法，是人权的保障书。人权与宪法之间存在着密切的联系，宪法中的基本制度和规范承载了人权理论的基本立场，宪法中的相关规定特别是有关基本权利和国家权力运行规则的条款确立并补强了人权的制度保障。具体而言，人权与宪法之间的关系可以从三个方面来分析：第一，人权思想和人权理论推动了近代宪法的产生和发展；第二，宪法是人权的保障书，是人权理论进一步发展的制度保障；第三，宪法中容纳的仅仅是基本的人权，宪法无法单独地承担全面的人权保障任务，宪法的人权保障功能还必须通过部门法以及宪法与部门法之间的联结加以实现。

一、人权思想和人权理论推动了近代宪法的产生和发展

人权是一个历史的范畴，其产生之初是和特定阶级的利益关联在一起的，

---

① 韩大元主编：《比较宪法学》，高等教育出版社 2008 年版，第 57 页。

实践中往往被新兴阶级用来作为反对政治势力独裁和守旧社会组织的理论依据。从历史的角度来看，最早提出人权主张的是近代的资产阶级启蒙思想家。他们以自然法为理论基础，主张天赋人权和社会契约，认为国家产生之前人们曾经生活在一种自然状态中，人人享有自然权利，国家是由人们相约建立的，政府存在的目的是保护人的自然权利。荷兰古典自然法学家格劳秀斯最早使用了"人权"一词，在其所著《战争与和平法》中专章论述了"人的普遍权利"。斯宾诺莎在其所著《神学政治论》一书中进一步阐述了"天赋人权"的主张。他认为天赋人权就是自然权利，国家就是人们通过缔结契约转让一部分自己的自然权利而产生的。同时人们还保留了一部分自然权利，这些被保留的权利既不能转让，也不能剥夺。在格劳秀斯、斯宾诺莎思想的影响下，后来的启蒙思想家洛克、孟德斯鸠、卢梭等又进一步发展了天赋人权思想。洛克在其所著《政府论》一书中指出，在自然状态中，人人都是自由的、平等的，因而每个人都享有生命、自由、财产之不可转让、不可剥夺的自然权利，但是有些人因为利害关系而心存偏私，常用强力剥夺他人的自由，此时为了公正地裁判、解决人际纷争，更好地保护自己的权利，便相互订立契约，自然放弃自己惩罚他人的权利，而将其交给政府，所以保护自然权利是政府最基本、最首要的职能，政府不享有支配任何个人的生命、自由或财产的专断权力。如果政府违反约定，则人民享有充分、合法的理由将其推翻。卢梭认为，每个人都生而自由，但要实现个人自由，就要实现平等，因为没有平等，自由就不能存在。所以，人人生而平等，财产占有应当尽可能平等，在法律规定下人人权利平等。资产阶级启蒙思想家们提出的天赋人权思想反映了社会变革时期新兴资产阶级的政治立场，它所倡导的自由、平等和私有财产神圣不可侵犯等主张从根本上否定封建的人身依附关系，维护新兴资产阶级的利益，成为资产阶级反抗封建统治的理论武器。在近代资产阶级革命过程中，新兴资产阶级将启蒙思想家们所提出的天赋人权理论写入纲领性文件之中，使其成为引领资产阶级革命的旗帜。美国资产阶级革命过程中制定的《独立宣言》和法国大革命过程中制定的《人权宣言》本质上都是天赋人权理论的规范化反映，它们在推动资产阶级革命的发展方面发挥了重大作用。《独立宣言》宣布，"人人生而平等，他们都从造物主那里被赋予了某些不可转让的权利，其中包括生命权、自由权和追求幸福的权利。为了保障这些权利，所以在人们中间成立政府"。《人权宣言》宣布，"在权利方面，人们生来并且始终是自由平等的"，"任何政治结合的目的都在于保存人的自然和不可动摇的权利。这些权利就是自由、财产、安全和反抗压迫"。"自由传达思想和意见是人类最宝贵的权利之一"，"财产是神圣不可侵犯的权利"。"凡权利无保障和分权未确立的社会，就没有宪法"。

美国独立战争和法国大革命胜利之后,《独立宣言》和《人权宣言》分别被确立为美国宪法和法国宪法的序言。从宪法文本的内容上来看,尽管美国1787年宪法中并没有将权利保障方面的内容纳入其中,但是,作为宪法序言的《独立宣言》中已经将天赋人权的基本原则确立了下来。而且,1791年美国宪法第一次修正时通过的《权利法案》中规定了一系列具体的人权,宗教信仰自由、新闻自由、言论自由、集会自由;人身不受非法拘禁;保护生命、自由和财产非经正当法律程序不得剥夺;公民拥有不自证其罪和获得公正审判等诸多权利都被写入其中。该法案后来成为美国人权立法的基础,不断得到补充和细化。美国人权学者亨金曾经言道:"1791年添加的《人权法案》,是作为给许多要求将其作为认可宪法的条件的人的允诺而制定的。"① 与美国不同,法国1791年宪法制定之初就对《人权宣言》中所确认的基本人权赋予了宪法保障,在该部宪法第一篇"宪法所保障的基本条款"中予以明确确认。1793年法国宪法进一步丰富和发展了人权保障的内容和制度,强调:政府是为了保障人们享有其自然和不可剥夺的权利而设立的;当政府侵犯人们的权利时,对全体人民或对人民中的每个部分,起义就成为最神圣的权利和不可缺少的义务;篡夺主权者应由自由人立即处死。总览近代社会西方国家宪法产生和发展的历程,可以明显看出:近代宪法是和该时期社会中盛行的人权思想和人权理论关联在一起的,前者的产生和发展在很大程度上是由后者推动的。

二、宪法是人权的保障书,是人权理论进一步发展的制度保障

人权观念和理论推动了近代宪法的产生和发展,反过来,宪法产生之后,也制度化地确认了人权,成为人权的制度保障。总体来看,宪法是人权理论的载体,人权保障是宪法的逻辑起点和终极使命。宪法的人权保障功能主要体现为以下几个方面。

1. 各国宪法中普遍确立了基本人权原则

从世界各国宪法的文本内容来看,对基本人权的规定主要包括三种形式:(1)既明确规定基本人权原则,又以公民基本权利的形式规定基本人权的具体内容。例如,我国宪法中一方面规定了"国家尊重和保障人权";另一方面也专章规定了公民的诸种基本权利。再如,日本宪法不仅明确规定"世界各国国民同

---

① [美]路易斯·亨金、阿尔伯特·J. 罗森塔尔编,郑戈等译:《宪政与权利》,生活·读书·新知三联书店1996年版,第2~3页。

等享有在和平中生存并免除恐怖与贫乏的权利"，而且也在宪法第三章中规定了诸多具体的人权。（2）只规定公民的基本权利，不规定基本人权原则。例如，美国宪法中并未明确指明基本人权原则，仅仅是在宪法修正案中明确规定了公民所享有的诸项基本权利。其他如德国、比利时、荷兰、丹麦等国的宪法均是如此。（3）原则上确认基本人权，但对公民基本权利的内容基本不涉及。例如，法国1958年宪法中虽然宣布"热爱1789年《人权宣言》所规定的，并由1946年宪法序言所确认和补充的人权"原则，但在宪法的具体条文中却基本上没有涉及公民的基本权利。目前，世界范围内采取该种模式的国家比较少。

2. 宪法中规定人权的具体内容和范围

目前，世界上多数国家的宪法中都规定了人权的具体内容。但是，由于各国宪法产生的时代背景不同，宪法中的人权内容也不甚相同。就一般情况而言，"19世纪以前，西方各国对人权的确认大都限于生命权、自由权、平等权和财产权。一战至二战期间，多数西方国家倾向对财产权、自由权、人身权等个人人权的确认。而二战以后，不仅个人的政治、经济和文化方面的人权的内涵不断丰富，社会保障权也开始在宪法中得到体现。尤其是在社会主义国家和广大的发展中国家，生存权和发展权备受重视。与此同时，自决权、发展权、和平权、环境权等已作为集体人权出现在国际法律文件中。"[①]

3. 确立人权保障的具体制度

人权保障的落实，固然需要在宪法中确立基本人权原则、明确人权的内容和范围，但同时也要确立人权保障的具体制度。该种制度包括：（1）确立国家权力的运行轨道及运行规则。宪法的基本内容总体上可以分为两部分，"即国家权力的正确行使和公民权利的有效保障。然而，这两部分并非地位平行的两部分，就它们之间的相互关系来说，公民权利的有效保障居于支配地位"。也就是说，宪法中对国家权力的设计从根本上来说是围绕保护人权这一主题而展开的，国家权力运行轨道、运行规则的设计和安排都要符合保护人权的目标。（2）确立违宪审查制度。国家权力运行的过程中不可避免地会出现脱离运行轨道、违反运行规则，进而侵犯人权的情况，对此，必须通过违宪审查制度，将违反宪法的国家权力重新纳入其运行轨道之内。目前，各国宪法中普遍设立了符合本国国情的违宪审查制度，捍卫和保障宪法所规定的人权保障目标的实现。我国宪法规定，全国人大及其常委会行使宪法监督权。该种制度符合我国这种人大主导的政治制度，但是，由于全国人大及其常委会既是违宪审查机关，又是立法机关，加之宪法中没有规定违宪审查的具体运作程序，因此，目前的违宪审查制度的运行实效

---

① 李步云、邓成明：《论宪法的人权保障功能》，载于《中国法学》2002年第3期，第45页。

不甚理想，有待进一步改革。

三、宪法的人权保障功能还必须通过宪法与部门法的联结加以实现

尽管宪法中规定了人权保障的基本原则并制度化、规范化地确认了人权，但是，宪法作为实在法和根本法，其所能容纳的仅仅是基本人权，而不可能将所有的人权载入其中。换言之，在一国的法律规范体系中，宪法无法单独地承担全面的人权保障任务，宪法的人权保障功能还必须通过各个部门法以及宪法与部门法之间的联结加以实现。其原因如下：第一，宪法作为一国的根本法，具有抽象性、概括性、纲领性等特点，因而对人权的规定无法面面俱到。人权作为应有权利、法律权利、实有权利的综合体，其本质上由道德加以支撑，因而其内涵是丰富的且处于不断发展变化中的。相对而言，宪法的制定和修改具有滞后性，单纯依靠宪法不足以应对发展变化中的社会现实对人权保障提出的要求。第二，我国宪法对人权的规定是明确的，主要规定在第二章"公民的基本权利和义务"中，但是与我国签署的国家人权公约的要求还有一定差距。对此，我国政府发布的《国家人权行动计划》也一直倡导创造条件，贯彻落实相关国际公约，以弥合此种差距。第三，成文宪法所罗列的基本权利往往无法包容宪法所应保护的所有人权，加之社会现实情况的变动和人的认识水平的提高，实践中存在对于宪法未列举权利的保障需求。但是，我国现行宪法中并未提供开放式的、兜底性的未列举权利保障条款，现有的宪法解释机制尚未激活，处于悬置状态，因而宪法未列举权利挖掘和拓展的制度性路径实际上并不存在。第四，我国宪法实施的情况不尽如人意。当前，宪法的立法实施在我国宪法实施机制中占据主导地位，但由于宪法监督机制的虚置，宪法的立法转化并未受到有效监督。而在宪法的行政实施中，实践中大量的行政行为并不是直接依据宪法作出的，也就不可避免地存在脱离宪法的情形，"依宪行政"面临着标准不清晰、实际操作难等困境。此外，宪法的司法实施在我国宪制框架下则不存在理论和制度上的生长空间。

概言之，宪法和人权相互依存、相辅相成，目前，基本人权已经实现了宪法化，世界上所有国家的宪法几乎都将人权保障作为基本原则并以宪法规范的形式确认公民的基本权利。但是人权从应有权利向法律权利转化、并贯彻落实为实有权利的过程不可仅仅依靠宪法，仅通过宪法化的方式保障人权还存在前述诸种弊端，因此人权的法律化实现应以人权宪法化为起点，进而实现人权的部门法化。即以宪法中的人权保护原则和基本权利条款为统合，由立法机关制定具体的部门法，如民法、刑法、行政法、诉讼法，以贯彻落实宪法中提出的人权保障的规定

和要求，承担法律制定和实施主体所应负有的人权保护义务。

第二节　我国宪法人权保障制度的历史回顾

与西方国家不同，中国古代社会没有类同于西方国家的人权观念，更没有形成立基于自然法基础之上的人权保障理论，中国古代实行的那种迥然相异于西方国家的经济制度、政治制度以及由其衍生出的传统法律文化与生成于西方国家的那种天赋人权、社会契约观念格格不入，以限制国家权力、保障公民权利为诉求的立宪主义制度在中国不具备由以生长的社会基础。中国宪法以及中国特色人权观和人权理论的形成有其独特的生发逻辑。从纵向历史发展的角度来看，我国宪法中的人权保障制度经历了以下两个历史时期若干个阶段。

一、旧中国时期各派宪法中规定的人权保障制度

旧中国时期，各派政治力量相继制定颁布宪法，在宪法中不同程度地确认和保障了人权，根据人权在宪法中所处地位的不同，总体上可以分为四个阶段：（1）清朝末年《钦定宪法大纲》中规定的人权。1908 年 8 月，清朝颁布《钦定宪法大纲》，其中，正文共有十四项，其内容均为"君上大权"方面的内容。人权方面的内容主要表现为大纲的第九条，以附录的形式规定了臣民享有的诸项权利，其内容主要包括言论、著作、出版、集会、结社、呈诉等，与君上大权相比，该部宪法性文件中的人权在总体内容架构处于依附地位。（2）《中华民国临时约法》中规定的人权。1912 年 3 月，中华民国临时政府颁布了《中华民国临时约法》。该部宪法根据资产阶级民主自由的原则，专章规定了人民享有的诸项权利，内容包括人身、居住、言论、出版、集会、结社、通信、迁徙、信仰、保有财产和营业等自由，有请愿、诉讼、考试、选举及被选举等权利。除此之外，该部宪法中还根据三权分立的原则，规定了中央国家机关的设置，为诸项人权的实现建立了制度基础。从外观上来看，该部宪法关于人权的规定是较为翔实的，但是，由于它实行的时间不长，因而其规定的人权也就很难得到真正的实现。（3）北洋军阀和南京国民党政府制定的宪法中规定的人权。北洋军阀政府时期，为了粉饰民主，先后制定颁布了多部宪法，具体包括袁世凯政府制定的《天坛宪草》《中华民国约法》，曹锟政府制定的《中华民国宪法》（贿选宪法），段祺瑞政府制定的《中华民国宪法草案》等。蒋介石领导的南京国民政府制定了《中

华民国训政时期约法》《五五宪草》《中华民国宪法》。上述宪法中均不同程度地规定了人权方面的内容，个别宪法中关涉人权的内容外观上还显见得较为翔实。但是，所有这些宪法中所规定的人权保障本质上只不过是资产阶级玩弄权术的一种把戏而已，宪法在较大程度上成为各派政治力量粉饰民主、装饰太平的一种道具，并不是在真正地保障人权。（4）新民主主义革命时期，根据地政权制定的人权保障制度。新民主主义革命时期，各根据地先后制定了许多重要的宪法性文件和人权保障条例，如《中华苏维埃共和国宪法大纲》《陕甘宁边区宪法原则》《山东省人权保障条例》《陕甘宁边区保障人权财权条例》《冀鲁豫边区保障人民权利暂行条例》《晋西北保障人权条例》《渤海区人权保障条例执行规则》等。上述宪法和人权保障文件中全面规定了现代人权的基本内容，充分体现了中国共产党和根据地政府对保障人权的高度重视。

二、新中国成立后各部宪法中规定的人权保障制度

新中国成立后，根据当时的形势和不同历史阶段的国情特点，我国先后颁布了《中国人民政治协商会议共同纲领》（以下简称《共同纲领》）、"五四宪法""七五宪法""七八宪法"和现行的"八二宪法"。由于各部宪法所处的历史背景不同，它们规定的人权保障制度也不甚相同：（1）《共同纲领》中规定的人权保障制度。《共同纲领》中规定了人民享有的诸项基本权利，包括：选举权和被选举权；思想、言论、出版、集会、结社、通讯、人身、居住、迁徙、宗教信仰、示威游行等自由以及男女平等权利；规定了我国的基本政治制度和政权组织原则。（2）1954 年宪法中规定的人权保障制度。1954 年宪法规定公民享有广泛的权利和自由，其内容包括平等权、政治权利和自由权、人身自由权、社会经济文化权等。国家要为公民权利的行使提供必需的物质便利。宪法还规定了我国的政权组织形式和国家结构形式，确立了国家各项权力的运行轨道和运行规则，为人权的保障提供了制度基础。（3）1975 年宪法中规定的人权保障制度。1975 年宪法中关涉公民基本权利的规定非常单薄，只有两条。该部宪法将公民的权利和义务合并，并且将义务写在权利之前，缩减了权利，加重了义务。在内容上，该部宪法取消了 1954 年宪法中的"中华人民共和国公民在法律上一律平等"，删掉了国家为公民享受经济、政治、文化等方面的权利和自由提供物质保障的规定，删除了"国家特别关怀青少年的体力和智力的发展""保障公民进行科学研究、文学艺术创作和其他文化活动的自由"等规定。此外，在国家机构的性质和制度设置上也存在许多极"左"的规定，客观上不利于对公民基本权利的保障。（4）1978 年宪法中规定的人权保障制度。1978 年宪法在一定程度上恢

复了 1954 年宪法中对公民基本权利的规定，但是，由于没有完全清除"左"倾思想的影响，许多重要的基本权利并未得到恢复。而且，该部宪法第四十五条还保留了"大鸣、大放、大辩论、大字报"的规定。在人权的保障制度方面，该部宪法取消 1975 年宪法中的某些错误规定，如"全面专政"等，恢复了 1975 年宪法中取消的某些国家机关及其职权，使国家机关的组织和职权较为完备和具体，为人权的保障提供了制度基础。（5）1982 年宪法中规定的人权保障制度。1982 年宪法对公民的基本权利做了较大程度的调整：将公民的基本权利由原来的第三章提到第二章国家机构之前，位于第一章总纲之后，突出了公民基本权利的重要性；公民基本权利的条款有所增加，内容更加充实具体，关涉公民基本权利的条款数量由 1978 年宪法的 12 条增加至 18 条，而且，在 2004 年修改宪法的时候，将国家尊重和保障人权的规定写入宪法；强调公民基本权利和义务的一致性。明确规定，公民享有宪法和法律所规定的权利的时候，同时还必须履行宪法和法律规定的义务。而且，公民行使宪法权利的时候，不得损害国家的、社会的、集体的利益，不得损害其他公民的合法权利和自由。除了基本权利内容方面的调整之外，宪法还健全和完善了我国的权力组织架构，确立了违宪审查制度等保障公民人权的诸项制度。

第三节　我国人权入宪的背景和人权入宪的模式

一、我国人权入宪的背景

2004 年，《中华人民共和国宪法修正案》（以下简称"宪法修正案"）第二十四条规定，在宪法第二十三条中增加一款，作为第三款："国家尊重和保障人权"。这是我国宪法中首次引入"人权"这一概念。那么，将人权写入宪法的原因是什么呢？笔者认为，人权入宪的背景主要有以下几个方面：第一，自 20 世纪 80 年代以来，我国理论界对人权的认识发生了巨大变化。新中国成立之前，陕甘宁边区制定的《陕甘宁边区施政纲领》中曾经提出过人权保护的主张。新中国成立之后，由于"左"倾思想的影响，理论上将其视为资本主义的专利品，认为公民所享有的权利都是通过斗争取得的，不可能是与生俱来的，更不可能是上帝赋予的。在该种思想观念的影响之下，理论上对人权秉持排斥的立场，相关法律文件和学术著作中均不提及人权问题。20 世纪 80 年代以后，基于对"文化大革命"中侵犯人权现象的深刻反思，理论上对人权的认识发生了巨大变化，认为我国所实行的社会主义制度的内在要求和根本保障就在于保障人的权利，建设有中国特色的社会主义就是要从根本上提高全国人民享受人权的水平，人权并不是资本主义的特有之物，社会主义制度同样承认和保障人权。1985年，邓小平同志在其题为《搞资产阶级自由化就是走资本主义道路》的讲话中，最先论述了对人权的看法，首次明确表示中国也承认人权的观点。第二，宪法中关于人权的规定不符合时代发展的需要。现行宪法中关于公民基本权利的规定与中国社会当时的政治、经济、社会发展状况是一致的，但是与当今社会的发展和对人权的认识存在着一定的差距。1988年、1993年、1999年三次对宪法的修改均未涉及公民基本权利部分的有关内容。该种状况客观上也不利于我国承担的相关国际义务的履行。2004年之前，中国已经加入了21个世界人权公约，特别是1997年和1998年先后签署了《经济、社会及文化权利国际公约》《公民权利和政治权利国际公约》。前述两个公约确定的人权分别有22项和10项，而我国现行宪法所规定的基本权利只有17项。根据国际人权公约的要求，缔约国必须采取切实有效措施"逐步实现"公约中所规定的人权，"不得克减"公约中所规定的人权保障义务，2004年我国现行宪法修改之前的规定显然不利于践行人权保障的国际义务。第三，人权入宪是在中国共产党的直接推动下实现的。自20世纪90年代以来，党和国家在人权问题上的观念和立场逐步发生了变化，党的十五大、十六大报告中都明确提出了"尊重和保障人权"的立场。党的十五大报告提出，"共产党执政就是领导和支持人民掌握管理国家的权力，实行民主选举、民主决策、民主管理和民主监督，保证人民依法享有广泛的权利和自由，尊重和保障人权"[①]。党的十六大报告提出，"尊重和保障人权，依法保证全体社会成员平等参与、平等发展的权利"[②]。为了在宪法层面落实党的十五大、十六大精神，为在我国尊重和保障人权提供宪法保障，中国共产党在2004年宪法修改时推动了人权入宪，不仅将"国家尊重和保障人权"写入宪法，而且将与人权及其保障有关系的多处地方进行了修改，例如，关于紧急状态的修改、关于建立健全社会保障制度的修改、关于公民私有财产权的修改等。

二、我国人权入宪的模式

目前，世界各国宪法中普遍确立了基本人权原则，宪法在某种程度上成了人权法的代名词。但是，由于世界各国宪法的产生发展路径不同，加之宪法中相关

① 中央文献研究室编：《十五大以来重要文献选编（上）》，人民出版社2000年版，第31页。
② 中央文献研究室编：《十五大以来重要文献选编（上）》，人民出版社2000年版，第25页。

内容的结构安排也不甚相同，各国宪法中人权条款的设置模式因之也表现出不同的模式。就大多数情况而言，宪法通常由序言、正文和修正案三部分组成，其中正文部分又具体分为总纲、基本权利和义务、国家制度、相关特殊规定等。根据人权条款在宪法中所处位置的不同，可以把人权条款的设置模式分为以下几种模式。

1. 宪法序言模式

宪法序言模式导源于法国 1791 年宪法，法国现行宪法继续采行该种模式。法国现行宪法序言明确规定："法兰西人民郑重宣告恪守一七八九年宣言中所明定及一九四六年宪法序言中所确定与补充之人权暨国家主权原则。根据上述原则及人民自由抉择之原则，共和国对于愿意与其结合之海外领地，提供基于自由、平等、博爱之共同理想且适合彼等民主发展之新政治体制"①。

2. 宪法正文模式

当今世界绝大多数国家均采取该种模式。根据各国宪法正文中设置人权条款的模式结构及其与宪法序言的关系，可以将宪法正文模式进一步区分为两种类型：（1）单一正文模式。该种模式主要包括总纲模式和基本权利模式。所谓总纲模式，是指在宪法文本中具有总纲性质的条款中规定人权的内容。其典型代表国家是匈牙利。《匈牙利共和国宪法》② 第一章"总则"第八条规定："匈牙利共和国承认基本人权之不可侵犯与不可剥夺；对基本人权之监督与保护为国家之第一要务。"所谓基本权利模式，是指在宪法正文中基本权利部分规定人权内容。由于基本权利和人权之间内在的逻辑关系，当今世界各国普遍采行该种模式。例如，日本现行宪法第三章"国民权利与义务"第十一条规定，"国民享有一切之基本人权，不得妨碍之。本宪法所保障之基本人权，仅赋予宪法及将来之国民不可侵犯之永久权利"。（2）混合正文模式。该种模式主要是指序言加正文模式，人权内容在宪法序言和宪法正文中均有规定。例如，1993 年 12 月 12 日通过的《俄罗斯联邦宪法》序言规定："我们，俄罗斯多种族的人民，以共同的命运结合在自己的土地上，为了人权与自由、公民和平与和谐，为了历史性地维护国家统一之建立，基于平等的社会原则以及民族自决，为了纪念先人流传下来对祖国的爱，对善及正义崇高的信仰，为了振兴俄罗斯的国家主权并确立其民主原则的稳固性，为了致力于确保俄罗斯的福祉与繁荣，为了使当代与未来一代对自己祖国产生责任，由于意识到自己为世界社会的一部分，通过俄罗斯联邦宪法。"宪法正文第一章"宪政制度的基础"第二条规定："人权与人类自由为其最崇高的价值。国家有责任承认、遵守并维护人类及人民之权利与自由。"

---

① 刘杰：《国际人权体制——历史的逻辑与比较》，上海社会科学院出版社 2000 年版，第 107 页。
② 1949 年 8 月 18 日通过，1994 年 11 月 22 日修正。

3. 宪法修正案模式

宪法修正案模式的典型代表国家是美国。美国由于历史的原因，在 1787 年宪法正文中并未规定人权方面的内容。1791 年美国宪法修正时增加规定了 10 条关涉人权方面的内容，被称为《权利法案》。目前，世界范围内采取该种模式的国家不多。

4. 宪法加单行立法模式

宪法加单行立法模式下，除宪法文本中的人权条款外，另以人权立法的形式加以充实。例如，捷克宪法主要由《捷克共和国宪法》与《基本人权与自由宪章》组成。前者在序言部分称捷克是"尊敬人权与文明社会原则之自由与民主国家"，但是，无论是宪法序言还是宪法正文均未对人权的具体内容作出规定。后者具体规定了人权的种类与内容。《捷克共和国宪法》第三条明确规定："基本人权与自由宪章乃捷克共和国宪政法制之一部分。"① 根据该规定，《基本人权与自由宪章》属于捷克宪法中人权条款的重要组成部分。

2004 年我国宪法修改的时候，围绕人权条款入宪的方式问题，学界提出了三种不同的观点：（1）将人权条款写入宪法序言;② （2）将人权条款写入宪法正文总纲之中;③ （3）将人权条款写入"公民的基本权利和义务"一章。④ 宪法修改小组最终设计的方案是第三种。全国人大常委会在审议的过程中虽然有不同的意见，但是在全国人大常委会最终向全国人大提出的宪法修改议案中依然秉持该种立场。在 2004 年 3 月 8 日和 3 月 9 日的全国人大会议上，在各代表团审议宪法修正案草案时，一些代表围绕人权条款入宪的方式问题提出了自身的意见和看法，⑤ 该种立场实际上是前述不同立场在人大会议上的表现，并未提出除却上述

---

① 参见 "Article 3 The Charter of Fundamental Rights and Basic Freedoms forms a part of the constitutional order of the Czech Republic." https：//www. hrad. cz/en/czech－republic/constitution－of－the－cr.

② 2003 年 9 月 12 日，在吴邦国委员长主持召开的理论工作者、法律专家和经济学家座谈会上，韩大元教授秉持该种立场。

③ 2003 年 7 月 3 日，中国社会科学院提出的修改宪法建议主张将人权条款写入宪法总纲第五条，以表示我国对人权的尊重和保障纳入了法治轨道，是依法治国方略的一部分。在 2003 年 9 月 12 日吴邦国委员长主持召开的座谈会上，石泰峰、夏勇、吴志攀等专家主张将人权条款写入总纲第五条依法治国之后，作为第六条。

④ 2003 年 6 月 6 日，在吴邦国主持的法律专家和经济学家座谈会上，李步云、王家福、夏勇等几位教授建议在"公民的基本权利和义务"一章中的第一条增加规定"国家尊重和保障人权"。宪法修改小组最终设计的方案也是如此。

⑤ 例如，吉林的桑逢文代表提出，应该把人权条款写到总纲之中，因为人权是公民权利的基础；上海的李明豫、郑成思代表，浙江的张启楣代表提出，宪法在总纲中规定了民族平等，又在总纲的第三十二条规定保护外国人的权利，这些都是保护人权，但现在又把人权放到第三十三条规定，还排在保护外国人权利之后，这在逻辑上不顺畅。辽宁的刘大响代表提出，人权与公民的基本权利义务不是一个层次的问题，与公民的基本权利义务相比，人权的概念要宽泛得多，所以，人权条款应当放在总纲中，与依法治国一起规定。参见十届全国人大二次会议上代表审议意见。

三种立场之外的其他立场。2004 年《中华人民共和国宪法修正案》（以下简称"宪法修正案"）第二十四条规定，"在宪法第三十三条增加一款，作为第三款：'国家尊重和保障人权。'"显然，我国最终采取了前述第三种立场，将人权条款写入了"公民的基本权利和义务"一章。对于采行该种入宪模式的原因，全国人大常委会方面并未做具体的说明。但是，在 2003 年 12 月 22 日的全国人大常委会会议上，王兆国向常委会会议所作的中央关于修改宪法部分内容建议的说明中，曾对中央建议中采行该种人权入宪模式作出过说明。王兆国指出，将人权条款放在公民基本权利和义务一章，特别是放在该章的第一条进行表述，主要目的有两个：一是便于将人权与公民基本权利联系起来，即从逻辑上将二者联系起来；二是进一步加强对公民基本权利的保护。与世界其他国家宪法中人权条款的四种设置模式相比，我国采取的显然是第二种，即"宪法正文模式"。具体来说，采取的是宪法正文模式中"单一正文模式"中的"基本权利"模式，与日本宪法中的人权设置模式类似。

第四节　宪法中人权保障条款的意义

2004 年宪法修正案首次将"人权"写入宪法，与此前的三次宪法修改相比，无疑是一重大进步。在此前的三次宪法修改中一共形成了 17 条宪法修正案，其中有 11 条是关涉经济制度方面的内容，几乎没有涉及公民权利特别是人权保障方面的内容。2004 年宪法修正案中不仅将人权条款写入宪法，而且还增加关涉公民财产权保护方面的内容，这对我国人权保障制度的发展起到较大的推动作用。2004 年宪法修改之后，学界围绕人权入宪的重大意义展开了讨论，相关代表性阐述包括以下几个方面。

观点一：有学者指出，国家尊重和保障人权条款入宪的重大意义表现为四个方面：（1）尊重和保障人权作为一项宪法原则，将对我国的立法起到重要的指导作用。（2）尊重和保障人权作为宪法原则，将指导国家机关及其工作人员的工作。（3）尊重和保障人权作为宪法原则，将指导人与社会的协调发展。（4）尊重和保障人权作为宪法原则，将指导人与环境的协调发展。①

观点二：有学者指出，将国家尊重和保障人权条款纳入宪法，使我国人权

---

① 信春鹰：《国家尊重和保障人权——关于人权入宪的历史意义》，载于《求是》2004 年第 9 期，第 38 页。

由禁区跃上宪法的神圣地位，这是具有重大意义的。其重要意义表现为：（1）突出了人权在宪法中高于一切的神圣地位，侵犯人权就是违宪。（2）人权入宪，将增强全民知权、爱权和维权意识。（3）保障人权，主要是保障弱者、弱势群体的权利。（4）保障人权，要求保障所有法定的和非法定的人权。（5）人权入宪有利于加强国内与国际人权的双重保障。①

观点三：有学者指出，人权入宪的价值表现在：（1）人权入宪对传统法观念有重大突破。第一大突破变现在对于抽象的人和具体的人的理解上。过去我国的理论家坚持的一个重要观点是世界上只有具体的人，没有抽象的人；而人权中的人是抽象的人，是不存在的人。人权入宪，突破了对人的传统的"左"的认识，不仅有重大法律价值，而且有重大理论意义。第二大突破表现在从根本上否定了一事当前，首先将全体国民或社会成员划分为人民和敌人的极"左"的基础性法观念。人权入宪为我国宪法注入了现代精神和新的价值标准。（2）人权入宪为全国人大常委会批准《公民权利和政治权利国际公约》奠定了宪法基础。②

观点四：有学者指出，人权入宪的积极意义表现在：（1）突出了人权保障的重要地位，有利于从根本上保障我国公民的基本人权，推进我国的人权建设和保障事业不断向前发展。（2）将尊重和保障人权的义务主体界定为国家，标志着我国社会主义政治文明的进步和升华。（3）有利于我们与国际潮流相融合，为我国在国际舞台上进行人权对话和斗争创造有利的条件。（4）表明了国家开始重视对人权的保护，更符合现代主权在民的人文关怀的价值取向和时代精神，同时也标志着我国宪法在价值取向上从国家主义向社会主义的转变。③

观点五：有学者指出，"对人权入宪之意义不宜过度拔高"。（1）从设计方案来看，人权条款在宪法总体结构中并未处于很高的位置。人权条款放在序言和总纲中规定，其立意和意义要远远高于放在公民的基本权利和义务一章的设计。而放在公民的基本权利和义务一章中予以规定，就文本意义来看，也可以肯定地说，尊重和保障人权的地位和重要性尚远不能与序言中的国家任务以及总纲中依法治国方略等内容相提并论。（2）人权条款在《宪法》第三十三条中的具体位置也提醒我们，不宜过高估计人权入宪的意义。《宪法》第三十三条在2004年修改前共有三款，其中，第一款规定的是：凡具有中华人民共和国国籍的人都是中华人民共和国公民；第二款规定的是：中华人民共和国公民在法律面前一律平等。第三款的规定是：任何公民享有宪法和法律规定的权利，同时必须履行宪法和法律规定的义务。2004年人权保障条款入宪的具体条文设计方式是在《宪法》

---

① 郭道晖：《人权观念与人权入宪》，载于《法学》2004年第4期，第19～20页。
② 童之伟：《人权入宪的价值》，载于《法学家》2004年第4期，第25～26页。
③ 秦前红、陈俊敏：《人权入宪的理性思考》，载于《法学论坛》2004年第3期，第7～8页。

第三十三条中增加一款，作为第三款，原来的第三款相应成为第四款。该种逻辑结构关系表明：在公民的基本权利方面，宪法首先强调的平等原则，在法律面前一律平等之后，才是国家尊重和保障人权。在加进了尊重和保障人权这一条款之后，原来宪法第三十三条第三款的内容就变为第四款，即任何公民享有宪法和法律规定的权利，同时必须履行宪法和法律规定的义务。将该条款与前述两个条款结合起来，呈现出来的逻辑关系便是：在公民的基本权利义务一章中，宪法首先强调的是公民的平等权，在这个前提和基础上，国家要尊重和保障人权。但是，保障人权并不是无限的，公民在享有宪法和法律规定的基本权利即获得人权保障的同时，还必须履行宪法和法律规定的义务。①

总览学界关于人权保障条款入宪意义的相关表述，可以看出，学界对人权条款入宪普遍秉持了积极的立场，对人权入宪意义从不同角度进行了阐释。其共同点在于：认为人权入宪有益于和国际社会人权保障的接轨，有益于推动和加强对人权的保障。但是，对人权保障条款入宪的积极意义的诸种解读中，不时可以看到一些超越宪法规范之外的解读，该种解读更切近于对人权条款入宪的政治表征意义的放大，而不是从宪法规范角度进行的学理层面的深刻反思。前述刘松山教授的观点从另外一个角度对人权入宪的意义进行了学理分析，窃以为，该种分析有一定的道理。笔者认为，人权保障条款入宪无疑是有积极意义的，这对于彰显宪法的人权保障精神，使宪法文本真正践行"人权保障书"的使命至关重要。但是，对人权保障条款入宪的意义可以从不同的视角进行分析，从政治学、社会学、实证法学等不同角度进行分析会推导出不同的结论。其中，较为妥当的方法应该是规范宪法学的分析方法，从尊重宪法文本的角度进行分析。有学者指出，人权原则的规范意蕴包括两个方面：一方面，人权原则明确了宪法的正当性依据。具体表现在：（1）人权原则明确了公民基本权利的正当性来源。（2）人权原则进一步明确了我国宪法的正当性。另一方面，人权原则深化了宪法的规范内涵。具体表现在：（1）人权原则深化了权利理念，为完善公民权利的救济与保障提供了宪法支持。（2）人权原则奠定了国家权力运行的边界，确立了国家权力的基本义务。② 上述观点对于从规范宪法的角度分析评述人权条款入宪的积极意义有一定的启发意义。舍此而外，笔者认为，在承认人权保障条款入宪之积极意义的同时，必须正视其衍生出的许多问题，例如，人权保障条款的性质及宪法效力、人权条款与其他基本权利之间的关系、人权条款对宪法外基本权利的影

---

① 刘松山：《人权入宪的背景、方案与文本解读》，载于《华东政法大学学报》2014 年第 5 期，第 63～64 页。

② 严海良：《人权原则：意涵、限制与实现——国家尊重和保障人权条款解读》，载于《金陵法律评论》2009 年春季卷，第 64～65 页。

响、人权保障条款的实现等问题。如是这些问题的分析和论证对于将宪法中人权保障条款所承载的诸种积极意义落到实处有着重要的意义。

第五节　宪法中人权保障条款与宪法中未列举基本权利的保护

在分析宪法修正案第二十四条人权条款时，有学者认为人权入宪意味着国家既要保障宪法规定的基本权利，同时也要保护宪法上未列举的基本权利。从某种意义上讲，修宪者们在考虑这一条款时也可能意识到人权条款可能起到的多种保护功能，试图解决因立法不作为或立法工作滞后而出现的基本权利救济不完善的现象，并以人权价值为基础扩大权利救济的范围。[1] 但是，人权条款究竟能否起到保障宪法未列举权利的功能呢？对此，学界的理解不甚相同。主要有两种观点：第一，肯定说。该观点认为我国宪法中的人权保障条款可以起到保障宪法未列举基本权利的功效。有学者认为，既然国家尊重和保障人权，那就意味着对于那些宪法没有作出明示性规定却非常重要的人权，也同样必须给予尊重和保障。从这一意义而言，国家尊重和保障人权（以下简称"九字条款"）作为一项概括性条款，在规范意义上可涵盖非完全列举主义精神。许多国家在宪法规范或宪法实践中确认了非完全列举主义。如美国宪法第九修正案（1791 年）规定：本宪法对某些权利的列举，不得被解释为否定或忽视由人民保留的其他权利。韩国宪法第三十七条也规定：公民的基本权利不得因宪法未加详尽列出而被忽视。在我国，宪法虽没有类似的明示性条款，然而"九字条款"至少可以在解释学上弥补这一规范的缺失，不仅为人权体系的进一步完善，也为人权类型的推定提供实在宪法上的规范依据。[2] 另有学者指出，基于宪法未列举权利条款具有诸如适应时代发展和社会需求等优点，以及世界法制与法治发展的驱使和世界各国宪法实践的确证可知，宪法文本中出现概括权利条款实为大势所趋，而我国的人权条款则为宪法未列举权利提供了安身之所。在当前中国的场景下，从宪法未列举权利规范的面向理解人权条款，有利于维护作为宪法权利核心的人性尊严，完善我国的宪法权利体系以及满足时代变迁的需求，并进而为法治国家的构建提供规范支持。必须承认，以法典形式构筑权利框架和体系有其固有的优势和缺陷，其优势体现在稳定与明晰，而其缺陷则体现在僵化与凝滞。在既有的规范文本无法涵盖

---

①　转引自韩大元：《宪法文本中人权条款的规范分析》，载于《法学家》2004 年第 4 期，第 10 页。
②　林来梵、季彦敏：《人权保障：作为原则的意义》，载于《法商研究》2005 年第 4 期，第 66 页。

中国特色人权观和人权理论研究

新兴宪法权利之时，以直接规范或间接规范方式概括保护宪法权利是一种重要的补充方式，可以在一定程度上弥补其缺陷。人权条款可以通过作为未列举权利的文本依据保护诸多现有文本中没有涵盖的基本权利。① 第二，否定说。该观点认为我国宪法中的人权保障条款不能成为发现和提炼新的基本权利的依据，它能提供的仅仅是一种解释规则或者原则。有学者指出，"在宪法文本中明确规定'宪法上未列举基本权利'保护条款的国家中，其条款不仅表现了一种政治道德和政治原理，它同时具有独立的权利条款价值，客观上起到限制公共权利的功能。作为一种权利源泉，它不断提供能够满足社会主体权利需求的根据与类型。在宪法中没有规定类似条款的国家，也在宪法实践中需要寻求保护合理的权利需求的途径。从价值理念上，人权条款与未列举权利的保护价值是相同的，其存在形式与效力等方面也存在区别。主要有：未列举权利保护条款具有独立的规范价值，而人权条款更侧重于表明宪法原则的意义；未列举的权利或基本权利是特定的范畴，可从权利源泉中提炼所需要的新权利，而人权本身是不确定的概念，在宪法文本中往往以综合的价值形态来出现，难以成为提炼新的基本权利基础；人权虽写在宪法文本中，但与基本权利价值的互换仍需要长期的过程，需要从理念与实践角度建立人权宪法化的机制。另外，宪法还没有进入诉讼领域的情况下，人权条款发挥功能的空间也受限制。可见，在中国，人权条款与其他国家宪法中规定的'未列举权利保护'条款的性质与功能是不同的，不能简单地作出类比。但这种分析并不意味着我国宪法中的人权条款具有封闭性或缺乏操作规范。目前，我国的宪法现实中，人权条款对列举的基本权利与未列举的基本权利都发挥不同形式的保障功能。人权条款可解释为基本权利保障的概括性条款，为基本权利的实现提供更直接而广泛的价值基础。同样，人权条款对宪法未列举权利的保护方面只能起到一定的补充功能。如为扩大基本权利保护范围，可以依照人权条款提炼现有条款中隐含的新的权利类型、当基本权利有规定，而没有具体法律规定时提供具体的救济途径、对基本权利条款作出宪法解释时为解释的合理性提供价值基础与标准、当出现宪法和法律上没有规定的新的权利要求时，可依照人权条款作出必要的判断等。人权条款本身不能成为发现和提炼新权利的依据，它提供的是一种解释规则或者原则。"②

对宪法中人权保障条款能否起到保障宪法中未列举权利的功能问题，笔者秉持否定的立场。具体理由包括三个方面：

首先，宪法中的人权保障条款在性质上不是一项基本原则，而是一项具有原

---

① 张薇薇：《人权条款：宪法未列举权利的安身之所》，载于《法学评论》2011 年第 1 期，第 16 页。
② 韩大元：《宪法文本中人权条款的规范分析》，载于《法学家》2004 年第 4 期，第 11 ~ 12 页。

则性的基本权利。笔者认为，宪法中人权保障条款究竟能否承载起保障宪法中未
列举权利的使命取决于对该人权条款性质的定位。如果将其定位为一项宪法原
则，则可以经由该条款保障宪法外权利；反之，如果将其定位为一项基本权利，
则其无法承担保障宪法权利的责任。有学者指出，"中国宪法文本中人权条款的
解释可以考虑以下要素：一是作为宪法原则意义上的人权；二是国家价值观意义
上的人权；三是转化为基本权利内容的人权。作为宪法原则，人权具有约束一切
公共权力与社会生活领域的效力。由于在中国缺乏系统地保障人权的历史传统与
文化，把人权纳入到国家价值观体系是十分必要的，有助于进一步明确国家的目
的，形成国家整体的价值观，确立国家活动的基本目标与追求"①。笔者认为，
对人权保障条款的宪法属性的理解可以从不同的视角加以厘定，从规范宪法学的
视角来看，我们所要面对并力求作出回答的问题是：宪法中的人权保障条款究竟
是一项宪法原则，还是一项基本权利？将人权条款视为国家价值观意义上的人权
固然有其现实的道理，但该种定位所择取的似乎是另外一种分析视角，而不是规
范宪法学的分析视角。在笔者看来，宪法中的人权保障条款不是一项宪法原则。
其原因在于：尽管在 2004 年宪法修改的过程中学界围绕人权入宪的设置模式提
出了诸种不同的观点，如宪法序言说、宪法总纲说、基本权利条款说，但是，从
最终通过的宪法修正案文本来看，人权保障条款既没有置于宪法序言之中，也没
有置于宪法总纲之中，而是放在公民基本权利和义务一章，成为宪法第三十三条
中所规定的一项基本权利。该种位置决定了人权条款不可能属于宪法原则的范畴。
当然，笔者此处的意思并不是说人权条款仅仅是一项类同于言论、集会、结社等那
样的具体的基本权利，但无论如何，其基本权利的属性是确定了的。基于其特殊的
意蕴和在宪法文本中所处的位置，笔者认为，人权条款在性质上和平等权一样，是
一项具有原则属性的基本权利：它既是一项基本权利，同时也具有原则属性。对其
内容的理解应该结合宪法文本中其他的基本权利，而不能浪漫主义地将其作为挖掘
宪法外权利的水井，让其承担事实上根本无法承担的保障宪法外权利的责任。

其次，我国没有类同于西方国家那样的自然法传统。从纵向发展的角度来
看，人权思想和观念在逻辑上是和自然法关联在一起的，前者是在后者的孕育下
逐步生长出来的，后者是前者由以产生和发展的理论基础。二者之间的这种内在
的逻辑关联性不仅体现在人权思想的发展历程中，而且也体现在各国宪法的文本
规定之中。例如，作为美国宪法序言的《独立宣言》就明确规定："我们认为这
些真理是不言而喻的：人人是生而平等的；人人都享有造物主赋予的某些不可转
让的权利，其中包括生命权、自由权和追求幸福的权利。"美国宪法第九修正案

① 韩大元：《宪法文本中人权条款的规范分析》，载于《法学家》2004 年第 4 期，第 9~10 页。

规定："本宪法对某些权利的列举不得被解释为否定或轻视人民保有的其他权利。"再如，作为法国宪法序言的《人权宣言》明确规定："在权利方面，人们生来并且始终是自由平等的""任何政治结合的目的都在于保存人的自然和不可动摇的权利。这些权利就是自由、财产、安全和反抗压迫。"前述规定都明显带有自然法的色彩。以此为理论支撑，宪法中的前述规定就具有了与生俱来的应然色彩，并因之而合乎逻辑地承担了保护宪法外权利的责任。与西方国家相比，我国不具有源远流长的自然法传统，无论是人权观念还是承载人权观念的宪法本质上都是在西方国家的影响下逐步形成和建立起来的。但是，我们所接受的仅仅是作为结果的人权思想和承载该思想的宪法，而没有接受作为其理论基础的自然法。我国在人权问题上的主流立场是：人的权利是宪法和法律规定，而不是先于宪法和法律存在的。宪法文本中对基本权利采取列举主义的原则，没有设置类同于美国那样的未尽权利保障条款。在该种文化背景和宪法结构安排下，人权条款不具有承载保护宪法外权利的能力。

最后，我国宪法没有司法适用的空间和可能。从西方国家的宪政实践来看，宪法外权利的保障不仅要借助于宪法中的未尽权利保障条款，而且要借助于发现和创制该种权利的法院。就我国来说，要想使宪法中的人权保障条款承载起保障宪法外权利的责任，同时要依靠法院对宪法的司法适用。但是，该种适用在我国不具有现实性。从违宪审查的角度来看，目前我国的违宪审查制度是权力机关型违宪审查制度，它在客观上无法担当违宪审查的责任。从健全和完善我国违宪审查制度的角度来说，未来赋予普通法院违宪审查权由于牵涉我国的根本政治制度，不具有可能性。从常规意义上的宪法司法适用来看，我国最高人民法院在1955年和1986年分别作出两个批复性司法解释，排斥了宪法在刑事审判、民事审判中适用宪法的可能性。此前发生的齐玉苓案①一度打开了法院适用宪法审理民事案件的缺口，但该批复很快就被废止了，宪法依然无法进入民事审判中去。依照我国的行政诉讼法，法院审理行政案件的依据仅限于法律、法规、自治条例、单行条例，并不包括宪法。因此，通过宪法的司法适用在具体案件的审理中引入人权保障条款，进而扩展基本权利的范围、实现对宪法外权利的保护是不可能的。从改革的角度来说，由于赋予法院适用宪法的权力将不可避免地会牵涉宪法解释权的重新配置，并进而与国家的根本政治制度关联在一起，因此，也是不可能的。立基于此，通过不同类型的宪法的司法适用，拓展宪法外权利的范围不具有可行性。相应地，激活宪法中的人权保障条款，使之担当起保障宪法外权利的想法也自然不具有可行性。

① 《"冒名顶替上大学"拟入刑引发热议专家呼吁》，中国法院网，2020年11月20日。

第六节　宪法中人权保障条款的实施

宪法中人权保障条款的实施取决于对该条款内涵的规范化解读以及立基于其上的对贯彻实施该条款的路径分析。具体分解如下。

1. 宪法中人权保障条款的内涵

有学者指出："国家对人权的尊重和保护义务是相互联系的全面性的义务，尊重的背后实际上存在着国家应该履行的保护、满足与促进义务，尊重只是国家义务的前提与基本的道德基础而已。在宪法规范中的尊重一词是历史的概念，最初主要指国家对自由权的保护义务，表现为国家的消极义务，是一种自由国家的基本理念。当自由国家向社会国家转变后，对人权的尊重扩大到社会权领域，尊重义务范围得到了扩大。为了履行尊重人权的义务，国家既负有积极的义务，同时也要负消极的义务。在社会权领域，国家尊重人权的义务主要表现为满足与促进，积极而适度地干预公民的生活。在自由权领域，国家尊重人权主要表现为国家负有消极的义务，自我控制国家权力对自由权的侵害。因此，国家尊重人权义务是全面性的、综合性的义务，不能片面地强调其中的一项内容。自由权与社会权保护义务的相对化客观上要求国家保护义务的多样性与综合性。"[1]

2. 宪法中人权保障条款的实施路径

有学者指出："尊重与保障人权的主体是国家机关，特别是立法者要积极地承担保护义务，使人权的理念在立法过程中得到实现。行政机关和司法机关在执行或适用法律时，应尊重基于人权条款而作出的保护义务，确立具体的程序规则。"但是，必须明确的是，"司法程序只是尊重和保障人权价值的一种基本形式，但不是唯一的形式。司法机关 = 人权的保护神的观念目前正面临新的挑战。"[2]

笔者认为，将"国家尊重和保障人权"写入宪法具有重大的意义。但是，徒法不足以自行，宪法中人权保障条款的真正实施，仅仅依靠宪法文本的规定是不够的，必须采取一系列切实有效的措施，促成宪法中人权条款的实现。具体来说，可以从以下几个方面着手。

第一，健全和完善我国的宪法解释制度，依托宪法中的人权保障条款和基本

---

① 韩大元：《宪法文本中人权条款的规范分析》，载于《法学家》2004 年第 4 期，第 12 页。
② 韩大元：《宪法文本中人权条款的规范分析》，载于《法学家》2004 年第 4 期，第 13 页。

权利，通过宪法解释，适度拓展内蕴于诸项宪法权利之中的人权，加大对人权的保障力度。现行宪法规定，由全国人大常委会解释宪法。但是，现行宪法和其他相关法律中并未进一步规定宪法解释的程序，以至于宪法解释制度长期虚置，无法真正发挥贯彻实施宪法的作用。中共十八届四中全会提出了健全和完善我国宪法解释制度的任务，以此为契机，制定宪法解释程序法，完善目前的宪法解释制度，使其真正发挥作用，贯彻落实宪法中的人权保障条款。

第二，健全和完善我国的违宪审查制度。现行宪法规定，由全国人大及其常委会监督宪法的实施，该种违宪审查制度属于权力机关型违宪审查模式，与西方国家的违宪审查制度不甚相同。该种模式固然符合我国这种人大主导的政治体制，但是在逻辑上存在自我监督的悖论，加之我国现行宪法和《中华人民共和国立法法》（以下简称《立法法》）中并未规定针对法律的违宪审查程序，甚至，对法律的违宪审查问题秉持一种回避的立场，以至于该种违宪审查制度无法发挥真正的效果。《立法法》第九十条、第九十一条尽管规定了针对行政法规、地方性法规的违宪审查程序，但由于并未设置实体层面的违宪标准，加之程序方面存在的诸种瑕疵，针对行政法规、地方性法规的违宪审查效果也不甚理想，基本上处于虚置的状态。该种状况对于贯彻落实宪法中所规定的国家尊重和保障人权的规定显然是非常不利的。针对这种现象，应该健全和完善我国的违宪审查制度，设置专门的负责违宪审查的机关，厘清它和全国人大及其常委会之间的关系，健全违宪审查程序，明确违宪审查对象及宪法裁决的效力，使我国的违宪审查制度真正发挥实际效果。

第三，健全和完善关涉宪法权利的相关立法。立法是贯彻实施宪法中人权保障条款的重要路径，未来应该从两个方面入手：一方面，制定相关法律，贯彻落实宪法中的相关权利。自现行宪法颁行以来，立法实践中长期存在的一个现实问题是宪法权利立法保障不到位。例如，宪法中规定了公民的言论、出版自由，但是，立法机关从未制定对该类权利加以保护的相关法律。再如，宪法中规定公民在法律面前一律平等，立法部门制定的相关法律中也包含了保护公民平等权的条款，但是，相关法律的保障范围非常狭窄，保障力度明显不够，以至于实践中各类违反宪法平等权的歧视现象层出不穷。另一方面，对此前制定的相关法律、法规、条例、规章等进行内容上的清理，梳理不同类型立法在宪法权利保障方面的冲突，设置处理和解决法律规范之间冲突的方式和原则。例如，收容遣送制度、劳动教养制度在被废止之前长期存在，规范该制度的行政法规明显与宪法所保障的人身自由权相冲突，但却长期得不到解决。

第四，建立宪法的司法适用制度。"目前我国法院适用宪法面临宪制障碍，人们在现行宪法里找不到法院适用宪法的依据。或者说，在现行体制的框架中，宪法还不具有司法适用的空间。因此，法院受理宪法诉讼案、对有关法律文件或国家机关的行为做是否合宪的裁决，实际上都是违宪的，会侵犯最高国家权力机关的职权，行不通。"① 但是，从应然的角度来看，如果要捍卫宪法的尊严、维护宪法的权威，就必须建立宪法的司法适用制度，要做到这一点，必须学界呼吁，在充分、缜密论证建立该种制度必要性和可行性的基础上，获致实务部门的认可进而推动该种制度的建立。从目前的情况来看，实现这个目标的难度比较大。

第五，建立保障人权的组织机构。有学者指出，"对我国而言，迄今为止，还没有人权保护的专门机关，仅有一些民间性质的学术团体和社会团体。然而，学术团体的纯学术性质，其他社会团体的官办性质，决定了它们的工作具有较大的随意性，作出的决定也不具有强制性和约束力，它们对人权的保障是非常有限的。因此，为有效保障人权，我国目前需要建立专门的人权保护机关。"具体来说，应"在我国设立专门的人权委员会，同时，对其工作程序进行规范，并赋予其决定的国家强制力和约束力，这样既可以使该委员会有针对性和切实有效地实施各项人权保护措施，又有利于我国的人权事业与国际接轨"。②

---

① 童之伟：《人权入宪的价值》，载于《法学家》2004 年第 4 期，第 27 页。
② 秦前红、陈俊敏：《人权入宪的理性思考》，载于《法学论坛》2004 年第 3 期，第 11 页。

第十五章

宪法上人权保障制度的立法实现

第一节　国际人权公约的实施机制

从法理上来讲，国际人权公约的实施机制可以从国际和国内两个角度进行分析。从国际的角度来说，实施机制的目的是监督缔约各国履行国际人权公约。从国内的角度来说，实施机制的目的侧重于履行，而不是监督，缔约各国应当采取立法、司法和其他措施履行国际人权公约。此处对国际人权公约实施机制的分析不太可能囊括我国缔结或者参加的所有国际人权公约，拟以《经济、社会及文化权利国际公约》《公民权利和政治权利国际公约》为蓝本，从国际的视角对国际人权公约的实施机制做一框架性的梳理，以求为下面展开对人权立法保障的分析阐述提供背景基础。

一、《公民权利和政治权利国际公约》的实施机制

就《公民权利和政治权利国际公约》而言，其实施机制也包括国际和国内两个方面。根据《公民权利和政治权利国际公约》和《公民权利和政治权利国际公约任择议定书》的规定，该公约的实施机制在国际视野下主要包括四种类型。

303

1. 报告程序

所谓报告程序，是指缔约各国在公约生效后一年内或者应联合国人权事务委员会的要求不定期地将本国履行国际人权公约的情况向联合国提交报告，由联合国秘书长转交人权事务委员会审议。《公民权利和政治权利国际公约》第四十条第一款规定，"本盟约缔约国承允依照下列规定，各就其实施本盟约所确认权利而采取之措施，及在享受各种权利方面所获之进展，提具报告书：（1）本盟约对关系缔约国生效后一年内；（2）其后遇委员会提出请求时。"

2. 国家间指控程序

所谓国家间指控程序，是指缔约各国内部一国对他国不履行该公约义务的情形进行指控，由人权事务委员会对该种指控进行审查和处理。《公民权利和政治权利国际公约》第四十一条第一款规定，"本盟约缔约国得依据本条规定，随时声明承认委员会有权接受并审议一缔约国指称另一缔约国不履行本盟约义务之来文。依本条规定而递送之来文，必须为曾声明其本身承认委员会有权之缔约国所提出方得予以接受并审查。如来文关涉未作此种声明之缔约国，委员会不得接受之。"

3. 申诉程序

所谓申诉程序，是指缔约各国的公民就本国侵犯其为公约所保护的权利问题，在穷尽国内救济渠道而无法获得解决的情形下，向联合国人权事务委员会申诉并谋求解决。《公民权利和政治权利国际公约任择议定书》第一条规定："成为本议定书缔约国的公约缔约国承认委员会有权接受并审查该国管辖下的个人声称为该缔约国侵害公约所载任何权利的受害者的来文。来文所涉公约缔约国如非本议定书的缔约国，委员会不得予以接受。"进而第二条规定："以不违反第一条的规定为限，凡声称其在公约规定下的任何权利遭受侵害的个人，如对可以运用的国内补救办法，悉已援用无遗，得向委员会书面提出申请，由委员会审查。"

4. 设立人权保障监督机构——人权事务委员会

《公民权利和政治权利国际公约》第二十八条规定，"设立人权事务委员会（在本公约里以下简称'委员会'）。它应由十八名委员组成，执行下面所规定的任务。委员应由本公约缔约国国民组成，他们应具有崇高道义地位和在人权方面有公认的专长，并且还应考虑使若干具有法律经验的人参加委员会是有用的。"

从直观上来看，《公民权利和政治权利国际公约》（以下简称"B公约"）与《公民权利和政治权利国际公约任择议定书》所确立的上述监督机制较为全面，从不同角度保障了二者在缔约各国国内的实施。但是，从二者的运行实践来看，实施效果并不尽如人意，前述监督制度在设计上存在许多问题，具体表现在以下方面。

（1）报告程序中存在诸多模糊用语，影响了其应有效能的发挥。影响其运行实效的因素主要包括：一是 B 公约要求缔约各国在公约对其生效后"一年内"提交初步报告，并未规定报告提交的定期制。二是公约要求缔约各国提交的报告中应指出影响实现本公约的因素和困难，但并未明确指明该类"因素和困难"的真正含义。公约中的前述用语的模糊性在较大程度上影响报告程序应有作用的发挥。为了改变上述状况，1977 年联合国人权事务委员会通过缔约国依 B 公约第四十条提交的报告的形式和内容的一般指导方针，1980 年 10 月建立了"定期报告制度"，以实施 B 公约第四十条第一款和人权事务委员会《报告程序规则》第六十六条第二款的规定，并自 1981 年 7 月开始了 5 年一次的定期报告制度。上述措施在一定程度上解决了报告程序运行过程中存在的问题，但并没有从根本上得到改观。

（2）国家间指控程序事实上没有启动。设计国家间指控程序的原初目的在于通过缔约各国彼此间的监督发挥公约的作用。但是，由于该种指控在国际关系中往往被看作不友好的行为，没有哪个国家愿意采行该种做法。相比之下，缔约各国更愿意在联合国人权委员会年度会议上提出他国的人权问题，而不愿意通过指控对其他缔约国进行公开谴责。目前，该种机制没有启动过，无法发挥应然的监督效果。

（3）个人申诉程序运行效率低下，客观上抑制了该程序应有作用的发挥。个人申诉程序受到诸多因素的影响，如联合国人权事务委员会审核、处理个人申诉文函的时间周期比较长，缔约各国的合作程度不高，申诉人提交材料往往不甚完善，等等，如是这些均较大程度上影响到了个人申诉程序运行的实际效率。

（4）人权事务委员会功能受到许多因素的限制。联合国人权事务委员会应有功能的发挥取决于许多因素，例如，缔约各国是否愿意履行其公约义务、是否愿意与委员会合作，等等，实践中存在的该类现象在较大程度上限制了人权事务委员会应有功能的发挥。

二、《经济、社会及文化权利国际公约》的实施机制

《经济、社会及文化权利国际公约》（以下简称"A 公约"）所规定的实施机制主要包括缔约国报告制度、最后意见书以及一般性评论。根据该公约第十六条的规定，缔约各国均有义务向经济及社会理事会定期提交报告。定期报告的主要内容包括：为实现公约所承认的各项权利而采取的法律、行政和司法等措施以及关于人们在享受这些权利方面所取得的进展，同时，报告还应提及影

响落实本公约各项权利的任何困难和因素。缔约各国向经济和社会理事会提交定期报告之后，该理事会将根据报告中提出的关切事项向缔约国提出议题和问题清单，缔约国可以就议题和问题清单提交书面答复，在委员会会议期间，理事会与缔约国代表团将开展建设性对话。经过上述程序之后，理事会就缔约各国的报告提出结论性意见，旨在就如何采取进一步措施落实公约中所列明的权利向提出报告的国家提供实际的忠告和建议。在结论性意见中，理事会将确认缔约各国所采取的积极措施，但同时指出为全面实施公约具体条款有待进一步努力的领域。缔约各国应当将结论性意见在其国内公布，以便充实促进人权发展和实现的公众辩论。缔约各国应实施理事会所提出的建议，理事会将对其实施情况进行跟踪。根据经济和社会事务理事会（以下简称"理事会"第 1987 号决议和联合国大会第 42 号决议），理事会决定从其第三届会议开始就 A 公约各条款和规定编写一般性评论，以帮助缔约各国履行各自的报告义务。理事会的一般性评论的主题，从实质性条款的全面解释，到关于应纳入国家报告的公约具体条款相关资料的一般性指南，范围十分广泛。通过一般性评论，理事会可以利用审查报告中所获得的经验提请各国注意报告中的不足之处，并建议改善报告程序和促进缔约各国有关国际组织与专门机构在逐渐和有效地实现各种权利方面的活动。与 B 公约的实施机制相比，A 公约的实施机制比较单一，其履行义务的方式仅限于提交初次报告和定期报告，没有其他实施方式。在 B 公约之下，公约的实施机制除了其直接规定的提交报告之外，还包括公约任择议定书中所规定的个人申诉、国家间控诉的实施方式。此外，由于两个国际公约所涉及的人权性质及内容不同，缔约各国的实施义务也呈现出明显的差异：就 B 公约所规定的各项人权而言，国家所担负的主要是消极不侵犯的责任，因此其实施义务具有即时性，它要求缔约各国立即采取切实有效的措施来保障公约在本国的履行。与之相比，A 公约中所规定的各项人权的实现在很大程度上取决于缔约各国的经济发展水平，因此，其实施义务不具有即时性，逐步采取相关措施加以实现和满足即可。

从人权保障实践来看，A 公约实施机制针对定期报告所提出的结论性报告或者建议，促使缔约各国在道德和舆论的压力之下采取切实有效的措施来改善其国内的人权状况。但是，从实际效果来看，缔约各国国内的民众却往往并没有直观感受到该公约对自身生活的影响。也就是说，该公约中所规定的诸项人权似乎并没有转化为人们的现实权利，造成这种现象的原因主要是公约实施机制自身所存在的缺陷或者消极作用，例如，公约声明保留制度的不当使用、相关公约之间的冲突、相关条约机构之间的职能重叠以及条约实施机构的政治倾向性等。

第二节　国际人权公约在我国国内的适用路径分析

前述国际人权公约实施机制对于推动公约在缔约各国的实施无疑有着积极的作用，但是，正如前面分析中所谈及的那样，由于诸多复杂因素的影响，国际人权公约实施机制的实际运行效果并不尽如人意，公约内容的真正实现还需要依靠国际人权公约在缔约各国的适用。但是，如何在缔约各国适用国际人权公约呢？从法理上来讲，国际人权公约在缔约各国的适用是国际法与国内法关系中的基础性问题。围绕该问题，学界提出了"一元论""二元论"两派立场。其中，"一元论"又具体分为"国际法优于国内法"和"国内法优于国际法"两种观点。从法治实践来看，国际法和缔约各国国内法对此所秉持的立场不甚相同，缔约各国国内法对此所秉持的立场也不甚相同。就我国而言，现行宪法中对国际人权公约与宪法、法律之间的关系也未明确。近年来，国内学界围绕国际人权公约的转化问题进行了深入研究，立场不甚一致。有学者对此作了概括总结，将主要观点归结为四种[①]：（1）"一揽子"解决方案。所谓"一揽子"解决，是指凡是国际人权宪章、国际社会通行的人权理念与我国宪法和法律存在冲突的，均提出保留。（2）"三步走"的彻底解决方案。首先，填补。将国际人权公约中有，而我国宪法和法律中缺失的人权样态载入宪法或者法律之中。其次，修改。凡我国宪法或宪法性法律中与国际人权公约相悖的内容都进行全方位的修改和废除。最后，完善。将我国宪法或宪法性法律中存有，但与国际人权公约相比不甚完整的部分补充完善。（3）成本分担方案。所谓成本分担方案，是指在宪法或宪法性法律及一般法律中做概括性规定：我国法律与国际人权公约规定不一致的，优先适用国际人权公约的规定，但我国声明保留的除外。（4）制订专门的人权法方案。该方案的设想是，在宪法之外，制定专门的人权法，一则将国际人权公约国内化，二则将国内宪法、宪法性法律中的基本权规范加以整合、细化，形成专门化、体系化的人权规范。

笔者认为，上述方案均不甚可取，理由是：（1）就前述"一揽子"解决方案而言，由于过当使用了国际人权公约中的声明保留制度，有可能从根本上背离缔结或者参加该国际人权公约的原初意图。从法理上说，声明保留制度体现的是国际人权公约的普遍性与缔约国人权立法之间的相互妥协。国际人权公约反映和

[①]　刘连泰：《国际人权宪章与我国宪法的比较研究》，法律出版社2006年版，第261~264页。

承载的是缔约各国共同的人权立场，而声明保留条款凸显的是作出该声明的缔约国人权保障的特殊立场。如果基于保护国际人权公约普遍性的考虑，依据《维也纳条约公约法》第十九条所规定的"和谐一致"原则，否认相关国家缔结或者参加该公约时拟作出的特殊声明，将有可能和拟作出该声明的缔约国的立场产生根本性的冲突，进而使其放弃缔结或者参加该国际公约，从而对该公约的普遍性造成消极的影响。反之，如果允许相关国家随意对国际人权公约声明保留，将在事实上肢解该国际人权公约，使其蜕变为不同的双边或者多边条约。因此，通过过当使用声明保留制度进而"一揽子"解决国际人权公约与国内法的关系问题不具有现实性。（2）就前述所说的"三步走"的彻底解决方案，直观上固然较为彻底，但是不具有现实性。其原因在于：该种方案的实施将牵涉大量的立法资源，不仅涉及对国家相关人权立法的修改和废止，而且涉及对宪法文本内容的更动，这固然有利于从根本上解决国内人权立法与国际人权公约之间的差异问题，但是由于国际人权公约数量繁多，签订或者加入时间也不甚一致，而且，不同国际人权公约之间也存在内容上的不一致，采行该种方案将有可能危及我国法律体系的总体稳定，对立法资源的过当使用也将导致立法机关的不堪重负。（3）就前述所说"成本分担方案"而言，固然避免了过当的立法成本投入，但却为后续的立法工作预理了许多难以解决的隐患。当目前的立法机关放弃人权保障体系化、实证化、细致化义务的同时，自觉不自觉地为将来的立法、行政、审判、检察等国家机关预留了过于宽泛的意志形成空间。（4）就前述所说的"制定专门的人权法"方案而言，其困难之处在于难以和宪法中的基本权利条款相互协调，难以厘定其和其他法律之间的位阶关系。

较为妥当的方式应该是：在尊重国内宪法的前提下，通过国内相关人权立法协调与国际人权公约之间的关系，建立体系化的人权法律制度。具体理由是：第一，我国在人权问题上的基本立场决定了国际人权公约不可能具有优于我国宪法的效力，在国内实施国际人权公约不可能迈过宪法直接依据公约来进行立法。我国在人权问题上的基本立场是明确的，主要包括：（1）人权是人类普遍享有的权利，任何国家都不能剥夺本国公民的人权；（2）基本人权范围的确定和人权保护是一个主权国家内部的事务，不受外国的干涉；（3）只有在一国大规模侵犯本国人民或他国人民的人权时，国际社会才应起来制止，但必须慎重，尽可能不使用武力；（4）中国政府尊重并保护本国公民的人权，积极促进人权保护的发展；（5）集体的生存权和发展权是中国人民最重要的人权，同时也要在经济发展的基础上加强对公民个人权利的保障。依据前述立场，国际人权公约在效力上不可能优于我国宪法，它在我国国内的实施要经由我国宪法并进而通过国内相关人权立法。第二，国内相关立法中关于国际法适用的规定并不涉及人权保护方面的内容。诚然，我国一些法律中规定了国际法相较于国内法在适用上的优先效力，如《中华人民共和国民事诉讼法》（1991 年）第二百三十八条、1986 年《中华人民共和国民法通则》第一百四十二条，等等，但是，该类法律在内容上并不涉及人权保护方面的内容，人权问题在性质上与该类法律调整的内容不甚相同。统合前述，笔者认为，在我国，国际人权公约由以实施的路径应该是：经由宪法进而通过国内立法机关，建立与我国缔结或者参加的国际人权公约相适应的人权法律制度。

第三节　我国立法机关人权立法义务的来源

在国家的人权保护体系中，人权立法具有非常重要的地位，它对于形成人权的具体内容，充实、完善和保障人权具有重要的作用。但是，立法机关的人权立法义务究竟是从哪里来的呢？是从作为国家之根本法和最高法的宪法那里衍生出来的呢，还是为国际人权公约所直接赋予的？对此，学界的理解不甚一致，各国宪法中的相关规定和国际人权公约中的一些具体表述使该问题显得有些迷乱。对此，笔者秉持的立场是：我国立法机关人权立法义务的来源是宪法，而不是国际人权公约。进而言之，我国人权立法的义务来源是宪法中所有关涉基本权利的规定，而不仅仅是宪法第三十三条第三款所规定的人权保障条款。具体理由如下：（1）国际人权公约不是缔约各国立法机关人权立法的义务来源。从直观上看，A 公约和 B 公约中对缔约各国的立法义务都有明确的规定。例如，前者第二条规定，"每一缔约国家承担尽最大能力个别采取步骤或经由国际援助和合作，特别是经济和技术方面的援助和合作，采取步骤，以便用一切适当方法，尤其包括用立法方法，逐渐达到本公约中所承认的权利的充分实现。"后者第二条第二款规定，"凡未经现行立法或其他措施予以规定者，本公约每一缔约国承担按照其宪法程序和本公约的规定采取必要的步骤，以采纳为实施本公约所承认的权利所需的立法或其他措施"。依据前述规定，缔约各国的立法机关均有通过立法贯彻实施其缔结或者参加的国际人权公约的义务，那么，这是否意味着包括中国在内的缔约各国的人权立法义务来源于国际人权公约的直接规定呢？对此，笔者秉持否定立场，理由是：对该问题的厘定关涉对国际法与宪法效力关系的解读。诚如前文所述，国际法与各国国内宪法之间的关系既可以通过各国宪法中的相关规定反映出来，也可以通过各国缔结或者参加的国际条约中的相关规定反映出来。而且，国际条约和各国国内宪法中关于二者之间关系的框定在内容上往往不甚相同。相关国际法中在国际法和宪法之间关系方面的立场总体上是一致的，即国际法的效力优于各国宪法。与之相比，各国宪法中关涉该问题的规定却不甚相同，主要有两种类型：一是国际法的效力优于宪法；二是宪法的效力优于国际法。国际法中的规定只能适用于处理国家与国家之间关系的国际领域，不能结构性拓展适用于国内法领域。在国内法领域，尽管各国宪法中关涉二者间关系的厘定不甚相同，但是，无论是秉持国际法优先于国内法的立场，还是秉持国内法优先于国际法的立场，最终都要经由缔约各国的宪法对其立法机关施加义务，由立法机关制定相关人权立法，贯彻落实国际人权公约中关涉人权的相关内容。无论如何，国际人权公约并不是缔约各国的立法义务来源。就我国而言，尽管现行宪法中对国际人权公约与我国宪法之间的关系、国际人权公约在我国的适用等问题未做明确规定，但是，基于我国在人权问题上的一贯立场，国际人权公约不可能是我国立法机关立法义务的直接来源。（2）现行宪法第三十三条第三款人权保障条款和其他基本权利条款均是我国立法机关人权立法的义务来源。2004年3月14日，第十届全国人民代表大会第二次会议通过了《中华人民共和国宪法修正案》，其中第二十四条规定："原宪法第三十三条增加一款作为第三款，即'国家尊重和保障人权'，原第三款相应的改为第四款。"此次修宪中所新增加的"国家尊重和保障人权"条款实践中往往被人们称为"人权条款"，并将其视为人权立法的义务来源。例如，有学者指出，"'尊重和保障人权'作为一项宪法原则，将对我国的立法起到重要的指导作用。尊重和保障人权，意味着社会关系的调整将更加注重权力和权利的平衡、权力与责任的平衡、权利和义务的平等。通过立法，合理配置个人与社会、个人与个人的权利义务关系，将有助于实现社会的和谐有序发展"[①]。也有学者指出，"人权条款写入宪法，对国家立法机关的最主要拘束力体现为一种人权立法义务"[②]。笔者认为，从人权的内涵及其与基本权利或者宪法权利之间的逻辑关系来看，该条款固然属于"人权条款"，宪法中所规定的其他诸项基本权利也应该归入"人权条款"的范围之列。前者属于狭义的"人权条款"，包括二者在内的宪法中的所有基本权利均属于广义的人权条款的范围。作为立法机关立法义务来源的宪法条文不能仅仅局限于前者，而应该从广义的视角加以界定。如是之论，理由是：2004年宪法修改的时候，围绕人权入宪的条文设置模式，学界曾经进行过争论，有序言说、总纲说、基本权利说等不同的观点，最终的结果是采取了第三种立场。目前，人权保障条款位于宪法第三十三

---

① 赵启正：《在〈人权入宪〉与人权法制保障理论研讨会上的讲话》，引自中国人权研究会编：《人权入宪与人权法制保障》，团结出版社2006年版，第4~5页。
② 秦强：《立法机关的人权立法义务研究——以人权条款入宪为背景》，载于《北方法学》2012年第5期，第47页。

条，和其他基本权利一样，均属于公民基本权利的范围。诚然，从人权保障条款的内涵及其和平等权在文本逻辑上的关联来看，其性质和一般的基本权利不甚相同，更适合定位为和平等权类似的、具有原则性的基本权利，但是，无论如何，不能将该条款视为一项独立的宪法原则，并以此为据，将其视为据以挖掘人权的源泉。诚如韩大元教授所言，"人权条款本身不能成为发现和提炼新权利的依据，它提供的是一种解释规则或者原则"[1]。尽管尊重和保障人权的宪法要求是宪法第三十三条第三款提出来的，但是，要贯彻落实该种国家义务，必须将该人权保障条款和宪法中其他基本权利条款结合起来，以求获得对基本权利范围的较为妥当的理解和定位，进而在此基础上，将包括所有基本权利在内的广义的人权条款作为立法机关进行人权立法的义务来源。

第四节　我国立法机关人权立法义务的内容

一、国际人权法视野下国家人权保护义务的内容

诚如前所述，我国立法机关的人权立法义务并不是直接来自国际人权公约，而是来源于宪法中的基本权利规定。《宪法》第三十三条第三款所规定的"国家尊重和保障人权"条款是立法机关人权立法义务的直接来源，与该条款关联在一起的其他诸项基本权利框定了人权的范围和种类，与该条款一起成为立法机关的人权立法义务的来源。那么，立法机关人权立法义务的主要内容是什么呢？对此，《宪法》和《立法法》中并未直接谈及，立法机关要根据宪法第三十三条第三款的文本规定去理解和把握，而对该条款的文本解读必须依据国际人权公约中的相关规定，其原因在于：该条款实际上是国家对其所担负的国际人权保护义务的国内法转化，它本质上是国家落实其人权保护国家义务的制度载体。那么，从国际人权法的视角来看，国家所担负的人权保护义务究竟包括哪些呢？根据国际人权公约的规定，国家所担负的义务往往是多元的，既有对其他缔约国所承担的义务，如提交报告的义务、接受相关人权委员会监督的义务、成为国家间指控和个人申诉对象的义务、出席有关司法诉讼并履行司法判决的义务等，也有缔约国对其领土内和受其管辖的一切个人的义务。前种义务本质上是程序性的义务，确

---

① 韩大元：《宪法文本中人权条款的规范分析》，载于《法学家》2004 年第 4 期，第 11～12 页。

定该种义务的目的在于监督混合督促缔约国履行公约，后种义务是实体性的义务，它直接关涉缔约各国人权保护义务的落实。因此，厘定我国宪法中"国家尊重和保障人权条款"的确切内涵，必须准确界定国际人权公约中所确定的缔约国人权保护义务的完整内容。对此，国际人权公约中没有作出明确的界定，学界的理解不甚相同。例如，美国学者亨金认为"国际人权宪章要求国家在其国内制度中承认、尊重和保证人权"①。挪威学者艾德把国家的义务分为三类：尊重权利持有者之自由、自主的义务；通过立法和提供有效的救济保护权利持有者免受其他主体之侵犯的义务；帮助每个人以完成他或她获得一切可能的资源来建立更好的生活以及直接获得基本生活需要的义务。② 荷兰学者范·霍夫认为无论是公民权利和政治权利，还是经济、社会、文化权利，国家都负有四个层次的义务，即尊重的义务、保护的义务、保证的义务和促进的义务。③ 国内有学者将国际人权法视野下国家的义务归结为四个方面：承认人权的义务、尊重人权的义务、保障和促进人权的义务、保护人权的义务。④ 笔者认为，国内学者所归纳的四种义务既涵盖了经济、社会和文化权利，也涵盖了公民权利和政治权利，反映了我国参加或缔结的诸种国际人权国际公约的共同理念，可以用来厘定我国《宪法》第三十三条第三款之"国家尊重和保障人权"条款的内涵，进而作为框定立法机关人权立法义务的背景基础。

二、我国立法机关人权立法义务的内容

人权立法可以从广义和狭义两个角度来看。从广义的角度来说，国家立法以及法律中的所有内容都是为了保障人权，都是以保障人权为出发点的，都可以称作人权立法；从狭义上说，只有那些直接规定人权并保障人权的立法，才可以称为人权立法。⑤ 此处所说的人权立法是从狭义角度着眼的。立法机关的人权立法义务通常可以分为两种类型：人权的立法保护义务和人权的立法救济义务。所谓人权的立法保护义务，是指立法机关根据宪法积极行使立法权，将宪法中规定的诸项人权条款具体化为相关人权立法，进而通过该立法保护人权的义务。所谓人权的立法救济义务，是指立法机关通过对人权立法的修改和废止，将不符合宪法

---

① Louis Henkin, A Post-cold War Human Rights Agenda, 19 Yale J. Int'l L249, 1994：250.

② Asbjorn Eids, Economic Social and Cultural Rights as Human Rights, in Asbjorn Eids Catarina Krause, and Allan Rosas, eds. Economics, Social and Cultural Rights：A Textbook, 1995：35~40.

③ G. J. H. van Hoof, The Legal Nature of Economic Social and Cultural Rights：A Rebuttal of Some Traditional Views, in Philip Alston, and Katarina Tomasevski, eds. The Right to Food, 1993：106~107.

④ 孙世彦：《国际人权法下国家的义务》，载于《法学评论》2001年第2期，第93~95页。

⑤ 胡锦光、韩大元：《当代人权保障制度》，中国政法大学出版社1993年版，第93页。

人权保障精神的相关条款从人权立法中清除出去的义务。前述两种义务之间存在密切的逻辑关联。"立法机关的人权立法保护义务是人权立法救济义务的前提和基础，只有在存在人权立法保护义务的前提下，才有可能存在人权立法救济义务。而人权立法救济义务是人权立法保护的保障，当立法机关的人权立法时过境迁，已经不能完成人权保护的历史使命，或者已经蜕化为侵害人权的恶法时，立法机关的人权立法救济义务就凸显出来，通过修改或者废止这些不合时宜的法律，从而达到人权的保障。""立法机关的立法保护义务和人权立法救济义务的相互作用、彼此结合，共同构筑了人权条款的立法保护体系。"① 从法理上来说，宪法中诸项基本权利在内容上的实现，既可以通过违宪审查、宪法解释、宪法的司法适用等手段予以实现，也可以通过立法具体化为法律之后予以实现，前述手段对于人权的保护而言，都是不可或缺的。但是，就我国当下的情况而言，通过立法实现宪法中的诸项权利更具有实实在在的意义。其原因在于：前述诸种实现人权的手段的实际运行效果不尽如人意。就违宪审查而言，尽管现行宪法中确立了违宪审查制度，由全国人大及其常委会行使宪法监督权，但是，由于它们同时还是立法机关，这种违宪审查事实上等同于自己监督自己或者监督上级所制定的法律的合宪性，这在逻辑上是不成立的。而且，现行宪法和其他相关法律中并未具体规定违宪审查的程序，因此，违宪审查制度在事实上处于一种虚置的状态。就宪法解释而言，尽管现行宪法中规定由全国人大常委会行使宪法解释权，但是，由于宪法及其他相关法律中并未设计出宪法解释程序，因此，该种制度也基本上处于一种虚置的状态。就宪法的司法适用而言，由于最高人民法院 1955 年和 1986 年所作的司法解释，宪法在民事审判、刑事审判中不能作为审理案件的依据。依据行政诉讼法的规定，法院审理行政案件时依据法律、法规、自治条例、单行条例等，宪法并不是法院审理行政案件的依据。因此，宪法在我国不具有司法适用性。这样一来，宪法发挥作用的唯一渠道就是立法了，宪法中的诸项基本权利只有经由立法机关具体化为法律之后，方才可以获得实现。否则，宪法中的诸项人权就只能处于根本法的神坛之上了。由此观之，在我国，人权立法相较于其他诸种实现宪法中人权的路径来说，具有更为重要的意义。诚如德国学者黑塞所言，"为了使基本权的功能能够得以发挥，因此绝大部分基本权所应保障的生活领域与生活关系，都需要法律上的形成。这种形成主要是立法的任务"②。

---

① 秦强：《立法机关的人权立法义务研究——以人权条款入宪为背景》，载于《北方法学》2012 年第 5 期，第 50 页。

② ［德］黑塞著，李辉译：《联邦德国宪法纲要》，商务印书馆 2007 年版，第 247 页。

第五节　我国立法机关的人权立法义务分配与人权立法方式

　　诚如前述，立法机关的人权立法是贯彻落实我国宪法中人权保障条款的最佳路径。但是，问题的症结在于：在长期的立法实践中，我国已经形成了一个"一元、两级、多层次"的立法体制，拥有立法权的主体不仅包括中央国家机关，还包括地方国家机关。其中，中央国家机关包括全国人大及其常委会、国务院、部委及具有行政管理职能的直属机构，地方国家机关包括省、自治区、直辖市人民代表大会及其常委会，较大的市的人大及其常委会，以及它们各自对应的人民政府。此外，民族自治地方的人大、经济特区的人大及其常委会也有立法权。那么，立法机关的人权立法义务究竟由上述哪些立法机关承担呢？上述主体均有人权立法权，还是仅限于一定范围的立法机关，如限定于全国人大及其常委会。对此，学界的看法不甚相同，主要有两种观点：一是无限制说。该观点认为，"立法机关的人权立法义务是没有具体的层级要求和效力限制的，只要立法符合人权要求、体现人权内容的，都可以称为人权立法。"[①]二是有限制说。所谓有限制说，是指立法机关的人权立法义务是需要遵守一定的规范层级和效力要求的，不是所有有关人权的立法都可以称为适当的人权立法，只有符合人权的规范层级和效力位阶的立法才可以是适当的人权立法。[②]笔者认为，有限制说更为可取。理由是：第一，不同位阶的法的立法权限范围不同。例如，宪法尽管本质上也是法，但它与其他法律规范形式迥然不同，宪法不可能过当地承担人权立法保障的责任，它只能相对稳定地纲领性确认人权。再如，依照《立法法》的规定，全国人大及其常委会有权制定法律，国务院有权制定行政法规，但法律和行政法规之间在立法事项范围方面不甚相同，基于法律保留原则，关涉人身自由的限制和剥夺、公民政治权利的剥夺、非国有财产的征收等事项只能由法律规定，如果国务院通过行政法规的形式制定了，该行政法规就将因为违反法律保留原则的规定而被视为违法。其他再如，依照《立法法》的规定，国务院部委和具有行政管理职能的直属机构只能制定执行性的规章，没有创制性规章制定权。因此，如果在没有法律、行政法规的前提下，制定关涉人权方面的规章的话，就涉嫌违法。第二，对人权的形成和

---

　　①②　秦强：《立法机关的人权立法义务研究——以人权条款入宪为背景》，载于《北方法学》2012年第5期，第53页。

限制往往是一个问题的两个方面。诚然，除却《立法法》第八条所确定的法律保留事项之外，国务院和全国人大及其常委会之间、地方省级及较大的市的人大及其常委会与中央国家机关之间、地方省级及较大的市的政府与中央政府之间在具体立法事项方面并不存在具体的界分，因此，理论上国务院、地方人大及其常委会，甚至地方人民政府均可以承担人权立法方面的义务，而且，在直观上该种立法或许更有利于贯彻落实宪法中的人权保障义务。但是，由于对人权内容的形成和对人权的限制是结构性关联在一起的，因此，诸多主体对人权事项的立法介入往往在事实上会走向人权保障的反面。立基于此，笔者认为，从实证的角度来看，立法机关内部在人权立法义务的承担方面存在着事实上的限制。具有立法权的国家机关应该根据宪法和《立法法》的规定，承担各自的人权立法义务。从应然的角度来看，人权立法义务应该结构性地由全国人大及其常委会来承担，国务院和其他国家机关不宜承担人权立法保障义务，而且，无论是创制性的，还是执行性的人权立法均不宜由全国人大及其常委会之外的国家机关承担。如果前述主张能够成立的话，笔者进而想提出的问题是：全国人大及其常委会的人权立法究竟应该采取什么样的方式？也就是说，采取分散式的人权立法模式还是集中式的人权立法模式。所谓分散式的立法模式，是指由一个立法机关对宪法规定的各个基本权利制定专门的法律，详细规定该基本权利包括的内容、保障的范围、限制的界限、违反时应承担的法律责任等，为人们基本权利的行使和国家机关对基本权利的规范提供直接的法律依据。所谓集中式的立法模式，是指制定一个专门的人权法文件，对宪法中规定的基本权利的内容、界限、原则等加以具体化，为立法机关制定专门的法律提供价值的指引、原则的要求。[①] 从我国目前的人权立法现状来看，我国采取的人权立法模式是分散式模式，人权立法的法律规范形式既包括法律，也包括行政法规、地方性法规、自治条例、单行条例，甚至规章中也有关涉人权方面的内容。上述人权立法现状固然可以在一定程度上鼓励不同类型立法主体人权立法的积极性，但是，其弊病也是非常明显的。例如，人权的立法位阶不高、保护力度不够、对人权限制较多、人权保护范围不广，等等。笔者认为，要想从根本上贯彻落实宪法中的人权保障义务，应该考虑由全国人大制定一部专门的人权法，由其对宪法中所规定的诸项基本权利做统一的规定，明确基本权利的范围、种类及保护方式等细节内容，同时，逐步限制乃至废除其他诸种类型的人权立法。但是，笔者认为，这种专门性的人权法在性质上应该确定为法律，而不能提升为宪法，否则，人权保护实践中将有可能引发其他层面的诸种问题。近年

---

① 王光辉：《新中国人权立法的回顾与前瞻》，载于《郑州大学学报》2007年第6期，第50~51页。

来，国内越来越多的学者提出通过法律进行人权立法的主张。例如，有学者指出，"基于人权在整个国家宪法中的根本法地位可以看出，立法机关的人权立法形式只能是狭义的法律形式，而不能是法律以下的规范形态""由行政机关以行政法规的形式对基本人权进行规定是不符合人权立法的规范层级和效力位阶的"。[①] 当然，从目前中国的人权立法实践来看，由于制定统一的人权法的时机尚不成熟，通过行政法规等法律规范形式进行人权立法有其一定的现实合理性，但从未来长远的角度来看，进行集中性的、法律样式的人权立法更有助于对人权的立法保障。

第六节　我国人权立法的历史发展及其面临的现实问题

一、我国人权立法的历史发展

回顾中国近代人权法律制度的发展历史，可以看到，早在《中华民国临时约法》时期，我国就开始通过宪法保障人权。新民主主义革命时期，中国共产党领导的各革命根据地人民政权大都制定了适用于所辖区域的、以"人权保障条例"为名的规范性文件。例如，1941 年的《冀鲁豫边区保障人民权利暂行条例》，1942 年的《陕甘宁边区保障人权财权条例》《晋西北保障人权条例》《修正淮海区人权保障条例》等。此外，人民政权在不同历史时期制定颁布的宪法性文件如《中华苏维埃共和国宪法大纲》《陕甘宁边区施政纲领》《陕甘宁边区宪法原则》中均以确认和保障人权作为其重要组成部分。新中国成立后，国家以新民主主义革命时期革命根据地的人权立法为基础，逐步建立了我国的社会主义人权立法体系。当然，由于意识形态方面的原因，我们一度将人权当作资本主义法权的固有之物，在宪法和法律中排斥使用"人权"一词，但是，作为其衍生或者关联性范畴的基本权利或者宪法权利一词却一直是在使用的。从新中国成立初期的共同纲领到此后的 1954 年、1975 年、1978 年等各部宪法中均明确规定了我国公民享有的诸项基本权利。现行宪法与以往各部宪法相比，在基本权利的种类和内容上更为丰富，不仅完全恢复了 1954 年宪法中规定的基本权利，在有些方面还有所

---

① 秦强：《立法机关的人权立法义务研究——以人权条款入宪为背景》，载于《北方法学》2012 年第 5 期，第 55 页。

完善，表现在：（1）将公民在法律上一律平等改换为"公民在法律面前一律平等"，其内涵更为清楚和明确。（2）在人身自由的确认上，增加了"禁止非法拘禁和其他方法剥夺或者限制公民的人身自由，禁止非法搜查公民的身体"。（3）在公民监督国家权力的行使方面，增加了批评、建议权等。（4）首次规定了保护公民人格尊严的内容。（5）将公民基本权利一章由先前的第三章调整至第二章，位于第一章总纲之后，突出了公民基本权利的重要性。特别是2004年修改宪法的时候，把"国家尊重和保障人权"写入其中，开创了我国人权保护的新时代。在法治实践中，我国以宪法为根据，加强了有关人权保障的立法工作，逐步建立了基本的公民权利保障制度、政治权利保障制度和经济、社会及文化权利保障制度。在我国现行法律体系中，包括大量的人权立法，如《中华人民共和国集会游行示威法》《中华人民共和国国家赔偿法》《中华人民共和国妇女权益保障法》《中华人民共和国未成年人保护法》等，上述法律均是全国人大及其常委会制定的专门性人权立法。此外，也有一些法律尽管并不是关涉人权的专门性立法，但是把人权保障作为该法的重要组成部分。例如，《中华人民共和国刑法》中将对侵犯公民人身权利、民主权利犯罪的惩处专列第四章加以规定，《中华人民共和国行政复议法》《中华人民共和国行政诉讼法》从程序法的角度对公民的人身权、财产权和其他权利施加保护，《中华人民共和国民族区域自治法》中对民族自治地方少数民族所特有的权利和自由加以保护等。20世纪80年代之后，随着我国立法体制由先前的"一元型"立法体制向"一元、两级、多层次"立法体制的转变，地方省级及较大的市的人大及其常委会、人民政府陆续获得了立法权，它们在各自的立法权限范围内制定了大量的有关实施全国性人权立法和保障本行政区域内公民权利的地方性法规。例如，山东省制定的《山东省实施〈中华人民共和国集会游行示威法〉办法》《山东省保护妇女儿童合法权益的若干规定》《山东省未成年人保护条例》。各民族自治地方行使民族区域立法权，制定了一定数量的以保障少数民族公民权利为重要内容的自治条例和单行条例。地方国家机关制定的人权立法和全国性人权立法一起，共同构成了我国多层次的人权法律保障体系。

二、我国人权立法面临的现实问题

在长期的历史发展过程中，我国人权立法取得了一些积极的成就。但与此同时，我国人权立法当前还面临许多现实的问题，具体表现在以下方面。

1. 人权立法在我国的特殊重要性与人权立法现实之间存在明显的落差

从宪法实施的原理来说，违宪审查、宪法解释、宪法的司法适用、人权立法等制度均可以在一定程度上贯彻落实宪法中所规定的诸项人权，但是，由于诸多因素的影响，违宪审查制度、宪法解释制度在我国事实上处于虚置状态，宪法的司法适用不具有可行性，人权立法几乎是目前唯一的贯彻实施宪法人权保障条款的路径，它在当今中国具有特殊的重要性。但是，从我国的人权立法实践来看，尽管我国在长期的立法实践中取得一些人权立法方面的成效，但是，人权立法现实与实践中人们日益高涨的人权保障需求相比还存在比较大的落差。从制度层面来看，宪法中的一些基本权利要么长期没有具体的立法加以贯彻落实，要么贯彻实施人权的立法在形式及内容方面存在诸多不尽如人意的地方。在目前制定的400多部法律中，在内容上涉及宪法所规定基本权利的法律还是比较少的。人权立法的现实和宪法基本权利内容的亮丽以及实践中人们对人权保障的需求之间形成了明显的落差。

2. 我国的人权立法实践难以因应国际人权公约对缔约各国提出的人权立法要求

目前，我国已经签署了包括 A 公约、B 公约在内的 20 多个国际人权公约。其中，B 公约尚未获得我国全国人大常委会的批准。该公约第二条第二款规定，"本盟约缔约国承允遇现行立法或其他措施尚无规定时，各依本国宪法程序，并遵照本盟约规定，采取必要步骤，制定必要之立法或其他措施，以实现本盟约所确认之权利。"。与 A 公约第二条第一款的规定相比，该公约的义务需要"即刻"履行，不可以"逐渐"履行。这就意味着，一旦全国人大常委会批准该公约，我国必须立刻采取包括人权立法在内的有效措施，确保公约义务在我国国内的实现。但是，由于该公约的内容与我国现行宪法的规定并不完全一致，即刻通过人权立法履行公约义务存在一定的困难。诚然，我们可以利用该公约第四条所规定的"减免履行"缓冲该公约对我国人权立法产生的压力，但是，该条款未必能够起到缓冲的作用。一方面，克减权的行使范围受到公约的明确限制;① 另一方面，缔约国行使克减权的条件受到明确的限制。② 正是因为我国当前人权立法实践难以适应该公约对人权立法的现实要求，所以直到目前为止，该公约尚未获得批准。这种状况对于我国的国际形象必然会产生一定的消极影响。

---

① 《公民权利和政治权利国际公约》第四条第二款规定，七个方面的基本人权和自由是不得克减的。如生命权、禁止酷刑权、禁止奴工和强迫劳动权、免于因契约债务遭受监禁的权利、否认刑法的溯及力、思想自由和宗教自由等。

② 《公民权利和政治权利国际公约》第四条第一款规定，在社会紧急状态威胁到国家的生命并经正式宣布时，本公约缔约国得采取措施克减其在本公约下所承担的义务，但克减的程度以紧急情势所严格需要者为限，此等措施并不得与它根据国际法所负有的其他义务相矛盾，且不得包含纯粹基于种族、肤色、性别、语言、宗教或社会出身的理由的歧视。

第七节　国际人权公约在我国法律中实施状况的历史回顾

　　我国一贯支持《联合国宪章》关于促进和保护人权的宗旨和原则，目前我国已经批准或者加入了 24 个国际人权公约。其中，包括联合国的 8 项核心人权公约①中的 7 项，包括《消除一切形式种族歧视国际公约》《消除对妇女一切形式歧视公约》《禁止酷刑和其他残忍、不人道或有辱人格的待遇及处罚公约》《儿童权利公约》《经济、社会及文化权利国际公约》《公民权利和政治权利国际公约》《残疾人权利公约》，签署了《公民权利和政治权利国际公约》。我国在坚持尊重国家主权原则的基础上，结合我国具体情况，制定和完善了我国的人权法律保障体系。一般而言，国际人权公约中的内容可以通过两种方式在我国法律体系中得到实施，即消极转化和积极转化方式。所谓消极转化方式，是指当国内法与国际法的条款相一致时，该国际人权公约中的内容就自然通过消极转化方式在缔约或参加国国内得到了实施。这种情形下，并不需要缔约各国立法机关的积极立法。根据《经济、社会及文化权利国际公约》第二条第一款和《公民权利和政治权利国际公约》第二条第二款的规定，我国有义务采取相应立法措施保证公约在我国国内的实施。但是，前述两个公约中的大多数内容在我国相关法律中已经有了明确的规定，不需要进一步通过国内立法实现国际条约的内容转化。例如，我国现行宪法和法律中关于经济、社会和文化权利的规定在许多方面比《经济、社会及文化权利国际公约》中的规定更加全面，除却全国人大常委会在批准该国际公约的时候声明保留的事项之外，公约的内容已经先期经由我国宪法和国内其他相关人权立法得到了贯彻，不再需要进一步的立法转化了。所谓积极转化方式，是指国际人权公约中的相关规定与我国相关法律之间在内容上存在差异，在不违背宪法的前提下，经由立法机关的立法活动，将国际人权公约中的条款转化为国内法，贯彻落实国际人权公约中的立法保障义务。自 20 世纪 90 年代以来，我国制定和修改了许多法律，其中，许多立法活动既是我国人权保障发展的内在要求，也是为了同我国批准或者加入的国际人权公约的内容保持一致。总体来看，我国近年来通过国内立法积极转化国际人权条约的努力包括以下几个方面。

---

　　①　联合国的 8 项人权公约是：《消除一切形式种族歧视国际公约》《消除对妇女一切形式歧视公约》《禁止酷刑和其他残忍、不人道或有辱人格的待遇及处罚公约》《经济、社会及文化权利国际公约》《公民权利和政治权利国际公约》《儿童权利公约》《残疾人权利公约》《移民工人权利公约》。

一、修改国内法律中的相关规定，落实相关国际人权条约中的人权保障规定

1988 年，七届全国人大常委会第三次会议决定：批准中华人民共和国代表李鹿野于 1986 年 12 月 12 日签署的《禁止酷刑和其他残忍、不人道或有辱人格的待遇或处罚公约》，同时声明对该公约第二十条和第三十条第一款予以保留。该公约第一条规定，"酷刑是指为了向某人或第三者取得情报或供状，为了他或第三者所为或涉嫌的行为对他加以处罚，或为了恐吓或威胁他或第三者，或为了基于任何一种歧视的理由，蓄意使某人在肉体或精神上遭受剧烈疼痛或痛苦的任何行为，而这种疼痛或痛苦是由公职人员或以官方身份行使职权的其他人所造成或在其唆使、同意或默许下造成的。"但"纯因法律制裁而引起或法律制裁所固有或附带的疼痛或痛苦不包括在内"。该公约第二条规定，"缔约国应采取有效的立法、行政、司法或其他措施，防止在其管辖的任何领土内出现酷刑的行为"。为了使国内法律中的相关规定与该公约的内容保持一致，1996 年，我国对 1979 年制定的《中华人民共和国刑事诉讼法》做了重大修正：完善了刑事司法程序，增加了保护公民权利的规定。具体表现在：（1）具体规定了保障无罪的人不受刑事追诉的权利。该法第十二条规定："未经人民法院依法判决，对任何人都不得确定有罪。"该法第一百六十二条规定，人民法院对证据不足，不能认定被告人有罪的，应当作出指控犯罪不能成立的无罪判决。（2）取消了作为行政强制措施的收容审查制度，进一步规范了传唤、拘传、拘留等强制措施，明确规定传唤、拘传持续的时间最长不得超过十二小时。不得以连续传唤、拘传的形式变相拘禁犯罪嫌疑人。（3）扩大了律师的参与，规定犯罪嫌疑人在被侦查机关第一次讯问后或者采取强制措施之日起，可以聘请律师为其提供法律咨询、代理申诉或者控告。公诉案件自案件移送审查起诉之日起，犯罪嫌疑人有权委托辩护人。（4）强化了对被害人的权利保障，将被害人列为当事人，赋予其一定的起诉权、请求立案监督权。1997 年修订的《中华人民共和国刑法》（以下简称《刑法》），取消了类推制度，规定了罪刑法定、刑法面前人人平等、罪责刑相适应三项原则，强化了对人权的法律保护，加大了对酷刑犯罪的惩治力度，把修订前《刑法》中的 4 个酷刑罪名扩展至 7 个，具体包括：非法拘禁罪、非法搜查罪、报复陷害罪、刑讯逼供罪、暴力取证罪、虐待被监管人员罪、虐待部属罪。

2008 年，全国人大常委会批准《残疾人权利公约》。同年，我国修订了 1991 年实施的《中华人民共和国残疾人保障法》，进一步规定了残疾人就业的配额制，加大了反歧视的力度。上述立法活动在较大程度上解决了相关国际人权公约与国内立法之间内容上的不一致，在尊重和维护宪法权威的前提下，修改和完善

了国内相关人权法律制度，落实了国际人权公约赋予各缔约国的责任和义务。

二、制定新的法律，贯彻落实相关国际人权公约中赋予缔约各国的国际责任

《消除对妇女一切形式歧视公约》是一项有关妇女权益的国际公约，它是联合国为消除对妇女的歧视、争取性别平等制定的一份重要的国际人权文书。联合国在 1979 年 12 月 18 日的大会上通过该有关议案，并于 1981 年 9 月起生效。该公约确立规则，保障妇女在政治、法律、工作、教育、医疗服务、商业活动和家庭关系等各方面的权利。1980 年 9 月 29 日，五届全国人大常委会第十六次会议决定：批准康克清代表我国政府签署的联合国《消除对妇女一切形式歧视公约》；同时，确认康克清在签署公约时的声明：中华人民共和国不接受公约第二十九条第一款的约束。现行宪法第四十八条规定，中华人民共和国妇女在政治的、经济的、文化的、社会的和家庭的生活等各方面享有同男子平等的权利。国家保护妇女的权利和利益，实行男女同工同酬，培养和选拔妇女干部。我国现行宪法和《消除对妇女一切形式歧视公约》在内容上总体是一致的，但是，1992 年之前，我国并没有专门保护妇女权益的人权立法，这在一定程度上影响了对妇女权益的保护。1992 年 4 月 3 日，第七届全国人民代表大会第五次会议通过了《中华人民共和国妇女权益保障法》（以下简称《妇女权益保障法》），自 1992 年 10 月 1 日起施行。该法是为了保障妇女的合法权益，促进男女平等，充分发挥妇女在社会主义现代化建设中的作用，根据宪法和我国的实际情况而制定的。《妇女权益保障法》的颁布实施，对于贯彻落实《消除对妇女一切形式歧视公约》、实现宪法第四十八条关于保障妇女权益的规定具有重要意义。2005 年 8 月 28 日，第十届全国人民代表大会常务委员会第十七次会议决定对《妇女权益保障法》进行了修改，明确规定，"实行男女平等是国家的基本国策。国家采取必要措施，逐步完善保障妇女权益的各项制度，消除对妇女一切形式的歧视。国家保护妇女依法享有的特殊权益。禁止歧视、虐待、遗弃、残害妇女。"

1989 年 11 月 20 日，联合国大会通过《儿童权利公约》，它是第一部有关保障儿童权利且具有法律约束力的国际人权公约。1990 年 9 月 2 日，《儿童权利公约》在获得 20 个国家批准加入后正式生效。截至 2015 年 10 月，该公约已获得 196 个国家的批准，是世界上最广为接受的公约之一。根据《儿童权利公约》，凡 18 周岁以下者均为儿童，除非各国或地区法律有不同的定义。《儿童权利公约》规定了世界各地所有儿童应该享有的数十种权利，其中包括最基本的生存权、全面发展权、受保护权和全面参与家庭、文化和社会生活的权利。《儿童权

利公约》还确立了 4 项基本原则：无歧视、儿童利益最大化、生存和发展权以及尊重儿童。1991 年 12 月 29 日，第七届全国人民代表大会常务委员会第二十三次会议决定：批准 1989 年 11 月 20 日由联合国大会通过的《儿童权利公约》，同时声明：中华人民共和国将在符合其宪法第二十五条关于计划生育的规定的前提下，并根据《中华人民共和国未成年人保护法》（以下简称《未成年人保护法》）第二条的规定，履行《儿童权利公约》第六条所规定的义务。我国现行宪法第四十九条中的相关规定体现了保护儿童权利的宪法精神。该条规定，"儿童受国家的保护"，"父母有抚养教育未成年子女的义务"，"禁止虐待儿童"。上述规定与《儿童权利公约》中的精神总体一致，但是，对儿童权利的全面保护仅仅依靠宪法显然是不够的。1991 年 9 月 4 日，第七届全国人民代表大会常务委员会第二十一次会议通过的《未成年人保护法》旨在保护未成年人的身心健康，保障未成年人的合法权益，促进未成年人在品德、智力、体质等方面全面发展。1999 年 6 月 28 日第九届全国人民代表大会常务委员会第十次会议通过《中华人民共和国预防未成年人犯罪法》，该法旨在保障未成年人身心健康，培养未成年人良好品行，有效地预防未成年人犯罪。2006 年、2012 年，全国人大常委会先后两次修改《未成年人保护法》。2007 年 12 月 29 日，第十届全国人民代表大会常务委员会第三十一次会议决定："批准 2001 年 3 月 15 日由常驻联合国代表王英凡大使代表中华人民共和国政府签署的《儿童权利公约关于儿童卷入武装冲突问题的任择议定书》，同时声明：一、中华人民共和国公民自愿加入本国武装部队的最低年龄为 17 岁。二、为实施上述规定，中华人民共和国政府采取以下保障措施：（一）《中华人民共和国兵役法》规定：每年 12 月 31 日以前年满 18 岁的男性公民，应当被征集服现役。根据军队需要和自愿的原则，可以征集当年 12 月 31 日以前未满 18 岁的男女公民服现役。经过兵役登记的应征公民，未被征集服现役的，服士兵预备役，士兵预备役的最低年龄为 18 岁。中华人民共和国国务院、中央军事委员会依据《中华人民共和国兵役法》制定的《征兵工作条例》规定：根据军队需要和本人自愿的原则，可以征集当年 12 月 31 日以前年满 17 岁未满 18 岁的男女公民服现役。（二）《中华人民共和国刑法》规定：在征兵工作中徇私舞弊，接送不合格兵员，情节严重的，处 3 年以下有期徒刑或者拘役；造成特别严重后果的，处 3 年以上 7 年以下有期徒刑。（三）中华人民共和国国务院、中央军事委员会批准的《廉洁征兵若干规定》规定：在征兵工作中不准放宽征兵条件、降低征集标准；实行到应征青年家庭和单位走访调查制度；对应征青年年龄情况进行审查。"

2001 年 2 月 28 日，全国人大常委会第二十次会议决定："批准我国政府于一九九七年十月二十七日签署的《经济、社会及文化权利国际公约》。同时，声明如下：一、中华人民共和国政府对《经济、社会及文化权利国际公约》第八条第一款（甲）项，将依据《中华人民共和国宪法》《中华人民共和国工会法》和《中华人民共和国劳动法》等法律的有关规定办理。二、根据一九九七年六月二十日和一九九九年十二月二日中华人民共和国常驻联合国代表先后致联合国秘书长的照会，《经济、社会及文化权利国际公约》适用于中华人民共和国香港特别行政区和中华人民共和国澳门特别行政区，依照《中华人民共和国香港特别行政区基本法》和《中华人民共和国澳门特别行政区基本法》的规定，通过各该特别行政区的法律予以实施。"除却全国人大常委会声明保留的事项之外，《经济、社会及文化权利国际公约》中的内容与现行宪法在总体上是一致的。但是，该公约内容在我国的全部实现需要立法机关根据宪法制定具体法律加以贯彻落实。近年来，我国加强了对经济权利和社会权利的立法保护，2002 年全国人大常委会制定通过了《中华人民共和国安全生产法》，2006 年全国人大制定通过了《中华人民共和国物权法》，2007 年全国人大制定通过了《中华人民共和国劳动合同法》《中华人民共和国就业促进法》《中华人民共和国劳动争议调解仲裁法》等劳动立法，加大了劳动保障领域的立法力度。此外，我国还制定通过了《中华人民共和国老年人权益保障法》《中华人民共和国母婴保健法》等相关法律。上述法律对于贯彻落实宪法中的相关人权规定，践行参加《经济、社会及文化权利国际公约》时的先期承诺，具有积极的意义。

第十六章

人权立法保障的宪法功能

对国家权力和公民基本权利之关系的协调是贯穿于立宪主义始终的一条精神主线。基于对公民权利保障的目的，世界各国宪法中普遍确立了公民的基本权利。但是，由于基本权利和社会公益之间紧张关系的现实存在，对基本权利往往需要通过法律施加必要的限制；同时，由于宪法自身的特性使然，基本权利的内容往往无法在宪法中得到明确的规定，需要法律将其具体化。因此，关涉基本权利的法律实际上具有两方面的宪法功能，即限制基本权利和形成基本权利，对二者间界限的划分直接关乎到对公民基本权利的保护。

第一节 对基本权利施加必要的限制

对基本权利的确认及维护，是当今任何一个崇尚民主法治的国家的基本任务。然而，以立宪主义为诉求的世界各国，在其宪法中确立公民的基本权利的同时，并没有赋予其绝对的意义，而是在其中注入了相对性的色彩，确认了对基本权利施加限制的正当性。笔者认为，概观世界各国宪政实践，对基本权利施加限制主要是基于两个方面的考虑。

一、防止不同主体的基本权利发生冲突和碰撞

与其他诸种性质的权利一样，基本权利也是一把"双刃剑"。权利主体在享有其为宪法所确认的基本权利的同时，往往有可能影响到其他人同样为宪法所保护的基本权利，从而使基本权利体系在动态运行过程中显现出一种混乱化状态。例如，在 1971 年德国的"魔菲斯特案"中，著名作家克劳斯·曼恩以其妹夫古斯塔夫·格朗根斯的经历为素材，发表了小说《魔菲斯特》，描述了一个演员抛弃自由理想，投靠纳粹而成名的故事。在该书中，主人公成了"典型的叛徒、腐化与玩世不恭的象征"。1964 年，德国出版商准备出版该书，但遭到了已故格朗根斯的养子的反对，后者在汉堡上诉法院要求禁止该书的发行。[1] 显然，在该案中，两种同样为基本法保护的权利之间产生了冲突。依据《德意志联邦共和国基本法》（以下简称《德国基本法》）第一条第一款和第二条第一款的规定，公民具有人格尊严和自由发展其个性的自由，应该受到尊重与保障。然而，依据德国基本法第五条第三款的规定，艺术自由同样是不容侵犯的。这就意味着，如果作家克劳斯·曼恩的艺术自由受到保障的话，则所涉演员的人格尊严与人性自由就将受到侵犯；反之，作家克劳斯·曼恩的艺术自由就将受到压制。再如，在美国 1955 年的 *Gordon v. Gordon* 案[2]中，某人立遗嘱将其身后财产赠与他的一位亲属，但是同时附加条件：如果受赠人娶异教徒为妻，将丧失其受遗赠的资格。受赠人对此不服，向联邦法院起诉，称该公民所立之遗嘱侵犯了宪法第一修正案所保障的宗教信仰自由。很明显，在该案中，财产权与宗教信仰自由权之间存在着冲突。如果法院满足该公民的诉求，保障其宗教信仰自由权的话，则同样为宪法所保护的财产权就将受到侵害；反之，如果拒绝原告的诉求，保障立遗嘱人之财产权的话，则公民的宗教信仰权就将受到影响。

二、防止由于基本权利的不当行使侵害到国家及社会公益

概观世界各国宪政实践，尽管东西方国家在关于基本权利的内涵的理解方面存在这样那样的差异，但关乎基本权利的功能问题却达成了共识。世界各国普遍认为，与私法权利不同，宪法中确立基本权利的目的，一方面是为了防止来自包括立法机关在内的国家公权力机关的侵犯；另一方面是作为一种客观的法则，对

---

[1] 转引自刘志刚：《宪法"私法"适用的法理分析》，载于《法学研究》2004 年第 2 期，第 38 页。

[2] 332 Mass. 197, 124 N. E. 2d 228 （1955）, cert. denied, 349 U. S. 947 （1955）.

立法机关施加一种道义上的正向约束。但是，同时也必须看到，宪法中对基本权利的确认，固然带有对国家公权力予以防范和施加正向约束的目的，但并没有因此而想当然地认为宪法的价值诉求仅在于对国家公权力施加制度上的羁绊，完全放弃对公民不当行使基本权利的警醒。毕竟，对国家权力和公民的基本权利关系的并行构筑，才是立宪主义精神的真谛所在。作为一种制度现实，我们可以发现，宪法中一方面确认基本权利的存在及保有和行使这个权利所带给私人的利益，另一方面也承认：对基本权利的不当行使可能损害社会的公益，对此必须加以防范。例如，日本现行宪法第十三条规定："所有国民，均作为个人而受尊重。对于生命、自由及追求幸福之国民权利，于不违反公共福祉之限度下，在立法及其他国政上必须予以最大限度之尊重。"在美国1925年的"左翼党派第一案"①中，美国联邦最高法院对基本权利与公益之间的紧张关系做了精辟的说明。法院的多数意见指出：长期确立的基本原则是，宪法保证的言论和新闻自由既不授予绝对权利，去不负责任地谈论或发表一个人选择的任何事情，也不授予不受约束的许可去豁免每一项语言的可能使用，或阻止立法去惩罚那些滥用自由的被告。如果受到合理限制，言论自由是自由政府无可估量的优惠；但如果缺乏这类限制，它就可能成为共和国的灾源。毋庸置疑，如果人们滥用自由，去敌视公共利益、败坏公共道德、怂恿犯罪或干扰公共治安，那么一州就可以行使其治安权力来加以惩罚……言论和新闻自由并不保护任何人去扰乱公共治安或企图颠覆政府。

基于上述两方面的原因，基本权利的行使必须受到限制。但是，由什么样的规则对基本权利施加限制呢？对此，世界各国普遍确立了法律保留原则。例如，法国《人权宣言》第四条规定："自由包括从事一切不损害他人行为的权利。因此，行使各人的自然权利只有以保证社会的其他成员享有同样的权利为限。这些界限只能够由法律确定。"《人权宣言》第五条规定："法律只有权禁止有害于社会的行动。凡未经法律禁止的一切行动，都不受阻碍，并且任何人不得被迫从事未经法律命令的行动。"《德国基本法》第二条第二款规定："人人有生命与身体之不可侵犯权。个人之自由不可侵犯。此等权利唯根据法律始得干预之。"② 依据法律保留原则，国家对基本权利施加限制只能通过法律的形式，而不能通过其他形式，如宪法以及行政命令的形式。那么，以法律的形式施加对基本权利的正当性限制的原因何在呢？笔者认为主要有三个方面的原因：第一，宪法的地位和性质决定了它不适合对基本权利施加限制。对基本权利的限制是一项较为琐碎的工作，作为国家根本大法的宪法不适宜规定诸如此类的限制。而且，从理论上

---

① Gitlow v. New York, 268 U. S. 652.
② 参见中华人民共和国商务部官网——境外法规数据库。

讲，基于宪法自身的难以修改，其对基本权利的限制将造成对现实民主的持续压制，从而有违民主变动性的特征。第二，公益本身具有不确定性。国家公权力机关对基本权利施加限制的正当性理由就在于其所追求的公益目标，但是由于利益内容及受益对象具有不确定性，公益目的就显得难以把握，不适合作为对基本权利施加正当性限制的驱动力，否则，必然造成任意地以谋求公益为借口而牺牲基本权利。更加之，在一定情形下，公益并不见得和作为私益的基本权利截然对立，前者并不见得绝对高于后者之上。第三，由法律来限制基本权利可以为公益目标提供一个操作性手段，并有助于实现法治国家和依法行政的目标。基于公益本身的不确定性，从实体上很难对其作出一个准确的定位并以此作为限制公民基本权利的凭借，但是，通过法律这种规则形式却可以据以认定公益的现实存在。毕竟，法律所代表的是多数人的利益，从数量上应该被认定为公益。而且，以法律作为限制公民基本权利的形式，也有助于实现法治国家的价值目标，并防范来自行政及司法机关的侵害。

综上所述，法律具有对基本权利施加正当性限制的功能。

第二节 形成基本权利之内容

如前所述，基于对人权保障的现实考虑，世界各国普遍确立了限制基本权利的法律保留原则。然而，对法律保留原则功能的理解，却并不能做如此简单的定位。换句话说，关涉基本权利的法律是否仅限于对基本权利施加限制呢？相应地，法律保留原则是否仅限于"限制"性的保留呢？

从德国宪政史来看，法律保留原则经历了传统的法律保留，即"干预保留"，和现代意义上的法律保留两个阶段。"干预保留"产生于19世纪德国的君主立宪时代，它的意思是指，未经议会同意，行政机关不得干预国民的宪法权利（在当时，宪法权利主要是指自由权和财产权）。通过"干预保留"原则，国民的宪法权利得以免除国家行政权力的恣意干预，凡涉及干涉国民自由与财产权的规范，均属于法律保留的范围，必须由议会制定法律予以规定。显然，德国君主立宪时代的法律保留原则的功能，仅限于防范来自国家公权力之侵犯。然而，自进入20世纪以后，随着国家任务的结构性变迁，传统的法律保留原则面临着时代的冲击。德国《魏玛宪法》第一百五十三条规定："所有权受保障，其内容及其限度，由法律规定。"《德国基本法》第十四条规定："所有权受保障，其内容及限度，由法律规定。"这也就是说，作为基本权利的财产权，其受宪法保障的

"限度"以及财产权的"内容"必须由立法者通过立法程序加以规定。显然，此处所涉法律的功能，并不属于传统所说的对基本权利施加限制，而是在形成基本权利的内容，传统法律保留原则的功能已经发生了实质性的转变。

那么，宪法中基本权利之内容为什么必须由"法律"加以规定呢？笔者认为主要有三个方面的原因。

一、基于宪法的原则性和纲领性特征，基本权利的内容不可能在宪法中被具体化

作为国家的根本大法，宪法所涉范围非常广泛，它对相关问题的规定只能是非常原则性的，在文字表述上也必须非常简明概括，否则就将丧失根本法的意义。然而，基本权利的内容及其行使却是非常具体的，这就决定了宪法不适合对此作出详尽的规定。德国学者安序兹（Gerhard Anschütz）指出，《魏玛宪法》的有些条文[1]，仅仅属于单纯的法律原则，并不能产生直接的法律效果，必须待立法者制定施行法律后，才得以实现及具体化。在立法者未制定实行法律之前，这些宪法条文仅仅是对立法者的一种方针或者训令。此外，宪法的地位和作用决定了宪法既要规范现实，也要规划未来，所以宪法规范必然带有纲领性的特点。刘少奇同志在论及1954年宪法时指出："宪法……为了反映现在的真实状况，就必须反映正在现实生活中发生着的变化以及这种变化所趋向的目标。如果不指明这个目标，现实生活中的许多事情就不可理解。我们的宪法所以有一部分条文带有纲领性，就是因为这个原故。"[2] 然而，由于基本权利的目的在于防范来自国家公权力机关的正向侵害，或者对国家公权力机关施加正向的道德义务，因此，如果公民基于具有纲领性之色彩的基本权利防范来自国家公权力机关的"侵害"或者对其提出正向的要求，将对国家造成不现实的限制，从而影响国家机能的发挥。

二、由法律来加以规定可以避免宪法权利被直接适用的消极影响

正常情况下，公民的宪法权利必须待立法机关将其具体化之后，才能够成为

---

① 例如，《魏玛宪法》第一百四十三条规定：师资之培养适用高等教育通用之原则，由联邦统一规定。《魏玛宪法》第一百零九条规定：公务员关系的原则，由联邦法律规定。

② 刘少奇：《关于中华人民共和国宪法草案的报告》，引自《建国以来重要文献选编》第五册，中央文献出版社2011年版，第401页。

私人间权利防范的凭借，之所以如此，是因为宪法中所确定的公民的诸项宪法权利往往存在彼此间的冲突，如果直接用来调整私人之间的权利义务关系的话，难免会发生不同属性权利间的冲突和碰撞，从而使担负救济责任的司法机关处于尴尬难择之地。此外，宪法权利在性质定位方面具有不同于私权利的特征，这些差异决定了宪法权利不适于被当作私权利适用。就基本权利的性质而言，宪法上的受益权，先天就有难以直接行使的特质，必须由国家通过具体法律来落实。而且，从历史上来看，"受益权与参政权具有主体专属性，私人不仅不适合直接承担宪法义务，成为被请求给付的对象，而且甚至连间接地推导出使私人受到某种拘束的客观规范，也有违宪法的本质"①。从结果来看，将原本由国家承担给付责任的受益权扩充适用到对私人团体行为的规范，无疑会摧毁私法所由以存在的平等基础。而且，对受益权的现实满足本质上属于一种国家政策决策行为，立法、行政机关在为相关受益权决策的时候，必须考虑到现实统治秩序的承受能力，将这种政策性决策功能结构性地转移到普通司法机构的身上，必将使保持独立的私法机构介入政策决断的层面，从而不仅会影响其由以安身立命的正统性基础，而且有可能危及国家的现实统治秩序。

三、由法律规定基本权利的内容可以有机实现人民的动态联结

作为人民主权理念之产物的宪法，其对基本权利的确认无疑起到了限制多数、保护少数，并实现二者有机联结的功能。然而，诚如美国学者杰斐逊所言，支撑宪法存在的人民，并不是死水一潭，而是一动态的变量。② 宪法中确立的基本权利，是为以往某一时代的人民所认可和确立的基本权利，在不同的时代条件下，对该基本权利的内容和行使方式会存在不同的理解。"一代人认为是基本权利的东西，也许另一代人认为是对基本权利的不适当的限制。"③ 如果基本权利的内容在宪法中予以确定的话，基于宪法本身的稳定性特征，有可能造成往昔的

---

① 苏永钦：《合宪性控制的理论与实际》，台湾月旦出版社股份有限公司1994年版，第37页。

② 杰斐逊认为，人民是一动态的变量，而不是死水一潭。杰斐逊计算出，"生活于任一瞬间的21岁和21岁以上的人中间，有一半会在18年零8个月内死亡"；"根据欧洲任一时间内生存的成年人的死亡统计表，多数人将在大约19年之内死去。在那个时期的末尾，新的多数人将取而代之。第一代人都独立于前一代人，正如前一代人也独立于再前一代人一样。因而，与其前一代人一样，每一代人都有权选择他们认为最能促进自己幸福的政府形式"，"世界属于活人而不属于死者"。（参见史蒂芬·霍姆斯：《先定约束与民主的悖论》，引自埃尔斯特编，潘勤、谢鹏程著：《宪政与民主》，生活·读书·新知三联书店1997年版，第231页。）

③ ［法］詹宁斯著，龚祥瑞译：《法与宪法》，生活·读书·新知三联书店1997年版，第178页。

人民对现实人民的持续压制，从而背离宪法所确认的人民主权的本意。毕竟，我们所信奉的人民主权应该是完美地实现了往昔的人民与现实人民联结的人民，而不单纯的是"已经化作累累之白骨"的人民。反之，如果基本权利的内容由立法者加以确定，就可以使立法者依据当时社会的理念，斟酌社会、经济情势的需要，将目前已经现实存在的，以及将来可能产生的基本权利，以立法的方式，予以变更或者从根本上予以改变，从而有机地整合往昔与现实人民在基本权利理解上的差异，实现二者的动态联结。

基于前述原因，基本权利的内容往往需要由法律来加以细化，这也就是说，法律对基本权利具有内容形成功能。

第三节　对基本权利施加限制和形成基本权利内容的法律界限

基于前述，国家可以通过法律的形式对基本权利施加必要的限制，基本权利的内容不适合由宪法加以规定，需要通过法律来具体形成其内容。那么，我们如何来辨别关涉基本权利的法律究竟是属于对基本权利施加限制的法律呢？还是属于形成基本权利的内容的法律呢？对此，笔者意图从两个方面加以说明。

一、对两种类型之法律加以区分的必要性

《德国基本法》颁布之后，德国宪法学界对传统法律保留原则的功能进行了深刻的反思。学者巴厚夫（Otto Bachof）指出，新时代条件下，法律保留原则的功能已经不再仅限于对基本权利施加限制，而是具有多元的功能。法律保留原则中的法律可以分为三种不同的类型，即纯粹作为限制人权的法律，如刑法、警察法等；负有对宪法上已经明确界限的法律，予以明确具体化目的的法律；[①] 对基本权利的内容本身具有形成功能的法律。[②] 显然，按照巴厚夫教授的理解，限制人权的法律和形成人权内容的法律是有区别的。对此，黑伯乐（Häberle）教授

---

① 例如，《德国基本法》第四条第三款规定："任何人不得被迫违背自己的良心使用武器为战争服役。细则由联邦法律规定。"《德国基本法》第五条第二款规定："言论自由权受一般法律条款、保护青年的法律条款的限制，并受个人荣誉不可侵犯权的限制。"

② 陈新民：《德国公法学基础理论》（下），山东人民出版社2001年版，第356页。

提出了不同的观点。他认为，无论是对人权施加限制的法律，还是形成人权内容的法律，都是对人权的界定，可以概称为基本权利的实行法。任何界定人权范围的（限制性）法律，同时也就是形成人权内涵的法律。① 笔者认为，从纯学理的角度来看，黑伯乐教授的观点有其可取性，但是，他所秉持的法律保留一元论观点有可能泯混两种法律的必要界限，从而为立法机关打着正当性"界定"（形成）的旗号，变相摧毁基本权利提供理论上的凭借。如是之论，基于以下缘由。

1. 泯混二者的界限，将导致对多数民主和公民自由权利的侵害

依据不同权利的价值属性及与国家权力之间的关系，可以将基本权利分为自由权和社会权。自由权指向于国家的不作为，要求国家不得干预个人自由，在性质上属于消极权利。相对于国家而言，自由权更多地表现为一种先国家而存在的自然权利，该权利的内容是超越实证法而存在的，关涉自由权利的法律更多的是对其施加的限制，而不是对其内容的形成，对其应实施严格的审查。而社会权利却需要国家的积极作为，它更多的是政府提供给个人的一种福利、利益或者好处，社会权利会影响个人的生活品质，但并不会影响个人的存在，它在性质上属于积极自由的范畴。国家在通过立法践行宪法先前所作承诺的时候，必须综合权衡国家的现实承受能力，而不可能予以绝对的、抽象意义上的满足。因此，社会权利的内容、界限及行使方式更多的是由立法机关来动态地形成的，对此，应该予以较大程度的尊重，否则，就构成对作为立宪主义基础的多数民主的侵害。因此，关涉基本权利的法律，由于其所涉及的权利性质不同，法律自身的性质从而也就显得不甚一样，如果泯混二者的界限，将诱使违宪审查机关以同一的准则去判定相关法律的合宪性，最终将导致对多数民主的不当干预或者对公民自由权利的侵害。

2. 界分二者的界限，有助于衡量和评判立法不作为

如前所述，自由权和社会权具有不同的本质特征，前者指向于国家的不作为，后者指向于国家的积极作为。就前者而言，尽管立法机关可以基于正当性考虑，对其施加必要的限制，但并不必然要求国家对其施加限制。这也就是说，即便国家基于种种原因，没有制定法律对其施加限制，框定其外在边缘，也不会产生立法不作为的问题。但对于社会权利而言，情形就显得不太一样。社会权利要求国家积极地作为，通过立法明确该权利的内容及行使方式。如果国家不予以正向满足的话，将使该类权利处于一种虚置状态。诚然，国家在制定相关立法的时候，也要综合权衡、审时度势，在现实可容纳范围之内，对该

---

① 陈新民：《德国公法学基础理论》（下），山东人民出版社 2001 年版，第 358 页。

类权利予以满足。但这并不意味着国家可以以此为凭借，消极懈怠、拒绝立法，否则将造成其他公权力机关对其权力的结构性替代，从而损害公民的社会权利。德国联邦宪法法院所作的一系列关涉教育权的判决说明了这一点。在"定额案"中，联邦宪法法院指出，人民申请入大学就读，是一种宪法所保障的受教育权。即便学校基于名额编制等限制，无法满足全部申请者的要求，必须予以拒绝的时候，也必须依据法律，而不能依据学校自行制定的规则。① 然而，这也并不意味着：公民可以以现有教育资源的不足为由，向立法机关提出诉求，要求国家兴建大学。也就是说，在如何满足公民的受教育权方面，立法机关具有裁量自由。但是，在是否满足方面，却不具有裁量的余地，否则即构成不作为。在"性教育课程案"中，德国联邦宪法法院指出，对中学生开设性教育课程，关涉公民的受教育权，必须由法律加以规定，而不能由行政机关自行决定。立法机关可以决定对中学生进行性教育的方式，但不能对此漠然置之，放任其他公权力机关的行为。②

二、两种类型法律的界限

与普通权利不同，基本权利是个人针对国家提出的要求，而不是公民之间相互的权利主张。"宪法基本权利之规定，是完全针对国家而发，基本权利条款的本身，就富有纯粹针对国家之性质，而非针对人民性质。"③ 该种性质的深层根源在于基本权利的超国家性。部分西方学者认为，由于基本权利是一种先国家而存在的天赋人权，④ 而国家是人们缔结契约的产物，因此，国家是不能侵害作为天赋人权的人民的基本权利的，否则，将丧失其存在的正当性。然而，由于基本权利的内容是通过立法来形成的，因此它又具有一种后国家性，自然地，国家也就可以对其施加必要的限制了。但问题的症结在于：两种类型的法律的界限是什

---

① 李昕：《论受教育权在行政诉讼中的确认与保障》，载于《法学杂志》2010 年第 6 期，第 89～92 页。

② 韩大元、秦强：《宪法文本中"合法"一词的规范分析》，载于《中州学刊》2008 年第 4 期，第 63～65 页。

③ 陈新民：《德国公法学基础理论》（上册），山东人民出版社 2001 年版，第 288 页。

④ 现今关于基本权利的定义反映了其作为"天赋之人权"的属性。《牛津法律大词典》认为：基本权利是"一个不精确的术语，一般用来表示国民基本自由或为政治理论家，尤其是美国和法国革命时期的理论家所主张的自然权利"。（［英］戴维·M. 沃克著，北京社会与科技发展研究所组织翻译：《牛津法律大词典》，光明日报出版社 1989 年版，第 364 页。）《布莱克维尔政治学百科全书》认为，基本权利是"个人拥有的较为重要的权利；人们认为，这些权利应当受到保护，不容侵犯或剥夺。……随着洛克个人主义学说的兴起，基本权利问题日益突出，引人关注。此后，基本权利被称为天赋人权，因而又常被称为人权"。（参见［英］戴维·米勒、韦农·波格丹诺著，邓正来译：《布莱克维尔政治学百科全书》，中国政法大学出版社 1992 年版，第 283 页。）

么呢？笔者认为，对上述界限的把握，可以从以下三个方面考虑。

1. 对两种类型法律的限制性要求不同

基于前述分析，立法机关可以对基本权利施加必要的限制，但是，由于宪法中确立公民基本权利的目的就在于防范来自国家公权力机关的侵害，因而，立法机关就有可能打着"正当性"限制的旗号，变相侵损公民的基本权利。为了防范这种有可能滋生的危险，《德国基本法》中对限制基本权利的法律又进行了限制，这也就是通常所说的"限制之限制"。依据《德国基本法》第十九条的规定，对限制基本权利之法律施加的限制包括三部分：第一，禁止个案法律。也就是说，"该法律应适用于一般人，不得适用于某个人"；第二，要求指明条款，也就是说，"该法律必须指明其意图限制哪一项基本权利"；第三，保障根本内容，即对基本权利的限制，在任何情况下，不得危及基本权利的实质。很明显，基于保护基本权利的考虑，限制基本权利的法律又被施加了严格的限制。然而，就形成基本权利内容的法律来说，情形就显得不太一样。立法者更多地被赋予了裁量自由，只要对基本权利内容的规定不影响其他基本权利，并且无损于该基本权利的本质，就应受到尊重，而不能受到过多的外在制约。

2. 两种类型的法律所处的前后位置不同

由于法律对基本权利具有内容形成功能，因此，对基本权利予以限制的法律只能是对先前已经为法律确定了具体内容的基本权利施加限制。如果没有具体框定基本权利范围的法律现实存在的话，是无法进而谈到对基本权利的限制的。国内一些学者的观点约略地反映了这种思想。有学者指出，宪法对财产权的限制可以分为两种：第一种是对财产权的内在限制，包括对财产权内容的限制及财产权的实际作用范围的限制，即概括地、抽象地规定财产权承担义务，不由宪法直接创设，而是由立法机关或者行政机关在合理的自由裁量范围内创设。从本质来说，它是制宪者把界定财产权内容的任务委托给立法机关（行政机关），由立法机关（行政机关）通过具体立法来完成。第二种是对财产权的外源性限制，即规定具体的限制形式或剥夺形式，如征用、国有化、行政征收、财产刑等，它不是财产权在一般状态下的边界，而是国家剥夺财产权的权力以及行使这种权力必须遵循的原则，是对财产权的具体限制形式或剥夺形式。① 也就是说，包括财产征收在内的第二种限制是在前者基础上的进一步延伸，如果没有前者存在的话，是无所谓第二种限制的。申而远之，如果基本权利的内容尚未通过相关法律予以具体化的话，是不可能进而谈到对该基本权利的限制的。从这个意义上讲，形成

---

① 李累：《论宪法限制财产权的两种形式》，载于《学术研究》2001 年第 8 期，第 65 ~ 69 页。

基本权利内容的法律是限制基本权利法律的前提。

此外，两种类型法律所指向的权利内容也不同。关涉基本权利形成的法律主要是针对社会权，包括经济、社会及文化等诸多方面的权利。个别自由权，如财产权的内容也需要国家通过法律加以形成。反之，对基本权利施加限制的法律，主要是针对自由权，原则上不涉及诸种社会权利。

第十七章

立法缺位状态下的人权保障

人权固然在相当程度上是指向国家公权力机关的一种消极防御性权利，但与此同时，人权的实现和保障在很大程度上也需要通过立法的具体化加以落实，这一点，无论是自由权还是社会权都是如此。从立法实践来看，人权在一定程度上出现了虚置化现象，这种状况不仅影响了人权的实现，而且也从根本上侵蚀了宪法由以存在的正统性基础。本章拟从以下几个方面对此展开分析。

第一节　法律和行政立法在人权实现
方面功能的应然分析

在人类思想历史发展的纵向历程中，尽管一度存在着诸多类型的国家学说，[①] 但自 16 世纪以来，自然法学派所提出的以社会契约为基点的国家学说已经发展成为现今世界占主导地位的国家学说。该种学说所固有的空想性尽管从产生

---

① 例如，亚里士多德的国家自然发生论、柏拉图的国家社会分工论、中世纪的神权政治理论以及中国历史上的家国说，等等。

时起便遭到了其他学派①乃至自然法学者自身②的挞伐和质疑，但是，它却在诸多国家学说的挤压下顽强地存活了下来，并形成为一种世界性的关于国家的共同信仰，融入了各国宪政制度的实际建构和对其所作的正当性诠释之中。近年来，我国学者也开始重视并强调社会契约派的国家法律学说，③宪法学者更是将其作为进行相关理论论证的当然的逻辑前提。在上述国家理念的浸润之下，人权被认为具有先于国家而存在的自然秉性，它不仅框定了国家权力行使的外在边限，而且将人权的实现和国家由已存在的正统性结构性地关联在了一起，使包括立法权在内的诸国家权力自产生时起便担负起了践行宪法承诺、实现人权的责任。

与其他类型的国家机关相比，立法机关在实现人权方面应该具有更为重要的地位，其原因在于：第一，法律在某些人权内容的形成方面，具有无法取代的作用。例如，《德国基本法》第十四条规定："财产权及继承权应予保障，其内容与限制由法律规定之。"《日本国宪法》第二十九条第二款规定："财产权的内容应适合于公共福利，由法律规定之。"日本宪法第四十四条规定："两议院的议员及其选举人的资格，由法律规定之。"由上述规定可以清楚地看出，作为人权的财产权、选举权，其受宪法保障的限度以及内容，必须由立法机关通过法律加以规定。那么，上述这些基本权利的内容为什么必须由"法律"加以规定呢？笔者认为主要有三个方面的原因：首先，基于宪法的原则性和纲领性特征，人权的内容不可能在宪法中被具体化；其次，由法律来加以规定可以避免宪法权利被直接适用的消极影响；最后，由法律规定人权的内容可以实现人民的动态联结。④第二，自由权必须借助于法律来为其创造由以实现所必需的前提条件。自由权的主旨固然在于防范来自国家公权力的侵害，但是，这并不意味着仅仅依凭

① 例如，英国保守主义学者伯克认为，如果国家是一种社会契约的话，那么也是各代人之间的一个契约。该观点实际上否认了社会契约的理性创造国家学说，趋向于把国家视为一个历史发展的自然产物，是由特定的环境、条件、性格、气质，以及人民的道德、民俗和社会习惯决定的。（参见 Edmund Burke, Reflections on the Revolution in France, The Bobbs – Merrill Company, Inc., 1955.）. 英国学者弗格森也指出，"国家的建立是偶然的，它确实是人类行动的结果，而不是人类设计的结果。"（参见哈耶克著，贾湛、文跃然等译：《自由主义和经济秩序》，北京经济学院出版社 1991 年版。）其他如历史法学派、功利主义学派以及实证主义学派等都对其做过抨击。（参见梅因著，沈景一译：《古代法》，商务印书馆 1959 年版；边沁著，沈叔平等译：《政府片论》，商务印书馆 1955 年版。）

② 如卢梭。尽管卢梭也阐述"自然状态""自然法"和"社会契约"，但他强调的自然状态和自然法与霍布斯、洛克所强调的内容不一样。他强调自然状态下人们的团体感，而不是霍布斯、洛克所强调的个人性，他强调感情而不是理性。而且，他认为"社会契约""自然状态"等只是一种假定，一种推理的便利。（参见萨拜因著，刘山等译：《西方政治学说史》（下册），商务印书馆 1990 年版。）

③ 相关观点可以参阅李仁玉、刘凯湘：《契约观念与制度创新》，北京大学出版社 1993 年版。

④ 关涉该问题的具体论述可以参见刘志刚：《限制抑或形成：论关涉基本权利法律之功能的二元性》，载于《河南政法管理干部学院学报》2005 年第 6 期，第 60～65 页。

国家的消极无为，自由权就可以想当然地自然获得实现。美国学者唐纳利对此曾经有过形象的描述。他指出，不受虐待的人身自由通常被看作是典型的消极权利，只是要求国家不要侵犯个人的自由与身体。"但是，确保这种侵犯不会发生，在几乎所有的情况下都要求重要的'积极'计划，它包括训练、监督和控制警察和安全部队。"① 显然，自由权仅仅作为一种消极权利是无法实现的。② 从宪政实践来看，对自由权相对于国家之积极面向所达成的学理共识在宪法裁判层面也获得了共性的体认。1981 年，德国联邦宪法法院在一个关涉广播自由的案件中对该种权利的秉性发表见解。该判决指出：广播自由权的消极防御功能并不足以保障广播自由。"这是因为，不受国家干预本身并不能使各种意见充分而广泛地表达出来，防御权功能不足以实现广播自由这一目标。相反地，这一目标的实现要求建立一个体系，使得人类观念的多样性能够通过广播而获得尽可能完整和广阔的表达与传递，这样，公众就自然可以获得全面的信息。为了达到这一目标，立法机关就必须立法，确立一些实质性的、组织上的、程序上的条款以保证广播自由真正实现。"③ 上述裁决对于全方位地理解广播自由权的本质无疑是具有重大意义的，但是，该判决的学理意义显然并不仅限于此。统观自由权体系的整体框架，该裁决所蕴含的主题事实上在几乎所有的自由权中都具有适用的空间。④ 第三，法律对于框定社会权的底线、平衡社会权与自由权的关系具有无法替代的作用。与自由权相比，社会权在价值取向、功能以及救济方式等诸多方面具有迥然相异于前者的特殊秉性。⑤ 作为基本权利，尽管社会权也兼具客观规范功能，⑥ 但是该"客观规范"所施加于立法机关的却并不是刚性的拘束，而是一种方向性的导引，立法机关可以基于自身对特定时段、场景之下国家所掌控资源的考量，自行决定立法的内容与时间。从行政机关的角度来说，法律保留原则在自由权与社会权领域的统合功效是不一样的。对于前者，法律保留原则完全适用；对

---

① ［美］杰克·唐纳利著，王浦劬等译：《普遍人权的理论与实践》，中国社会科学出版社 2001 年版，第 32~33 页。

② ［日］大沼保昭著，王志安译：《人权、国家与文明》，生活·读书·新知三联书店 2003 年版，第 210 页。

③ BverfGE57，295（1981）. See Donald P. Kommers, The Constitutional Jurisprudence of the Federal Republic of Germany, Duke University Press, 1997：409.

④ 例如，"隐私权本来属于自由权，但在现代信息化社会中，为实现这一权利，原则上需要保障以下权利：阅览关于自己记录的权利；当发现自己不应该被收集和保存的信息或关于自己错误的信息时，要求删除或修改的权利。这就要求法律的制度化规定。"（参见赵立新：《日本的"立法不作为"与违宪审查》，载于《法律文化研究》2007 年 00 期，第 170~182 页。）

⑤ 与自由权相比，社会权的价值取向不再是自由，而是实质意义上的平等；它不是一种消极的防御性权利，而是一种积极的请求权；自由权可以通过诉讼获得司法救济，而社会权却不具有可诉性。

⑥ ［德］Alex 著，程明修译：《作为主观权利与客观规范的基本权》，载于《宪政时代》第 24 卷第 4 期，第 83 页。

于后者，法律保留原则却并不完全适用。行政机关在实现社会权方面具有较大程度的裁量空间，法律只是为社会权的实现框定一个切实可行的底线标准。如是观之，法律与社会权的关联显见得就不像和自由权那般密切，但这并不意味着法律对于社会权的实现是可有可无的，恰恰相反，它也是必需的。诚然，国家并不必然通过法律来实现社会权，但是必须看到的是：现代社会条件下，公权力所施加之"侵害"与其基于良善之目标而为的"给付"在外观上往往不具有传统时期的那种"泾渭分明"，在很多情形下二者往往是一个问题的两个方面，对不同场域的个体而言尤其如此。如是一来，基于法律保留原则，法律对于行政公权机关所为的该种实质意义上的"侵害"就是必须具备的正当性行为依据，相应地，承载给付目的的非法律规则由于其在客观上所具有的"侵害"效应，而不得不面临着法律位阶的提升，平衡社会权与自由权也就随即成为其形式正当化之后所必须面对的问题。① 对此，德国公法学中所提出的所谓"重大性"理论或许是关涉该问题的典型例证。②

与立法机关相比，行政机关在实现人权方面的应然功效显见得要逊色得多。由于国家理念及社会结构的变迁、国家所担负之践行承诺任务的繁杂以及因为立法程序的民主而诱致的议会多数难以形成等诸多方面的原因，立法机关已经难以及时地、全方位地为它提供实施行政行为所必需的法律依据。在这种时代背景下，行政机关基于其在新时期所具备的、类同于立法机关的民主性外观而获取了原本不曾拥有的立法权，打破了长期以来由议会垄断立法权的局面，并且开始在立法格局中占据举足轻重的地位。但是，相较于人权的实现而言，这种状况并不意味着行政机关可以取代或者从根本上冲击议会在实现和保障人权方面的地位，其原因在于：第一，形成人权内容、框定人权界限的规则原则上应该是法律。诚如前述，某些人权的内容必须通过法律来具体形成，但是这种法律即便在行政机关与立法机关分享立法权的时代背景下，也只能限制于狭义的法律层面。其原因在于：形成人权内容的法律和对人权施加限制的法律在逻辑上往往是关联在一起的，在某种程度上甚至可以说是一个问题的两个方面。为了防止行政机关以实施正当性限制为名而变相地侵害人权，从而诱致"左手付出、右手收回"的风险，宪法学理上要求对人权的限制必须基于公益的考量、通过法律的形式方才能够施

---

① 此处笔者意图表达的意思是：依据法律保留原则，行政机关的行为如果关涉对基本权利的侵害，必须有法律上的行为准据。给付行为固然不需要必须有该种行为准据，但是，由于给付行为往往有可能意味着对其他个体的侵害，因而从遭受侵害者的角度来讲，政府的给付行为就必须具有法律依据。如是一来，原本不需要法律准据的给付行为就面临着位阶的提升，即由规章、法规转变为法律，而转变之后的法律就必须妥善处理好社会权与自由权之间的关系。

② 陈新民：《德国公法学基础理论》（下册），山东人民出版社 2001 年版，第 361 ~ 362 页。

加，① 早在法国《人权宣言》中就已经确立了这条基本的原则。② 由于公益概念本身的高度不确定性，基于民主多数运作机制而形成的法律事实上是对其进行框定的形式标准，行政立法显然是不具备这种属性的。③ 第二，在给付行政领域落实社会权的行政立法必须遵循法律优先的原则，而且还必须接受法律所施加的一些框架性限制。行政机关在秩序行政领域实施的管理行为直接关涉对公民基本权利的限制，基于前述所指明的原因，必须依据法律方才能够实施。与之相比，给付行政领域的行政行为由于并不牵涉对公民人权的侵害，而且往往涉及行政机关对国家可调控资源的动态考量，因而并不苛求法律保留原则对该领域的完全涵盖，行政立法可以相机介入，充当行政机关的行为准据。但是，由于该种准则必须符合法律优先原则以及法律所施加的一些框架性限制，④ 因此它所承担的实现人权的功能事实上也应该是处于法律的监管之下的。更加之，服务行政背景下，给付行政之区的行为越来越多地采行私法行为的方式，而该种特殊类型的私法行为方式由于兼具公法和私法的双重属性，因此事实上也应该是笼罩在人权和法律保留原则的检视之下的。⑤ 第三，行政机关进行的授权立法必须受到议会或者法律的限制。20 世纪以来，在诸种因素的综合作用下，授权立法开始大量出现，行政机关成为其中最为重要的被授权主体。⑥ 基于议会的专门授权决定或者法律条文的授权，行政机关开始通过授权立法和议会分担实现基本权利的宪法使命。但是，这并不意味着行政机关在人权的实现方面能够和议会并驾齐驱，甚至可以实现对后者的结构性取代。这不仅是因为框定二者之立法权限的法律保留原则已然将关涉人权之重要场域的立法权绝对性地划归给到了议会手中，

---

① 陈新民：《德国公法学基础理论》（下册），山东人民出版社 2001 年版，第 347 页。

② 法国《人权宣言》第四条规定："自由包括从事一切不损害他人行为的权利。因此，行使各人的自然权利只有以保证社会的其他成员享有同样的权利为限。这些界限只能够由法律确定。"

③ 行政立法固然也需要遵循相关的民主程序，但在程序的民主性程度以及进而导致的对公益的凝聚度方面显然不如狭义上的法律。

④ 在框架性限制方面，国外宪法学界已经进行了较为深入的研究，形成了一些较为成熟的理论，如"限缩的全面保留"（eingeschänkter Totalvorbehalt）、"扩充的传统保留"（erweiterter klassischer Vorbehalt）以及为德国联邦宪法法院所提出的"重要性理论"等。

⑤ 对此所作的详细阐述，参见刘志刚：《基本权利在特类民事行为领域中的适用》，载于《现代法学》2009 年第 6 期。

⑥ 关于授权立法出现的原因，国外许多学者对此作过阐述。例如，（1）Garner, Adminstrative Law, London：Butterworth, c1985.（2）P. P. Craig, Administrative Law, London：Sweet & Maxwell, Thomson, 2003.（3）［日］室井力主编，吴微译：《日本现代行政法》，中国政法大学出版社 1995 年版。国内有学者从内、外两个方面对授权立法的原因进行了探讨，认为产生授权立法的外在原因主要有三个，即人们观念的转变、经济方面的原因、社会方面的原因；产生授权立法的内在原因主要有五个，即立法机关的能力有限、立法机关的时间不足、弥补骨骼立法的不足、应付紧急情况的需要、立法机关立法程序的繁杂。（对此，可参见吴大英、任允正、李林：《比较立法制度》，群众出版社 1992 年版，第 326~329 页。）

不允许对其进行授权,① 而且, 还在于该种授权本身必须受到诸种程序上的限制。② 更何况, 行政机关基于授权而进行的相关立法在法律位阶上与议会制定的法律还存在着迥然的差异。③

统合前述, 笔者认为, 从应然的角度来说, 法律对于人权的实现具有至关重要的作用, 行政机关所进行的立法固然可以在一定程度上分担立法机关在实现人权方面的责任, 但是, 它却无法从根本上取代立法机关在该领域的功能。

第二节　法律不作为状态下的人权保障

诚如前述, 法律对于人权的实现和保障起着至关重要的作用, 由此延伸出一个问题: 当法律处于缺位状态的时候, 依凭于它而获得实现的人权将在事实上处于一种被虚置化的状态, 宪法由以存在所必须具备的正当性将因此而在一定程度上受到侵蚀。那么, 立法不作为状态下的人权究竟应该如何获得实现和保障呢? 对此, 笔者拟从以下两个角度进行分析。

一、立法不作为的含义及其产生的原因

在立法主体呈现多元化的时代背景之下, 拥有立法权的诸国家机关都有可能存在基于对其立法义务的消极懈怠而诱致的不作为。但是, 从归根结底的角度来说, 立法权在宪法理念上实际上是应该和基本权利的实现关联在一起的, 宪法中

---

① 法律保留可以分为绝对保留和相对保留, 前者是不允许通过授权由行政机关来行使的。例如, 根据我国《立法法》第九条的规定, 有关对公民政治权利的剥夺和限制人身自由的强制措施和处罚是不允许授权给国务院的。

② 例如, 我国《立法法》第十条规定, 授权决定应当明确授权的目的、范围。被授权机关应当严格按照授权目的和范围行使该项权力。被授权机关不得将该项权力转授给其他机关。《立法法》第十一条规定: 授权立法事项, 经过实践检验, 制定法律的条件成熟时, 由全国人大及其常委会及时制定法律。法律制定后, 相应立法事项的授权终止。

③ 对此, 国内大致有三种见解: 第一, 认为授权立法的位阶与授权机关依据职权制定的法规范性文件的位阶相同 (参见周旺生:《立法论》, 北京大学出版社 1994 年版, 第 395 页。); 第二, 认为根据授权而制定的法文件是介于授权机关根据职权而制定的法文件与被授权机关根据职权而制定的法文件之间的一种具有新的效力等级的文件 (参见郭道晖:《论立法无序现象及其对策》, 载于《法律学习与研究》1990 年第 5 期, 第 15 页。); 第三, 认为授权立法的位阶与被授权机关根据职权制定的法文件的位阶相同 (参见张根大、方德明、祁九如:《立法学总论》, 法律出版社 1991 年版, 第 217 页。)。国内多数学者倾向于采信第三种观点。我国台湾地区一些学者也秉持第三种立场。(参见城仲模:《行政法之基础理论》, 台湾三民书局股份有限公司 1983 年版。)

关涉基本权利的内容以及进而由其衍生出来的关涉国家的框定实际上就是宪法对立法机关的权力委托，这是立法机关所负之立法义务由以产生的源头所在。因此，对立法不作为的本源性理解，应该追溯至立法机关对其所肩负的宪法委托义务的违反，① 将其定位成：负有宪法委托义务的立法机关，违反宪法明令或者暗含的宪法委托义务，② 不适时地制定出相应的立法或者不及时地对现行的立法进行清理，从而使基本权利处于制度性虚置状态之中的一种现象。由于立法主体多元化的制度现实、宪法规范固有的特性以及由此而决定的宪法文本的语言特点等诸多方面的原因，立法不作为在人们的思维层面往往显现出多样化的形式。③ 在笔者看来，对立法不作为的理解和定位应该围绕宪法委托和基本权利两个节点而展开，并且应该将视角定位于负有立法义务的主体应当立法但由于诸多因素的掣肘而没有立法的层面，至于因为法律的漏洞而产生的立法缺位以及"法律不入"之地的所谓法律缺位却不能纳入立法不作为的范围之内。那么，这种意义上的立法不作为究竟是怎么产生的呢？笔者认为主要有以下两个方面的原因：第一，立法由以启动的逻辑起点在现实和理念层面的不一致以及多数决规则所固有的制度瑕疵和运行缺陷。从理论上来说，立法活动和基本权利的实现之间在宪法理念上存在着逻辑上的关联。但是，由于宪法对立法机关的委托仅仅是道德性的、原则上不附加期限要求的义务，④ 因此，立法的内容及立法的时间实际上属于立法机关裁量范围之内的事。而且，由于立法遵循的是多数决规则，使得上述问题即便对于立法机关来说也具有一定的或然性，这在利益多元的社会场景下表现得尤其明显，美国就是典型的实例。⑤ 如

---

① 宪法委托理论生成于 20 世纪中期的德国，其典型代表人物是易甫生、乐雪、温厚兹等。关于该理论的详细阐述，可以参阅陈新民：《德国公法学基础理论》（上册），山东人民出版社 2001 年版，第 148～156 页。

② 德国学者易甫生将立法不作为和宪法委托关联在了一起，以此为基础，对立法不作为进行了描述。（参见林佳和：《西德立法者不作为之宪法诉愿之研究》，载于《宪政时代》第 16 卷第 3 期。）此处，根据行文的需要，在语言表述上做了进一步的提炼。

③ 有的学者将立法不作为界分为形式上的立法不作为和实质上的立法不作为（参见戚渊：《立法权》，中国法制出版社 2002 年版，第 126～127 页。）；也有学者将立法不作为界分为隐性的立法不作为和显性的立法不作为（参见杨涛：《关于立法不作为的思考》，载于《社会观察》2007 年第 3 期。）

④ 德国学界比较早地探讨了立法的时间问题，但是，立法期限问题并不是直接导源于基本法的直接规定，而是"个人凭主观推断而（提出的）应立法之期限"，因此，该观点的妥当性及可行性是令人质疑的。德国联邦宪法法院近年来尽管适度地调整了其先前否认立法期限的立场，但这已然属于矫正层面的问题了。（参见陈新民：《德国公法学基础理论》（上册），山东人民出版社 2001 年版，第 161～163 页。）

⑤ 在美国，由于其政治体制中的非集权性、政党体制的松散性以及政治生活中较低程度的意识形态一致性等诸多原因，社会中出现了诸多的利益集团。（参见陈伯礼：《美国在立法过程中对利益集团的控制：理论假设与法律规制》，载于《外国法译评》1996 年第 4 期，第 46～50 页。）为了使自身的利益能够最大限度地反映到立法中去，利益集团往往通过形式多样的院外活动对立法施加影响，而议员为了持续地获得选票和支持往往也要尽可能地尊重利益集团的意见，这就在相当程度上使立法成为各派利益集团通过直接或者间接进行利益角逐的活动，而法律则只不过是各方利益博弈之后所显现出来的结果。（参见诺曼·杰·奥恩斯坦、雪利·埃尔德著，潘同文等译：《利益集团、院外活动和政策制订》，世界知识出版社 1981 年版。）

此一来，立法活动的逻辑起点就显现出了现实层面和理论层面的不一致。就立法实践来说，立法活动主要是基于利益的驱动而开始的，基本权利对于立法活动而言，更多的是一种先期预设的、不可抵触的外在边限，而不是一种刚性的、要求其限期行动的行为法则。诚然，基本权利兼具主观权利和客观法的双重属性，而且，即便就自由权来说，没有立法机关通过积极作为给其创造的实质性前提条件，实际上也往往是无法实现的，但是，立法机关所特有的多数决规则决定了它的运作逻辑只能是政治性的利益博弈，而不能是像司法机关那样的法律性逻辑推理，多数决规则的民主性和它所推导出来的结果的不确定性实际上应该是关联在一起的，对立法结果的确定预期反而是对民主的实质性背叛，这一点和司法活动的行为逻辑具有本质的不同。因此，就这一点来说，基本权利的先期存在并不意味着肩负宪法委托义务的立法机关的必然作为。舍此而外，还必须注意到的是，多数决规则所固有的制度瑕疵和运行缺陷也会造成立法机关相较于基本权利的不作为。所谓制度瑕疵，就是说，基本权利承载着立宪主义之平行的价值追求——自由和平等，前者主要表现为自由权，后者主要表现为社会权，但是，多数决规则的内在本质决定了它实际上主要是和多数的自由关联在一起的，与多数相对的少数所享有的平等权的保障却无法纳入其规则的体系。这在某种程度上似乎也昭示着宪法相较于民主的不可或缺的意义，从而也就潜在地隐含着立法相较于基本权利之不作为现象存在的逻辑必然性。所谓运行缺陷，就是说，多数决规则固然有其存在的民主正当性，但是，多数决规则只是民主的手段而不是民主的实质，[①] 而且，多数决规则在运行过程中还存在着诸多缺陷，诸如表决中有可能出现的所谓"孔多塞悖论"[②]、表决策略行为所引致的表决结果的失真、不能绝对克服无知和偏见[③]等。如是这些缺陷在本书主题的语境之内所导致的

---

① 对此，美国斯坦福大学教授阿罗所提出的"阿罗不可能定理"已经作出了系统的论证。阿罗认为，只有当一种表决规则或选择程序同时满足连续性等两个公理和社会评价与个人评价的正相关性等五个条件时，才能把个人偏好次序转换成社会或集体偏好次序。然而，阿罗的研究结论表明，这些公理和条件是绝对不可能同时得到满足的。因此，即便实现多数表决，也不能由此得出可以实现民主的结论。参见 K. J. Arrow, Social Choice and Individual Values, New Haven CT：Yale University Press, 1963.

② 所谓"孔多塞悖论"，就是说，如果甲、乙、丙三位表决者对备选方案的偏好顺序分别是：A > B > C，B > C > A，C > A > B，那么，在三位表决者都忠实于自己的表决意愿而没有采取策略行为的条件下，表决结果有可能因为三种备选方案的表决顺序变化而不同。因此，在该种情形下，表决结论的真实性实际上无法判断。（参见毛寿龙、李梅：《有限政府的经济分析》，生活·读书·新知三联书店 2000 年版，第 396～399 页。）

③ 在议员素质整体偏低，且议员都忠实于自己的真实意愿而提案或者表决的场景之下，少数高质量的提案或者理性的表决很有可能因为表决基数的增大而产生被稀释或者不通过的风险。如此一来，表决结果的正确概率和多数决策规则的民主性之间就形成了一种负向的比例关系。对此，有学者形象地称之为"三个臭皮匠未必能顶个诸葛亮"。（参见季卫东：《宪政新论——全球化时代的法与社会变迁》，北京大学出版社 2002 年版，第 23 页。）

直接结果就是关涉基本权利的立法在质或者量上的缺失。统而言之，笔者认为，立法由以启动的逻辑起点在现实和理念层面的不一致以及多数决规则所固有的制度瑕疵和运行缺陷是产生立法不作为的一个重要原因。第二，立法体制上的实用主义倾向和国家在立法中所处的主导地位使立法偏离了其由以启动的宪法基础。从宪法逻辑来说，立法权的运行归根结底是为了保障基本权利的实现。但是，就我国而言，现行的立法体制却具有非常突出的实用主义倾向，①立法的关注重点主要集中在为经济的运行提供保驾护航方面，公民的基本权利尤其是与经济无关的基本权利的实现和保障却并不是其直接关注的重心。而且，立法完全是国家基于建构社会的需要而计划和启动的，宪法中关涉基本权利的规定不能在事实上成为立法权由以发动的逻辑起点。从我国人大制度的运行机制来看，尽管它奉行民主集中制的核心原则，但是，"集中具有超越民主的意义，这种超越性被格式化为'集中指导下的民主'"②。具体到立法程序方面，集中凸显了全国人大常委会在立法程序中的主导作用。③ 如果进而考虑到国务院在立法提案方面所处的事实上的主导地位④以及外在于全国人大常委会但事实上在实际影响着立法的政党因素，则可以非常清楚地看出国务院在立法中所起到的实际作用。更加之，在行政立法、授权立法具有正当性的时代背景之下，立法权已然在事实上出现了向国务院及其职能部门的结构性转移。在如是这些因素的综合作用下，政府在基本权利实现方面的话语权被实质性地抬升，基本权利不仅不再是立法由以启动的理念和逻辑基础，相反，它却在一定程度上成为荫庇于行政管理的附带之物。如此一来，关涉基本权利的立法出现不作为现象也就是在所难免的了。⑤

① 有学者指出，中国现行立法体制的形成有其实用主义的观念基础，指导立法的主流意识可以概括为四点，即工具建构主义、精英决定论、实验主义、经济中心主义等。（参见陈端洪：《立法的民主合法性与立法至上——中国立法批评》，载于《中外法学》1998 年第 6 期。第 60 ~ 69 页。）

② 陈端洪：《立法的民主合法性与立法至上——中国立法批评》，载于《中外法学》1998 年第 6 期，第 60 ~ 69 页。

③ 参见《中华人民共和国宪法》第六十条、六十一条、六十四条、六十六条、六十七条；《中华人民共和国全国人民代表大会组织法》第三条、五条、六条、十条、十三条、三十一条；《中华人民共和国全国人民代表大会议事规则》第八条、九条、二十一条、三十四条；《中华人民共和国立法法》第十二条等。

④ 从现行立法程序的设计来看，尽管拥有立法提案权的主体是多元的，但是，相较于人大代表或者人大常委会委员的提案来说，国家机关的立法提案具有优先的地位。（参见《立法法》第十二条、十三条、二十四条、二十五条等。）而且，从立法实践来看，绝大多数立法提案都是由国务院提出的。

⑤ 例如，落实公民求偿权的《中华人民共和国国家赔偿法》在 1994 年方才出台；限制公民人身自由的《收容遣送办法》直到 2003 年方才被废止；明显违反《行政处罚法》《立法法》，侵害人身自由的劳动教养 2013 年才被废止。关涉教育平等权的呼吁尽管由来已久，但时至今日，教育平等立法却依然处于不作为的状态之中。

二、对立法不作为而引发的基本权利虚置现象的制度救济

基本权利对立法的依附性和立法不作为的现实存在决定了基本权利在实然层面的虚置化状态，该种状态在量上的积聚必然会使长期浸润于基本权利理念之中的人们产生心理上的落差，并进而演化为对以基本权利为逻辑基点的立法行为的制度性反思。善于理性思辨的人们很快就会发现：取代君主专制制度而建立起来的民主制度固然存在着诸多瑕疵，但它却是后君主专制时代人们的理性所能够发现的最好的制度，而且，该种制度所具有的瑕疵实际上是可以通过制度的合力实现最大限度的消解的，这在思想的始源点上源于人们在哲学理念上对民主与宪法之关系的探讨。正是在对二者之间的关系有着深刻洞察的哲学基础上，承载二者之共同理念的立宪主义制度方才被精英人士作为一种制度的理想而提出，并随之被对此逐渐产生共性体认的人们所接受，成为现今世界人们所共同追求的一种政治理想。笔者认为，法律的不作为固然会在相当程度上造成基本权利的虚置，但是，这在某种意义上实际也是多数民主自身所无法根除的一种制度缺陷，只要在不侵损民主根基的前提下，通过制度的矫正，基本权利原本具有的完整内涵是会在一定程度上得到恢复的。这一点，从西方一些国家对此所作的制度设计中可以窥察出来。在德国，针对立法中存在的不作为现象，学界认为存在四种救济途径，即宪法诉愿、法规审查、联邦总统的制衡、直接适用基本权利等。[①] 上述救济途径尽管在具体运作方式方面存在着迥然的差异，但是，蕴于其中的内在机理却是相同的，即都是意图依托对多数民主施加限制的宪政制度，对肩负立法使命的国家机构实施必要的制度性督促，从而使其注意到自己所肩负的宪法委托责任，并通过立法消除该种不作为状态。在实施该种督促的过程中，德国相关宪政机构由以施加限制的工具凭借的就是基本权利。[②] 但是，必须注意到的是，如果想当然地认为通过上述类型的救济，立法不作为的现象就会随之彻底消失、公民的基本权利就会彻底得到实现，那只能是一种蒙太奇般的理想梦幻。正如笔者前面所提及的，对多数民主的限制必须建立在不侵损多数民主根基的前提之下，而且，由于多数民主的行为逻辑是政治性的利益博弈，而不是法律性的逻辑推理，因此，该种限制相较于立法不作为所能起到的效果只能是适度的，而不能是一种

---

① 具体内容参见陈新民：《德国公法学基础理论》（上册），山东人民出版社 2001 年版，第 164 ~ 169 页。

② 从德国联邦宪法法院的判决来看，宪法法院审查立法不作为的要件包括两个：第一，存在明确的宪法委托；第二，立法不作为侵害到了公民的基本权利。（参见陈新民：《德国公法学基础理论》（上册），山东人民出版社 2001 年版，第 165 页。）

基于宪法的客观法属性而产生的文本性的"法治主义"幻想。① 当然，这也并不意味着对上述矫正制度应该秉持过于悲观的态度。正如前面定义立法不作为时所谈及的那样，立法不作为可以分为两种情形，即不适时地制定出相应的立法和不及时地对现行的立法进行清理。对第一种情形，由于关涉基本法所设定的分权体制，更加之由议会特有的多数决规则所决定的客观上的强制不能，因此，上述诸种救济手段往往是难以通过对它直接施加强制起到矫正功效的。但是，就后者而言，却显得完全不同，这一点，从德国联邦宪法法院在 20 世纪 50 年代的立场转变中可以清楚地看出来。② 而且，即便就第一种情形来说，也不意味着绝对的无法施加强制。从德国联邦宪法法院的裁判实践来看，20 世纪 60 年代末期以后，为了制止立法者对其判决的忽视，联邦宪法法院采纳了学界早前所提出的"期限"理论，要求立法机关在限定的期限内制定出相关的立法。③ 由于联邦宪法法院的裁决对包括立法机关在内的所有国家公权力机关都是具有拘束力的，④ 因此立法机关就必须在限定的期限内实施相应的立法举措。在这种场景下，基本法的至上性以及由此而衍生出的人们对宪法法院裁决的遵从将转化为消解多方利益博弈过程中多数难以形成难题的催化剂，从而促成法律的适时出台。当然，就德国联邦宪法法院的总体审判实践而言，对立法不作为的矫正重心主要集中在相对的立法不作为层面，而且，在对该种类型立法不作为的矫正过程中也是尽可能地保持对立法机关的尊重。这不仅给我们勾勒了一条关涉该命题的行为脉络，而且也从实践的角度反证了民主与宪法之间的内在逻辑机理，而这，事实上也是各国宪政制度架构中所共同遵循的价值准则。在日本，立法不作为也分为绝对的立法不作为和相对的立法不作为，前者是指立法自始就不存在的一种状态，后者所指的是既存立法在内容、程序、范围等方面存在的不足或不公正，这两种不作为尽管都是法院审查的对象，但是它们"在诉讼提起的方法、法院对合宪性的审查方法、除却危险性乃至法律救济方面都有很大的不同"⑤。如果立法机关违反宪法上的立法义务没有立法，其不作为不应该被立即认为是违宪，而应该给立法机关

① 在上文所提及的德国四种类型的矫正立法不作为的途径中，绝对的立法不作为在宪法诉愿、法规审查中都是无法得到救济的，其矫正的标的原则上指向于相对的立法不作为。就联邦总统的制衡来说，该种制衡实际上也只能是一种对立法的督促，最终的立法还必须借助于立法机关。

② 德国联邦宪法法院最早是反对人民以立法不作为侵害基本权利为由提起宪法诉愿的，但是，它在 1957 年所作的宪法裁判中却修正了该种立场，认为：如果基本法对立法者已经有一个明确的委托而该委托对立法义务的内容及范围，已相当程度地界定了，则人民可以提起宪法诉愿，要求立法者履行立法义务。（参见陈新民：《德国公法学基础理论》（上册），山东人民出版社 2001 年版，第 164 ~ 165 页。）

③ 陈新民：《德国公法学基础理论》（上册），山东人民出版社 2001 年版，第 162 页。

④ 德国联邦宪法法院法第三十一条第一项规定：联邦宪法法院的裁判拘束联邦和各邦的宪法机关、所有法院和官署。

⑤ ［日］芦部信喜：《讲座·宪法诉讼》第 1 卷，东京有斐阁 1987 年版，第 363 页。

留有一个"合理的期间",在该期间之内,立法不作为处于违宪状态,但不认为是确定的违宪。只有在合理期间届满之后,立法不作为才被认为是违宪。① 在对立法不作为的救济方式方面,法院一般仅仅是宣布立法不作为违宪,把解决方法留给立法机关。只有在非常必要的情形下,法院方才作出积极的判决。② 将日本的上述做法与德国做联结分析,可以看出:二者所秉持的行为逻辑实际上是基本一致的,这也就再次从实践的角度凸显了民主与宪法之间的内在逻辑关系。就本部分的主题而言,实际上也就起到了强化笔者前述立场的功效。

第三节 法律漏洞问题上的应然立场与该种状态下人权的实现

一、法律漏洞问题上的应然立场

法律漏洞是"指法律体系上违反计划之不圆满性状态",它具有违反计划性和不圆满性的特征。③ 由于基本权利的实现在较大程度上依赖于法律对其所作的具体化,因此法律漏洞的存在必然会对基本权利的保障造成消极的影响,加剧上文所说之基本权利的虚置化状态。但是,从法理学的角度来看,法律是否存在漏洞却并不是一个具有确定答案的问题,不同法学流派对此秉持不同的见解。在自然法的视野中,法律是人类理性和正义的体现,它的内容被自然法所涵摄,必须反映并服从自然法的要求。在表现形式上,法律固然表现为刚性的规则,但同时还包括公平、正义等抽象的道德原则,法律实际上就是由理性和正义感引申出来的道德原则在法律规则和概念中的体现。在这种法学理念的意境中,法律漏洞是不存在的。与之相比,在法律和道德的相互关系上,分析法学却秉持迥然相异的立场。在它看来,法律是社会的主权者为支配社会成员而发布的一种命令,④ 法

① 日本最高法院在 1976 年的"议员定额分配不均衡违宪判决"中采用了"合理期间理论"(参见〔日〕吉田春明:《议员定数の不均衡と法の下の平等》,〔日〕樋口阳一等编:《宪法の基本判例》,东京有斐阁 1996 年版,第 56 页。),随后,在类似的案例中,日本最高法院在 1983 年判决、1985 年判决、1993 年判决中都援用了该理论。目前,该理论已经在日本学术界被广泛接受。(参见赵立新:《日本的"立法不作为"与违宪审查》,载于《法律文化研究》2007 年 00 期,第 170~182 页。)

② 例如,1962 年的"没收第三者所有物违宪判决"和 1972 年的"高田事件判决。(前者见〔日〕《刑事审判集》第 16 卷 11 号,第 1593 页;后者见《刑事审判集》第 26 卷 10 号,第 631 页。)

③ 黄建辉:《法律漏洞·类推适用》,台湾蔚理法律出版社 1988 年版,第 21~22 页,第 35~39 页。

④ 〔英〕约翰·奥斯丁著,刘星译:《法理学的范围》,中国法制出版社 2002 年版。

律与道德是相互分离的，二者之间不存在必然的联系。在表现形式上，法律仅仅表现为实在的法律规定，不包括抽象的道德原则。分析法学否认法律之外的道德对其内容的涵摄，不关注对法律的价值评判，相反，它注重对法律概念的实证分析，认为依靠逻辑推理就可以确定可供适用的法律规则。相比之下，分析法学派所提出的不再是一些像古典自然法学派那样的关涉权利、法治的空洞名词和意识形态般的宣誓，而是着眼于现实法律制度的具体操作和运行。在近代民主宪政制度已然确立的时代背景之下，这与现实社会的法治理念显然更为切近。但是，它对于现实法律制度的关注却衍生了对立法理性的过度迷幻，认为人类凭借自身的理性能力能够制定出体系完备、逻辑自恰的完美法典，法官基于逻辑推理就可以解决其面临的所有问题，这在19世纪德国的潘德克吞法学中表现得尤其明显。[①]如是一来，在法律是否存在漏洞这一问题上，古典自然法学和传统分析实证法学就显得有些殊途同归。这也正如德国学者考夫曼所洞察的那样：按照自然法和法实证主义的逻辑，法律本无漏洞。[②] 分析法学派的上述立场遭到了以耶林为代表的自由法论者的攻击。在他们看来，认为法律无所不包的观点是虚幻的、不切实际的。立法者认识能力有限，不可能预见到将来发生的一切事情，而且，即便他能够预见，也会由于表现手段有限而不能将之完全纳入法律规范，因而法律必然是不完全的。对此，以哈特为代表的新分析法学作出了回应。他一方面继续奉行"法律与道德"相分离的核心立场，另一方面又对其先贤所秉持的传统观念进行了修正。在法律体系的建构上，哈特不再像先前时期的概念法学那样迷恋于建立一个封闭性的概念体系，而是站在语言分析哲学的立场，认为法律规则有可能存在"空缺结构"[③]。为了应对该种"空缺结构"，法官就必须行使自由裁量权，"法官造法"由是就显得不可避免。在哈特的理论中，尽管力图对法官的造法行

[①] 所谓"潘德克吞"，实际上就是《罗马法大全》中的《学说汇纂》，它是罗马帝政时代被赋予"解答权"的法律学者们的学说集成。19世纪时在萨维尼、普希塔和温德沙特等的推动下形成的德国潘德克吞法学，实际上是由历史法学派中的罗马学派转变而来的。他们认为罗马法的概念极为精致，任何问题均可依据概念来加以计算，依据形式逻辑演绎操作来求得解答。在进行机械操作时，应摈除权威，排除实践的价值判断。他们推崇逻辑推理，接受概念的支配。

[②] 在考夫曼看来，原本的自然法思想和法实证主义在认识论上都钟情于主、客体对立模式，相信依靠人类的无限理性能力能够从最高的绝对法律原则推导出实证的法律规范、从实证的法律规范可以进而推导出法律判决。（参见［德］考夫曼著，吴从周译：《类推与事物本质——兼论类型理论》，台湾学林文化事业有限公司1999年版，第35页。）

[③] 哈特曾经指出，基于两个方面的原因，法律中的空缺结构是难以避免的：第一，自然语言所固有的空缺结构。也就是说，语言文字具有核心地带与边缘地带，为此，使用自然语言的法律必然也具有这种空缺结构。第二，评价能力的局限性。也就是说，人类预见未来的能力是有局限性的，对目的的认知也相对模糊，但是，人类社会又有确定性与适当性这两种相互冲突的需要，由此产生法的空缺结构。（参见［英］哈特著，张文显、郑成良等译：《法律的概念》，中国大百科全书出版社1995年版，第124～126页。）

为进行客观化的塑造，① 甚至为此将原则也引入其规则理论中，② 但是却触及了分析实证法学的核心立场，遭到了以德沃金为代表的新自然法学派的攻击。在德沃金看来，分析实证法学的核心立场在于：崇尚规则理性、推崇逻辑推理、迷恋并接受概念的支配，排斥法律适用中的价值判断，如果将蕴含价值评判色彩的原则引入其理论模式，事实上等同于放弃了分析实证法学的基本立场。③ 更加之，哈特理论中的自由裁量理论实际上是非常强势的，法官在行使自由裁量权的时候，可以"不受任何法律权威制定的标准的约束"④。如是一来，不仅人民所享有的权利将遭受法官之不受限制的自由裁量的威胁，⑤ 而且，事实上已然因为"法律与道德的泯混"而遭受根本性冲击的法实证主义却反而成了塑造法官裁决客观性的外在凭借。对于哈特理论中所存在的这种逻辑上的不自恰，德国学者考夫曼秉持了与德沃金相同的立场。他对法实证主义谋求通过一种纯粹的形式来获取法的内容的立场进行了猛烈的抨击，⑥ 在他看来，"自然法与实证主义法学都是建立在唯名论哲学基础上的一种研究方向"，但正确的道路却应该是："走一条超越自然法与实证法的第三条道路"。⑦

综合上述，可以看出，法律是否存在漏洞实际上是一个仁者见仁、因人而异的问题，对该问题所秉持的见解归根结底取决于论者在关涉法律是什么这一本原性问题上的核心立场以及由此而决定的研究法律的思维路径。对此，笔者认为，在现代法治社会的语境之下，公平、正义等抽象的道德原则尽管仍然有其存在的积极意义，但是，对法律的关注显然更应该着眼于实证的法律规范。古典自然法学和传统分析实证法学解读法律的基本理论固然有其可取之处，但同时也根深蒂固地存在一些自身所无法克服的瑕疵，⑧ 现今时期人们研究法律的理想范式应该是将前者所奉行的"价值分析方法"和后者所奉行的"实证分析方法"有机地

---

① "法院常常否认任何这种创制职能并强调解释法规和适用判例的任务分别是探询'立法机关意图'和已经存在的法律"。（参见 ［英］哈特著，张文显、郑成良等译：《法律的概念》，中国大百科全书出版社 1995 年版，第 134 页。）

② 哈特在其所著《法律的概念》第二版后记中指出，原则也可以包含在他的理论模式中，而且一个原则是否属于一个法律体系，也可由系谱的方式来判断。

③ 对该问题的详细分析，可以参见颜厥安：《法与实践理性》，中国政法大学出版社 2003 年版，第 237～335 页。

④ ［美］德沃金著，信春鹰、吴玉章译：《认真对待权利》，中国大百科全书出版社 1998 年版，第 55 页。

⑤ 林立：《法学方法论与德沃金》，中国政法大学出版社 2002 年版，第 37 页。

⑥ ［德］考夫曼著，米健译：《后现代法哲学——告别演讲》，法律出版社 2000 年版。

⑦ 陈金钊：《超越自然法与实证主义法学——对考夫曼法律思维模式评介》，民间法与法律方法网，2006 年 6 月 11 日。

⑧ 详情可参见胡玉鸿：《西方三大法学流派方法论检讨》，载于《比较法研究》2005 年第 2 期，第 20～32 页。

关联起来，走一条折中型的发展道路。事实上，这也正是从 20 世纪中期以来法学发展的基本趋势，哈特的新分析法学①、德沃金的新自然法学以及考夫曼所提出的"第三条道路"理论实际上都是这种发展趋势的反映。立基于此，在法律漏洞问题上应该秉持的正确立场是：弱化自身所归属的唯名论哲学立场的束缚，正视法律规则中存在漏洞的现实，进而谋求较为妥当的制度化解决路径，套用考夫曼的说法，就是要"走一条超越自然法与实证法的第三条道路"。就前面所引介的关涉法律漏洞问题的诸种观点而言，从外观来看，哈特与德沃金、考夫曼的立场是根本对立的。但是，这种对立实际上是建立在被考夫曼称之为唯名论哲学的思维语境之下的。如果抛开他们各自所归属的这种唯名论哲学立场，在法律规则存在漏洞这一问题上他们实际上是有着共性的体认的。就德沃金来说，他取代自然法原则而引入实证法之中的法律原则实际上就是为了应对法律规则中存在的漏洞，这种见解尽管哈特也曾经提出过，② 但是由于其所归属的法实证主义的核心立场，因而该种观点相对于德沃金来说，就是一种"真知灼见"，对哈特而言，却只能是一种"无法自洽的逻辑悖论"。与哈特相比，考夫曼在外观上秉持与德沃金相同的立场，也不承认法律存在漏洞。但是，他所提出的类型思维、事物本质理论实际上具有与德沃金所创立之法律原则理论异曲同工的效果。诚然，考夫曼所宣扬之"事物本质"与其老师拉德布鲁赫理论中的"事物本质"不完全相同，并不是直接为了应对法律漏洞的场景，③ 但是，弥补法律漏洞却也属于其"事物本质"理论的实际功效之一。因此，笔者认为，我们现在所面临的问题实际上不是"法律是否存在漏洞"的问题，而是"如何面对和解决法律漏洞"的问题。

二、法律漏洞场景下人权的实现

法律漏洞的现实存在将有碍于立法初衷的实现，而且，由于人权对立法的依附性，它同时也将在一定程度上造成人权的虚置。因此，对法律漏洞问题的解决就不仅是一个法律层面的问题，而是有着更为深远的宪法意义。笔者认为，法律漏洞场景下人权的实现应该尽可能地依托相关的法律制度，借助立法者在其规范

---

① 哈特虽然坚持实证主义法学反对价值研究的基本立场，但是，他实际上已经提出了"最低限度的自然法理论"，表现出向自然法理论靠拢的明显倾向。（参见［英］哈特著，张文显、郑成良等译：《法律的概念》，中国大百科全书出版社 1995 年版，第 189～195 页、第 233 页。）

② 哈特在其所著《法律的概念》第二版后记中指出，原则也可以包含在他的理论模式中（参见［英］哈特著，许家馨、李冠宜译：《法律的概念》（第二版），法律出版社 2011 年版）。

③ 考夫曼认为，即便最简单的案件也必须运用类型思维，而所有类型都源自事物的本质。（参见［德］考夫曼著，吴从周译：《类推与事物本质——兼论类型理论》，台湾学林文化事业有限公司 1999 年版。）

体系内所构筑的技术操作平台和接驳管道，在法官的协同下将人权的精神输送到该种制度之中。如是一来，不仅法律的漏洞得以填补，人权的精神也因之得以实现。更为关键的是，法律制度的体系结构在动态的运行过程中也将因之而显得更加圆润、更加流畅。对此，笔者拟从以下两个方面进行分析和说明。

1. 法律原则的适用及基本权利对法律原则的客观化塑造

诚如前文所言，对法律漏洞问题的立场取决于对法律是什么这一本原性问题的理解。如果将法律单一地理解为法律规范的话，它确实是存在漏洞的。对此，哈特在其论著《法律的概念》一书中有着经典的阐述。哈特认为，法律规则确实存在着空缺结构，需要法官对此作出自由裁量，但是，作为法律规则主体的"意思中心"足以影响法官对法律规则之"开放结构"的裁量性解释。而且，对于法律的整体而言，这仅仅是"一种非常罕见的例外情况"。然而，从实践的角度来看，这种所谓的客观性解释必然会受到"解释者本人的理论前境或者说受其特定的文化传统和政治道德观念的约束"[①]，从而使法律适用的过程显得并不是一个简单的机械操作过程。如果进而考虑到德沃金对哈特之"错误描述审判实践"的指责，[②] 哈氏理论中所竭力防范的"规则怀疑论"很有可能在其构想的法官对法律规则的空缺结构应对的过程中出现。与之相比，德沃金所"采行"的却是另外一种路径。德沃金对古典自然法的基本立场进行了观点上的改造，将外在于实证法而存在的自然法通过法律原则这一制度性载体引入实证法之中。相较于哈特的分析实证法学来说，德沃金的理论由于将法律的外在表现形式或者内涵做了实质性的拓展，因而，他实际上是不承认法律存在漏洞的。但是，正如笔者在上面所申明的，在现代法治社会的语境之下，对法律的关注应该主要着眼于实证的法律规范，对法律漏洞的立场应该从这个基本前提出发。因此，从这个角度来说，德沃金的相关理论实际上可以被理解为是对哈特的填补法律漏洞思路的修正——对法律漏洞的填补不应该寄希望于法官对法律规则的自由裁量，而应该依赖法律原则的适用。与哈特理论中法官对法律规则的自由裁量相比，法律原则的适用显然要更为客观一些。但是，由于法律原则的适用也必然会涉及价值评判，因而这种适用也存在进行客观化塑造、以提升其正当性的问题。这一点，在德沃金的理论中显然已经注意到了。[③] 客观而论，德沃金所设想的那种塑造手段依然

---

① 梁晓俭、宫燕明：《哈特法律规则说的解释学研究》，载于《法学》2003 年第 3 期，第 24～30 页。

② 德沃金却在其论著《认真对待权利》一书中，借助其"偶然挑选出来的""在法学院的教科书中随处可见"的案例，委婉地告诉人们，需要法官自由裁量的情形是一种日常的实践，而不像哈特所说的那样仅仅是"一种非常罕见的例外情况"。（参见［美］德沃金著，信春鹰、吴玉章译：《认真对待权利》，中国大百科全书出版社 1998 年版，第二章。）

③ ［美］德沃金著，信春鹰、吴玉章译：《认真对待权利》，中国大百科全书出版社 1998 年版。

具有明显的自然法色彩，[①] 但是，他毕竟在实证法的框架之内搭建起了避免出现"规则怀疑论"的制度性平台。如果能够在其理论的基础上做进一步的修饰和强化，将这种客观化的塑造手段进一步拉入实证法的语境范围之内的话，哈特理论中所存在的风险和德沃金理论中所蕴含的自然法色彩是有望被最大限度地弱化的，更为关键的是，将由此而获得一个弥补法律漏洞的正当化渠道。笔者认为，解决这一难题的出路在于借助基本权利对法律原则进行客观化塑造。申而论之，作为国家公权力机关的普通法院，固然需要依法进行裁判，但是它同时也必须接受基本权利对其施加的拘束。如果法官在对具有道德包容性的法律原则进行价值评判的时候，能够将宪法中基本权利的精神注入其中，并在实施该种注入的过程中有意识地将其妥当地嵌入先前存在的由宪法判例、司法判例等组合而成的关涉基本权利精神的宣示体系之中，那么，在立宪主义的背景之下，法官对法律原则所作的相关"道德解读"必将因之而获得最为强劲的客观化塑造。对此，德国学者拉伦兹[②]和库勒尔[③]曾经做过相关的阐述。从实际效果来看，经过基本权利的锻造和"宣示体系"的整塑之后，法律原则和道德评判关联在一起的外在面相将被最大限度地修正，逐渐增添乃至具备实证法的外观属性。如是一来，不仅德氏理论中的自然法色彩得以弱化，哈特理论中所蕴含的法官进行自我价值理念逻辑走私的风险得以排除，而且，作为根本法的宪法的精神也得以实现在作为其下位法的法律中正当性渗透。就本部分的主题而言，法律漏洞场景下的基本权利也将因此而合乎逻辑地获取到经由宪法精神而实现的制度化渠道。这一点，从近年来国内外的司法实践中可以得到更为深刻的体察。[④]

2. 构筑私法与公法接驳的管道，确保基本权利由以实现的法律依托

法律漏洞固然可能是由于自然语言所固有的空缺结构以及人类评价能力的局

---

① 德沃金在其所著《法律帝国》一书中，提出了法律原则的两个面相理论：第一，适切性面相，即法律原则应该尽可能地契合大多数的实证规则；第二，道德正当化面相，即法律原则在道德上应该是最佳的。（参见 ［美］德沃金著，李常青译：《法律帝国》，中国大百科全书出版社 1996 年版。）但是，在价值取向多元化的社会，借助道德对法律原则进行的正当化塑造不仅往往消除不了法律原则适用的风险，却反而会给法律本身带来道德风险。

② 拉伦兹指出："这种法的续造当然不能抵触法秩序的一般原则及宪法的'价值秩序'。事实上，惟其与之一致，其始能被正当化。因此，此种法的续造虽然在'法律之外'，但仍在'法秩序之内'。"（参见 ［德］拉伦兹著，陈爱娥译：《法学方法论》，台湾五南图书出版公司 1996 年版，第 321 页。）

③ 在谈及通过适用法律原则弥补法律漏洞的问题时，库勒尔指出："法官有权利首先是通过'类推'及'词语简化'等方式去积极地创造法律并发展法律规则。在这些活动中法官仍然受'法律'约束，总体上来说要受当时社会生效的法律价值及法律原则的约束，尤其是要受宪法规则的约束。"（参见 ［德］海尔穆特·库勒尔：《德国民法典的过去与现在》，引自梁慧星主编：《民商法论丛》第 2 卷，法律出版社 1994 年版，第 248～249 页。）

④ 刘志刚：《公序良俗与基本权利》，载于《法律科学》2009 年第 3 期。

限性等原因而产生的,[①] 但它也有可能是因为国家立法政策在动线上的不流畅所造成的。与前者相比,后种情形下的法律漏洞并不表现为法律规范本身在内涵或者外延上的模糊,而是表现为私法与公法在接驳上的困难。这种困难使得现实存在的公法规范无法保持对私法领域的必要的效力涵摄,进而使其所承载的"基本权利"在遭受私法主体侵害的场景下无法获得应有的法律救济。例如,1999 年 1 月 11 日,王春立等 16 名下岗职工向北京市西城区法院起诉原单位民族饭店,认为被告侵害了他们作为公民的最基本的政治权利——选举权,要求民族饭店承担法律责任,并赔偿经济损失 200 万元。[②] 1999 年 1 月 21 日,北京市西城区法院(1999)西民初字第 825 号《民事裁定书》指出:"本院认为王春立等要求民族饭店承担其未能参加选举的法律责任并赔偿经济损失的要求,依有关规定,应由有关行政部门解决,本案不属于法院的受理范围。"1月 22 日,王春立等诉至北京市中级人民法院。1999 年 4 月,北京市中级人民法院作出裁定,不予以受理。[③] 再如,1999 年 1 月 29 日,山东鲁南铁合金总厂工人齐玉苓向枣庄市中级人民法院起诉陈晓琪等,认为他们侵害了自己的受教育权等法律权益,要求被告停止侵害,并赔偿经济损失和精神损失。[④] 法院宣判后,齐玉苓不服一审判决,向山东省高级人民法院提起上诉。山东省高级人民法院认为该案存在适用法律方面的疑难问题,遂报请最高人民法院进行解释。最高人民法院研究后认为:当事人齐玉苓主张的受教育权,来源于我国宪法第四十六条第一款的规定。根据该案事实,陈晓琪等以侵犯姓名权的手段,侵犯了齐玉苓依据宪法规定所享有的受教育的基本权利,并造成了具体的损害后果,应承担相应的民事责任。据此,最高人民法院以法释〔2001〕25 号司法解释批复了山东省高级人民法院的请示。[⑤] 随后,山东省高级人民法院依照《中华人民共和国宪法》第四十六条、最高人民法院法释〔2001〕25 号批复以及《中华人民共和国民事诉讼法》第一百五十三条第一款第三项的规定,于 2001 年 8 月 23 日作出判决。

比较上述两个案件,可以发现,尽管法院在对二者的程序处理方面不甚相

---

① 〔英〕哈特著,张文显、郑成良等译:《法律的概念》,中国大百科全书出版社 1995 年版,第 124 ~ 126 页。

② 该案的大致背景是:1998 年 10 月,北京市民族饭店为王春立等 16 名员工进行选民登记。11 月 20 日,选区核发了选民证。11 月 30 日,民族饭店与 34 名员工解除了劳动合同关系。在 12 月 15 日举行投票的时候,这 34 名下岗职工没有获得选民证,也没有接到参加选举的通知。

③ 转引自《法制文萃报》1999 年 5 月 3 日;另可参见"王春立等诉北京民族饭店公布选民名单确定其选民资格后选举时未通知其参加选举侵犯选举权争议不属人民法院主管案",https://m.findlaw.cn/case/4447.html,最后访问时间:2021 年 3 月 29 日。

④ 参见《最高人民法院公报》2001 年第 5 期。

⑤ 该批复已经于 2008 年 12 月 8 日由最高人民法院废止。

同，但是内蕴于法院行为之中的思维脉络却呈现出共同之处：就前者而言，尽管王春立等的选举权遭到了现实的"侵害"，但是，由于该种权利是《中华人民共和国全国人民代表大会和地方各级人民代表大会选举法》《中华人民共和国刑法》等公法所确认和保护的权利，不属于民法所保护的人格权和财产权的范围，因此他们无法通过民事诉讼获得救济；就后者而言，尽管法院受理了该案，但是，法院受理该案主要不是因为原告所诉称的受教育权，而是因为它与姓名权之间所存在的逻辑关联以及民法中一般人格权对它的涵盖。而且，从该案的实体处理来看，法院最终的裁决依据并不是作为公法的《中华人民共和国教育法》，而是《中华人民共和国宪法》第四十六条中关于受教育权的规定。如是这些充分表明：在目前的司法理念之下，私法与公法之间存在着泾渭分明的界限，前者以人格权和财产权为观照对象，后者所规范的是舍此而外的其他权利，这种权利与私法之间不存在逻辑上的关联。然而，正如上述案例所展现的那样，公法权利完全有可能遭受来自私法主体的侵害，司法者如果无视这种客观存在的现实，继续固守私法与公法截然二分的传统理念，则不仅公法规范的实质性效力将受到侵损，而且该种规范原本具有的支撑私法自治空间的功能也将受到损害。更为关键的是，这类案件的解决将动辄上升到宪法的层面，引发民众乃至法院对基本权利之司法适用的过当的奢望。这就不仅背离了目前的制度现实，而且也有损于穷尽法律救济的原则。笔者认为，这种状况的产生固然有着诸多方面的原因，但归根结底是由于民事立法者在其规范体系之内没有妥当地构筑好接驳公法的管道所造成的，这实际上属于另外一种形式的法律漏洞。因此，填补该种漏洞的较为妥当的方式就是构筑和修葺好相应的接驳管道，并由法官将现实存在的公法权利适量地引入私法领域。鉴于该种权利原本锁定的国家面向，为了提升民事法官适用该种权利的正当性，应该将它与基本权利的实现关联起来，在不至于过当压制私法自治的前提下，尽可能地对该种适用进行客观化的塑造。目前，德国在这一领域有着较为成功的经验，① 我国民事立法中也客观存在一定的规范基础，② 如果在基础上进一步增设"法益侵害型"侵权行为制度，③ 并辅之以诉权理论的更新和司法制度的协同，这种法律漏洞必然会得到较为妥当的填补。更为关键的是，基本权利的实现将因之而得以避免因为没有法律依托而产生的实现上的困难。

---

① 苏永钦：《民事立法与公私法的接轨》，北京大学出版社 2005 年版，第 83～103 页。

② 《中华人民共和国民法通则》（2009 年）第五十八条第一款第五项（已失效）规定，违反法律的民事行为无效。《中华人民共和国合同法》（1999 年）第五十二条第五项（已失效）规定，违反法律、行政法规的强制性规定的，合同无效。《中华人民共和国民法典》第一百五十三条第一款规定：违反法律、行政法规的强制性规定的民事法律行为无效。但是，该强制性规定不导致该民事法律行为无效的除外。

③ 也就是说，在传统的侵权行为制度之外，仿效《德国民法典》第 823 条第 2 款的规定，增设"违反保护他人之法律型"侵权行为。

第四篇

宪法与部门法联结
与互动状态下的
中国特色人权
保障

第十八章

基本权利在部门法冲突中的适用

中国特色人权的实现既需要宪法的保障，又需要部门法将宪法中人权保障的规定具体化和现实化，因而宪法和部门法的联结与互动至关重要。由于部门法规范调整范围的交叉重叠以及彼此间调整方式的迥然相异，部门法规范之间往往会产生冲突，典型的如民法规范与行政法规范之间的冲突、民法规范与刑法规范之间的冲突。在部门法规范冲突的案件中，法官依据立法法所提供的法律规范冲突解决规则以及先民后刑、先民后行等法理往往无法较为妥当地处理好不同法律部门之间的规范冲突，将基本权利引入对部门法规范之间冲突的解决似乎是一种较为可行的办法。对此，笔者拟结合具体案例，从两个角度对此展开分析。

第一节 基本权利在民法与行政法冲突时的适用

一、民法与行政法冲突的典型案例——法官参股案

原告张某，是神木县（现神木市）法院监察室副主任，之前担任过神木县法院沙峁法庭庭长，是一名法官。2005 年 2 月，张某和妻子王某将共有的一套住房作价 43 万元，卖给张某的同学陈某。后来又将自己村里分给的街产以 138 万元变卖。随后，张某夫妇将夫妻共同财产以张某的名义与陈某等人合资，受让了

357

他人所有的神木县孙家岔镇宋家沟煤矿，受让价款 1 800 万元，其中张某夫妇 180 万元，占总投资的 10%。入股煤矿后，张某夫妇先后从煤矿得到 660 万元，他们认为这些都是煤矿的红利。2008 年 4 月，张某夫妇获悉陈某早在 2007 年 7～8 月间将煤矿以 5 000 万元的价款转让给冯某、余某 2/3 股份，陈某持有 1/3 股份，且将法人代表变更为冯某。张某夫妇认为对方剥夺了他们受让煤矿的权利，遂将煤矿方起诉至神木县法院，要求法院确认其和妻子持有煤矿 10% 股份，并判令煤矿方给付其 1 100 万元的红利及逾期给付造成的损失。

神木县法院立案后，因涉及法院内部人员，经请示榆林市中级人民法院，此案被指定横山县（现横山区）人民法院审理。在法庭上，原告方陈述了其 180 万元入股煤矿的事实及所得分红的数额，并向法庭提供了相关证据。被告煤矿方陈某认为，原告入股的是 60 万元而不是 180 万元。而且，陈某认为，2005 年 2 月张某夫妇以隐名合伙人入股，后来国家不允许公职人员入股煤矿，他们就给张某夫妇退还了两次共 360 万元，算是退股，后来给的 300 万元也是张某夫妇退出经营的费用。一审法院审理查明，宋家沟煤矿在 2005 年转让给陈某，煤矿价值 1 800 万元。同年 2 月，张某夫妇在宋家沟煤矿入股 180 万元，陈某给张某出具了"今收到张某宋家沟煤矿入股款壹佰捌拾万元"的条据，占该煤矿 1 800 万元的 10% 股份。2005 年、2006 年张某夫妇在宋家沟煤矿分红 360 万元（两次，各 180 万元）。2007 年 7 月底，煤矿扩股为 5 000 万元，新吸收合伙人余某和冯某，与陈某各占 1/3 份额。冯某接管煤矿后，2007 年按合伙金额 100% 分红，2008 年按合伙金额 120% 分红，但 2007 年只给张某夫妇 300 万元，扩股后张某夫妇没有退出合伙，仍然是宋家沟煤矿的隐名合伙人，占煤矿股份 10% 份额为 500 万元。而陈某拿不出两名原告退股的证据，法庭不予支持。因此，一审法院判决，被告陈某在神木县孙家岔镇宋家沟煤矿的股份中，原告张某夫妇持有该煤矿 10% 股份；判令被告陈某给付两原告 2007 年分红款 500 万元、2008 年分红款 600 万元共计 1 100 万元（已付 300 万元），驳回其他请求。

2010 年 2 月 2 日，一审判决后，被告煤矿方不服，上诉至榆林市中级人民法院，请求榆林中院撤销横山县法院一审判决，驳回张某夫妇要求确认其在宋家沟煤矿持有 10% 股份及要求分红 1 100 万元的诉讼请求，并承担一审二审诉讼费用。记者采访中了解到，此案双方争议的焦点问题就是身为公务员的法官张某到底能否入股煤矿的问题。在一审的判决书上，法院认为，禁止公务员入股办企业是管理性强制性规定。合同是否有效，应当适用《中华人民共和国合同法》（以下简称《合同法》）（已废止，2021 年 1 月 1 日起《中华人民共和国民法典》施行）规定的效力性强制规定，《中华人民共和国法官法》（以下简称《法官法》）、《中华人民共和国公务员法》（以下简称《公务员法》）并不调整民事活动，而原告只是在陈某名下的隐名合伙人。因此，原告不是煤炭企业的主管，并没有依职权直接参与办煤矿，原告没有违反《合同法》规定的合同效力性强制性规定，因此，原告民事合同主体成立。煤矿方认为，张某是国家公务人员，以其身份，是不能从事营利性的经营活动的。根据《关于清理纠正国家机关工作人员和国有企业负责人投资入股煤矿问题的通知》[①] 规定，国家机关工作人员不得投资入股煤矿，已经投资的应当撤出投资。因此上诉人认为，当时给张某夫妇的钱就是国家出台政策后的退股及红利。张某一方则认为，《公务员法》是规定公务员不得从事营利性活动，但这个规定形式上是从权力管理角度对公务员私法行为资格进行限制和剥夺，只是权力内部管理规定，不产生对外效力。公务员作为自然人进行的民事活动和效力应当依据调整平等主体之间财产、人身关系的民事法规来认定，违反《公务员法》的管理性规定并不必然导致当事人的民事行为无效。因此，当事人作为民事主体的合法权益应受保护。况且，张某的妻子王某并非法官也非公务员，其投资权益更应当受到法律保护。2010 年 5 月 17 日，本案又因故被推迟。西安交通大学法学院副教授楼晓认为，张某作为煤矿的隐名合伙人入股，且在煤矿方拿不出证据证明张某已退股的情况下，煤矿方就应按照煤矿的收入比例支付相关红利；而对于其存在的参股煤矿的行为，应该按照《公务员法》及《法官法》关于国家公职人员不得从事营利性活动等相关法律规定，对其进行处罚。[②]

榆林市中级人民法院审理查明，张某与陈某系同学关系，2005 年初陈某因资金短缺让张某在其经营的宋家沟煤矿投资入股。2005 年 2 月 23 日，张某入股 180 万元。2005 年 7 月，陈某以干部不能入股为由提出让张某退股，经协商双方达成口头退股协议，约定陈某给付张某退股款及利润共计 360 万元，因陈某不能当即给付，双方约定在 2006 年、2007 年分两次付清。2006 年 3 月 2 日，张某收到陈某的退股款 180 万元。2007 年 2 月 11 日，张某第二次收到陈某的退股款 180 万元。因当时入股收据张某未找到，陈某未能收回该条据。2007 年 7 月 25 日，陈某将煤矿出卖给冯某。陈某以张某在其困难时给予过帮助，又于 2008 年 3 月 1

---

① 2005 年 8 月 30 日，中共中央纪委、监察部、国务院国有资产监督管理委员会、国家安全生产监督管理总局联合发出《关于清理纠正国家机关工作人员和国有企业负责人投资入股煤矿问题的通知》。该通知要求，凡本人或以他人名义已经投资入股煤矿（依法购买上市公司股票的除外）的各级党的机关、国家机关、人民团体、事业单位的工作人员和国有企业负责人投资入股煤矿的人员，要在 2005 年 9 月 22 日之前撤出投资，并向本单位纪检监察或人事部门报告并登记，注明投资单位、投资时间和数额、资金来源以及撤出资金的证明等。各单位纪检监察或人事部门要于 9 月 25 日前将本单位清理纠正情况报当地清理纠正工作小组。要求各地清理纠正工作于当年 10 月 15 日结束。

② 关于案情的介绍参见刘立春：《陕西神木法官状告煤矿讨要千万分红获胜诉》，载于《中国商报》2010 年 5 月 23 日。

日给张某 300 万元。后张某在电话中要求陈某在宋家沟煤矿给其留股 20 万～30 万元，陈某称其股份全部转让，张某也不能再入股。为此，张某认为其继续持有股份提起诉讼，请求陈某给付 2007 年后的分红款并确认其在宋家沟煤矿享有 10% 的股份。榆林市中级人民法院认为，张某身为一名法官，违反《中华人民共和国公务员法》《中华人民共和国法官法》关于禁止公务员、法官从事营利性经营活动的明确规定，投资入股煤矿系违法行为。且张某在 2005 年 7 月与陈某已达成口头退股协议，并分别于 2006 年、2007 年两次收取了陈某给付的退股款 360 万元，张某出具的收据中也载明系返还款，证明退股协议已经实际履行。再从张某提供的其与陈某的通话记录也能印证张某在煤矿中已无股份。因此，陈某上诉认为张某已退股的上诉理由成立，应予支持。由于陈某在原审审理时既未提供书面答辩意见，也未到庭陈述案件事实，原审法院根据张某提供的证据认定其持有股份的事实，显系错误。张某入股投资煤矿的行为本已违反法律规定，其在达成口头退股协议并全额领取了退股款及利润后，为追求更多的利润提起诉讼，更属错误，其请求分红和确认股份的诉讼请求，依法不予支持，遂作出上述判决。①

上述"法官参股案"中当事人之间的法律争议，除涉及法官张某的口头退股协议是否有效之外，还涉及《合同法》与《公务员法》《法官法》之间的冲突问题。案件被媒体披露之后，社会各界关注的焦点主要集中在这个方面。有学者认为，张某是煤矿的隐名合伙人，在煤矿方面拿不出证据证明张某已经退股的情况下，就应当按照煤矿的收入比例支付其相关红利；而对于张某参股煤矿的行为，其所在单位可以按照《公务员法》和《法官法》的相关规定，对其进行处分。② 也有人认为，对张某仅仅做行政处分并没有还给社会和人们期待的公正，其所获得的违规收入违反《公务员法》和《法官法》有关公务员或法官收入的规定，应该没收。③ 总观民众对该案件的种种争议，或者强调区分"效力规范"与"管理规范"，排除公法规范对民事法律行为的直接效力；或者直接诉诸"社会公正"，要求以公法规范否定私法协议的效力。由此凸显了民法规范与行政法规范之间的冲突及人们面对该冲突进行选择时的困惑。

二、民法规范与行政法规范之间的冲突及其产生原因

现代国家的法律体系是以部门法为基础建构起来的，而部门法是根据其调整对象及调整方式的不同界分开来的。从法治实践来看，不同部门法在调整对象方

---

①③ 《一个法官的自我"举报"》，央视网，2010 年 5 月 24 日。
② 刘立春：《山西神木法官状告煤矿讨要千万分红获胜诉》，载于《中国商报》2010 年 5 月 23 日。

面往往存在一定程度的交叉，由于各自调整方式的不同，对同一对象调整之后所呈现出来的法律后果往往不甚相同，甚至南辕北辙、迥然相异，由此形成了部门法规范在调整对象上的竞合与调整结果上的冲突。有学者指出，"在法条相互竞合的情形，假若这些法条所规定之法律效力同一，则其竞合并不引起严重的问题，盖其中某一法条是否排除另一法条之适用，并没有多大的实益。"① 但是，就不同部门法规范调整同一对象引发的法条竞合而言，由于不同的部门法规范中均设立了相互冲突的法律后果，必然会产生部门法规范之间的冲突，如民法规范与行政法规范之间的冲突、民法规范与刑法规范之间的冲突等。前述两种类型的部门法规范之间的冲突相比较来说，民法规范与行政法规范之间的冲突不仅表现在二者的价值取向不甚相同、调整方式及其衍生后果迥然相异，而且表现为行政法规范对民事法律行为效力的潜在影响。也就是说，如果公民违反了相关行政法规范，并因此而遭到行政法上的否定性评价，其作为民事主体而为之民事法律行为的效力是否因之也将丧失？《民法典》第一百五十三条规定，违反法律、行政法规的强制性规定的民事行为无效。依据该规定，似乎违反包括行政法规范在内的所有法律规范的行为均应归于无效。如果法院依据前述规定作出严格的文本主义解释，则民事法律秩序的形成将由民事主体之间的合意结构性转移至行政机关的判断，进而导致民事主体充分挥洒其意志自由、建构私法秩序的空间被过当限缩。这样一来，则不仅民事法律秩序将无法维持必要的安定，建构社会主义市场经济的宏伟方略也将因为"特洛伊木马"在民法场域的过当植入而受到压制性的影响。因此，法官在民事审判中既不能无视民事主体对行政法规范的违反，也不能以其违反行政法规范为由而一概否定其所为之民事法律行为的效力。在前述"法官参股案"中，社会公众之所以对法院所作一审判决反响强烈，其根本的原因就在于民众对民事主体所为之违反行政法规范的民事法律行为的效力秉持绝对否定的立场，而法官所作的一审判决却从根本上颠覆了他们所持的这种立场，而且，在客观上造成了民法规范与行政法规范之间的无法对接，对国家法律体系的一体化发展产生了消极的影响。与一审判决相比，法院所作二审判决回应了民众所秉持的前述立场，但是，由此引发的令人深思的问题是：如果以民事主体违反行政法规范为由，而一概否认其所为之民事法律行为的效力，将不可避免地造成行政法规范对私法自治的过当压制，破坏行政法与民法之间的应有界限，进而对国家法律体系的一体化发展产生类同的消极影响。面对前述尴尬的两难选择，必须审慎地思考清楚，民法规范和行政法规之间究竟何以产生如是冲突？

---

① 黄茂荣：《法学方法与现代民法》，法律出版社 2007 年版，第 206~207 页。

笔者认为，民法规范和行政法规范之间产生冲突主要基于两个方面的原因：第一，民法规范和行政法规范调整对象的重合。民法调整平等主体之间的人身关系和财产关系，行政法调整行政主体行使行政职权过程中形成的行政关系与监督行政关系，该种关系在内容上既包括人身关系，也包括财产关系。如此一来，二者在调整对象方面就出现了交叉重合。由于调整方式的差异，二者对同一对象进行调整所形成的法律后果之间必然出现冲突。有学者指出，"当民法随着经济主体和行为的大幅市场化，而不断扩大其规范领域时，民法和国家观之经济的法规重叠的领域也越来越大，就这一点，中国和西方资本主义国家也是从两个对立的点上微妙的趋同：后者呈现的是经济法和其他管制法规的成长，对照于前者民法的成长。"① 当前，我国已经成功实现了从高度集中的计划经济体制到充满活力的社会主义市场经济体制的伟大历史转折。在这一过程中，民法和行政法在部门法形态、诉讼机制、审判规则等方面逐渐分离：一方面，随着社会主义市场经济目标模式在宪法上的确立，私法自治的理念得到强化，进而经由民事立法、民事司法逐渐成形，民法规范长驱直入、逐渐扩张、发展势头强劲，成为型构自由市场秩序的内控机制；另一方面，随着政府职责范围的结构性拓展，政府越来越多地介入一些新生的社会领域，各种管制型规范应运而生，和民法所调整的对象在范围上不可避免地出现了交叉重叠。在诉讼机制方面，行政诉讼逐渐从民事诉讼法中分离出去，制定了独立的行政诉讼法，形成了独立的行政审判制度。行政诉讼与民事诉讼相比，尽管二者之间存在历史与现实层面的诸多关联，但是自行政诉讼法独立以来，行政诉讼就越来越显现出不同于民事诉讼的诸多特性，逐步建构起了独立的规范体系，与民事诉讼法相映成趣。除此之外，行政法在其发展的过程中，逐渐建构起了丰富多元的法律责任体系，包括但又不局限于行政诉讼。如此一来，民法规范与行政法规范由于调整对象的竞合及责任方式的不同所衍生出来的矛盾就不可避免地体现了出来。第二，民法规范和行政法的价值诉求不同。民事行为奉行的行为法则是：法无禁止者即为自由，民法规范体系是以此为主旨构筑起来的，注重保障民事主体充分的挥洒其意志自由，谋求实现私法自治。与之相比，行政行为所奉行的行为法则迥然相异，崇尚和追求的是法无授权者不可为，讲究职权法定，注重对行政公权的限制和约束，以保障处于弱者地位的相对人的合法权益。诚如王泽鉴先生所说，"民法的主要特征及规范意义在于自由与平等，即个人的自主决定，自我负责地形成彼此间的权利义务关系（私法自治）……私法与公法有不同的规范原则：私法以个人自由选择为特征，公法则以强制或拘束为内容；前者强调自主决定，后者须有法律依据及一定的权限。任

---

① 苏永钦：《民事立法与公私法的接轨》，北京大学出版社 2005 年版，第 9 页。

何社会在决定如何以私法和公法形成公民生活时，对于此种区别应有清楚的认识，并建构最妥帖的规范。"① 我国现行宪法颁布实施以来，随着社会主义市场经济目标模式及依法治国基本方略的确立，私法自治与公权法定原则的正当性愈益凸显，逐步被宪法修正案加以确认。1993 年《宪法修正案》第七条规定："国家实行社会主义市场经济。国家加强经济立法，完善宏观调控。国家依法禁止任何组织或者个人扰乱社会经济秩序。"1999 年《宪法修正案》第十三条规定："中华人民共和国实行依法治国，建设社会主义法治国家。"2004 年《宪法修正案》第二十一条进一步明确宣布：现总体来看，私法自治与公权法定是相互依托、并行不悖的。如果没有私法自治，市场经济就无法形成，立基于其上的依法治国以及由此衍生出的公权法定就无从说起；反之，如果不实行公权法定，私法自治将不可避免地受到来自公权的诸种压制，甚至在公权的肆意侵入下难以维持自身的存在，最终使建构市场经济的目标方略化为泡影。因此，私法自治与公权法定实际上各行其道，彼此间并不存在本质上的冲突。但是，问题的症结在于：实践中民事行为与行政行为在诸种因素的勾连下往往交织在一起，对相关行为所作的行政法上的评价往往和该行为的民事法律后果之间存在逻辑上的诸种关联。基于公权法定，对相关行为所作行政法上的否定性评价并不必然影响该行为在民法上的效力；反之，基于私法自治原则，对相关行为民事法律后果的体认并不意味着否认对该行为所作行政法上否定性评价的正当性。如是一来，私法自治与公权法定所推导出来的结果在法律体系的一体化建设方面就难以实现无缝对接，民法规范与行政法规范之间的冲突由此显现出来。舍此而外，还必须看到的现实问题是：由于民事行为与行政行为奉行不同的行为法则，行政机关及其工作人员在利益的驱使之下往往经由民事行为实现其经济利益，由此产生了"公法遁入私法"现象，规避公法规范对其施加的种种规制。这样一来，行政法规范与民法规范之间的冲突就现实地显现了出来。

三、基本权利在民法规范与行政法规范发生冲突时的适用

作为国家的根本大法，宪法内容的实现不仅要依靠民法，而且也要依靠包括行政法在内的公法，由于二者调整对象上的相互关联及调整方式上的迥然相异，民法规范和行政法规范在法治实践中的冲突不可避免。对二者之间冲突的解决，单一适用民法规范或者行政法规范都会存在这样那样的问题，最佳的解决方式应当是依据宪法中的基本权利对民法中的相关条款进行合乎逻辑的注解和说明，以

---

① 王泽鉴：《民法概要》，中国政法大学出版社 2003 年版，第 4 页。

实现行政法规范在民法场域的适当渗透，进而维护民法和行政法的一体化发展。有学者认为，宪法并非民法的法源，但是，基本权利对民法关系的当事人具有间接效力，也就是说，基本权利可以经由法官对民法中概括性条款或者不确定法律概念的合宪性解释来实现其对民法规范的统合。例如，对于劳动契约上的单身条款，可以经由民法中的公序良俗原则，将其和宪法中保障人民工作权或婚姻自由权利的规定关联起来，通过对公序良俗原则的合宪性解释，认定该单身条款违背公序良俗原则而无效。① 该种做法不仅确保了民法规范自身的体系完整和逻辑自洽，而且实现了基本权利对民法规范的价值统合。由此观之，包括宪法规范在内的公法规范并不必然需要作为民事案件的直接审判依据，通过内嵌于民法规范体系中的公序良俗原则等不确定法律概念或者概括条款将其作用传导到民法规范体系中即可。

但是，问题的症结在于，基本权利和行政法规范等诸种公法规范在外观形式上不甚相同，基本权利固然可以通过前述方式在民法场域发挥作用，行政法规范等诸种公法规范是否也可以通过类同的方式发挥其在民法场域的作用呢？笔者认为不可以！行政法规范等诸种公法规范在民法场域作用的发挥，必须经由基本权利条款，也就是说，将其和基本权利关联在一起，进而通过对民法中包括公序良俗原则在内的不确定法律概念或者概括条款的合宪性解释，将行政法规范的精神合乎逻辑地注入民法场域之中，以实现其对民法规范体系的传导性影响。目前，"违背法律和违背善良风俗在世界各地均被当作合同无效的后果的事实根据。因此不论是在英美法系或者在罗马法系，都是将这种情况规定为合同无效。只有在德国法系中，将违背法律和善良风俗的情况不仅仅规定为合同无效的原因，而且还将其规定为一切法律行为无效的原因。"② 从各国民事立法的内容来看，各国在违背法律和违反公序良俗的关系方面的做法不尽一致，大致有两种类型：第一，一元论立场。该立场将违背法律和违反公序良俗做一元化处理，也就是说，仅仅违背法律的规定并不必然导致法律行为的无效，只有在同时违反二者的情况下，法律行为方才无效。通过这种方式，一方面赋予民法中"违背法律规定"条款以概括条款的地位，另一方面让公序良俗原则合乎逻辑地担负起过滤器的职能，以求在充分贯彻公法强制意志的时候最大限度地捍卫私法自治。法国、意大利、奥地利和瑞士等国家采取该种做法。第二，二元论立场。该立场将违反法律的强制性规定和违反公序良俗在结构上予以分开，二者都是导致法律行为无效的原因，同时，后者又是对前者的补充。在该种方式下，私法自治受到来自公法层

① 王泽鉴：《民法概要》，中国政法大学出版社 2003 年版，第 4 页。

② ［德］康·茨威格特、梅·克茨著，孙宪忠译：《违背法律和善良风俗的法律行为后果比较》，载于《环球法律评论》2003 年第 4 期，第 468 页。

面的较为严格的审查。德国、日本所采取的就是该种做法。从《民法典》的相关规定来看，我国所采取的是"二元论"的立场。目前，尽管我国在逐步限缩作出强制性规定的"法律"的范围，以求尽可能避免公法规范对私法自治空间的过度挤压，但是，在公序良俗和法律导致法律行为无效方面的二元立场并没有改变。

诚如前述，私法主体之间所为的民事法律行为如果在内容上违反了法律的强制性规定或者公序良俗原则，将导致该法律行为的无效。从直观来看，这与宪法中的基本权利条款似乎没有什么直接的关联。其原因在于：从民法的角度来看，对法律行为内容进行限制的强行法仅仅包含民法本身和一般公法规范所规定的强制规范和禁止规范，而不包括宪法规范。因此，在民事法律行为的内容违背了宪法规范或者基本权利所包含的价值的情形下，没有宪法规范适用的余地。换言之，虽然民法规范必须完全符合宪法的要求，但私人之间的法律行为，并不仅仅因为偏离了宪法权利及其所包含的价值制度而归于无效。从宪法的角度来说，由于基本权利在传统上被认为是指向于国家公权机关的一种权利，对民事主体之间的私法行为是没有适用的空间的，因而也就谈不上对基本权利条款的违反而导致法律行为无效的问题。然而，自20世纪末期以来，由于国家及社会结构的变迁，基本权利在功能指向上发生了外延上的拓展，对私法主体之间所为的法律行为产生了影响。同时，由于基本权利在私法领域不同于民事权利的功能，使它对民事法律行为的影响更多地体现在对其效力的影响方面，由此就与公法强制性规范以及公序良俗原则在逻辑上关联了起来，具体可以从两个方面加以识别判断：（1）在界定违反行政法等公法性强制规范的民事法律行为效力的时候，正确的做法应当是根据具体情况由法院综合审查判断。法院审查判断的准则应当是：否认违反行政法等公法性强制规范的民事法律行为的效力，是否会构成对相关基本权利的过当侵害。具体思路是：公法性强制规范对民事法律行为效力的影响直接关涉公民的基本权利，如契约自由权、财产处置权、婚姻自由权、立遗嘱权等；国家对基本权利承担着消极不侵害、采取切实有效措施加以正向满足的宪法责任；公法性强制规范有可能构成对公民契约自由权、财产处置权、婚姻自由权、立遗嘱权等基本权利的过当侵害；法院作为国家公权机关对违反公法性强制规范的民事法律行为效力的界定，可以结合比例原则加以识别判断。（2）公序良俗原则作为民法的一项基本原则，它在很大程度上是一种价值判断，而不是一种类同于法律规范那样的具有可操作性的规则，以之来识别和判断合同的效力有可能造成的结果是，法官通过公序良俗原则这一制度载体，将自身的价值判断注入对该原则的解释之中，形成一种所谓的法官自我价值理念逻辑走私的司法现象，危及司法裁判的公正性与统一性。因此，法官在适用该原则的时候，必须通过某种较为妥当的方式对其适用行为进行正当性塑造。对此，有学者提出以宪法中的基本权利条款作为对公序良俗原则进行客观化塑造的制度载体，以防止其沦为法官为自我价值理念而进行逻辑走私的工具凭借。[①] 对此，笔者深以为然！依据我国《民法典》的规定，合同行为只有在违反法律、行政法规中的强制性规定的时候方才无效，违反规章或者地方性法规中的强制性规定并不必然导致合同的无效。那么，对于法律、行政法规之外的规章、地方性法规甚至行政规范性文件中的强制性规定对合同效力的影响究竟如何判断呢？笔者认为，既不能将违反前述法律文件中强制性规定的合同一概认定为无效，也不能一概认定为有效，较为妥当的方式是将其与公序良俗原则、基本权利关联起来。也就是说，如果对前述法律文件的违反会导致对公民基本权利的侵害，即可认定为违背了公序良俗，进而认定相关合同无效；反之，并不必然导致合同的无效。如是一来，基本权利就经由公序良俗原则以及与前述法律文件之间的逻辑关联，渗透到了民法场域，既保障了法律规范体系之间的一体化发展，也在客观上解决了行政法规范与民法规范之间的冲突。对前述"法官参股案"中行政法规范与民法规范之间冲突的解决可以依据上述两种思路加以处理。

第二节　基本权利在民法与刑法冲突时的适用

一、民法与刑法冲突的典型案例——帅某骗保案

投保人帅某，系四川省达州市渠县有庆镇财政所会计，于1998年和2000年为其母向中国人寿渠县分公司投保康宁终身寿险。康宁险的合同约定："凡70周岁以下，身体健康者均可作为被保险人。"而1998年帅某之母实际上已有77岁，其母在乡政府的集体户口由于其他私人原因在投保前改小了23岁。帅某在第一次投保时曾经问过保险业务员，业务员说按户口所载年龄填即可；第二次投保时，业务员则让她按照第一份保单的内容填。就这样，已经远远超过承保年龄的帅某之母按照改小的年龄顺利地成为被保险人。2003年帅某母亲身故，渠县分公司进行理赔调查，帅某再次修改母亲入党申请书上的年龄，从而顺利地领到保

---

① ［德］卡尔·拉伦茨著，陈爱娥译：《法学方法论》，台湾五南图书出版公司1996年版，第321页。

险公司给付的死亡保险金 27 万元。同年 7 月中国人寿四川省分公司收到了 10 多个具名举报，称帅某之母年龄有假。达州市分公司接到省分公司转来的举报信后立即报案，公安局很快查清了案件的真相。[①]

从直观层面来看，该案并不复杂。但是，其审理过程却颇费周折：渠县公安局刑事立案之后，侦查终结移送渠县检察院审查起诉，渠县检察院内部对该案的定性产生了较大分歧，最终作出不起诉决定。对此，渠县公安局感到非常不满，向达州市检察院提出复议，达州市检察院指定大竹县检察院以保险诈骗罪提起公诉。但是，大竹县法院并未支持检察院的观点，宣告帅某无罪。大竹县检察院提起抗诉，市检察院支持公诉，达州市中级法院对该案法律适用问题存在意见分歧，争执不下，该案随后报给四川省高级法院。省高院同样出现意见分歧，该案又被上报给最高人民法院。

在该案的审理过程中，控辩双方、控审双方甚至法院内部对案件的法律适用问题形成了两种不同观点的激烈交锋。一种观点认为，该案应当适用保险法，帅某的行为是民事合法行为，她应该得到 27 万保险金。理由是：第一，康宁险的保险标的指的是人的寿命和身体，也就是人的生存状况和健康状况。此案中，标的是帅某之母的生或者死，并非她的年龄，因此，帅某没有虚构保险标的，不适用刑法。第二，《中华人民共和国保险法》（以下简称《保险法》）（2002 修正）第五十四条第一款规定："投保人申报的被保险人年龄不真实，并且其真实年龄不符合合同约定的年龄限制的，保险人可以解除合同，并在扣除手续费后，向投保人退还保险费，但是自合同成立之日起逾二年的除外。"可见，《保险法》（2002 修正）对帅某这种情况已经有明确规定，保险公司如在两年内不解除合同，合同将受法律保护。另一种观点认为，本案应适用《中华人民共和国刑法》（以下简称《刑法》），帅某的行为构成了保险诈骗罪，27 万元的诈骗金额足以使帅某被判处 10 年以上有期徒刑的刑罚。理由是：第一，年龄与人的寿命或者身体不能独立分开，也就是说，年龄是康宁险的标的。帅某篡改年龄的行为是虚构保险标的。第二，帅某的行为具有严重的社会危害性，这种社会危害性已经不能用《保险法》这样的民法来遏制，必须使用《刑法》来调整。虽然帅某后一次篡改年龄是在 2 年的排斥期之外，但这两次篡改年龄具有连续性，犯罪行为在她拿到钱时才形成，帅某的行为属故意诈骗，是《保险法》第五十四条的例外。[②]

前述两种观点的前提假设是：帅某的行为既符合《保险法》（2002 修正）第五十四条的规定，也符合《刑法》（1997 年修订）第一百九十八条的规定，但这二者之间是存在冲突的。也有学者认为，该案中所谓《保险法》与《刑法》的

---

①② 何海宁：《难倒法官的骗保案》，载于《南方周末》2005 年 4 月 14 日，A6 版。

冲突其实并不存在，只是谁优先适用的问题。由于"先刑后民""刑重民轻"的陈旧司法观念作祟，以至于在法院民事判决生效后，败诉方往往还会转而寻求公安机关的帮助，以涉嫌合同诈骗等理由达到索债的目的。本案也正类似于这种情况。其实，司法应当先民后刑，只有当法院作出不属于民事纠纷的判断后，才允许动用刑罚力量。[①] 事实上，在帅某"骗保"案中，控辩双方交锋的主要焦点之一就是：帅某的行为是否适用《保险法》（2002 修正）第五十四条的规定。这也就是说，如果帅某的行为根本不符合《保险法》（2002 修正）第五十四条的规定，也就无所谓《保险法》与《刑法》的冲突问题，直接适用《刑法》（1997年修订）第一百九十八条的规定就可以了。在该案一审过程中，对帅某提起公诉的大竹县检察院认为：帅某的行为属故意诈骗，是《保险法》第五十四条的例外。对此，笔者秉持不同的立场。笔者认为，大竹县检察院之所以认为帅某的行为不适用《保险法》（2002 修正）第五十四条的规定，是因为帅某存在骗保的故意。但是问题的症结在于：《保险法》（2002 修正）第五十四条并未对投保人的主观方面作出限制性的要求。该条第一款规定，"投保人申报的被保险人年龄不真实，并且其真实年龄不符合合同约定的年龄限制的，保险人可以解除合同，并在扣除手续费后，向投保人退还保险费，但是自合同成立之日起逾二年的除外。"很明显，该条的适用条件仅限于"投保人申报的被保险人年龄不真实，并且其真实年龄不符合合同约定的年龄限制"，至于投保人的主观方面是故意还是过失，并不作限制性的要求。因此，帅某的行为符合《保险法》（2002 修正）第五十四条的规定，应当适用。

有学者认为，帅某的行为既符合《保险法》的规定，又符合《刑法》关于保险诈骗罪的要求，是民事合法行为与保险诈骗罪的竞合。一方面，不可抗辩条款是国际保险业的一项非常重要的条款，其主要内容是：人寿保险合同生效一定时间（一般为 2 年）之后，就成为不可争议的文件，保险人不能再以投保人投保时违反最大诚信原则，没有履行如实告知义务为由而主张保险合同无效或拒绝给付保险金。我国的不可抗辩条款只局限于年龄方面。帅某故意篡改年龄投保的情况应如何处理，《保险法》（2002 修正）第五十四条第一款已经作出明确规定，因而本案应当适用《保险法》。另一方面，帅某的行为又完全符合保险诈骗罪的构成要件。第一，在人身保险合同中，被保险人的年龄是保险标的必要条件，足以影响保险人决定是否同意承保或者提高保险费率。某人一年内的死亡概率，虽然取决于许多因素，但最主要的因素是年龄。本案中帅某篡改其母的年龄，将不符合保险合同要求的标的篡改为符合保险合同要求的标的，属于虚构事实，其行

---

① 邓子滨：《仅有法律的"名义"是不够的》，载于《南方周末》2005 年 4 月 14 日，A6 版。

为完全符合保险诈骗罪中虚构保险标的立法要求。第二，帅某在投保时篡改其母年龄，在其母身故后保险公司理赔调查阶段对此再次予以修改，充分表明其故意的犯罪心理，并且具有非法获取保险公司之保险金的目的。第三，帅某非法获取保险理赔金 27 万元，远远超过了司法解释规定的个人进行保险诈骗的起点标准。由于本案具有特殊性，《保险法》与《刑法》皆能适用。但由于两者的规定存在冲突，适用不同的法律将造成判决结果的巨大差异，因而《保险法》与《刑法》不能同时适用，只能选择其一。因此，在《保险法》与《刑法》两者的规定存在冲突时，应如何选择适用法律，就成了本案的关键所在。①

那么，该案究竟应该适用《保险法》（2002 修正）第五十四条，还是应该适用刑法第 198 条？对此，多数学者认为应当适用《保险法》（2002 修正）第五十四条。有学者指出，"本案中保险金的取得，不仅不应成为动用刑法的理由，而且应当成为所有法律保护的对象。"② 其原因在于：第一，司法应当先民后刑，只有当法院作出不属于民事纠纷的判断后，才允许动用刑罚力量；第二，在法律规定存在模糊的情形下，依照法治精神，对之不能做不利于公民的解释，尤其不能让公民因此而付出自由的代价；第三，不能以所谓严重的社会危害性作为判断罪与非罪的预设前提，因为罪刑法定原则要的就是"法无明文规定不为罪"，而不问其社会危害性如何。③ 也有学者认为，要解决该案中的法律规范适用问题，一味地纠缠于《保险法》抑或《刑法》的规定毫无意义，必须跳出部门法规定的窠臼，从民法与宪法关系的角度进行考察。立基于此，该案应当适用《保险法》，其原因在于：首先，从民法与刑法在价值层面上的关系看，应当适用《保险法》；其次，从民法与刑法在规范层面上的关系看，应当适用《保险法》；最后，从民法和刑法在司法层面上的关系看，应当适用《保险法》。④ 对此，笔者秉持相同立场，但理由与前述观点不甚相同，将在第三大点中详述。

二、刑法与其他法律部门之间的补充与被补充关系

刑法与相关部门法的关系在实体法层面主要体现为刑法与民法、行政法之间的关系。如何处理刑法与民法、行政法的关系是当前我国法治实践中面临的突出问题。自 1979 年《刑法》颁布实施以来，刑事立法不断扩张，大量民事、行政

---

① 于改之、吴玉萍：《刑、民冲突时的法律适用——以帅某骗保案为中心》，载于《法律适用》2005 年第 10 期，第 62 页。

②③ 邓子滨：《仅有法律的"名义"是不够的》，载于《南方周末》2005 年 4 月 14 日，A6 版。

④ 于改之、吴玉萍：《刑、民冲突时的法律适用——以帅某骗保案为中心》，载于《法律适用》2005 年第 10 期，第 63～64 页。

违法行为被纳入刑事犯罪的范围，这不仅对民法、行政法的固有空间范围造成了压制，而且也在一定程度上模糊了刑法与民法、行政法之间的界限。与此同时，随着现代社会发展的日趋多元和复杂，民法、行政法、刑法等各个法律部门的规范体系也日臻完备，形成了各自相对独立的话语体系。部门法的各自繁荣一方面充实和完善了自身逻辑上的自洽，另一方面也不可避免地造成了部门法彼此之间的规范冲突，近年来发生的帅某骗保案、许霆盗窃案①、吴英集资诈骗案②等都是典型的实例。

一般认为，与民法、行政法等法律部门相比，刑法是它们的补充法、保障法。其原因在于，"刑法是以刑罚这种残酷的制裁作为手段的，不能轻易使用，只有在使用其他法律不足以对法益进行保护的场合，才将侵害法益的行为作为犯罪进行处罚，由此彻底实现对社会秩序的维护。"③ 也就是说，只有当民法、行政法等部门法不能充分保护某种法益时，方才由刑法加以保护；只有当它们不足以抑制某种危害行为时，方才由刑法加以禁止。④ 德国刑法学者罗克辛教授认为，刑法是社会政策的最后手段，只有在其他解决社会问题的手段不起作用的情况下，才允许被适用。⑤ 前述立场学理上往往称之为刑法与相关部门法关系的一元化立场。秉持该立场的学者普遍认为，刑法和民法在地位上相互独立，在内容及功能上相互补充，民事责任体现的是民事主体对受害者个体利益的弥补，刑事责任体现的却是国家对一般个体利益的保护，它们是一个问题的两个不同方面，共同构成了对法秩序的整体维护。例如，在个体实施不法行为造成他人损害的场景下，民事赔偿责任体现的是侵权行为人对被害人受损害利益的赔偿，而刑事责任体现的却是国家为了防止其他人免受不法行为的侵害而对其实施的抑制，民事赔偿责任的承担并不意味着它可以取代刑事责任，"如果以行为人是否进行民事赔偿作为衡量行为人之行为是否构成犯罪，那么法律警戒和抑制的内容就被置换成对民事责任的不承担行为，如此，则使法律的警戒和抑制方向发生严重的错位和偏离，而且会导致刑事责任承担的不平等。"⑥ 但在违法性上，刑事犯罪必须以民事违法为前提，只有不法行为对被害人利益的侵害上升到了需要运用刑法进行惩戒以防止其他人再受不法行为的侵害时，刑法才能介入。在任何

---

① 《许霆案重审 称多取钱系"不当得利"而非"盗窃"》，人民网，2013年6月2日。

② 《胡铭：吴英案具有历史意义》，环球网，2012年2月18日。

③ ［日］大谷实著，黎宏译：《刑法总论》，法律出版社2003年版，第4页。

④ 张明楷：《刑法学》（第2版），法律出版社2003年版，第30页。

⑤ ［德］克劳斯·罗克辛著，王世洲译：《国刑法学总论：犯罪原理的基础构造》第1卷，法律出版社2005年版，第23页。

⑥ 杨忠民：《刑事责任与民事责任不可转换——对一项司法解释的质疑》，载于《法学研究》2002年第4期，第131~137页。

情况下，民事合法行为都不能上升为刑事犯罪，否则将导致法秩序保护的冲突。

与其他法律部门相比，刑法在社会秩序的维护方面具有明显的从属性，居于补充性的地位。具体表现在：第一，在法律所规范的行为模式方面，相关部门法规范往往是刑法规范的前提性规范。例如，《中华人民共和国治安管理处罚法》（以下简称《治安管理处罚法》）作为《刑法》的前置性规范，其许多条款的表述与《刑法》几乎完全一致或者基本一致。二者在关于非法限制他人人身自由、非法侵入他人住宅或者非法搜查他人身体、冒充国家机关工作人员招摇撞骗、组织淫秽表演等方面的规定几乎完全一样，具有直接的对应关系。[①] 再如，在《刑法》中的诸多空白罪状条款中，由于所参照援引的非刑事法规范对犯罪构成起着补充说明的作用，因而往往被称为刑法的补充规范。[②] 据统计，《刑法》中的空白罪状共计 70 多处，尽管各自的表述不甚相同，但均在事实上承担了刑法前置性规范的作用。关涉空白罪状的表述中，有的只是概括性地表述为"违法规定""违反国家规定""违反法律规定"等，有的则明确规定为"违反交通运输管理法规""违反保守国家秘密法规""违反国务院卫生行政部门的有关规定""违反爆炸性、易燃性、放射性、毒害性、腐蚀性物品的管理规定"等。前述规范大多属于行政法规范，是认定相关行为是否构成刑事犯罪的前置性规范。除却上述情形之外，有时尽管《刑法》中没有明确将相关部门法作为认定刑事犯罪的前提，但刑法条文的具体表述中却隐含了该内容。例如，《刑法》第二百六十一条规定，"对于年老、年幼、患病或者其它没有独立生活能力的人负有抚养义务而拒绝抚养，情节恶劣的，处五年以下有期徒刑、拘役或者管制。"从该条文本规定来看，似乎并未将《刑法》之外的某法律部门中的相关条文作为其前置性规范，但是，要识别和判断究竟哪些人负有该条所说的抚养义务，必须依据《民法典》等相关部门法中的规定，这样一来，《民法典》中的相关规范就成为《刑法》的前提性规范，而前述《刑法》规定也就成为补充性规范了。再如，在不作为杀人案件中，父母不给年幼的孩子喂食而致其饿死，父母的行为将构成故意杀人罪。父母构成故意杀人罪的前提是其违反了相关部门法中关于父母有抚养未成年人子女义务的规定。尽管这个前提在《刑法》第二百三十二条关于故意杀人罪的规定中并未明确加以规定，但它却在事实上成为《刑法》认定犯罪的前提。第二，在法律制裁的内容方面，刑法规范充当了民法、行政法等部门法规范的后盾。例如，在制裁方式方面，《刑法》所规定的制裁方式主要包括死刑、无期徒

[①] 吴学斌：《治安管理处罚法与刑法的外在冲突与内在协调》，载于《深圳大学学报》（人文社科版）2009 年第 6 期，第 23 页。

[②] 蔡墩铭：《刑法总论》，台湾三民书局 1993 年版，第 11 页。

刑、有期徒刑、拘役和管制，这些制裁方式与民法、行政法之间保持了衔接与配合。《民法典》第一百七十九条规定，"承担民事责任的方式主要：停止侵害；排除妨碍；消除危险；返还财产；恢复原状；修理、重作、更换；继续履行；赔偿损失；支付违约金；消除影响、恢复名誉；赔礼道歉。法律规定惩罚性赔偿的，依照其规定。"从学理上来说，民事责任体现的是私法责任，而刑事责任体现的是国家对犯罪行为及犯罪人所作的否定法律评价与谴责。二者之间的性质差异决定了彼此间不可以相互代替，但可以相互配合，我国《民法典》所规定的诸种民事责任形式在类型上与《刑法》所规定的前述制裁方式之间具有明显的相互配合功效。《刑法》第三十六条第一款规定："由于犯罪行为而使被害人遭受经济损失的，对犯罪分子除依法给予刑事处罚外，并应根据情况判处赔偿经济损失。"第三十七条规定："对于犯罪情节轻微不需要判处刑罚，可以免予刑事处罚，但是可以根据案件的不同情况予以训诫或者责令具结悔过、赔礼道歉、赔偿损失或者由主管部门予以行政处罚或者行政处分。"再如，在制裁程度方面，行政处罚与刑罚之间实现了较为妥当的衔接。《刑法》规定拘役的最低期限是 1 个月，而《治安管理处罚法》中拘留的最高期限是 20 天，二者在处罚的力度方面保持了基本的衔接。在剥夺财产方面，罚金数额的下限一般情况下是 1 000 元，而《治安管理处罚法》规定罚款的上限一般是 500 元或 1 000 元，二者保持了衔接上的一致。

三、基本权利在民法与刑法冲突时的适用

刑法相较于其他法律部门的补充法的性质定位对于限制国家刑罚权的滥用、保障公民自由具有重要的作用。但是，随着社会情势的变迁，民法、行政法、刑法等相关法律部门的观念、调整范围、功能和结构不断发生分化，不仅形成了各自独立的思维范式，而且在法律思维的逻辑起点、实质违法观和法的价值等方面自成体系，刑法与相关法律部门之间的既有补充与被补充关系因之也不断面临着冲击。按照学界的传统理解，刑法相较于民法、行政法而言，属于一种补充法、保障法，民事不法、行政违法、刑事犯罪在法律责任劣度方面呈现出一种逐级递升的关系，只有在民法、行政法等不足以惩治相关违法行为时，刑法方才出场，作为最后的保障措施。但是，实践的发展却突破了该种关系模式。例如，我国《刑法》第一百七十六条规定了非法吸收公众存款罪，其罪状描述是"非法吸收公众存款或者变相吸收公众存款，扰乱金融秩序的"。按照刑法与民法、行政法关系的传统架构，非法吸收公众存款或者变相吸收公众存款行为同时也应当是一种民事不法或者行政违法行为，它们与非法吸收公众存款罪之间的区别仅仅是数

额、社会影响等情节方面的不同。但是，在民法中，吸收公众存款却是一种合法行为，民法中一般资金借贷与刑法中非法吸收公众存款之间的界限仅仅在于是否"向社会公众即社会不特定对象吸收资金"①。在一般的民间借贷合法的前提下，仅仅依靠"公众性"来划定民事合法行为与犯罪行为之间的界限，显然不符合学界关于民法与刑法之间关系的传统理解。有学者对此提出指责说，该种情形不仅是对民间金融的一种自身逻辑混乱、不合理的暴力压制，而且也造成了刑法自身的结构性危机。② 以此定罪既不符合对该罪的法律解释逻辑，也不利于构建对非法集资活动的有效规制体系，未能为民间金融的合法化预留空间。③ 再如，《中华人民共和国刑法修正案（八）》将醉驾行为入刑。但是，对于醉驾入刑是否应当有情节的限制，刑法学界的看法不甚一致。有学者认为，醉驾入罪应当受到《刑法》第十三条"但书"的限制，④ 而且行为人醉酒的程度存在差异，醉酒后驾驶的环境也不甚相同，如果将所有醉驾行为一律认定为刑事犯罪，将导致刑事打击过重。⑤ 这也就是说，在前述学者看来，醉驾行为应该根据情节的不同区分为行政违法行为和刑事犯罪行为，不应该一律入罪，否则，就混淆了行政违法和刑事犯罪之间的应有界限。

笔者认为，当前社会情势下，刑法、民法、行政法的内容、体系架构、价值取向等均发生了一定的变化，刑法与民法、行政法的关系，尽管总体上依然是补充与被补充的关系，刑法依然发挥着最终社会保障法的作用，但是，这并不排斥以前述情形为原则的例外情形的出现。而且，从现实及前瞻的角度来看，这种例外似乎还不时出现，因此，有必要因应社会情势的变化，重新厘定刑法与民法、行政法等部门法之间的关系。有学者指出，从法秩序的统一性角度，作为国家意思的适法还是违法的判断，在全体法秩序可能的限度内不应该发生冲突，违法具有统一性。但从部门法的角度，基于不同的法秩序调整需要，不同部门法的调整范围必然存在一定差异，违法性在刑法、民法、行政法等领域具有相对性，并可能发生一定的冲突：符合构成要件的行为即便为民法或者行政法所许可，也有成立犯罪的可能性；而民法或者行政法上禁止且符合构成要件的行为，在刑法上也可能不具有违法性或者可罚性。⑥ 违法的相对性表明，刑法与相关部门法之间并

---

① 参见 2010 年 12 月 13 日最高人民法院发布的《关于审理非法集资刑事案件具体应用法律若干问题的解释》第一条。

② 刘伟：《非法吸收公众存款罪的扩张与限缩》，载于《政治与法律》2012 年第 11 期。

③ 彭冰：《非法集资活动的刑法规制》，载于《清华法学》2009 年第 3 期。

④ 刘宪权：《醉驾入刑应杜绝"模糊地带"》，载于《法制日报》2011 年 5 月 17 日。

⑤ 曹坚：《并非在醉酒状态下驾车即构成醉酒驾车罪》，载于《检察日报》2011 年 4 月 28 日。

⑥ 童伟华：《日本刑法中违法性判断的一元论与相对论述评》，载于《河北法学》2009 年第 11 期，第 169～172 页。

非纯粹的补充与被补充的关系。除了补充性，它们之间也存在独立性。有鉴于此，在刑法与相关部门法之间发生冲突的时候，就不能想当然地将民事不法、行政违法作为刑事犯罪的前置性要件，并由此推导出先民后刑的绝对准则。前述"帅某骗保案"的处置过程中，之所以有人主张适用《保险法》，其秉持的重要理由就在于此。笔者认为，现代社会条件下，刑法与其他相关法律部门之间固然总体上依然呈现出一种补充与被补充的关系，但不能将该种关系绝对化，必须正视刑法及相关法律部门自身的独立性，尊重其调整对象及调整方式的特殊性，在维护各法律部门自身体系完整和逻辑自洽的前提下，妥当地处理刑法与相关法律部门之间的关系。立基于此，在处理刑法与民法、行政法等相关法律部门之间关系的时候，就不能简单甚至绝对地将刑法视为其他法律部门的补充法，而应当在正视刑法扩张之现实必要性的前提下，将刑法相较于其他法律部门之补充法地位与前述刑法扩张之现实必要性加以适度的中和，从维护国家法律体系一体化发展的角度，对刑法与其他法律部门之间的关系加以动态的调整。也就是说，对于刑法与其他相关法律部门之间冲突的解决，不能再绝对以刑法相较于其他法律部门的补充法地位作为解决冲突的准则，而应当在正视刑法扩张必要性的前提下，对其进行必要的合宪性控制。诚如前文所言，现代社会条件下，古典主义刑法观单一强调对国家刑罚权的限制不仅难以在实践中真正得到实现，而且在风险社会时代也不现实且没有必要，因此，古典主义刑罚观在现代社会遭遇到了前所未有的危机。我国1997年《刑法》颁布实施之后《中华人民共和国刑法修正案》（以下简称《刑法修正案》）的高频度颁布及其内蕴的犯罪扩张现象，充分证明了该种危机的现实存在。由是观之，古典主义刑法观所奉行的刑法相较于其他法律部门之补充法地位的立场在实践中已经很难存续下去，由此衍生了奉献社会时代的功能主义刑法观。但是，功能主义刑法观固然在一定程度上因应了风险社会管控社会秩序的需要，但同时也造成了对公民权利与自由的过当压制，如果对其不进行必要的制度性控制的话，将不可避免地导致市民社会的破坏或者集权主义的风险，由此使刑法意图维护的所谓秩序或者安全逐步蜕变为破坏自由的替代性称谓。因此，有必要在正视功能主义刑法观存在之正当性的前提下，对其进行适度的制度性控制，即合宪性控制。这时，刑法相较于民法、行政法等相关法律部门之传统的补充法地位，民法、行政法中迥然相异于刑法中的规定就成为进行合宪性控制时必须考虑到的因素。依据罪刑法定原则，相关行为是否构成刑事犯罪、构成什么刑事犯罪，是否应当受到刑事处罚、应当受到何种刑事处罚，必须由刑法加以规定。但是，罪刑法定原则并不排斥在相关行为符合刑法规定的犯罪构成要件、但不具备处罚必要性的时候，通过对刑法的实质解释予以出罪。诚如日本学者大塚仁所说，"关于刑罚法规，也并非否定一切的自由解释。特别是对在有利于行为人的方向进行的解释，不受罪刑法定主义的限制，实际上也可以从超法规的观点广泛地承认违法阻却事由和责任阻却事由。"① 在"帅某骗保案"中，依据《保险法》（2002 修正）第五十四条的规定，帅某的行为并不构成民事不法。但是，依据《刑法》第一百九十八条的规定，帅某的行为却构成保险诈骗罪。该种情形下，对帅某的行为予以刑事制裁、犯罪化处理的必要性何在呢？如果将帅某的行为做犯罪化处理，将不可避免地造成《保险法》（2002 修正）第五十四条与《刑法》第一百九十八条之间的冲突。反之，根据宪法对部门法的统合要求，将帅某的行为作出罪化（非犯罪化）处理，不仅符合前文所述刑法之罪刑法定原则的精神，而且有利于宪法价值统合下的部门法一体化发展的现实需要。因此，帅某的行为不能认定为刑事犯罪。很明显，宪法中关涉基本权利的规定在这里发挥了潜在的作用！

---

① ［日］大塚仁著，冯军译：《刑法概说（总论）》（第 3 版），中国人民大学出版社 2007 年版，第 78～79 页。

第十九章

基本权利对刑法的合宪性控制

古典刑法以社会契约为理论基础，将刑法视为民众之间达成的社会契约，崇尚和追求刑法的谦抑主义，排斥刑法的盲目扩张。现代刑法以功能主义为理论基础，注重刑法的犯罪控制功能，不断扩充刑法的调整范围，法益保护的早期化、膨胀化与抽象化成为发展趋势。现代社会条件下，既不能基于对古典刑法的眷恋而盲目复古，也不能基于现代刑法对社会生活的适应而过当粉饰。面对现代刑法扩张有可能衍生出的过当压制人权保障的现象，应当重视对刑事立法和刑事司法解释的合宪性控制，以求将刑法制度纳入尊重宪法、保障人权、实现法秩序一体化发展的轨道。

第一节　古典主义刑法观及其面临的困境

刑法制度是在刑法观的引导下确立的，有什么样的刑法观，就有什么样的刑法制度。近代社会发展早期，欧洲启蒙主义思想家对社会契约论的关注，引发了近代法律制度的根本性变革，形成了完备的市民刑法理论，崇尚和追求刑法的谦抑性成为该时期乃至此后相当长时期内刑法学人的价值诉求，并成为人们评判刑事立法和刑事司法解释正当性的标准。对我国刑法之人权保障功能的解读必须由此开始。

一、古典刑法的产生及其特点

"17 世纪欧洲的思想环境中产生了一次决定性的变化：蓬勃有力的启蒙思潮旨在通过对传统的宗教、政治、法律和文化权威进行理性的批判检讨而使个人摆脱中世纪的束缚，并且从理性出发，恢复和重建其世界观"①。在启蒙主义思想的影响下，人们开始对以往的封建刑法制度进行理性的反思，由此确立了作为近代刑法现代化标志的古典刑法，即市民刑法。由于它和作为其由以生成之理论基础的社会契约论之间的结构性关联，所以人们往往又将其称为契约化刑法。在社会契约论思想的浸润下，古典刑法开始对行为、构成要件、刑罚目的等刑法理论中的重大问题进行理性的反思，提出了迥然相异于传统刑法理论的解决方案。按照德国刑法学家汉斯－海因里希·耶赛克教授等的说法，"启蒙运动制定理性的刑事政策，开始了现代刑事司法的新纪元。自然法的理性思想导致人们思考刑罚的意义和目的，思考适用自由刑的人道主义思想，……思考刑罚在区分法与宗教的世俗化，思考刑罚权通过国家契约与法定原则的联系"②。作为契约革命的产物，古典刑法（即市民刑法）是以社会契约为理论基础建构起来的刑法类型。"它是以自由主义为导向，以平等主义为旗帜，强调罪刑法定与刑法平等的契约化刑法。从本质上分析，市民刑法是一种立于社会契约基础上的无身份刑法，作为纠正政治刑法之偏差的产物，它与政治刑法最明显的区别是打破了身份与刑法之间的制度性关联，实现了罪刑法定、刑法平等、罪刑均衡。"③ 英国法律史学家梅因曾经言道，"所有进步社会的运动，到此处为止，是一个'从身份到契约'的运动"④。从这个角度来说，市民刑法就是这种"进步社会的运动"的产物。

从追本溯源的角度来看，社会契约思想最早是由古希腊哲学家伊壁鸠鲁提出来的，但真正从社会与国家建构的基础意义上加以完整和系统阐述的却是近代启蒙主义思想家霍布斯、洛克、孟德斯鸠、卢梭等。作为一种国家学说，社会契约论对西方国家的民主和现代政治制度产生了根本性的影响，进而衍生到刑事法领域。霍布斯认为，"如果人生而不平等，那也由于人们认为自己平等，除了在平等的条件下不愿意进入和平状态，因而必须承认这种平等。"⑤ 显然，在霍布斯

---

① ［德］K. 茨威格特、H. 克茨著，潘汉典等译：《比较法总论》，法律出版社 2003 年版，第 208 页。

② ［德］耶塞克、魏根特著，徐久生译：《德国刑法教科书》，法律出版社 2001 年版，第 118 页。

③ 姜涛：《市民刑法的理论困境与出路——以强者与弱者之间的对象性犯罪为视角》，载于《东方法学》2015 年第 2 期，第 54 页。

④ ［英］梅因著，沈景一译：《古代法》，商务印书馆 1959 年版，第 97 页。

⑤ ［英］霍布斯著，黎思复、黎廷弼译：《利维坦》，商务印书馆 1985 年版，第 117 页。

看来，平等是社会契约由以达成的先决条件。但是，在霍布斯的思想观念中，似乎缺乏对国家权力的有效制约。洛克进而指出，政府是人们自由契约的产物①，制定刑法的国家也是契约的一方，必须以契约划定的权力边界为限度。"洛克认为，在自然状态下，人人生而平等自由，同时都是维护自然法的法官，但每个人都执行刑罚权，必然引起战争，因而人们意识到社会契约的必要，订立契约，放弃刑罚权，转让和集中于国家，国家才具有对社会成员所犯罪行予以惩罚的权力，在此情况下，只有立法机关正式制定出来的、固定的，为人们所了解和同意的法律才是判断是非、善恶的尺度，每个人都平等地受制于他自己作为立法机关的一部分所制定的法律，法律显而易见地具有社会契约的性质。"② 其后，狄德罗也提出，法律包括刑法，（均）是社会契约的产物。意大利刑法学家贝卡利亚把刑法与社会契约之间的关系更加紧密地糅杂在了一起，他指出，"（人类）契约的力量足以在不肩负上天特别使命的情况下，正当地调整人与人之间的关系。"③ 在贝卡利亚看来，只有立法者才能规定犯罪，只有司法者才能认定犯罪，严酷的刑罚是不可取的，除了特殊情况之外，死刑应当予以废止。"国家应该在这种社会契约的范围内行使刑罚权，并且作为与犯罪抗衡的东西，只能由法律来规定刑罚权。"④ 在社会契约论的塑造下，近代刑法对犯罪和刑罚的设定开始以尊重人格为目的，抵制有辱人格的旧式执法，开始成为新文明及其正在出现的民主意识的自觉性标志。⑤ 与以往时期的传统刑法观念不同，古典刑法观以限制国家权力作为前提预设，坚持奉行刑法本恶的理念，以谦抑性作为刑法的本质特征，严格限定刑法的调整范围，排斥动辄将公民的行为入刑，避免对公民的基本权利造成过当的压制。在社会契约论思想的浸润下，古典主义刑法观奉行人人生而平等、天赋人权的基本理念，认为人们之所以把自己的部分权利让与国家，成立国家机构并制定法律，是为了维护人们的共同利益，让自己生活得更加美好和幸福。作为维护公共利益的法律，刑法和其他法律一样，本质上也是人民权利让予的结果，因此，刑法所设定的犯罪和刑罚必须明确，能够帮助人们清晰地界定犯罪、裁量刑罚，以维护国家权力和公民之间的必要的界分。近年来，国内学界围绕古典刑法的特色进行了分析论证。有学者指出，古典刑法具有明显的契约情

---

① ［英］洛克著，杨思派译：《政府论》，中国社会科学出版社 2009 年版，第 77 页。

② 黄晓亮：《刑法契约化的概念辩证——以社会契约论为切入点》，载于《政法论坛》2016 年第 2 期，第 47 页。

③ ［意］贝卡利亚著，黄风译：《论犯罪与刑罚》，中国大百科全书出版社 1993 年版，第 3、第 11、第 45 页。

④ ［意］贝卡利亚著，黄风译：《论犯罪与刑罚》，中国大百科全书出版社 1993 年版，第 25～28 页。

⑤ ［英］尼古拉·蕾西著，黄晓亮译：《囚徒困境：当代民主国家的政治经济与刑事处罚》，中国政法大学出版社 2014 年版，第 23 页。

结，主要表现在："第一，必须以契约的自由属性为基础。""它要求限制司法权，强调司法权不得僭越立法权，否则就违背了契约精神，这就延展出了罪刑法定思想。""第二，必须以契约的平等性为基础。""任何人违背了刑法契约，都应当而且也必须受到制裁，并且不论高低贵贱，贫富悬殊，都应该受到平等制裁，任何人都不享有超越法律之上的特权。这是平等原则的理论前提。""第三，刑法必须以契约的自治性为基础。""既然刑法是人们订立的诸多契约的一种，那么任何人违背这一'契约'，都应当承担自己行为的后果，必须罪责自负。这就契合了个人责任论的基本立场。"① 也有学者指出，古典刑法（市民刑法）观的基本品格是："一是必须以宪政为基础，要求限制政府权力；二是刑法谦抑而全面，作为'后盾法'的刑法应当为所有严重违反其他基本法的行为提供最后救济；三是公法一体化，诉讼机制上尽可能地实现出罪功能，其中包含非犯罪化与非刑罚化的因素。"② 前述特点与以往时期的伦理刑法、政治刑法形成了鲜明的对照。③ 古典主义刑法观认为，刑法限制乃至剥夺公民基本权利的正当性取决于两个方面：一方面，形式正当性。所谓形式正当性，是指犯罪和刑罚必须是由刑法明确规定的，即罪刑法定。另一方面，实质正当性。所谓实质正当性，是指规定犯罪和刑罚的刑法必须是由具有民主正当性的民选代议机关制定的，司法机关固然可以对其进行解释，但是，该种解释必须严格尊重刑法文本，而不能在刑法文本之外进行造法。很明显，古典主义刑法观是以限制国家刑罚权的扩张为基础的，和近代立宪主义早期的政治理念具有内在的契合性。

二、古典主义刑法观面临的困境

（一）古典主义刑法观的理论基础及其导致的结论存在诸种悬疑之处

诚如前述，古典主义刑法观由以确立的理论基础是社会契约论。它不仅影响

---

① 姜涛：《市民刑法的理论困境与出路——以强者与弱者之间的对象性犯罪为视角》，载于《东方法学》2015 年第 2 期，第 54 页。

② 蒋熙辉：《权利发展与刑法改革》，载于《法制与社会发展》2005 年第 5 期，第 17 页。

③ 蒋熙辉教授根据不同历史时段刑法观念的进化，将刑法分为三个时代，即伦理刑法、政治刑法、市民刑法。前两者属于国家威权主义的刑法，后者属于个人自由宪章的刑法。（参见蒋熙辉：《惩罚的艺术》，引自陈兴良主编：《刑事法评论》第 12 卷，中国政法大学出版社 2002 年版。）蒋熙辉教授认为，"伦理刑法追求的是道德与刑法融为一体，不合道德者，以'刑'去之；政治刑法讲求赤裸裸的、没有任何遮蔽的权力；市民刑法是市民社会的法律，不再号称'刑不可知威不可测'，不再宣称'纯粹工具论'。"（参见蒋熙辉：《权利发展与刑法改革》，载于《法制与社会发展》2005 年第 5 期，第 17 页。）

了近代西方民主宪政体制的建立，而且对古典刑法也产生了结构性的影响。但是，从目前国内学界对刑法契约的相关论述来看，却显得不甚一致。这一点，在刑法契约的签订主体问题上表现得尤其明显，主要有两种立场：第一，两方主体说。该观点认为，刑法契约是国家与国民，或者国家与被告人、犯罪嫌疑人之间在刑事法领域所取得的特殊契约。① 第二，多方主体说。该观点认为，刑法契约是相互冲突、相互制约的国家或立法者、多元社会集团、个人之间经历复杂的斗争和妥协之后达成的一项"交易契约"。② 笔者认为，前述关于社会契约的阐述其实并不确切。按照启蒙思想家们的论述，民众相互之间都让渡权利，以契约形式固定下来，形成公共权力，或者交由国王（霍布斯），或者交由人民主权者（洛克、卢梭）。霍布斯认为，掌控国家公权力的国王并不是契约的一方，因而不受契约的约束，但洛克、卢梭却认为，统治者也是契约的一方，民众订立契约，自愿让渡一部分权利，才交由专门的人代表民众行使权利。③ 很明显，契约并不是国家与国民之间订立的，而是民众协议自愿让渡权利，形成公共权力，交由代表，建立国家，由国家来掌控该权力。因此，无论是认为刑法契约的主体是两方还是多方，将国家列为契约一方的看法是不准确的。当然，笔者的意思并不是说国家不能成为契约的一方，实践中以国家为一方的契约不乏其例，《大宪章》《权利请愿书》等都是典型实例。但是，该种类型的契约本质上属于宪法性质的契约，与作为具体法律部门的刑法并无直接的关系。如果进而考虑到社会契约论本身的虚构和理想成分，它作为古典刑法之理论基础的地位显得难以令人信服。笔者认为，以社会契约论为基础建构起来的古典主义刑法观不适应中国当下的情况，这固然有其理论基础的虚构性和逻辑不自洽方面的原因，但更为根本的原因是该种理论虚构所导致的结论令人生疑。古典刑法重视个人自由，反对刑法过当干预个人行动。但是，自由总是有限度的，它必须受到理性、法律的约束。现代社会条件下，刑法中增设的许多新罪固然对自由造成了阻碍，但却未必没有合理性。古典刑法重视抽象的理性思考，重视权利保障，但却忽略刑法对社会现实反映的灵活性，严格限制预防型刑事政策功能的发挥，存在明显的局限性。退而言之，即便承认虚构的社会契约论相较于限制和约束刑事立法权的积极意义，也应该肯定个人所让渡权利内容随着社会发展而显现出来的动态变化，但是，古典刑法对此却保持缄默。舍此而外，在现代人的视野中，古典刑法所追求的似乎

---

① 储槐植：《刑法契约化》，载于《中外法学》2009 年第 6 期；陈航：《契约精神：一条贯穿当代刑法的思想红线——严格施行新刑法别论》，载于《兰州商学院学报》2001 年第 1 期。

② 周光权：《刑法诸问题的新表述》，中国法制出版社 1999 年版，第 19 页；王平、朱泽培：《刑法契约观》，载于《延安大学学报》（社会科学版）2003 年第 4 期。

③ 顾维熊：《西方法学流派评析》，上海社会科学院出版社 1992 年版，第 11～22 页。

更像是一种遥远的理想，这一理想和目标确实具有诱惑力，值得追求，但是人类却似乎从来没有、事实上也不可能实现古典刑法观所确立的目标。按照德国学者希尔根多夫的说法，"纯粹的古典自由主义刑法从来没有存在过"[1]。追求理性和法治固然无可厚非，但问题的症结在于，现实世界的立法逻辑不可能按照古典自由主义刑法思想所假定的理想社会、理性犯罪人、理性立法者的框架去推演。在现代社会面临的各种不确定性、各种风险面前，古典主义刑法观解释乏力，无法令人信服。

（二）古典主义刑法所秉持的刑法谦抑理论存在诸多局限性

谦抑原则是古典主义刑法观秉持的核心理念。该原则在日本被称为谦抑主义[2]。它是贯穿于现代刑法领域的基本理念，是罪刑法定原则存在的理念基础，具有统领刑法全局的意义。"所谓谦抑主义，指刑法的发动不应以所有的违法行为为对象，刑罚限于不得不必要的场合才应适用的原则。"[3] 作为刑法的根本原则，谦抑原则包括三个方面的内容，即刑法的补充性、片断性和宽容性。日本学者川端博教授指出，"从谦抑主义可以推导出'刑法的补充性'、'刑法的片断性'与'刑法的宽容性'。即像李斯特所说的那样'最好的社会政策就是最好的刑事政策'，仅仅以刑罚的手段不可能抑制犯罪，并且因为刑罚是剥夺人的自由、财产等极苛酷的制裁，应当限于为了防止犯罪的'最后的手段'（刑法的补充性）。基于刑法的规制不应当波及生活领域的各个方面，对维持社会秩序来说应当限于必要的最小限度领域（刑法的片断性）。再者，犯罪即使现行的，在衡量法益保护之后，只要不能认为是必要不得已的情况，就应当重视宽容精神而慎重处罚（刑法的宽容性）。这样，谦抑主义是以刑法的补充性、片断性和宽容性为内容，成为刑法的立法和解释的原理。"[4] 刑法谦抑主义要求尽可能缩小刑事犯罪的范围，尽可能少用或者不用刑罚，这对于保障人权显然十分有利。但是，刑法谦抑主义是建立在一个抽象的理论假设基础之上的，"即行政权、司法权被定型且均能够有效运行，民事手段是有效的。这一假设又依赖于权力的定型及行政权与司法权之间的功能秩序建构：一方面，古典刑法主张行政模式优先，解释了社会冲突处理模式中的权力定型问题，却忽视了权力实施中的难题，权力的定型

---

[1] ［德］埃里克·希尔根多夫著，江溯等译：《德国刑法学：从传统到现代》，北京大学出版社2015年版，第25页。

[2] 最早明确提出"谦抑主义"一词的，是日本著名学者宫本英脩。宫本教授在其所著《刑法学粹》中指出，"此系刑罚本身谦抑，不以一切违法行为为处罚的原因，仅限制种类与范围，所以专以适用于科处的特殊的反规范的性情为征表的违法行为为处罚的原因。予谓刑法的谦抑主义。"参见［日］平场安治等：《团腾重光博士古稀祝贺论文集（第2卷）》，有斐阁1984年版，第2页。

[3][4] ［日］川端博：《刑法总论讲义》，成文堂1995年版，第55页。

与权力的实施是两个概念，基于对权力实施的不信任，以及行政权与司法权之间功能秩序建构的不能，以刑罚手段惩治和预防社会乱象，成为一种时代需求；另一方面，古典刑法主张固守国家权力的边界，尽管解决了刑事立法权与解释权的归属问题，有助于实现刑事立法的民主化，但却忽视了刑事立法的科学化问题。而刑事立法的科学化问题需要回应社会生活的需要并符合法律发展的规律，这就不是单一的民主化能够解决的。"① 正因为如此，现代刑事立法不可能静待行政执法或者民事救济失效之后，方才将违法行为作犯罪化处理，而是开始因应风险社会的现实需要，重新构筑新时期的刑法理论。在新的时空条件下，刑法不再以限制和约束刑事立法权为目标，而是以抵御社会风险为己任，以追求人类安全为目标。目前，为了应对社会风险，在经济刑法、环境刑法、医事刑法等诸多领域，刑法保护法益日益抽象化、普遍化以及早期化的倾向日益明显，这些都向谦抑主义提出了挑战。如此一来，谦抑主义是否还能够继续维持的问题就被提了出来。②

（三）古典主义刑法观所秉持的形式解释论立场面临困境

古典主义刑法观的第二个核心立场是形式解释论。依据社会契约，古典刑法固守立法权与司法权之间的功能秩序划分，强调立法权对司法权的制约、司法权对立法权的尊重。立基于此，古典主义刑法观认为，司法机关虽然有权对刑法进行解释，但是它所作的解释只能是对内蕴于刑法文本中的含义的挖掘，而不能在偏离刑法文本的情形下对刑法文本进行创造性拓展。很明显，古典主义刑法观在刑法解释问题上，立足于人权保障，主张当刑法解释面临罪与非罪、重罪与轻罪之临界点的争议时，强化一种有利于被告人的解释结论，这是一种典型的形式解释论立场，当下我国刑法学界有不少学者秉持该种立场。事实上，在法律解释学中，原本没有形式解释论与实质解释论之分，只有客观解释论与主观解释论之别。梁根林教授较早地在刑法解释的目标意义上提出了形式解释论与实质解释论这对范畴，并将主观解释论等同于形式解释论，将客观解释论等同于实质解释论。③ 对此，国内有学者提出了质疑，认为前述两对范畴并不是同一个层面的问题。④ 关于刑事解释论与实质解释论的含义，有学者认为，"在当前中国刑法的

---

① 姜涛：《在契约与功能之间：刑罚体系的合宪性控制》，载于《比较法研究》2018 年第 2 期，第 158 页。

② 刘淑珺：《日本刑法学中的谦抑主义之考察》，引自陈兴良主编：《刑事法评论》，北京大学出版社 2008 年版，第 314 ~ 315 页。

③ 梁根林：《罪刑法定视域中的刑法适用解释》，载于《中国法学》2004 年第 3 期。

④ 徐浩：《刑法解释的基本立场——对实用主义法律解释观的论证》，载于《东方法学》2008 年第 6 期。

解释问题上，存在形式解释论与实质解释论的争论。形式解释论主张忠诚于罪状的核心意义，有时候甚至仅仅是自己熟悉的法条的含义。实质解释论主张以犯罪本质为指导，来解释刑法规定的构成要件。对于实质上值得科处刑罚但又缺乏形式规定的行为，实质解释论主张在不违反民主主义与预测可能性的前提下，对刑法作扩张解释。当刑法条文可能包含了不值得科处刑罚的时候，通过实质解释论，将单纯符合刑法文字但实质上不值得刑罚处罚的行为排除在犯罪之外。"① 对此，陈兴良教授指出，形式解释论与实质解释论的差别仅仅在于，"形式解释论基于罪刑法定原则所倡导的形式理性，通过形式要件，将实质上值得科处刑罚但缺乏刑法规定的行为排斥在犯罪范围之外。"② 在刑事司法环境不佳的背景下，形式解释论有助于唤起社会各界对人权保障的重视，但是，该种立场在适用层面存在诸多困难，难以落实。其原因在于：《刑法》中使用的概念较为混杂，既有描述性概念，也有评价性概念；既有确定性概念，也有不确定性概念。而且，《刑法》中使用的概念绝大部分属于评价性概念与不确定性概念，由此导致的直接结果必然是：由于无法区分刑法中对相关问题究竟有明文规定还是没有明文规定，扩大解释因之而甚嚣尘上，甚至以扩大解释为名行类推之实，偏离罪刑法定原则的基本要求。由此观之，形式解释论虽然固守了司法权力的保守性，有利于公民自由与权利的保障，但是，由于它忽略了权利与自由得以实现的前提，因此在司法实践中并不能得到完全的支持，它所提出的要求频频被突破，这实际上也意味着古典主义刑法观在司法实践中面临的困境。

第二节 功能主义刑法观及其存在的缺陷

从现代各国的法治实践来看，刑事立法并没有固守古典主义的契约刑法观，而是主张与实践一种功能主义的刑法观。国内有学者认为，"有必要确立功能主义的刑法立法观，强调一种灵活回应的立法导向，注重对社会问题的积极回应。"③ 功能主义刑法观强调刑法对社会生活的积极回应，主张当社会生活出现需要刑法干预的乱象时，刑事立法要对此作出回应，适时地将相关危害社会的行

---

① 李立众、吴学斌主编：《刑法新思潮——张明楷教授学术观点探究》，北京大学出版社 2008 年版，第 67 页。

② 陈兴良：《形式解释论的再宣示》，载于《中国法学》2010 年第 4 期，第 27 页。

③ 清华大学教授劳东燕秉持该种立场。参见张志纲：《转型期中国刑法立法的回顾与展望》，载于《人民检察》2017 年第 21 期，第 53 页。

为纳入刑法之中，加以犯罪化处理。与古典主义契约刑法观相比，功能主义刑法观不再固守严格的规则主义和形式主义的刑法模式，而是注重刑法的社会效果、对社会秩序与安全的维护等因素。功能主义刑法观由以建构的理论基础不再是社会契约论，而是机能主义理论。按照日本学者的定位，"机能主义刑法学重视'问题思考'，即注重刑法社会机能的实现，机能主义刑法学力图在刑法学研究中实现从'体系思考'到'问题思考'的转变。机能主义刑法学以经验主义认识论、社会工程学理论、目的论、价值相对主义等思想为前提，以刑法应该具有的机能为逻辑起点，从实然和应然两个方面对刑法中各个具体问题进行考察。"① 就目前我国刑事立法的发展趋势来看，功能主义刑法观表现得越来越明显，起到了一定的积极效果，但也显现出许多问题。以下从两个方面进行分析。

一、功能主义刑法观在我国刑事立法和刑事司法中的确立

（一）功能主义刑法观在我国刑事立法中的确立

功能主义刑法以刑法社会学为基础，立足于犯罪学与刑事政策学的分析成果，主张刑法直面社会现实，对社会上新出现的越轨行为作出积极的回应，将其纳入刑法的规制范围之内。有学者指出，"在刑法观念逐步转向功能主义、刑法与政策考虑紧密关联的今天，刑法的谦抑性并不反对及时增设一定数量的新罪；刑罚早期化与转型中国社会的发展存在内在联系；意欲建设法治国家，就必须将限制、剥夺公民人身权利的处罚事项纳入刑事司法的审查范围。积极刑法立法观的确立有其社会基础，也更符合时代精神。"② 自 1997 年我国新《刑法》颁布实施以来，全国人大常委会先后通过了一个单行刑法（即《关于惩治骗购外汇、逃汇和非法买卖外汇犯罪的决定》（1998））和十二部《刑法修正案》，刑事立法活动日趋频繁，立法特色与此前迥然相异，具体表现在：第一，增加了相当数量的新类型犯罪。《刑法修正案（一）》增加了隐匿、故意销毁会计凭证、会计账簿、财务会计报告罪、国有事业单位人员失职及滥用职权罪等新罪；《刑法修正案（二）》将非法占用耕地罪扩大为包括林地在内的非法占用农用土地罪；《刑法修正案（三）》增加了危险物质作为危害公共安全罪中诸多罪名的新的犯罪对象，提高了恐怖活动罪的法定刑；《刑法修正案（四）》降低了生产、销售不符

---

① ［日］関哲夫著，王充译：《论机能主义刑法学——机能主义刑法学检讨》，载于《刑法论丛》2009 年第 1 卷，第 298 页。

② 周光权：《积极刑法观在中国的确立》，载于《法学研究》2016 年第 4 期，第 23 页。

合标准的医用器材罪的入罪标准，单独规定了走私固体废物行为的刑罚，扩大了走私废物行为的对象范围，将《刑法》第三百四十四条的保护对象由珍贵树木扩大至国家重点保护的其他植物，降低了非法收购、运输盗伐、滥伐林木罪的入罪门槛，增加了非法雇佣童工劳动罪、执行判决裁定失职罪以及滥用职权罪三个新罪名；《刑法修正案（五）》增加了妨害信用卡管理罪，窃取、收买、非法提供信用卡信息罪，过失损坏武器装备、军事设施、军事通信罪等新罪，还增加了原有罪名即信用卡诈骗罪的行为方式；《刑法修正案（六）》增加了强令违章冒险作业罪，大型群众性活动重大安全事故罪，不报、谎报安全事故罪，虚假破产罪，背信损害上市公司利益罪，骗取贷款罪，背信运用受托财产罪，违法运用资金罪，组织残疾人、儿童乞讨罪，枉法仲裁罪，开设赌场罪等新罪；《刑法修正案（七）》新增了九个罪名，分别是：利用未公开信息交易罪，组织、领导传销活动罪，出售、非法提供公民信息罪，窃取、非法获取公民个人信息罪，组织未成年人进行违法活动罪，非法获取计算机信息系统数据、非法控制计算机信息系统罪，提供用于侵入、非法控制计算机信息系统的程序、工具罪，伪造、盗窃、买卖、非法提供、使用军用车辆号牌罪，特定关系人受贿罪等；《刑法修正案（八）》中有一半的条文（25个条文）是为了提高刑罚或者增加新罪以便更好地打击相关犯罪而设立的。增加的新罪名包括：危险驾驶罪，对外国公职人员、国际公共组织官员行贿罪，虚开发票罪，持有伪造的发票罪，组织出卖人体器官罪，拒不支付劳动报酬罪，食品监管渎职罪等；《刑法修正案（九）》增加了20个罪名，分别是：准备实施恐怖活动罪，宣扬恐怖主义、极端主义、煽动实施恐怖活动罪，利用极端主义破坏法律实施罪，强制穿戴宣扬恐怖主义、极端主义服饰、标志罪，非法持有宣扬恐怖主义、极端主义物品罪，虐待被监护、看护人罪，使用虚假身份证件、盗用身份证件罪，组织考试作弊罪，非法出售、提供试题、答案罪，代替考试罪，拒不履行信息网络安全管理义务罪，非法利用信息网络罪，帮助信息网络犯罪活动罪，扰乱国家机关工作秩序罪，组织、资助非法聚集罪，编造、故意传播虚假信息罪，虚假诉讼罪，泄露不应公开的案件信息罪，披露、报道不应公开的案件信息罪，对有影响力的人行贿罪等。第二，转变了刑法的法益保护观念。积极刑法观主张，应当以刑法来控制社会风险。国内相当一部分学者认为，中国当前处于风险社会时代，应当把法益保护的前置化、抽象化和膨胀化作为刑事立法的发展方向。前述立场在近年来我国的刑事立法实践中表现得非常明显：（1）从消极的法益保护转向积极的法益保护。《刑法修正案（九）》增设的准备实施恐怖活动罪、煽动实施恐怖活动罪、使用虚假身份证件罪等，都表明了前述法益保护立场的转变；（2）从重视法益的实际被损害转向重视法益的抽象危险，从注重保护个人法益转向重视保护公共法益和社会秩序。例如，《刑法修正案（八）》增设危险驾驶罪，将《刑法》第一百四十一条生产、销售假药罪从具体危险犯改为抽象危险犯。第三，刑法机能全面转向社会管控。与传统刑法所内蕴的自由保护机能不同，积极刑法观推动的刑法机能全面转向社会管控。（1）刑事司法机构和行政管制机构的职能紧密关联在一起。例如，《刑法修正案》先后修改逃税罪、食品药品安全犯罪等，使刑法依附于行政法上的相关先行判断：对逃税行为的定罪，必须以税务行政机关先期作出的行政处罚决定为前置性要件；食品药品安全犯罪的成立，必须先由行政主管部门通过鉴定方式确定其危险性；（2）淡化刑法的附属性，积极介入原本由其他法律部门调整的空间场域，积极参与社会管理，解决社会矛盾，刑法与民法、行政法之间的界限日趋模糊。例如，刑法通过增设新罪将部分原本具有民事性质的欠债不还行为犯罪化，增设拒不支付劳动报酬罪；将原本仅具有行政违法行为性质的替考行为做犯罪化处理，增设替考罪。

（二）功能主义刑法观在我国刑事司法实践中的表现

与古典主义刑法观相比，功能主义刑法观的突出特点就是积极，它在刑事司法实践中集中表现为在刑法解释问题上的实质解释论立场。这一点，在司法机关对刑法中兜底性条款的实质解释方面表现得非常明显。兜底性条款是立法者为了解决法律规范与社会现实之间的冲突而采用的一项重要的立法技术，但是，由于它本质上属于内涵不明确的法律规范，因而客观上是违反罪刑法定原则和人权保障精神的，严格来说，不应当被允许[①]。但是，由于诸多方面的原因，我国刑法立法者没有对该类条款有可能对罪刑法定原则和刑法人权保障机能造成的侵蚀给予足够的关注，设置了大量的刑法兜底性条款，这就为司法机关拓展刑法的调整范围预留了制度上的空间和可能。例如，《刑法》第一百九十三条规定，有下列情形之一，以非法占有为目的，诈骗银行或者其他金融机构的贷款，数额较大的，处五年以下有期徒刑或者拘役，并处二万元以上二十万元以下罚金；数额巨大或者有其他严重情节的，处五年以上十年以下有期徒刑，并处五万元以上五十万元以下罚金；数额特别巨大或者有其他特别严重情节的，处十年以上有期徒刑或者无期徒刑，并处五万元以上五十万元以下罚金或者没收财产：（一）编造引进资金、项目等虚假理由的；（二）使用虚假的经济合同的；（三）使用虚假的证明文件的；（四）使用虚假的产权证明作担保或者超出抵押物价值重复担保的；（五）以其他方法诈骗贷款的。该条是关于贷款诈骗罪的规定。该条中所罗列的骗取贷款的行为共包括五部分，其中，第五部分是兜底性条款，即"以其

---

① ［日］山口厚著，付立庆、刘隽译：《刑法总论》，中国人民大学出版社2011年版，第17页。

他方法诈骗贷款的"。但是，该条中并未具体指明究竟什么是"以其他方法诈骗贷款的"行为？2010 年 5 月 7 日，最高人民检察院、公安部制发的《关于公安机关管辖的刑事案件立案追诉标准的规定（二）》第二十七条规定，行为涉嫌下列行为之一，应予立案追诉："（一）以欺骗手段取得贷款数额在一百万元以上的……（三）虽未达到上述数额标准，但多次以欺骗手段取得贷款的。"依据前述司法解释的规定，贷款诈骗罪已经由结果犯扩展至行为犯：即便骗取贷款的数额没有达到数额巨大（100 万元）的标准，但只要行为人"多次以欺骗手段取得贷款"，即构成贷款诈骗罪。即使行为人所贷银行款项及利息都如期偿还，且并未给银行造成什么直接经济损失，也在所不问。很显然，前述司法解释通过《刑法》中的兜底性条款将刑法文本没有规定的行为纳入了刑法的调整范围之列，确证了该种行为的犯罪性质。再如，《刑法》第二百二十五条规定，"违反国家规定，有下列非法经营行为之一，扰乱市场秩序，情节严重的，处五年以下有期徒刑或者拘役，并处或者单处违法所得一倍以上五倍以下罚金；情节特别严重的，处五年以上有期徒刑，并处违法所得一倍以上五倍以下罚金或者没收财产：（一）未经许可经营法律、行政法规规定的专营、专卖物品或者其他限制买卖的物品的；（二）买卖进出口许可证、进出口原产地证明以及其他法律、行政法规规定的经营许可证或者批准文件的；（三）未经国家有关主管部门批准非法经营证券、期货、保险业务的，或者非法从事资金支付结算业务的；（四）其他严重扰乱市场秩序的非法经营行为。"该条是关于非法经营罪的规定。该条中罗列了四种类型的非法经营行为，其中，对第四种行为的界定采取的是兜底性条款，即"其他严重扰乱市场秩序的非法经营行为"。很显然，1997 年《刑法》对非法经营罪的界定采取的是"3 + 1"模式，即规定三个先例，一个兜底性条款。但是，从我国的刑事司法实践来看，司法解释却将《刑法》确定的"3 + 1"模式拓展成了"24 + 1"模式，即通过司法解释增加了 21 种为《刑法》第二百二十五条第四项兜底性条款涵摄的新类型刑事犯罪。该种对刑法条文的实质性解释已经结构性扩大了刑法的调整范围，是功能主义刑法观的典型反映。例如，1998 年 8 月 28 日发布的《最高人民法院关于审理骗购外汇、非法买卖外汇刑事案件中具体应用法律若干问题的解释》将"在指定场所以外非法买卖外汇""为他人向指定银行骗购外汇"和"居间介绍骗购外汇"的行为解释为非法经营罪。但是，这几种行为并不符合《刑法》第二百二十五条的各项规定。2001 年 3 月 29 日发布的《最高人民法院关于情节严重的传销或者变相传销行为如何定性问题的批复》将从事传销，或者变相传销扰乱市场秩序情节严重的行为认定为非法经营罪。2003 年 5 月 13 日发布的《最高人民法院、最高人民检察院关于办理妨害预防、控制突发传染病疫情等灾害的刑事案件具体应用法律若干问题的解释》规定，"违反国家在预防、控制突发传染病疫情等灾害期间有关市场经营、价格管理等规定，哄抬物价、牟取暴利，严重扰乱市场秩序，违法所得数额较大或者有其他严重情节的"，依照《刑法》第二百二十五条第（四）项的规定，以非法经营罪定罪，依法从重处罚。前述两个司法解释中所罗列的行为均不属于《刑法》第二百二十五条所明确规定的非法经营行为，但是，通过对《刑法》第二百二十五条第四项兜底性条款的实质性解释，前述行为均被以非法经营罪定罪处理。从我国的司法实践来看，自《刑法》中设立非法经营罪以来，司法机关不断通过司法解释扩大《刑法》第二百二十五条第四项所规定的"其他严重扰乱市场经济秩序的非法经营行为"的外延，将非法经营行为的外延拓展至除涵盖外汇、证券、期货、保险、出版、电信、传销、医药、饲料等多个领域外，将"违法建设中的经营行为"①"销售假冒伟哥的行为"② 也纳入该罪，使其在事实上成为一个口袋罪③，与古典主义刑法观所奉行的罪刑法定、形式解释立场相去甚远。

二、功能主义刑法观对人权保障的消极影响

功能主义刑法观的两个核心立场是：刑事立法领域的积极刑法观和刑事司法领域的实质主义刑法解释论，二者对人权保障都会产生消极的影响。

（一）积极刑法观对人权保障的消极影响

现行《刑法》颁布实施以来，我国刑事立法的速度非常快，《刑法修正案》几乎每一年半左右就出台一部，截至目前一共出台了十二部《刑法修正案》，刑法犯罪化的进程明显加快。有学者指出，目前我国刑法的犯罪化趋势已经占了绝对主导地位，"刑法立法已成为我国立法活动中最积极、最活跃的一个方面。这种积极的立法不仅表现为立法活动的频繁，还表现在立法的内容的取向，在历次对刑法的修改中，基本上是增加罪名或加重对某些犯罪的刑罚。"④ 总览十二部《刑法修正案》的内容，新增罪名五十余个，除了《刑法修正案（八）》在以死刑为代表的刑罚轻缓问题上有重大进步之外，其他几部《刑法修正案》都存在

---

① 刘光圣：《违法建设治理中的刑法适用》，载于《人民检察》2012 年第 4 期。

② 金泽刚：《销售假冒伟哥的行为如何定罪量刑——兼论非法经营案件的法律适用问题》，载于《法学》2006 年第 9 期。

③ 高翼飞：《从扩张走向变异：非法经营罪如何摆脱"口袋罪"的宿命》，载于《政治与法律》2012 年第 3 期。

④ 刘艳红：《〈刑法修正案（八）〉的三大特点——与前七部刑法修正案相比较》，载于《法学论坛》2011 年第 3 期。

扩大国家刑罚权力、缩小或限制公民自由的一面。该种现象表明，目前我国刑事立法仍然在工具主义的轨道上前行，国权刑法的观念仍然深深根植在立法者的脑海中，民权刑法的观念远远没有得到确立。当然，目前我国刑事立法所呈现出的工具主义色彩与传统刑法的工具主义不甚相同。在中国传统刑法工具主义之下，虽然刑法在形式层面上成为国家统治的手段工具，但刑法的应然目标价值并没有被作为实质层面的犯罪化的基本标准。1997 年《刑法》废除类推制度，确立了罪刑法定原则，对传统刑法工具主义进行了彻底否定。但是，1997 年以来我国的刑事立法却出现了一种迥然相异于以往的现象：刑事立法从无限扩张刑法的干预范围、加大刑罚干预力度的实用主义向单纯安抚社会公众情绪转变的政策主义转向，实用性不再是立法者首要考虑的问题，"立而不用"现象明显增多，形成了一种新的刑法工具主义。该种工具主义固然能够在一定程度上满足社会需求，但却无视刑法的核心价值，不符合实质法治的要求，无法通过具体的操作手段有效运行，具有许多立法弊端。有学者认为，《刑法修正案》以扩大国家刑罚权力、缩小或限制公民自由为内容，使得我国刑事立法在工具主义的轨道上前行，社会治理"过度刑法化"。这种做法具有高度的社会风险与危害，将改变国家权力与公民权利结构，导致国家司法资源的不合理配置，削弱刑法的公众认同，阻碍社会创新。[①] 更为关键的是，积极刑法观将不可避免地造成对人权保障的消极影响。笔者认为，该种消极影响主要表现在两个方面：第一，无视刑法立法权的独立性，进行情绪性立法，偏离刑法法益保护与人权保障的基本功能。立法权的独立性是刑法立法的正当性基础，但是，新刑法工具主义却基于对刑罚积极预防功能的过度迷信，将刑法作为抵抗和治理风险的工具。诚然，刑罚的积极预防功能对于维系社会秩序具有重要意义，但它并非立足于刑法本体，不具有刑法本体的功能价值，更多地来自刑事政策的外部强制性附加价值。过度推崇刑罚的积极预防功能，将导致刑法立法受到公共情绪或者民意的牵制，偏离刑法法益保护与人权保障的基本功能，进而生产出无实际效果仅具形式观感的立法。与传统刑法工具主义相比，公众拥有一定的社会话语权，公众舆论对刑法立法修正具有较大程度的传导性影响，刑法中的危险驾驶罪、拒不支付劳动报酬罪、组织出卖人体器官罪等罪名实际上都是因应公众对社会秩序与安全的担心而进行的情绪性立法。在汹涌澎湃的民意和刑法泛化的浪潮面前，刑事立法的独立性日渐削弱，受公众舆论影响的色彩越来越浓。我国《刑法》原则上规定对所有的预备犯均要处罚，并在《刑法》总则条文中专门作了规定。但是，刑法分则所规定的所有犯罪行为却又都是以犯罪既遂作为设定罪状和法定刑的标准的。《刑法修正案

---

① 何荣功：《社会治理"过度刑法化"的法哲学批判》，载于《中外法学》2015 年第 2 期，第 523 页。

（九）》将部分原来网络犯罪中的准备行为作为既遂规定在分则条文中，在某种程度上对犯罪的认定和处罚作了提前发动，这必然会在一定范围内模糊罪与非罪的边际，不可避免地扩大犯罪圈，从而导致刑罚的滥用。[①] 内蕴于其中的情绪化立法的色彩非常明显，有学者对此提出质疑，认为将网络中的中立帮助行为直接正犯化，将阻碍甚至扼杀互联网行业的创新性。[②] 事实上，《刑法修正案》中的情绪化立法非常多，例如，《刑法修正案（九）》废除嫖宿幼女罪，增设编造、故意传播虚假信息罪，增设拒不履行网络安全管理义务罪，加重对袭警行为的处罚，对收买被拐卖的妇女、儿童行为一律追究刑事责任，以及对重大贪污贿赂犯罪不得减刑、假释等规定均是情绪性立法的典型范例。第二，无视刑事违法性和非刑事违法性之间的区分，将原本应当或者可以通过行政、民事途径解决的事项通过刑事犯罪化方式加以处理，过当压制公民的权利。法益是指根据宪法的基本原则，由法所保护的、客观上可能受到侵害或威胁的人的生活利益，其中由刑法所保护的人的生活利益就是刑法上的法益。法益保护并不会仅仅通过刑法实现，而必须通过全部法律制度才能发挥作用，刑法对于法益保护仅仅具有辅助性，在使用非刑法惩罚就足以保障实现所追求的目标时，立法者就应当将其规定为违反秩序的行为。因此，立法机构在制定刑法时，应当坚持"最后手段"与"必要限度原则"，理性地界定刑法与前置法的边界。然而，此前制定的十一部《刑法修正案》中大量采用了前移刑法评价节点、降低行为量化因素、设置行为犯或抽象危险犯等方式，增加了新型犯罪，扩大了刑法的调整范围。该种方式固然能够确保民众获得主观上的安全感受，但却造成了刑法与前置法之间的界限模糊，使行为的刑事违法性与非刑事违法性之间的区分不明显，它在本质上其实是对出于行政权的不信任和对刑法功能的过度追求。由此而导致的结果必然是：将实质上的民事不法行为、行政违法行为"升格"为形式上的刑事犯罪行为，给"民事不法行为人""行政违法行为人"贴上"刑事犯罪"的标签，进而造成行为人与社会之间的原本不应有的隔离，过当压制公民的权利。

（二）实质主义刑法解释论对人权保障的消极影响

在法律解释学中，原本没有形式解释论与实质解释论之分，梁根林教授较早地在刑法解释的目标意义上提出了形式解释论与实质解释论这对范畴，并将前者

---

① 梁根林：《预备犯普遍处罚原则的困境与突围》，载于《中国法学》2011年第2期。
② 车浩：《刑事立法的法教义学反思——以〈刑法修正案（九）〉为中心的展开》，载于《中国法学》2011年第2期。

等同于主观解释论，将后者等同于客观解释论。陈兴良教授认为，"主观解释论与客观解释论和形式解释论与实质解释论之间，虽然存在某种重合，但还是两个不同的范畴。"① 对此，笔者深以为是！目前，国内刑法学界对形式解释论与实质解释论含义的理解不甚一致，陈兴良教授认为，"形式解释论与实质解释论的根本区分仅仅在于：在对刑法进行解释的时候，是否先进行形式判断，然后再进行实质判断。换言之，在形式判断与实质判断之间形成逻辑上的位阶关系。尤其是在刑法没有所谓的形式规定的情况下，能否通过实质解释将其入罪？"② 对此，形式主义刑法解释论秉持否定的态度，但实质主义刑法解释论者却持肯定的立场。后者认为，"实质解释论屡受批判的主要原因是实质解释论可能会违背罪刑法定。这是对实质解释论的一种误读。凡是解释，不管是形式解释还是实质解释，都是以文本为依据的，否则就谈不上是一种解释。实质解释论事实上也是坚持罪刑法定主义的。只不过在实质解释论者眼里的罪刑法定，不仅具有形式的侧面，而且还有实质的侧面。刑法在适用的过程中，不仅仅能实现形式正义，还必须实现实质正义。"③ 从直观层面来看，实质主义刑法解释论者所秉持的前述见解似乎是有道理的，它们对刑法的实质解释也是以刑法中有明文规定为前提的，并不违背罪刑法定原则。但是，以刑法文本为依据的解释并不必然与罪刑法定原则相符合。只有当被解释的行为包含在刑法文本中时，该种刑法解释才是符合罪刑法定原则的。如果被解释的行为并不直接包含在法律文本中，法律文本中只是提供了所谓的"最相类似"的规定，依据该规定将被解释行为包容于其中的解释其实就是类推解释，而这是与罪刑法定原则相违背的。由此导致的结果必然是：肆意侵害国民的自由。有日本学者指出，"罪刑法定原则要成为实质的保障人权原理，除了仅仅要求在行为时存在规定有犯罪和刑罚的法律还不够，而且，该刑罚法规还必须是适当的。罪刑法定原则时至今日仍然能够作为刑事立法和刑法解释学的指导原理长盛不衰、蒸蒸日上，主要是因为在民主主义、自由主义之类的形式原理之上，还有更高层次的普遍原理，即'实质的保障人权原理'做支撑。这个原理，蕴含着保障人的基本自由、尊重人的基本权利的思想，也就是

---

① 陈兴良：《形式解释论的再宣誓》，载于《中国法学》2010 年第 4 期，第 28 页。

② 陈兴良：《形式解释论的再宣誓》，载于《中国法学》2010 年第 4 期，第 28 页。张明楷教授秉持的立场与此不甚相同，他认为，"形式解释论主张以犯罪本质为指导，来解释刑法规定的构成要件。对于实质上值得科处刑罚但又缺乏形式规定的行为，实质解释论主张在不违反民主主义与预测可能性的前提下，对刑法作扩张解释。当刑法条文可能包含了不值得科处刑罚的时候，通过实质解释论，将单纯符合刑法文字但实质上不值得刑罚处罚的行为排除在犯罪之外。"参见李立众、吴学斌主编：《刑法新思潮——张明楷教授学术观点探究》，北京大学出版社 2008 年版，第 67 页。

③ 李立众、吴学斌主编：《刑法新思潮——张明楷教授学术观点探究》，北京大学出版社 2008 年版，第 67 页。

说，在实质性地保障着个人尊严为背景的权利和自由不受国家刑罚权的肆意侵害。"① 前述论断将人权保障原理贯穿于罪刑法定原则的全部，对此，笔者深以为然！但是，前述论断中隐含的立场是：罪刑法定原则包含形式侧面与实质侧面两个维度②，后者与前者相比，其价值位阶层次更高。对此，笔者秉持不同立场。笔者认为，将罪刑法定原则在逻辑上分解为形式侧面和实质侧面固然无可厚非，但将实质侧面作为凌驾于形式侧面之上的更高位阶的价值是不可取的。形式侧面和实质侧面都是罪刑法定原则的有机组成部分，前者旨在限制司法权的恣意，后者旨在限制立法权本身，二者的功能不同，但是彼此间互为表里，相互依托，不存在位阶上的差异，它们的核心主旨在于实质性地保障人权，使其免受国家刑罚权的恣意侵害。形式主义刑法解释论和实质主义刑法解释论与刑法的形式侧面与实质侧面之间存在一定的逻辑关联性，但是，绝对不能将它们完全对应起来。换言之，形式主义刑法解释论并不必然意味着罪刑法定原则的形式侧面，实质主义刑法解释论也并不必然对应着罪刑法定原则的实质侧面。形式主义刑法解释论与实质主义刑法解释论之间的根本区别不在于是否对刑法进行实质解释，而在于它们在对刑法进行实质解释的时候是否尊重刑法文本的规定。实质主义刑法解释论的最大弊端在于：在进行所谓实质主义刑法解释的时候，对刑法文本缺乏足够的尊重。其目的仅仅是将值得科处刑罚的行为解释为犯罪行为，至于刑法文本中对此是否有规定，在所不问。由此导致的结果必然是法律虚无主义甚嚣尘上，不仅冲击和影响国家的刑事法治秩序，而且会造成对国民人权的肆意的压制和侵害。这一点，在新中国成立后我国较长时期的刑事法治实践中表现得非常明显。1997 年《刑法》中确立了罪刑法定原则，规定某一行为只有在刑法有明确规定的情况下，才能依照法律规定定罪处罚，法律没有明文规定的，不得定罪处罚。该规定对实质主义刑法解释论无疑会产生比较大的影响。近年来，随着机能主义刑法观的确立，实质主义刑法解释论开始发力，并且逐步在刑法解释领域取得了事实上的主导地位，大量的刑法外行为通过司法机关的扩大乃至类推解释被纳入了刑事犯罪的范围，罪刑法定原则原本具有的人权保障功能遭到了较大程度的破坏，前述非法经营罪的结构性扩张就是典型实例。

① ［日］曾根威彦著，黎宏译：《刑法学基础》，法律出版社 2005 年版，第 12 页。
② 日本学者一般认为，罪刑法定原则可以分解为六个派生原则：（1）刑法不溯及既往原则；（2）排除习惯法原则；（3）禁止类推原则；（4）禁止绝对不定期刑原则；（5）刑法明确性原则；（6）刑法内容适当原则。（参见［日］大塚仁著，冯军译：《刑法概说（总论）》第 3 版，中国人民大学出版社 2007 年版，第 78～79 页。前述六个派生原则中，前四个体现的是罪刑法定原则的形式侧面，后两个反映的是罪刑法定原则的实质侧面。）

第三节　刑法扩张的合宪性控制

宪法是国家的根本大法，具有最高的法律效力。刑事立法应当以宪法为依据，宪法应当引导和推动刑事立法的健全与完善；刑事司法应当遵循宪法的精神，将宪法规范承载的宪法精神合乎逻辑地注入司法解释、刑事审判中是法官应当秉持的基本准则。面对刑法的积极扩张趋势，有必要加强宪法对刑事立法、刑事司法的制度性统合作用，推动以宪法为核心的法秩序的一体化发展。

一、古典主义刑法观和机能主义刑法观的合宪性控制

1979 年之前，我国甚至没有一部统一的刑法典，只有为数不多的几部单行刑法。在这种情况下，主导我国刑事司法活动的不是刑法，而是政策，刑事政策超越刑事立法的直接结果就是刑事权力的恣意化，过当压制乃至侵害公民的权利。1979 年《刑法》颁布实施之后，我国初步解决了刑事司法活动中无法可依的问题，确立了刑事法治的基本格局。但是，在此后长达近 30 年的时间里，刑事政策依然对我国的刑事立法和刑事司法产生着深刻的影响，由此出现了"刑法的刑事政策化"。"所谓'刑法的刑事政策化'，就是在刑法的制定和适用过程中，考虑刑事政策，并将其作为刑法的评价标准、指引和导向。"[1] 刑法的刑事政策化可以区分为两个环节，即立法的刑事政策化与司法的刑事政策化。所谓"立法的刑事政策化，是指通过立法活动将刑事政策的内容贯彻到刑法条文当中，获得法律的确认。"[2] 所谓"司法的刑事政策化，是指在司法活动中贯彻刑事政策的精神，使刑事政策成为司法活动的指针。"[3] 这一点，在严打刑事政策的刑法化方面表现得非常明显。笔者认为，在我国的法治语境下，刑法的刑事政策化具有其存在的正当性，但是，将刑事政策转化为国家的刑事立法、渗透进国家的刑事司法必须以尊重刑法文本为前提，如果基于刑法刑事政策化的现实必要性而将刑事政策凌驾于刑法的规定之上，虚置刑法的规定，刑法的权威将受到严重的破坏，公民的权利与自由将缺乏必要的制度性保障，刑法因之也将呈现出一种咄

---

[1]　黎宏：《论"刑法的刑事政策化"思想及其实现》，载于《清华大学学报》（哲学社会科学版）2004 年第 5 期，第 42 页。

[2][3]　陈兴良：《刑法的刑事政策化及其限度》，载于《华东政法大学学报》2013 年第 4 期，第 5 页。

咄逼人的压制性面孔。这一点，在 1979 年《刑法》下表现得非常明显。刑事政策经由刑法所规定的刑事类推制度，通过法官的制度性变造，合乎逻辑地渗透到了刑事司法实践中，虚置乃至完全背离了刑法文本的规定，由此造成了对公民权利的过当压制。有学者指出，"刑法和刑事政策具有共同的目的，二者在手段和对象上也有相同之处，因此，刑法应该以刑事政策为指导，但这并不意味着刑法的刑事政策化就是把刑法变为刑事政策，刑事政策绝不能超越或替代刑法。刑法的刑事政策化只能是刑事政策对刑法的制定与运行进行必要与适度的导向与调节，这种导向与调节只能在刑法许可的范围内进行。不论刑事政策如何调节和影响刑法的运作，刑法永远是刑事政策不可逾越的藩篱。因为刑罚和刑事政策之间存在着重大的差别，这些差别决定刑法的刑事政策化应有合理的限制，不能把刑法变为刑事政策。"[①] 对此，笔者深以为然。诚如陈兴良教授所言，"虽然刑法的刑事政策化具有其一定的合理性与必要性，但这种刑法的刑事政策化又是有其合理限度的。超出合理限度的刑法刑事政策化对于刑事法治是一场灾难。因此，在坚持刑法的刑事政策化的同时，如何避免过度的刑法刑事政策化，这是一个需要充分重视的问题。"[②] 1997 年《刑法》废除了类推制度，确立了罪刑法定、刑法面前人人平等、罪责刑相适应三项基本原则，从不同角度对刑法的刑事政策化进行了限制。《刑法》第三条规定，"法律明文规定为犯罪行为的，依照法律定罪处刑；法律没有明文规定为犯罪行为的，不得定罪处刑。"《刑法》第四条规定，"对任何人犯罪，在适用法律上一律平等。不允许任何人有超越法律的特权。"《刑法》第五条规定，"刑罚的轻重，应当与犯罪分子所犯罪行和承担的刑事责任相适应。"罪刑法定原则旨在限制国家的刑罚权，尤其是刑事司法权，以期保障公民个人的权利和利益。与之相比，刑法面前人人平等原则、罪责刑相适应原则既指向于刑事立法，也指向于，或者说更指向于刑事司法，它们通过追求刑法适用中的平等以及犯罪与刑罚之间的对应性与适当性来实现刑法的公平性。如是这些都在客观上起到了限制刑法刑事政策化的效果。它们对刑事政策确立的限制性规则是：刑事政策固然可以刑法化，但是，只有在刑法的框架范围之内，且遵循刑法面前人人平等与罪责刑相适应原则，刑事政策所追求的惩罚犯罪、预防犯罪这一功利性价值目标方才具有合理性。超越刑法范围对刑事政策的目的性与功利性的价值诉求，都是对刑事法治秩序的破坏，断不可取。

然而，实证分析之后可以发现，谋求通过罪刑法定原则、罪责刑相适应原则等来限制刑事政策在刑法场域的过当渗透、避免国家权力过当介入刑法的努力难

---

① 张永红：《刑法的刑事政策化论纲》，载于《法律科学》2004 年第 6 期，第 69 页。
② 陈兴良：《刑法的刑事政策化及其限度》，载于《华东政法大学学报》2013 年第 4 期，第 7 页。

以真正实现。事实上，在当前所谓的风险社会时代，古典主义刑法观单一强调限制国家权力不仅没有必要，而且自身也会遭到所处的现代社会的冲击。诚然，内蕴于刑法三大基本原则的古典主义刑法观对于反对罪刑擅断、实现人权保障具有重要意义，但是，它无法合理回应现实社会生活的需要。风险学者认为，当前全球已经进入"风险社会"。为了应对社会风险，"风险刑法"理论应运而生。"风险刑法"理论以功能主义为基本理念，强调刑法应当积极回应社会生活的需要，提倡并发展积极主义刑法立法观。在秉持"风险刑法"理论的学者看来，刑法应当以抵御社会风险为己任，以追求人类安全为目标，对于危害社会安全的行为即使没有出现法益侵害的结果，也应该动用刑罚加以惩处。"风险刑法"理论的倡导者认为，犯罪"不是以导致什么样的具体损害作为实施制裁的前提条件，而是以没有促使安全状态的形成或者这类犯罪的步伐来表述的，它不是一个具体的损害，而是一种慌乱不安"①。在"风险刑法"理论的影响下，许多国家的刑法开始大量处罚抽象危险犯，我国《刑法修正案（八）》增设的"危险驾驶罪"就是典型实例。此外，法益保护的前置化、法益的抽象化、帮助犯正犯化、预备行为正犯化与犯罪圈的快速扩张等在各国刑事立法实践中越来越明显，我国近年来颁布的《刑法修正案》集中体现了这一点。从我国的刑事法治实践来看，积极主义刑法立法观在较大程度上回应了社会现实的需要，但它同时也带来了诸如情绪化立法、混淆行政权与司法权之间应有功能秩序界限的弊端，由此造成公民权利与自由受到一定程度的限制。如果对其缺乏必要的制约，将不可避免地导致市民社会的破坏或者集权主义，使积极主义刑法观意图维护的公共秩序或者安全成为一种侵害公民自由的代名词。有鉴于此，必须在正视古典主义刑法观和功能主义刑法观所存在的诸种缺陷的前提下，确立一种新的刑法观，以之统领未来我国的刑事立法和刑事司法，既不单一强调刑法的法益保护机能，也不过当强调刑法的人权保护机能，而是谋求在刑法之法益保护机能和人权保护机能之间实现较为妥当的平衡。该种刑法观就是新近有学者提出的合宪主义刑法观，这种刑法观谋求在古典主义刑法观与功能主义刑法观之间寻求一个最佳平衡点，运用契约主义意义上的合宪性控制约束功能主义刑法的不当扩张，以求建立国家权力与公民权利之间较为妥当的功能秩序。② 前述立场在较大程度上反映了当下人们对风险社会背景下刑法扩张的担忧和对古典主义刑法观的限制刑法扩张功能的疑虑，在该种情形之下，人们开始转而寻求通过宪法来适度限制和中和。在风险社会背景

---

① ［德］乌尔斯·金德霍伊泽尔著，刘国良编译：《安全刑法：风险社会的刑法风险》，载于《马克思主义与现实》2005年第3期，第38页。

② 姜涛：《在契约与功能之间：刑法体系的合宪性控制》，载于《比较法研究》2018年第2期，第164页。

下，刑法固然可以因应社会现实的需要进行适度扩张，但是，该种扩张必须具有宪法依据。具体来说，"其价值衡量不能脱离宪法精神的影域，对社会防卫的侧重应当受到适当的约束；其功能发挥不能罔顾宪法意义的指引，在范围的展开和手段的和缓上要进行符合宪法要求的运作。通过总结刑法在风险社会中的价值表现和功能发挥，再行评述刑法体系以风险为依据进行重塑是否具有宪法适应性，才能保证刑法发展的正确方向。"①

二、刑事立法的合宪性控制

从 1979 年我国第一部《刑法》颁行至今，我国刑事立法已经在犯罪化的道路上行进了 40 余年。重刑轻民的中国法律传统在当今社会以对刑法的过度迷信与依赖、以不断设立新罪的方式变相地表现出来。1997 年现行《刑法》颁行以来，我国经历了前所未有的高速发展和社会变革，进入了全面转型的关键期以及全球化时代、信息社会与风险社会，新的重大安全威胁与犯罪挑战不断出现，立法机关对之持续不断地予以立法回应。自 1999 年改采修正案模式起，截至目前，全国人大常委会先后通过了十二部《刑法修正案》，展现出我国刑事立法活性化的发展趋势。针对刑事立法领域的日趋活跃现象，刑法学界的认识不甚一致。秉持赞同立场的学者认为，活跃的刑事立法不会带来刑法过度干预的系统风险，犯罪化与刑法谦抑性之间没有矛盾。② 应当超越古典自由主义的消极刑法立法观，确立积极刑法立法观，因为积极刑法立法观是治理社会的刚性需求，处罚的早期化有其必要性，刑法的谦抑性并不反对现代社会增设必要数量的新罪③；犯罪圈扩大的立法趋向，是当代中国特殊语境下社会治理与社会控制的客观需要，符合消除刑法结构矛盾与机能障碍的内在逻辑，是废除劳动教养所导致的法律制裁体系调整之使然，贯彻了宽严相济刑事政策"该严则严、严中有宽、宽以济严"的要求。④ 秉持否定立场的学者基于古典自由主义与结果无价值不法论的立场，反对《刑法修正案》对犯罪圈的扩张以及刑法干预的早期化、能动化，对刑法修正所展现的社会治理过度刑法化⑤、刑事立法情绪化⑥、新工具主义倾向⑦、意

---

① 崔磊：《风险社会视野下刑法扩张的宪法态度》，载于《中国刑事法杂志》2016 年第 6 期，第 36 页。

② 周光权：《转型时期刑法立法的思路与方法》，载于《中国社会科学》2016 年第 3 期，第 133 页。

③ 周光权：《积极性发立法观在中国的确立》，载于《法学研究》2016 年第 4 期，第 29 页。

④ 梁根林：《刑法修正：维度、策略、评价与反思》，载于《法学研究》2017 年第 1 期，第 52 ~ 56 页。

⑤ 何荣功：《社会治理过度刑法化的法哲学批判》，载于《中外法学》2015 年第 2 期。

⑥ 刘艳权：《刑事立法应力戒情绪——以《刑法修正案》（九）为视角》，载于《法学评论》2016 年第 1 期。

⑦ 魏昌东：《新刑法工具主义批判与矫正》，载于《法学》2016 年第 2 期。

识形态化①深表担忧。面对我国刑事立法犯罪化的高热态势，今后我国刑事立法应该停止刑法调控范围的扩张，拒绝进一步的犯罪化，并适当实行一些犯罪行为的非犯罪化。"② 笔者认为，刑法因应社会情势的发展需要进行适度的扩张有其现实必要性，但是，这种扩张必须受到宪法的限制，不能冲击和影响宪法秩序。具体来说，应当从以下几个方面着手。

第一，不能违反现行《宪法》关于立法权配置的规定。现行《宪法》第六十二条第三项规定，全国人大有权制定和修改刑事基本法律；第六十七条第二项、第三项规定，全国人大常委会有权制定和修改除应当由全国人大制定的法律以外的其他法律。在全国人大闭会期间，有权对全国人大制定的法律进行部分补充和修改，但是不得同该法律的基本原则相抵触。依据前述规定，刑事立法权主要由全国人大行使，全国人大常委会仅有权对《刑法》做部分的修改与补充。然而，从我国的立法实践来看，全国人大常委会却拥有较大的刑事立法权，在一定程度上超过了现行《宪法》赋予它的部分修改与补充作为基本法律的刑法的权力。

第二，将罪刑法定原则上升为宪法原则。罪刑法定原则有形式侧面与实质侧面之分。前者包括刑法不溯及既往、排除习惯法原则、禁止类推原则以及禁止绝对不定期刑原则四项原则，其思想渊源是三权分立与心理强制说；后者包括刑法明确性原则和刑法内容适当原则，其思想渊源是民主主义与尊重人权主义。前者旨在限制司法权，后者旨在限制立法权。我国1997年《刑法》第三条确立了罪刑法定原则。该条规定，"法律明文规定为犯罪行为的，依照法律定罪处罚；法律没有明文规定为犯罪行为的，不得定罪处罚。"该原则的确立，对于刑事司法领域的人权保障具有重大意义。但是，目前我国对罪刑法定原则的定位存在一定的问题，且对其内容的表述不甚全面，仅仅凸显了其相较于司法权的形式侧面，而没有彰显其相较于立法权的实质侧面。事实上，即便在刑法中对其实质侧面作出较为详细的规定，也无法起到限制立法权的作用，以作为基本法律的刑法来限制国家立法权的行使根本不具有可能性，这实际上也是造成刑事立法扩张的制度性原因。因此，有必要将其上升为一项宪法原则加以规定，并充实该项原则的实质侧面的内容。陈兴良教授认为，罪刑法定原则不仅是一项刑法原则，也应当是一项宪法原则，应当在宪法中加以确认。③ 对此，笔者秉持相同立场。笔者认

① 邵博文：《晚近我国刑事立法趋向评析——由《刑法修正案》（九）展开》，载于《法制与社会发展》2016年第5期。
② 刘艳红：《我国应该停止犯罪化的刑事立法》，载于《法学》2011年第11期，第108页。
③ 陈兴良：《宪政视野中的刑法》，引自《华东刑事司法评论》（第2卷），法律出版社2002年版，第217页。

为，罪刑法定原则的精髓在于法的限定性，即对国家刑罚权的限制。该种限制既指向于司法权，也指向于立法权，单一地强调其对司法权的限制不足以真正发挥该项原则的人权保障作用。我国刑事立法的扩张固然是由诸多方面的原因造成的，但它和罪刑法定原则的单一刑法原则定位是分不开的。由于《宪法》中没有关于罪刑法定原则的规定，刑事立法缺乏外在的限制，由此必然导致《刑法》中模糊条款的大量出现，客观上为刑事立法的扩张、刑事司法解释的恣意提供了制度性的入口。例如，《刑法》第一百八十二条第一款第四项"以其他方法操纵证券、期货市场的"；第一百九十五条第一款第四项"以其他方法进行信用卡诈骗活动的"；第二百二十五条第一款第四项"其他严重扰乱市场秩序的非法经营行为"等。因此，有必要将罪刑法定原则提升为一项宪法原则，以此来对刑事立法的扩张进行适度的限制。事实上，世界上不少发达国家均在宪法中规定了罪刑法定原则，如法国的《人权宣言》第七条规定了罪刑法定原则，美国宪法及1791年宪法修正案规定了正当程序原则。

第三，不能违反作为限制基本权利之宪法原则的比例原则。在过去长达几十年的时间里，法益保护主义一直被作为指导刑事立法的基本原理。第二次世界大战结束之后，各国刑法理论对法益概念的研究进入了新阶段，法益概念的重点被推移至刑事政策领域，成为研讨制定刑法新条款或修改旧条款的重要依据。某种社会生活利益是否应当由刑法加以保护，均以法益概念作为决定性的依据，法益概念因之也该就成为确定刑法处罚范围的价值判断标准。[1] 我国《刑法》第二条、第十三条的规定表明，刑法的目的是保护法益，犯罪的本质是侵害法益。近年来，随着刑事立法的不断扩张，法益保护原则开始受到各国民众的质疑。在日本，针对近些年来刑事立法领域出现的法益概念的抽象化、处罚的早期化以及重罚化现象，井田良教授指出："有必要探求替代法益保护原则的刑事立法的指导原理。而且，该指导原理必须从宪法上有关限制基本权的原则寻找。"[2] 该项替代性原则就是比例原则。国内也有学者提出了类同主张。有学者认为："作为替代法益概念立法规制机能的指导原则只能从宪法中寻找。宪法中规制公权力行使之比例原则正好可以代替法益概念作为刑事立法的指导原则。"[3] 也有学者认为，"比例原则比刑法的基本原则具有更高效力"，应当"把比例原则作为罪刑关系配置的基本原则。"[4] 笔者认为，刑法是通过损害一部分法益来保护另一部分法

① 林山田：《刑法特论》（上册），台北三民书局1978年版，第4页。
② ［日］井田良：《最近の刑事立法をめぐる方法论的诸问题》，载于《ジュリスト》第1369号（2008年），第63页。
③ 程红等：《刑事立法活性化与刑法理念的转变》，载于《云南大学学报》2016年第4期，第47页。
④ 姜涛：《追寻理性的罪刑模式：把比例原则植入刑法理论》，载于《法律科学》2013年第1期，第104～105页。

益的法，该种性质决定了刑事立法必须受到限制。立法机关在刑事立法时必须考虑权衡的问题是：如果将某种行为规定为犯罪，它所保护的法益与可能造成的法益侵害相比，孰轻孰重？如果将某种行为规定犯罪所造成的法益侵害大于其所保护的法益，就不得将该种行为规定为刑事犯罪行为，而应该通过行政、民事的手段加以处置。否则，该种刑事立法就不具有正当性。对此，法益概念显然有些力不从心。与之相比，比例原则显然具有优势。较为妥当的处理办法是：将比例原则作为一项限制基本权利的宪法原则，赋予其高于刑法基本原则的效力。立法机关在进行刑事立法时，必须考虑三个方面的问题：一是"需要检讨设置刑罚法规处罚该行为，是不是为了达成规制目的的有效手段……在设定一定的正当目的时，要追问处罚该行为是不是实现该目的的适当手段"。要做到这一点，"就需要以一定的缺失可靠的方法确认该行为的有害性"。二是"需要检讨为了实现规制的目的，是否确实有必要采用刑罚这种严厉制裁？这种制裁是否属于对该行为的过度对应？在此，刑法的补充性具有重要意义"。三是"在包括性地衡量设置刑法法规所丧失的利益与所获得的利益时，所获得的利益是不是更大。"①

三、刑事司法解释的合宪性控制

目前学界的基本共识是，刑法解释已经不可能像先前时期那样秉持法实证主义、概念法学的立场，但是，由于以往贴在自然法学派与实证法学派身上的诸多标签正在岁月的冲刷下而日渐褪色，因此，法律解释需要返回到适度地接近规范主义，或者说需要戴着（规范的）"镣铐"跳舞，但又不至于完全退到法律实证主义的那种立场。② 简言之，刑法解释需要在尊重刑法文本的前提下，审慎地对其进行实质性的解释。在该种解释立场之下，虽然追求唯一正解是刑法解释的目标，但分歧却往往不可避免地存在。如果对此不加以较为妥当的引导，对刑法的实质性解释将有可能扩展开来，甚至在诸种因素的综合作用之下，使类推制度死灰复燃，助长刑法的积极化发展趋势。因此，有必要对刑法的实质性解释施加必要的制度性限制。近年来，国内学界对此进行了较多的探讨，提出了合宪性解释的主张。有学者指出，"宪法不仅是制定刑法的法律依据，而且是解释刑法的法律依据，对刑法解释也必须与宪法相协调"③，"当刑法本身存在不明确性时，刑法解释需要一种既立于宪法之架构，又本于刑法教义的论证进路，重视法秩序一

---

① ［日］井田良：《讲义刑法学·总论》，有斐阁2008年版，第24~26页。

② 韩大元、林来梵、郑磊：《宪法解释学与规范宪法学的对话》，载于《浙江学刊》2008年第2期，第136页。

③ 张明楷：《刑法学》（第三版），法律出版社2007年版，第30页。

致性对宪法性法益的逻辑设定，使刑法解释的结论与宪法的精神和意旨保持一致"。① 从法律效力的观点来看，宪法和刑法具有位阶上的母子关系，宪法乃刑法制定与适用的根据，刑法的内容以及解释，必须遵循宪法的理念和宗旨，② 以确保整全的合法性。有学者指出，"所有的法规所形成的法秩序应该有其一惯性，并服膺宪法之规定及理念，因此一个法律必须由宪法的基本理念来检讨及补充"。③ 立足于这种法秩序一致性的考虑，法官在解释刑法条文时，尤其是入罪与出罪的解释中，必须慎重考虑宪法中有关公民基本权利与国家权力的规定，把宪法性法益与宪法意义上的比例原则纳入刑法解释中，进行合宪性解释。目前，学界对合宪性解释内涵的理解不甚一致。有学者认为，"合宪性解释存在两个层面：在违宪审查中的合宪性解释和在普通司法中的合宪性解释。前者是指在违宪审查中，对法律作合宪的解释。而后者则指在普通司法活动中，法官按照宪法的精神去解释法律，使得法律之含义与宪法相一致。"④ 也有学者认为，"所谓合宪性解释，是指我国各级人民法院在对个案裁判所适用的法律进行解释时，当将宪法原则和精神纳入考量范围。"⑤ 笔者认为，合宪性解释和宪法解释具有本质的差别，它不是对宪法规范的解释，而是依据宪法规范对法律进行解释，通过解释将宪法精神注入具体的法律规范之中，确保国家法律秩序的统一。有刑法学者指出，"刑法规范的合宪性解释，并不是对宪法的解释，而是对刑法规范的解释，和其他刑法规范解释方法一样，它意在确定刑法规范的适用范围。与其它解释方法不同的是，合宪性解释具有检讨、确认解释结论正当性的意义，即在现行法治体系框架内是否可以接受，在确认和保护个体性权利不受侵犯方面是否也可以接受。"⑥ 关于司法机关进行合宪性解释时的依据，有学者认为，合宪性解释时应当按照宪法的规则、原则和精神进行解释。⑦ 对此，笔者秉持不同的观点。笔者认为，合宪性解释的依据仅限于宪法规范和宪法原则，它们属于实定法的范畴，可以确保合宪性解释的正当性。宪法精神具有一定的模糊性和不确定性，且不属于实定法范畴，很难为司法机关用来对刑法进行解释。从我国《宪法典》的文本结构来看，对刑法进行合宪性解释具有实质性依据价值的主要是

① 姜涛：《法秩序一致性与合宪性解释的一体性论证》，载于《环球法律评论》2015 年第 2 期，第 141 页。

② ［日］曾根威彦著，黎宏译：《刑法学基础》，法律出版社 2005 年版，第 222 页。

③ 陈新民：《法治国公法学原理与实践》（上），中国政法大学出版社 2007 年版，第 435 页。

④ 张翔：《合宪性解释的两个面向——答蔡琳博士》，载于《浙江社会科学》2009 年第 10 期，第 60 页。

⑤ 黄卉：《合宪性解释及其理论检讨》，载于《中国法学》2014 年第 1 期，第 285 页。

⑥ 时延安：《刑法规范的合宪性解释》，载于《国家检察官学院学报》2015 年第 1 期，第 71 页。

⑦ 黄卉：《合宪性解释及其理论探讨》，载于《中国法学》2014 年第 1 期，第 285 页。

《宪法》第二章"公民的基本权利和义务"部分。除此之外,《宪法》第一章中所确定的宪法基本制度也具有权利保障的内容,对于刑法的合宪性解释也具有依据价值。

作为现代刑法的基本原则,罪刑法定原则有形式侧面与实质侧面之分,后者的基本要求之一就是刑法内容的明确性,即刑法文本对犯罪构成要件的描述要达到明确性的要求,避免使用模糊的规范语言,其目的在于限制刑事立法权的恣意,进而避免由此衍生出的司法权对刑法规范内涵的结构性放大。明确性原则对于刑法解释具有非常重要的意义:符合刑法明确性原则要求的刑法规范,属于刑法解释的范畴,包括立足于宪法规范对刑法进行合宪性解释;不符合刑法明确性原则要求的刑法规范,属于立法修正或者违宪审查的范畴,不可以对其进行合宪性解释。然而,令人遗憾的是,由于罪刑法定原则长期被当作一项刑法原则,其应有的宪法地位被忽视,加之对作为该项原则之实质内容的明确性强调不够,由此使刑事立法对明确性的要求缺乏足够的重视,原本应该通过立法修正加以解决的问题转而通过刑事司法解释的方式加以处理,不仅弱化了罪刑法定原则限制司法恣意的应有功能,而且在一定程度上加剧了刑事司法解释肆意扩大刑法调整范围的趋势。有鉴于此,必须通过对刑法的合宪性解释来限制该种趋势的蔓延,将其纳入宪法的总体秩序框架范围之内。例如,1997 年《刑法》总则第四十八条规定,死刑只适用于"罪刑极其严重"的犯罪分子。但是,究竟什么是"罪刑极其严重"呢,刑法总则中似乎并未做"明确性"规定。从刑法分则中的相关规定来看,对"罪刑极其严重"的理解过于宽泛,将死刑适用于各种不同性质的犯罪行为,界定标准有失明确。而且,刑法分则中还存在一些不明确的规定。例如,《刑法》第二百三十四条第一、第二款分别规定:"故意伤害他人身体的,处三年以下有期徒刑、拘役或管制。""犯前款罪,致人重伤的,处三年以上十年以下有期徒刑;致人死亡或者以特别残忍手段致人重伤造成严重残疾的,处十年以上有期徒刑、无期徒刑或者死刑。"其中,"特别残忍手段"的含义究竟是什么,刑法分则中并未作出明确的规定,往往靠法官来判断,裁量权空间非常大,法官所作判断直接影响到死刑的最终适用。由于前述所说的原因,立法机关缺乏将该类条款明确化的制度性压力,原本应当通过立法修正加以解决的问题转而交由法官来裁量性决断,由此必然衍生出司法适用中的扩大解释现象,滋生出"同案不同判"的结果。因此,有必要通过严格的刑法解释来限缩死刑的适用。我国 1997 年《刑法》中规定了 55 种死刑罪名,每个罪名都存在个案中解释的空间,在多种可能的解释中,应当优先适用最能符合宪法原则的方式[①],以有效发

① [德]卡尔·拉伦茨著,陈爱娥译:《法学方法论》,商务印书馆 2005 年版,第 217 页。

挥宪法在刑法解释中的功能。除却前述刑法条文不明确的情形下对刑法进行合宪性解释之外，对符合明确性原则要求的刑法条文更要进行合宪性解释，否则，不仅会侵害司法解释由以存在的正当性，而且还会造成以宪法为核心的法秩序的不统一。例如，《刑法》第二十五条第一款规定，"共同犯罪是指二人以上共同故意犯罪"。依据该规定，共同犯罪人必须具有主观上的共同故意，方才有可能构成共同犯罪。这一表述非常明确，司法机关对此所作的解释必须在尊重刑法条文的前提下进行合宪性解释，将其纳入宪法统合下的一体化的法秩序之中。但是，最高法院所作的相关司法解释却与该条款不甚一致。2000 年 11 月 10 日，最高人民法院审判委员会第 1136 次会议审议通过《最高人民法院关于审理交通肇事刑事案件具体应用法律若干问题的解释》，该解释第五条第二款规定："交通肇事后，单位主管人员、机动车辆所有人、承包人或者乘车人指使肇事人逃逸，致使被害人因得不到救助而死亡的，以交通肇事罪的共犯论处"。该司法解释突破了《刑法》第二十五条第一款关于共同犯罪之主观条件的规定，将"过失＋故意"作为共同犯罪的主观要件，对公民为宪法所保障的基本权利造成了过当的压制，有违宪法统合下的法秩序的一致性。再如，刑法第二百九十三条规定：有下列寻衅滋事行为之一，破坏社会秩序的，处五年以下有期徒刑、拘役或者管制：（一）随意殴打他人，情节恶劣的；（二）追逐、拦截、辱骂、恐吓他人，情节恶劣的；（三）强拿硬要或者任意损毁、占用公私财物，情节严重的；（四）在公共场所起哄闹事，造成公共场所秩序严重混乱的。纠集他人多次实施前款行为，严重破坏社会秩序的，处五年以上十年以下有期徒刑，可以并处罚金。该条是关于寻衅滋事罪的规定，原本只适用于某些"破坏社会秩序"的行为，例如，随意殴打他人，或追逐、拦截、辱骂、恐吓他人，以及强拿硬要或者任意损毁、占用公私财物，而且要具备"恶劣"或"严重"情节。该罪即便构成"口袋罪"，也并不直接关涉言论自由。然而，最高人民法院、最高人民检察院 2013 年 9 月 6 日颁布的《关于办理利用信息网络实施诽谤等刑事案件适用法律若干问题的解释》对其作了扩大解释，将它和言论自由直接关联在了一起。该解释第五条规定："利用信息网络辱骂、恐吓他人，情节恶劣，破坏社会秩序的，依照刑法第二百九十三条第一款第（二）项的规定，以寻衅滋事罪处罚。编造虚假信息，或者明知是编造的虚假信息，在信息网络上散布，或者组织、指示人员在信息网络上散布，起哄闹事，造成公共秩序严重混乱的，依照刑法第二百九十三条第一款第（四）项的规定，以寻衅滋事罪处罚。"依据上述规定，"寻衅滋事"行为被扩大到网络言论。虽然该解释本身没有具体说明，但适合这一扩展的似乎只有《刑法》第二百九十三条第四项所规定的"在公共场所起哄闹事，造成公共场所秩序严重混乱"。如此一来，《刑法》第二百九十三条第四项中的"公共场所"

就被简单替换成了"网络",该项规定也就相应变成了"在网络起哄闹事,造成网络秩序严重混乱",在理解上,容易和现行《宪法》第三十五条所规定的言论自由产生冲突。如果司法机关在进行刑法解释的时候,能够将宪法规定合乎逻辑地注入其中,前述情形原本是可以避免的。

第二十章

罪刑法定视野下刑事立法的合宪性控制

第一节 罪刑法定原则的历史发展

一、罪刑法定原则的历史发展

罪刑法定原则的基本含义是"法无明文规定不为罪，法无明文规定不处罚"。1911 年，德国学者修特兰达（Schottlander）发表了《罪刑法定主义的原则的历史的展开》一文，认为罪刑法定主义原则渊源于 1215 年英国的《大宪章》。该观点为后世很多学者所接受，逐渐成为刑法学界的通说。《大宪章》第 39 条规定：对于任何自由人，不依统一身份的适当的裁判或国家的法律，不得逮捕、监禁、剥夺领地、剥夺法的保护或放逐出境，不得采取任何方法使之破产，不得施加暴力，不得使其入狱。第 40 条规定：国王不得向任何人出售、拒绝或延搁其应享有之权利与公正裁判。虽然《大宪章》的目的"主要在于捍卫贵族的自由，但是，不了解贵族而只惧怕国王的后代人却把它看成是对人民自由的保障"①。

---

① ［英］W. I. 詹宁斯著，龚祥瑞、侯健译：《法与宪法》，生活·读书·新知三联书店 1997 年版，第 33 页。

它在客观上使英国人的人权在法律形式上得到了保护，奠定了罪刑法定主义的思想基础。对于将罪刑法定主义与英国大宪章关联起来的观点，日本一些学者如泽登佳人、风早八十二、横山晃一郎等教授均秉持否定立场。横山教授质疑说："由费尔巴哈所确定的近代刑法的罪刑法定主义，如果认为起源于英国的《大宪章》，那么在成为罪刑法定主义渊源的英国，就要承认不成文的普通法是法源，可是在英国直到今天近代刑法不是还不存在吗？"① 其次，成为罪刑法定主义的派生原则的排除习惯法，与不成文的普通法为法源的英国刑法之间也存在着理论上的矛盾。的确，依照被费尔巴哈定式化的近代刑法中的罪刑法定主义，要求以成文的法规明确规定犯罪与刑罚的关系。这样限于以成文的法规为前提，是当然的结论，要求将不成文法从刑法渊源中排除。"② 因此，横山教授认为，英国的《大宪章》不可能成为罪刑法定主义的渊源。但是，更多的日本学者如泷川幸辰、木村龟二、大谷实、大野义真等教授还是支持通说的观点。自泷川幸教授1919 年发表《罪刑法定主义的历史的考察》以来，以《大宪章》为罪刑法定主义的历史的渊源的见解，在日本已经成为通说。

《大宪章》之后，伴随着人权思想的展开，罪刑法定主义的思想在英国一系列法律文件中相继得到确认。1628 年的《权利请愿书》规定：国王非依法律的判决，不得逮捕、审讯任何自由人，不得作出没收的判决。1688 年的《人身保护法》对保护人身自由以及关于审判的"适当的法律程序"作出了规定。这些文件均从不同角度巩固了罪刑法定主义思想。就《国民权利与自由和王位继承宣言》（以下简称《权利法案》）而言，其主要目的在于限制王权、巩固和扩大国会的权力，但是，由于它正式确立了国会主权的原理和法支配的原理，所以在客观上促进了罪刑法定主义思想在欧洲的传播。自此而后，罪刑法定主义思想又经由早期的殖民者传到了北美。英国在北美诸州的殖民地于 1772 年 11 月 20 日在波士顿举行集会，要求承认《大宪章》及 1689 年的《权利法案》中所规定的权利。1774 年 11 月 20 日在费城召开的殖民地总会，发表了题为"居民依据自然法，拥有不可侵夺之权"的宣言书，其中第 5 条揭示了罪刑法定主义。1776 年 5 月 16 日在费城召开十三州的殖民地总会（又称"大陆会议"），决定宣布独立，由各个殖民地自行制定根本法。在此基础上首先出现的是 1776 年 6 月 12 日公布的《弗吉尼亚权利法案》。其第 8 条规定：除了国家法律或同等的公民的裁判外，任何人的自由不应受到剥夺。这一规定被誉为美国法律中最初的罪刑法定主义原则的宣言，以后为许多州所仿效。同年 7 月 4 日，正式宣布成立美利坚合众国。

---

① ［日］大野义真：《罪刑法定主义》，世界思想社 1982 年版，第 13 页。
② ［日］大野义真：《罪刑法定主义》，世界思想社 1982 年版，第 35 页。

1787 年颁布的《美利坚合众国宪法》明确规定了事后法的禁止（第 1 条第 9 款第 3 项规定：追溯既往的法律不得通过之。），1791 年生效的宪法修正案明确规定适当的法律程序原则（修正案第 5 条规定：未经正当法律程序不得剥夺任何人的生命、自由或财产），罪刑法定主义得到了进一步的发展。如果说在以普通法为主体的英美法，罪刑法定主义主要从程序方面加以规定，那么它在实体上得到明确表现的则是 1789 年法国的《人权宣言》。《人权宣言》第八条规定：在绝对必要的刑罚之外不能制定法律，不依据犯罪行为前制定且颁布并付诸实施的法律，不得处罚任何人。该规定确立了罪刑法定原则的基本方向。稍后不久，1791 年的《法国宪法》融入了这一精神。1810 年的《法国刑法典》第四条进一步规定：没有在犯罪行为时以明文规定刑罚的法律，对任何人不得处以违警罪、轻罪和重罪。自此，罪刑法定主义开始成为近代刑法的基本原则，《法国刑法典》因此也被认为是罪刑法定主义的直接渊源。《法国刑法典》的这一规定，以后为其他国家的刑法典相继仿效，德国、比利时、日本等大陆法系国家 19 世纪颁行的刑法典中都确立了罪刑法定原则，由此使它成为近代刑法的核心主导原则。

二、罪刑法定原则的思想渊源

罪刑法定原则的思想渊源实质上就是其由以产生和确立的思想理论基础。对此，学界的理解不甚相同。日本刑法学家泷川幸辰教授认为，支持罪刑法定主义的有三种思想：英国的大宪章思想、费尔巴哈的心理强制理论以及以孟德斯鸠为代表的分权理论。① 大谷实教授的看法与其略有不同，在他看来，为罪刑法定主义"提供理论基础的，从来都会举出孟德斯鸠的三权分立理论和费尔巴哈的心理强制说。现代的罪刑法定主义，应当解释为以将自由主义作为要旨的人权尊重主义为根据。"② 日本学界多数学者认为，罪刑法定原则的思想渊源包括两种，即三权分立学说与心理强制说。③ 笔者认为，对罪刑法定原则由以产生之思想渊源的解读不能秉持一元化的立场和静态的视角。也就是说，罪刑法定原则不是在某种一元化的理论影响下确立的，而且，在不同的历史时段，对其产生影响的理论也不甚相同，应该从传统和现代两个阶段加以厘定。就近代社会早期的罪刑法定原则而言，英国的大宪章不应该被当作其由以确立的思想基

---

① ［日］泷川幸辰：《泷川幸辰刑法著作集》（第四卷），世界思想社 1981 年版，第 40～41 页。

② ［日］大谷实：《刑法讲义总论》，成文堂 1995 年版，第 61 页。

③ ［日］大塚仁：《刑法概说（总论）》，有斐阁 1997 年版，第 56 页。另可参见 ［日］木村龟二：《刑法总论》（增补版），有斐阁 1984 年版，第 93 页。

础。诚如国外学者所言，"大宪章不是打倒封建制度标榜近代意义的自由的文献，它不外是在封建制度内自古以来被承认的关于英国人的自由，阻止由于早被确立的王权的滥用，确认所谓封建的自由。从而大半可以看出，在它的条项之中，纯粹具有封建色彩的规定，或者意味着对封建的滥用的立法的修正的诸规定。"① 英国大宪章固然在思维逻辑上和罪刑法定原则存在着一定的关联，但它不可能成为近代罪刑法定原则由以产生的思想理论基础，因为罪刑法定主义毕竟是启蒙思想家反对封建专制刑法的产物，它产生的思想理论基础，只能求之于启蒙思想家的思想理论。总体来看，近代罪刑法定原则由以产生和确立的思想理论基础主要包括三个方面。

第一，启蒙运动时期的自由主义思想。罪刑法定的思想渊源尽管可以追溯到1215 年英王约翰签署的大宪章，但它作为刑法基本原则的确立，却是 17 世纪至18 世纪启蒙运动时期的产物。美国法理学家博登海默曾经把启蒙思想的主要理论形态——古典自然法的发展分为三个阶段：第一阶段是文艺复兴和宗教改革后发生的从中世纪神学和封建主义中解放出来的过程，以格劳秀斯、霍布斯等为代表的自然法思想，其理论的特点是：认为事实自然法的最终保证应当主要从统治者的智慧和自制中去发现。因此，该阶段的自然法思想更倾向于安全。第二阶段肇始于 1649 年的英国清教改革，这一阶段以经济、政治及哲学中的自由主义为标志。洛克和孟德斯鸠等试图用分权的方法来保护个人的自然权利，反对政府对个人权利的非法侵犯。因此，该阶段的自然法思想更关注自由。第三阶段的标志是强烈主张人民的主权和民主。以法国政治思想家卢梭为代表的自然法学家认为，自然法取决于人民的普遍意志和大多数人的决定。该阶段自然法的中心是民主。② 前述三个阶段所强调的安全、自由与民主三种价值中，自由最能反映自然法的精神。以洛克为代表的自由主义思想是自然法的典型表征，它为罪刑法定主义提供了思想理论基础。洛克认为，人们原来生活在自然状态中，在这种状态中人们是自由的、平等的，根据自然法他们享有人身自由权和财产权，同时不能侵犯他人的这些权利，但每个人的这种权利经常会受到他人的侵犯。③ "为了有效地限制人的随心所欲，才相互订立契约，组成国家团体，以资保障权利。为了达到这个目的，人们需要把自己的一部分权利交给国家，国家必须根据各人委托人权利的总和——权力，尽力维持秩序。"④ 为了保护个人权利，国家拥有对违反者的刑罚权，但国家的立法权和刑罚权的目的，只能是增

---

① ［日］大野义真：《罪刑法定主义》，世界思想社 1982 年版，第 120 页。
② ［美］博登海默：《法理学——法哲学及方法》，华夏出版社 1987 年版，第 37 页以下。
③ ［英］洛克著，叶启芳、瞿菊农译：《政府论》（下篇），商务印书馆 1964 年版，第 16 页。
④ 《泷川幸辰刑法著作集》第四卷，世界思想社 1981 年版，第 17 页。

进个人的幸福。对违反者只能按规定处以刑罚，而决不能用来损害个人的权利；否则就违反了人们缔结契约、结成国家的宗旨。前述自由主义思想，是新兴资产阶级反对封建专制的思想武器，内蕴于其中的保障人的权利的思想，被认为是罪刑法定主义的核心思想。

第二，孟德斯鸠的三权分立论。三权分立学说由洛克首先提出，孟德斯鸠最终完成。孟德斯鸠所提倡的三权分立论是罪刑法定主义在政治法律方面的直接思想基础。孟德斯鸠把政体分为三种，即共和、君主和专制，认为掌握权力的人都容易滥用权力，侵犯个人自由。为了防止权力的滥用，保障个人自由，就必须以权力约束权力。为此，他提出立法、司法、行政三种权力由各个国家机关分别掌握，互相分立。他之所以主张三种权力分立，因为在他看来，"当立法权和行政权集中在同一个人或同一个机关之手，自由便不复存在了……如果司法权同立法权合一，则将对公民的生命和自由施行专断的权力，因为法官就是立法者。如果司法权同行政权合一，法官便将握有压迫者的权力。如果一个人或是……同一个机关行使这三种权力，即制定法律权、执行公共决议权和裁判私人犯罪或争讼权，则一切便都完了。"[①] 孟德斯鸠认为，三权分立是建立法治原则的前提，只有划分国家权力，国民的生命、自由与财产才能得到保障，也才能建立法治原则。因为将立法、司法、行政三种权力分掌于不同的人、不同的国家机关手中，可以保障这三种权力在有条不紊的秩序下互相协调地运作。根据三权分立的学说，立法机关依照正当的立法程序制定法律，这种法律具有最大的权威性和最普遍的约束力；司法机关必须正确适用法律，作出合法的判决；行政机关必须认真执行司法机关作出的最后判决，不得非法变更。[②] 所以，对于什么行为是犯罪、对于犯罪应当处以何种刑罚，必须由立法机关事先作出规定，然后由司法机关根据事前的规定作出判决。立法机关负责制定法律，裁判机关只能适用法律，并且必须受法律的拘束，法官只是机械地适用法律的工具，法律的解释属于立法权的领域，不允许法官解释法律。因为建立自由的，仅仅是法律，只有这样，才能保障个人的自由，避免法官的擅断。在刑事裁判上，犯罪与刑罚必须预先以法律加以规定，法律没有规定为犯罪的，法官不能论罪，也不能处罚。"这样的思想，导致确定罪刑法定主义的原则。"[③]

第三，费尔巴哈的心理强制说。心理强制说有各种各样的名称，费尔巴哈将其称之为"实定法的理论"。费尔巴哈认为，人具有追求快乐，逃避痛苦的本能。他指出："人欲求快乐，所以努力得到一定的快乐，人又想逃避一定的

---

① ［法］孟德斯鸠著，张雁深译：《论法的精神》（上册），商务印书馆 1982 年版，第 156 页。
② ［法］孟德斯鸠著，张雁深译：《论法的精神》（上册），商务印书馆 1982 年版，第 153～166 页。
③ ［日］木村龟二：《刑法总论》（增补版），有斐阁 1984 年版，第 94 页。

痛苦。……因而人在可能获得较大的快乐时，就断绝较小的快乐的意念；而可能避免较大的痛苦时，就会忍耐较小的不快乐。基于欲望不满足的不快乐，使他因而避免这种不快乐，刺激要满足欲望。"①人们犯罪就是由于在犯罪时获得快乐的感性冲动而导致的，所以为了防止犯罪，就需要防止、抑制人的这种感性冲动。为了抑制人的这种感性冲动，就要利用犯罪欲求能力这种感性本身，采用成为感性善恶的刑罚，对犯罪加之以痛苦。简言之，为了确立犯罪与刑法之间的必然联系，就要求法律规定犯罪行为的必然后果。如果在法律上规定有犯罪必有刑罚，人们就会基于愉快与不愉快的合理打算选择自己的行为，即为了避免刑罚所产生的大的不愉快，而选择因抑制犯罪行为所导致的小的不愉快。所以，为了抑制人们的犯罪决意，必须事先以法律规定犯罪的必然效果——科处刑罚。② 费尔巴哈主张的罪刑法定主义，正是作为心理强制说的结论而被确立的。

三、现代罪刑法定主义的思想渊源

在前述诸种观念的影响下，罪刑法定主义思想得以产生，它完全体现了古典自然法所确立的个人本位的价值观念，以人权保障为己任。贝卡利亚秉承古典自然法思想，建构了刑事古典学派的理论体系，率先提出罪刑法定原则，将其视为刑法第一要义。从刑法价值论的角度来看，刑事古典学派主张的罪刑法定主义是以个人自由为价值取向的，通过对立法权、司法权的限制，对人权进行有力的保障。这种以个人为本位的罪刑法定主义在世界各国产生了深远的影响，逐步成为近代刑法的帝王法则。但是，随着时代的变迁，个人本位逐渐嬗变为社会本位，出现了法律社会化的运动，确立了社会本位的价值观。与传统的个人本位法律观相比，社会本位的法律观念强调的不是个人权利，而是社会秩序，谋求通过社会协调一致的行动，使得社会利益最大化。该种价值观的确立，对建立在个人本位价值观基础之上的罪刑法定主义产生了重大的冲击，由此催生了刑事实证学派。与刑事古典学派相比，刑事实证学派所倡导的不是个人责任论，而是社会责任论，认为对犯罪人适用刑罚固然必须考虑导致犯罪的犯罪人本身的个人因素，但更重要的是要考虑导致一定的犯罪人实施一定的犯罪的社会条件，从社会环境中寻找滋生犯罪的原因，进而以相应的刑事政策和相应的处遇改造犯罪人，拯救犯

---

① ［日］山口邦夫：《19 世纪德国刑法学研究》，八千代出版股份公司 1979 年版，第 27 页。
② ［日］木村龟二编：《刑法学入门》，有斐阁 1957 年版，第 52 页。

罪人，使其复归社会，排除对社会的侵害。① 社会责任论从社会出发责难犯罪人，使刑罚从消极的限制机能向积极的促进机能扩张，个别刑事实证学派的学者，如日本刑法学者牧野英一，由此提出松弛、批判甚至取消罪刑法定的主张。进入 20 世纪以来，刑事古典学派所提出的传统罪刑法定主义开始遭到人们的质疑和挑战，其由以建构的理论基础在新的时空条件下也逐渐显现出自身无法克服的缺陷。作为其重要理论支撑的古典自然法理论自不用说，其他两大理论基础也不断地为人们所诟病。就三权分立学说而言，其要旨无外乎是要求立法机关制定法律，司法机关严格依法定罪量刑，它在客观上也确实发挥了避免罪刑擅断的积极功效。但是，由于它在逻辑上和对立法机关的尊崇结构性关联在一起，因此它没有、也不可能对刑事立法本身提出实质性的要求，因而难以发挥对刑事立法的限制作用。西方学者言到，"就司法而言，这个原则的深刻意义不仅在于排除了对于立法和行政行为的司法审查权，而且还导致否认法院通过解释法律条文具有的'制法'的功能。然而，这种立法至上的逻辑上的内涵，并未能阻止现代大陆各国的法制日益朝着某种形式的司法审查靠拢，也同样未能削弱判例法重要性在事实上的增强。"② 该种学说在事实上逐渐被人们摒弃。与此同时，传统罪刑法定原则的另一理论基础（心理强制说）也遭到了人们的质疑。黑格尔认为，费尔巴哈所提出的心理强制说，只是把人当作狗一样看待的理论，没有尊重人的尊严与自由。③ 埃里克·沃尔夫认为，行为人基于快乐与痛苦的比较而实施犯罪的情形极为罕见，行为人之所以实施犯罪，往往是因为在实施犯罪行为前存在一种侥幸心理，以为犯罪后不会被发现，可以逃避刑罚处罚。④ 随着传统罪刑法定原则由以建构之理论基础的结构性坍塌，刑事实证学派提出相对罪刑法定主义原则，以之取代传统的罪刑法定原则。新时期罪刑法定原则由以确立的理论基础因之也就迥然相异于传统罪刑法定原则的理论基础，主要包括以下方面。

（一）民主主义

民主主义原本是西方启蒙主义思想家提出的思想。第二次世界大战结束之后，人民吸取以往法西斯独裁统治的惨痛教训，更加珍视民主主义。民主主义要求，国家的重大事务应当由人民自己决定，各种法律应当由人民自己制定。刑法

---

① 甘雨沛、何鹏：《外国刑法学》（上册），北京大学出版社 1984 年版，第 137 页。

② ［美］格尔顿、戈登、奥萨魁著，米健等译：《比较法律传统》，中国政法大学出版社 1993 年版，第 37 页。

③ ［德］黑格尔著，范扬、张企泰译：《法哲学原理》，商务印书馆 1961 年版，第 102 页。

④ ［日］木村龟二编：《刑法学入门》，有斐阁 1957 年版，第 53 ~ 54 页。

的处罚范围与程度直接关涉每个人的生命、身体、自由、财产与名誉，属于特别重大的事项。"在特别重大的问题上，公民继续保留其否决权；这属于人权与基本权利，可以被理解为民主的创造性存在（而非像在传统自由主义中被作为对民主的提防）。"① 所以，应当由人民决定什么行为是犯罪、对犯罪科处何种刑罚。日本刑法学者大谷实教授认为，现代罪刑法定主义要求，"以什么作为犯罪，对它科处什么刑罚，应该以国民亲自决定的民主主义的要求为根据。"② 但是，从实证的角度来看，无论是公民个人，还是作为整体的人民，都不可能直接作为立法者来规定犯罪和刑罚问题。较为妥当的办法应当是：由人民在普选的基础上选举其代表组成立法机关，立法机关制定刑法，交由司法机关适用。由于刑法是人民选举产生的立法机关制定的，是为了维护人民的利益，因此它必然要最大限度地保护人民的利益，排斥处罚范围的肆意扩大、禁止处罚不当罚的行为，规定罪责刑相适应、禁止残酷的刑罚等，力求能够体现正义与公平，如是这些均体现了民主主义对刑事立法的要求；舍此而外，由于作为司法机关裁判依据的是人民选举产生的立法机关制定的刑法，因而司法机关适用刑法的过程也是实现人民意志的过程。同时，由于它力求实现的是人民的意志，而不是它自己的意志，这就合乎逻辑地推导出了罪刑法定主义所要求的法律主义。同时，由于刑法是人民意志的体现，因此司法机关不能随意解释刑法，尤其不能类推解释。如是一来，传统的罪刑法定原则就在民主主义的塑造下发生了内涵上的悄然变动，走向了刑事实证学派所主张的罪刑法定主义。

（二）尊重人权主义

罪刑法定主义的核心是保障个人的权利，但是，由于法西斯纳粹政权对人权和人的尊严的粗暴践踏，罪刑法定主义的前述理想无法得到实现。第二次世界大战结束之后，基于对以往经验教训的深刻反思，对人权的保障引起人们特别的关注。人们不仅要求在程序法上保障人权，而且要求在实体法上也保障人权；不仅要求在司法方面保障人权，而且要求在立法方面也要保障人权。根据尊重人权主义的要求，人权必须得到尊重与保障。为了保障人权，必须使国民事先能够预测自己行为的性质与后果，必须事先明确规定犯罪与刑罚。如果公民事先能够根据成文刑法预测自己的行为性质，就不会因为不知道自己的行为是否会受到刑罚制裁而畏手畏脚，不敢实施原本可以实施的合法行为，过当压制其行为的自由空

---

① ［德］乔治·恩德勒主编，李兆雄、陈泽环译：《经济伦理学大辞典》，上海人民出版社2001年版，第89页。

② ［日］大谷实：《刑法讲义总论》，成文堂1995年版，第62页。

间。从这个角度来说，尊重人权主义与使国民具有预测可能性具有相同含义。由于国民对自己行为的性质与后果具有预测可能性的前提是事先有成文法的规定，因此就合乎逻辑地生成了罪刑法定主义原则所要求的成文法主义；由于事后法不能使国民具有预测可能性，因此就催生出了罪刑法定主义所要求的禁止刑法溯及既往；如果在具有成文法的前提下实行类推解释，国民将不能预测自己的行为是否会被类推解释为犯罪，从而造成对国民行为自由的过当压制，因此必须禁止类推；由于刑法既是裁判规范又是行为规范，如果刑法条文含混不清、模棱两可或者前后矛盾，国民将无法预测自己行为的性质及后果，因此刑法必须明确；由于刑法所规定的处罚范围过宽、处罚力度过重，完全超出国民的可接受范围，这就违反了国民对刑法预测可能性的要求，因此，刑法关涉犯罪与刑罚的规定必须合理，否则就违反了尊重人权主义的要求。

四、罪刑法定主义的内容

学界对罪刑法定主义内容的理解不甚相同。德国学者贝林格、修特兰达认为，罪刑法定主义的内容包括四个方面：（1）排除习惯法于刑法规范之外；（2）刑法不承认溯及效力；（3）刑法上不许不定期刑；（4）不许类推。德国学者迈耶亦主张罪刑法定主义包含四点内容，但其内容结构与前述学者稍有不同，具体包括：（1）除非法律规定，不得科刑；（2）习惯法从刑法的渊源中除外；（3）刑法中不允许类推；（4）刑法无溯及效力。① 日本刑法学者内田文昭认为，罪刑法定主义的内容包括：（1）法律主义；（2）刑罚法规明确性的原则；（3）罪刑均衡原则——残虐刑罚的禁止；（4）绝对不定期刑的禁止；（5）类推解释的禁止；（6）事后法的禁止。② 内藤谦教授主张，罪刑法定主义的内容分为形式方面和实质方面。前者包括：（1）法律主义；（2）事后法的禁止；（3）类推解释的禁止；（4）绝对的不定刑的禁止。后者包括：（1）明确性原则；（2）刑罚法规正当的原则。③ 马克昌教授认为，罪刑法定主义包括传统的罪刑法定主义和新增的罪刑法定主义。前者包括：（1）排斥习惯法；（2）刑法无溯及效力；（3）禁止类推解释；（4）否定绝对不定期刑。后者包括：（1）明确性原则；（2）实体的适当原则；（3）判例不溯及的变更。④

通说认为，罪刑法定主义包括形式侧面和实质侧面两个方面。所谓形式侧

---

① ［日］泷川幸辰：《泷川幸辰刑法著作集》第四卷，世界思想社 1981 年版，第 31 页。
② ［日］内田文昭：《刑法Ⅰ总论》，青林书院新社 1977 年版，第 44~48 页。
③ ［日］内藤谦：《刑法讲义总论》（上），有斐阁 1983 年版，第 27~39 页。
④ 马克昌：《罪刑法定主义比较研究》，载于《中外法学》1997 年第 2 期，第 35~39 页。

面，就是罪刑法定原则在形式方面所提出的诸种要求，如成文法主义或者法律主义；禁止事后法（禁止溯及既往）；禁止类推解释；禁止不定刑与绝对不定期刑。形式侧面的理论基础是古典自然法、三权分立以及心理强制说，其本质实际上就是刑事古典学派所提出的罪刑法定原则。形式侧面崇尚和追求的是形式法治，它不关注刑法本身的正当性问题，它所关注的仅仅是刑法在形式上的权威及其衍生出的诸项法则：（1）根据法律主义或者成文法主义的要求，规定犯罪与刑罚的法律必须是成文的法律，法官只能根据成文法律定罪量刑；规定犯罪与刑罚的法律必须是用本国通用的文字表述的；习惯法不得作为刑法的渊源；判例法也不得作为刑法的渊源。（2）根据禁止事后法原则，法官不得依据被控诉人行为时尚不存在的刑法来对其定罪处刑。其原因在于，公民所为之行为是根据其对现行法律规定的预判而作出的，他不可能预见到立法机关在其实施相关行为后会制定出何种法律，自然也不可能根据行为后的法律安排自身的行为。如果他所实施的合法行为因为事后制定的法律而被宣布为违法、并进而给予制裁的话，公民的自由将受到过当的压制。（3）形式侧面所强调的禁止类推解释，是禁止一切类推解释，即禁止法官创制任何新的法律规范，其原因在于，类推解释架构导致刑法规范被拓展适用于其他与之相似的情况。如是一来，任何行为只要与刑法中的相关规定相似，就有被定罪处罚的危险，这就过当压制了行为人的自由空间。（4）禁止绝对不定期刑是罪刑法定原则形式侧面的一个重要内容，它所强调的也是刑法在形式方面应当具有的特征，不涉及其内容的正当性与合理性。从直观层面来看，绝对确定的法定刑似乎更有利于保障人权。但是，不同犯罪的违法程度与责任程度不可能完全相同，对其进行特别预防的必要性也不甚相同，因此，绝对确定的法定刑只能以该种犯罪的平均值作为根据加以确定，这就不可避免地侵害了那些违法、责任程度相对轻微、特别预防必要性较小的犯罪人的权益。因此，刑法中更适合规定相对确定的法定刑。由于绝对不定期刑将不可避免地导致罪刑擅断主义，因而不符合罪刑法定原则的精神。所谓实质侧面，是指罪刑法定原则对刑法在内容方面的要求，包括刑法的明确性原则和刑法的内容适当原则，其法理依据是民主主义与尊重人权主义。明确性原则，又称"含混无效原则"，通常被认为是关于犯罪构成要件的问题。所谓明确性，它"表示这样一种基本要求：规定犯罪的法律条文必须清楚明确，使人能确切了解违法行为的内容，准确地确定犯罪行为与非犯罪行为的范围，以保障该规范没有明文规定的行为不会成为该规范适用的对象"。① 早在罪刑法定原则成立之初，刑法的明确性就曾经被提出，但是它真

---

① ［意］杜里奥·帕多瓦尼著，陈忠林译：《意大利刑法学原理》，法律出版社 1998 年版，第 24 页。

正作为罪刑法定原则的一项派生原则，却是近代以来方才出现的情况。该原则要求立法者必须具体地、明确地规定犯罪和刑罚，以便预先告知人们刑罚对象的范围及内容，使国民能够对自己的行为进行合乎逻辑的预测，并限制法官适用刑法的随意性。德国学者威尔哲尔（Welyel）、鲍曼（Baumann）认为，作为罪刑法定主义的要求，明确性原则要求刑法必须能够揭示"法的效果的明确性"，即"刑罚法规明示可罚的行为的类型之同时，也要求以刑罚的种类、分量明示可罚性的程度。"① 该观点完整地表述了罪刑法定主义的要求。关于明确性的标准，学界的理解不甚相同，但基本精神是一致的。如日本刑法学者大谷实教授认为，"应当以有通常的判断力者能够认识、判断的程度为明确的标准。"② 金泽文雄教授认为，"关于犯罪的构成要件，成为该刑罚法规的适用对象的国民层的平均人，根据法规的文字不能理解什么被禁止的场合，是不明确的、违宪的。"③ 前述观点所提出的关于明确性的标准应当是可取的：作为人们的行为规范，法律只有能够为普通的民众所理解，才能作为其行为准则。否则，必然导致罪刑擅断。刑法内容的适当性原则要求刑法只能将具有合理处罚根据的行为作为处罚对象，而且必须规定与犯罪的轻重相均衡的处罚。它在逻辑上可以进一步分解为两个子原则：禁止处罚不当罚的行为；禁止残虐的、不均衡的刑罚。近代社会早期由刑事古典学派所提出的罪刑法定主义原本并不包含对刑法内容的实质性要求，但是，自20世纪60年代以来，受美国宪法中正当法律程序原则的影响，日本一些学者如团藤重光、平野龙一、芝原邦尔等教授在提倡明确性原则的同时，进而提出应当将刑法的实体适当原则作为罪刑法定主义的新的派生原则。随后，这一原则逐步为日本刑法学界所接受。他们认为1946年制定的《日本国宪法》第三十一条是刑法实体适当原则由以确立的宪法根据。该条规定："任何人非依法律所定程序，不得剥夺其生命或自由，或科其他刑罚。"在日本学者看来，该条规定不仅要求程序的适当，而且要求刑法的实体内容的适当。如果刑法的内容不适当，将被认为违反《日本国宪法》第三十一条，构成违宪。总体观之，刑法的实质侧面主要是为了寻求刑法的实质合理性。要求刑法内容的明确性，是因为含混的刑法将不可避免地导致司法机关扩大处罚范围；禁止处罚不当罚的行为，是为了防止立法者过度侵害国民的自由；禁止残虐的刑罚，是为了防止立法者过度侵害犯罪人的自由；禁止不均衡的刑罚是为了实现公正、平等。

---

① ［日］中山研一等编：《现代刑法讲座》第一卷，成文堂1980年版，第94页。
② ［日］大谷实：《刑法讲义总论》，成文堂1995年版，第70页。
③ ［日］中山研一等编：《现代刑法讲座》第一卷，成文堂1980年版，第93页。

第二节　我国刑法中的罪刑法定原则

一、我国罪刑法定原则的历史发展

与西方国家相比，罪刑法定原则在我国起步比较晚。尽管早在我国封建社会时期，相关刑事立法中就包含了罪刑法定原则的思想，如自春秋战国以来我国就逐步确立了成文法的传统，《唐律疏议》《宋刑统》等彪炳于后世的法律中也曾经包含过罪刑法定的某些要素，但是，它们并不是真正意义上的罪刑法定原则。通说认为，罪刑法定原则最早是在清朝末年由日本传入我国的。该原则最早出现在 1908 年的《钦定宪法大纲》中，该大纲规定："臣民非依照法律规定，不加以逮捕、监禁、处罚。" 1908 年制定、1911 年公布的《大清新刑律》也规定："法律无正条者，不问何种行为，不为罪。"但是，无论是《钦定宪法大纲》，还是《大清新刑律》，都没有来得及实际实施，清朝就灭亡了，因此，它们所确立的罪刑法定原则在当时的中国也就没有、实际上也不可能得到贯彻执行。自此而后，我国先后公布的各部刑法中均确立了罪刑法定原则，例如，1935 年南京国民政府颁布的《中华民国刑法》第一条规定："行为之处罚，以行为时之法律有明文规定者为限。"纵观《大清新刑律》后到 1949 年新中国成立前颁布实施的各部刑法，尽管其中均有关于罪刑法定原则的类似规定，但是，由于这些刑法中都存在法外制裁并容忍类推制度的实施，罪刑法定原则不可能真正得到贯彻执行。

1949 年 2 月 28 日，中共中央颁布《关于废除国民党的六法全书与确定解放区的司法原则的指示》（以下简称《指示》）。《指示》第五条规定："无产阶级领导的工农联盟为主体的人民民主政权下，国民党的六法全书应该废除。人民的司法工作，不能再以国民党的六法全书为依据，而应该以人民的新的法律作依据。在人民新的法律还没有系统地发布以前，应该以共产党政策以及人民政府与人民解放军已发布的各种纲领、法律、条例、决议作依据。目前，在人民的法律还不完备的情况，司法机关的办事原则，应该是：有纲领、法律、命令、条例、决议规定者，从纲领、法律、命令、条例、决议之规定；无纲领、法律、命令、条例、决议规定者，从新民主主义的政策。"由于国民党的六法全书被废除，新中国的法律制度尚不健全，政策因之成为框定社会秩序的主要依据。在这种社会情势下，罪刑法定原则丧失了其由以存在的制度基础。不仅如此，《指示》第五条还进一步规定："司法机关应该经常以蔑视和批判六法全书及国民党其他一切反动的法律法令的精神，以蔑视和批判欧美资本主义国家一切反人民法律、法令的精神，以学习和掌握马列主义毛泽东思想的国家观、法律观及新民主主义的政策、纲领、法律、命令、条例、决议的办法，来教育和改造司法干部。"在前述精神的"指引"下，罪刑法定原则不仅无法确立，反而遭到了"蔑视和批判"，这就不可避免地导致了新中国成立后较长时期内长期存在的法律虚无主义现象。在长达近30年的时间里，我国甚至连一部刑法都没有，定罪量刑的依据不明确，政策因之成为定罪量刑的主要依据，实践中甚至出现诸多"罪刑由人民群众定"的案件：在"文化大革命"时期，"四人帮"在上海的亲信要求作为第二武装的民兵充当政法工作的主角，将民兵办案作为政法工作的大方向。"四人帮"在辽宁的死党推行所谓的"五群"办案经验，即"群侦、群审、群判、群定、群办"。三五个人凑到一起，随便代表一个所谓的群众组织，就可以对公民抄家、游斗、通缉、劳改，公检法机关被砸烂、抛到一边，以所谓"贫下中农高等法院"之类的组织取而代之。[①] 在这种社会情势下，罪刑法定原则根本无从说起。

"文化大革命"结束之后，我国开始系统总结社会主义法制建设中的经验教训。在1979年《刑法》制定的过程中，围绕是否要坚持罪刑法定原则的问题，学界存在理解上的歧义。有人认为，我国不应当以罪刑法定作为刑法的基本原则，因为该原则是资产阶级夺取政权之后，为了维护其统治地位所设立的原则，因而不能为我国社会主义刑法所采用；也有人认为，我国地域辽阔，人口众多，社会现象复杂多变，如果采用罪刑法定原则势必束缚自己的手脚，难以同各种犯罪进行有效的斗争，所以不宜采用该原则。[②] 1979年《刑法》中没有明确规定罪刑法定原则，而且，在第七十九条中还规定了与之相冲突的类推制度。该条规定，"本法分则没有明文规定的犯罪，可以比照本法分则最相类似的条文定罪判刑，但是应当报请最高人民法院核准。"围绕1979年《刑法》中究竟是否确立了罪刑法定原则，学界的理解不甚一致。有学者认为，我国刑法是以罪刑法定原则为基础的，罪刑法定是我国刑法的基本原则之一。尽管我国1979年《刑法》规定了类推制度，但这种类推也是足以体现罪刑法定原则的，从一定意义上来说，类推本身就是罪刑法定的具体表现形式。[③] 也有学者认为，罪刑法定和刑事

---

① 孙丽娟：《我们是如何逐步实现"罪刑法定"的——建国以来法学界重大事件研究（六）》，载于《法学》1997年第11期，第9页。

② 苏惠渔、刘宪权主编：《犯罪与刑罚理论专题研究》，法律出版社2000年版，第61~62页。

③ 杨敦先：《罪刑法定和类推的适用》，载于《北京大学学报》（哲学社会科学版）1982年第1期，第20~25页。

类推是根本对立、互不相容的，那种认为我国刑法是以罪刑法定原则为基础实行有控制的类推的观点，从理论上来看是说不通的。① 笔者认为，理解我国 1979 年《刑法》中有没有确立罪刑法定原则时，不能将其和 1979 年《刑法》之前我国刑事司法领域中存在的罪刑擅断主义现象结构性关联在一起，否则必然会推导出 1979 年《刑法》中已然确立罪刑法定原则的立场。诚如前述，1979 年《刑法》颁布实施之前，我国没有一部真正意义上的刑法典，定罪量刑的依据具有不确定性，罪刑擅断主义现象非常明显，从这个角度来说，1979 年《刑法》相较于此前的刑事法治状况来说，具有巨大的积极意义，尽管该部《刑法》中没有明确规定罪刑法定原则，但是它实际上已经在事实层面做到了罪刑法定，该部《刑法》的制定和适用本身就是罪刑法定明确化的结果，是对罪刑擅断的一种反正，是对政策治国的一种反思②。至于说它所确立的与罪刑法定原则相冲突的类推制度，一则是"为了使我们的司法机关能及时有效地同刑法虽无明文规定，但实际上确属危害社会的犯罪行为作斗争，以保卫国家和人民的利益"③，二则从我国 1979 年《刑法》颁布实施后的刑事司法实践来看，类推制度的实际运用其实也十分有限。因此，罪刑法定原则是 1979 年《刑法》确立的基本原则，类推实际上是罪刑法定原则的补充和例外。笔者认为，罪刑法定原则不仅要求定罪和量刑必须实现法定化，而且，罪刑法定原则本身也必须法定化。无论是在宪法中还是在刑法中，确立罪刑法定原则的前提是首先必须明确规定该项原则。我国 1979 年《刑法》中并未明确规定该项原则，宪法中更是无从说起，在该种情形下，怎么能够说我国 1979 年《刑法》中已然确立了罪刑法定原则呢？诚然，1979 年《刑法》的颁布实施相较于此前长期存在的罪刑擅断主义现象有着积极的意义，但这和确立罪刑法定原则是两个完全不同的问题，不能将二者混为一谈。从历史的角度来看，1979 年《刑法》颁布实施之后，类推制度确实起到了一定的积极作用，在一定程度上弥补了立法的缺漏和不足，因之也成为类推制度保留论者的重要论据。但是，相较于人权的尊重与保障、民主主义来说，类推制度毕竟是一种带有根本性缺陷的制度，实行该种制度将不可避免地导致破坏法治、扩张刑罚权、践踏公民权利与自由，因此，废除类推制度、确立罪刑法定原则逐渐成为新时期人们的共性诉求。1996 年 3 月 17 日《中华人民共和国刑事诉讼法》修改的决定通过之后，《刑法》修订的工作进程加快，废除类推制度、确立罪刑法定原则成为《刑法》修订的重要导向。1997 年《刑法》第三条明确规定：法律明文规定为犯罪行为的，依照法律规定处罚；法律没有规定为犯罪行为的，不得定罪处罚。至

---

① 周密：《罪刑法定还是法律类推》，载于《法学研究》1980 年第 5 期，第 25 ~ 29 页。

② 刘宪权：《罪刑法定原则在我国 60 年的演进》，载于《法学论坛》2009 年第 5 期，第 12 页。

③ 高铭暄：《中华人民共和国刑法的孕育和诞生》，法律出版社 1981 年版，第 126 页。

此，罪刑法定原则在我国刑法中得以正式确立。它体现了我国刑事立法与世界其他国家和地区刑事立法发展趋势的衔接，标志着我国刑法根基的确立，反映了我国刑法的价值取向已经由偏重保护社会利益转向保护社会利益和人权保障。

二、我国 1997 年《刑法》中所确立的罪刑法定原则

罪刑法定原则的基本含义包括：认定行为人的行为构成犯罪和给予处罚，必须以刑法的明文规定为前提，如果刑法没有明文规定，即使行为危害很大，也不能认定犯罪和给予处罚。也就是说，法无明文规定不为罪，法无明文规定不处罚。与之相比，我国 1997 年《刑法》中所确立的罪刑法定原则似乎不仅仅局限于前述方面，国内学界许多学者认为对我国 1997 年《刑法》确立的罪刑法定原则的内容应当从两个方面加以理解，即所谓的 "两点论"：第一点是法律如果有明文规定的，就按照法律规定定罪处罚；第二点才是法律没有明文规定不能定罪、不能处罚。按照他们的观点，对于罪刑法定原则的理解应当分为两个层面：首先是 "要定罪" "要处罚"，其次才是 "不定罪" "不处罚"。有学者对此做了具体阐述，认为我国 1997 年《刑法》中所规定的罪刑法定原则包含 "积极方面" 和 "消极方面" 两个维度。"法律没有明文规定为犯罪行为的，依照法律定罪处刑" 的规定，表达了刑法限制国家刑罚权的价值与功能，可以将其称为 "消极的罪刑法定原则"；"法律明文规定为犯罪行为的，依照法律的规定定罪处罚" 的规定，强调的是刑法惩罚犯罪的积极扩张功能，可以将其称为 "积极的罪刑法定原则。" "这样一种表述，在大多数国家的刑法中是看不到的，显示了中国刑法在罪刑法定原则表达上的中国特色。"[①] 对此，有学者进行了深刻的分析，指出了内蕴于前述 "中国特色" 罪刑法定原则中的深层面原因："在价值观念从个人本位向个人、社会双本位变迁的现代社会，罪刑法定原则的机能也发生了转移，从只重视人权保障机能向保障机能和保护机能的协调转移。社会保护机能是通过对犯罪的惩治来实现的，因而属于罪刑法定的积极机能或曰扩张机能；而人权保障机能是通过限制国家的刑罚权而实现的，因而属于罪刑法定的消极机能或曰限制机能。罪刑法定的保障机能和保护机能并非势不两立，而是可以在共同的基础上统一起来并协调发展。"[②] 有学者进一步分析比较了我国刑法中罪刑法定原则与西方国家规定的罪刑法定原则之间的差别，指出：我国刑法中罪刑法定

[①] 曲新久：《刑法的精神与范畴》，中国政法大学出版社 2000 年版，第 384 页。
[②] 陈兴良主编：《刑事法总论》，群众出版社 2000 年版，第 167 页；类似观点可参见曲新久等主编：《刑法学》，中国政法大学出版社 2004 年版，第 12 页。

定原则的消极方面"与大陆法系许多国家的规定大体相同，其基本含义都是'法无明文规定不为罪，法无明文规定不处罚'。其基本精神都是防止国家刑罚权的滥用，以保障人权。"但是，我国刑法中罪刑法定原则的积极方面是西方国家所没有的。"罪刑法定原则的积极方面就是对一切犯罪行为都要严格地运用刑罚权加以惩罚，做到有法必依、执法必严、违法必究，其基本精神就是严肃执法，惩罚犯罪，保护人民。"事实上，"国家之所以制定刑法，实行罪刑法定原则，把犯罪和刑罚明文规定，其首要目的也是为了预防和惩罚犯罪，保护人权。""从这个意义上说，正确运用刑罚权，惩罚犯罪，保护人民，这是第一位的；而防止刑罚权的滥用，以保障人权，则是第二位的。积极的罪刑法定原则与消极的罪刑法定原则的统一，运用刑罚权，惩罚犯罪，保护人权与约束刑罚权，防止滥用，保障人权的统一，是罪刑法定原则的全面的正确的含义，它克服了西方罪刑法定原则的片面性，在刑法史上第一次把正确运用刑罚权，打击犯罪，保护人民作为罪刑法定原则的重要方面明确规定，而且把它放在第一位，这是罪刑法定原则的新发展。"①

从直观层面来看，前述关于罪刑法定原则的"两点论"观点较为全面，克服了西方罪刑法定原则中的缺陷和不足，加之有 1997 年《刑法》第三条作为制度依托，因而更易于为人们所接受并有渐趋成为通说之势。但是，前述"两点论"观点是缺乏理论依据的，它已经结构性偏离了罪刑法定原则的原本含义，"将刑法的机能与罪刑法定原则的机能混为一谈"②。从追本溯源的角度来看，罪刑法定主义思想最早可以回溯至 1215 年英国的《大宪章》。《大宪章》第 39 条规定：对于任何自由人，不依统一身份的适当的裁决或国家的法律，不得逮捕、监禁、剥夺领地、剥夺法的保护和放逐出境，不得采取任何方法使之破产，不得施加暴力，不得使其入狱。该规定确立了后世罪刑法定原则由以产生的思想基础。近代社会发展早期，随着启蒙主义运动的兴起，罪刑法定主义开始被不断提起并被该时期欧洲各国法典所确认，成为与封建社会罪刑擅断主义相对抗的思想武器。在英国，1628 年的《权利请愿书》、1688 年的《人身保护法》从不同角度确立和深化了罪刑法定主义思想。但是，无论是《大宪章》，还是《权利请愿书》《人身保护法》，其根本目的都是把国王及其统领下的官僚的行为置于法律之下，以确保个人自由不受国家权力的非法侵害，这实际上也是该时期罪刑法定原则的基本思想。自此而后，随着社会的发展，罪刑法定原则也不断发生变化，逐步从刑事古典学派所主张的形式主义的罪刑法定原则走向了刑事实证学派所主

---

① 何秉松主编：《刑法教科书》，中国法制出版社 1997 年版，第 63~68 页。
② 周少华：《罪刑法定与刑法机能之关系》，载于《法学研究》2005 年第 3 期，第 51 页。

张的实质主义的罪刑法定原则，其内涵和外延不断拓展，自身由以确立的理论基础也发生了结构性的变化。但是，在罪刑法定原则纵向发展的过程中，其一以贯之的精神一直是"无法，无罪，无刑"，"历史充分地表明'罪刑法定原则'是以限制刑罚权，防止司法擅断，保障个人自由为其价值内涵的，舍此价值内涵就根本谈不上罪刑法定主义。"① 以惩罚犯罪、保护人民为宗旨的所谓罪刑法定原则的积极方面在中国之外的其他国家和地区从未出现过，将其结构性纳入罪刑法定原则的内容框架之中并作为该原则的第一方面，纯粹是中国的创造。但是，问题的症结在于：罪刑法定原则的积极方面和消极方面有可能较为妥当地关联在一起，成为罪刑法定原则的有机组成部分吗？对此，笔者秉持怀疑的立场。必须看到，积极的罪刑法定原则所强调的是刑法惩罚犯罪的积极扩张机能，而消极的罪刑法定原则强调的是刑法限制国家刑罚权的价值与功能。将前述两种价值取向迥然相异的内容同时放置于罪刑法定原则的框架结构之内，既期待其消极限制刑罚权以保障人权，又要求其扩张刑罚权以惩罚犯罪，罪刑法定原则将面临被结构性撕裂的风险。因此，罪刑法定原则的功能只能是限制性的，② 惩罚犯罪、保护人民的积极扩张功能不应当被武断地交由罪刑法定原则来承担。舍此之外，还必须看到的问题是：刑法的机能与罪刑法定原则的机能不甚相同，不能将二者混为一谈。刑法兼具人权保护机能与社会保护机能。但是，刑法的双重机能是通过刑法的构成要素从多角度加以体现的，而这些具体的构成要素又往往是从不同侧面体现刑法这种双重机能的。由于相关构成要素不可避免地会受到其本身内容的限制，因而其体现刑法之双重机能的角度或者侧面有可能完全不同。就罪刑法定原则而言，受其原本含义和基本内容的限制，它的机能实际上只能表现为对行为人个人基本权利的保障功能，不可能如刑法一样兼具保障人权和保护社会的双重机能。诚如前述，罪刑法定原则在长期的历史发展过程中，其价值定位是一以贯之的，始终以保障人权、限制司法权作为其不变的价值诉求。尽管随着时代的变幻，罪刑法定原则也逐步走向实质主义，衍生了明确性、内容适当性等派生原则，开始对立法机关施加限制和约束，但其保障人权的宗旨始终没有发生任何改变，保护社会从来也不是罪刑法定原则的应有功能。罪刑法定原则的全部精神，就是通过限制刑罚权以积极地保障人权，舍此之外并无其他的功能定位。"刑事法律要遏制的不是犯罪人，而是国家。尽管刑法规范的是犯罪与刑罚，但它针对的对象却是国家。这就是罪刑法定主义的实质，也是它的全部内容"③。如果说罪刑法定原则在产生之初尚不可避免地带有时代

---

① 陈兴良：《刑罚的价值构造》，中国人民大学出版社 1998 年版，第 548 页。
② 罗树中：《刑法制约论》，中国方正出版社 2000 年版，第 5 页。
③ 李海东：《刑法原理入门》，法律出版社 1998 年版，第 41 页。

的印痕和矫枉过正的色彩，那么它两百年来的发展在实质上就可以说是人权保障价值理念的自我扬弃，或者说是人权保障价值理念的务实的、理性化的进化，而绝不是对社会保护价值的容纳与交融。社会保护不应当是罪刑法定主义的价值定位，而应当是刑法的机能定位。因此，我国 1997 年《刑法》颁布实施之后，针对该法第三条确立的罪刑法定原则，学界不时有人提出质疑，认为其不符合罪刑法定原则应然的价值取向，有悖于世界各国对该原则表述的常规做法，造成了刑法与刑事诉讼法之间的不协调，同时也违反立法的简约性原则。① 笔者认为，我国《刑法》第三条中强调对犯罪行为严格依据法律规定定罪处罚固然有其存在的必要性，客观上也符合我国这种偏重社会国家本位，忽视个人权利的法文化传统，但是，如果以此为据，认为罪刑法定原则的内容包含前述所谓的"积极方面"和"消极方面"，甚至将前者作为罪刑法定原则的首要内容，那就完全背离了罪刑法定原则的基本精神和价值取向，断不可取。

三、罪刑法定原则对刑事立法的要求及面临的问题

通说认为，罪刑法定原则对刑事立法的要求包括两个方面：一是积极要求。具体包括：罪刑法定化；罪刑实体化；罪刑明确化；二是消极要求。具体包括：禁止类推和扩大解释；禁止适用习惯法；禁止刑法溯及既往；禁止法外施刑和不定期刑。根据前述要求的刚性程度，学理上往往将其分为绝对的罪刑法定原则和相对的罪刑法定原则。当前，包括中国在内的世界各国所采取的罪刑法定原则均是相对的罪刑法定原则。从刑事立法的角度来看，罪刑法定原则的消极要求相较于积极要求更容易实现。1997 年《刑法》对消极要求的贯彻落实主要表现为以下几个方面：（1）确立罪刑法定原则，取消类推制度，禁止扩大解释。1997 年《刑法》在确立罪刑法定原则的同时，取消了 1979 年《刑法》中的类推制度，从制度层面宣告了类推制度存废争论的结束，满足了罪刑法定原则关于禁止类推的消极要求。除此之外，1997 年《刑法》在总则第五章"其他规定"中，对刑法条文中的一些关键性术语，如"公共财产""公民私人所有的财产""国家工作人员""重伤""违反国家规定""首要分子""告诉才处理""以上、以下、以内"等，做了明确的界定。1997 年《刑法》分则中大幅度限制缩了弹性词，以求能够减少对其进行扩大解释的机会，1997 年《刑法》中的专门立法解释体现了对扩大解释的禁止。（2）禁止刑法溯及既往。1997 年《刑法》在吸纳诸单

---

① 刘志远、喻海松：《论罪刑法定原则的立法表述》，载于《中国刑事法杂志》2005 年第 5 期。

行刑事法律的同时，废止了原单行刑事法律中关于刑法溯及力的两个子原则，即"有条件从新原则""从新原则"，从而将刑法的溯及力统一为从"从旧兼从轻"原则，满足了罪刑法定原则关于禁止法溯及既往的消极要求。（3）禁止不定期刑。1979 年《刑法》第一百三十八条第一款规定，"严禁用任何方法、手段诬告陷害干部、群众。凡捏造事实诬告陷害他人（包括犯人）的，参照所诬陷的罪行的性质、情节、后果和量刑标准给予刑事处分。国家工作人员犯诬陷罪的，从重处罚。"1997 年《刑法》第二百四十三条第一款对诬告陷害罪明确规定了刑期，将其划分为两个良性档次，取消了原罪刑罚以"参照所诬告陷害罪行的性质、情节、后果和量刑给予刑事处分"的规定，将其修改为："捏造事实诬告陷害他人，意图使他人受刑事追究，情节严重的，处三年以下有期徒刑、拘役或者管制；造成严重后果的，处三年以上十年以下有期徒刑。"经由前述修改，1979 年《刑法》第一百三十八条第一款所规定之诬告陷害罪的不定期刑色彩被清除，落实了罪刑法定原则关于禁止不定期刑的消极要求。

与消极要求相比，罪刑法定原则之积极要求的实现难度比较大，主要表现在：（1）犯罪罪名没有实现法定化，罪的法定化程度受到影响。罪刑法定化包括"罪的法定化"和"刑的法定化"两个方面。前者可以经由三个方面加以体现：对犯罪概念的规定、对犯罪构成要件的规定、对具体犯罪的规定。[①] 后者也主要经由三个方面体现：对刑罚种类的规定、对量刑原则的规定、对具体犯罪的法定刑的规定。[②] 与"罪的法定化"相比，"刑的法定化"无论在 1979 年《刑法》还是在 1997 年《刑法》中都得到了贯彻落实。1997 年《刑法》对酌定减轻处罚情节做了重大修订，一方面严格限定了适用酌定减轻处罚的条件；另一方面将酌定减轻处罚权归于最高法院，以限制法院任意在法定刑以下作出刑罚，从而确保在量刑环节做到刑罚的法定化。相比之下，1997 年《刑法》在落实"罪的法定化"方面却存在明显的缺陷。1979 年《刑法》中尽管没有明确规定罪刑法定原则，但是却明确规定了犯罪的概念和犯罪的构成要件。与之相比，1997 年《刑法》在前述两个方面并未进行重大的修改，仅仅对犯罪概念进行了技术性的修订。但是，在对具体犯罪的规定方面，1997 年《刑法》进行了重大修改，1997 年《刑法》分则中关于具体犯罪的规定有了显著的变化，对具体犯罪的构成要件予以明文规定。但是，1997 年《刑法》在该方面也存在明显的缺陷，即没有将罪名法定化，仍然沿用原来那种潜在式（隐含式）的罪名立法模式，"即在一个类罪名之下，刑法条文不明确规定具体犯罪的罪名，而只描述罪状，司法

---

① 陈兴良：《刑法哲学》，中国政法大学出版社 1993 年版，第 491～493 页。
② 陈兴良：《刑法哲学》，中国政法大学出版社 1993 年版，第 498 页。

者根据案件的具体情况，结合条文的描述，加以抽象、概括、确定罪名。这种罪名是隐含在条文之中的，所以称为潜在式，它是酌定罪名制度的最极端反映。"①这种酌定罪名的立法方式必然导致学理和司法罪名确立的随意性，影响到罪名的统一和规范，进而影响到罪刑法定原则。（2）罪刑实体化程度不够。所谓"罪刑实体化"，是指"对于什么行为是犯罪和犯罪所产生的具体法律后果，都必须作出实体性规定。"②罪刑实体化包括罪的实体化和刑的实体化。在法律规范中，罪是行为模式，刑是相应的法律后果。相应的法律后果由行为模式决定，罪刑实体化的关键是罪的实体化，刑的实体化必须依赖于罪的实体化，取决于罪的轻重的具体表现才能作出相应的分档刑罚的规定。罪的实体化是罪刑法定的实质，罪与刑的法定化只是前者的具体形式。实现罪的实体化，实际上就是罪状的实体化。从刑事立法的过程与技术来看，罪的实体化可以从以下几个方面实现：对基本犯罪行为的揭示；对具体行为方式的分析、总结、列举；对行为对象和主体的分析和规定；对行为发展环节以及结合的考虑规定；对行为所产生结果的具体规定。前述诸多方面的内容中，基本犯罪行为是确立罪与非罪、此罪与彼罪的具体标准；具体的行为方式是区分此罪与彼罪，建立罪刑系列，进而有效惩治犯罪行为的重要立法方式；对行为发展环节以及结合的考虑规定，是解决一罪与数罪以及复杂罪刑的一种立法考虑；对行为所产生的犯罪结果的具体规定是实现罪刑法定原则的派生原则——罪责刑相适应原则的关键；对行为对象和主体的具体分析，可以兼顾立法技术与刑事政策的取向，解决特别法与普通法的关系以及法条竞合的问题。前述几个方面内容的实现，在很大程度上取决于立法机关的刑事立法技术水平。1979 年《刑法》条文简略、条线粗犷，其罪状存在笼统、抽象和弹性较大的问题。这既不符合罪之实体化，又增加了司法机关的工作负担，为法官的主观随意性打开方便之门。随着司法实践的深入展开，提高刑事立法质量、增强法条的可操作性已经成为社会公众对刑事立法的迫切期待。我国 1997 年《刑法》的修订在罪状具体化方面下了大力气，刑法分则条文反映出明显的罪状具体化。许多刑事犯罪的罪状通过下设条款、分项、列举具体行为方式、行为结果，规定得相当详细。然而，1997 年《刑法》的实体化程度明显不够，刑法分则中的许多条文，如刑法分则第三章和第六章中的条文，均集中凸显了这一点。（3）罪刑明确化程度有待进一步加强。所谓"罪刑明确化"，是指刑法条文必须文字清晰，意思确切，不容含糊或者模棱两可。③ "明确性作为罪刑法定的派生原则，是美国刑法学家在 20 世纪初提出的，又称为'不明确而无效的理论'。根

---

① 康均心：《论罪名立法模式的比较与优化》，载于《学习与探索》1993 年第 6 期，第 35~38 页。
② 陈正云、黄河、钱舫：《中国刑法通论》，中国方正出版社 1997 年版，第 15~16 页。
③ 陈正云、黄河、钱舫：《中国刑法通论》，中国方正出版社 1997 年版，第 15 页。

据明确性原则，罪刑虽然是法定的，但其内容如不明确，就无法防止刑罚权的滥用，罪刑法定主义保障公民自由的目的也就无法实现。"① 明确性是罪刑法定原则的实质侧面，是对刑事立法提出的实质性要求。目前世界各国都非常重视刑事立法的明确性，有的国家甚至将不明确的刑法规范视为违宪无效的规范。刑法的明确性由罪状的明确性和刑罚的明确性两个方面组合而成。所谓罪状的明确性，实际上是指犯罪构成的明确性，即罪状的明确性。从我国的刑事立法来看，中国刑法距离明确性要求还存在比较大的差距。例如，我国《刑法》第三百三十八条把"严重污染环境"作为污染环境罪的构成要件要素，同时把"后果特别严重"作为该罪的加重处罚条件规定了下来。但是，无论"严重污染环境"还是"后果特别严重"都存在不明确的问题。为此，我国最高司法机关先后于 2013 年、2016 年发布了《关于办理环境污染刑事案件适用法律若干问题的解释》。前述司法解释对《刑法》第三百三十八条中的"严重污染环境"和"后果特别严重"做了解释，使得这两个用语从刑法规定得不甚明确走向明确。但是，该司法解释在解释这两个用语的时候，都使用了兜底条款，分别把"严重污染环境"和"后果特别严重"解释为包括"其他严重污染环境的情形"和"其他后果特别严重的情形"，使得刑法用语又重新变得含混不清，进而使罪的明确性大打折扣。所谓刑的明确性，是指刑法为具体犯罪规定的刑罚要清楚、明确，能够使人们预测自己行为的法律后果。我国 1997 年《刑法》分则中对刑罚的规定主要包括两种情况：一是对犯罪不分具体情况，且规定了较大的刑罚幅度，最典型的如《刑法》第二百三十二条规定的故意杀人罪。根据《刑法》第二百三十二条的规定，凡是故意杀人的，都处十年以上有期徒刑、无期徒刑或者死刑；情节较轻的，处三年以上十年以下有期徒刑。很明显，该罪的刑罚幅度过大，而且"情节较轻"的规定较为模糊，不利于限制司法权。这种情况在我国刑法分则中占据绝大多数。二是对犯罪分具体情形，但在绝大多数情况下没有针对犯罪的具体情况设置不同的刑罚幅度，如《刑法》第二百四十条第一款规定的拐卖妇女、儿童罪的八种加重处罚情形。前述八种加重处罚情形均可以适用"十年以上有期徒刑或者无期徒刑，并处罚金"的刑罚幅度，同时规定情节特别严重的，处死刑并处没收财产。而且，"十年以上有期徒刑或者无期徒刑，并处罚金"的刑罚幅度过大。从我国刑事立法的总体情况来看，无论是罪的明确性还是刑的明确性都与刑法明确性的要求有所距离。

---

① 陈兴良：《刑法哲学》，中国政法大学出版社 1993 年版，第 492 页。

第三节　刑事立法与罪刑法定原则的冲突及其合宪性控制

　　诚如前述,罪刑法定原则包括形式侧面和实质侧面两个部分。前者包括法律主义、禁止事后法、禁止类推解释、禁止不定期刑;后者包括刑罚法规的明确性原则、刑罚法规内容适正的原则。① 明确性原则要求罪刑规范必须清楚明确,使民众能够确切地了解刑法所规定的构成要件以及犯罪的法律后果,排斥含混模糊的刑法规范。明确性原则的主要目的是让法官和民众能够较为容易地理解刑法条文,"刑法条文必须是清楚地告诉人们什么是禁止的,以便让大家能够以此规束自己的举止,对犯罪构成要件各个特征同样地也要描述得如此具体,使得对它们的意思含义和意义含义可以通过解释的方法来获取。"② 尽管刑法的明确性原则并不绝对排斥在刑法条文中采用一些空白罪状和概然性规定的立法方式,不排斥司法者对刑法的解释,但是必须对此作出必要的限制。合理性是指刑罚法规内容适正,禁止处罚不当罚的行为,即要求刑法的处罚范围与处罚程序必须合理,只能将有处罚根据或者说值得科处刑罚的行为规定为犯罪。对犯罪所规定的刑事责任必须合理,即处罚程度的合理性,能用较轻刑罚遏制的,绝对不用重的刑罚,刑罚的性质决定刑法只能是国家控制犯罪迫不得已的手段,只能在其他法律不能充分保护某种合法权益的情况下动用,而不是广泛的普遍的适用手段。明确性原则与合理性原则含义不同、相互独立,二者之间的区别主要表现在:(1) 明确性原则侧重于刑法规范必须清楚明确,使国民能够了解违法行为的内容;而合理性原则侧重于刑法规范内容的合理妥当,使刑罚不至于处罚不当或者失衡残虐。(2) 明确性原则侧重于刑法规范的语言表述形式,合理性原则侧重于刑法规范的法规内容实质。二者之间的相互联系表现在:明确性原则要求刑法规范必须尽量明确,合理性原则要求刑法规范必须合理妥当。

一、我国 1997 年《刑法》与罪刑法定原则之明确性原则的冲突

　　1997 年《刑法》为实现刑法的明确性作出了重大努力,但是,由于我国刑

---

① 张明楷:《刑法学》(第四版),法律出版社 2011 年版,第 54、58 页。
② 〔德〕约翰内斯·维塞尔斯:《德国刑法总论》,法律出版社 2008 年版,第 20 页。

法在立法体例上采取了单一制，试图将所有犯罪行为都包含在统一的刑法典中，显见得有些力不从心。舍此而外，目前我国正处于社会转型与经济转轨的剧烈变动时期，犯罪情势发展变化比较快，这必然使刑法对于犯罪的变化具有一定的滞后性。在这种情况下，刑法对犯罪的规定难以做到完全的明确，不可避免地会显现出相当程度的概然性。我国1997年《刑法》中容易引发与刑法明确性关系讨论的立法方式主要包括三种类型：（1）空白罪状。1997年《刑法》中的空白罪状可以分为绝对空白罪状和相对空白罪状两种情形，它们虽然都属于空白罪状，但在空白程度上有所不同。绝对空白罪状是指刑法分则对构成要件行为未作任何规定，完全通过参照其他法律、法规加以明确。相对空白罪状是指刑法分则对构成要件的部分行为要素做了规定，但其他行为要素则需要通过参照其他法律、法规加以明确。1997年《刑法》中的空白罪状绝大多数属于相对空白罪状。关于空白罪状是否违反刑法明确性原则，我国刑法学界存在争议。通说认为，空白罪状，尤其是相对空白罪状并不违反罪刑法定原则："从应然角度来讲，空白刑法规范并不违反刑法明确性原则，而是对刑法相对明确的一种立法体现。但是，从实然角度来看，我国空白刑法规范的具体参照内容是否符合明确性原则，还值得进一步研究。"① 对此，笔者基本赞同通说意见。笔者认为，刑法中的空白罪状尤其是相对空白罪状固然不可避免，但必须处理好和刑法法律专属主义之间的关系，在此基础上进而厘定所参照法律法规的明确性。否则，空白罪状将背离罪刑法定原则的明确性要求。（2）罪量要素。罪量要素又称犯罪量化条件，是指刑法分则性罪刑条文规定的、以明确的数量或其他程度词标明的、表明行为程度的犯罪成立条件。② 我国1997年《刑法》分则中大约1/3以上的犯罪都规定以情节严重（情节恶劣）或者数额较大等罪量要素作为犯罪成立的条件。情节犯和数额犯是刑法中两种典型的刑事犯罪类型。所谓情节犯，是指刑法分则中明文规定以"情节严重"作为犯罪成立条件的犯罪类型。③ 例如，《刑法》第二百五十二条规定，隐匿、毁弃或者非法开拆他人信件，侵犯公民通信自由权利，情节严重的，构成侵犯通信自由罪。所谓数额犯，是指刑法分则明文规定以一定的经济价值量或者行为对象的物理量作为犯罪构成要件的犯罪类型。④ 例如，《刑法》第二百六十四条规定，盗窃公私财物，数额较大的，或者多次盗窃、入户盗窃、携带凶器盗窃、扒窃的，构成盗窃罪。其中，数额较大是普通盗窃罪成立的必备条件。如果盗窃数额没有达到较大程度，则只有在多次盗窃、入户盗窃、携带凶

---

① 杨剑波：《刑法明确性原则研究》，中国人民公安大学出版社2010年版，第99页。
② 路军：《中国刑法犯罪量化要件研究》，法律出版社2010年版，第40页。
③ 李翔：《情节犯研究》，上海交通大学出版社2006年版，第21页。
④ 唐世月：《数额犯论》，法律出版社2005年版，第22页。

器盗窃、扒窃四种情况下才构成盗窃罪。目前，学界关于情节犯、数额犯的数额等罪量要素在犯罪论体系中的地位存在分歧，但是，多数学者都是从相对明确的视角肯定罪量要素规定的明确性。例如，有学者指出，"情节本身内容有其模糊的一面，但是这种模糊不等于情节犯的构成要件也具有模糊性，因为情节犯的构成要件和其他犯罪类型的构成一样，其基本要件都是明确的，这并未给司法留下难以捉摸的难题。"[①] 对此，笔者秉持不甚相同的立场。笔者倾向于认为，刑法将原本可以，或者应该由司法机关具体裁量的罪量要素加以框架性规定，然后由司法机关加以解释的立法模式固然并不违反刑法的明确性，但必须对后续的司法解释施加必要的限制和约束，以防止司法解释中有可能出现的恣意。(3) 兜底条款。兜底条款是指刑法对犯罪的构成要件在列举规定以外，采用"其他……"这样一种概然性方式所作的规定，以避免列举不全。我国刑法中的兜底条款主要包括三种情形：第一，相对的兜底罪名。兜底罪名可以分为绝对的兜底罪名和相对的兜底罪名。所谓绝对的兜底罪名是指像不应得为罪那样，对整部刑法起到堵漏作用的兜底罪名。相对的兜底罪名是指对某一条款起到堵漏作用的兜底罪名，它相较绝对的兜底罪名所兜底的范围更小一些。我国刑法中的兜底罪名属于相对的兜底罪。例如，《刑法》第一百一十四条规定："防火、决水、爆炸以及投放毒害性、放射性、传染病原体等物质或者以其他危险方法危害公共安全，尚未造成严重后果的，处三年以上十年以下有期徒刑。"该条设立了放火罪、决水罪、爆炸罪、投放危险物质罪和以危险方法危害公共安全罪。其中，以危险方法危害公共安全罪就是相对的兜底罪名。第二，兜底的行为方式。刑法分则在界定相关犯罪行为的具体表现形式的时候，列举了该犯罪行为的诸种行为方式，为防止遗漏，又设兜底条款加以补充。例如：《刑法》第一百六十九条之一背信损害上市公司利益罪，在列举了五种背信损害上市公司利益的行为之后，又进而规定："（六）采用其他方式损害上市公司利益的。"再如，《刑法》第一百八十二条操纵证券、期货市场罪，在列举了三种操纵证券、期货市场的行为之后，进而规定："（四）以其他方法操纵证券、期货市场的。"第三，兜底的行为方法。与前述兜底的行为方式不同，此处所说兜底的行为方法不能单独构成某犯罪的行为类型，它仅仅是某种犯罪行为类型所采取的具体方法，这种方法从属于一定的犯罪行为类型。例如，《刑法》第二百三十六条关于强奸罪的规定。它规定的行为方法是："以暴力、胁迫或者其他手段强奸妇女。"该条所规定的"其他手段"就属于兜底的行为方法，该方法如同暴力、胁迫方法一样，本身并不足以单独构成强奸罪，它仅仅是强奸犯罪行为所采取的一种行为方法。前述三种类型的兜底条

---

① 李翔：《情节犯研究》，上海交通大学出版社 2006 年版，第 61 页。

款，由于刑法规定是概然性的，因而明确性程度比较低。其中，相对的兜底罪名甚至完全没有明确性可言。

综上所述，笔者认为，1997 年《刑法》与明确性原则的冲突主要表现为刑法中的空白罪状、兜底条款。其中，兜底条款更为集中地表现了罪刑法定原则之明确性要求与刑法之间的冲突。在这方面，《刑法》第二百二十五条规定的非法经营罪是一个典型范例。该条关于非法经营罪的规定既有空白罪状，又有罪量要素，还有兜底行为方式和行为方法，几乎汇集了所有与刑法明确性相悖的立法方式。[①]《刑法》第二百二十五条规定："违反国家规定，有下列非法经营行为之一，扰乱市场秩序，情节严重的，处五年以下有期徒刑或者拘役，并处或者单处违法所得一倍以上五倍以下罚金；情节特别严重的，处五年以上有期徒刑，并处违法所得一倍以上五倍以下罚金或者没收财产：（一）未经许可经营法律、行政法规规定的专营、专卖物品或者其他限制买卖的物品的；（二）买卖进出口许可证、进出口原产地证明以及其他法律、行政法规规定的经营许可证或者批准文件的；（三）未经国家有关主管部门批准非法经营证券、期货、保险业务的，或者非法从事资金支付结算业务的；（四）其他严重扰乱市场秩序的非法经营行为。"该条关于非法经营罪的规定采取的是明文列举的方式，但是，在前三项中，除第三项之外，前两项都包含着"其他"这样一种兜底性的表述，这表明该项对于非法经营罪的描述是不周延的，司法机关可以根据实践需要审慎地予以拓展或者补充。当然，该种拓展或者补充必须受到该条所设定的框架性限制。例如，对第一项的拓展或者补充必须限于该项所规定的"限制买卖物品"，对第二项的拓展或者补充必须限于该项所规定的"经营许可证或者批准文件"。从明确性的角度来说，前述两项所规定的内容是一种相对明确。该条第四项是一种完全的概然性规定，对非法经营罪起到一种兜底作用。由于该项规定的存在，非法经营罪呈现出一种"口袋罪"的特征，这显然是有违罪刑法定原则之明确性要求的。关于该条第四项"其他严重扰乱市场秩序的行为"的含义，立法机关所作释义中称"这是针对现实生活中非法经营犯罪活动的复杂性和多样性所作的概括性规定，这里所说的非法经营行为应当具备以下条件：（1）这种行为发生在经营活动中，主要是生产、流通领域；（2）这种行为违反法律、法规的规定；（3）具有社会危害性，严重扰乱市场经济秩序。"[②] 但是，前述说明似乎依然未能对非法经营的行为形式作出明确界定。非法经营罪是侵犯市场秩序性质的行为，但是，某种

---

① 陈兴良：《刑法的明确性问题：以〈刑法〉第 225 条第 4 项为例的分析》，载于《中国法学》2011年第 4 期，第 121 页。

② 全国人大常委会法工委刑法室编：《中华人民共和国刑法条文说明、立法理由及相关规定》，北京大学出版社 2009 年版，第 458 页。

性质的行为可以采取多种形式，到底何种形式的非法经营行为属于该条第四项所说之"其他严重扰乱市场秩序的非法经营行为"依然不甚明确，有悖罪刑法定原则之明确性的要求。舍此而外，还必须看到，《刑法》第二百二十五条关于非法经营罪的规定采取的是空白罪状，该条所列四种非法经营行为必须符合一个前提条件，即"违反国家规定"。但是，究竟什么是"违反国家规定"呢？《刑法》第九十六条规定，"本法所称违反国家规定，是指违反全国人民代表大会及其常务委员会制定的法律和决定，国务院制定的行政法规、规定的行政措施、发布的决定和命令。"然而，从实践中来看，这种所谓的"国家规定"似乎并不明确。例如，2000 年 4 月 28 日通过的《最高人民法院关于审理扰乱电信市场管理秩序案件具体应用法律若干问题的解释》第一条规定，违反国家规定，采用租用国际专线、私设转接设备或者其他方法，擅自经营国际或者涉港澳台电信业务进行营利活动，扰乱电信市场管理秩序，情节严重的，依照《刑法》第二百二十五条第四项的规定，以非法经营罪定罪处罚。但是，2000 年 9 月 25 日国务院颁布的《中华人民共和国电信条例》才将上述行为规定为禁止性行为，且只对其中三种行为规定可以追究刑事责任，而并未涉及上述非法经营行为。这意味着，在前述司法解释出台和实施后的一段时间，规范电信领域经营行为的国家规定尚未出台。

二、我国 1997 年《刑法》与罪刑法定原则之合理性原则的冲突

我国 1997 年《刑法》颁布实施之后，全国人大常委会先后通过了一个单行刑法《全国人民代表大会常务委员会关于惩治骗购外汇、逃汇和非法买卖外汇犯罪的决定》和十二部《刑法修正案》，相关内容的修改对罪刑法定原则之合理性产生了重大冲击和影响，具体表现在：（1）将某些预备行为、帮助行为规定为实行行为。例如，《刑法修正案（三）》增设资助恐怖活动罪；《刑法修正案（五）》规定妨害信用卡管理罪，将信用卡诈骗、伪造、变造金融票证罪的预备行为作为实行行为；《刑法修正案（九）》增设多个"拟制实行犯"的规定。（2）增设大量法定刑较低，涉及社会面管控的轻罪，将许多原来以劳动教养处理的行为轻罪化。例如，将扒窃、入户盗窃、携带凶器盗窃、非法扰乱国家机关秩序等行为作为刑法处罚对象，部分填补了 2013 年 12 月 28 日十二届全国人大常委会第六次会议《关于废止劳动教养法律规定的决定》通过之后留下的处罚空档。（3）从消极的法益保护转向积极的法益保护，确立相对较低的行为"入刑"标准。例如，《刑罚修正案（九）》增设的准备实施恐怖活动罪、煽动实施

恐怖活动罪、使用虚假身份证件罪等。（4）针对可能造成危险的行为设置罪刑规范，刑法从重视法益实害转向重视法益的抽象危险，从注重保护个人法益转向重视公共法益和社会秩序的保护。例如，《刑法修正案（八）》增设危险驾驶罪，将《刑法》第一百四十一条生产、销售假药罪从具体危险犯改为抽象危险犯。（5）对收买被拐卖的妇女儿童罪、行贿罪从严处罚，将立法上的"加法"做到了极致。1997年《刑法》第二百四十一条规定："收买被拐卖的妇女、儿童，按照被买妇女的意愿，不阻碍其返回原居住地的，对被买儿童没有虐待行为，不阻碍对其进行解救的，可以不追究刑事责任。"《刑法修正案（九）》将其修改为："收买被拐卖的妇女、儿童，对被收买儿童没有虐待行为，不阻碍对其进行解救的，可以从轻处罚；按照被买妇女的意愿，不阻碍其返回原居住地的，可以从轻或者减轻处罚。"前述修改把原本属于影响定罪的情节改为影响量刑的情节，结构性扩大了收买被拐卖的妇女、儿童罪的包容范围。（6）淡化刑法的附属性。刑法通过增设新罪将部分原本具有民事性质的"欠债不还"行为犯罪化，如增设拒不支付劳动报酬罪，以此参与社会管理，解决社会突出矛盾。由此，刑法不再是对那些"严重地"侵害生活利益的行为的反映，刑法与民法、行政法的界限越来越模糊。在某些领域，刑事立法者甚至有意彰显刑法的独特性和优先性。例如，《刑法修正案（九）》第二十五条第四款规定：在法律规定的国家考试中，对"替考"双方都要定罪处罚。但"替考"行为本身在治安管理处罚上并没有相关明确的处罚规定，刑法直接将其规定为犯罪，展示了其强势介入社会管控的姿态。

前述内容的修改固然回应了现实社会的发展需求，但是由于它对罪刑法定原则之合理性要求造成了冲击，遭到学界的质疑和挑战。在制定《刑法修正案（八）》的时候，有些学者强烈反对在刑法中增设危险驾驶罪，认为增设该罪与我国刑事立法一贯坚持的"结果本位"不一致。[1] 学界在该问题上的不同立场传导到了司法实践中，以公检法机关对醉驾入刑的不同立场集中地显现了出来，[2] 醉驾入刑的合理性面临现实的考验。《刑法修正案（八）》审议通过之后，一些学者对其进一步提出批评。有学者认为，《刑法修正案（八）》以扩大国家刑罚权力、缩小或者限制公民自由为内容，使得我国刑事立法在工具主义的轨道上前行，社会治理"过度刑法化"。这种做法具有高度的社会风险与危害，将改变国家权力与公民权利之间的关系结构，导致国家司法资源的不合理配置，削弱刑法的公众认同，阻碍社会创新。为了防止社会治理"过度刑法化"，必须反对刑法

---

① 冯亚东：《增加"危险驾驶罪"不可行》，引自陈泽宪主编：《刑事法前沿》第6卷，中国人民公安大学出版社2012年版，第373页。

② 刘军：《危险驾驶罪的法理辨析》，载于《法律科学》2012年第5期，第113页。

对刑事政策的过度回应，强调刑法的"司法法"属性；要积极提倡刑法参与社会治理的最小化；坚守刑法保护公民自由这一根本使命。① 《刑法修正案（九）》审议通过之后，刑法学界一些学者对其合理性提出了质疑。有学者指出，"鉴于刑事立法的专业性、庄严性和严谨性，民意或舆论与刑事立法活动的关系理应张弛有度。但近年来我们看到，有些所谓的'民意'或者'舆论'似乎有过度介入或影响刑事立法倾向之嫌，由此导致不理性的情绪性立法现象频频发生。刑事领域中的情绪性立法严重破坏了正常的立法秩序，其所结出的'毒树之果'也必将损害法律的权威，腐蚀社会公平正义的基石。""情绪性刑事立法主要来源于易导致非理性结果的舆论，刑事法律的严厉性决定了刑事立法活动必须严谨且理性，刑法的谦抑性要求刑事立法必须杜绝情绪化干扰，刑事立法应力戒情绪性立法具有充分的法理依据。新近颁行的《刑法修正案（九）》中情绪性立法现象表现较为突出和严重。废除嫖宿幼女罪，增设编造、故意传播虚假信息罪，增设拒不履行网络安全管理义务罪，加重对袭警行为的处罚，对收买被拐卖的妇女、儿童行为一律追究刑事责任，以及对重大贪污贿赂犯罪不得减刑、假释等规定均是《刑法修正案（九）》中情绪性立法的典型立法例。科学的刑事立法必须力戒情绪。"②。针对刑法修改所衍生出的刑法积极主义倾向，有学者进行了深入的分析，认为自中国现代化以来，随着罪刑法定原则的广泛传播，立法者对刑法的正当性给予了广泛关注，传统上强调将刑法作为统治工具的刑法实用主义开始受到批判。1997 年《刑法》废除了类推制度，确立了罪刑法定原则，对传统刑法工具主义进行了彻底否定。但是，刑事立法在批判传统刑法工具主义的同时，却转向了刑法的新工具主义，集中表现在：刑事立法从无限扩张刑法的干预范围、加大刑罚干预力度的实用主义转向单纯安抚社会公众情绪的政策主义，实用性不再是立法所要考虑的首要问题，安抚民意、稳定民心、减少转型危机可能带来的政治风险成为新时期刑事立法的首要目标。新刑法工具主义偏离了刑事立法的法益基准，造成了立法空置或选择性司法现象。为贯彻法治国家立法正当性标准，有必要在批判性反思新刑法工具主义取向的同时，促使刑事立法的理性回归。③ 针对 1997 年《刑法》颁布实施以来我国刑法修正的合理性，有学者认为，"时代的变革必然意味着法律的变革，但并不意味着法律要朝令夕改，更不意味着刑法要身先士卒。中国法治化的进程就是一个祛除刑法工具化的过程，在晚近我国刑法立法中，刑法前置化的倾向越发明显，这主要表现为：预备行为实行化；既遂

① 何荣功：《社会治理"过度刑法化"的法哲学批判》，载于《中外法学》2015 年第 2 期，第 523 页。

② 刘宪权：《刑事立法应力戒情绪——以刑法修正案（九）为视角》，载于《法学评论》2016 年第 1 期，第 86 页。

③ 魏昌东：《新刑法工具主义批判与矫正》，载于《法学》2016 年第 2 期，第 85 页。

形态前置化；行政民事违法行为不断进入刑法制裁的视野。刑法前置化立法最为直接的理论结果就是违法相对性理论的崩溃。其直接的现实结果是导致行政民事违法行为与刑事违法行为之间的界限消失，导致罪名形式化、空洞化、黑洞化，导致刑法自洽性的削弱。其根本原因在于为了防范社会风险和满足社会心理，追求违法一元性。对此，立法中必须遵循损害原则（包括冒犯原则）以及合比例原则。对于立法的效果应该进行系统性的分析。"①

　　笔者认为，刑事立法的积极主义倾向在当前中国时代背景下固然有其存在的合理依据，但是，它所导致的问题也是现实存在的，这必然会在较大程度上削减其由以长期存在的合理性基础，偏离罪刑法定原则的基本要求。更为关键的是，刑事立法的不合理扩张将造成国家法律体系之间的冲突和矛盾，进而引发调控社会秩序诸种手段之间的内部关系紊乱。刑法和行政法、民法之间具有内在的逻辑关系，维持这种逻辑关系是确保法律体系内部能够实现逻辑自洽、无缝衔接的前提基础。如果基于对刑事立法的过当偏爱，将原本可以或者应当由民法、行政法调整的事项不加思辨地归入刑法调整的空间范围，不仅会破坏部门法之间的内在逻辑关系，而且会造成对公民权利的过当压制。必须看到，刑法意义上的犯罪评价与行政法意义上的不法评价的性质及其法律后果不甚相同，刑法意义上的犯罪评价会给行为人贴上犯罪标签，造成行为人与社会之间的隔离，过当损害其权利。反之，如果遵循刑法谦抑性原则的要求，当某种行为可以由民法、行政法调整时，不动辄将其做犯罪化处理，则不仅会有效地保护其权利和自由，而且也会在较大程度上避免部门法规范之间的逻辑关系紊乱。

三、罪刑法定原则视野下刑事立法的合宪性控制

　　诚如前述，我国现行刑法与罪刑法定原则之明确性、合理性要求均存在一定程度的冲突。因此，在承认罪刑法定原则存在正当性的前提下，对刑事立法进行相应的完善就显得非常必要。作为罪刑法定原则之实质侧面，明确性原则、合理性原则所指向的对象主要是立法机关，也就是说，刑事立法者在制定或者修改刑法的时候，应当秉持明确性、合理性的要求，审慎地制定或者修改刑法。但是，该项要求的制度性实现，仅仅依靠立法者的内心自省和主观抑制显然是不够的，必须采取一定的措施，对刑事立法者进行必要的制度性管控，以求将刑事立法纳入罪刑法定原则所要求的明确性、合理性轨道上去。对此，可以从以下两个方面

---

　　① 孙万怀：《违法相对性理论的崩溃——对刑法前置化立法倾向的一种批评》，载于《政治与法律》2016 年第 3 期，第 10 页。

进行分析。

1. 罪刑法定原则的宪法地位

罪刑法定原则对于人权保障具有极其重要的作用,现今世界各国均将其作为刑事立法的核心原则。目前,罪刑法定原则在各国立法中主要表现为三种模式:(1)在宪法、刑法中同时规定罪刑法定原则,如法国和意大利。(2)在宪法中规定罪刑法定原则,刑法中不再另作规定,如日本。(3)在刑法中规定罪刑法定原则,宪法不再另作规定,如德国和中国。笔者认为,前述三种模式中,第一种模式更为可取。从直观层面来看,宪法和刑法同时规定罪刑法定原则似乎没有必要,但是,"罪刑法定原则在宪法与刑法的双重确认,并不是简单的重复,而是对罪刑法定原则重大价值的立法肯定。"① 罪刑法定原则固然是刑法中的一项基本原则,但它绝对不仅仅是一项刑法原则。按照张明楷教授的说法:"罪刑法定原则不仅是刑法原则,也是宪法原则。"② 从国际社会来看,在宪法中规定罪刑法定原则的国家不乏其例。法国1789年《人权宣言》第八条规定:"法律只能规定确实需要和显然不可少的刑罚,而且除非根据在犯罪前已经制定和公布的且系依法实施的法律以外,不得处罚任何人。"此后,这一内容再现于1791年制定颁布的《法国宪法》。1814年3月29日公布的《荷兰王国宪法》(第二章基本权利)第十六条规定:"定罪量刑应当基于犯罪当时生效的法律。"1814年5月17日通过的《挪威王国宪法》(2012年5月15日修正)第九十七条、1949年5月23日颁布的《德国基本法》第二条、1975年6月11日通过的《希腊共和国宪法》第七条、1976年4月2日通过的《葡萄牙共和国宪法》第29条、1978年10月31日通过的《西班牙王国宪法》第二十五条、1993年1月12日通过的《俄罗斯联邦宪法》第五十四条、1946年10月7日通过的《日本国宪法》(又名《和平宪法》)第三十九条、1948年7月12日通过的《大韩民国宪法》第十三条、1949年11月26日通过的《印度共和国宪法》第二十条、1965年8月9日通过的《新加坡共和国宪法》第十一条、1988年9月22日通过的《巴西联邦共和国宪法》第三十九条都有关于罪刑法定原则的规定。"无论是大陆法系国家还是英美法系国家,大多数都在宪法中对罪刑法定原则作出了规定。"③ 与单一地在刑法中规定罪刑法定原则相比,在宪法和刑法中同时规定罪刑法定原则具有更为积极的意义,具体表现在:(1)有助于对刑事立法施加有效的限制。刑法的明确性、合理性是罪刑法定原则的衍生原则,是对刑事立法提出的义务性要求,

① 陈兴良:《刑法理念导读》,法律出版社2003年版,第68页。
② 张明楷:《刑法学》(第四版),法律出版社2012年版,第51页。
③ 张国轩:《关于我国罪刑法定原则立法科学化的问题》,引自中国社会科学院法学研究所编:《历次刑法修正评估与刑法立法科学化——1997年《刑法》颁行二十周年研讨会(文集)》,第56~57页。

立法者应该采取切实有效措施，贯彻落实该制度性要求。但是，如果罪刑法定原则仅仅是刑法所规定的一项基本原则的话，它怎么可能实质性地限制和约束立法机关呢？如是一来，罪刑法定原则所能够起到的作用也就只能是对司法机关施加必要的限制，防范有可能出现的司法恣意了。相较于立法者来说，罪刑法定原则只能是一种方针性的价值导引，不可能是一项具有实质约束力的原则，作为罪刑法定原则之实质侧面的明确性原则、合理性原则因之也就只能是两项被虚置化的子原则了，不仅相较于立法者的限制功能无由以实现，其相较于司法机关的限制约束功能也将大打折扣。我国 1997 年《刑法》颁布实施以来的刑事法治实践似乎比较清楚地说明了这一点。（2）有助于尊重和保障人权。罪刑法定原则是在世界反法西斯战争胜利以后，通过对纳粹和日本法西斯战争罪犯的审判，才得到全世界普遍关注的。1948 年《世界人权宣言》第十一条第二款规定："任何人的任何行为或不行为，在其发生时依国家法或国际法不构成刑事罪者，不得被判为犯有刑事罪。"在 1949 年《日内瓦公约（三）》第九十九条、1950 年《欧洲保障人权和基本自由公约》第七条和 1966 年联合国《公民权利和政治权利国际公约》第十五条中，都对罪刑法定原则的内容进行了规定。我国《宪法》（2004 年修正）在第三十三条第三款增加规定："国家尊重和保障人权。"人权问题受到近代国际社会普遍关注和重视。当今社会，刑法的功能在注重社会保护的同时，应当更加注重保障人权。限制刑罚权、保障人权是罪刑法定原则的价值取向。必须看到，人权指向的义务主体是国家公权机关，既包括司法机关，也包括立法机关和行政机关。单一地将罪刑法定规定于刑法中，固然可以在一定程度上起到限制司法恣意的效果，但不可能对立法机关和行政机关产生限制和约束的效果，由此也就无法防止刑事立法的情绪化和新工具主义倾向，对社会秩序的过当关注必然会结构性超越对自由的尊重和保障，造成对人权的漠视乃至过当压制。反之，如果将罪刑法定原则同时规定于宪法和刑法中，则不仅罪刑法定原则之形式侧面可以得到实现，实质侧面也将合乎逻辑地获得制度性的保障，进而强化对人权的尊重和保障功效。

2. 罪刑法定原则对刑事立法的合宪性控制

罪刑法定原则对刑事立法的合宪性控制主要表现为四个方面：（1）法律专属主义对刑事立法的限制。法律专属主义是现代罪刑法定原则得以确立的理论基础之一。所谓法律专属主义，是指关于国家刑罚权的设定、相关的刑法法益的保护、犯罪化行为的选择、犯罪构成的设计以及法定刑的设置等罪刑规范，只能由民意代表机关组成的最高国家立法机构通过正当法律程序加以制定。法律专属主义既排斥行政机关、地方立法机关自行创制刑罚法规，也排斥法官依据司法裁判创制刑罚规范，违背前述要求的职权活动均属违宪。反过来，法律专属主义也强调，立法者对罪刑规范的创制也不能结构性取代法官的司法适用与裁判。必须明确，刑事立法者所制定的仅仅是具有抽象性、概括性和普适性的罪刑规范，为司法裁判提供规范性的法律依据。如果刑法过于确定、具体，以至于成为刑事制裁的具体命令，则不仅会妨害司法裁判的个别正义的实现，又会侵蚀法官的自由裁量权，架空刑事司法权，破坏立法权与司法权之间的必要的权力分工，过当压制司法权。（2）禁止制定溯及既往的刑法，确保刑法最低限度的形式合理性。罪刑法定原则确立的初衷就在于通过明文制定的法律提前告诉公民刑法所禁止的行为及实施该行为将产生的法律后果，以求能够对民众的心理产生强制规范作用，使其有所遵循。公民可以根据行为时的法律自律其行为，预测实施法律禁止的相关行为将要承担的法律后果，从而自由、自主和自愿地决定自己的行为，不用担心行为时合法的行为被依据行为后生效的法律论罪科刑。禁止制定事后法是保障公民权利和自由、限制国家刑事立法权的当然要求，应当成为宪法明确规定的公民宪法权利。目前，《美国宪法》第一修正案、法国 1789 年《人权宣言》第八条、《德国基本法》第一百零三条第二款、《日本国宪法》第三十九条等，均直接规定了禁止事后法原则，尽管前述规定并不必然是通过在宪法中确立罪刑法定原则并将禁止事后法原则内蕴于其中的方式加以规定的，但是，它们应当是罪刑法定原则的题中应有之义。对于我国来说，应当在宪法中确立罪刑法定原则，并将禁止制定溯及既往的刑法的规定纳入其中。（3）确立刑法的明确性原则，对刑事立法的内容提出实质性的要求。明确性原则是罪刑法定原则的重要内容，属于该原则的实质侧面，在合宪性审查制度中表现为"不明确即无效"的合宪性审查原则。该原则要求立法者不得制定犯罪构成要件不明确、行为犯罪化的范围与边界不清晰、法定刑幅度不确定的模糊刑法条款，否则，该条款将被宣布为不合宪、无效。明确性原则在传统的罪刑法定原则中并不存在，或者说，表现得并不清晰，其在罪刑法定原则中的凸显以及获致宪法意义主要归功于美国联邦最高法院，它在 20 世纪 60～70 年代的判例中创制了"不明确即无效"原则。最高法院指出：定义明确的刑法才能起到事先警告和预防犯罪的作用，同时也只有这样才能保障公民的自由，使得公民对自己行为的后果可以预测，不至于因为法律的含糊其词而担心行为后可能遭到指控①。美国最高法院确认的"不明确即无效"的合宪性审查原则，进一步强化了罪刑法定原则对罪刑规范明确性的要求，对其他国家的刑法适用乃至刑事立法产生了直接的影响。在德国，自《德国基本法》颁布生效后，学理与判例即以《德国基本法》第 103 条第 2 款的规定为依据引导出明确性的要求，强调"在确定刑罚与保安处分时，需要在法律中尽可能明确地

---

① 储怀植：《美国刑法》，北京大学出版社 1996 年版，第 44 页。

规定进行刑事干预的先决条件，规定相对小的刑罚幅度，进一步区分情节特别严重和情节较轻等不同情况，并尽可能对刑事法官的自由裁量权进行必要的限制"①。(4) 确立刑法的合理性原则，将其内蕴于罪刑法定原则之中，对刑事立法施加实体性的限制。该原则要求禁止不当罚的行为，不得处罚没有法益侵害不需要处罚的行为，不得将公民行使宪法权利的行为规定为犯罪，不得违反通行的人权保障要求处罚行为，确立并维护刑法的谦抑性原则，不得处罚不当罚的行为。刑法的实体正当原则肇始于 19 世纪的自由主义哲学思想。20 世纪 50～60 年代，在自由主义哲学思想的影响下，英美学者针对英美刑法传统中的伦理化倾向，对刑法内容的实体正当性提出了诉求，强调刑法的目的是保护个人利益和社会利益，刑法干预的只能是那些单一侵害个人利益或者在侵害社会利益的同时侵害个人利益的行为。对刑法内容之实体正当的追求，直接推动了 20 世纪 60 年代以后美国乃至世界范围内的刑法改革运动。"该运动导致了刑法调整某些日常行为的作用的削减，所涉及的法律首先是那些与公共道德调整有关的法律，是制裁卖淫、堕胎、同性恋、酗酒和流浪的法律。在这种法律改革中提出的观点是，只要不伤害另一个人，该人行为的自由就不应受到刑法的干涉。"②

综上所述，笔者意图申明的立场是：罪刑法定原则具有重要的人权保障功能，但是，该项原则在我国当下存在许多现实的问题，其原本具有的积极功能没有得到真正的施展。应当在正视罪刑法定原则存在正当性的前提下，在宪法和刑法中同时规定罪刑法定原则，将形式侧面、实质侧面的全部内涵纳入其中，形成其完整的价值体系，以求适度控制刑事立法的过当拓展，舒缓司法解释承担的过当压力，限制和约束司法的恣意。但是，必须承认，前述作用的实现，仅仅依靠罪刑法定原则之宪法地位的提升是不够的，还必须健全和完善我国的合宪性审查制度，以对刑事立法施加制度性的管控。目前，我国合宪性审查体制已经确立，合宪性审查机构已经明确，如何采取切实有效的措施，使其真正发挥对刑事立法的统合作用是未来我国刑事立法中面临的一个现实问题。

---

① ［德］汉斯·海因里希·耶塞克等著，徐久生译：《德国刑法教科书》，中国法制出版社 2001 年版，第 33 页。

② Herbert L. Packer, The Limits of the Criminal Sanction, Stanford University Press, 1968：144.

第二十一章

民法典的宪法使命及其实现

在民法典的制定过程中，民法典的制定依据以及由此衍生出的民法典与宪法的关系问题是近年来国内学界关注的一个焦点问题，法理学者、宪法学者和民法学者围绕该问题进行了激烈的争论。本书拟立足宪法之根本法地位、最高法效力已然得到确立的制度现实，在纵向梳理民法典之宪法使命的基础上，对民法典实现其宪法使命的原则、保障以及路径等问题进行分析论证，以求正本清源、展现我国民法典与宪法关系的应然面相，进而为民法典制定过程中相关节点问题的梳理提供思路。

第一节　民法典之宪法使命的历史回顾

一、20世纪20年代之前民法典的宪法使命

民法典是民法法系国家区别于英美法系国家的重要表征，其在思想层面的渊源最早可以追溯至东罗马的查士丁尼时代。但是，《查士丁尼民法大全》[①] 严格来说并不是一部纯粹的民法典，而是一部公私规范杂陈其中、实体规范和程序规范交互混杂的综合性法典。后世之所以将其视为民法典的起源，主要是基于私法

[①]　由《查士丁尼法典》《学说汇纂》《法学阶梯》《查士丁尼新律》四部法典组合而成。

规范在其中所处的主体地位、它所开创的对法律进行系统化编撰的先例以及内蕴于其中的法典编撰技术。近现代民法典的编撰肇始于 18 世纪末，集中表现为欧洲大陆法系国家的民法典编撰运动。该时期欧洲各国民法典的编撰是建立在此前罗马法复兴过程中形成的欧洲共同法①的基础之上的，其由以推动的直接动因是近代民族国家和主权观念的兴起。国内有学者指出，21 世纪之前，欧洲大陆国家民法典的编撰先后经历了三次浪潮，② 具体包括：（1）18 世纪末到 19 世纪中叶的第一次民法典编纂浪潮。该时期代表性的民法典是：1804 年的法国民法典和 1811 年的奥地利民法典；（2）19 世纪中叶到 20 世纪 20 年代的第二次民法典编撰浪潮。该时期代表性的民法典是：1865 年的意大利民法典、1900 年的德国民法典、1912 年的瑞士民法典；（3）20 世纪 20 年代开始到 21 世纪初之前的第三次民法典编撰浪潮。该时期代表性的民法典主要是苏联和东欧社会主义国家的民法典，如 1922 年的苏俄民法典、1975 年的德意志民主共和国民法典等。该时期一些西欧国家也修改或者重新制定了自己的民法典，如 1942 年的意大利民法典。从纵向历史发展的角度来看，20 世纪 20 年代之前，欧洲各国编撰民法典大多是在君主制的时代背景下③、在君主的大力推动下④展开的，但是该背景下制定的民法典却得以在不同的政治体制下往来穿梭，⑤ 其相较于政治体制的中立性色彩得以凸显，自身逻辑体系的完整性和封闭性⑥得以维系。如是这些，彰显的

---

① 《查士丁尼民法大全》编撰完成之时，由于西罗马帝国业已灭亡，缺乏在西罗马帝国先前版图内获致实现的政治推动力量，其相较于西欧各国的影响直到时隔六百余年之后方才由于罗马法的复兴而显现了出来。在罗马法的复兴过程中，以伊纳留斯（Irnerius）、阿佐（Azo Porcius）、阿库修斯（Accursius）为代表的前期注释法学派和以巴尔多鲁（Bartolus）、巴尔杜斯（Baldus）为代表的后期注释法学派或评论法学派运用经院主义辩证法，注释、评述《查士丁尼民法大全》，并适度融合部分教会法、地方法，在大学课堂上广为讲授，逐渐培育出了欧洲法律的共同基础，即欧洲共同法（Jus commune）。

② 陈卫佐：《现代民法典编撰的沿革、困境与出路》，载于《中国法学》2014 年第 5 期，第 254 页。

③ Fassò, Storia della filosofia del diritto. Ⅲ. Ottocento, Roma – Bari, 2006, 5ss. G. Tarello, Storia della cultura giuridica moderna. I. Assolutismo e codificazione del diritto, Bologna, 1976.

④ 1804 年法国民法典是在独裁者拿破仑的大力推动下编撰的；1865 年意大利民法典是国王伊曼纽尔二世颁布的；1896 年德国民法典是在国王威廉二世的推动下编撰的。作为它们共同思想渊源的《查士丁尼民法大全》则是在东罗马帝国皇帝查士丁尼的直接主导下完成的。

⑤ 自 1791 年法国宪法颁行以来，法国先后制定出 11 部宪法，它们所确立的政治体制不甚相同，在独裁、帝制、君主复辟、共和等政治体制之间来回摇摆。但是，1804 年的法国民法典却能够在不同政治体制之下维持自身的存在。德国制定宪法的历史始源于 1815 年德意志联邦成立之后，先后颁布了 1871 年德意志帝国宪法、1919 年德国魏玛宪法、联邦德国基本法和民主德国宪法。在德国政治的历史流变中，德国民法典长期存在，先后与德意志帝国、魏玛共和政体、纳粹极权政体、联邦德国的民主政体以及民主德国的社会主义政体（德国民法典在 1875 年之前的民主德国一直适用）并存。

⑥ 哈贝马斯指出，"在德国，私法是在立宪君主制框架之内作为一个法官制定的法律的领域和法理学的领域而发展起来的。由于没有受到民主宪法秩序的构成性影响，在整个 19 世纪——也就是说一直到 1900 年资产阶级法典编撰为止——私法都具有一个独立的、自足的法律领域所具有的那种系统封闭性"。（参见 [德] 哈贝马斯著，童世骏译：《在事实与规范之间》，生活·读书·新知三联书店 2014 年版，第 491 页。）

一个主题似乎是：民法典仅仅是一套技术性规范，它与其旨在调整和维护的市场经济并存，跨越时空、超然于政治，并不承担什么宪法使命。究其原因，主要是因为该时期政治国家与市民社会的结构性分离，① 以及旨在框定二者界限的公法、私法二元分离的法律体系建构模式。在该时期的法律文化氛围之下，宪法的根本法、最高法地位尚未得到确立，② 而且，它在内容上是政治法、在性质上是公法，作为政治法、公法的宪法与作为私法的民法典所调整的领域不甚相同：前者指向于对国家政治权力的构筑、对国家权力与公民基本权利之间关系的调整，后者指向于对民事主体之间人身关系、财产关系的调整，二者之间泾渭分明。③相应地，民法典在直观层面上似乎也就不承担宪法的使命。当然，必须申明的是：此处所说民法典不承担宪法使命的意思仅仅是说，民法典中并不包含宪法性质的条款，其内容相较于政治体制具有独立性；民法典具有自身的话语体系和逻辑线条、民法典体系具有明显的封闭性。笔者无意否认民法典间接承载着的政治功能，更无意否认其在客观上具有的限制国家权力的作用。从历史的角度来看，法典编撰历来都具有明显的政治因素，④ 无论是东罗马帝国皇帝查士丁尼编撰的民法大全，还是近代欧洲各国编撰的民法典，实际上都承载着某种特定的政治使命。⑤ 而且，由于民法典在私法自治原理支撑下所具有的限制国家权力的功能，⑥民法典似乎自出生时起就具有了宪法作用，由此滋生出私法优位⑦、民法·宪法同位论⑧的观点。笔者认为，民法典的宪法功能与民法典的宪法使命是两个不同

---

① 市民社会的兴起及其与政治国家的分离和对立最早发端于西方国家，该时期政治国家首次获得了相较于市民社会的独立地位，不再像先前时期那样吞并和包容整个社会。（参见《马克思恩格斯文集》第一卷上册，人民出版社 2009 年版，第 14 页。）

② 例如，有德国学者指出，在德国民法典的编撰中，与宪法的关系问题完全被搁置在一边，根本不加以考虑。民法典应该遵守宪法原则的问题，很少进入德国民法典编撰者的视野。（See Hans - Peter Haferkamp, The Science of Private Law and the State in Nineteenth Century Germany, 56 Am. J. Comp. L., 2008: 676~677.）

③ 例如，《法国民法典》第七条规定，民事权利的行使不以按照宪法取得并保持的公民资格为条件。

④ 美国学者艾伦·沃森认为，"对于法典编撰而言，政治因素必定是重要的，并且当法典问世之时，也必定有适当的政治环境。从事实来看，到了近代法典编撰已经非常普及，这要么是由于颇不一样的政治条件有利于或至少允许编撰法典，要么是由于经常产生编撰法典所需要的政治条件，二者必居其一。"（参见［美］艾伦·沃森著，李静冰、姚新华译：《民法法系的演变及形成》，中国法制出版社 2005 年版，第139 页。）

⑤ 就近代欧洲国家民法典的编撰而言，显然和促进民族国家的形成、建构统一的国内市场以及实现政教分离等因素有关。

⑥ ［美］斯托林著，汪庆华译：《反联邦党人赞成什么——宪法反对者的政治思想》，北京大学出版社 2006 年版，第 124 页。

⑦ 梁慧星教授指出，在讨论市场经济与法制现代化问题时，必须从公法优位主义转变到私法优位主义上。（参见梁慧星：《必须转变公法优位主义观念》，载于《法制日报》1993 年 1 月 21 日，第 3 版。）

⑧ 徐国栋教授认为，民法与宪法是相并列的存在，高于其他部门法，乃为根本法之一。（参见徐国栋：《市民社会与市民法——民法的调整对象研究》，载于《法学研究》1994 年第 4 期，第 3~9 页。）

性质的问题。前者是从民法典客观上所具有的限制国家权力之宪法作用的角度来说的，它并不必然承认宪法的根本法地位、最高法效力，实践中往往和私法优位主义、民法·宪法同位论关联在一起，甚至有可能滋生出民法帝国主义的浪漫情怀。后者是从民法典规范体系内容的角度来说的，它关注的核心问题是民法典中是否以及如何设置衔接宪法与民法的接驳管道，在承认宪法根本法地位且不损及民法典自身体系完整和逻辑自洽的前提下贯彻落实宪法赋予它的使命。20 世纪 20 年代之前，尽管欧洲各主要国家相继制定了宪法，但是，宪法在实在法层面似乎并未取得现今所拥有的这种根本法、最高法地位。从比较宪法学的角度来看，宪法的最高法地位主要通过四种方式加以确定：（1）成文宪法的自我规定；（2）硬性宪法的技术，即特别严格的制定和修改程序；（3）违宪审查机制的作用；（4）宪政传统或宪法惯例。① 在这四种方式中，第（1）种方式是确立宪法最高法地位的规范依据，第（3）种方式是"确保宪法最高性"的"手段"。② 从该时期欧洲各主要国家宪法文本的规定和违宪审查机制确立的情形来看，宪法的最高法地位显然并未确立。20 世纪 20 年代之前法国制定的 9 部宪法③中均未明确规定宪法的最高法地位，而且，除 1799 年宪法和 1852 年宪法设立"元老院"作为违宪审查机关之外，其他各部宪法均排除对法律的违宪审查。事实上，1799 年宪法和 1852 年宪法所确立的违宪审查制度在法国宪政实践中也没有发挥实际的作用。德国在 1815～1918 年的 100 余年的时间里，德国先后经历了德意志联盟、北德联盟和俾斯麦宪法时代，该时期的各邦宪法和 1871 年德意志帝国宪法中均未规定宪法的最高法地位，普通法院和 19 世纪初期一些邦国的国事法院（宪法法院）也没有被赋予违宪审查权。总体来看，20 世纪 20 年代之前，由于欧洲各国宪法的最高法地位并未在制度层面得以确立，宪法和民法呈现出一种平行发展的样态，宪法并没有对民法施加统合性的影响，民法因之也就不承担前述所说的宪法使命。

二、20 世纪 20 年代之后民法典的宪法使命

笔者认为，民法典的宪法使命建立在两个制度前提之上：第一，宪法之根本

---

① 林来梵：《从宪法规范到规范宪法》，法律出版社 2001 年版，第 302 页。

② 日本学者芦部信喜教授将第（2）种方式和第（3）种方式视为确保宪法最高性的手段。（参见[日]芦部信喜：《宪法学》（Ⅰ），有斐阁 1992 年版，第 60 页。）对此，笔者秉持不同的立场。笔者认为，第（2）种方式只能凸显宪法在形式上迥然相异于普通法律的特点，但却并不能确立宪法相较于普通法律的最高法地位。

③ 即法国 1791 年宪法、1793 年宪法、1795 年宪法、1799 年宪法、1814 年宪法、1830 年宪法、1848 年宪法、1852 年宪法及 1875 年宪法。

法、最高法地位的确立；第二，宪法调整范围的拓展以及由此衍生出的政治宪法色彩的蜕变。前者是民法典之宪法使命由以生成的制度前提，后者是民法典之宪法使命由以运行的内容基础。从历史的角度来看，只有 20 世纪 20 年代之后的民法典方才具有承担宪法使命的可能性，在此之前，民法典的宪法使命无从说起。根据荷兰学者亨利·范·马尔赛文的统计，在全世界 142 个国家的成文宪法中，有 122 个国家的宪法中规定了宪法与普通法律之间的关系，占总数的 85.9%；在该类规定宪法与普通法律之间关系的宪法中，有 95 个国家的宪法规定宪法具有最高法的地位，占总数的 66.9%。① 从该类宪法的内容来看，尽管它们规定自身根本法地位的方式不甚相同，② 但在确立自身的根本法地位、最高法律效力方面所秉持的立场是一致的。从该类宪法的颁行时间来看，绝大多数宪法都是第二次世界大战以后的宪法，第二次世界大战之前的宪法为数不多，主要集中在 20 世纪 20 年代以后，典型的如 1918 年《俄罗斯苏维埃联邦社会主义共和国宪法》（以下简称《苏俄宪法》）、1924 年以及 1936 年的《苏维埃社会主义共和国联盟宪法》（以下简称《苏联宪法》）。诚如前所述，民法典的宪法功能和民法典的宪法使命在性质上不甚相同，前者并不必然以承认宪法的根本法地位、最高法律效力为前提，只要其客观上能够起到限制国家公权力、保护公民权利的效果，就可以认为其具有宪法功能；与之相比，后者在逻辑上是和宪法的根本法地位、最高法律效力关联在一起的，如果没有该种制度前提，宪法根本不可能施加对民法典的统合性影响，民法典的宪法使命无从说起。20 世纪 20 年代之前，由于早期各国宪法中并未确立自身的根本法地位，民法典无由以承担宪法赋予它的使命；20 世纪 20 年代之后，由于 1918 年《苏俄宪法》③、1924 年《苏联宪法》④ 以及

---

① ［荷］亨利·范·马尔赛文等著，陈云生译：《成文宪法：通过计算机进行的比较研究》，北京大学出版社 2007 年版，第 117 页。

② 95 个国家在其宪法中规定自身根本法地位的方式总体上有三种类型：第一，在宪法名称中使用根本法或者基本法的术语确立自身的根本法地位，如 1918 年《苏俄宪法》、1978 年《俄罗斯苏维埃联邦社会主义共和国（根本法）》、1949 年《德国基本法》等；第二，在宪法文本内容中使用根本法或者最高法的术语确立自身的根本法地位，如 1992 年《越南社会主义共和国宪法》第一百六十四条、1946 年《日本国宪法》第九十八条；第三，在宪法文本或者名称中不使用根本法或者最高法的术语，但在宪法文本内容中宣称自己的最高法律效力，如 1974 年《南斯拉夫社会主义联邦共和国宪法》第二百零六条。

③ 1918 年 7 月 10 日第五次全俄苏维埃代表大会审议通过了《俄罗斯苏维埃联邦社会主义共和国宪法（根本法）》。该宪法在序言中宣告："被剥削劳动人民权利宣言和苏维埃宪法一起构成了俄罗斯社会主义联邦苏维埃共和国统一的基本法。"苏俄宪法的正式名称被确定为《俄罗斯苏维埃联邦社会主义共和国宪法（根本法）》。上述规定确认了宪法在国家法律体系中的最高法律地位。

④ 1924 年 1 月 31 日，第二次苏联苏维埃代表大会审议通过了《苏维埃社会主义共和国联盟宪法（根本法）》。该宪法首次明文规定，加盟共和国宪法、加盟共和国苏维埃代表大会和中央执行委员会的决议必须符合苏联宪法，不得与其相抵触。

1936 年的《苏联宪法》① 中相继确立了自身的根本法地位，宪法客观上具有了对民法施加统合性影响的可能性。舍此而外，由于前述宪法中均确立了捍卫自身最高法律地位的宪法监督制度，因此，不仅宪法得以从规范层面现实地施展其对民法的统合性影响，民法也因之合乎逻辑地担负起了践行宪法所作先期承诺的使命。从该时期前述宪法的内容来看，它们与此前各国宪法中的内容不甚相同。近代宪法时期，各国宪法中关涉公民基本权利的规定主要表现为自由权，其性质是指向于对国家公权机关的消极防御权，国家对该类权利所承担的责任仅仅是消极的不侵害，并无采取切实有效措施加以正向满足的宪法责任。由于国家权力被严格限制在政治生活领域，并不染指民事生活场域的相关事宜，因此，该时期的民法典在事实上处于一种外在于宪法而独立发展的状态，并不承担践行宪法承诺的制度性使命。与之相比，苏俄宪法以及此后受其影响制定的苏联宪法中关涉公民基本权利的规定不再仅仅局限于自由权，而是同时包括了经济、社会、文化等方面的权利。宪法的调整范围不再仅仅局限于传统的政治领域，经济制度等方面的内容开始被纳入宪法的调整范围之列，这种内容上的变化客观上为宪法对民法典的统合提供了制度层面的基础。与 1918 年苏俄宪法一样，1919 年的德国《魏玛宪法》也是近代宪法向现代宪法转变的标志。在《魏玛宪法》中，私产不再绝对神圣、契约不再绝对自由，公共福利受到强调和重视，国家被赋予广泛的干预社会经济和文化的权力。如是这些，标志着政治国家与市民社会之间的结构性分离、公法与私法之间二元分立时代在宪法层面的结束。但是，由于《魏玛宪法》中并未规定宪法的最高法效力，也没有确立违宪审查制度，因此，宪法对民法也就不具有规范层面的统合性影响。② 1925 年 11 月 4 日，德国联邦最高法院第五民事审判庭在其所作判决中正式确立了违宪审查权，③ 由此使宪法开始具有了实质意义上的最高法效力，可以合乎逻辑地施展其对民法典的影响。但是，由于此后《魏玛宪法》很快遭到德国纳粹的践踏，其对民法典的统合性影响难以真正地发挥，民法典无由以担当践行宪法承诺的使命。

　　第二次世界大战结束之后，宪法的根本法地位在世界主要国家陆续得到确

---

　　① 1936 年 12 月 5 日，第八次苏联苏维埃代表大会审议通过新的苏联宪法。该部宪法关于自身最高法律地位的表述更加明确。第一，该宪法规定，加盟共和国宪法和法律必须符合苏联宪法；第二，该宪法首次明文规定，苏联公民必须遵守苏联宪法。

　　② 《魏玛宪法》时代，以安詹兹、卡尔·斯密特为代表的宪法学者认为，基本权利仅仅是指向于立法者未来立法的一种方针条款，并无实际的拘束力。（参见陈新民：《德国公法学基础理论》（上册），山东人民出版社 2001 年版，第 140～143 页。）

　　③ 德国《联邦法院民事判例》第 111 卷，第 320 页以下。

立，典型的如 1946 年《日本国宪法》①、1949 年《德意志联邦共和国基本法》②、1958 年《法国宪法》③、1974 年《南斯拉夫社会主义联邦共和国宪法》④ 等。随着宪法根本法地位的确立，各国纷纷建立和完善自己的违宪审查制度。1946 年，法国宪法一改此前的"议会至上"传统，建立宪法委员会，由其负责监督议会立法是否与宪法相一致。1958 年，法国宪法又进一步改组宪法委员会，凸显其在国家政治法律生活中的重要地位，强化其违宪审查权能。与法国不同，德国、意大利、土耳其、塞浦路斯等西方国家建立的违宪审查机关不是宪法委员会，而是宪法法院，这在很大程度上受到了 1920 年奥地利设置的宪法法院的影响。据统计，目前共有 37 个西方国家建立了宪法法院型的违宪审查机关。⑤ 与西方国家相比，社会主义国家建立的违宪审查制度类型比较多样化。例如，以南斯拉夫和波兰为代表的前东欧社会主义国家建立的是宪法法院型违宪审查制度，以罗马尼亚为代表的前东欧社会主义国家建立的是宪法和法律委员会型违宪审查机关。⑥总体来看，尽管各个国家违宪审查机关的类型、职权范围以及职权运行方式不甚相同，但是它们均共同拥有和行使着违宪审查的权力，这就不仅在客观上为宪法根本法地位的确立提供了坚实的制度保障，而且也为宪法施加其对民法典的价值统合作用提供了可能。随着各国宪法在内容上的逐步现代化，该种可能性在宪法根本法地位的支撑以及违宪审查制度的强力冲刷之下逐步翻转为一种不可逆转的制度现实，民法典的合宪性开始成为新时期人们评价其正当性的重要标准。⑦ 新时期的民法典不可能再像第二次世界大战之前，尤其是 20 世纪 20 年代之前的民

---

① 1946 年《日本国宪法》第九十八条第一款规定，"本宪法为国家最高法规，凡与本宪法条款相违反的法律、法令、诏敕以及有关国务的其他行为之全部或一部，一律无效。"

② 1949 年《德意志联邦共和国基本法》第二十条规定，"立法权应受宪法之限制，行政权与司法权应受立法权与法律之限制。"

③ 1958 年《法国宪法》第六十一条、第六十二条规定，"组织法在其颁布以前，议会两院的内部规则在执行以前，均应提交宪法委员会审查，以裁决其是否符合宪法。为了同样目的，各项法律在颁布以前应由共和国总统、内阁总理或两院中任何一院的议长提交宪法委员会审查。""被宣布为违反宪法的条款不得公布，也不得执行。"

④ 1974 年《南斯拉夫社会主义联邦共和国宪法》第二百零六条规定，"共和国宪法和省宪法不得违反南斯拉夫社会主义联邦共和国宪法。一切法律以及社会政治共同体机关的其他条例和一般文件，以及联合劳动组织、其他自治组织和共同体的一般自治文件，必须同南斯拉夫社会主义联邦共和国宪法一致。"

⑤ 陈云生：《走法治必由之路——论宪法和法律监督的制度化》，载于《比较法研究》1997 年第 1 期，第 10 页。

⑥ 原罗马尼亚的大国民议会是宪法监督的主管机关，它是罗马尼亚的最高国家权力机关。为了便于它行使该项权力，在它的组织机构内专门设立宪法和法律委员会来具体负责有关的宪法监督工作。

⑦ 第二次世界大战之后，宪法在法律渊源体系中地位提升的突出表现是：人们开始在法律渊源体系中从效力等级层次的角度来区分"宪法性"与"法律性"，并且将后者置于前者之下。（参见［意］隆波里著，薛军译：《意大利法律渊源体系和司法体制发展中法官的角色》，引自《意大利法概要》，法制出版社 2007 年版。）

法典那样外在于宪法而独立存在，它必须接受宪法对它的价值统合并谋求采取较为妥当的方式实现宪法赋予它的使命。① 与先前时期的宪法相比，新时期各国的宪法已经不再仅仅是政治法，而是包含着更为全面丰富的社会法方面的内容。宪法中所规定的基本权利已经不再仅仅局限于政治权利和自由权利，而是同时包括经济、社会和文化等方面的权利。基本权利不再仅仅被视为对抗国家公权力的消极防御权，而是被理解为能够整合一个政治共同体、并为其接纳的一套完整的价值体系，它是该政治共同体由以存在的正当性基础，② 确保该套价值体系的实现是包括民法典在内的国家法律体系所担负的宪法责任。新时期的民法典不仅要践行宪法所作的先期承诺，而且要保持自身和其他同样肩负着宪法责任的公法、社会法之间的动线流畅，这不仅是确保宪法价值体系在国家法律体系中得以整体实现的基础，而且也是新时期民法典履行其宪法责任的必备条件。20世纪20年代之后，尤其是第二次世界大战之后，欧洲国家民法典之所以相继进行修订，原因固然是多方面的，但是，根据新时期宪法的价值理念对传统民法典进行宪法性改造无疑是其中重要的原因。③

第二节　民法典实现其宪法使命的原则及保障

一、民法典实现其宪法使命的原则——地位独立

诚如前所述，20世纪20年代之后，尤其是第二次世界大战结束之后，随着宪法根本法地位在各国的相继确立，民法典逐渐担当起了践行宪法承诺的制度性使命。对于那些已经制定了民法典的国家（如法国、德国等国家）而言，民法典先前时期在客观上具有的那种限制国家公权力的宪法功能已经发生了性质上的悄然变化，结构性转变成为立法者为践行宪法承诺所作的制度性安排。与近代宪法相比，框定市民社会与政治国家之间的必要的界限、限制和规范国家公权力的运行固然不再是现代宪法的唯一主旨，但却是其永恒不变的价值追求。因此，以

---

① 第二次世界大战之后，随着宪法根本法地位的确立，欧洲国家不约而同地选择了一方面维持传统民法典的效力，另一方面对传统民法规范逐步进行宪法性改造的做法。这样的选择，决定了欧洲国家的民法在20世纪后半期的发展轨迹。（薛军：《"民法—宪法"关系的演变与民法的转型——以欧洲近现代民法的发展轨迹为中心》，载于《中国法学》2010年第1期，第88页。）

② Cfr., U. Breccia ed altri, Diritto privato（Parte prima），Torino, 2003: 26.

③ 对传统民法典的宪法性改造在婚姻家庭法、继承法等领域表现得尤其明显。

自由为中心构筑起来的传统民法典①在现代宪法语境下依然有其存在的正当性，与先前时期不同的地方仅仅在于其限权性质的结构性翻转②而已。当然，现代宪法的价值诉求和近代宪法迥然相异，尽管它依然以规范和限制国家公权力为其不变的机轴，但是，国家公权力所涉及的事项范围已经不再仅仅局限于政治场域，而是结构性拓展至经济、社会、文化等诸多场域；基本权利已经不再像先前时期那样仅仅局限于公民权利、政治权利等方面的内容，而是结构性拓展至经济权利、社会权利、文化权利等诸多方面。基本权利的功能已经不再仅仅局限于对国家公权力的防御，而是成为塑造政治共同体之正当性的价值体系。因此，新时期的民法典在继承传统民法典之自由价值理念的同时，必须对新时期宪法的价值诉求及其对民法典的价值统合要求进行制度上的回应，特别民法③由此得以兴起，传统民法典因之面临着解构的现实压力。④ 与欧洲国家相比，中国目前尚未制定出统一的民法典，因此，国内学者关注更多的是民法的法典化，而不是与之相逆的所谓"解法典"⑤。目前，尽管中国国内质疑民法法典化的声音零星出现⑥，但制定统一民法典的趋势不可逆转，质疑民法法典化的立场被冲刷成了编撰民法典

---

① 传统民法典的典型特色是：民事主体之间地位上的平等与行动的自由、私权神圣、契约自由、以过错作为损害赔偿的归责基准等，其核心精神就是追求自由市场竞争。

② 即由宪法功能转变为宪法使命。前者植根于宪法不具有根本法地位的场景之下，限制国家公权力的功能是民法典客观上具备的，并不是宪法施加到其身上的责任；后者立足于宪法根本法地位已然确立的现实场景之下，限制国家公权力是宪法赋予它的责任。

③ 所谓特别民法，是指与民法典相对而言的、外在于民法典而存在的特别民事法律，它们所调整的对象是那些民法典已经调整或者潜在地属于民法典所调整的事项，它们的调整方式与民法典不甚相同，凸显了宪法所规定的政策判断和价值选择。See Cfr., S. Rodotà, Un codice per L. éuropa Diritti nazionali diritto Europeo, Diritto globale, op. cit.: 445.

④ 20 世纪 20 年代之后，随着宪法根本法地位的逐步确立，在欧洲各国民法典之外，逐渐发展出针对劳动者、房屋承租人、消费者、妇女、儿童、智力和身体有障碍的人等弱势群体制定的特殊民事法律规范，在它们的侵蚀和不断冲刷之下，先前时期一度在法律渊源体系中占据主导地位的民法典逐渐趋于解体，蜕变为一种"剩余法"。欧洲学者将该种现象称为"解法典"。意大利民法学者那塔利诺·伊尔蒂在其所著《解法典的时代》一文中首次提出该范畴，后来逐渐为欧洲其他民法学者所接受。(参见〔意〕那塔利诺·伊尔蒂著，薛军译：《解法典的时代》，引自徐国栋主编：《罗马法与现代民法》（第四卷），中国人民大学出版社 2004 年版，第 80 页。)

⑤ 国内多数民法学者似乎倾向于认为，在中国尚未出现民法典的背景下，讨论"解法典"问题为时尚早。(参见王利明：《论法典中心主义与我国民事立法的体系化》，载于《云南大学学报》（法学版）2009 年第 2 期，第 9 页。) 也有民法学者秉持相反立场。例如，陆青认为，"在民法典形式缺失的背景下，中国民法既担负着建构自身民法内外体系的使命，同时又必须对世界范围内解构传统民法体系的'解法典化'思潮作出回应。"(参见陆青：《论中国民法中的"解法典化"现象》，载于《中外法学》2014 年第 6 期，第 1497 页。

⑥ 张谷：《质疑"新人文主义"——评徐国栋"两种民法典起草思路：新人文主义对物文主义"》，引自徐国栋主编：《中国民法典起草思路论战——世界民法典编撰史上的第四大论战》，中国政法大学出版社 2001 年版，第 214～216 页；另见高富平：《民法法典化的历史回顾》，载于《华东政法学院学报》1999 年第 2 期，第 19～25 页。

的一种思路，即"松散式、邦联式"思路。① 由于中国民法典的制定是在宪法的根本法地位已经确立且内容与近代宪法迥然相异的环境之下，因此，如何贯彻落实宪法精神就成为我国民法典肩负的神圣使命，这和法国民法典、德国民法典制定时所处的环境显然不甚相同。然而，"根据宪法制定民法典"这一在法理学者、宪法学者看来理所当然的观点②却遭到了民法学者的质疑，他们将其视为"泛形式主义或者全能主义的宪法观"③，提出"民法典编纂要警惕'宪法依据'的陷阱"④ 的观点，明确反对"根据宪法制定民法典"的立场。笔者认为，民法典应当根据宪法制定，这是承认宪法之根本法地位、最高法律效力在逻辑推演上的必然结果。而且，"根据宪法制定民法典"并不仅仅是为了彰显立法权力行使的正当性，⑤ 同时也是为了凸显民法典和宪法之间在内容上的逻辑关联，强化其在体制架构层面的正统性。但是，必须警醒的问题是：民法典固然是宪法的实施法，但却并不是宪法唯一的实施法。宪法是一套综合性的价值体系，宪法内容的立法实现需要包括民法典在内的整个法律体系，而不仅仅是通过民法典。除民法典之外，公法、社会法等也在以各自的方式承载着践行宪法承诺的使命。民法学者与法理学者、宪法学者的根本分歧不在于民法典是否要根据宪法制定，而是民法典在接受宪法的价值统合之后能否确保自身的独立地位。在国内学界围绕物权法草案的合宪性，以及近期围绕民法典是否要依据宪法制定而产生的争论中，法理学者、宪法学者在强调宪法根本法地位的时候，对于宪法如何统合具有独立性的民法并未作出一个令人信服的阐释。反之，民法学者在强调自身独立性的时候，对宪法的根本法地位也秉持了一种令人生疑的立场。甚至，有民法学者罔顾20 世纪 20 年代之前欧洲各国宪法尚未取得根本法地位的历史事实，以该时期法国民法典、德国民法典没有依据宪法制定为由，质疑我国当下"依据宪法制定民法典"做法的正当性。⑥ 前述立场导致的结果必然是围绕该问题所产生争议的恶

---

① 梁慧星：《民法典制定的三条思路》，引自王利明主编：《民商法前沿论坛》，人民法院出版社2004 年版。

② 童之伟：《宪法民法关系之实像与幻影——民法根本说的法理评析》，载于《中国法学》2006 年第 6 期，第 160～180 页；郑贤君：《作为宪法实施法的民法——兼议龙卫球教授所谓的"民法典制定的宪法陷阱"》，载于《法学评论》2016 年第 1 期，第 1～10 页。

③ 龙卫球：《民法依据的特殊性——兼论民法与宪法的关系》，载于《国家检察官学院学报》2016 年第 6 期，第 28 页。

④ 龙卫球：《民法典编撰要警惕"宪法依据"陷阱》，引自龙卫球：《民法的自觉》，北京大学出版社 2015 年版，第 175 页。龙卫球教授认为，"依据宪法论"在民法和宪法的实际关系上存在严重的理解错位，将导致对民事立法的全方位的宪法限定。它必定会导致民法只是宪法的简单施行法的结论，因为其简单粗暴地否定民法在制定依据上的独立性，实际上也就是否认了民法的独立性。

⑤ 朱庆育：《民法总论》，北京大学出版社 2013 年版，第 13 页。

⑥ 龙卫球：《民法依据的特殊性——兼论民法与宪法的关系》，载于《国家检察官学院学报》2016 年第 6 期，第 33 页。

性循环。在笔者看来，对该问题应当秉持的正确立场是：法理学者、宪法学者在捍卫宪法根本法地位的同时，必须正视民法在调整对象、调整方式方面迥然相异于公法、社会法的特殊秉性，体察民法在维护社会主义市场经济发展方面的不可替代的价值，避免在强调宪法统合民法的时候损害到民法维持自身存在的基础；反之，民法学者在强调自身独立性的同时，必须正视第二次世界大战之后宪法根本法地位已经普遍得到确立、中国民法典制定环境迥然相异于法国民法典、德国民法典的社会现实，接受宪法对民法典的价值统合。如果前述立场能够成立的话，接踵而来的问题似乎就应当是：民法典如何才能在接受宪法价值统合的前提下，确保自身的独立地位？

二、民法典确保自身独立地位的宪法保障

从追本溯源的角度来看，民法最早生成于罗马法时期，其由以生成的基础在于罗马奴隶制商品经济的发展以及由此衍生的对民法自身独立性的追求。该时期罗马人已经注意到了私人利益的独立价值，意识到了在制度层面区分公共利益和私人利益的现实必要，最终在乌尔比安的推动之下催生了公法与私法划分的法律思想并进而将其付诸该时期的法律实践，制定出了彪炳于后世的《查士丁尼民法大全》。中世纪结束之后，市场经济在欧洲各国得到迅猛发展，内蕴于《查士丁尼民法大全》中的公法、私法分立的思想在新的时空场景下被重新激活，并被注入早期各国民法典的文本之中，使其相较于宪法的独立性地位得以彰显。从该时期西方各国民法典的内容来看，无论是 1804 年的《法国民法典》、1898 年的《日本民法典》，还是 1900 年的《德国民法典》、1907 年的《瑞士民法典》，均无"依据宪法、制定本法"之类的表述。1804 年《法国民法典》第 7 条甚至直接规定，"（民事）权利的行使，与市民资格相互独立，后者依宪法取得并保有之"。1889 年进一步将其修改为，"民事权利的行使，与依宪法和选举法取得并保有的政治上的权利的行使是相互独立的"。如是这些无疑凸显了该时期民法典相较于宪法的独立地位。与之相比，我国《民法典》所处的环境与它们不尽相同。新中国成立后我国长期处于计划经济的社会环境之下，从 1988 年开始，市场经济的一些元素方才逐渐在宪法中被确立下来。① 在该种社会场景之下，私法

---

① 1988 年《宪法修正案》规定，"私营经济是社会主义公有经济的补充"。1993 年《宪法修正案》规定，我国正处于社会主义初级阶段，实行社会主义市场经济。1999 年《宪法修正案》规定，"私营经济等非公有制经济，是社会主义市场经济的重要组成部分"。2004 年《宪法修正案》规定，"国家保护个体经济、私营经济等非公有制经济的合法的权利和利益。公民合法的私有财产不受侵犯。国家依照法律规定保护公民的私有财产权和继承权。"

的独立性地位得不到应有的体认，这在国内一些公法学者所秉持的立场中表现得尤其明显。例如，有宪法学者基于自身对宪法根本法地位的理解，不加思辨地提出宪法是民法的制定依据、民法理所当然的是宪法的实施法或具体化法①的观点，对民法相较于宪法的独立地位缺乏应有的体察，由此不可避免地遭到了民法学者的反击，认为该种观点"粗暴地否定民法在制定依据上的独立性，实际也就是否认了民法的独立性，属于从源头切断民法源泉的作法"②。笔者认为，在宪法之根本法地位、最高法效力已经确立的时空场景之下，否认宪法相较于民法典的"依据"地位是不妥的。但是，承认宪法相较于民法典的依据地位必须建立在确保民法自身独立地位的前提之下。对此，具体可以从以下两个方面加以保障：一是，在宪法中确立符合时代发展理念的私法自治原则。私法自治原则在理念上肇始于罗马法中的意思自治，③ 在制度上最早确立于 1804 年的《法国民法典》④。20 世纪以后，随着社会情势的变化，私法自治的理念逐渐发生了变迁，⑤但其在民法典中的基础性地位并未发生实质性的变化。与西方国家相比，我国民法典的生成具有明显的政府推动色彩，私法自治的理念无由以自动生成，在法理学界、宪法学界弥散着一种公法优位⑥、宪法根本⑦的观念，这是前述宪法学者所秉持的"民法是宪法之实施法、具体法"立场的理念基础。笔者认为，"公法优位说""宪法根本法说"所彰显的仅仅是宪法相较于民法的"依据"地位以及由此衍生出的公法在适用层面相较于民法的优先性，但它并不意味着对私法自治存在之现实必要性以及由此衍生出的民法基础地位的彻底否认。以"宪法是根本法"为由质疑和挑战民法学者所秉持的"民法优位说"⑧、"宪法、民法同位说"⑨ 固然有其可取之处，但由此彻底否定私法自治以及由此衍生出的民法相较

　① 郑贤君：《作为宪法实施法的民法——兼议龙卫球教授所谓的"民法典制定的宪法陷阱"》，载于《法学评论》2016 年第 1 期，第 1～10 页。

　② 龙卫球：《民法依据的独特性——兼论民法与宪法的关系》，载于《国家检察官学院学报》2016年第 6 期，第 30 页。

　③ 《十二铜表法》第五表规定：凡以遗嘱处分自己的财产，具有法律上的效力。该规定被认为是意思自治的萌芽，但它仅仅体现了意思自治的思想和精神，却未将意思自治抽象为私法原则。

　④ 1804 年《法国民法典》第 1134 条规定，"依法成立的契约，在缔约的当事人之间具有相当于法律的效力。"

　⑤ 该种变迁主要表现为：从绝对的契约自由到相对的契约自由，从过错责任到无过错责任。

　⑥ 谢晖：《价值重建与规范选择：中国法制现代化反思》，山东人民出版社 1998 年版，第 274 页。

　⑦ 童之伟：《宪法民法关系之实像与幻影——民法根本说的法理评析》，载于《中国法学》2006 年第 6 期，第 160～180 页。

　⑧ 梁慧星：《必须转变公法优位主义观念》，载于《法制日报》1993 年 1 月 1 日，第 3 版。

　⑨ 该种观点可以具体分为"民法基本法说"、"民法根本法说"以及"民法权利法说"三种观点。参见王利明：《我国民法的基本性质探讨》，载于《浙江社会科学》2004 年第 1 期，第 104～111 页；徐国栋：《市民社会与市民法——民法的调整对象研究》，载于《法学研究》1994 年第 4 期，第 3～9 页。

于宪法的独立地位纯属对该命题的过当诠释。试问：如果不加思辨地将民法当作宪法的实施法、具体法的话，宪法所承载的全部价值在民法中长驱直入所造成的结果将会是什么呢？届时，民法原本应该承载的私法自治理念恐怕将会面临被彻底清除的危险，民法的基础地位也将难以确保。但是，如果彻底取消私法自治、摒弃民法在我国法律体系中所处之基础地位的话，我国宪法所确立的实行社会主义市场经济的目标又如何得到实现呢？立基于此，面对私法自治理念难以自动生成且在我国当下有其存在必要性的社会现实，为避免国家公权在私法场域的过当介入、防止宪法价值在民法典中的过当渗透，有必要在宪法中明确规定符合时代发展理念要求的私法自治原则，① 由立法机关根据该原则对私法自治和公法规范之间的关系加以动态的中和。二是，确保民法典与特殊民法之间的动线流畅。在民法典形式缺位、但民法法典化不可逆转的现实场景下，中国民法既担负着建构逻辑自治、体系完整的民法典的政治使命，同时又必须正视、并谋求较为妥当地处理和解决好它和泛化存在的特别民法之间的关系。但是，由于中国民法迥然相异于西方国家的"后发外启"② 式的生成路径，中国民法的法典化和解法典化进程实际上是同步进行的，③ 构成未来民法典重要组成部分的诸民事基本法和特殊民法在立法意图和政策导向上具有高度的一致性，法典化和解法典化不像西方国家那样泾渭分明，因此，中国在处理未来民法典和特殊民法关系时似乎很难采取西方国家此前采取的那种模式，即"特别民法优先于一般民法"的模式，传统民法学解释学理论面临严峻挑战。④ 笔者认为，中国未来的民法典尽管不可能完全像传统民法典那样建立在经济人、理性人的前提假设基础之上，⑤ 建构一套以自由为中心的民事法律规范体系，但是，这丝毫也不意味着未来的民法典将完全偏离私法自治这一不变的中心主轴。因此，旨在构筑市场经济基本秩序、维护私法自治的民法典应该拥有相较于特殊民法的中心地位。立基于此，处理民法典和

① 私法自治包括四个方面的内容，即所有权自由、遗嘱自由、结社自由以及契约自由。新时期的私法自治应当受到来自公平原则、公共幸福、善良风俗以及公共利益等的限制。

② 西方国家民法的生成路径是自生自发式的，而中国民法的生成路径却是后发外启式的。产生这种差异的根本原因在于西方和中国在现代化进程上存在的差异。西方的现时代化进程体现为内源的现代化，而中国的现代化进程却体现为外源或外诱的现代化。参见罗荣渠：《现代化新论》，北京大学出版社1993年版，第126页。

③ 陆青：《论中国民法中的"解法典化"现象》，载于《中外法学》2014年第6期，第1485页。

④ 传统民法解释学理论在理解民事基本法与特别民法之间的关系时认为，民法基本原则是民事特别法的立法依据，也是检验特别法的规定是否与基本法的规定相矛盾的重要标准。因此，特别民法的规定不得与民事基本法的规定相违背，尤其是不得与其基本原则相抵触。当特别民法对某一问题没有专门规定时可以直接适用一般法的规则。参见孙鹏、高慧：《民主议定原则基础论》，载于《湖南警察学院学报》2013年第9期，第24页。

⑤ 谢鸿飞：《现代民法中的"人"》，载于《北大法律评论》2000年第3卷第2辑，第128~158页。

特殊民法的关系时，应该厘清特殊民法的含义①、限定其形式②、界定其类型，而后加以妥当地处理和解决：对于以法规、规章形式表现出来的特殊民法，除民法典另有特殊规定之外，与民法典之间关系的处理一概采取上位法优于下位法的规则，优先适用民法典的规定。对于以法律形式表现出来的特别民法，首先要界定其属于补充型民法、政策型民法以及行政型民法中的何种类型。属于补充型民法的，如《中华人民共和国著作权法》《中华人民共和国商标法》《中华人民共和国专利法》等，要优先适用民法典；属于政策型民法的，如《中华人民共和国消费者权益保护法》《中华人民共和国劳动法》《中华人民共和国食品安全法》等，要优先适用政策型民法；属于行政型民法的，要根据其所规范的民事行为的性质，分别适用民法典和特殊民法，既防止"行政遁入私法"现象的发生，也防止有可能出现的对契约自由的过当压制。总而言之，在宪法之根本法地位、最高法效力已然得到制度性确立的今天，民法典和特殊民法均担负着践行宪法承诺的使命，且它们所处的法律位阶不甚相同，如果一概采取"特殊民法优于民法典"的处理准则的话，未来中国的民法典将不可避免地像西方国家的民法典那样，成为"剩余法"③。果如是，则当下我们为制定民法典而付出的努力就无法作出合乎逻辑的解释。反之，如果我们坚决维护民法典的中心地位，赋予其相较于特别民法之优先适用地位的话，则国家法律体系的内在适用逻辑又将不可避免地陷入完全紊乱化的状态。④ 立基于此，国家应当正视前述尴尬困境的现实存在，在维护私法自治原则的前提下，奉行私法基础、公法、社会法优先的准则，妥当处理和解决好民法典和特殊民法之间的关系。

---

① 在民法典国家，民法典之外的私法规范都可以被视为特别民法。（参见王泽鉴：《民法概要》，北京大学出版社2009年版，第7页。）部分学者将特别民法分为补充型特别民法、行政型特别民法和政策型特别民法（参见《民法典与特别民法关系的建构》，载于《中国社会科学》2013年第2期，第105～107页）。笔者倾向于采取最后一种理解。

② 特殊民法的外在表现形式，有可能是法律，如《消费者权益保护法》《劳动法》《食品安全法》等，也有可能是法规、规章等。

③ 所谓剩余法，是指只有当不存在可以适用的特别法的时候，才适用民法典中的规定。民法典在法律渊源体系中的中心地位衰落的现象，被欧洲民法学者称之为"解法典"。参见［意］那塔利诺·伊尔蒂著，薛军译：《解法典的时代》，引自徐国栋主编：《罗马法与现代民法》（第四卷），中国人民大学出版社2004年版，第80页。

④ 我国民法在处理民事一般法与特别民法的关系时，往往适用"特别法优于一般法""例外法优于原则法"的规则。但是，未来民法典制定之后，如果反其道而行之，适用相反的冲突解决规则的话，则法律适用逻辑就会显见得有些模糊。这固然可以用"新法优于旧法"的规则加以诠释，但是，由于特殊民法并不必然制定于民法典之前，且特殊民法往往承载着宪法上的特殊价值追求，因此，该种场景下的法律适用逻辑必然显得有些紊乱。

第三节　民法典实现其宪法使命的路径

一、制定逻辑自洽、体系完整、符合宪法制度建构精神的民法典

作为市民社会的基本法，民法典应当在构筑市场经济秩序方面发挥基础性的作用，以践行《宪法》第十五条作出的"国家实行社会主义市场经济"的承诺。但是，以建构市场经济基本秩序为宗旨的民法典必须植根于当前我国迥然相异于自由竞争时代的社会环境，并对我国不同于西方国家市场经济的社会主义性质保持应有的制度性体认，审慎地构筑我国民法典的制度规则体系。简言之，我国民法典不仅要力求维持自身的逻辑自洽、体系完整，捍卫私法自治这一不变的价值诉求，而且要践行宪法承诺，将宪法中的相关制度建构要求较为妥帖地嵌入民法典的规则体系之中。要达成前述目标，民法典除了要构筑侵权责任、民事法律行为[①]等诸项制度之外，还要重点从以下方面进行规划设计：第一，确立民法典编纂与宪法之间的应有关系架构。在宪法的根本法地位、最高法效力已然得到确立的时空场景之下，民法典应该"依据"宪法加以制定，但是，这并不意味着民法典必须重复甚至"抄袭"宪法中的相关内容，[②] 更不意味着由此摧毁民法典由以存在的平等基础。宪法固然是根本法，但它是一套综合性的价值体系，宪法内容的立法实现需要依靠包括民法典在内的整个法律体系，由宪法的根本法地位"望文生义"[③] 地推导出民法是宪法实施法的结论将不可避免地让民法典承担过当的宪法使命，危及其践行宪法使命的价值定位。正确的立场应当是：坚持宪法相较于民法典的"依据"地位，彰显其立法依据的正统性及其和宪法中相关条款之间的内在逻辑关联，在维护其市场经济

[①] 侵权责任、民事法律行为等固然属于基础性民事制度，且对私法自治的实现至关重要，但基于避免和后文相关内容重复的考虑，且顾忌到该类制度的研究相对较为成熟的现实，在行文上将对前述内容中相关节点问题的阐释放在本节第二大点中。

[②] 韩大元教授认为，"按照宪法解释学的原理，宪法文本上规定的原则、基本制度或重要内容只能由宪法规定，下位法是不能'抄袭'的，否则会导致宪法与法律之间界限的混乱。"韩大元：《由物权法（草案）的争论想到的若干宪法问题》，载于《法学》2006 年第 3 期，第 32 页。

[③] 龙卫球：《民法依据的特殊性——兼论民法与宪法的关系》，载于《国家检察官学院学报》2016年第 6 期，第 35 页。

基本法地位的前提下，将宪法中承载社会主义精神的相关条款①较为妥当地嵌入以私法自治为价值诉求的民法典规则体系之中。在这方面，现行《民法典》中采取的做法值得借鉴。② 依托该种方式，不仅宪法相较于民法典的"依据"地位得以确立，以私法自治为机轴而展开的各项技术性规则③也得以合乎逻辑地生成，私法自治和宪法的价值统合在民法典中得以实现有机统一。第二，确立以维护私法自治、接受宪法价值统合为目标的民事主体制度。作为市民社会的基本法，民法典应当为组织社会、关联私人联合体提供基本的制度资源，以落实现行《宪法》第三十五条关于公民结社权的规定，为《宪法》序言、《宪法》第十七条④、第一百一十一条⑤等相关内容在民法场域的展开提供坚实的制度支撑。2009 年修订的《中华人民共和国民法通则》（以下简称《民法通则》）将法人分为国家机关、社会团体、事业单位法人和企业法人两大类，但是，该种分类方法不仅不符合民事主体制度建构所必需的实质性区别标准，⑥ 而且不符合我国社会经济结构发生巨大变化的社会现实，因此不断遭到学界的质疑。⑦ 从民法典实现其宪法使命的角度来看，由于农村集体经济组织、城镇农村合作经济组织、基层群众性自治组织等为宪法确认其存在正当性的机构在民法中没有被赋予法人资格，因此《宪法》第十七条、第一百一十一条等⑧相关条款在民事领域实际上无法顺畅地付诸实施。在我国民法典起草的过程中，学界围绕法人的分类制度存在许多理解上的歧义，⑨ 2020 年 5 月 28 日通过的《民法典》最终将

---

① 如现行《宪法》第七条至第十三条。

② 《中华人民共和国民法典》第一条规定：为了保护民事主体的合法权益，调整民事关系，维护社会和经济秩序，适应中国特色社会主义发展要求，弘扬社会主义核心价值观，根据宪法，制定本法。

③ 如法律行为规则、权利能力规则、合同类型、法人类型、侵权责任规定等。

④ 现行《宪法》第十七条第一款规定，集体经济组织在遵守有关法律的前提下，有独立进行经济互动的自主权。

⑤ 现行《宪法》第一百一十一条第一款规定，城市和农村按居民居住地区设立的居民委员会或者村民委员会是基层群众性自治组织。

⑥ 所谓实质性区别标准，是指法人基本类型模式的选择应该观照不同法人类型的实质区别，即在民事主体制度上有意义的区别。参见罗昆：《我国民法典法人基本类型模式选择》，载于《法学研究》2016年第 4 期，第 124 页。

⑦ 学界对《民法通则》中的法人类型提出的质疑主要包括：未明确区分公法人和私法人、按所有制形式对企业法人进一步分类、事业单位法人包含的类型过于宽泛、没有涵盖财团法人（基金会法人）等。参见马俊驹：《法人制度的基本理论和立法问题之探讨》（上），《法学评论》2004 年第 4 期，第 11 页。

⑧ 现行《宪法》第十七条涉及集体经济组织、第一百一十一条涉及基层群众性自治组织。

⑨ 关涉法人类型的改革思路有三分法、四分法、五分法、六分法等四种。相关观点可以参阅北航法学院课题组完成的《中华人民共和国民法典·通则编》（草案建议稿）；王利明：《中国民法典学者建议稿及立法理由·总则编》，法律出版社 2005 年版，第 152 页以下；2002 年全国人大常委会法工委发布的《中华人民共和国民法典（草案）》第 48 ~ 51 条；徐国栋主编：《绿色民法典草案》，社会科学文献出版社 2004 年版，第 119 页以下。

法人分为营利法人和非营利法人①两大类，此外还专设特别法人。② 经由《民法典》的制度性重构之后，《民法通则》所确立法人制度中存在的诸种缺陷在较大程度上得到了解决，宪法确立的相关制度在民法中得以较为妥当地实施。但是，由于政党在性质上既无法归入《民法典》第一编总则第三章所确立的法人类型，也不属于《民法典》第一编第四章所界定的非法人组织，因此，构筑民事主体制度的任务事实上依然没有彻底完成。此前曾经有学者对此做过分析，③此处不再赘述。第三，确立以维护私法自治、接受宪法价值统合为目标的财产权制度。物权制度是民法典中的基础性法律制度，该制度的合理构筑不仅关涉私法自治基础的确立及债权等相关民事法律制度的进一步展开，而且也直接影响到宪法中相关内容在民法典中的实现。作为民事制度，物权制度必须确立平等、自由的基本原则。但是，由于我国是社会主义国家，宪法中公共财产和私有财产所处的地位是不一样的，因此，民法典如何在维护自身体系完整、逻辑自治的前提下确立符合宪法精神的物权制度是一个难度很大且很现实的问题。经过《民法典》制定过程中的一番喧闹之后，该问题最终得以较为妥当地解决，具体表现在：（1）确立宪法相较于《民法典》的"制定根据"地位。《民法典》第一条规定，"根据宪法，制定本法"；（2）确立对不同类型物权的平等保护原则。《民法典》第二百零七条规定，"国家、集体、私人的物权和其他权利人的物权受法律保护，任何单位或者个人不得侵犯。"（3）确立物权法定原则。《宪法》第九条对自然资源的所有权归属、《宪法》第十条对土地所有权的归属做了明确的规定，这是《民法典》相关物权制度由以展开的基础，必须贯彻落实。为了维护国家基本经济制度，《民法典》第一百一十六条确立了物权法定原则，并在《民法典》第二编第五章对宪法第九条、第十条的内容做了确认和拓展。④ 但是，《民法典》中关于物权的规定在本书的主题语境范围内还存在一些有待深入研究的问题，具体表现在：（1）《民法典》第二百四十三条、第二百四十五条的规定与私法自治的价值定位不符。现行《宪法》第十三

① 《民法典》第八十七条第二款规定，"非营利法人包括事业单位、社会团体、基金会、社会服务机构等。"

② 《民法典》第九十六条规定，"本节规定的机关法人、农村集体经济组织法人、城镇农村的合作经济组织法人、基层群众性自治组织法人，为特别法人。"

③ 秦前红：《民法典编撰中的宪法学难题》，载于《国家检察官学院学报》2016 年第 6 期，第 24 ~ 25 页。

④ 有学者对机械照搬宪法条文的做法提出质疑，认为该种做法是一种立法怠惰。参见苗连营、郑磊：《民法典编撰中的宪法三题》，载于《法制与社会发展》2015 年第 6 期，第 77 页。对此，笔者秉持不同的立场。笔者认为，《宪法》第六条、第七条、第九条、第十条、第十三条的内容和物权法直接相关。立法者固然可以在此基础上进行具体形成，但是，不能以具体形成为由偏离前述宪法条文中的基本内容。物权法定原则的确立对此是一个很好的注解。

条第二款①规定了征收或者征用私有财产方面的内容,《民法典》第二百四十三条、第二百四十五条对财产征收、征用制度做了具体的贯彻落实,该种做法遭到了宪法学界一些学者的质疑。② 笔者认为,民法典实现自身宪法使命的基本原则是地位独立,为确保其独立地位,民法典应当以私法自治作为自身的价值定位,不宜包含过多的公法强制性规范,否则,不仅将不可避免地退回到以往的诸法合体时代,民法实现自身宪法使命的基础也将不复存在。未来民法典的修订应当对此保持足够的警觉。(2)2007 年施行的《中华人民共和国物权法》第三百三十条、第三百三十一条关涉农村土地承包经营权的规定无法解决农村土地流转的问题,不能为私法自治的展开提供制度基础。现行《宪法》第八条第一款③对农村承包经营责任制做了规定,基于它和物权制度的内在逻辑关联性,《民法典》第三百三十条、第三百三十一条对农村集体经济组织经营体制、农村土地承包经营权做了确认和拓展。尽管《民法典》将其性质定位为用益物权,但是,由于它无法资本化、无法自由流转,因此它本质上并不完全具有用益物权的特征。在中国民法学研究会 2015 年年会上,中国社科院法学研究所孙宪忠研究员作了以《推进农村土地经营的"三权分置"的法律问题》为主题的发言,提出对农村土地承包经营权中的权能做进一步的类型化解分,构筑"土地所有权—土地承包经营权—耕作权"的结构,实行农村承包地"三权分置"制度,以推动农村集体土地所有权制度的改革。④ 未来民法典的修订有必要对该种思路的合理性及由此有可能在政治及社会层面产生的传导性影响进行深入研究,以形成具有可行性的具体方案。

二、民法典与宪法的接驳管道,接受宪法的价值统合

宪法是一套综合性的价值体系,其内容的实现除了依靠违宪审查机关对宪法的直接操作之外,还需要借助立法机关等国家公权机关对宪法的实施进行监督和保障。对于我国当前违宪审查制度总体虚置的现状而言,后者显得更为重

---

① 现行《宪法》第十三条第二款规定,国家为了公共利益的需要,可以依照法律规定对公民的私有财产实行征收或者征用并给予补偿。

② 相关内容可以参见林来梵、朱玉霞:《错位与暗合——试论我国当下有关宪法与民法关系的四种思维倾向》,载于《浙江社会科学》2007 年第 1 期,第 83~90 页;苗连营、郑磊:《民法典编纂中的宪法三题》,载于《法制与社会发展》2015 年第 6 期,第 74~82 页。

③ 现行《宪法》第八条第一款规定,农村集体经济组织实行家庭承包经营为基础、统分结合的双层经营体制。

④ 王涌:《经济立法路线不能摇摇摆摆——2015 年经济立法回顾》,载于《中国民商》2016 年第 1 期,第 54 页以下。

要。当然，由于行政机关、司法机关操作运行宪法的制度"瓶颈"，立法实施在当下我国宪法实施的诸条路径中占据绝对主导的地位。但是，诚如前文所述，民法典在实施宪法方面固然担负着重要的使命，但宪法的立法实施不可能仅仅局限于民法典，公法、社会法等在实施宪法方面也承担着重要的责任。民法典要真正实现自身的宪法使命，不仅要构筑起逻辑自洽、体系完整的规范体系，而且要保持和公法、社会法之间的动线流畅，只有这样，宪法价值才能在国家法律体系的总体框架之内顺畅地流动，而不至于出现管道阻塞的现象。然而，由于立法缺位等诸多方面的原因，有时在穷尽法律救济的前提下，宪法价值依然不能经由公法、社会法中的相关法律规范合乎逻辑地注入民法场域，由此就引发了宪法出场的现实必要性。然而，由于宪法原则上不能直接适用于民法场域，① 法官必须依托民法中的相关条款进行制度性的搅拌之后，才能将宪法价值注入其中，因此，在民法典中预设接驳宪法的管道以接受宪法的价值统合就显得非常必要。笔者认为，对于民事法律行为的生效制度，私法自治是民法由以维持自身存在的基础，民事法律行为是实现私法自治的工具。在《民法典》总则制定的过程中，民法学界围绕是否规定法律行为制度存在理解上的歧义。② 对此，笔者秉持赞同的立场。笔者认为，该制度除却在私法层面的诸种价值之外，③ 还具有接驳宪法、实现民法宪法使命的功能。法律行为制度由以实现私法自治的逻辑基点在于：借助法律所承载的国家意志，赋予私人所为之民事行为以强制性的力量，在尊重民事主体意思自由的前提下关联民事主体的私法行为，建构私法关系以及立基于其上的市民社会。由于民事主体所为之行为有可能损及公民的基本权利，法律行为制度在尽可能尊重民事主体意思自由的前提下，还应当通过技术性的手段，对自然私权和基本权利之间的潜在冲突加以制度性的中和，以此实现基本权利在民法场域的效力涵摄，确保民法所担负之宪法使命的完整实现。法律行为制度的二元结构（成立和生效）实际上就是基于该种目的构筑起来的：法律行为的成立要件决定民事行为是否能够成立为民事法律行为，而法律行为的生效要件决定已经成立了的民事法律行为是否

---

① 关于基本权利适用于民法场域的必要性以及原则上不能直接适用的原因，可以参见刘志刚：《宪法"私法"适用的法理分析》，载于《法学研究》2004 年第 2 期，第 35～49 页。

② 围绕民法总则是否规定法律行为制度，存在赞成说和否定说两种立场。参见王利明：《民法总则研究》，中国人民大学出版社 2003 年版，第 522 页。

③ 王利明教授认为民法总则应当设立法律行为制度，主要理由是：法律行为制度是实现私法自治的工具、法律行为制度整合了民法的体系、法律行为制度的设立有助于民法的完善。参见王利明：《民法总则研究》，中国人民大学出版社 2003 年版，第 522～526 页。

能够顺畅地嵌入宪法统合下的国家法律秩序。《民法典》第一百五十三条①规定，违反法律、行政法规的强制性规定以及违背公序良俗的民事法律行为无效。从直观来看，前述规定的内容比较清爽，但是，由于学界对该"强制性规定"内涵的理解存在诸多分歧，②对违背法律、行政法规强制性规定的民事法律行为绝对无效将导致的过当压制私法自治风险的担忧，③有必要借助比例原则检视基本权利与强制性规范之间的逻辑关联并进而确定违背该类规范之法律行为的效力。④同时，鉴于使违背公序良俗的民事法律行为无效有可能引发的法官进行自我价值理念逻辑走私的担忧，有必要通过基本权利对公序良俗原则进行客观化塑造。⑤如是这些由于均不可避免地牵涉合宪性解释制度的健全与完善，因此，应该依托民法典做好相应的关联性研究。

---

① 《民法典》第一百五十三条：违反法律、行政法规的强制性规定的民事法律行为无效。但是，该强制性规定不导致该民事法律行为无效的除外。违背公序良俗的民事法律行为无效。

② 有的学者认为，该类强制性规范包括民法和公法中的强行性规范。（参见孙鹏：《论违反强制性规定行为之效力——兼析〈中华人民共和国合同法〉第52条第5项的理解与适用》，载于《法商研究》2006年第5期，第122~129页。）也有学者认为，法律行为所不得违反的规范不应当包括法律制度本身的效力性规范。（参见董安生：《民事法律行为》，中国人民大学出版社1994年版，第212页。）

③ ［日］末弘严太郎：《法令違反行為の法律的效力》，载于《法学協会雑誌》第47卷1号（1929），第88页。

④ 刘志刚：《基本权利对民事法律行为效力的影响及其限度》，载于《中国法学》2017年第2期，第88~102页。

⑤ 刘志刚：《公序良俗与基本权利》，载于《法律科学》2009年第3期，第62~71页。

第二十二章

民法人格权理论的宪法学分析

人格权在各国的生成路径不甚相同，学界对人格权的内涵、性质以及民法人格权与宪法人格权之间的关系等问题存在许多理解上的歧义，这对我国当前的民事立法及民事审判工作产生了一定程度的消极影响。在本书中，笔者拟从宪法学的视角对民法人格权理论展开分析论证，以求能够固本清源，推动人格权理论在民法和宪法两大场域的并行发展以及彼此间的动线流畅。

第一节 作为民事主体之"人格"向宪法人格权转变的民法价值

一、古罗马法中的"主体"性人格制度及其功能

民法学界对"人格"内涵的理解不甚相同。国内多数民法学者认为，人格作为抽象的法律概念，在三种意义上使用：第一种含义是指具有独立法律地位的权利主体，该人格与主体相互替代；第二种含义是指作为权利主体法律资格的民

457

事权利能力；第三种含义是指受法律保护的利益。① 笔者认为，"人格"一词在不同历史时期的内涵不甚相同，前述多元化理解实际上是不同时期人格制度对人们思想产生涵摄影响之后的平面化反映。必须看到，"不同的时代有关于人格的不同的立法政策，在法制史上，人格制度经历了身份化、理性化以及普遍化三个不同的发展阶段。在人格的身份化时期，法律以等级制度'身份'为依据，将一部分人宣布为法律上的'非人'；在人格的理性化时期，强调人格的理性内核，同样将妇女、奴仆等排除在人格的拥有者之外，只有在人格的普遍化时期，法律上才承认每个人都是拥有平等人格的法律主体，由此在人格制度上完成了法律由野蛮、专横到文明、人道的演化。"② 在不同的历史时段，法律赋予人格制度的功能是不一样的，由此决定了其在不同时空场景下迥然相异的面相。在古罗马时期，由于其特有的政治经济制度，自然人在政治、经济以及社会等各个方面所处的地位是不平等的，但是，商品经济关系的发展却又内在地要求参加市场经济活动的主体必须相互独立、平等交换，并且有完全的权利能力和行为能力。商品经济内在要求的平等和当时显然不平等的社会现实之间存在着明显的冲突。为了调和这种冲突，罗马法中设计了"人格"制度，将法律人和生物人分开，以符合平等要求的法律人，即具有"人格"的自然人，作为商品经济交换中的民事主体。事实上的不平等被法律上拟制的平等遮蔽开来，建立在社会不平等基础上的平等交易由此成为可能，罗马法中的"人格"因之在后世民法学人的视野中就具备了类同于"民事主体"的内涵。但是，必须注意到的问题是：罗马法中的人格制度尚处于感性认识阶段，和今天民法中所界定的民事主体还存在比较大的差距。就古罗马人来说，"所谓的主体资格，既是一种资格，同时也是一种实在的权利。这和现代民法将自然人等同于民事主体，将权利主体资格与实际权利的取得相分离的做法大异旨趣。"③ 舍此而外，由于罗马法中的人格是和某些特定的身份关联在一起的，而且，拥有人格的自然人所拥有的权利也并不仅限于民事权利，因此，该时期的人格制度固然包含有民事主体的意蕴，但它本质上并不是一个纯粹的私法上的概念，而是一个同时兼有较强公法色彩的范畴，其在公法层面所具有的功能甚至超过了其在私法上的作用。在古罗马法中，拥有某种特定的身份是其获得法律上人格的前提；反之，拥有法律上的人格是其享有和行使某种权利的基础。决定人格具备与否的身份包括自由、市民以及家族三种身

---

① 梁慧星：《民法总论》，法律出版社 2001 年版，第 126 页；另可参见王利明：《人格权法》（第二版），中国人民大学出版社 2016 年版，第 4～5 页；杨立新：《人格权法》，法律出版社 2015 年版，第 31 页。

② 胡玉鸿：《法律史上人格制度的演化》，载于《法律科学》2008 年第 4 期，第 40 页。

③ 姚辉：《人格权法论》，中国人民大学出版社 2011 年版，第 22 页。

份。① 同时拥有前述三种身份者将拥有完整意义上的人格，可以享有并行使法律所规定的诸种权利。反之，欠缺某种身份将导致人格的减等乃至丧失，② 无法或者不能完全享有和行使法律所赋予的权利。由于身份、人格以及实施法律行为、享有法律权利之间所存在的这种逻辑上的对应关系，人格不仅取得了作为民法中实施民事行为之前提的民事主体的地位，而且在事实上被当作标记自然人身份的工具。古罗马统治者力求能够通过法律上的"人格"制度，"标记出法律舞台上的存在、标记出各种不同的角色与功能，并依据身份将此种角色和功能分配给现实中的人，同时，通过此种角色与功能将现实中的人与活着的物相区分。"③ 有学者指出，罗马法中人格制度的基本价值就"在于区分自然人不同的社会地位"，"是一种一些人压迫另一些人的法律技术工具"。④ 该制度本质上"是一种'排斥性'的法律制度，其存在的唯一目的就是通过人格制度来拒绝社会中的某些人拥有人格，而不是为人作为法律主体奠定相应的价值基础。就此而言，这样一种人格制度设立的初衷，本身即具有反人类的性质。"⑤

二、"主体"性人格制度向具有"理性"的自然人的转变及其民法价值

欧洲进入中世纪以后，随着封建身份等级制度的确立，罗马法中那种承载着身份切割功能的人格制度丧失了继续存在下去的必要，逐渐趋向于消亡。与罗马法时代相比，中世纪时期不再将人格作为（民事）主体的资格，而是将人格和人等同。但是，受制于当时的封建等级制度，人的私法地位并不相同，性别、所属的身份、职业团体、宗教的共同体等因素均会对人的私法地位产生影响，一定财产利益的取得和某种特定的身份之间存在着较强的逻辑对应关系，平等的法律人格无法形成。这一点和实行商品经济的古罗马显然是不一样的。当然，这也并不意味着表征平等地位的主体人格理念在中世纪的彻底丧失。由于基督教神学思想的影响，承载主体地位平等精神的人格理念在人们的思想观念层面依然存在。而且，由于基督教在中世纪欧洲所占据的主导地位，该种观念统合了大多数欧洲人的思想，由此为近现代人格理念在欧洲的生成培育了一个共同的文化基础。基

---

① ［美］罗斯科·庞德著，王保民、王玉译：《法理学》（第四卷），法律出版社 2007 年版，第 203 页。

② 周枏：《罗马法原论》（上册），商务印书馆 1994 年版，第 108～112 页。

③ ［德］罗尔夫·克尼佩尔著，朱岩译：《法律与历史——论〈德国民法典〉的形成与变迁》，法律出版社 2003 年版，第 59 页。

④ 尹田：《论法人人格权》，载于《法学研究》2004 年第 4 期，第 51 页。

⑤ 胡玉鸿：《法律史上人格制度的演化》，载于《法律科学》2008 年第 4 期，第 42 页。

督教"通过宣传人由神造、由基督教拯救、因而在神面前的人是平等的说教,确立了人类尊严思想",不仅"构成了中世纪以后西欧人类观的基本哲学",而且为近代人格概念的形成提供了思想基础。"然而,在中世纪以来的封建身份制的社会秩序中,这种思想却无法在社会和法的层面上得以实现,在那种秩序中,得到宣扬的只是宗教和道德意义上的人类尊重。"① 立基于此,"自中世纪后半期以来,尽管'人格'被作为一个哲学或者伦理学上解释'人'的本质属性时常用的重要概念,但其并未被引入法学领域而成为一个法律术语"②,人格与民事主体之间的结构性关联更多地存在于人们的学理思维层面,而不是制度层面。在近代资本主义发展的早期阶段,受启蒙运动和近代自然法学说的影响,西方资本主义国家因应变化了的政治、经济环境,开始从制度层面反思人格概念。该时期人们意念中的"人格"不再像古罗马时期那样和某种特定的身份关联在一起,人格的有无不再从人自身之外的诸如身份、等级等外在要素中寻找根据,而是开始从人本身的内在素质即"理性"中寻找其存在的基础。自然法学派高举"理性"的旗帜,为捍卫人的尊严和自然权利摇旗呐喊,不仅引领和推动了当时的政治变革,而且对变革之后的国家立法产生了深层次的影响。在立法者那里,"人是一种理性的、可以自己负责的创造物,自出生之日便获得了关于良心、宗教信仰和经济活动的自由的不可割让的权利。人们无须再与旧制度的那个中间身份集团打交道,而只和国家本身发生联系。这个国家有义务通过它的立法把公民从封建的、教会的、家庭的、行会的以及身份集团的传统权威中解放出来,并赋予全体公民以平等的权利。"③ 由于人普遍地具有理性,因此每个人都平等地拥有人格。值得注意的是,新时期的"人格"已经不再是一个规定于公私杂陈的法律中的、表征主体概念的法律术语,而是一个分别规定在宪法以及受其影响的民法等法律部门中的法律范畴。而且,在西方国家早期的宪法和法律中均未直接规定"人格"一词,其先前所承载的"主体"概念被一个新的范畴——"人"承接了下来。例如,1789 年法国《人权和公民权宣言》第一条规定:"人生来就是而且始终是自由的,在权利方面一律平等。社会差别只能建立在公益基础之上。"第二条规定:"一切政治结合均旨在维护人类自然的和不受时效约束的权利。这些权利就是自由、财产、安全与反抗压迫。"受其影响,《法国民法典》第八条规定:"所有法国人均享有民事权利。"很明显,先前罗马法中兼具公、私法

---

① [日] 星野英一:《私法中的人——以民法财产法为中心》,引自王闯译,梁慧星主编:《民商法论丛》(第 8 卷),法律出版社 1997 年版,第 159 页。

② 尹田:《论法人人格权》,载于《法学研究》2004 年第 4 期,第 51 页。

③ [德] K. 茨威格特、H. 克茨著,潘汉典等译:《比较法总论》,贵州人民出版社 1992 年版,第 153 页。

双重属性的"人格"在新的历史时期已经发生了实质性的变化：不仅获致"人格"的条件由某种特定的身份转换成了自然的人，而且承载"人格"的载体开始出现了二元分离，由宪法和民法分别加以规定。该种转变和分离的民法意义是非常深远的，其原因在于：宪法权利指向的义务主体是包括立法机关在内的国家公权机关，既然作为权利主体的人彼此间是平等的，而且政治结合的目的在于保存人的自由、财产等自然的和不可动摇的权利，那么，国家就不能在民法典中确立与此相违背的民事主体制度，类同于古罗马时期那样的、与某些特定的身份关联在一起的"主体"人格制度就没有在民法中产生的任何可能性。如此一来，不仅民事主体的范围得以结构性地拓展，他们所为之民事行为的纯粹性也将得以大幅度地提高，民法调整的空间由此将出现明显的扩充，商品经济的发展也将在更为广阔的场景下展开。

三、宪法人格权的产生及其相较于民法人格权制度的价值

必须注意到的问题是：尽管法国《人权和公民权宣言》以及《法国民法典》中所规定的承载权利的主体是不附加外在条件的"人"，但是，由于启蒙主义者和古典自然法学派所宣扬的"理性主义"的影响，作为主体的"人"必须是拥有"理性"的人，因此，那些不具有"独立理性"① 的"消极公民""妇女"以及"处于依附地位的人"是不能归入《人权和公民权宣言》中所规定的"人"的范围之列的，他们不能享有法国宪法所规定的权利，进而也不能作为民法中的权利主体。这种基于对"理性"的尊崇而导致的"人"的范围上的局限性不仅是法国宪法上的一个缺憾，而且对该时期旨在扩展民事主体范围的民事立法也产生了消极影响。幸运的是，启蒙主义者和古典自然法学派所奉行的"理性主义"立场在卢梭、康德那里遭到了批判，② 由此推动了宪法上以人格尊严为核心的人格权的出现。在卢梭和康德的哲学理念中，"理性"并不是衡量人们是否具有人格的标准，人格不仅和具有"理性"的人之间存在逻辑上的关联性，它同时也和不具有"理性"的普通人关联在一起。影响人格存在与否的决定性因素不是"理性"，而是"意志"。作为一个自然存在的人，他可能并不具有"理性"，但他肯定有"意志"，而具有"意志"的人都具有人格。德国学者哈腾鲍尔指出，"在康德的观点中，人和人格的概念是同时出现的。……这种人格的享有和取得，

① 高毅：《法兰西风格：大革命的政治文化》，浙江人民出版社 1991 年版，第 111 页。

② ［美］乔治·霍兰·萨拜因著，刘山等译：《政治学说史》（下册），商务印书馆 1986 年版，第 649 页；［德］康德著，邓晓芒译：《纯粹理性批判》，人民出版社 2004 年版，第 569～570 页。

显然对一切人都是毫无阻碍的，只要人们能够履行自己的义务就行。从这一点再往前跨进一步，就达到了'人人平等'的原则，每个人都已经享有这样的人格。"① 哈腾鲍尔的意思无外乎是说，既然人格是每个人以其自身的存在而不是以其拥有的"理性"而获得的，所以，对于全社会成员而言，每个人都是自然的存在，都拥有同样的人格。法律上的平等实质上就是人格的平等。显然，哈腾鲍尔已经敏锐地窥察到了康德哲学对法律上人格理论的深层面影响，其见解不可谓不深刻。但是，作为法律人，我们的视角仅仅局限于此显然是不够的，我们还必须进而洞察康德哲学和宪法上以人格尊严为核心的人格权之间的内在关联。康德认为，"人格"意味着必须遵从这样的法律，即"不论是谁，在任何时候都不应把自己和他人仅仅当作工具，而应该永远视为自身就是目的。"② 康德提出的"人是目的"的思想成为实证法上尊重人格尊严的哲学基础。受其影响，黑格尔也认为，现代法的精髓在于："做一个人并尊敬他人为人。"③ 黑格尔的观点中包含了明显的对人格尊严的尊重，这成为其法律思想中的核心理念。前述哲学家的思想观点对于我们在立法乃至宪法中确立以人格尊严为核心的人格权无疑有着积极的意义，但令人遗憾的是，在 19 世纪欧洲的法典编撰运动中，人格尊严的价值并没有引起该时期立法者的充分重视，在法典中缺乏对人格尊严的规定。从 19 世纪末期开始，这种情况逐渐发生了变化，欧洲一些国家的民法典中逐渐出现了关涉人格权益，乃至抽象人格权方面的内容。1900 年的《德国民法典》和 1907 年的《瑞士民法典》是其中的典型代表，后者第二十八条还首次从立法层面确定了保护人格权的一般条款，④ 形成了人格权立法保护的另外一种模式。欧洲各国民法典中对人格权益以及抽象人格权的规定，一方面拓展了人们传统上理解的民事权益的范围，另一方面在客观上也起到了限制和约束国家公权力的效果，"将政府的职能限制于承认并执行私人权利的法律领域"⑤，由此推动了宪法上人格权的产生进而对民法中的"主体"人格制度产生了反致性影响。诚如有学者所指出的那样，"在没有宪法之前，私法本身就是宪法，在有宪法以后，私法的基本观念、基本精神和基本制度成了宪法的基础和原型，并通过宪法这种根本法的形式得到了升华而被贯彻到其他一切法律部门了。"⑥ 当然，宪法人格权

① ［德］汉斯·哈腾鲍尔著，孙宪忠译：《民法上的人》，载于《环球法律评论》2001 年第 4 期，第 398 页。

② ［德］伊曼努尔·康德著，苗力田译：《道德形而上学原理》，上海人民出版社 2005 年版，第 53 页。

③ 贺麟：《黑格尔哲学讲演集》，上海人民出版社 2011 年版，第 46 页。

④ 马俊驹、余延满：《民法原论》，法律出版社 2007 年版，第 110 页。

⑤ 刘楠：《论公私法二元结构与中国市场经济》，引自梁慧星主编：《民商法论丛》（第 4 卷），法律出版社 1996 年版，第 65 页。

⑥ 邱本：《市场法治论》，中国检察出版社 2002 年版，第 106～107 页。

的生成并不仅仅是因为民法的推动，它同时还有其他公法方面的原因，但是，民法中的人格权制度对于宪法人格权形成的推动作用是毋庸置疑的。第二次世界大战结束之后，基于对两次世界大战给人类带来的深重灾难尤其是对纳粹严重践踏人格尊严的深刻反思，各国开始从制度层面思考尊重和保障人格尊严的价值，谋求将人格尊严作为法律体系的核心价值加以确认。1949 年《德国基本法》第一条规定，"人格尊严不可侵犯，尊重和保障人格尊严是一切国家公权力的义务。"第二条第一款规定，"人人有自由发展其人格之权利，但以不侵害他人之权利或不违反宪政秩序或道德规范者为限。"前述规定对于防范国家公权力对自然人之人格权的侵害、避免纳粹暴政的再次出现无疑具有积极的意义，但是，其价值却并不仅仅局限于宪法场域，民法人格权制度也将因之而获得制度性的推动力量。其原因在于：在德国的宪法理论和实践中，基本权利具有"主观权利"和"客观法"的双重性质。作为一种"主观权利"，基本权利不仅可以直接依据宪法上的基本权利条款要求公权力主体为或者不为一定的行为，而且可以在遭受公权力侵害的情况下请求司法机关介入以实现自己的要求；① 作为一种"客观法"，基本权利被认为是德国基本法所确立的"客观价值秩序"，公权力必须自觉遵守这一价值秩序，尽可能去创造和维持有利于基本权利实现的条件。② 前者主要存在于宪法场域，后者对于包括民法在内的法律体系的影响巨大。民法要想最大限度地发挥自己的作用，不仅要保证自身在逻辑上的自洽，而且要确保其和公法之间的动线流畅。显然，该目标的达成仅仅依靠民法自身的内在修为是远远不够的，它必须依靠宪法对包括公法、私法在内的整个法律体系的统合性影响。拉伦茨在论及德国基本法和民法的关系时曾经指出，"《基本法》并不是想以少数几条内容尚需进一步确定的原则来取代现行私法制度，而是要承认和确认作为一个整体的私法制度及其根本基础，但同时又想以自己的价值准则来衡量私法制度，并将它纳入整个法律制度的一体化之中。"③ 该论述可谓精辟！作为基本权利，宪法人格权自然也具有类同于其他基本权利那样的"主观权利"和"客观法"性质。其相较于民法人格权制度的价值固然主要表现在它所承载的、为基本法所确立的"客观价值秩序"，但是，其作为"主观权利"的性质对于民法人格权的保障也同样具有不可忽略的意义。基于"主观权利"的性质，宪法人格权从制度层面分解了"主体"意义上的"人格"制度，彻底摧毁了承载着身份切割功能的"人格"制度在德国复兴的任何可能性，实现了"自然人"和"法律人"的彻底

---

① See Helmut Goerlich, Fundamental Constitutional rights: Content, Meaning and General Doctrines, in The Constitution of the Federal Republic of Germany, Ulrich Karpen ed. Nomos, Verlagsgesellschaft, 1988: 49 ~ 50.

② 张翔：《基本权利的双重性质》，载于《法学研究》2005 年第 3 期，第 21 ~ 36 页。

③ 卡尔·拉伦茨著，王晓晔等译：《德国民法通论》（上册），法律出版社 2013 年版，第 115 页。

重合，最大限度地拓展了民事主体的范围，为商品经济的发展以及立基于其上的私法自治的实现建构了坚实的制度基础；基于"客观法"的性质，宪法人格权实现了对作为私法的民法中的人格权制度以及刑法、行政法等公法中的人格权保障条款的制度性统合，通过在民法中预设接驳公法的转介条款、公私法规的合宪性控制、合宪性解释等技术手段，在基本法人格权条款的统领之下，中和民法人格权制度和公法强制性规范之间的潜在冲突，实现民法和公法在人格权保障方面的动线流畅，确保民法人格权制度的全面实现。由此观之，德国基本法对人格权的确认实际上标志着民法人格权制度已经进入了一个全新的阶段。

第二节　作为民事主体之"人格"在民法场域的技术性转变及其宪法价值

一、作为民事主体之"人格"向"民事权利能力"的技术性转变

在学界关于"人格"内涵的诸种理解中，将其作为权利主体法律资格的民事权利能力是其中的一个重要方面。民法学界许多学者均秉持该种立场，[①] 但不同的观点也同样存在。[②] 据考证，第一次在法律上使用近代意义上的权利能力概念的，是学者泽勒（Franzvon Zeille）所起草的《奥地利民法典》。[③] 19 世纪中期，萨维尼在其名著《当代罗马法体系》中区分了权利能力和行为能力的概念，将权利能力界定为能够取得权利的可能性。[④]《德国民法典》中采纳了权利能力的概念，将其视为法律意义上的人的本质属性。按照德国学者拉伦茨的解释，权利能力是指一个人作为法律关系主体的能力，也即作为权利享有者和义务承担者的能力。[⑤] 依据该学者所作的前述定义，权利能力与罗马法中人格的内涵是相同

[①] 梅仲协：《民法要义》，中国政法大学出版社 1998 年版，第 53 页；[日] 四宫和夫：《日本民法总则》，台湾五南图书出版公司 1995 年版，第 45 页。

[②] 江平、魏振瀛主编：《民法》，北京大学出版社、高等教育出版社 2000 年版，第 80～81 页；史尚宽：《民法总论》，中国政法大学出版社 2000 年版，第 152 页。

[③] 梁慧星：《民法总论》，法律出版社 1996 年版，第 56 页。

[④] 张俊浩主编：《民法学原理》，中国政法大学出版社 1991 年版，第 77 页。

[⑤] [德] 卡尔·拉伦茨著，王晓晔等译：《德国民法通论》，法律出版社 2013 年版，第 119～120 页。

的，都是确认民事主体的条件。对此，德国学界也有不同的观点。例如，基尔克（Gierke）认为权利能力为人格权（一种权利），赫尔德（Hölder）认为权利能力为享有权利之资格，①而法布里修斯和吉特（Fabriciushe and Gitter）则认为权利能力由行为能力所派生，为从事法律上有效行为的能力，拉伦茨和梅迪库斯（Larenz and Medicus）则坚持对权利能力的传统定义，即权利能力指"成为权利和义务载体的能力"。②笔者认为，德国民法典中的民事权利能力一词与古罗马法中作为"主体"而存在的人格是完全同义的，前者实际上是在对后者进行技术性替换基础上生成的一个新的"主体"概念。与古罗马法中作为"主体"概念之人格相比，"民事权利能力"摒弃了古罗马法"人格"概念中的公法色彩，将其与特定身份之间的逻辑关联彻底切割开来，由此使之成为民法中一个纯粹的民事主体概念。该范畴在《德国民法典》中的出现，是和民事主体制度在民法中所处的地位以及该时期特殊的社会背景关联在一起的。作为民法中的一个特定法律范畴，民事主体是"私法上的权利和义务所归属之主体"③，是依照法律规定能够参与民事法律关系，享有民事权利和承担民事义务的人。民事主体制度是民法中首要的基础性问题，在民法中具有重要的作用。"在民事法律关系中，一切权利均因人而设立，民事法律关系实际上是一种人与人之间的关系。民法所规定的权利义务，必须存在一个归属的主体。民法对社会关系的调整必须从对主体的规范着手，并以主体为基础才能确定各种民事权利和义务。所以，在大陆法系国家，无论是否设立总则，大多把主体制度作为首要问题在民法典中予以规范"。④在古罗马法中，"人格"制度承载着民事主体的功能，它实际上是对处于"不平等"社会地位之自然人法律地位的"平等化"拟制，其目的是适应奴隶制简单商品经济发展的需要。中世纪时期，欧洲各国实行的是封建制度，其特点在于实行封建等级身份制度，建立在奴隶制简单商品经济基础之上的古罗马"人格"制度不具有得以复兴的社会基础。在近代资本主义发展的早期阶段，受启蒙主义和古典自然法学派思想的影响，建立在自由资本主义经济基础之上的《法国民法典》将民事主体和具有"理性"的法国人结构性关联在一起，⑤古罗马法中那种承载着身份切割功能的民事主体（人格）制度无由以生成。值得注意的是，《法国民法典》中的民事主体制度是以个人为中心建立起来的，拥有民事主体资格的仅限于自然人，法人的民事主体资格并未得到承认。这

① 胡长清：《中国民法总论》（上册），商务印书馆1946年版，第58页。
② ［德］迪特尔·梅迪库斯著，邵建东译：《德国民法总论》，法律出版社2000年版，第781页。
③ ［日］星野英一著，王闯译：《私法中的人——以民法财产法为中心》，引自梁慧星主编：《民商法论丛》第8卷，法律出版社1997年版，第155页。
④ 王利明：《民法总则研究》，中国人民大学出版社2003年版，第306页。
⑤ 1804年《法国民法典》第八条规定："一切法国人均享有民事权利。"

465

第二十二章 民法人格权理论的宪法学分析

主要是因为拿破仑制定民法典时，害怕封建行会组织利用法人形式进行复辟，同时也由于参与《法国民法典》的立法者受自然法学派以个人为中心的个人主义思潮的影响。① 随着资本主义商品经济的发展，社团法人特别是公司大量产生，先前那种以个人为中心建立起来的民事主体制度逐渐显现了局限性，民事立法中迫切需要建立一种新的、能够同时包容自然人和法人的民事主体制度。在这种社会背景下，古罗马法中那种与特定的身份关联在一起的民事主体制度（人格制度）就再次引起了欧洲人的关注。"从古罗马的故纸堆里发掘其人格理论，并将之作为法技术手段有条件地重新利用的工作，是由德国人来完成的。德国人让古老的人格理论死灰复燃的目的，当然不是为了给相互平等的自然人重新戴上身份区分的面具，而是为了将这一经过改造的面具戴到某些'适于成为交易主体'的团体的脸上，使之与其他团体相区别，而这些拥有人格面具的团体，就是被称为法人的那些社会组织。"② 《德国民法典》在创制团体人格的时候，有意识地将罗马法人格制度中蕴含的伦理属性抽取出去，以一个不包含任何伦理色彩的、纯粹技术性的"权利能力"替换了罗马法中作为主体的"人格"，使之仅仅承载作为私法上主体资格的内涵，不再兼领公法主体资格的责任。经由前述技术性改造，新生法律人格（即权利能力）不再承载罗马法人格制度中的那种伦理情怀，可以同时适用于自然人和法人。从《德国民法典》开始，民事主体制度开始从《法国民法典》所确立的那种以个人为中心的一元论模式，逐步转向了同时包括自然人和法人的二元论模式。这是民事主体制度发展中的一个巨大进步，自此以后，各个国家均效仿德国模式，建立二元的民事主体制度。

二、作为民事主体之"人格"向"民事权利能力"转变的宪法价值

《德国民法典》创立的"民事权利能力"概念从技术上分解了古罗马时期作为民事主体的"人格"制度，主体资格和权利不再像古罗马法时期那样混杂在一起，具有民事权利能力、并因之而具有民事主体资格的人（自然人和法人）与具有民事主体资格、并因之而具有的人格权被技术性地分离开来，人格权在实证法层面首次获得了相较于民事主体而独立存在的外观形象。从这一点来说，民事权利能力概念对于民法人格权的形成厥功至伟。当然，我们也必须看到，生

---

① 罗玉珍主编：《民事主体论》，中国政法大学出版社1992年版，第32页。

② 尹田：《论法人人格权》，载于《法学研究》2004年第4期，第52页。

命、肖像、名誉、健康等人格权对于自然人来说，是与生俱来的，是自然人作为民事主体所必须拥有的民事权利。① 丧失前述权利，自然人将不能成为民事主体。正因为如此，方才有学者认为，"权利能力的设计对于自然人来说是多余的"，"自然人不分国内外，均为人，均有人格，均具权利能力，则权利能力之制度，在自然人范围内，几无价值可言。"② 该看法有一定的道理，但是，它所凸显的仅仅是自然人相较于法人之迥然相异的主体属性，却并不能成为否认权利能力相较于自然人之民法价值的理由。诚如前述，权利能力的重要贡献在于将作为民事主体之"人格"与其承载的"权利"在技术上分解了开来，为人格权在实在法上的生成以及立基于其上的发展提供了一个广阔的制度空间，对此视而不见似乎不是一种客观的立场。更为关键的是，权利能力的作用并不仅限于此，它还具有更为深远的民法意义以及立基于其上的宪法价值。从民法的角度来说，由于权利能力不仅分解出了一个纯粹的、而不是与权利混杂在一起的民事主体，而且分解出了一个与前者存在逻辑上的关联性，但却又相对独立的人格权，因此，通过侵权法对受害人遭受的损害给予补救并进而保护与之存在逻辑关联性的民事主体就具有了制度上的可能性。反之，如果主体资格和人格权依然像古罗马法中那样混杂在一起，由于主体资格本身所强调的仅仅是一种人格的平等和作为民事主体的能力，并不存在一种外在于它而存在的权利，通过侵权法对其施加制度性保护的理由就显得不甚充分。必须指出，权利能力所分解出来的纯粹的民事主体并不仅限于自然人，它同时还包括法人。与法人相比，自然人基于权利能力所获得的民事主体资格仅仅是为了赋予法人以民事主体资格而进行的制度设计的衍生品。前述立场不仅可以作为诠释保护自然人人格权以及与之关联在一起的作为民事主体的人的理由，而且同样也可以作为保护法人人格权以及法人主体资格的依据。诚然，学界对于法人的人格权存在许多理解上的歧义，③ 但是，只要我们能够窥察法人人格权与法人主体资格之间的内在关联、能够辨别保护法人人格权相较于保护法人主体资格的传导性影响，④ 对法人人格权的诸种质疑在保护法人主体资格必要性的冲刷之下必将显得苍白、乏力。立基于此，笔者进而想要申明的

① "人格权是民事主体对其生命、健康、名誉、肖像等特定的人格利益享有的权利，关系到每个人的人格尊严，是民事主体最基本、最重要的权利。"（参见石宏：《民法典人格权编的主要制度与创新》，载于《中国人大》，2020 年第 15 期。）

② 曾世雄：《民法总则之现在与未来》，中国政法大学出版社 2001 年版，第 78 页。

③ 关于法人是否拥有人格权问题，学界有肯定说和否定说两种观点。前者参见薛军：《法人人格权的基本理论问题探析》，载于《法律科学》2004 年第 1 期，第 50 ~ 55 页；后者参见尹田：《论法人人格权》，载于《法学研究》2004 年第 4 期，第 51 ~ 57 页。

④ 有学者认为，法人享有人格权属于立法技术上的安排，法人人格权是与法人的存在有本质联系的法人的基本利益。这些利益被作为法人正常发挥社会作用的前提条件而得到保障，从而构成法人的人格权。（参见薛军：《法人人格权的基本理论问题探析》，载于《法律科学》2004 年第 1 期，第 53 页。）

立场是：权利能力不仅分解出了两个纯粹的民事主体，而且，更为关键的是，它将不同类型的民事主体置于完全平等的地位之上，由此为私法自治的展开构筑了一个坚实的制度基础。诚然，私法自治的实现并不仅仅依赖于主体地位的平等，它同时还依赖规范主体行为秩序的契约自由，但是，如果没有主体地位的平等，契约自由是无法真正得到实现的。由此观之，权利能力的民法价值似乎还不仅限于分解"人格"制度、形成纯粹的民事主体和独立的人格权方面，它的更为深远的民法价值在于它对私法自治的贡献。从宪法的角度来说，由于权利能力的技术性分解作用，民事主体被塑造成了一个纯粹的私法主体，不再具有类同于古罗马"人格"制度那样的公法色彩，也不再承担任何公法上的责任，它的私法功能得以凸显。但是，这种私法功能是和宪法价值关联在一起的。通过侵权法对人格权的保障，不仅民事主体存在的民法基础得到巩固，而且对限制和约束国家公权力也会产生传导性影响；基于权利能力所构筑的民事主体地位的平等，不仅私法自治的基础得以建立，市民社会由以取得独立发展的制度空间，而且为排斥公权力在私法场域的非法侵入和干预也提供了可能。显然，权利能力的作用已经超出了民法场域，对宪法产生了涵摄性影响。当然，对国家公权力的限制和约束不能仅仅依靠民法，更不能仅仅依靠民法中的人格权制度。必须看到，"在法律体系中，民法典并不能抵御政治国家的权力对市民社会的侵入，因为民法典的功能不在于在市民社会与政治国家之间划一道自由与权力的界限，民法典只建构市民社会内部的结构和秩序，民法典并不能决定市民社会内个人的自由域度。政治国家与市民社会之间界限的划分是宪法的功能。……没有以宪法为标志的健全的公法制度的保障，真正的私法秩序是不可能彻底地建立起来的。"① 就民法人格权制度而言，它固然对国家公权力有一定的传导性影响，但是，原本应当由宪法承担的限制和约束国家公权力的人格权保障责任不可能、也不应当交由民法结构性承担。正确的做法应当是：在宪法中确立人格权，赋予其抵御国家公权力非法侵害的主观权利功能，以此来为私法自治的实现提供制度性的支撑。由此观之，权利能力不仅从罗马法"人格"制度中分离出了相对独立的民法人格权，而且还推动了宪法人格权的产生，其宪法意义不可谓不深远。但是，权利能力的宪法价值还不仅限于此，它在宪法人格权回归民法方面也发挥了重要作用。诚如前文所述，权利能力分离出的人格权与作为民事主体的人是关联在一起的，其范围非常狭窄，仅限于生命、身体、健康、自由、姓名、名誉等。② 但是，随着科学技术

---

① 王涌：《宪法与私法关系的两个基本问题》，引自吴汉东主编：《私法研究》第 1 卷，中国政法大学出版社 2002 年版，第 20、22 页。

② 例如，依据《德国民法典》第 823 条第 1 款和第 12 条的规定，人格权的范围仅限于生命、身体、健康、自由和姓名。依据该条第 2 款的规定，名誉权可以获得有限的保护。

的发展，侵害人格的行为类型趋于多样化，遭受侵害的人格场域被明显地拓展，先前的人格权范围已经无法涵盖日趋多样化的人格权益诉求，而且，新出现的人格权益和民事主体之间的逻辑关联性显得较为松散，它们更多地和人格尊严关联在一起，以至于即便是通过类推的方式也无法将新生人格权益包容在传统的人格权范围之中。在这种情形下，宪法人格权经由法官的司法解释，[①] 被合乎逻辑地注入了民法的概括性条款[②]之中，形成了民法中所谓的"一般人格权"。如是一来，不仅人格权的范围得以拓展，宪法人格权对民法的价值统合功能也得以在维持民法体系完整和自身逻辑自洽的前提下获致实现。如是这些，从追本溯源的角度来说，似乎也是权利能力制度无意中预设好的。

第三节　民法上人格权的性质定位及其对民事立法的影响

一、民法人格权的性质定位

民法人格权的性质是民法学界争议比较大的一个问题，对该问题的厘定直接影响到民法立法中一系列问题的展开。笔者拟从三个方面进行分析：第一，民法人格权究竟是不是一种权利？有学者认为，"权利是人与外在于人的事物的法律上的连接。""权利主体是权利的享有者，权利客体是权利指向的对象。如果权利的客体是'内在于人'的，那么这就意味着权利将'反指'主体本身。这种情况下，由于主体与客体发生了混同，权利便丧失了存在的意义。"[③] 因此，"如果承认人格为权利，则必然要将生命、身体、自由等人格利益作为权利客体，这样必然造成人是权利主体，又是权利客体的混乱现象。"[④] 对此，国内有学者秉持否定的立场："认为'权利是人与外在于人的事物的法律上的连接'的观点，乃纯哲学式的思辨，而忽略了权利得以有效探讨的法律语境。""从法律关系的角度加以考察，客体完全可以指向人本身而不影响该利益成为一项权利。""权利之所以会被称为权利，最为关键的是其所代表的那部分利益在人与人的关系中

---

① 1954 年德国联邦最高法院审理的"读者来信案"就是典型实例。
② 如《德国民法典》第 823 条第 1 款规定的"其他权利"。
③ 马俊驹、张翔：《人格权的理论基础及其立法体例》，载于《法学研究》2004 年第 6 期，第 46、48 页。
④ 陈民：《论人格权》，载于《台湾法律评论》1962 年第 8 期。

是否有受到侵害的可能，是否有在法律上加以保护的必要。"① 至于该利益究竟是内在于人还是外在于人，却并不影响其构成权利。笔者对此秉持相同立场。笔者认为，就人格权来说，作为其权利客体的生命、健康、身体、自由等人格权益固然是内在于人的，但这并不影响人格权的权利属性。当然，我们也必须看到，人格权和民事主体之间存在内在的逻辑关联性，其性质迥然相异于物权、债权等民事权利，因此，各国民法典关于人格权的规定大都散见于民法总则、人法或侵权行为法各编，而没有将其作为民法分则中一种与物权、债权等相平行的民事权利。第二，民法人格权究竟是自然权利还是法定权利？有学者指出，权利是法律赋予权利人享有的支配力和利益，其性质是法定的，而生命、身体、自由等却是自然人与生俱来、自然享有的。虽然可以通过法律对生命、身体、自由等人格权利施加限制，但是自然人并非必须经由法律确认之后方才能够享有这些权利。如果将前述生命等人格权利视为一种法定权利，实际上等同于否定了该类权利的自然属性，反而不能解释其产生及本质。② 从直观来看，前述观点确实有一定的道理，但是，问题的症结在于：该观点所凸显的仅仅是生命、身体、自由等人格权在生成方式上迥然相异于物权、知识产权等民事权利的特点，并不能由此推导出不需要法律对其加以确认和厘定的结论。前述诸种具体人格权固然与生俱来、为上天所赋予，但这并不意味着它们仅仅存在于人们的理性思维空间、不具体外现于现实生活、因而也不会招致来自他人的侵害。恰恰相反，它们不仅存在于现实社会，而且不时地面对来自他人的侵扰。这种侵扰不仅危害到人格权本身，而且危害到与之关联在一起的民事主体资格的存在，进而冲击和影响到立基于其上的民法秩序。因此，通过立法对生命、身体、健康、自由等人格权利施加制度性的保护就显得非常必要。诚然，对人格权施加制度性的保护并不必然意味着要通过立法的形式对其加以确认和厘定（如法国民法典），但是，不可忘记的是，对人格权的确认和保护与维护他人的行为自由是关联在一起的，过当地保护前者必然意味着对他人行为自由的过当压制，反之亦然。立基于此，在保护自然人人格权与维护潜在侵害人的行为自由之间谋求达到一个较为妥当的平衡就成为人格权保护过程中必须坚持的永恒主旨。这一点，仅仅依靠强调人格权的自然权利属性、依靠法院对其进行的动态中和显然是无法完成的。舍此而外，还必须看到，人格权是一种集束性的、随着时代的发展不断展现的权利，它包括但并不限于生命、身体、健康、自由等人格权利，在此基础上衍生出的其他具体人格权如知情权、信用权、生活安宁权等和自然人主体资格之间的逻辑关联性并不像前者那么明

---

① 姚辉：《人格权法论》，中国人民大学出版社 2011 年版，第 42 页。
② 龙显明：《私法上人格权之保护》，中华书局 1948 年版，第 2 页。

显。诚如有民法学者所言，"如果说传统的人的伦理价值（生命权等）作为人的不可或缺的属性，可以被视为'人之所以为人'的'底线'的话，那么现代社会中这些扩展了的人的价值，事实上已经与人的本体渐行渐远了。"① 因此，以生命、健康、身体、自由等传统人格权与自然人主体资格之间的内在逻辑关联作为强调人格权之自然权利性质的理由，似乎有以偏概全之嫌。第三，人格权究竟是民事权利还是宪法权利？国内民法学界主流观点认为，民法人格权在性质上属于民事权利，主要理由是："第一，通过宪法保护人格权，难以对人格权进行周延的保护"；"第二，我国宪法体制决定了仅通过宪法，难以实现对人格权的充分保护"；"第三，依据宪法保护人格权缺乏可操作性"；"第四，将人格权确认为民事权利，也意味着明确了国家的积极保护义务，即国家要通过立法、司法等途径来保障人格利益"。② 对此，也有学者秉持否定立场，认为人格权本质上应当属于宪法权利。人格权在观念上的私权化，有其复杂的原因，具体包括：（1）"人格权之私权化首先源于一种狭隘的法律实证主义观念"；（2）"人格要素的可分解性，从技术上支持了某些具体人格权的私权化"；（3）"宪法规定的概括性，必然产生民法创设某些具体人格权的必要性"；（4）"人格权的私法化提供了人格权之私权化的理论基础"。③ 笔者认为，对民法人格权的性质定位，应当将其与宪法人格权之间的逻辑关联切割开来，将具体人格权和一般人格权区分开来。从历史的角度来看，民法中的诸种具体人格权为宪法人格权的产生创造了条件，反过来，宪法所规定的人格尊严和人身自由也为民法人格权制度的发展奠定了基础。④ 但是，这并不意味着在民法人格权影响和推动之下生成的宪法人格权的性质是民事权利，同理，它也不意味着立宪主义时代根源于宪法人格权的民法人格权本质上属于一种宪法权利。作为主观权利，民法人格权与宪法人格权是相互独立的，二者在各自的空间场域内发挥作用；作为客观价值秩序，宪法人格权对民法人格权有价值统合作用，但这并不意味着民法人格权的性质将由此发生实质性的改变，它在本质上依然是一种民事权利。当然，必须说明的是，前述立场所指向的仅仅是具体人格权，一般人格权的性质并不是民事权利，而是宪法权利。其原因在于：一般人格权的内涵具有高度的不确定性，如果将其厘定为民事权利的话，将不可避免地赋予法院确定其内涵的过当的自由裁量权，使民众在事实上处于一种动辄得咎的状态之中，保护自然人的人格权与维持公众的行为自

---

① 马俊驹、张翔：《人格权的理论基础及其立法体例》，载于《法学研究》2004 年第 6 期，第 51 页。

② 王利明：《人格权法》（第二版），中国人民大学出版社 2016 年版，第 12～14 页。

③ 尹田：《论人格权的本质——兼评我国民法草案关于人格权的规定》，载于《法学研究》2003 年第 4 期，第 11 页。

④ 林来梵、骆正言：《宪法上的人格权》，载于《法学家》2008 年第 5 期，第 60～66 页。

由之间难以达到一个较为妥当的平衡。反之，如果将其厘定为宪法权利的话，它就可以依托民法中的相关条款，经由法官的制度性搅拌，将宪法人格权的精神合乎逻辑地注入民法场域，在拓展民法人格权范围的同时，实现对民法人格权的价值统合，维持民法和公法之间的动线流畅。

二、民法人格权的性质定位对民事立法的影响

民法人格权的性质定位对民事立法具有重要的影响，主要表现在两个方面：第一，自然权利和法定权利的性质定位对民事立法的影响。自然权利论者认为，权利是法定的，而生命、身体、健康、自由等人格权是与生俱来的、超乎权利之上的天赋人权，与物权、债权等民事权利迥然相异，根本不能成为实定法层面的权利，没有必要也不应该通过立法对其加以规定。受其影响，1804年的《法国民法典》中不仅没有关于人格权的规定，甚至没有任何与人格有关的措辞，这种状况直到1970年之前几乎没有发生任何实质性的改变。当然，这也并不意味着《法国民法典》中是根本不存在人格权的。恰恰相反，《法国民法典》事实上也在保护人格权，只不过，它是在不承认人格权的前提下通过另外一种路径对其加以保护的。《法国民法典》第1382条规定："人的任何行为给他人造成损害时，因其过错致该损害发生之人应当赔偿损害。"依据该规定，受损害权益的性质并不是侵权民事责任构成的必需条件，包括人格权在内的损害均可以通过该条规定获得救济。如此一来，尽管《法国民法典》中并未规定人格权，但是，它实质上是可以获得保护的。这种保护路径不是"权利侵害型保护路径"，而是"主体保护型路径"。也就是说，法院在民事审判中所保护的并不是独立存在的人格权，而是与其关联在一起的作为民事主体的自然人。从法国的民事审判实践来看，自19世纪中后期开始，法国的法官依据《法国民法典》第1382条的规定，保护了一系列人格权，如私人生活受尊重权、肖像权和名誉权等。在司法实践的推动之下，20世纪70～90年代，《法国民法典》经过几次修改，最终将私人生活受尊重以及关于人的身体受保护等人格权写入其中，使之成为受实在法保护的人格权。与自然权利论者的立场相比，法律权利论者尽管并不否认人格权与生俱来的自然权利属性，但是，他们认为，人格权只有法定化，才能够明确权利的边界，国家才能通过强制力对人格权进行保障。人格权的性质应当属于法定权利而不是自然权利。[1] 受其影响，1900年的《德国民法典》对人格权做了列举性规定。该法第

---

① 王利明：《人格权法》（第二版），中国人民大学出版社2016年版，第10页。

823 条第 1 款规定，"因故意或过失不法侵害他人生命、身体、健康、自由、所有权或者其他权利者，对他人因此而产生的损害负赔偿责任。"依据该规定，行为人只有在侵害到受害人的生命、身体、健康、自由等具体人格权的时候方才构成侵权民事责任，对其他没有为法律所列举的人格权的侵害并不必然构成民事侵权。除此之外，《德国民法典》第 12 条还规定了自然人的姓名权，该种人格权的性质与生命、身体、健康、自由等具体人格权不甚相同，它不仅可以通过侵权法寻求救济，而且还直接赋予自然人以请求权。与《法国民法典》相比，《德国民法典》中不仅直接规定了具体人格权，而且还同时通过民法总则和侵权行为法对人格权施加制度性保护。显然，德国对人格权的保护路径并不是法国那种"主体保护型路径"，而是一种与其迥然相异的"权利侵害型保护路径"。在德国，法官固然也可以像法国的同行们那样依托侵权法的规定，从中合乎逻辑地推导出新型的具体人格权，但他们所进行的推导必须建立在尊重法律已然确立之具体人格权的基础之上，不能依据所谓的自然权利来对法律中并未规定的人格权进行天马行空般的拓展性保护。第二，民事权利或宪法权利的性质定位对民事立法的影响。目前，学界对民事权利抑或宪法权利的争论主要是针对一般人格权的性质定位，对具体人格权的民事权利性质基本上不存在争议。该种争议对于民法中一般人格权的确立方式具有重要意义。民法学界多数学者倾向于认为，人格权在性质上属于一种法定权利，应当在民法典中对其加以确认和厘定。但是，"人之理性的构成性限度不可能使人建构出一种确定不变或一劳永逸的'个人权利表'以应对人类社会日益演化的各种繁复情势。"[1] 民法典中能够规定的人格权范围是有限的，随着时代的发展，这种既定的人格权必然会显现出其范围上的狭窄，需要借助一般人格权来弥补其范围上的局限性。民事权利论者倾向于认为，一般人格权在性质上属于民事权利，民法中有必要对其加以明确规定。与之相比，宪法权利论者却倾向于认为，一般人格权的性质是宪法权利，民法中没有必要直接规定一般人格权，而且，由于一般人格权的含义和范围具有高度的不确定性，即便民法中规定了一般人格权，实践中也难以操作。受前述两种立场的影响，一般人格权在瑞士、德国以及受其影响的国家以两种不同的样态展现出来。1907 年的《瑞士民法典》首先在其第一章第一节专门规定了对人格的保护，继而在第 28 条中规定，"任何人在其人格遭受侵害时，可以诉请排除侵害；诉请损害赔偿或给付一定数额的抚慰金时，只有在本法明确规定的情况下，始得允许。"该法首次在立法上规

---

[1] 邓正来：《哈耶克建构法治的理路》，引自汪丁丁主编：《自由与秩序》，中国社会科学出版社 2002 年版，第 35 页。

定了一般人格权，确立了"具体人格权＋保护人格权一般条款"的立法模式。与《瑞士民法典》相比，《德国民法典》尽管制定的时间稍早一些，但是，由于很难从立法层面对一般人格权进行界分，① 《德国民法典》中并未规定一般人格权。而且，由于一般人格权在内涵与外延上的高度不确定性，直到第二次世界大战结束之前，德国帝国法院一直拒绝在其所作司法判决中承认一般人格权。② 1954 年，德国联邦最高法院以"读者来信案"为契机，依据《德国基本法》第 1 条、第 2 条的规定，经由《德国民法典》第 823 条第 1 款规定的"其他权利"，确立了一般人格权的概念，③ 由此形成了一种迥然相异于瑞士的一般人格权生成路径——"具体人格权＋一般人格权"。此后，德国联邦司法部谋求修改《德国民法典》第 823 条，将一般人格权写入其中，但最终没有获得通过。④

第四节 宪法人格权在我国民法中实现路径的法理分析

新中国成立后，我国最早规定人格权的是现行《宪法》⑤，《民法通则》中关于人格权的规定是在现行宪法的影响和推动之下确立的，与西方国家民法人格权的形成路径截然相反。由于我国迥然相异于西方国家的法律文化传统，加之具有借鉴色彩的"政府推进型"⑥ 立宪主义发展路径，不仅使宪法人格权具有域外借鉴色彩，而且使民法人格权产生伊始就承担起了以私法方式践行宪法承诺的公法责任。当然，宪法人格权的立法实现并不仅仅依赖于作为私法的民法，它同时也依赖包括刑法、行政法、诉讼法等在内的公法。学理层面的场景预设是：在宪法人格权精神的统领之下，私法和公法以各自独立的方式来贯彻

---

① ［德］卡尔·拉伦茨著，王晓晔等译：《德国民法通论》（上册），法律出版社 2013 年版，第171 页。

② ［德］霍尔斯特·埃曼著，邵建东等译：《德国民法中的一般人格权制度——从非道德行为到侵权行为的转变》，引自梁慧星主编：《民商法论丛》第 23 卷，香港金桥文化出版有限公司 2002 年版，第416 页。

③ ［德］马克西米利安·福克斯著，齐晓琨译：《侵权行为法》，法律出版社 2006 年版，第 51 页。

④ 邱聪智：《民法研究（一）》，中国人民大学出版社 2002 年版，第 120 页。

⑤ 《中华人民共和国宪法》第三十八条规定，"中华人民共和国公民的人格尊严不受侵犯。禁止用任何方法对公民进行侮辱、诽谤和诬告陷害。"

⑥ 周叶中主编：《宪法》（第四版），高等教育出版社 2016 年版，第 165 页。

宪法人格权的保障要求。就民法而言，它不仅要在自己的体系之内形成逻辑自洽的人格权体系，而且要保持与公法之间的无缝衔接、与宪法之间的动线流畅。如是这些，和西方国家那种先民法人格权、后宪法人格权路径支撑下二者之间的关联与互动显然不甚相同。但是，问题的症结在于：我国宪法人格权究竟如何实现其对民法人格权的效力涵摄呢？笔者认为，宪法人格权在民法中有三个实现路径。

一、通过民事立法，形成符合民法运作机理的人格权内容

《民法典》第四编规定了人格权，具体包括：生命权、身体权和健康权（第二章）；姓名权、名称权（第三章）；肖像权（第四章）；名誉权、荣誉权（第五章）；隐私权和个人保护（第六章）等权利。《民法典》第九百九十五条虽然规定了人格权请求权，但本条并非独立的人格权请求权，需要与其他法律规范相结合才能发挥针对具体行为的法律效果评价作用。笔者认为，应当赋予具体人格权以独立的请求权，这是确保民事立法者履行其宪法人格权保护义务所必需的。从法理上来说，宪法人格权既是一种消极的防御权，又是一种正向的请求权。作为防御权，公民有权要求国家承担消极不侵害的权利；作为正向请求权，公民有权向国家提出请求其采取切实有效措施对其宪法人格权加以保护的权利。日本有学者将国家相较于基本权利的责任称为国家承担的三种义务，"即介入禁止义务、基本权保护义务、基本权支援义务"[1]。就宪法人格权而言，国家所担负的人格权保护义务是指国家采取立法、司法等切实有效的措施保护公民宪法人格权免受他方侵害的义务。民事立法者固然可以通过侵权法对公民人格权施加司法上的保护，但是，该种保护所针对的场景是公民人格权已然遭受侵害的情形，对于公民人格权尚未遭受现实损害、处于即将受到损害的危险状态中的情形，侵权法显然是无能为力的。除此之外，如果仅仅通过侵权法保护具体人格权，公民就无法通过直接向侵害人提出请求的方式避免损害的发生或者私下解决彼此间的冲突，这不仅不利于私法自治的实现，而且将最终导致侵害人格权纠纷结构性地转移至法院，加重法院的工作负担。因此，我国应当在民法中赋予具体人格权以独立的请求权。《民法典》编纂期间，国内学界围绕人格权制度在民法典中所处地位问题存在很大争议，有赞成独立成

---

[1] ［日］山本敬三：《取引関係における公法の規制と私法の役割：取締法規論の再検討》，载于《ジュリスト》1087 卷（1996），第 125 页。

编说①和反对独立成编说②两种立场。笔者认为，民法学者在该问题上的立场差异固然凸显了他们对于人格权在民法典中所处地位的不同认知，但是它们所蕴含的共性立场也是很明显的：二者均认为不应当单一地依靠侵权法来保护人格权。然而，令人遗憾的是，民法学者在共同强调人格权之重要性的同时，却似乎没有过多留意人格权请求权相较于民法人格权保护的价值，③ 对其承载的保护宪法人格权的公法责任更是关注不多。2021 年施行的《民法典》总结以往司法实践经验，从立法层面拓展了具体人格权的范围，但是，依然没有赋予具体人格权以独立的请求权，人格权依靠侵权法获得保护的格局没有发生实质性的变化，宪法人格权在民法中的实现依然存在一定的缺憾。

二、通过合宪性解释，确保其和宪法之间的动线流畅以及与公法之间的无缝衔接

人格权制度在西方国家的发展历史证明，人格权不是纯粹的自然权利，对人格权的设定应当采取法定主义的方式。由于我国迥然相异于西方国家的法律文化传统以及民法人格权的特有生成路径，通过法定的方式设定民法人格权在我国显得尤其重要。但是，必须警醒的是，立法者不是万能的上帝，它是一个由人组合而成的组织，人在理性方面所固有的局限性决定了立法者所构筑的人格权体系具有一定程度的封闭性。随着时代的发展、科技的进步，既定的人格权体系必然会显现出其范围上的局限性，从而为法官彰显其在拓展人格权范围上的存在感提供了空间和可能。但是，这也丝毫不意味着法官在拓展人格权范围的时候，可以置民法中的既定人格权于不顾，恣意妄为、各行其是，凭空臆定出一些新型的人格权。果如是，则不仅民众的行为自由将遭受过当的压制，民法与宪法之间的动线流畅以及民法与公法之间的无缝衔接也将受到影响。必须看到，我国民法人格权

---

① 秉持该种立场的学者如：徐国栋：《再论人身关系——兼评民法典总则编条文建议稿第 3 条》，载于《中国法学》2002 年第 4 期，第 3～12 页；王利明：《人格权制度在中国民法典中的地位》，载于《法学研究》2003 年第 2 期，第 32～45 页；薛军：《人格权的两种基本理论模式与中国人格权立法》，载于《法商研究》2004 年第 4 期，第 63～75 页；马俊驹、张翔：《人格权的理论基础及其立法体例》，载于《法学研究》2004 年第 6 期，第 46～57 页；袁雪石：《人格权不宜独立成编？——与米健先生商榷》，载于《人民法院报》2004 年 11 月 12 日，第 3 版。

② 秉持该种立场的学者如：梁慧星：《制定民法典的设想》，载于《现代法学》2001 年第 2 期，第 3～6 页；尹田：《论人格权的本质——兼评我国民法草案关于人格权的规定》，载于《法学研究》2003 年第 4 期，第 3～14 页；米健：《民法编撰——人格权不宜独立成编》，载于《人民法院报》2004 年 10 月 15 日，第 3 版。

③ 近年来，国内有民法学者开始关注人格权请求权，代表性文献如杨立新、袁雪石：《论人格权请求权》，载于《法学研究》2003 年第 6 期，第 57～75 页。

是在宪法人格权的影响和推动之下确立的，民法不仅要通过私法的方式践行宪法所作之保障人格权的承诺，而且要在宪法精神的引领之下，实现和公法较为妥当地衔接。因此，法官在对民法中的既定人格权进行拓展解释的时候，必须秉持合宪性解释的方法，以符合宪法条文、精神、原则的标准对民法中的既定人格权进行拓展解释，从而"保证通过解释得出的结论与宪法的规范含义相一致"[1]。由于法官只是将其对宪法精神的理解内化于对民法既定人格权的解释之中，并不直接涉及对宪法规范的解释，因此，该种解释并不违背我国的宪法解释体制。如是一来，宪法人格权的精神就得以在法官合宪性解释的搅拌之下，被合乎逻辑地注入对民法既定人格权的拓展之中，从而确保了二者之间的动线流畅以及民法与公法之间的衔接。舍此而外，我们还必须看到，现代社会条件下，随着科学技术的发展，姓名、肖像、声音、形象甚至个人隐私等都可以通过一定的方式获得与人相分离的地位并由此进入可商业利用的空间范围，人格商业利用权存在的必要性得以凸显。为避免人格商业利用权行使过程中有可能出现的与公法规范之间的冲突，民法中有必要通过民事法律行为制度来加以中和。我国《民法典》第一百五十三条规定："违反法律、行政法规的强制性规定"的民事法律行为无效。也就是说民事主体行使其人格商业利用权、与他方签订合同的时候，如果违反法律、行政法规中的强制性规定，合同无效。但是，如果违反地方性法规、行政规章以及行政规范性文件中的强制性规定，该类合同并不必然无效。前述规定的法律依据在于《中华人民共和国立法法》确立的法律保留制度，它在客观上有助于避免公法规范在私法场域的过当渗透，有利于维护私法自治。但是，从司法实践来看，彻底否认地方性法规、行政规章及行政规范性文件对该类合同效力的影响是很难做到的，学理上也无法作出完全令人信服的解释。[2] 较为妥当的解决办法是：将对地方性法规、行政规章以及行政规范性文件的违反与《民法典》第一百三十二条规定的不得滥用民事权利损害国家利益、社会公共利益或他人合法权益有条件地关联起来，以宪法人格权作为法官诠释该类合同是否损害社会公共利益的判断标准，通过合宪性的解释方法，将宪法人格权的精神合乎逻辑地注入法官对社会公益的诠释之中，以求实现人格商业利用权与公法强制性规范之间较为妥当地衔接。

---

① 时延安：《刑法规范的合宪性解释》，载于《国家检察官学院学报》2015年第1期，第70页。

② 苏永钦教授指出，"民法所规范的人们市场行为，虽是特定人之间的权利义务，无涉人民与国家之间的权利义务，但如果人民之间创设的权利义务或权利的行使，抵触了国家基于特定政策考量所作的经济立法或宏观调控，却只依相关公法发生诸如罚款、吊销执照之类的效果，民事关系完全不受影响，甚至还可以请民事法院强制执行违法行为所生的权利，当然不利于政策的贯彻，对国家法制更有左手打右手的矛盾。"参见苏永钦：《民事立法与公私法的接轨》，北京大学出版社2005年版，第28～29页。

三、通过一般人格权，确保宪法人格权在民法场域的效力涵摄

通过对具体人格权的类推解释，固然可以在一定程度上拓展人格权的保护范围，但是，具体人格权的既定内涵决定了法官不可能走得太远，他必须在具体人格权的蕴含之下审慎地行使裁量权，在不危及人格权体系完整和逻辑自洽的前提下适度拓展人格权的范围，否则，该种拓展由以存在的正当性就不复存在了。为弥补类推适用中存在的前述局限，有必要确立一般人格权。与具体人格权相比，"一般人格权的主要功能在于对法律没有类型化为具体人格权的人格法益进行权衡救济，适应社会经济文化的发展，充分实现现代法律以人为本的价值。"① 目前，以瑞士、德国为代表的西方国家均通过某种方式确立了一般人格权。我国《民法典》施行前，《民法通则》第一百零一条最早规定了人格尊严，该条规定："公民、法人享有名誉权，公民的人格尊严受法律保护，禁止用侮辱、诽谤等方式损害公民、法人的名誉。"国内民法学界有学者认为，该条关于人格尊严的规定其实就是一般人格权的内容。② 对此，也有学者提出不同意见。③ 笔者秉持后种立场，理由是：该条关于人格尊严的规定是和名誉权关联在一起的，并未赋予一般人格权独立的权利地位。从我国司法实践来看，直到 2001 年之前，法院一直是通过类推适用名誉权的方式保护一般人格权的，并未直接依据《民法通则》第一百零一条关于人格尊严的规定对一般人格权加以保护。2001 年出台的《最高人民法院关于确定民事侵权精神损害赔偿责任若干问题的解释》第一条④规定了一般人格权，但是由于该条中承载一般人格权的是第一款中与具体人格权相平行的"人格尊严权""人身自由权"以及第二款中独立出现的"其他人格利益"，且第一款和第二款所规定的侵犯一般人格权的构成要件不甚相同，因而其内在的逻辑关系显得有些混杂。2021 年施行的《民法典》将人格权独立成编（第四编），其中，第九百九十条第二款规定的是一般人格权。该条规定，"自然人享有基于人身自由、人格尊严产生的其他人格权益。"从我国《民法典》关于人格

---

① 熊谞龙：《权利，抑或法益？——一般人格权本质的再讨论》，载于《比较法研究》2005 年第 2 期，第 57 页。

② 杨立新：《人格权法》，法律出版社 2015 年版，第 120 页。

③ 王泽鉴：《民法学说与判例研究》（第 6 册），中国政法大学出版社 1998 年版，第 293 页；王利明：《人格权法》（第二版），中国人民大学出版社 2016 年版，第 76 页。

④ 该条规定，"自然人因下列人格权利遭受非法侵害，向人民法院起诉请求赔偿精神损害的，人民法院依法应当予以受理：（一）生命权、健康权、身体权；（二）姓名权、肖像权、名誉权、荣誉权；（三）人格尊严权、人身自由权。"（第一款）"违反社会公共利益、社会公德侵害他人隐私或者其他人格利益，受害人以侵权为由向人民法院起诉请求赔偿精神损害的，人民法院应当依法予以受理。"（第二款）

权规定的总体结构来看，我国采取的是"一般人格权＋具体人格权"模式，这与《德国民法典》第823条第1款所确立的人格权保护模式在外观上非常接近。但是，二者之间的不同之处在于：《德国民法典》第823条第1款并未直接规定一般人格权，承载一般人格权的是该条中与"生命、健康、身体、自由"等具体人格权相平行的"其他权利"，一般人格权是德国联邦最高法院直接援引宪法中关于人格尊严的规定，从"其他权利"中挖掘出来的。相比之下，德国确立一般人格权的方式似乎更为可取。其原因在于：人格权本质上是一种宪法权利，其在民法场域分解之后形成的具体人格权固然已经实现了权利性质的结构性翻转，但一般人格权的性质却依然是宪法权利。它固然有拓展具体人格权范围的民法价值，但它同时也承载着在民法中实现宪法人格权精神的公法使命。而且，该种使命的完成必须建立在不侵损私法自治的前提之下。因此，法官必须通过对民法中承载一般人格权的"其他权利"的合宪性解释，将宪法人格权的精神注入其中，并通过动态的流量控制，调节宪法人格权在民法场域的渗透，以求实现维护私法自治和弘扬宪法人格权精神之间较为妥当的平衡。与德国相比，由于我国《民法典》中直接规定了由"人身自由、人格尊严"承载着的一般人格权，它原本具有的衔接宪法人格权与民法人格权的功能就在较大程度上被遮蔽了，宪法权利的性质急剧萎缩，民事权利的性质得以彰显。由此导致的结果必然是：法官的职责在现实层面不可避免地转向对内涵具有高度不确定性的"人身自由、人格尊严"的诠释之中，社会公众因而面临动辄得咎的常态化风险。除此之外，由于我国《民法典》关于人格权的规定并未从根本上改变此前那种依赖侵权法保护的立法模式，而且《最高人民法院关于确定民事侵权精神损害赔偿责任若干问题的解释》第一条并未因为《民法典》的出台而丧失效力，因此，对"人身自由""人格尊严"的侵害依然要以该解释第一条第一款所要求的"受到侵害"为前提。如此一来，困扰德国司法实践的识别和判断侵害"一般人格权"行为之"违法性"的难题[1]就现实地摆放在我国的法官面前。对此，我们目前显然并未做好充分的理论准备！

---

[1] 薛军：《揭开"一般人格权"的面纱——兼论比较法研究中的"体系意识"》，载于《比较法研究》2008年第5期，第25~39页。

第二十三章

基本权利影响侵权民事责任的路径

基本权利固然主要是一种指向于国家公权机关的权利，但它同时也对私法场域保持了一定的效力涵摄。基本权利在私法场域的影响主要表现为其对民事（法律）行为效力的影响以及对侵权民事责任构成的影响。本部分拟对基本权利影响侵权民事责任的路径做一框架性分析，具体从以下几个方面展开。

第一节　宪法权利的私法适用及其实现机制

现代宪法学研究正处于调适传统宪政理念和新形势下社会对宪法私法适用内在要求的矛盾的关键阶段，宪法的私法适用问题也是当今世界各国宪政实践中面临的一个非常现实的问题，如何契合本国国情，探求出宪法私法适用的发展路径，对于宪法学研究的深化具有深远的意义。笔者认为，宪法原则上不能被当作私法适用的原因主要有两个方面：第一，避免不同性质的宪法权利在被"私"用时产生冲突。正常情况下，公民的宪法权利必须待立法机关将其具体化之后，方才能够成为私人间权利防范的凭借，之所以如此，是因为宪法中所确定的公民的诸项宪法权利往往存在彼此间的冲突，如果直接用来调整私人之间的权利义务关系的话，难免会发生不同属性权利间的冲突和碰撞，从而使担负救济责任的司法机关处于尴尬难择之地。第二，宪法权利的性质和功能决定了它不适合于私法适用。宪法权利具有完全不同于私权利的秉性，其基本的立足点在于限制国家权力，而不是对私人间关系的调整，宪法权利的大范围私法适用将导致宪法权利体系的紊乱。传统宪政理念将宪法权利固着于公权之一端，有其内在的正当性基础。当然，在坚持宪法权利原则上不能被当作私权利适用的同时，我们也必须看到，尽管当前世界各国宪法原则上都不承认宪法的"私法"适用效力，但是在宪法权利的个别环节，却依然存在着宪法"私法"适用的现象。笔者认为，宪法权利之所以在某些情形下可以被当作私权利适用的原因主要有两个方面：第一，国家行为方式的变化和市场经济的现代发展使私人团体有可能侵犯到公民的宪法权利。20世纪以来，宪法的传统观念逐渐发生了变化，在"福利国家""给付行政"等思潮的冲击下，"夜警国家"的消极定位已经不足以使公民的宪法权利得到现实的保障。在这种变化了的情势下，国家就开始将一些原本由国家承担的责任转移到私人团体的身上，有时甚至直接委托私人承办一些具有公益性或独占性的事务，如此一来，私人团体的私事行为就发生了潜移默化的改变，具有了实质意义上的公权力属性。在这种情势下，如果仅从私人团体的外在行为着眼，无视其组织及行为的本质，以该争端属于私事争端为由，拒绝宪法的"私法"适用，必将背离宪法的本意并最终损害到宪法权利的实现。第二，立法不作为导致了公民的宪法权利虚置，公民没有防范来自私人团体侵害的法律凭借。立法者之政治决策者的角色及立法机制运作的内在机理决定了它不可能绝对适时、适量地因应宪法权利对其施加的内在要求。立法者在制定法律的时候，"必须仔细参酌立法的动机，立法当时主观、客观的政治、经济及社会等情况，而后才可以立法，关于立法的时间及立法细节应委由立法者决定。"① 当立法者由于议会内部的有效多数基于诸多方面的原因而无法形成或者当立法者根据对现实诸种情势的考量而无法从量上完全满足制宪者先期所作的承诺的时候，由立法不作为而导致的宪法权利虚置现象就不可避免，公民个体因此也就没有防范来自私人团体侵害的凭借。从宪法学理的角度来讲，立法不作为有其存在的正当性，② 但这丝毫不意味着以"司法"为责任的司法机关之不作为同样具有正当性。为了防范法官的消极、懈怠，宪法的"私法"适用就不可避免。

从世界范围来看，宪法权利的私法适用主要有两种机制：第一，美国的"国家行为"理论。所谓"国家行为"理论，是指宪法原则上是不能用来调整和解决私人团体间的权利义务关系的，但是，如果该私人团体的行为在形式上

---

① 陈新民：《德国公法学基础理论》（上册），山东人民出版社2001年版，第163页。
② 刘志刚：《立法不作为的制度救济——论宪法诉讼的权利救济功能》，载于《法学评论》2003年第2期，第95～104页。

和国家有直接的或间接的联系，或者在本质上和国家之间存在联系，即可认定为国家行为，仅仅指向于国家公权力的宪法因之就能被用来解决"私人"间的争端。第二，德国的宪法"第三者效力"理论。所谓宪法的第三者效力，是指除了《德国基本法》第九条第三款①以及各邦宪法②中的明文规定外，宪法的基本权利能在何种范围内、以何种方式对私人关系产生拘束力。前述两种机制存在两个方面的差别：一方面，对私人侵权的限制程度不一样。在美国，宪法权利只禁止来自国家公权力的侵害，对私人的责任并不做要求，除非后者和国家之间存在某种形式上的或实质上的联系，即构成"国家行为"。从实践来看，虽然国家行为的范围也较为宽泛，但其依然不能包容私人行为的全部，而且，"国家行为"事实上也不可能全盘扩张，否则将会因为宪法权利内部的相杀而有可能侵犯到其他的宪法权利，从而形成恶性循环。反之，在德国，由于基本权利对司法机关有直接的拘束力，司法机关在适用民法解决私人争端的时候，必须考虑到宪法中的相关规定，这就在事实上对私人团体提出了行为上的要求，宪法的"私法"适用范围也因此扩大，私人受到的宪法限制因此增强。德国的"魔菲斯特案"集中反映了这一点。③ 另一方面，对立法不作为的救济程度不一样。国家行为的一个重要功能就在于对由于立法不作为而引发的宪法权利虚置问题进行救济，当立法者由于诸多方面的原因而没有将宪法权利具体化从而使公民无法防御来自私人团体的"宪法"侵害的时候，可以借助国家行为理论，将该种不作为行为认定为国家行为，由于先例拘束的作用，立法不作为诱发的宪法权利虚置问题因之能够得以避免。然而，"第三者效力"理论却仅仅要求法官在解释私法的时候注意到宪法中关于基本权利的规定，也就是说，只有在私法中有相应规定的时候，当事者才有可能诉诸法院，法院也才可以借助宪法对其进行辐射性解释。如果私法中并无相关的规定，公民就只能求助于抽象的宪法诉愿程序去寻求宪法法院的救济。这种操作层面的分离大大影响了对立法不作为现象的救济程度。

在我国，关于宪法是否调整私法关系，是否具有"私法"适用力，主要有三种观点：第一，认为宪法不适宜调整私法关系，私法关系应该更多地交给民

---

① 《德国基本法》第九条第三款规定：每个人和所有职业都应被保证结社权利，以保障和提高工作与经济条件。限制或破坏这项权利的协议一律无效；为此采取的措施是非法的。
② 例如巴伐利亚邦宪法第一百一十条和第一百七十条；布莱梅邦宪法第十五条和第四十八条；黑森邦宪法第十一条和第三十六条等。
③ 详情可参见张千帆：《西方宪政体系》（下），中国政法大学出版社 2001 年版，第 381～384 页。此处不再赘述。

商法等私法去处理;① 第二，认为宪法可以调整私法关系,②"尽管调整私权关系不是宪法的主要任务，但它并非不能调整私法关系";③ 第三，认为没有必要特别地讨论宪法私法化的利弊是非问题，也不存在赞成宪法私法化还是反对宪法私法化的选择余地，这类问题纯粹是误解宪法的产物，是假问题。④ 笔者认为，现代社会条件下，任何一部法律若不事先究明其公法私法属性，其颁布施行是十分困难的。在某种程度上可以认为，正是法律被划分为公法和私法，才构成了现代法制的基础。通观世界各国，宪法作为公法的法律地位是不容否认的，如果否认宪法的公法地位，我们所追求的立宪主义就缺乏借以实现的理念基础。因此，从理论上来讲，和其他国家一样，我国宪法不应当成为私人之间争端的裁判准则。但是，同时也应该看到，随着我国市场经济的逐步成熟，传统的中国社会正面临着和往昔西方国家相同的问题，如国家职能的结构性转移、承担公共职能的私人团体日趋增多、人们的权利意识日趋觉醒，等等，如是这些如果辅之以立法缺位现象的现实存在，宪法"私法"适用的问题将日趋突出。如何契合中国国情，在现行的政治架构下谋划出一个可行的宪法"私法"适用的有效机制，是以立宪主义为诉求的我们所必须面对的一个现实而紧迫的问题。笔者认为，美国型的宪法权利"私法"适用机制——"国家行为"理论不切合中国的实际，难以借鉴。其原因主要有两点：第一，"国家行为"理论赖以存在的制度基础是三权分立，法院作为三权中独立的一级，必须有足够的权威来抗衡作为民意代表机关的国会和作为行政机关的政府，唯此，蕴含着国家意志的私人行为才有理由被推翻、被宣布无效，同时也才能有其得以存

---

① 秦前红教授指出：在我国，随着经济体制改革的深入、市场经济的普遍化发展以及利益的多元化，造成了利益的代表和表达的多样化。这对打破传统自然、半自然经济和过去计划经济条件下国家和个人不分，"公共领地"和"个人私域"不分的状况，强化公民的主体意识，都是有积极意义的。正是在这样一种意义上，我们把宪法当作公法，让宪法更多关注权力的合理建构和正当运用而给私域保留更多生成和发育的空间，在不能确保宪法是"良宪"的情况下，把有关公民个人财产权方面的私事，更多地交给民商法等私法去处理，也应是现实之必然。（秦前红：《关于"宪法司法化第一案"的几点法理思考》，载于《法商研究》2002 年第 1 期，第 13～19 页。）

② 蔡定剑教授指出："宪法不仅是公法，同时也是私法；或者说宪法既不属于公法，也不属于私法，而是处于两者之上的法律。这样的解释更符合宪法作为最高法和根本法的地位。如果把宪法归之于公法，只调节公权关系，不涉及私权关系，它就不是真正的最高法了"。（蔡定剑：《关于什么是宪法》，载于《中外法学》2002 年第 1 期。）

③ 王磊：《宪法实施的新探索——齐玉苓案的几个宪法问题》，载于《中国社会科学》2003 年第 2 期，第 30 页。

④ 童之伟教授指出：认为宪法是与公法、私法相对称的一个单独类型，是根本法。宪法是公法和私法的共同基础，浓缩着一国法律体系中公法和私法两者的内容，不论直接还是间接适用宪法的过程，同时既是宪法私法化，又是宪法化的过程。没有必要特别地讨论宪法私法化的利弊是非问题，也不存在赞成宪法私法化还是反对宪法私法化的选择余地，这类问题纯粹是误解宪法的产物，是假问题。（童之伟：《宪法司法适用研究中的几个问题》，载于《法学》2001 年第 11 期，第 8 页。）

在的正当性基础。我国实行的政治制度人民代表大会制度，法院由人大组织产生，对其负责，受其监督，根本不具有和人大平行的地位。由法院来审查评判蕴含着国家意志的"私人"行为是不可想象的，在逻辑上也是不成立的。第二，"国家行为"理论的另一个重要的制度基础是判例法。由于它的存在，法官才得以在不严格的先例拘束规则下适时地调整立法的缺位和国家权力的扩张之间的砝码，才得以减缓因为私事争端数量上的巨大而引发的诉讼资源紧张。在我国，虽然最高法院的司法解释及批复发挥着和普通法系国家之先例相似的拘束力，但是由于它的作出机关的单一性及效力的稳定性而诱致的僵化使它事实上发挥不了普通法系国家先例的作用。相比之下，较为可行的措施是仿效德国的宪法"私法"适用机制，即"第三者效力"理论，结合中国的体制，塑造出具有中国特色的宪法"私法"适用机制。在这方面，我国宪法学界已经有了初步的探讨。周伟教授指出，宪法的"私法"适用应遵循如下原则：首先，如果侵害基本权利的行为符合法律禁止性规定的构成要件，而法律禁止性规定对权利保护的强度，与基本权利原则对个人提供保护的强度相当，则遵循法律"适用优先原则"；其次，如果基本权利的保障无法律的明确规定，不能够直接根据法律的禁止性规定或者保护性的规定，对被侵害的宪法基本权利提供法律上的救济，就得直接援引基本权利的规定予以保障；最后，如果普通法律对基本权利保障的程度达不到宪法原则的要求，可直接援引基本权利。① 笔者认为，对我国宪法"私法"适用的机制设计仅有抽象的原则是不够的，该原则必须有其赖以存续的机制载体，而且，任何原则的定位都必须立足于中国的政治体制架构基础之上。考察德国的宪法"第三者效力"理论，我们可以发现，该理论实际上是和德国的宪法法院制度紧密结合在一起的，在某种程度上可以说，如果没有宪法法院制度的存在，宪法的"私法"适用就不可能彻底实现。遗憾的是，这恰恰是中国宪法"私法"适用的"瓶颈"所在。齐玉苓案发生之后，我国宪法学界表现出了极大的兴趣，甚至有学者宣称，该案是"中国宪法'司法化'第一案"，最高法院通过该批复将会使宪法的阳光普照"枯叶飘零的幽谷"。但是，理性地分析之后可以发现，该批复的存在并不表征着宪法"司法化"时代的来临，同时也不意味着从此宪法可以进入"私法"的调整空间。正如强世功先生所说，法官和学者们在对该批复的积极意义阐说的时候，有意无意地混淆了宪法的司法判断及作为宪法"私法"适用之前提的违宪审查，意图将"宪法司法化"作为自己的"特洛伊木马"，将违宪审查的概念偷运到司

---

① 周伟：《宪法基本权利司法救济研究》，中国人民公安大学出版社 2003 年版，第 43~44 页。

法实践中。① 以违宪的方式达到行宪的意图，这固然是学者和法官们的悲哀，但更多的是昭示了社会对宪法发挥功能的现实渴盼，同时也凸显了宪法"私法"适用在制度承受上的脆弱。从长远的角度考虑，笔者认为童之伟教授在《宪法司法适用研究中的几个问题》一文提出的措施是可取的。但是，在目前的情势下，由于立法缺位的现实存在及社会对权利保障的内在要求，该方案不具有现实性。考虑到中国现行的政治架构及法院的组织体制，笔者认为，在秉承周伟教授的"私法"适用原则基础之上，应采行以下的"私法"适用机制：（1）针对司法实践中现实存在的法院依据宪法办案的情况，应由全国人大常委会依据宪法作出决定，授权一定层级的法院可以在穷尽法律救济的情况下，依据宪法中关于公民权利的规定处理相关案件。（2）设想（1）的具体程序是：如果公民的宪法权利没有相应的法律对其作出规定，或者虽然做了规定但是规定得不完全，那么，当公民基于这种被虚置（包括完全虚置、部分虚置、阶段性虚置及程度虚置）了的宪法权利发生争执并寻求司法处理的时候，人民法院就必须考虑到宪法中的相关规定，对案件作出合乎宪法规定的处理。但是，这种法院必须限定在省一级。省级以下法院在处理关涉虚置宪法权利的案件时，必须移交省级人民法院统一作出处理。省级人民法院应将处理后的结果报国家最高人民法院，并由其向全国人大常委会提交个案情况的处理报告供其进行工作研究，同时，该类案件应作为最高人民法院向国家立法机关提出相应立法议案的重要依据。

第二节　基本权利与侵权责任法所保护的法益

一、侵权责任法保护的法益

在大陆法系国家，侵权责任法保护的法益主要是通过侵权法的一般条款加以确定的。"在比较法上，侵权法的一般条款具有确立侵权法保护范围、归责事由以及基本构成要件的功能。"② 与大陆法系国家相比，英美法系国家更倾向于采

---

① 强世功：《宪法司法化的悖论——兼论法学家在推动宪政中的困境》，载于《中国社会科学》2003 年第 2 期，第 18～28 页。

② 王利明：《侵权法一般条款的保护范围》，载于《法学家》2009 年第 3 期，第 19 页。

取与古罗马法类似的决疑式方式，对侵权行为的各种具体形态进行列举（如欺诈、诽谤等）①，不过，近年来英美法系国家也逐步通过过失侵权责任制度向一般条款的方向发展。②《法国民法典》首创了侵权行为法的"一般条款"立法模式。依据该法第 1382 条③和第 1383 条④的规定，法国侵权法的保护对象是具有高度概括性和包容性的"损害"，而不限定于"权利"。有学者指出，前述法条所规定的"损害"的范围也包括其他国家所说的"纯粹经济损失"。⑤ 从司法实践来看，法国法院不断根据社会现实的发展纳入一些新型的损害模式，使得前述一般条款呈现出明显的开放性特征。与《法国民法典》相比，《德国民法典》似乎在力图消除《法国民法典》所确立之开放模式的不确定性。依据《德国民法典》第 823 条⑥和第 826 条⑦的规定，德国侵权法的保护对象包括绝对权利、法益以及利益。其中，绝对权利是德国侵权法的主要保护对象，法益所针对的主要是《德国民法典》第 823 条第 2 款以保护他人为目的之法律所保护的对象，利益主要指纯粹经济上的利益以及人身利益（第 823 条第 2 款、第 826 条）。不同的对象受保护的条件不甚相同。与《法国民法典》《德国民法典》相比，我国《民法典》关于一般侵权行为保护对象的规定在外观上更切近于《法国民法典》。依据我国《民法典》第一千一百六十五条⑧的规定，它并未像《德国民法典》第 823 条第 1 款那样将侵权法保护的对象限定为"绝对权利"，而是以具有高度笼统概括性的"造成损害"加以厘定，它们和《法国民法典》第 1382 条所规定的"损害"更具有相似性。那么，是否可以由此认为：我国《民法典》关于侵权法保护对象的规定采行的是法国模式呢？对此，

---

① Frederick Pollock and William Maitland, History of English Law before the Time of Edward (Vol Ⅱ), (2nd ed.), 1968: 558.

② David Howarth, Is there a Future for the International Torts, in Peter Bricks (ed). The Classification of Bligations, 1997, 233ff.

③ 《法国民法典》第 1382 条规定，"任何行为使他人受损害时，因自己的过失而致行为发生之人对该他人负赔偿的责任。"

④ 《法国民法典》第 1383 条规定，"任何人不仅对其行为所致的损害，而且对其过失或懈怠所致的损害，负赔偿的责任。"

⑤ 葛云松教授指出，"在解释上，加害人因过错而导致他人的任何类型的损害，都应当予以赔偿。其范围，也包括了其他国家所称的纯粹经济损失。"参见葛云松：《纯粹经济损失的赔偿与一般侵权行为条款》，载于《中外法学》2009 年第 5 期，第 698 页。

⑥ 《德国民法典》第 823 条规定，"故意或者过失地部分侵害他人的生命、健康、自由、财产所有权或者其他权利的人，有义务向他人赔偿因此而造成的损失（第 1 款）。""违反以保护他人为目的的法律的人，负同样的义务（第 2 款）。"

⑦ 《德国民法典》第 826 条规定，"违背善良风俗的方式故意致人损害的，承担损害赔偿义务。"

⑧ 《中华人民共和国民法典》第一千一百六十五条规定，"行为人因过错侵害他人民事权益造成损害的，应当承担侵权责任。依照法律规定推定行为人有过错，其不能证明没有过错的，应当承担侵权责任。"

国内学界主要有绝对权利说①和利益损害说②两种观点，从我国的司法实践来看，法院多采取前种立场。我国《民法典》制定过程中，围绕侵权法的保护对象问题，学界的理解依然不甚一致。2021 年施行的《民法典》第七编侵权责任中对所保护的民事权益做了规定。依据该规定，可以窥察到的与本书主题相关的信息包括：（1）侵权责任法对其保护对象采取"概括 + 列举"的方式加以界定。第一千一百六十五条第一款明确了侵权责任法的保护对象为"民事权益"，第二款明确了民事权益的内涵；（2）我国《民法典》对民事权利和民事利益在保护程度和侵权构成要件上未作区分；（3）我国《民法典》不调整违约的情形。与前述《法国民法典》和《德国民法典》的相关规定相比，我国《民法典》在其保护对象的规定方面似乎既没有采取《法国民法典》所确立的开放式立法模式，也没有采取《德国民法典》所确立的"列举递进"模式。

二、基本权利是否属于侵权责任法所保护的法益

宪法学界普遍认为，宪法原则上是不调整私法关系的，因而基本权利不属于侵权责任法保护的法益范围。在美国，多数宪法学者倾向于认为，基本权利指向的义务主体是国家公权机关，不是民事主体。因此，基本权利不属于侵权责任法的权益保护范围。在 1883 年的"Civil Rights Cases"案③中，美国联邦最高法院首次明确阐述了该种立场。在德国，传统宪法学理论普遍认为，"宪法关于基本权利的规定，意在保障人民免于遭受国家权力滥用的侵害。"④"宪法权利的规定完全是针对国家而设立的，该条款本身包含有纯粹针对国家的性质，而不是针对人民的性质。"⑤按照前述宪法理念，基本权利具有单一的国家指向性，对私人

---

① 该种观点认为，侵权行为是指行为人不法侵害他人财产权利或人身权利的行为。参见江平、巫昌祯：《现代实用民法词典》，北京出版社 1988 年版，第 262 页；彭万林：《民法学》，中国政法大学出版社 1994 年版，第 648 页。另可参见佟柔：《中国民法》，法律出版社 1990 年版，第 557 页；王利明、杨立新：《侵权行为法》，法律出版社 1996 年版，第 648 页。

② 该种观点认为，侵权行为是"不法侵害他人非合同权利或者受法律保护的利益，因而行为人须就所生损害负担责任的行为"。参见张俊浩：《民法学原理》，中国政法大学出版社 1991 年版，第 827 页。

③ 该案的基本情况是：美国国会在 1875 年制定了民权法案，禁止在火车、旅馆、戏院等公共场所有种族歧视的情形。鉴于在实践中受到的种族歧视，五名黑人分别依据该法向法院提起诉讼，寻求救济。联邦法院认为，《美利坚合众国宪法第十四条修正案》仅仅限制各州权力的行使，并不规范私人间的权利义务关系，联邦并不能依据该修正案取得制定禁止私人歧视法律的权力。因此，该法无效。109 U. S. 3 ［1883］.

④ Carl Schmitt, Vrfassungslehre, 1928, S. 126.

⑤ D. Merlen, Annerkung, Njw 1972, 1799.

之间关系的调整不具有法律效力，基本权利与民事侵权责任所保护的法益之间不存在逻辑上的关联性。在我国，宪法学界对宪法是否调整私法关系这一问题的理解不甚相同，总体上持肯定说①和否定说②两种立场。也有学者认为，没有必要特别地讨论宪法私法化的利弊是非问题，不存在赞成宪法私法化还是反对宪法私法化的选择余地，这类问题纯粹是误解宪法的产物，是假问题。③ 受前述诸种立场的影响，国内宪法学界对于基本权利是否属于侵权责任法保护的权益范围这一问题的理解实际上是不甚相同的。与之相比，国内民法学界对该问题所秉持的立场却似乎基本一致。国内多数民法学者倾向于认为：侵权责任法所保护的权利范围仅限于私法上的权利，基本权利等公法上的权利并不属于其范围。④ 国内有民法学者指出，"尽管宪法上对人民基本权利和自由的规定是侵权责任法确定保护范围与保护力度的基本依据，为侵权责任法的生长提供了源头活水。然而，这并不意味着这些宪法上的基本权利就可以直接成为侵权责任法的保护对象。""首先，宪法规定的基本权利属于最上位的原理性权利。在该原理性权利之下，还有具体权利及为保护该具体权利而发挥实现其内容这一功能的手段性权利。""其次，宪法上有些基本权利的义务人并非具体的民事主体而是政府等公权力机关，不存在民事主体侵害这些基本权利的问题。"⑤ 依据我国《民法典》第九百九十条的规定，基本权利不属于侵权责任保护的权益范围。笔者认为，基本权利原则上不应该属于侵权责任保护的权益范围，但是，应当在《民法典》中预留适当的接入管道，以求保持基本权利对侵权民事责任构成的效力涵摄。具体理由包括三个方面：第一，民事主体侵犯基本权利现象的现实存在。基本权利的性质决定了其义务主体的国家指向性，但是，这并不意味着基本权利不会遭受来自民事主

---

① 该观点认为，宪法可以调整私法关系。（蔡定剑：《关于什么是宪法》，载于《中外法学》2002 年第 1 期）"尽管调整私法关系不是宪法的主要任务，但它并非不能调整私法关系。"（参见王磊：《宪法实施的新探索——齐玉苓案的几个宪法问题》，载于《中国社会科学》2003 年第 2 期，第 30 页。）

② 该观点认为，宪法不适宜调整私法关系，私法关系应当更多地交给民商法等私法去处理。（参见秦前红：《关于"宪法司法化第一案"的几点法理思考》，载于《法商研究》2002 年第 1 期，第 13 ~ 19 页。）

③ 童之伟：《宪法司法适用研究中的几个问题》，载于《法学》2001 年第 11 期，第 8 页。

④ 以杨立新为代表的民法学者认为，侵权责任法所保护的权利范围，应当限于私法上的权利，而不能包括公法上的权利。如果公法上的权利遭受侵害，应当依据公法制度获得救济。（参见杨立新主编：《侵权法热点问题法律应用》，人民法院出版社 2000 年版，第 448 页。）王利明教授等民法学者认为，"至于宪法上的基本权利受到侵害，是否可以通过侵权责任法获得救济，在各国法律制度中，不无争议。依据我国通说，公法上的权利受到侵害，并不能直接获得侵权责任法的救济。"（参见王利明：《侵权法一般条款的保护范围》，载于《法学家》2009 年第 3 期，第 23 页。另可参见王泽鉴：《侵权行为法》（第 1 册），中国政法大学出版社 2001 年版，第 101 页。）

⑤ 程啸：《侵权责任法》，法律出版社 2015 年版，第 119 ~ 120 页。

体的侵害，国内外司法实践中存在许多此类案例。① 例如，在我国 1999 年的
"王春立等诉北京市民族饭店侵犯其选举权案"② 中，王春立等 16 名下岗职工向
北京市西城区人民法院提起民事诉讼，状告他们先前供职的单位侵害了他们的选
举权，要求被告承担法律责任，并赔偿经济损失。在该案中，由于相关法律中均
将侵害选举权的主体限定为国家公权机关，民法中并未规定侵害选举权的民事责
任，民诉法也未提供相关的民事诉讼，因此，尽管该种侵害现实存在，但却无法
获得民事法的救济。第二，维持私法和公法之间的动线流畅，确保宪法对法律体
系的总体统合。立法实施是宪法实施的一种重要路径，对于中国当下的情势而
言，立法实施显得尤其重要。对于基本权利的立法实施而言，贯彻落实其宪法精
神的立法既包括公法，也包括私法。就公法来说，其在实施基本权利方面的功能
主要表现为：确认和保障公民的公法权利，对侵害公法权利的国家机关、公权组
织的工作人员进行惩处，如行政处罚、刑事制裁；对国家公权组织施加正向保护
公法权利的法律责任，如公权机关保护公民选举权、受教育权、宗教信仰自由权
等公法权利的法律责任。就私法来说，其在实施基本权利方面的功能主要表现
为：形成人身权、财产权的内容；确认民事主体的人身、财产权利；保障民事主
体的人身、财产权益。公法、私法迥然相异的性质决定了其义务主体的不同指
向：公法权利的义务主体主要是国家公权组织或者其工作人员，私法权利的义务
主体却主要是民事主体。但是，诚如前述，法治实践中民事主体侵害基本权利的
情形是现实存在的。在该种情形下，从公法层面来说，由于侵害公法权利的主体
并不是国家公权组织及其工作人员，因此，公法无从发挥效力；从私法层面来
说，由于被侵害到的权益并不是民事权益，因而，侵权责任法并不加以保护。
如是一来，基本权利经由立法获得实现的理想不就全盘破灭了吗？宪法统合包
括公法、私法在内的全部法律体系的功能不就在事实上被破坏了吗？笔者认
为，公法的责任在于框定私法自治的空间场域，私法的责任在于确保民事主体
的行为自由。二者既相对独立，又相互影响，很难截然分开。漠视民事主体侵
害基本权利的现实存在、否认基本权利相较于侵权民事责任的影响不仅不利于
维持公法、私法之间必要的动线流畅，而且也不利于确保宪法对法律体系的总
体统合。

---

① 例如，在美国 1955 年的 Gordon v. Gordon 案（322 Mass. 197，124 N. E. 2d 228（1955），cert. denied，
349 U. S. 947（1955））中，某人立遗嘱将其身后财产赠与他的一位亲属，但是同时附加条件：如果受遗赠
人娶异教徒为妻，将丧失受遗赠权。受赠人对此不服，向联邦法院提起诉讼，称该公民侵害了其宗教信仰
自由权。

② 邱宝华、李金刚：《社会转型时期公民选举权的保护——一起选举权案件引发的思考》，载于《法
学》2020 年第 10 期，第 64～65 页。

第三节　基本权利影响侵权民事责任的路径——纯粹经济损失

诚如前述，基本权利原则上不属于侵权责任法的保护范围，但是，为确保公法与私法之间的动线流畅以及宪法对法律体系的整体统合，有必要在侵权责任法中预设联结宪法与侵权责任法的管道，以维持基本权利对侵权民事责任的必要的效力涵摄。笔者认为，为防止基本权利在民法场域的过当渗透，避免对民事主体行为自由的过当压制，维护民法由以存在的自治基础，侵权责任法中原则上应以保护民事权利为主旨，不适合将基本权利直接纳入其保护的权利范围，基本权利在侵权民事责任场域的效力涵摄可以通过纯粹经济损失、一般人格权等接驳管道，经由法官在司法审判中的制度性搅拌，将基本权利的精神动态地注入对侵权民事责任构成的判定之中。在本部分内容中，笔者拟对接驳基本权利与侵权责任法的纯粹经济损失进行分析。

一、侵权责任法对纯粹经济损失所秉持的基本立场

大陆法系国家侵权责任法对其所保护权益的界定大多是通过该法中的一般条款加以界定的。目前，大陆法系国家侵权责任法在保护民事绝对权利方面的立场是一致的，但是，在保护舍此而外的纯粹经济损失方面的立场却不甚相同。而且，不同国家和地区的学者对纯粹经济损失之内涵的理解也不甚相同。例如，奥地利学者库齐奥教授认为，纯粹经济损失是一种并非因为人格权（生命、身体、健康自由以及其他人格权）或者财产权（有体财产权和无体财产权）受侵害而发生的损害。[①] 我国学者王泽鉴教授认为，"所谓纯粹经济上损失，系指被害人直接遭受财产上不利益，而非因人身或者财物被侵害而发生。"[②] 国内还有学者认为，纯粹经济损失的特征是：它是一种加害受害人整体财产，而不是基于其所享有的某项具体权利（包括人身权和物权）被侵害而发生的损失；它是侵害人所为之侵害行为直接造成的，而不是受害人的人身或

---

① ［奥］海尔穆特·库齐奥著，朱岩、张玉东译：《欧盟纯粹经济损失赔偿研究》，引自《北大法律评论》第 10 卷第 1 辑，北京大学出版社 2009 年版，第 243 页。

② 王泽鉴：《挖断电缆的民事责任：经济上损失的赔偿》，引自《民法学说与判例研究》（第七册），中国政法大学出版社 1998 年版，第 79～80 页。

者财产遭受侵害后间接引起的损失。① 近年来，国内有学者通过将民法上利益进行分类的方式界定纯粹经济损失。该学者认为，民法上的利益包括绝对权②、相对权、其他人格利益、其他财产利益四种类型。其中，相对权和其他财产利益可以定义为纯粹经济利益或者纯粹财产利益。对该种利益的侵害可以称为纯粹经济损失。③ 笔者倾向于采信前述第四种理解。在保护纯粹经济损失方面，各国民法所秉持的立场不甚相同。在法国，基于其民法典第 1382 条④所作开放性规定，纯粹经济损失和诸种绝对权均属于侵权责任法保护的权益范围。只不过，司法实践中法院对纯粹损失的保护往往通过过错、损害和因果关系等构成要件加以限制，以防止过当限制民事主体的行为自由。在德国，民法典在通过第 823 条第 1 款⑤对绝对权施加保护的同时，还通过其第 823 条第 2 款⑥及第 826 条⑦对绝对权之外的其他权益（如纯粹经济损失）提供了补充性的保护。与民法典第 823 条第 1 款所保护的绝对权规定相比，第 823 条第 2 款、第 826 条所保护的权益范围显然要宽泛得多。但是，其构成要件显然要比侵害绝对权民事责任的构成要件更为严格。而且，由于第 823 条第 2 款使用了具有高度抽象性的语言表述方式——"以保护他人为目的的法律""违背善良风俗的方式""损害"等，因而，对该种权益的侵害究竟是否构成侵权民事责任，需要法院加以综合权衡判断，其保护力度显然迥然相异于对绝对权的保护。与法国、德国相比，我国侵权责任法的立法模式在外观上更接近于法国。我国《民法典》实施之前，《民法通则》第一百零六条第二款⑧对侵权行为所侵害的权益做了笼统、概括性的规定。从该条的条文表述来看，该条并未将侵权法所保护的权益限定为人身权、财产权等诸种绝对权利，该条所作的"人身""财产"等笼统性规定可以将纯粹经济损失纳入其中。司法实践中最高人民法院似乎也秉持类同的立场。⑨ 2021 年施行的《民法

---

① 李昊：《纯经济上损失赔偿制度研究》，北京大学出版社 2004 年版，第 5~8 页。

② 包括具有绝对权性质的人身权和财产权，如各种具体人格权、各类物权、专利权、商标权等。

③ 葛云松：《纯粹经济损失的赔偿与一般侵权行为条款》，载于《中外法学》2009 年第 5 期，第 689~736 页。

④ 该条规定："任何人因其行为致人损害，如果对其发生有过错，应承担赔偿义务。"

⑤ 德国民法典第 823 条第 1 款规定，"故意或者过失地部分侵害他人的生命、健康、自由、财产所有权或者其他权利的人，有义务向他人赔偿因此而造成的损失。"

⑥ 德国民法典第 823 条第 2 款规定，"违反以保护他人为目的的法律的人，负同样的义务。"

⑦ 德国民法典第 826 条规定，"违背善良风俗的方式故意致人损害的，对他人负有损害赔偿义务。"

⑧ 《民法通则》第一百零六条第二款规定，"公民、法人由于过错侵害国家的、集体的财产，侵害他人财产、人身的，应当承担民事责任。"

⑨ 《最高人民法院关于会计师事务所为企业出具虚假验资证明应如何承担责任问题的批复》第一条规定："会计师事务所为企业出具验资证明，属于依据委托合同实施的民事行为，依据《中华人民共和国民法通则》第一百零六条第二款规定，会计师事务所在 1994 年 1 月 1 日之前为企业出具虚假验资证明，给委托人、其他利害关系人造成损失的，应当承担相应的民事赔偿责任。"

典》第一千一百六十五条延承了《民法通则》第一百零六条第二款的立法模式，通过一般条款界定了侵权责任法保护的民事权益。依据该条规定，侵权责任法所保护的民事权益既包括生命权、健康权等诸种绝对权利，也包括此外的其他人身及财产权益。《民法典》第四编整编规定了人格权。该章首先规定了一般人格权，其次规定了生命权、身体权等绝对权利。依据该规定，结合第七编侵权责任第一千一百六十五条的规定，纯粹经济损失属于我国侵权责任保护的权益范围。

二、基本权利影响侵权民事责任的路径——纯粹经济损失

诚如前述，民法学界和宪法学界总体上均认为基本权利不属于侵权责任法的保护范围。究其原因，概因在民法学者看来，侵权责任法的主旨固然是保护民事主体的相关民事权益不受侵害，但是，这并不意味着其保护的权益范围可以无限制地加以扩展，否则，就会使民事主体处于一种动辄得咎的状态之中，影响其必要的行为自由。正因为如此，德国民法典方才将侵权行为所侵害的权益原则上限定为绝对权，对此外的相对权及其他人格权益并不加以绝对性的保护。如果将基本权利纳入侵权责任法的保护范围，必将导致其在私法场域的过当渗透，不仅加重民事主体的注意义务，而且容易诱发侵权诉讼的泛滥，影响民事主体的行为自由。与之相比，宪法学者之所以反对基本权利在私法场域的适用，主要是因为基本权利迥然相异于民事权利的性质及地位。笔者认为，基本权利原则上不能适用于私法场域的原因主要包括两个方面：第一，"避免不同性质的宪法权利在被私用时产生冲突"；第二，"宪法权利的性质和功能决定了它不适合于私法适用"。[1]但是，这是否意味着基本权利在私法场域就全然不适用了呢？对此，笔者秉持否定的立场。笔者认为，尽管宪法学界普遍不承认基本权利在民法中的适用，但是，基本权利适用于私法场域的现象依然是存在的。对于产生该种现象的原因，笔者在他文中曾经做过分析，[2] 此处不再赘述。目前，美国、德国等西方国家均出现了对基本权利适用于民事审判的相关理论及制度。例如，美国的"国家行为理论"、德国的"第三者效力"理论等。目前，国内宪法学界对基本权利的"第三者效力"问题总体上已经达成了共识。笔者认为，基本权利的第三者效力实际

---

[1]　刘志刚：《宪法"私法"适用的法理分析》，载于《法学研究》2004 年第 2 期，第 39 页。

[2]　笔者认为，基本权利在私法场域的适用主要有两个方面的原因：第一，"国家行为方式的变化和市场经济的现代发展使私人团体有可能侵犯到公民的宪法权利。"第二，"立法不作为导致了公民的宪法权利虚置，公民没有防范来自私人团体侵害的法律凭借。"参见刘志刚：《宪法"私法"适用的法理分析》，载于《法学研究》2004 年第 2 期，第 35 ~ 49 页。

上就是在因应民法学者的前述关切及传统宪法学界前述顾虑的基础上确立下来的。"第三者效力"理论固然承认基本权利在私法场域的适用，但该种适用是间接的，而不是直接的。也就是说，在法官的解释性搅拌之下，经由民法中的相关条款将基本权利的精神糅杂于其中，进而达到适用的效果。在笔者看来，侵权责任法中的纯粹经济损失可以起到转介基本权利的作用。诚如前所述，法国、德国等大陆法系国家民法典均将纯粹经济损失纳入了侵权责任法的保护范围之列。当然，由于纯粹经济损失的性质迥然相异于绝对权利，各国民法中对纯粹经济损失并未给予绝对性的保护，而是由法院酌情裁量确定。笔者认为，在基本权利的私法适用问题上，我国可以考虑借鉴德国保护纯粹经济损失的做法，并加以适当的改造。具体设想如下：首先，立法是宪法实施的重要路径，公法在基本权利的实施方面起着重要作用，公法权利在较大程度上承载着实现基本权利的使命；其次，民事主体如果违反了以保护他人公法权益为目的的法律，造成了他人的人身、财产损害，应当承担侵权赔偿责任，具体由法官根据权益平衡的原则加以确定；最后，如果实现基本权利的公法不存在，而民事主体以故意违反公序良俗的方式侵害公民的基本权利，① 是否承担赔偿责任，要视该种"侵害"是否同时侵损到了民事主体之纯粹经济损失而定。对此，法官要综合考量、酌情而定。统而言之，笔者的总体思路是：（1）各国侵权责任法对纯粹经济损失所秉持的立场所凸显的实际上是其对民事主体行为自由与保护受害人相关权益加以平衡的立场；（2）将基本权利与纯粹经济损失关联起来，可以在较大程度上避免基本权利在侵权法场域的过当渗透，过当加重民事主体的注意义务，避免危及其必要的行为自由；（3）将基本权利与公法权利关联起来，进而通过对"以保护他人为目的的法律"的违反间接保护基本权利，可以确保基本权利私法适用中"穷尽法律救济原则"的实现；（4）将基本权利与公序良俗原则关联起来，可以避免法官在司法审判中进行自我价值理念的逻辑走私，实现对公序良俗原则的客观化塑造。② 目前，我国《民法典》第一千一百六十五条所保护的民事权益既包括绝对权利，也包括此外的其他人身、财产权益，对纯粹经济损失的保护存在制度上的拓展空间。但是，由于我国《民法典》在一般条款的内容设计方面并未采取《德国民法典》那样的"递进保护方式"，对绝对权利和其他权益的保护条件并未做进一步的区分，因此，未来如果采行前述方式尚需对我国《民法典》进行进一步的完善。

---

① 《最高人民法院关于确定民事侵权精神损害赔偿责任若干问题的解释》第 1 条第 2 款确立了"违背公序良俗型"侵权模式，但是，该种模式下所保护的民事权益仅限于"他人隐私"或者"其他人格利益"，并不包括纯粹经济损失。

② 刘志刚：《公序良俗与基本权利》，载于《法律科学》2009 年第 3 期，第 62～71 页。

第四节 基本权利影响侵权民事责任的路径——一般人格权

除却纯粹经济损失之外，基本权利在侵权责任法场域的效力涵摄，还可以通过一般人格权这一管道，经由法官在民事审判中对"人格尊严权""人身自由权"以及"其他人格利益"等一般人格权的审查和判断，将相关基本权利的精神糅杂于对前述一般人格权的理解性搅拌之中，进而使基本权利发挥其在侵权责任场域的影响。本部分内容拟对基本权利影响侵权民事责任的另一管道（一般人格权）进行分析，具体从以下两个方面展开。

一、侵权责任法对其他一般人格利益秉持的基本立场

与财产权相比，人格权由于直接关涉权利主体自身的存在和发展，因此对该种权利的保护相较于对财产权的保护显得更为重要。但是，近代西方主要国家民法典中却并没有系统地规定人格权的内容。1804 年的《法国民法典》中并未规定人格权的内容，司法实践中法院主要依据《法国民法典》第 1382 条关于侵权法一般条款的规定对人格权进行保护。1900 年的《德国民法典》对人格权的保护规定得较为简单，集中表现为该法第 12 条[①]所规定的姓名权和该法第 823 条第 1 款[②]所列举的四种具体人格权。究其原因，主要有两个方面："一方面，当时的立法者十分信任习俗和道德对人的行为的调控作用，因此放弃了将人格本身上升为一项由侵权责任法加以保护的法益的主张。""另一方面，身处十九世纪末的立法者没有充分意识到技术进步（如窃听设备、录音技术、照相机等）会如此迅速，从而给更多的人格领域造成巨大的危害。"[③] 第二次世界大战结束之后，德国联邦最高法院在 1954 年"读者来信案"中以《德国基本法》第一条、第二条为依据，发展出"一般人格权"的概念，将其作为《德国民法典》第 823 条第 1 款中所规定的"其他权利"，以此来统合所有应受保护的人格利益。自此而

---

① 《德国民法典》第 12 条规定，"有权使用某一姓名的人，因另一方争夺该姓名的使用权，或者因无权使用同一姓名的人使用此姓名，以致其利益受到损害的，可以要求消除此侵害。如果有继续受到侵害之虞时，权利人可以提起停止侵害之诉。"

② 《德国民法典》第 823 条第 1 款规定，"故意或者过失地部分侵害他人的生命、健康、自由、财产所有权或者其他权利的人，有义务向他人赔偿因此而造成的损失。"

③ 程啸：《侵权责任法》，法律出版社 2015 年版，第 123 页。

后，德国法院运用"一般人格权"理论，对法律中没有明定为具体人格权的人格利益给予了保护。从德国的司法实践来看，一般人格权实际上是一个内涵非常模糊的框架性权利，国内有学者对此做了深入的分析。[①] 我国民法中关于人格权的规定最早见诸 1986 年的《民法通则》。该法第五章"民事权利"专设"人身权"一节，即第四节。该节虽然名为人身权，实际上并无关于身份权方面的内容，所规定的民事权利均为人格权，[②] 包括生命健康权、姓名权、名称权、肖像权、名誉权、荣誉权和婚姻自主权等。2021 年施行的《民法典》第一千一百六十七条将其保护的利益范围限定为抽象的"人身""财产"，并未将其限定为"人身权""财产权"。从法条的文本表述来看，《民法典》第四编所列的诸项人格权固然属于"侵权"的保护范围，外在于前述人身权而存在的其他人格利益也属于其保护范围。但是，这是否意味着所有的人格利益都属于其保护范围呢？如果是，《民法典》必将因为其保护的人格权益范围过于宽泛而对民事主体的行为自由造成过当的压制。从司法实践来看，最高人民法院并未对人格权秉持过度开放化的理解，而是通过司法解释审慎地拓展其他人格权益的范围。2021 年施行的《民法典》第九百九十条[③]以"概括 + 列举"的方式对其所保护的"人格权"范围做了详细规定。有学者指出，从人格权保护的角度来看，该规定有三个方面的特点：（1）对主要种类的人格权进行列举行规定，包括生命权、身体权、健康权、姓名权、名称权、名誉权、荣誉权、肖像权、隐私权等，尤其值得重视的是将"隐私"上升为人格权之一种，使其摆脱名誉权的束缚，成为独立的人格权；（2）使用"除前款规定的人格权外，自然人享有基于人身自由、人格尊严产生的其他人格权益"。作为'兜底条款'，便于未来通过新的法律或者司法解释对目前尚未列举的权利和利益包括人格权益予以确认和保护。[④] 笔者认为，从《民法典》第九百九十条的文本规定及我国司法实践的总体情况来看，《民法典》既保护人格权，也保护人格利益。生命权、身

---

① 薛军教授指出，"一般人格权在德国民法上的出现，主要是德国独特的侵权行为法的结构（把侵权行为的客体限定在类型化的权利之上）所导致。它是一个有权利指明，但是无权利之实的概念，在实际上的意义无非是确认了'各种人格性质的法益应该得到保护'这一原则。"参见薛军：《揭开"一般人格权"的面纱——兼论比较法研究中的"体系意识"》，载于《比较法研究》2008 年第 5 期，第 30 页。

② 参见梁慧星：《中国民法经济法诸问题》，法律出版社 1991 年版，第 59~67 页。

③ 该条规定，"侵害民事权益，应当依照本法承担民事责任。"（第 1 款）"本法所称民事权益，包括生命权、健康权、姓名权、名誉权、荣誉权、肖像权、婚姻自主权、监护权、所有权、用益物权、担保物权、著作权、专利权、商标专用权、发现权、股权、继承权等人身、财产权益。"（第 2 款）前述规定包括若干具体人格权及人格利益。

④ 张新宝：《我国人格权立法：体系、边界和保护》，载于《法商研究》2012 年第 1 期，第 3~4 页。

体权、健康权、姓名权、名称权、肖像权、名誉权、荣誉权、隐私权等是其保护的重要具体人格权，舍此而外的其他人格权益固然也可以纳入《民法典》的保护范围，但是，其范围受到较为严格的限制，必须依赖最高法院通过司法解释的方式审慎地加以拓展，不能肆意扩展其范围。

二、基本权利影响侵权民事责任的路径——一般人格权

诚如前所述，各国侵权责任法对具体人格权之外的其他人格利益总体上秉持保护的立场。在德国，联邦最高法院对其他人格利益的保护是通过其在司法实践中创立的"一般人格权"理论来实现的。在中国，尽管司法实践中法院事实上也在保护其他人格利益，但是，作为其保护依据的规则或者一般人格权的请求权基础却不甚相同。对此，学理上主要有三种观点：第一，将《宪法》第三十八条①、《中华人民共和国消费者权益保护法》（以下简称《消费者权益保护法》）第十四条②中关涉"人格尊严"的规定作为一般人格权的请求权基础。③ 第二，将《最高人民法院关于确定民事侵权精神损害赔偿责任若干问题的解释》（以下简称《精神损害赔偿解释》）第一条第一款第三项④作为一般人格权之请求权基础。⑤ 笔者认为，从追本溯源的角度来看，一般人格权是我国民事审判实践中提出的一个概念，并不是在民事立法中确立下来的。在《民法典》颁布实施之前，其请求权基础既不是《宪法》第三十八条，也不是《消费者权益保护法》第十四条以及《精神损害赔偿解释》第一条，其真正的请求权基础应当是《民法通则》第一百零六条第二款关涉"人身"的规定。具体理由是：（1）宪法和民法的性质、功能及所处的地位均不相同，《宪法》第三十八条所规定的是作为基本

① 宪法第三十八条规定，"中华人民共和国公民的人格尊严不受侵犯。禁止用任何方法对公民进行侮辱、诽谤和诬告陷害。"

② 《消费者权益保护法》第十四条规定，"消费者在购买、使用商品和接受服务时，享有人格尊严、民族风俗习惯得到尊重的权利，享有个人信息依法得到保护的权利。"

③ 有学者认为，不应当将《宪法》第三十八条中"公民人格尊严不受侵犯"的表述仅仅理解为对名誉权的保护，而应当将其广义地理解为一般人格权。参见梁慧星：《民法总论》，法律出版社 2001 年版，第 106 页。

④ 《精神损害赔偿解释》第一条第一款第三项规定，自然人因人格尊严权、人身自由权遭受非法侵害，向人民法院起诉请求赔偿精神损害的，人民法院应当依法予以受理。

⑤ 有学者认为，人格尊严权在理论上是一般人格权，是人格权利一般价值的体现，具有补充具体人格权立法不足的重要作用。但在处理具体案件时，应当优先使用具体人格权的规定，而将一般人格权作为补充适用条款。参见陈杰本：《人格权司法保护的重大进步和发展》，载于《人民法院报》2001 年 3 月 28 日。另有学者指出，最高人民法院实际上已经将《宪法》第三十七条和第三十八条的规定解释为有关人身自由权和人格尊严权的规定，这实际上是通过司法解释确认了一般人格权。王利明：《人格权法》，中国人民大学出版社 2016 年版，第 78 页。

权利的人格尊严权，而一般人格权是一种民事性的"框架性权利"，二者之间的界限泾渭分明，不能混为一谈；（2）《消费者权益保护法》是一种特殊民法，它与作为民事基本法的《民法通则》所处的地位完全不同，适用范围存在很大的限制，不足以确立一般人格权制度；（3）一般人格权是一种"框架性的权利"，其内涵具有较大程度的不确定性，这和生命权、健康权、姓名权、名誉权、荣誉权、肖像权、隐私权等诸项具体人格权完全不同；① （4）德国民法中的一般人格权概念固然是德国联邦法院通过直接援引基本法第一条、第二条关于人格尊严的规定创设出来的，但是，这并不意味着《德国基本法》本身规定了民法中的一般人格权，或者说，可以以《德国基本法》中的规定作为民法中一般人格权的请求权基础。作为一般人格权请求权基础的是《德国民法典》第823条第1款所规定的"其他权利"，并不是《德国基本法》第一条、第二条。

从法理上来说，一般人格权属于一种"框架性权利"，其性质与具体人格权迥然相异，难以通过"结果违法"的认定方法确证其违法性。② 对于我国来说，《民法典》施行之前，如果民事主体所侵害到的权益属于《侵权责任法》第二条第二款所规定的具体人格权，其违法性是无须加以证明的。但是，如果民事主体所侵害到的权益属于"一般人格权"，由于该种"权利"在内涵上的不确定性，侵权行为的违法性需要法院加以"积极的确认"，从而判定其是否符合侵权行为的构成要件。在实施该种判定的过程中，法院可以将基本权利糅杂于其中，综合权衡民事主体的行为自由与对"受侵害人"权益的保障，而后作出是否构成民事侵权并进而承担相应法律责任的裁判。笔者认为，《精神损害赔偿解释》第一条第一款第三项所规定的"人格尊严权、人身自由权"和该条第二款所规定的"其他人格利益"均属于"一般人格权"的范畴，法院可以借助自身对前述范畴的理解和判断，综合权衡各方利益，本着既要避免过当加重民事主体的责任负担、影响其行为自由，又要维护公民的基本权利、确保宪法和私法之间的动线流畅的原则，积极地确定和判断相关民事侵权行为的违法性，动态地调节和控制基本权利在私法场域的流量。但是，必须申明的是：《精神损害赔偿解释》第一条

---

① 《最高人民法院关于确定民事侵权精神损害赔偿责任若干问题的解释》第一条第一款第三项所规定的"人格尊严权、人身自由权"固然属于一般人格权的范围，该条第二款所规定的"其他人格利益"也应当属于一般人格权的范围，不能仅仅将一般人格权的内涵局限于前者。

② 所谓"框架性权利，在体系上被认为属于《德国民法典》第823条第1款所规定的'其他权利'中的一种。但是这种权利，与其他类型的权利，在性质上存在差异。其区别主要体现在，侵犯框架性权利的行为是否具有违法性，不采取'结果违法'的认定方法，而是采取'积极确定违法性'的认定方法。框架性权利具有事实要件不确定的特征，对于框架性权利的侵害行为，只能通过权衡他人的相关权利而得出的结论，作为说明有关的行为是否具有违法性的理由。"参见 ［德］马克西米利安·福克斯著，齐晓琨译：《侵权行为法》，法律出版社2006年版，第74页。

对两类一般人格权的保护方式是二元性的，而不是一体化的。也就是说，对"人格尊严权""人身自由权"的保护，采取的是"权利侵害型"保护方式。对"其他人格利益"的保护，采取的是"违背公序良俗型"保护方式。两种保护方式的构成要件不甚相同。"权利侵害型"保护方式的构成要件包括四个，即主观上的故意或者过失，对人格尊严权、人身自由权的侵害，侵权行为与权利侵害之间的因果关系，违法。"违背公序良俗型"保护方式的构成要件包括三个：主观上的故意，对其他人格利益的侵害，违背公序良俗的侵害行为等。由于"人格尊严权""人身自由权"内涵的不确定性以及由此衍生出的与"其他人格利益"之间有可能存在的重合，基本权利在经由前述何种方式获得救济方面似乎存在一定的不确定性。

参考文献

［1］李林：《走向人权的探索》，法律出版社 2010 年版。

［2］唐健飞：《国际人权公约与和谐人权观》，社会科学文献出版社 2010 年版。

［3］中国人权研究会：《和谐发展与人权》，五洲传播出版社 2010 年版。

［4］李步云：《论人权》，社会科学文献出版社 2010 年版。

［5］刘建军：《当代中国政治思潮》，复旦大学出版社 2010 年版。

［6］李安增主编：《马克思主义中国化研究》，中央编译出版社 2009 年版。

［7］赵麟斌主编：《马克思主义中国化研读》，同济大学出版社 2009 年版。

［8］顾海良主编：《中国特色社会主义理论体系研究》，中国人民大学出版社 2009 年版。

［9］鲜开林：《科学发展观与人权》，国防大学出版社 2009 年版。

［10］徐显明：《人权研究》第 8 卷，山东人民出版社 2009 年版。

［11］何志鹏：《人权全球化基本理论研究》，科学出版社 2008 年版。

［12］常军、卢萍：《和谐社会与人权保障》，东北大学出版社 2008 年版。

［13］吴忠希：《社会主义与人权》，学林出版社 2007 年版。

［14］王卫、鲜开林：《马克思主义人权观的新境界》，大连出版社 2007 年版。

［15］苗贵山：《马克思恩格斯人权理论及其当代价值》，人民出版社 2007 年版。

［16］王建均：《市场经济与人权》，社会科学文献出版社 2006 年版。

［17］李步云主编：《人权法学》，高等教育出版社 2005 年版。

［18］中国人权研究会：《新世纪中国人权》，团结出版社 2005 年版。

［19］中国人权研究会：《东方文化与人权发展》，东方出版社 2004 年版。

［20］张继良：《中共人权理论与中国人权立法》，中国社会科学出版社 2004 年版。

［21］陈波：《马克思主义视野中的人权》，中国社会科学出版社2004年版。

［22］吴忠希：《中国人权思想史略》，学林出版社2004年版。

［23］齐延平：《人权与法治》，山东人民出版社2003年版。

［24］何萍、李维武：《马克思主义中国化新探》，人民出版社2002年版。

［25］丰子义、杨学功：《马克思世界历史理论与全球化》，人民出版社2002年版。

［26］王运祥、刘杰：《联合国与人权保障国际化》，中山大学出版社2002年版。

［27］董云虎：《人权基本文献要览》，辽宁人民出版社2002年版。

［28］复旦大学人权研究中心：《复旦人权研究》，复旦大学出版社2004年版。

［29］徐显明主编：《人权研究》第1卷，山东人民出版社2001年版。

［30］吕世荣：《马克思社会发展理论研究》，中国社会科学出版社2001年版。

［31］夏勇：《人权概念起源》，中国政法大学出版社2001年版。

［32］王家福、刘海年、李林主编：《人权与21世纪》，中国法制出版社2000年版。

［33］谷春德、郑杭生主编：《人权：从世界到中国》，党建读物出版社1999年版。

［34］富学哲主编：《从国家法角度看人权》，新华出版社1998年版。

［35］郑杭生、谷春德主编：《马克思主义人权理论与实践》，中国检察出版社1997年版。

［36］中共中央文献研究室：《毛泽东邓小平江泽民论世界观人生观价值观》，人民出版社1997年版。

［37］刘升平、夏勇主编：《人权与世界》，人民法院出版社1996年版。

［38］孙国华主编：《人权：走向自由的标尺》，山东人民出版社1993年版。

［39］中国社会科学院法学研究所：《当代人权》，中国社会科学出版社1992年版。

［40］孙哲：《新人权论》，河南人民出版社1992年版。

［41］黎国智主编：《马克思主义人权理论概要》，四川大学出版社1992年版。

［42］许崇德、张正钊主编：《人权思想与人权立法》，中国人民大学出版社1992年版。

［43］叶立煊：《人权论》，福建人民出版社 1992 年版。

［44］秦正伟：《马克思主义人权理论及其中国实践》，载于《学术界》2010 年第 9 期。

［45］徐崇温：《自由、平等、人权是人类共同的普世价值辨析》，载于《学术界》2010 年第 5 期。

［46］张品彬：《总结六十年马克思主义中国化历史经验 深化马克思主义中国化理论研究》，载于《毛泽东邓小平理论研究》2009 年第 12 期。

［47］童建军、马丽：《文化传统的预制性与人权的接受性》，载于《哲学动态》2009 年第 12 期。

［48］于涓：《普世价值与中国人权之路》，载于《江汉论坛》2009 年第 8 期。

［49］俞红、徐长安：《传统文化：马克思主义中国化的双刃剑》，载于《南京政治学院学报》2009 年第 5 期。

［50］罗豪才：《人权保障的中国模式》，载于《人权》2009 年第 6 期。

［51］周新城：《关于普世价值的随想》，载于《马克思主义研究》2008 年第 9 期。

［52］侯惠勤：《普世价值的理论误区和实践陷阱》，载于《马克思主义研究》2008 年第 9 期。

［53］万斌、王康：《论胡锦涛共享思想的人权意蕴》，载于《浙江学刊》2008 年第 5 期。

［54］沈亚生：《科学发展观与人权建设》，载于《中共南京市委党校学报》2008 年第 1 期。

［55］李步云、杨松才：《论人权的普遍性与特殊性》，载于《环球法律评论》2007 年第 6 期。

［56］李彬：《社会主义和谐社会与人权建设研讨会综述》，载于《马克思主义研究》2007 年第 6 期。

［57］齐延平：《和谐人权：中国精神与人权文化的共济》，载于《法学家》2007 年第 2 期。

［58］张国镛：《中国化马克思主义与马克思主义中国化之比较》，载于《探索》2007 年第 2 期。

［59］王岩：《科学人权观确立之学理思考》，载于《毛泽东邓小平理论研究》2006 年第 9 期。

［60］冯颜利：《马克思主义人权论》，载于《马克思主义研究》2006 年第 7 期。

[61] 邹学平：《基于人权视角的政治文明解读》，载于《江西社会科学》2006 年第 6 期。

[62] 赵海月：《试论发展社会主义民主政治的人权原则》，载于《理论视野》2006 年第 5 期。

[63] 曲新儒：《中西人权观差异的历史文化反思》，载于《西北大学学报》2006 年第 4 期。

[64] 许全兴：《全面准确地理解马克思主义中国化的内涵》，载于《毛泽东邓小平理论研究》2006 年第 4 期。

[65] 袁辉初：《论马克思主义中国化的实质》，载于《马克思主义研究》2006 年第 2 期。

[66] 王寿林、张美萍：《论马克思主义人权观》，载于《高校理论战线》2005 年第 10 期。

[67] 胡水君：《人权——制度与文化》，载于《环球法律评论》2005 年第 4 期。

[68] 苗贵山：《略论社会主义人权理论的当代构建》，载于《社会主义研究》2005 年第 4 期。

[69] 邹平学：《基于人权视角的政治文明解读》，载于《江西社会科学》2004 年第 6 期。

[70] 叶晨晖、郭为佳：《尊重和保障人权：现代政治文明的内在要求》，载于《江西社会科学》2004 年第 6 期。

[71] 郭道晖：《人权的本性与价值位阶》，载于《政法论坛》2004 年第 2 期。

[72] 王天玺：《马克思主义中国化与中国经验马克思主义化》，载于《求是》2003 年第 24 期。

[73] 秋石：《论中国化的马克思主义》，载于《求是》2002 年第 4 期。

[74] 徐显明：《对人权的普遍性与人权文化之解析》，载于《法学评论》1999 年第 6 期。

[75] 陈新夏：《人权与社会文化背景》，载于《首都师范大学学报》1994 年第 5 期。

[76] 马郑刚：《社会主义市场经济与人权保障》，载于《科学社会主义》1994 年第 1 期。

[77] 刘翰、李林：《马克思主义人权观初论》，载于《中国法学》1991 年第 4 期。

[78] 谷春德：《关于建构中国特色社会主义人权理论的几点思考》，载于

《人权》2011 年第 1 期。

[79] 段凡：《中国特色社会主义人权理论的形成、经验与内容》，载于《科学社会主义》2012 年第 3 期。

[80] 广州大学人权理论研究课题组：《中国特色社会主义人权理论体系论纲》，载于《法学研究》2015 年第 2 期。

[81] 陈佑武：《中国特色社会主义人权理论的基本范畴》，载于《人权》2015 年第 1 期。

[82] 陈佑武、李步云：《中国特色社会主义人权理论体系论纲》，载于《政治与法律》2012 年第 5 期。

[83] 吴忠希：《社会主义人权理论基本观点探析》，载于《社会主义研究》2004 年第 5 期。

[84] 常健：《中国特色社会主义人权发展道路、理论和制度》，载于《中国人权评论》2013 年第 2 期。

[85] 徐德刚：《西方人权理论评析》，载于《湖南科技大学学报》2004 年第 5 期。

[86] 赵汀阳：《预付人权：一种非西方的普遍人权理论》，载于《中国社会科学》2006 年第 4 期。

[87] 黄金荣：《何处寻找"非西方的普遍人权理论"——对赵汀阳先生预付人权论的一点质疑》，载于《国家检察官学院学报》2009 年第 1 期。

[88] 林育川：《普遍人权的解构与中国人权模式的价值——基于马克思主义人权理论中国化的分析》，载于《江苏社会科学》2013 年第 2 期。

[89] 唐健飞、肖君拥：《当代西方人权谱系的裂变》，载于《中国社会科学院研究生院学报》2009 年第 1 期。

[90] 孙力：《论西方人权的三次嬗变》，载于《政治与法律》2002 年第 1 期。

[91] 徐爱国：《西方人权理论发展之历程》，载于《中外法学》1991 年第 4 期。

[92] 金俭：《略论人权理论与实践的历史发展》，载于《南京社会科学》2004 年第 5 期。

[93] 胡义成：《西方人权天赋论的末路——西方当代人权理论鸟瞰》，载于《黄河科技大学学报》2004 年第 2 期。

[94] 陈林林：《从自然法到自然权利——历史视野中的西方人权》，载于《浙江大学学报》2003 年第 2 期。

[95] 徐俊忠：《西方人权观念与世界人权之争》，载于《学术界》1996 年

第 6 期。

[96] 王哲:《论西方资产阶级人权理论的历史发展》,载于《中外法学》1992 年第 2 期。

[97] 郑琼现:《人权话语在当代中国的宪法化》,载于《中山大学法律评论》2014 年第 2 期。

[98] 张宏生、谷春德:《西方法律思想史》,北京大学出版社 1990 年版。

[99] 沈宗灵、黄楠森主编:《西方人权学说》,四川人民出版社 1994 年版。

[100][英]洛克:《政府论》,商务印书馆 1964 年版。

[101][法]卢梭:《社会契约论》,商务印书馆 1982 年版。

[102] 张文显:《论人权的主体与主体的人权》,载于《当代人权》,中国社会科学出版社 1992 年版。

[103] 李步云:《论个人人权与集体人权》,载于《中国社会科学院研究生院学报》1994 年第 6 期。

[104][美]唐纳利:《普遍人权的理论与实践》,中国社会科学出版社 2001 年版。

[105] 刘海年主编:《经济、社会和文化权利国际公约研究》,中国法制出版社 2000 年版。

[106][英]米尔恩:《人的权利与人的多样性——人权哲学》,中国大百科全书出版社 1995 年版。

[107] 龚向和:《受教育权论》,中国人民公安大学出版社 2004 年版。

[108][美]路易斯·亨金:《权利的时代》,知识出版社 1997 年版。

[109] 陈晨:《从国际人权公约到中国宪法对妇女人权的保障》,载于《经济研究导刊》2010 年第 1 期。

[110] 莫纪宏、宋雅芳:《论国际人权公约与国内宪法的关系》,载于《中国法学》1999 年第 3 期。

[111] 范毅:《人权公约与我国宪法人权规定之完善》,载于《吉首大学学报》(社会科学版)2002 年第 1 期。

[112] 秦前红、陈俊敏:《论我国人权宪政体制的变迁——国际人权公约与我国宪法的冲突与协调》,载于《淮阴师范学院学报》2004 年第 4 期。

[113] 信春鹰:《国家尊重和保障人权——关于人权入宪的历史意义》,载于《求是》2004 年第 9 期。

[114] 徐双敏:《论我国的人权入宪与人权实现》,载于《社会主义研究》2005 年第 2 期。

[115] 冉思东:《论中国宪法的人权表达》,载于《法学家》2006 年第

3 期。

[116] 崔皓旭：《人权的宪法保障》，载于《中国社会科学院研究生院学报》2005 年第 3 期。

[117] 郭道晖：《人权观念与人权入宪》，载于《法学》2004 年第 4 期。

[118] 刘金国：《人权入宪的法律价值》，载于《法学杂志》2004 年第 3 期。

[119] 秦强：《人权入宪与人权条款的入宪模式》，载于《南阳师范学院学报（社会科学版）》第 11 卷第 2 期。

[120] 秦强：《我国"人权条款"入宪模式的再思考》，载于《中共秦青岛市委党校青岛行政学院学报》2012 年第 1 期。

[121] 韩大元：《宪法文本中"人权条款"的规范分析》，载于《法学家》2004 年第 4 期。

[122] 焦洪昌：《"国家尊重和保障人权"的宪法分析》，载于《中国法学》2004 年第 3 期。

[123] 秦强：《立法机关的人权立法义务研究以——人权条款入宪为背景》，载于《北方法学》2012 年第 5 期。

[124] 曾锋：《人权入宪视野下的人权立法之思考》，载于《辽宁行政学院学报》2007 年第 11 期。

[125] 赵甜甜：《从我国人权立法与国际人权公约的冲突看二者之差异》，载于《南方论刊》2007 年第 1 期。

[126] 刘祎：《对国际人权公约之国内法上适应方案的比较分析》，载于《广州大学学报》2008 年第 9 期。

[127] 卢建平：《国际人权公约视角下的中国刑法改革建议》，载于《华东政法学院学报》2006 年第 5 期。

[128] 镡春鑫：《国际人权公约与我国人权立法比较》，载于《昆明师范高等专科学校学报》2008 年第 3 期。

[129] 王德志：《国际人权公约与我国人权立法的比较》，载于《山东大学学报》2000 年第 5 期。

[130] 湘君：《国际人权公约与中国人权立法完善》，载于《国际关系学院学报》2005 年第 6 期。

[131] 李蕊：《我国立法与国际人权公约的冲突》，载于《济南大学学报》2002 年第 1 期。

[132] 周莹：《我国人权立法与国际人权公约之比较》，载于《时代文学》2006 年第 6 期。

[133] 李步云：《不断完善中国人权的保障体制》，载于《法学》1992 年第 12 期。

[134] 刘先江：《我国人权保障的历史考察》，载于《领导文萃》2004 年第 6 期。

[135] 王广辉：《新中国人权立法的回顾与前瞻》，载于《郑州大学学报（哲学社会科学版）》2007 年第 6 期。

[136] 李艳君：《中国近代的人权立法》，载于《渤海大学学报（哲学社会科学版）》2006 年第 6 期。

[137] 喻权域：《中国人权事业的进程》，载于《高校理论战线》1995 年第 2 期。

[138] 方旺春：《论我国人权立法的缺陷及对策》，载于《甘肃社会科学》2005 年第 1 期。

[139] 宋方青：《人权立法的两难问题》，载于《现代法学》2013 年第 2 期。

[140] 陈戈寒：《试论中国人权保障面临的双重矛盾》，载于《湖北商业高等专科学校学报》2000 年第 6 期。

[141] 乔传福：《我国人权立法问题研究》，载于《芜湖职业技术学院学报》2005 年第 2 期。

[142] 汪习根：《论人权司法保障制度的完善》，载于《法制与社会发展》2014 年第 1 期。

[143] 陈立虎、黄涧秋：《国际人权公约与人权保护》，载于《现代国际关系》2003 年第 3 期。

[144] 熊秋红：《依法治国方略与中国人权司法保障的发展》，载于《人权》2009 年第 6 期。

[145] 莫纪宏：《论人权的司法救济》，载于《法商研究》2000 年第 5 期。

[146] 陈云生：《人权与公民权的司法保护》，载于《广西政法管理干部学院学报》2005 年第 1 期。

[147] 周甲禄：《论人权保障的基本路径》，载于《江汉论坛》2004 年第 9 期。

[148] 贺斌：《论法治进程中的人权法律保护》，载于《湖南行政学院学报》2003 年第 2 期。

[149] 刘艳红：《刑法的目的与犯罪论的实质化》，载于《环球法律评论》2008 年第 1 期。

[150] 邱兴隆：《有利被告论探究——以实体刑法为视角》，载于《中国法

学》2004 年第 6 期。

［151］田华：《罪刑法定原则与人权保障机制的完善》，载于《河北法学》2004 年第 2 期。

［152］张小虎：《罪刑法定原则与人权保障》，载于《福州大学学报》2000 年第 2 期。

［153］张斌：《我国刑法的人权保障机能评析》，载于《江汉论坛》2002 年第 5 期。

［154］刘艳红：《刑罚轻缓、人权保障与〈刑法修正案（八）〉》，载于《法学家》2011 年第 3 期。

［155］赵正群：《从实施人权公约的视角看我国行政判例对人权的保护》，载于《法学家》2008 年第 2 期。

［156］杨宇冠：《论刑事诉讼人权保障》，载于《中国刑事法杂志》2002 年第 4 期。

［157］魏琼：《刑事诉讼人权保障法律关系理论初探》，载于《理论与改革》2007 年第 4 期。

［158］叶新火：《论国际标准下我国刑事诉讼人权保障功能的完善》，载于《甘肃政法学院学报》2002 年第 3 期。

［159］张文志：《我国刑事诉讼人权保障立法方面存在的问题与对策》，载于《北方论丛》2006 年第 4 期。

［160］陈妮：《刑事诉讼人权保障制度的法学原理》，载于《法律适用》2010 年第 1 期。

［161］薛胜利：《刑事诉讼中的人权保障》，载于《人民检察》2004 年第 8 期。

［162］徐益初：《刑事诉讼与人权保障》，载于《法学研究》1996 年第 2 期。

［163］魏昌东：《死刑复核程序完善与辩护权保障机制研究》，载于《南京大学学报》2006 年第 6 期。

［164］孙洪坤：《人权保障与刑事诉讼法的再修改》，载于《安徽大学学报》2006 年第 4 期。

［165］邬红旗：《刑事诉讼的人权保障机能》，载于《现代法学》1998 年第 1 期。

［166］龚向和、袁立：《人权保障语境下的行政行为选择自由》，载于《学术交流》2008 年第 7 期。

［167］赖静、廖秀健：《试论中国行政法的人权保障功能》，载于《湖南农

业大学学报（社科版）》2005年第5期。

[168] 李侠：《论我国行政法治中的人权保护问题》，载于《山东大学学报（社科版）》2006年第2期。

[169] 董茂云、唐建强：《论行政诉讼中的人权保障》，载于《复旦学报（社会科学版）》2005年第1期。

[170] 莫于川：《人权入宪对我国行政法民主化发展趋势的影响》，载于《国家行政学院学报》2005年第2期。

[171] 《联合国宪章》、联合国《世界人权宣言》、《经济、社会及文化权利国际公约》、《公民权利和政治权利国际公约》。

[172] 韩德培、李龙主编：《人权的理论与实践》，武汉大学出版社1995年版。

[173] 胡锦光、韩大元：《当代人权保障制度》，中国政法大学出版社1993年版。

[174] 徐秀义、韩大元主编：《现代宪法学基本原理》，中国人民公安大学出版社2001年版。

[175] 彭锡华：《〈公民权利和政治权利国际公约〉——国际监督制度研究》，吉林人民出版社2001年版。

[176] 葛明珍：《经济、社会和文化权利国际公约及其实施》，中国社科出版社2003年版。

[177] 杨华文：《论国家在〈经济、社会和文化权利国际公约〉下义务的不对称性》，北京大学出版社2005年版。

[178] 朱晓青：《欧洲人权法律保护机制研究》，法律出版社2003年版。

[179] ［日］大沼保昭：《人权、国家与文明》，生活·读书·新知三联书店2003年版。

[180] 汪习根：《法治社会的基本人权——发展权法律制度研究》，中国人民公安大学出版社2002年版。

[181] 李步云主编：《人权法学》，高等教育出版社2005年版。

[182] 北京大学法学院人权研究中心：《司法公正与权利保障》，中国法制出版社2001年版。

[183] 国务院新闻办公室：《中国的人权状况》，中央文献出版社1991年版。

[184] 柯葛壮：《刑事诉讼中的人权保障制度》，上海交通大学出版社2006年版。

[185] ［日］谷口安平：《程序的正义与诉讼》，王亚新、刘荣军译，中国政

法大学出版社 1996 年版。

　　[186] 王金沙：《刑事诉讼与人权保障》，广东人民出版社 2006 年版。

　　[187] 田圣斌：《刑事诉讼人权保障制度研究》，法律出版社 2008 年版。

　　[188] 李忠诚、王建林主编：《新刑事诉讼法实施中的人权保障机制建设》，中国检察出版社 2013 年版。

　　[189] 王启福：《中国人权的司法保障》，厦门大学出版社 2003 年版。

　　[190] 陈端洪：《宪治与主权》，法律出版社 2007 年版。

　　[191] 汪习根：《论人权司法保障制度的完善》，载于《法制与社会发展》2014 年第 1 期。

　　[192] 焦洪昌：《国家尊重和保障人权的宪法分析》，载于《中国法学》2004 年第 3 期。

　　[193] 赵建文：《〈公民权利和政治权利国际公约〉第 14 条关于公正审判权的规定》，载于《法学研究》2005 年第 5 期。

　　[194] 赵海峰：《论欧洲人权法院和欧洲共同体法院在人权保护方面的关系》，载于《欧洲法通讯》（第五辑），法律出版社 2003 年版。

　　[195] 莫纪宏：《论人权的司法救济》，载于《法商研究》2000 年第 5 期。

　　[196] 黄瑶：《国际人权法与国内法的关系》，载于《外国法译评》1999 年第 3 期。

　　[197] 莫纪宏、宋雅芳：《论国际人权公约与国内宪法的关系》，载于《中国法学》1999 年第 3 期。

　　[198]［瑞士］胜雅律：《从有限人权概念到普遍人权概念——人权的两个阶段》，载于《比较法学的新动向——国际法学会议论文集》，北京大学出版社1993 年版。

　　[199] 黎尔平：《国际人权保护机制的构成及发展趋势》，载于《法商研究》2005 年第 5 期。

　　[200] 张文显：《论人权的主体与主体的人权》，载于《中国法学》1991 年第 5 期。

　　[201] 石晓娟：《从国际人权公约看我国人权的司法保障》，载于《天津市政法管理干部学院学报》2000 年第 2 期。

　　[202] 熊秋红：《依法治国方略与中国人权司法保障的发展》，载于《人权》2009 年第 6 期。

　　[203] 腾宏庆、段颖：《我国人权司法保障制度的法理与实践》，载于《人权》2013 年第 6 期。

　　[204] 王夏昊：《司法是人权保障的最佳方式》，载于《现代法学》2003 年

第 2 期。

[205] 莫纪宏：《论人权的司法最终救济性》，载于《法学家》2001 年第 3 期。

[206] 张千帆：《宪法人权保障还需要保障什么——论刑事正当程序入宪的必要性》，载于《法学家》2004 年第 4 期。

[207] 黎尔平：《国际人权保护机制的构成及发展趋势》，载于《法商研究》2005 年第 5 期。

[208] 吴慧：《〈欧洲人权公约〉实施机制的发展》，载于《国际关系学院学报》2001 年第 1 期。

[209] 范国祥：《国际人权公约的法律监督》，载于《北京大学学报》1999 年第 5 期。

[210] 刘波：《国际人权保护机制中的"保护责任"研究》，载于《国际关系学院学报》2011 年第 4 期。

[211] 齐延平：《国家的人权保障责任与国家人权机构的建立》，载于《法制与社会发展》2005 年第 3 期。

[212] [加] 彼恩·伯恩斯：《国际人权公约在中国的实施》，引自王家福等主编：《人权与 21 世纪》，中国法制出版社 2000 年版。

[213] 杨帅：《论国家人权机构与国际性和区域性人权保障机制的关系》，载于《法律适用》2010 年第 10 期。

[214] 李伯军：《人权的国际保护：成就、困境与前景》，载于《武大国际法评论》2007 年第 1 期。

[215] 贺鉴：《人权及其国际保护与区域保护》，载于《贵州师范大学学报》（社科版）2005 年第 1 期。

[216] 万鄂湘、杨成铭：《区域性人权条约和实践对国际法的发展》，载于《武汉大学学报》（哲社版）1998 年第 5 期。

[217] 谷盛开：《人权国际保护的司法维度》，载于《法治论丛》2005 年第 5 期。

[218] 张龑：《论人权与基本权利的关系》，载于《法学家》2010 年第 6 期。

[219] 韩大元：《宪法中"人权条款"的规范分析》，载于《法学家》2004 年第 4 期。

[220] 罗豪才：《人权保障的中国模式》，载于《人权》2009 年第 6 期。

[221] 陈佑武：《人权保障的几个原理问题》，载于《江西社会科学》2006 年第 3 期。

［222］梁晓辉：《经济、社会和文化权利与国际人权申诉制度》，载于《北大国际法与比较法评论》第 2 卷第 2 辑，北京大学出版社 2003 年版。

［223］田野：《国际协议自我实施的机理分析》，载于《世界经济与政治》2004 年第 12 期。

［224］李步云、王修经：《人权的国际保护与国家主权》，载于《法学研究》1995 年第 4 期。

［225］郭道辉：《人权的国家保障义务》，载于《河北法学》2009 年第 8 期。

［226］郭道辉：《公民权与公民社会》，载于《法学研究》2006 年第 1 期。

［227］童之伟：《人权入宪的价值》，载于《法学家》2004 年第 4 期。

［228］夏勇：《中国宪法改革的几个基本理论问题——从"改革宪法"到"宪政宪法"》，载于《中国社会科学》2003 年第 2 期。

［229］金玉：《宪法基本权利保障的发展》，载于《华东政法大学学报》2009 年第 5 期。

［230］吴新平：《尊重和保障人权与我国宪法的发展》，载于《法学家》2004 年第 4 期。

［231］曹建明：《依法履行法律监督职责，加强对人权的司法保障》，载于《人权》2010 年第 1 期。

［232］齐延平：《国家的人权保障责任与人权机构的建立》，载于《法制与社会发展》2005 年第 3 期。

［233］沈宗灵：《人权是什么意义上的权利》，载于《中国法学》1991 年第 5 期。

［234］李岩：《违宪审查与人权保障》，载于《外国法译评》1997 年第 4 期。

［235］李训虎：《融合的契机：中国宪法与刑事诉讼法关系的发展趋势》，载于《中国政法大学学报》2010 年第 4 期。

［236］李训虎：《割裂下的融合：中国宪法与刑事诉讼法关系解读》，载于《法学家》2009 年第 3 期。

［237］皮勇、王刚：《我国宪法人权保障立法的发展与刑罚制度的进步》，载于《法学杂志》2013 年第 3 期。

［238］陈光中：《应当如何完善人权刑事司法保障》，载于《法制与社会发展》2014 年第 1 期。

［239］李晓兵：《论人权的司法保障》，载于《中国人权年刊（第四卷 2006）》（CHINESE YEARBOOK OF HUMAN RIGHTS, Vol. 4 2006）。

［240］樊崇义：《刑事诉讼与人权保障》，载于《诉讼法论丛》1998 年第 2 期。

［241］闵春雷：《〈刑事诉讼法修正案（草案）〉完善的基本方向——以人权保障为中心》，载于《政法论坛》2012 年第 1 期。

［242］陆锦碧：《评刑事诉讼中人权保障的若干新论》，载于《法学》2004 年第 1 期。

［243］杨宇冠：《论刑事诉讼人权保障》，载于《中国刑事法杂志》2002 年第 4 期。

［244］黄伟明：《论刑事司法中的人权保障》，载于《法学论坛》2005 年第 6 期。

［245］徐益初：《刑事诉讼与人权保障》，载于《法学研究》1996 年第 2 期。

［246］孙洪坤：《人权保障与刑事诉讼法的再修改》，载于《安徽大学学报》2006 年第 2 期。

［247］汪建成：《论刑事诉讼中人权保障的几个理论问题》，载于《中外法学》1999 年第 2 期。

［248］邬红旗：《刑事诉讼的人权保障机能》，载于《现代法学》1998 年第 1 期。

［249］洪芳：《我国刑事诉讼人权保障制度的完善》，载于《山东社会科学》2009 年第 9 期。

［250］夏红：《宪法与刑事诉讼法关系模式的发展趋势》，载于《河北法学》2006 年第 4 期。

［251］张小虎：《罪行法定原则与人权保障》，载于《福州大学学报》2000 年第 2 期。

［252］田华：《罪刑法定原则与人权保障机制的完善》，载于《河北法学》2004 年第 2 期。

［253］肖世杰：《刑事责任与人权保障》，载于《广州大学学报》2009 年第 7 期。

［254］赵秉志、谢望原：《刑法改革与人权保障》，载于《中国刑事法杂志》总第 35 期。

［255］陈兴良：《论人权及其刑法保障》，载于《当代中国刑法新视界》，中国政法大学出版社 1999 年版。

［256］陈心歌：《宪法与刑事诉讼法的关系及其转变——解读我国"人权入宪"到"人权入法的历程"》，载于《北京政法职业学院学报》2013 年第 2 期。

中国特色人权观和人权理论研究

［257］任志中、王敏：《构建严格的死刑案件证明标准——基于人权的司法保障之实现》，载于《法律适用》2007年第5期。

［258］薛小建：《言论自由与名誉权、公正审判权之冲突》，载于《政治与法律》2004年第2期。

［259］熊秋红：《解读公正审判权——从刑事司法的角度考察》，载于《法学研究》2001年第6期。

［260］赵建文：《〈公民权利和政治权利国际公约〉第14条关于公正审判权的规定》，载于《法学研究》2005年第5期。

［261］孙长永、张吉喜：《公正审判权的适用范围与我国刑事法律制度的完善》，载于《当代法学》2009年第5期。

［262］黎晓武：《公正审判权入宪是实现司法公正的必然选择》，载于《法学论坛》2003年第4期。

［263］王瑞华：《从疑罪从有到疑罪从无——看我国刑事诉讼法的人权保障进程》，载于《内蒙古社会科学》2003年第4期。

［264］索站超：《公正与效率视野下的刑事侦查与人权保障》，载于《湖北社会科学》2012年第8期。

［265］周利民、羊震：《关于民事诉讼中人权保障问题的思考》，载于《法学评论》2001年第3期。

［266］陈增宝：《构建量刑程序的理性思考——以人权保障为视角的探讨》，载于《法治研究》2008年第1期。

［267］余伟：《监所管理与人权保障》，载于《公安研究》2004年第5期。

［268］王卓君：《渐进宪政的民主、法治与人权保障——以行政法为主线》，载于《中国法学》2004年第5期。

［269］孙谦：《论逮捕与人权保障》，载于《政法论坛》2000年第4期。

［270］李建明：《论立案审查程序中的人权保障》，载于《南京师范大学学报》2003年第1期。

［271］廖中洪：《人权保障与我国民诉法的修改》，载于《现代法学》2004年第3期。

［272］蔡能：《论刑事侦查阶段犯罪嫌疑人的人权保障》，载于《犯罪研究》2004年第5期。

［273］陈光中、陈学权：《强制采样与人权保障之冲突与平衡》，载于《现代法学》2005年第5期。

［274］孙长永、兰跃军：《论侦查程序中犯罪嫌疑人与被害人人权保障的平衡》，载于《现代法学》2010年第6期。

[275] 谢晖:《民间规范和人权保障》,载于《求是学刊》2004 年第 6 期。

[276] 龚向和、袁立:《人权保障语境下的行政行为选择自由——以公共行政民营化为例》,载于《学术交流》2008 年第 7 期。

[277] 李玉福:《人权保障是提高执政能力的重要目标》,载于《政法论坛》2005 年第 6 期。

[278] 刘艳红:《刑罚轻缓、人权保障与〈刑法修正案(八)〉》,载于《法学家》2011 年第 3 期。

[279] 高春兴:《关于我国刑事诉讼中人权保障问题之研究》,载于《山东警察学院学报》2005 年第 1 期。

[280] 秦前红:《从人权的立法保障走向人权司法保障》,载于《南方都市报》2013 年 11 月 20 日。

[281] 姜伟:《完善人权司法保障制度》,载于《光明日报》2013 年 11 月 19 日。

[282] 陈云生:《走法治必由之路——论宪法和宪法监督的制度化》,载于《比较法研究》1997 年第 1 期。

[283] 陈云生:《论司法谦抑及其在美国司法审查制度中的实践》,载于《上海交通大学学报》(社科版)2005 年第 5 期。

[284] 陈云生:《中国违宪审查制度的审视和健全构想》,载于《广西政法管理干部学院学报》2008 年第 6 期。

[285] 陈云生:《宪法为什么是重要的?——基于西方"二元政治"的立宪主义原理的解读》,载于《中国社会科学院研究生院学报》2008 年第 2 期。

[286] 陈云生:《再论为什么宪法是重要的——基于从高级法到宪法至上的智识背景和历史经验的解读》,载于《中国社会科学院研究生院学报》2009 年第 2 期。

[287] 陈云生:《论宪法监督司法化中的司法理性》,载于《中国社会科学院研究生院学报》2006 年第 1 期。

[288] 陈云生:《反宪法规则决定的法律效力问题之由来:理论与实践》,载于《中国社会科学院研究生院学报》2005 年第 1 期。

[289] 陈云生:《中国宪法监督司法化的探索——反思与选择》,载于《淮阴师范学院学报》2005 年第 4 期。

[290] 陈云生:《宪法监督的方式》,载于《法律科学》1988 年第 3 期。

[291] 陈云生:《改善和加强我国宪法监督制度的几点设想》,载于《当代法学》1988 年第 2 期。

[292] 陈云生:《对资本主义国家宪法监督的分析和评价》,载于《当代法

学》1988 年第 3 期。

［293］陈云生:《公民基本权利的司法保护》,载于《宪政与法治评论》2005 年第 00 期。

［294］胡锦光:《中国宪法的司法适用性探讨》,载于《中国人民大学学报》1997 年第 5 期。

［295］胡锦光:《违宪审查与相关概念辨析》,载于《法学杂志》2006 年第 4 期。

［296］胡锦光:《论我国抽象行政行为的司法审查》,载于《中国人民大学学报》2005 年第 5 期。

［297］胡锦光:《论公民启动违宪审查程序的原则》,载于《法商研究》2003 年第 5 期。

［298］胡锦光:《中国现行宪法修改方式之评析》,载于《法商研究》2012 年第 3 期。

［299］胡锦光:《从宪法事例看我国宪法救济制度的完善》,载于《法学家》2003 年第 3 期。

［300］胡锦光:《立法法对我国违宪审查制度的发展及不足》,载于《河南政法管理干部学院学报》2000 年第 5 期。

［301］胡锦光:《论我国宪法解释的实践》,载于《法商研究》2000 年第 2 期。

［302］胡锦光:《论中国司法审查的空间》,载于《河南社会科学》2006 年第 5 期。

［303］胡锦光:《论我国宪法救济制度的完善》,载于《河南政法管理干部学院学报》2007 年第 4 期。

［304］胡锦光:《论对法律的违宪审查》,载于《北方法学》2007 年第 2 期。

［305］胡锦光:《我国行政行为司法审查的演进与问题》,载于《华东政法大学学报》2009 年第 5 期。

［306］胡锦光:《齐案"批复"并非解释宪法最高人民法院不应废止》,载于《法学》2009 年第 4 期。

［307］胡锦光:《关于中国宪法学研究方法的思考》,载于《浙江学刊》2005 年第 4 期。

［308］胡锦光:《论违宪主体》,载于《河南政法管理学院学报》2004 年第 1 期。

［309］胡锦光:《论宪法救济的原则》,载于《法学杂志》2004 年第 5 期。

[310] 胡锦光：《关于齐玉苓案件的法理学思考》，载于《河南政法管理干部学院学报》2002 年第 6 期。

[311] 胡锦光：《我国宪法修正案的技术性与规范性评析》，载于《法商研究》1999 年第 6 期。

[312] 胡锦光：《试析我国宪法修改的原因》，载于《法学家》1999 年第 3 期。

[313] 胡锦光：《论司法审查制的成因》，载于《法学家》1999 年第 Z1 期。

[314] 胡锦光：《关于地方人大是否有宪法监督权问题》，载于《人大工作通讯》1996 年第 2 期。

[315] 胡锦光：《宪法诉讼制度若干问题比较研究》，载于《法学家》1994 年第 4 期。

[316] 胡锦光：《论宪法监督制度》，载于《中国法学》1985 年第 1 期。

[317] 胡锦光：《论西方违宪审查制度的发展趋势》，载于《河北法学》1997 年第 6 期。

[318] 董成美、胡锦光：《我国违宪审查的组织机构初探》，载于《中国人民大学学报》1987 年第 1 期。

[319] 胡锦光：《我国违宪审查的对象方式及处理初探》，载于《学习与探索》1987 年第 6 期。

[320] 胡锦光：《乙肝歧视第一案与宪法救济》，载于《宪政与法治评论》2005 年第 00 期。

[321] 胡锦光：《中国抽象行为之司法审查研究》，载于《厦门大学学报》2007 年第 1 期。

[322] 王振民：《我国宪法可否进入诉讼》，载于《法商研究》1999 年第 5 期。

[323] 王振民：《一国两制实施中的若干宪法问题浅析》，载于《法商研究》2000 年第 4 期。

[324] 王振民：《香港法院适用中国宪法问题研究》，载于《政治与法律》2014 年第 4 期。

[325] 王振民：《党内法规制度体系建设的基本理论问题》，载于《中国高校社会科学》2013 年第 5 期。

[326] 王振民：《认真对待宪法的实施》，载于《环球法律评论》2012 年第 6 期。

[327] 童之伟：《宪法适用应依循宪法本身规定的路径》，载于《中国法学》2008 年第 6 期。

[328] 童之伟:《法院"依照法律"规定行使审判权释论——以我国法院与宪法之关系为重点的考察》,载于《中国法学》2009年第6期。

[329] 童之伟:《宪法民法关系之实像与幻影——民法根本说的法理评析》,载于《中国法学》2006年第6期。

[330] 童之伟:《〈物权法(草案)〉该如何通过宪法之门——评一封公开信引起的违宪与合宪之争》,载于《法学》2006年第3期。

[331] 童之伟:《再论物权法草案中的宪法问题及其解决路径》,载于《法学》2006年第7期。

[332] 童之伟:《宪法司法适用研究中的几个问题》,载于《法学》2001年第11期。

[333] 童之伟:《立法"根据宪法"无可非议——评"全国人大立法不宜根据宪法说"》,载于《中国法学》2007年第1期。

[334] 童之伟:《宪法适用如何走出"司法化"的歧路》,载于《政治与法律》2009年第1期。

[335] 童之伟:《从若干起冤案看人身自由的宪法保护》,载于《现代法学》2004年第5期。

[336] 童之伟:《重提"违宪改革合理说"宜审慎——以过去数年之乡镇长直选"试点"为事证》,载于《法学家》2007年第4期。

[337] 童之伟:《日本的违宪审查制及其启示》,载于《法学评论》2005年第4期。

[338] 童之伟:《关于宪法修正案草案与修宪方法的建议》,载于《法制与社会发展》2003年第4期。

[339] 童之伟:《我国宪法原文与修正案的组合问题》,载于《中国法学》2003年第3期。

[340] 童之伟:《良性违宪不宜肯定》,载于《法学研究》1996年第6期。

[341] 林来梵、张卓明:《论法律原则的司法适用——从规范性法学方法论角度的一个分析》,载于《中国法学》2006年第2期。

[342] 林来梵:《规范宪法的条件和宪法规范的变动》,载于《法学研究》1999年第2期。

[343] 林来梵:《美国宪法判例中的财产权保护——以 Lucas v. South Carolina Coastal Council 为焦点》,载于《浙江社会科学》2003年第5期。

[344] 陈端洪、林来梵、高全喜:《政治宪法学与规范宪法学对话实录》,载于《公法研究》2011年第2期。

[345] 林来梵:《宪法学的方法与谋略》,载于《公法研究》2007年第

00 期。

[346] 林来梵：《针对国家享有的财产权》，载于《法商研究》2003 年第
1 期。

[347] 陈鹏、林来梵：《立法机关的宪法解释功能比较研究》，载于《中国
宪法年刊》2014 年第 00 期。

[348] 林来梵、郑磊：《宪法学方法论》，载于《宪政与法治论丛》2007 年
第 00 期。

[349] 胡锦光、林来梵：《德国民法典之父亲最终决定权规定违宪案》，载
于《人大法律评论》2001 年第 1 期。

[350] 永田秀树、林来梵、龙绚丽：《欧洲的宪法法院与日本的宪法法院构
思》，载于《公法研究》2004 年第 00 期。

[351] 强世功：《宪法司法化的悖论》，载于《中国社会科学》2003 年第
2 期。

[352] 季卫东：《合宪性审查与司法权的强化》，载于《中国社会科学》
2002 年第 2 期。

[353] 韩大元：《宪法实施与中国社会治理模式的转型》，载于《中国法学》
2012 年第 4 期。

[354] 韩大元：《论宪法权威》，载于《法学》2013 年第 5 期。

[355] 韩大元：《中国宪法学方法论的学术倾向与问题意识》，载于《中国
法学》2008 年第 1 期。

[356] 韩大元、王德志：《中国公民宪法意识调查报告》，载于《政法论坛》
2002 年第 6 期。

[357] 韩大元、林来梵、郑磊：《规范宪法学与宪法解释学的对话》，载于
《浙江学刊》2008 年第 2 期。

[358] 韩大元：《认真对待宪法文本》，载于《清华法学》2012 年第 6 期。

[359] 韩大元：《由〈物权法（草案）〉的争论想到的若干宪法问题》，载
于《法学》2006 年第 3 期。

[360] 韩大元：《宪法条文援引技术研究》，载于《政法论坛》2005 年第
4 期。

[361] 韩大元：《论宪法解释程序中的合宪性推定原则》，载于《政法论坛》
2003 年第 2 期。

[362] 韩大元：《试论宪法修改权的性质与界限》，载于《法学家》2003 年
第 5 期。

[363] 韩大元、张翔：《试论宪法解释的界限》，载于《法学评论》2001 年

第 1 期。

[364] 韩大元：《论宪法规范与社会现实的冲突》，载于《法学评论》2000
年第 5 期。

[365] 韩大元：《试论宪法解释的客观性与主观性》，载于《法律科学》
1999 年第 6 期。

[366] 韩大元：《〈宪法解释程序法〉的意义、思路与框架》，载于《浙江社
会科学》2009 年第 9 期。

[367] 周伟：《1982 年以前的宪法解释与违宪审查案例之启示》，载于《四
川师范大学学报》2004 年第 1 期。

[368] 莫纪宏：《八二年宪法实施状况评析》，载于《北方法学》2013 年第
1 期。

[369] 莫纪宏：《从〈宪法〉在我国立法中的适用看我国现行〈宪法〉实施
的状况》，载于《法学杂志》2012 年第 12 期。

[370] 翟小波：《代议机关至上的人民宪政——我国宪法实施模式的解释性
建构》，载于《清华法学》2007 年第 2 期。

[371] 常安：《改革、修宪与宪法理论论争——现行宪法颁布 30 周年之际
的一个学术史回顾》，载于《法律科学》2012 年第 6 期。

[372] 苗连营：《关于设立宪法监督专责机构的设想》，载于《法商研究》
1998 年第 4 期。

[373] 莫纪宏：《宪法在司法审判中的适用性研究》，载于《北方法学》
2011 年第 3 期。

[374] 谢维雁：《国外宪法诉讼模式及其启示》，载于《四川大学学报》（哲
社版），2009 年第 6 期。

[375] 陈弘毅：《齐案"批复"的废止与"宪法司法化"和法院援引宪法问
题》，载于《法学》2009 年第 3 期。

[376] 莫纪宏：《宪法审判制度概要》，中国人民公安大学出版社 1998
年版。

[377] 莫纪宏：《违宪审查的理论与实践》，法律出版社 2006 年版。

[378] 刘向文、宋雅芳：《俄罗斯联邦宪政制度》，法律出版社 1999 年版。

[379] 胡建淼主编：《世界宪法法院制度研究》，浙江大学出版社 2007
年版。

[380] 魏建新：《我国宪法实施的行政法路径》，载于《河北法学》2010 年
第 4 期。

[381] 蔡定剑：《宪法实施的概念与宪法施行之道》，载于《中国法学》

2004 年第 1 期。

[382] 蔡定剑：《法律冲突及其解决的路径》，载于《中国法学》1999 年第 3 期。

[383] 李树忠：《论宪法监督的司法化》，载于《宪政的理想与现实》，中国人事出版社 1995 年版。

[384] 杨海坤、朱中一：《从行政诉讼走向宪法诉讼》，载于《法制与社会发展》2002 年第 1 期。

[385] 张千帆：《论宪法的选择适用》，载于《中外法学》2012 年第 5 期。

[386] 欧爱民：《论宪法实施的统一技术方案》，载于《中国法学》2008 年第 3 期。

[387] 苏彦图：《立法者的形成余地与违宪审查——审查密度理论的解析与检讨》，台湾大学法律研究所硕士论文，1998 年。

[388] 张千帆：《西方宪政体系》（上、下），中国政法大学出版社 2000 年版。

[389] 张千帆：《论宪法效力的界定及其对私法的影响》，载于《比较法研究》2004 年第 2 期。

[390] 陈端洪：《论宪法作为国家的根本法与高级法》，载于《中外法学》2008 年第 4 期。

[391] 王旭：《我国宪法实施中的去弊与建构》，载于《中外法学》2011 年第 3 期。

[392] 莫纪宏：《宪法价值的适用区间与宪法实施的可能性》，载于《广东社会科学》2013 年第 2 期。

[393] 张千帆：《宪法实施的概念与路径》，载于《清华法学》2012 年第 6 期。

[394] 胡正昌：《宪法文本与实现：宪法实施问题研究》，中国政法大学出版社 2009 年版。

[395] 翟小波：《论我国的宪法实施制度》，中国法制出版社 2009 年版。

[396] 李湘刚：《中国宪法实施研究》，湖南人民出版社 2009 年版。

[397] 魏建新：《宪法实施的行政法路径研究》，知识产权出版社 2009 年版。

[398] 张光博、王秋玲：《宪法的实施和保障》，吉林大学出版社 1993 年版。

[399] 孙谦、韩大元主编：《世界各国宪法的规定：宪法实施的保障》，中国检察出版社 2013 年版。

[400] 胡锦光、韩大元：《中国宪法发展研究报告》（1982～2002），法律出

版社 2004 年版。

[401] 王叔文：《论宪法实施的保障》，载于《中国法学》1992 年第 6 期。

[402] 周叶中：《宪法实施：宪法学研究的一个重要课题》，载于《法学》1987 年第 5 期。

[403] 程湘清：《我国宪法和宪法实施的几个问题》，载于《北京联合大学学报》2007 年第 1 期。

[404] 陈绍兴、吴玉凤：《论各国宪法实施的保障制度》，载于《环球法律评论》1993 年第 3 期。

[405] 朱应平：《澳大利亚宪法实施的条件和路径》，载于《学术界》2006 年第 2 期。

[406] 蔡定剑：《中国宪法实施的私法化之路》，载于《中国社会科学》2004 年第 2 期。

[407] 蔡定剑：《中国宪法司法化路径探索》，载于《法学研究》2005 年第 5 期。

[408] 韩大元：《宪法的实施与中国社会治理模式的转型》，载于《中国法学》2012 年第 4 期。

[409] 刘春萍：《俄罗斯宪法实施的司法路径评述》，载于《俄罗斯中亚中欧研究》2009 年第 2 期。

[410] 肖北庚：《宪法实施之评价》，载于《法学评论》2001 年第 3 期。

[411] 秦前红：《关于"宪法司法化第一案"的几点法理思考》，载于《法商研究》2002 年第 1 期。

[412] 陈云生：《宪法监督的理论与违宪审查制度的构建》，方志出版社 2011 年版。

[413] 陈云生：《宪法监督司法化》，北京大学出版社 2004 年版。

[414] 陈云生：《民主宪政新潮》，人民出版社 1988 年版。

[415] 陈云生：《违宪审查的原理与体制》，北京师范大学出版社 2010 年版。

[416] 王广辉：《通向宪政之路》，法律出版社 2002 年版。

[417] 刘嗣元：《宪政秩序的维护——宪法监督的理论与实践》，武汉出版社 2001 年版。

[418] 李忠：《宪法监督论》，社会科学文献出版社 1999 年版。

[419] 翟桔红：《违宪审查与民主制的平衡》中国社会科学出版社 2012 年版。

[420] 林来梵主编：《宪法审查的原理与技术》，法律出版社 2009 年版。

[421] 胡锦光：《违宪审查比较研究》，中国人民大学出版社 2006 年版。

[422] 王振民：《中国违宪审查制度》，中国政法大学出版社 2004 年版。

[423] 童建华：《英国违宪审查》，中国政法大学出版社 2011 年版。

[424] 范进学：《美国司法审查制度》，中国政法大学出版社 2011 年版。

[425] 王卫明：《东欧国家违宪审查制度比较研究》，中国政法大学出版社 2008 年版。

[426] 裘索：《日本违宪审查制度》，商务印书馆 2008 年版。

[427] 赵立新：《日本违宪审查制度》，中国法制出版社 2008 年版。

[428] 胡锦光：《违宪审查论》，海南出版社 2007 年版。

[429] 欧爱民：《宪法实践的技术路径研究》，法律出版社 2007 年版。

[430] 陈春生：《论法治国之权利保护与违宪审查》，新学林出版股份有限公司 2007 年版。

[431] 陈力铭：《违宪审查与权力制衡》，人民法院出版社 2005 年版。

[432] 林广华：《违宪审查制度比较研究》，社会科学文献出版社 2004 年版。

[433] 李鸿禧：《违宪审查论》，元照出版公司 1999 年版。

[434] 吴志光：《比较违宪审查制度》，神州图书出版有限公司 2003 年版。

[435] 齐光裕：《违宪审查与政治问题》，扬智文化事业股份有限公司 2003 年版。

[436] 张明锋：《加拿大司法审查的应用研究：以宪法平等权的司法保护为例》，中国政法大学出版社 2011 年版。

[437] 马存利：《我国平等权违宪审查的理论、制度和未来，美国经验的借鉴和启示》，吉林大学出版社 2008 年版。

[438] 吴天昊：《法国违宪审查制度》，中国政法大学出版社 2011 年版。

[439] 何华辉：《论宪法监督》，载于《武汉大学学报》（社科版）1982 年第 1 期。

[440] 柳岚生：《略论宪法监督》，载于《社会科学》1981 年第 3 期。

[441] 杨泉明：《关于加强我国宪法监督的几个问题》，载于《政治学研究》1988 年第 8 期。

[442] 王克稳：《建立我国宪法法院制度的理论思考》，载于《江海学刊》1989 年第 2 期。

[443] 王叔文：《论宪法实施的保障》，载于《中国法学》1992 年第 6 期。

[444] 吴家麟：《论设立宪法监督机构的必要性与可行性》，载于《法学评论》1991 年第 2 期。

［445］刘景欣：《论中国宪法监督体制》，载于《内蒙古大学学报》1992 年第 1 期。

［446］程湘清：《关于宪法监督的几个有争议的问题》，载于《法学研究》1992 年第 4 期。

［447］王叔文：《我国宪法实施中的几个认识问题》，载于《中国社会科学院研究生学报》1988 年第 5 期。

［448］吴撷英等：《论中国的宪法诉讼制度》，载于《中国法学》1989 年第 5 期。

［449］蔡定剑：《试论人大及其常委会监督的对象和内容》，载于《论人大及其常委会的监督权》，法律出版社 1988 年版，第 46～47 页。

［450］陈云生：《现代宪法保障问题及其发展趋势》，载于《人大报刊复印资料》1982 年第 6 期。

［451］吴撷英：《各国宪法监督和宪法诉讼制度的比较研究》，载于《复旦大学学报》1986 年第 5 期。

［452］王玉明：《试论违宪审查机构及其程序》，载于《中外法学》1990 年第 2 期。

［453］张庆福、甄树清：《宪法监督发展趋势简论》，载于《外国法译评》1998 年第 1 期。

［454］陈云生：《走法治必由之路——论宪法和法律监督的制度化》，载于《比较法研究》1997 年第 1 期。

［455］戴鸿映：《各国宪法监督制度的比较研究》，载于《宪法比较研究文集》中国民主法制出版社 1993 年版，第 111 页。

［456］许崇德：《论我国的宪法监督》，载于《法学》2009 年第 10 期。

［457］李树忠：《论宪法监督的司法化》，载于《政法论坛》2003 年第 2 期。

［458］周伟：《完善我国宪法监督制度研究》，载于《社会科学》2004 年第 5 期。

［459］秦强：《宪法监督二元体制论》，载于《金陵法律评论》2010 年第 2 期。

［460］刘松山：《1981 年：胎动而未形的宪法委员会设计》，载于《政法论坛》2010 年第 5 期。

［461］刘松山：《地方人大及其常委会保证宪法实施的地位和作用》，载于《法学论坛》2009 年第 3 期。

［462］蔡定剑：《关于什么是宪法》，载于《中外法学》2002 年第 1 期。

[463] 王磊：《宪法实施的新探索——齐玉苓案的几个宪法问题》，载于《中国社会科学》2003 年第 2 期。

[464] 李忠：《宪法监督论》，社会科学文献出版社 1999 年版。

[465] 胡锦光：《中国宪法问题研究》，新华出版社 1998 年版。

[466] 陈端洪：《制宪权与根本法》，中国法制出版社 2010 年版。

[467] 高全喜：《从非常政治到日常政治——论现时代的政法及其他》，中国法制出版社 2009 年版。

[468] 王磊：《宪法的司法化》，中国政法大学出版社 2000 年版。

[469] 周伟：《宪法基本权利司法救济研究》，中国人民公安大学出版社 2003 年版。

[470] 林莱梵：《从宪法规范到规范宪法》，法律出版社 2001 年版。

[471] 秦前红：《地方人大监督权》，法律出版社 2013 年版。

[472] 周叶中：《代议制度比较研究》，武汉大学出版社 2005 年版。

[473] 郑贤君：《基本权利原理》，法律出版社 2010 年版。

[474] 范进学：《美国司法审查制度》，中国政法大学出版社 2011 年版。

[475] 欧爱民：《宪法实践的技术路径研究：以违宪审查为中心》，法律出版社 2007 年版。

[476] 裘索：《日本违宪审查制度：兼对中国的启示》，商务印书馆 2008 年版。

[477] 赵立新：《日本违宪审查制度》，中国法制出版社 2008 年版。

[478] 吴天昊：《法国违宪审查制度》，中国政法大学出版社 2011 年版。

[479] 苏永钦：《合宪性控制的理论与实际》，台湾月旦出版社 1994 年版。

[480] 苏永钦：《民事立法与公私法的衔接》，北京大学出版社 2005 年版。

[481] 陈新民：《德国公法学基础理论》（上、下），山东大学出版社 2001 年版。

[482] 陈新民：《宪法基本权利之基本理论》，台北元照出版有限公司 1999 年版。

[483] 法治斌：《人权保障与释宪法制》，台湾月旦出版社 1993 年版。

[484] 吴庚：《宪法的解释与适用》，台湾三民书局 2004 年版。

中国特色人权观和人权理论研究

后　记

　　本书是我主持的 2015 年教育部重大课题攻关项目的结项成果。该项目的名称是：《中国特色人权观和人权理论研究》。按照先前拟定的研究思路，该课题主要从五个方面对中国特色人权观及人权理论进行系统的研究：其一，对西方国家人权观及人权理论的历史发展脉络及彼此间的逻辑结构关系进行分析梳理，形成关涉西方国家人权观及人权理论的基本框架，而后进行纵向的、横向的分析比较，勾画出不同历史时段人权观及人权理论之间的框架性区别以及同一时段不同人权流派之间立场上的主体差异。其二，对中国特色人权观及人权理论的历史发展与现实逻辑进行分析论证。通过对中国特色社会主义人权观及人权理论纵向发展主线的梳理，归纳总结出中国特色人权观及人权理论的历史发展主线，尤其是马克思主义人权理论中国化的历史进程和经验，进而推导出中国特色社会主义人权观的核心内容及其与中国特色社会主义人权理论体系之间的现实逻辑关系。在此基础上梳理中国特色社会主义人权实践、中国特色人权理论与西方国家人权理论之间的框架性区别、中国特色社会主义人权发展道路及未来发展趋势等。其三，在前述两部分内容所提供的背景知识基础上，分析论证中国特色社会主义人权理论体系的框架体系。具体内容包括：中国特色人权理论中的基本范畴及其内在逻辑关系、中国特色人权理论中人权的性质及其内在逻辑关系、中国特色人权理论中人权的关联范畴及其内在的逻辑关系、中国特色的人权宪法保障制度、中国特色的人权部门法保障制度等。其四，在分析论证中国特色人权理论框架体系的基础上，围绕中国特色人权理论在宪法上的制度性转化及保障展开分析论证，重点内容包括：国际人权公约与中国宪法之间的关系、宪法中人权保障条款的性质及内容、宪法中人权保障条款的实现路径、中国特色的违宪审查与人权保障等。其五，在分析论证中国特色的人权宪法保障制度基础上，逐层分析论证宪法与行政法的关系、宪法与民法的关系、宪法与刑法的关系、宪法与刑事诉讼法的关系，进而论证行政法、刑法、刑事诉讼法、民法中的人权保障等问题。课题完成后，总计 80 余万字。限于篇幅要求及体例编排方面的考虑，对前述内容做了一些框架性的调整，主要调整思路是：首先，将第一部分内容，即西方国家人权观及人权理论的历史发展与现实逻辑，整体删除；其次，将第四部分内容，即中国特色人权理论在宪法上的制度性转化及保障，删除其中的部分内容，进一步彰显该部分的主题；最后，将第五部分内容，即宪法与部门法关联与互动中的人权保障，删除其中的部分内容，进一步彰显该部分的主题，并将其与此前的第四部分内容合并。按照前述修改思路整合之后，形成四大部分内容。基于研究报告后续出版体例编排的考虑，将前述修改之后的三部分内容进行重新编排组合，形成四篇内容，每篇下设若干章。各篇、各章相对独立，但各章围绕该篇主题、各篇围绕课题的中心主旨展开，力求做到逻辑严密、体系完整、重点突出。

本书分工如下：全书的框架结构设计、编排、内容设计、规范要求等统一由项目主持人刘志刚做整体规划设计。书稿第一篇、第二篇由万千慧撰写，第三篇、第四篇由刘志刚撰写。全书由项目主持人刘志刚统稿。

本书撰写过程中，课题组成员张晗博士、万千慧博士做了许多扎实的工作；在后期的修改、完善过程中，在读博士生周璟希、李幸洁做了许多精细、烦琐的工作，为课题的最后修改、完善作出了巨大的贡献，在此，一并致以真挚的谢意。

在书稿即将完工、交验、付梓之际，谨向此前在各个阶段、以各种形式组织、参与课题研究的课题组成员致以真挚的谢意！愿学术之谊永存，朋友之情永驻！

刘志刚

2024 年 12 月

教育部哲学社會科學研究重大課題攻関項目
成果出版列表

序号	书名	首席专家
1	《马克思主义基础理论若干重大问题研究》	陈先达
2	《马克思主义理论学科体系建构与建设研究》	张雷声
3	《马克思主义整体性研究》	逄锦聚
4	《改革开放以来马克思主义在中国的发展》	顾钰民
5	《新时期　新探索　新征程 ——当代资本主义国家共产党的理论与实践研究》	聂运麟
6	《坚持马克思主义在意识形态领域指导地位研究》	陈先达
7	《当代资本主义新变化的批判性解读》	唐正东
8	《当代中国人精神生活研究》	童世骏
9	《弘扬与培育民族精神研究》	杨叔子
10	《当代科学哲学的发展趋势》	郭贵春
11	《服务型政府建设规律研究》	朱光磊
12	《地方政府改革与深化行政管理体制改革研究》	沈荣华
13	《面向知识表示与推理的自然语言逻辑》	鞠实儿
14	《当代宗教冲突与对话研究》	张志刚
15	《马克思主义文艺理论中国化研究》	朱立元
16	《历史题材文学创作重大问题研究》	童庆炳
17	《现代中西高校公共艺术教育比较研究》	曾繁仁
18	《西方文论中国化与中国文论建设》	王一川
19	《中华民族音乐文化的国际传播与推广》	王耀华
20	《楚地出土戰國簡册［十四種］》	陈　伟
21	《近代中国的知识与制度转型》	桑　兵
22	《中国抗战在世界反法西斯战争中的历史地位》	胡德坤
23	《近代以来日本对华认识及其行动选择研究》	杨栋梁
24	《京津冀都市圈的崛起与中国经济发展》	周立群
25	《金融市场全球化下的中国监管体系研究》	曹凤岐
26	《中国市场经济发展研究》	刘　伟
27	《全球经济调整中的中国经济增长与宏观调控体系研究》	黄　达
28	《中国特大都市圈与世界制造业中心研究》	李廉水

序号	书 名	首席专家
60	《我国货币政策体系与传导机制研究》	刘 伟
61	《我国民法典体系问题研究》	王利明
62	《中国司法制度的基础理论问题研究》	陈光中
63	《多元化纠纷解决机制与和谐社会的构建》	范 愉
64	《中国和平发展的重大前沿国际法律问题研究》	曾令良
65	《中国法制现代化的理论与实践》	徐显明
66	《农村土地问题立法研究》	陈小君
67	《知识产权制度变革与发展研究》	吴汉东
68	《中国能源安全若干法律与政策问题研究》	黄 进
69	《城乡统筹视角下我国城乡双向商贸流通体系研究》	任保平
70	《产权强度、土地流转与农民权益保护》	罗必良
71	《我国建设用地总量控制与差别化管理政策研究》	欧名豪
72	《矿产资源有偿使用制度与生态补偿机制》	李国平
73	《巨灾风险管理制度创新研究》	卓 志
74	《国有资产法律保护机制研究》	李曙光
75	《中国与全球油气资源重点区域合作研究》	王 震
76	《可持续发展的中国新型农村社会养老保险制度研究》	邓大松
77	《农民工权益保护理论与实践研究》	刘林平
78	《大学生就业创业教育研究》	杨晓慧
79	《新能源与可再生能源法律与政策研究》	李艳芳
80	《中国海外投资的风险防范与管控体系研究》	陈菲琼
81	《生活质量的指标构建与现状评价》	周长城
82	《中国公民人文素质研究》	石亚军
83	《城市化进程中的重大社会问题及其对策研究》	李 强
84	《中国农村与农民问题前沿研究》	徐 勇
85	《西部开发中的人口流动与族际交往研究》	马 戎
86	《现代农业发展战略研究》	周应恒
87	《综合交通运输体系研究——认知与建构》	荣朝和
88	《中国独生子女问题研究》	风笑天
89	《我国粮食安全保障体系研究》	胡小平
90	《我国食品安全风险防控研究》	王 硕

序号	书 名	首席专家
121	《农民工子女问题研究》	袁振国
122	《当代大学生诚信制度建设及加强大学生思想政治工作研究》	黄蓉生
123	《从失衡走向平衡：素质教育课程评价体系研究》	钟启泉 崔允漷
124	《构建城乡一体化的教育体制机制研究》	李 玲
125	《高校思想政治理论课教育教学质量监测体系研究》	张耀灿
126	《处境不利儿童的心理发展现状与教育对策研究》	申继亮
127	《学习过程与机制研究》	莫 雷
128	《青少年心理健康素质调查研究》	沈德立
129	《灾后中小学生心理疏导研究》	林崇德
130	《民族地区教育优先发展研究》	张诗亚
131	《WTO 主要成员贸易政策体系与对策研究》	张汉林
132	《中国和平发展的国际环境分析》	叶自成
133	《冷战时期美国重大外交政策案例研究》	沈志华
134	《新时期中非合作关系研究》	刘鸿武
135	《我国的地缘政治及其战略研究》	倪世雄
136	《中国海洋发展战略研究》	徐祥民
137	《深化医药卫生体制改革研究》	孟庆跃
138	《华侨华人在中国软实力建设中的作用研究》	黄 平
139	《我国地方法制建设理论与实践研究》	葛洪义
140	《城市化理论重构与城市化战略研究》	张鸿雁
141	《境外宗教渗透论》	段德智
142	《中部崛起过程中的新型工业化研究》	陈晓红
143	《农村社会保障制度研究》	赵 曼
144	《中国艺术学学科体系建设研究》	黄会林
145	《人工耳蜗术后儿童康复教育的原理与方法》	黄昭鸣
146	《我国少数民族音乐资源的保护与开发研究》	樊祖荫
147	《中国道德文化的传统理念与现代践行研究》	李建华
148	《低碳经济转型下的中国碳排放权交易体系》	齐绍洲
149	《中国东北亚战略与政策研究》	刘清才
150	《促进经济发展方式转变的地方财税体制改革研究》	钟晓敏
151	《中国—东盟区域经济一体化》	范祚军

序号	书　名	首席专家
152	《非传统安全合作与中俄关系》	冯绍雷
153	《外资并购与我国产业安全研究》	李善民
154	《近代汉字术语的生成演变与中西日文化互动研究》	冯天瑜
155	《新时期加强社会组织建设研究》	李友梅
156	《民办学校分类管理政策研究》	周海涛
157	《我国城市住房制度改革研究》	高　波
158	《新媒体环境下的危机传播及舆论引导研究》	喻国明
159	《法治国家建设中的司法判例制度研究》	何家弘
160	《中国女性高层次人才发展规律及发展对策研究》	佟　新
161	《国际金融中心法制环境研究》	周仲飞
162	《居民收入占国民收入比重统计指标体系研究》	刘　扬
163	《中国历代边疆治理研究》	程妮娜
164	《性别视角下的中国文学与文化》	乔以钢
165	《我国公共财政风险评估及其防范对策研究》	吴俊培
166	《中国历代民歌史论》	陈书录
167	《大学生村官成长成才机制研究》	马抗美
168	《完善学校突发事件应急管理机制研究》	马怀德
169	《秦简牍整理与研究》	陈　伟
170	《出土简帛与古史再建》	李学勤
171	《民间借贷与非法集资风险防范的法律机制研究》	岳彩申
172	《新时期社会治安防控体系建设研究》	宫志刚
173	《加快发展我国生产服务业研究》	李江帆
174	《基本公共服务均等化研究》	张贤明
175	《职业教育质量评价体系研究》	周志刚
176	《中国大学校长管理专业化研究》	宣　勇
177	《"两型社会"建设标准及指标体系研究》	陈晓红
178	《中国与中亚地区国家关系研究》	潘志平
179	《保障我国海上通道安全研究》	吕　靖
180	《世界主要国家安全体制机制研究》	刘胜湘
181	《中国流动人口的城市逐梦》	杨菊华
182	《建设人口均衡型社会研究》	刘渝琳
183	《农产品流通体系建设的机制创新与政策体系研究》	夏春玉

序号	书　名	首席专家
184	《区域经济一体化中府际合作的法律问题研究》	石佑启
185	《城乡劳动力平等就业研究》	姚先国
186	《20世纪朱子学研究精华集成——从学术思想史的视角》	乐爱国
187	《拔尖创新人才成长规律与培养模式研究》	林崇德
188	《生态文明制度建设研究》	陈晓红
189	《我国城镇住房保障体系及运行机制研究》	虞晓芬
190	《中国战略性新兴产业国际化战略研究》	汪　涛
191	《证据科学论纲》	张保生
192	《要素成本上升背景下我国外贸中长期发展趋势研究》	黄建忠
193	《中国历代长城研究》	段清波
194	《当代技术哲学的发展趋势研究》	吴国林
195	《20世纪中国社会思潮研究》	高瑞泉
196	《中国社会保障制度整合与体系完善重大问题研究》	丁建定
197	《民族地区特殊类型贫困与反贫困研究》	李俊杰
198	《扩大消费需求的长效机制研究》	臧旭恒
199	《我国土地出让制度改革及收益共享机制研究》	石晓平
200	《高等学校分类体系及其设置标准研究》	史秋衡
201	《全面加强学校德育体系建设研究》	杜时忠
202	《生态环境公益诉讼机制研究》	颜运秋
203	《科学研究与高等教育深度融合的知识创新体系建设研究》	杜德斌
204	《女性高层次人才成长规律与发展对策研究》	罗瑾琏
205	《岳麓秦简与秦代法律制度研究》	陈松长
206	《民办教育分类管理政策实施跟踪与评估研究》	周海涛
207	《建立城乡统一的建设用地市场研究》	张安录
208	《迈向高质量发展的经济结构转变研究》	郭熙保
209	《中国社会福利理论与制度构建——以适度普惠社会福利制度为例》	彭华民
210	《提高教育系统廉政文化建设实效性和针对性研究》	罗国振
211	《毒品成瘾及其复吸行为——心理学的研究视角》	沈模卫
212	《英语世界的中国文学译介与研究》	曹顺庆
213	《建立公开规范的住房公积金制度研究》	王先柱

序号	书　名	首席专家
214	《现代归纳逻辑理论及其应用研究》	何向东
215	《时代变迁、技术扩散与教育变革：信息化教育的理论与实践探索》	杨　浩
216	《城镇化进程中新生代农民工职业教育与社会融合问题研究》	褚宏启 薛二勇
217	《我国先进制造业发展战略研究》	唐晓华
218	《融合与修正：跨文化交流的逻辑与认知研究》	鞠实儿
219	《中国新生代农民工收入状况与消费行为研究》	金晓彤
220	《高校少数民族应用型人才培养模式综合改革研究》	张学敏
221	《中国的立法体制研究》	陈　俊
222	《教师社会经济地位问题：现实与选择》	劳凯声
223	《中国现代职业教育质量保障体系研究》	赵志群
224	《欧洲农村城镇化进程及其借鉴意义》	刘景华
225	《国际金融危机后全球需求结构变化及其对中国的影响》	陈万灵
226	《创新法治人才培养机制》	杜承铭
227	《法治中国建设背景下警察权研究》	余凌云
228	《高校财务管理创新与财务风险防范机制研究》	徐明稚
229	《义务教育学校布局问题研究》	雷万鹏
230	《高校党员领导干部清正、党政领导班子清廉的长效机制研究》	汪　曦
231	《二十国集团与全球经济治理研究》	黄茂兴
232	《高校内部权力运行制约与监督体系研究》	张德祥
233	《职业教育办学模式改革研究》	石伟平
234	《职业教育现代学徒制理论研究与实践探索》	徐国庆
235	《全球化背景下国际秩序重构与中国国家安全战略研究》	张汉林
236	《进一步扩大服务业开放的模式和路径研究》	申明浩
237	《自然资源管理体制研究》	宋马林
238	《高考改革试点方案跟踪与评估研究》	钟秉林
239	《全面提高党的建设科学化水平》	齐卫平
240	《"绿色化"的重大意义及实现途径研究》	张俊飚
241	《利率市场化背景下的金融风险研究》	田利辉
242	《经济全球化背景下中国反垄断战略研究》	王先林

序号	书　名	首席专家
271	《我国高校"双一流"建设推进机制与成效评估研究》	刘念才
272	《中国特色社会主义监督体系的理论与实践》	过　勇
273	《中国软实力建设与发展战略》	骆郁廷
274	《坚持和加强党的全面领导研究》	张世飞
275	《面向 2035 我国高校哲学社会科学整体发展战略研究》	任少波
276	《中国古代曲乐乐谱今译》	刘崇德
277	《民营企业参与"一带一路"国际产能合作战略研究》	陈衍泰
278	《网络空间全球治理体系的建构》	崔保国
279	《汉语国际教育视野下的中国文化教材与数据库建设研究》	于小植
280	《新型政商关系研究》	陈寿灿
281	《完善社会救助制度研究》	慈勤英
282	《太行山和吕梁山抗战文献整理与研究》	岳谦厚
283	《清代稀见科举文献研究》	陈维昭
284	《协同创新的理论、机制与政策研究》	朱桂龙
285	《数据驱动的公共安全风险治理》	沙勇忠
286	《黔西北濒危彝族钞本文献整理和研究》	张学立
287	《我国高素质幼儿园园长队伍建设研究》	缴润凯
288	《我国债券市场建立市场化法制化风险防范体系研究》	冯　果
289	《流动人口管理和服务对策研究》	关信平
290	《企业环境责任与政府环境责任协同机制研究》	胡宗义
291	《多重外部约束下我国融入国际价值链分工战略研究》	张为付
292	《政府债务预算管理与绩效评价》	金荣学
293	《推进以保障和改善民生为重点的社会体制改革研究》	范明林
294	《中国传统村落价值体系与异地扶贫搬迁中的传统村落保护研究》	郝　平
295	《大病保险创新发展的模式与路径》	田文华
296	《教育与经济发展：理论探索与实证分析》	杜育红
297	《宏观经济整体和微观产品服务质量"双提高"机制研究》	程　虹
298	《构建清洁低碳、安全高效的能源体系政策与机制研究》	牛东晓
299	《水生态补偿机制研究》	王清军
300	《系统观视阈的新时代中国式现代化》	汪青松
301	《资本市场的系统性风险测度与防范体系构建研究》	陈守东

序号	书　名	首席专家
302	《加快建立多主体供给、多渠道保障、租购并举的住房制度研究》	虞晓芬
303	《中国经济潜在增速的测算与展望研究》	卢盛荣
304	《决策咨询制度与中国特色新型智库建设研究》	郑永年
305	《中国特色人权观和人权理论研究》	刘志刚
	……